Christian Lüders
Lokale Funknetze

Kamprath-Reihe

Professor Dr. Christian Lüders

Lokale Funknetze

Wireless LANs (IEE 802.11), Bluetooth, DECT

Vogel Buchverlag

Prof. Dr. rer. nat. CHRISTIAN LÜDERS wurde 1959 in Hannover geboren. Das Studium der Physik an den Universitäten Göttingen und Osnabrück schloss er 1990 mit Promotion in Theoretischer Physik an der Universität Osnabrück ab. Dort war er im Fachbereich Physik von 1986 bis 1991 als wissenschaftlicher Mitarbeiter tätig. Von 1991 bis 1997 lag sein Hauptaufgabengebiet als Mitarbeiter der Siemens AG in München auf der Entwicklung und Untersuchung von kapazitätssteigernden Maßnahmen in GSM- und UMTS-Mobilfunknetzen.

Seit 1998 ist Herr Lüders Professor am Standort Meschede der Fachhochschule Südwestfalen tätig, an der er insbesondere die Fächer Physik und Mobilfunk in Forschung und Lehre vertritt.

Weitere Informationen:
www.vogel-buchverlag.de

ISBN 978-3-8343-3018-5
1. Auflage. 2007
Alle Rechte, auch der Übersetzung, vorbehalten. Kein Teil des Werkes darf in irgendeiner Form (Druck, Fotokopie, Mikrofilm oder einem anderen Verfahren) ohne schriftliche Genehmigung des Verlages reproduziert oder unter Verwendung elektronischer Systeme verarbeitet, vervielfältigt oder verbreitet werden. Hiervon sind die in §§ 53, 54 UrhG ausdrücklich genannten Ausnahmefälle nicht berührt.
Printed in Germany
Copyright 2007 by Vogel Industrie Medien GmbH & Co. KG, Würzburg

Vorwort

Lokale Funknetze haben in den zurückliegenden Jahren eine starke Verbreitung gefunden. So verzeichneten die Umsätze für die entsprechenden Funkmodule Zuwachsraten, die deutlich im zweistelligen Prozentbereich lagen. Ein Ende dieser Entwicklung ist bisher nicht abzusehen. Eine Zunahme ist jedoch nicht nur bei den Verkaufszahlen, sondern auch bei den Anwendungen zu beobachten. Zu dem vielfältigen Anwendungsspektrum gehören u.a. die Haus- und Gebäudeautomation, die schnurlose Telefonie, drahtlose Computernetze, die Multimedia-Vernetzung.

Mit der wachsenden wirtschaftlichen Bedeutung des lokalen Funknetze steigt auch der Bedarf an Technikern und Ingenieuren mit Kenntnissen auf diesem Gebiet. Mein Anliegen ist es daher, mit diesem Lehrbuch einen fundierten und ausführlichen Einblick in die Grundlagen, die Funktionsweise und die Sicherheits- und Planungsaspekte der bedeutendsten Systeme zu geben und dabei aktuelle Entwicklungen einzubeziehen.

Der aus den Kapiteln 1 bis 8 bestehende Grundlagenteil des Buches behandelt zunächst in allgemeiner Weise Themen, die bei allen Funksystemen eine wichtige Rolle spielen.

Die nachfolgenden Kapitel befassen sich mit den konkreten Ausprägungen der zuvor erläuterten Aspekte bei den derzeit wichtigsten Systemen Wireless LANs (IEEE 802.11), Bluetooth, DECT, ZigBee, UltraWideBand-Systeme, HiperLAN/2.

Jedes der Kapitel enthält ferner eine Zusammenfassung mit Literaturhinweisen sowie eine Sammlung mit Übungsaufgaben. Ein Kapitel mit einem Vergleich zwischen den verschiedenen Systemen rundet das Buch ab.

Die einzelnen Kapitel sind so gestaltet, dass sie auch abweichend von der ursprünglichen Reihenfolge durchgearbeitet werden können. Bei wichtigen Voraussetzungen aus vorhergehenden Kapiteln sind die entsprechenden Verweise im Text zu finden.

Der Inhalt des Buches beruht auf Vorlesungen und Vorträgen, die ich an der Fachhochschule in Meschede, an einer Fachoberschule (Berufskolleg) bzw. bei Ausstellungen in der Region gehalten habe. Ferner fließen die Erfahrungen und Ergebnisse aus betreuten Diplom- und Projektarbeiten zur Funkausbreitung sowie zum Aufbau und Betrieb lokaler Funknetze ein.

Dementsprechend richtet sich das Buch vornehmlich an Fachhochschulstudenten, aber auch an Ingenieure im Berufsleben, die sich mit neuen Entwicklungen im Bereich lokaler Funknetze vertraut machen wollen.

Bei der Gestaltung des Buches habe ich von den Anregungen und den Hinweisen meiner Zuhörer sowie von den Ergebnissen mehrerer Diplom- und Projektarbeiten profitiert. Besonders bedanken möchte ich mich bei Herrn HARALD BÖTTNER und Herrn MICHAEL GRÖNE.

Dem Vogel Buchverlag danke ich für die gute Zusammenarbeit bei der Erstellung des Manuskripts.

Meschede   Christian Lüders

Adressen:
E-Mail-Adresse für Hinweise und Kommentare: lueders@fh-swf.de
Homepage der Hochschule: http://www.fh-swf.de

Inhaltsverzeichnis

Vorwort 5

1 Einleitung 13
   1.1 Gegenstand und Gliederung des Buches 13
   1.2 Anwendungen lokaler Funknetze 13
   1.3 Standards für lokale Funknetze 17
      1.3.1 Der Wireless-LAN-Standard IEEE 802.11 18
      1.3.2 Die Wireless-PAN-Standards der Serie IEEE 802.15 19
      1.3.3 Bluetooth 20
      1.3.4 ZigBee 20
      1.3.5 UltraWideBand (UWB) 21
      1.3.6 Digital Enhanced Cordless Telecommunications (DECT) 21
      1.3.7 HiperLAN/2 22
      1.3.8 HomeRF 22
      1.3.9 Z-Wave 22
      1.3.10 NanoNET 22
   1.4 Weitere Funksysteme 22
      1.4.1 Öffentliche Mobilfunknetze 23
      1.4.2 Drahtloser Teilnehmeranschluss und drahtlose Kopplung von Netzen 24
      1.4.3 Radio Frequency Identification (RFID) 25
   1.5 Funknetzstrukturen 26
   1.6 Kommunikationsprotokolle 28
   1.7 Zusammenfassung 32
   1.8 Übungsaufgaben 35

2 Funkausbreitung 37
   2.1 Allgemeines 37
   2.2 Physikalische Effekte der Funkausbreitung 38
      2.2.1 Antennenkenngrößen und Freiraumausbreitung 38
      2.2.2 Reflexion und Streuung 44
      2.2.3 Durchdringungsverluste 44
      2.2.3.1 Dämpfung durch Personen bzw. Wasser 45
      2.2.3.2 Dämpfung durch Wände, Decken und andere Hindernisse 46
      2.2.3.3 Vegetationsdämpfung 47
      2.2.4 Beugung 47

Der Onlineservice InfoClick bietet unter www.vogel-buchverlag.de nach Codeeingabe zusätzliche Informationen und Aktualisierungen.

301812130001

	2.2.5	Dämpfung durch Regen und Nebel	48
	2.2.6	Mehrwegeausbreitung	48
	2.2.6.1	Bodenwellen-Reflexion	49
	2.2.6.2	Reflexion an Wänden	49
2.3	Funkausbreitungsmodelle		50
2.4	Zusammenfassung		51
2.5	Übungsaufgaben		53

3 Übertragungstechnik ... 55
3.1 Modulation ... 55
3.1.1 Allgemeines ... 55
3.1.2 Digitale Frequenzmodulation ... 58
3.1.3 Digitale Phasen- und Amplitudenmodulation ... 58
3.1.4 Spreiztechnik ... 60
3.1.5 Frequency Hopping ... 64
3.1.6 Orthogonal Frequency Division Multiplexing ... 65
3.2 Maßnahmen zum Schutz gegen Übertragungsfehler ... 67
3.3 Antennentechniken ... 70
3.3.1 Diversitätsverfahren ... 70
3.3.2 Strahlformungsverfahren ... 71
3.4 Zusammenfassung ... 74
3.5 Übungsaufgaben ... 75

4 Zugriffsverfahren ... 77
4.1 Grundsätzliche Aufgaben ... 77
4.2 Link Management ... 78
4.3 Radio Link Control (RLC) ... 80
4.3.1 Send-and-Wait-Protokoll ... 81
4.3.2 Selektives ARQ-Verfahren ... 82
4.3.3 Fensterverfahren ... 83
4.3.4 Flusskontrolle ... 83
4.4 Medium Access Control ... 84
4.4.1 ALOHA-Verfahren ... 84
4.4.2 Carrier Sense Multiple Access (CSMA) ... 84
4.4.3 CSMA-Modifikationen in Funknetzen ... 85
4.4.4 Polling ... 87
4.4.5 Reservierungsverfahren ... 87
4.5 Generelle Struktur von Datenrahmen ... 89
4.6 Frame-Längen und Datenraten ... 92
4.6.1 Frame Error Rate ... 92
4.6.2 Richtwerte für Frame-Längen ... 93
4.6.3 Datenrate in der RLC/MAC-Schicht ... 95
4.7 Zusammenfassung ... 95
4.8 Übungsaufgaben ... 97

5 Vermittlungs-, Transport- und Anwendungsprotokolle ... 99
5.1 Protokolle in der Vermittlungsschicht ... 99
5.1.1 Allgemeines ... 99
5.1.2 Verbindungsorientierter Vermittlungsdienst am Beispiel ISDN ... 100

		5.1.3	Verbindungsloser Vermittlungsdienst am Beispiel des Internet-Protokolls ... 100
5.2	Die Transportschicht 103
	5.2.1	Transport Control Protocol (TCP) 103
	5.2.2	User Data Protocol (UDP) 105
	5.2.3	Real-Time Transport Protocol (RTP) 105
5.3	Anwendungsprotokolle 105
5.4	Anwendungsprofile 107
5.5	Zusammenfassung 108
5.6	Übungsaufgaben 110

6 Störquellen: Auswirkungen und Gegenmaßnahmen 113
- 6.1 Störquellen 113
  - 6.1.1 Empfängerrauschen 113
  - 6.1.2 Störungen durch Echos – Intersymbolinterferenz 113
  - 6.1.3 Störungen durch gleichartige Systeme 114
  - 6.1.4 Störungen durch andere Systeme 116
  - 6.1.5 Störungen durch Mikrowellenherde 118
- 6.2 Maßnahmen zur Reduktion von Störungen und deren Auswirkungen 118
- 6.3 Zusammenfassung 119
- 6.4 Übungsaufgaben 120

7 Aspekte der Funknetzplanung 121
- 7.1 Sender- und Empfängerkenngrößen 121
  - 7.1.2 Antennen und Anschlusskabel 121
  - 7.1.3 Sendeleistungen 122
  - 7.1.4 Empfängerempfindlichkeit 122
- 7.2 Datenrate und Reichweite 123
- 7.3 Abschätzungen der Funkreichweite 124
  - 7.3.1 Reichweite bei Freiraumausbreitung 125
  - 7.3.2 Reichweite in Gebäuden 127
- 7.4 Kapazitätsplanung 128
- 7.5 Zusammenfassung 132
- 7.6 Übungsaufgaben 133

8 Sicherheitsaspekte 135
- 8.1 Allgemeine Anforderungen 135
- 8.2 Verschlüsselung 136
  - 8.2.1 Allgemeine Prinzipien 136
  - 8.2.2 Stromchiffre 137
  - 8.2.3 Blockchiffre 139
  - 8.2.4 Asymmetrische Verschlüsselung und Public-Key-Verfahren 140
- 8.3 Integritätsprüfung 141
- 8.4 Authentifizierung 141
  - 8.4.1 Allgemeines 141
  - 8.4.2 Verfahren zur Authentifizierung 142
  - 8.4.3 Authentifizierungsserver 146
- 8.5 Virtuelle Private Netze (VPN) 148
- 8.6 Zusammenfassung 152
- 8.8 Übungsaufgaben 154

9 Wireless Local Area Networks ... 157
- 9.1 Überblick über den Standard IEEE 802.11 ... 157
  - 9.1.1 Entstehungsgeschichte ... 157
  - 9.1.2 Produkte ... 160
  - 9.1.3 Netzstrukturen ... 160
- 9.2 Funkausbreitung ... 163
- 9.3 Übertragungstechnik ... 165
  - 9.3.1 Übertragungstechnik bei IEEE 802.11b ... 165
  - 9.3.2 Übertragungstechnik bei IEEE 802.11a/g ... 166
  - 9.3.3 Übertragungstechnik bei IEEE 802.11n ... 167
  - 9.3.4 Datenpakete der physikalischen Schicht ... 168
- 9.4 Zugriffsverfahren, Verbindungskontrolle und Link Management ... 169
  - 9.4.1 Link Management ... 169
  - 9.4.2 Radio Link Control ... 175
  - 9.4.3 Medium Access Control ... 175
  - 9.4.4 Aufbau von MAC-Frames ... 178
  - 9.4.5 Datenraten in der MAC-Schicht ... 181
- 9.5 Vermittlungs-, Transport- und Anwendungsschicht ... 182
- 9.6 Störquellen und störungsmindernde Maßnahmen ... 182
  - 9.6.1 IEEE 802.11b/g im ISM-Band bei 2,4 GHz ... 182
  - 9.6.2 IEEE 802.11a im Frequenzband bei 5 GHz ... 185
- 9.7 Planungsaspekte ... 185
  - 9.7.1 Sender- und Empfängerkenngrößen ... 185
  - 9.7.2 Reichweite ... 186
  - 9.7.3 Kapazität ... 188
- 9.8 Sicherheitsrelevante Netzfunktionen ... 190
  - 9.8.1 Allgemeiner Überblick ... 190
  - 9.8.2 Wired Equivalent Privacy ... 190
  - 9.8.3 Schwachstellen des WEP-Verfahrens ... 192
  - 9.8.4 Sicherheitsmechanismen gemäß IEEE 802.11i ... 193
- 9.9 Zusammenfassung ... 195
- 9.10 Übungsaufgaben ... 197

10 Digital Enhanced Cordless Telecommunications – DECT ... 199
- 10.1 Überblick über den DECT-Standard ... 199
  - 10.1.1 Der Entstehungsprozess ... 199
  - 10.1.2 Produkte ... 199
  - 10.1.3 Protokollarchitektur ... 200
  - 10.1.4 Netzstrukturen und Anwendungsszenarien ... 201
  - 10.1.5 Adressen und Kennziffern ... 203
- 10.2 Funkausbreitung ... 204
- 10.3 Übertragungstechnik ... 205
- 10.4 Zugriffsverfahren, Verbindungskontrolle und Link Management ... 207
  - 10.4.1 Zugriffsverfahren ... 207
  - 10.4.2 Data Link Control ... 212
  - 10.4.3 Link Management ... 213
- 10.5 Vermittlungs-, Transport- und Anwendungsschicht ... 216
  - 10.5.1 DECT-Vermittlungsschicht ... 216
  - 10.5.2 Anwendungsprofile ... 217

10.6 Störquellen: Auswirkungen und Gegenmaßnahmen 219
10.7 Funknetzplanung 220
    10.7.1 Sender- und Empfängerkenngrößen 220
    10.7.2 Reichweite 220
    10.7.3 Kapazität 221
10.8 Sicherheitsaspekte bei DECT 222
    10.8.1 Überblick über die Sicherheitsmaßnahmen 222
    10.8.2 Schlüsselmanagement 222
    10.8.3 Authentifizierung 223
    10.8.4 Verschlüsselung 224
    10.8.5 Schwächen im Sicherheitskonzept und Gegenmaßnahmen 224
10.9 Zusammenfassung 224
10.10 Übungsaufgaben 226

11 Bluetooth 227
11.1 Überblick über den Bluetooth-Standard 227
    11.1.1 Entstehungsgeschichte 227
    11.1.2 Produkte 228
    11.1.3 Systemarchitektur 228
    11.1.4 Netzstrukturen 231
11.2 Funkausbreitung 232
11.3 Übertragungstechnik 233
11.4 Zugriffsverfahren, Verbindungskontrolle und Link Management 234
    11.4.1 Datentransportmöglichkeiten und Medium Access Control 235
    11.4.2 Paketformate und Fehlerschutz 237
    11.4.3 Aufbau eines Piconetzes 242
    11.4.4 Link Management 243
    11.4.5 Logical Link Control and Adaption Protocol (L2CAP) 246
11.5 Sprachübertragung, spezielle Protokolle und Anwendungsprofile 247
    11.5.1 Sprachübertragung 247
    11.5.2 Spezielle Protokolle 247
    11.5.3 Anwendungsprofile 249
11.6 Störquellen und störungsmindernde Maßnahmen 252
11.7 Planungsaspekte 255
    11.7.1 Sender- und Empfängerkenngrößen 255
    11.7.2 Reichweite 255
    11.7.3 Kapazität 255
11.8 Sicherheitsrelevante Netzfunktionen 256
    11.8.1 Allgemeiner Überblick 256
    11.8.2 Schlüsselerzeugung und Schlüsselmanagement 256
    11.8.3 Authentifizierung 258
    11.8.4 Verschlüsselung 258
    11.8.5 Bewertung der Verfahren 260
11.9 Zusammenfassung 260
11.10 Übungsaufgaben 262

12 Weitere Standards für lokale Funknetze 265
12.1 ZigBee 265
    12.1.1 Anwendungen, Standardisierung und Netzstrukturen 265

12 Inhaltsverzeichnis

    12.1.2 Funkausbreitung 267
    12.1.3 Übertragungstechnik 268
    12.1.4 Zugriffssteuerung 268
    12.1.5 Vermittlungs- und Anwendungsschichten 272
    12.1.6 Störquellen und Gegenmaßnahmen 274
    12.1.7 Reichweite 274
    12.1.8 Sicherheitsaspekte 275
    12.1.9 Zusammenfassung 275
12.2 Z-Wave 275
12.3 UltraWideBand 277
    12.3.1 Systemvorschläge und Anwendungen 277
    12.3.2 Funkausbreitung 278
    12.3.3 Übertragungstechnik 278
    12.3.4 Zugriffsverfahren 279
    12.3.5 Vermittlungs- und Anwendungsschichten 279
    12.3.6 Störquellen und Gegenmaßnahmen 280
    12.3.7 Reichweite 280
    12.3.8 Sicherheitsaspekte 281
    12.3.9 Zusammenfassung 281
12.4 HiperLAN/2 281
    12.4.1 Anmerkungen zur Entwicklung des HiperLAN-Standards 281
    12.4.2 Vergleich mit IEEE 802.11a: Gemeinsamkeiten und Unterschiede 282
    12.4.3 Protokollarchitektur bei HiperLAN/2 283
    12.4.4 Zugriffsverfahren bei HiperLAN/2 284
12.5 Übungsaufgaben 285

13 Systemvergleich 287
13.1 Anwendungen 287
13.2 Übertragungs- und Zugriffsverfahren 289
13.3 Kapazität und Reichweite 290
13.4 Störungen und Gegenmaßnahmen 293
13.5 Sicherheitsaspekte 293
13.6 Zusammenfassung 294

Anhänge
Anhang A   Wichtige Organisationen im Umfeld lokaler Funknetze 295
Anhang B   Pegelwerte und Dezibel 299
Anhang C   Hochfrequente Strahlung und Grenzwerte 300
Anhang D   Modulo-Rechnung 302
Anhang E   Lösungen zu den Übungsaufgaben 303

Abkürzungen, Formelzeichen 311

Literaturverzeichnis 317

Stichwortverzeichnis 321

1 Einleitung

1.1 Gegenstand und Gliederung des Buches

Zu dem vielfältigen Anwendungsspektrum lokaler Funknetze gehören u.a.:
- die Haus- und Gebäudeautomation,
- die schnurlose Telefonie,
- drahtlose Computernetze,
- die Multimedia-Vernetzung.

Da diese Anwendungen sehr unterschiedliche Anforderungen in Bezug auf Kosten, Datenraten, den Versorgungsbereich und den vertretbaren Installationsaufwand mit sich bringen, sind viele verschiedene Systeme mit unterschiedlichen Stärken entstanden. Zu nennen sind insbesondere:
- Wireless LANs (IEEE 802.11),
- Bluetooth,
- DECT,
- ZigBee,
- UltraWideBand-Systeme,
- HiperLAN/2.

Das vorliegende Buch erläutert die Anwendungsgebiete, die Funktionsweise sowie die Planungs- und Sicherheitsaspekte dieser Systeme. Das Buch ist, wie in Bild 1.1 illustriert, gegliedert.

Der aus den Kapiteln 1 bis 8 bestehende Grundlagenteil befasst sich zunächst in allgemeiner Weise mit Themen, die bei allen Funksystemen eine wichtige Rolle spielen.

Das erste Kapitel diskutiert die möglichen Anwendungen lokaler Funknetze näher und gibt einen Überblick über die wichtigsten Standards und deren Entstehungsgeschichte. Gegenstand des zweiten Kapitels ist die Funkausbreitung: Welche Effekte bestimmen die Reichweite von Funksignalen und mit welchen Modellen lässt sich die Funkausbreitung beschreiben? Das dritte Kapitel befasst sich mit der Übertragungstechnik – also mit den Methoden, die Datenbits möglichst sicher und effizient vom Sender zum Empfänger zu übertragen. Gerade bei einem Funksystem ist es wichtig zu regeln, welche der Funkstationen zu welcher Zeit den Funkkanal nutzen darf und wie sich die Stationen zu einem Netz zusammenfinden. Diese Themen werden im vierten Kapitel diskutiert. Das fünfte Kapitel behandelt verschiedene Fragen bezüglich der Vermittlungsverfahren, des Transports von Datenpaketen und der Anwendungsrealisierung.

Funksysteme können verschiedenen Störungen ausgesetzt sein. Welche das sind und wie sich ihre Auswirkungen reduzieren lassen, erläutert das sechste Kapitel. Das siebte Kapitel diskutiert verschiedene Planungsaspekte. Dazu gehören Fragen zur Reichweite und zur Kapazität. Da Funksignale leicht zugänglich sind, erfordert dies besondere Maßnahmen, um ein unbefugtes Eindringen in ein Funknetz und ein Abhören und eine Manipulation von Funkverbindungen zu verhindern. Solche Maßnahmen werden eingehend in Kapitel 8 erläutert.

Die nachfolgenden Kapitel befassen sich mit den konkreten Ausprägungen der zuvor erläuterten Aspekte bei den einzelnen Systemen. Sie enthalten die Themen der Kapitel 1 bis 8 als Unterkapitel. So behandelt beispielsweise Abschnitt 9.3 die Übertragungstechnik bei Wireless LANs, Abschnitt 10.7 die Planungsaspekten bei DECT und Abschnitt 11.8 die Sicherheitsaspekten bei Bluetooth.

Jedes der Kapitel enthält ferner eine Zusammenfassung mit Literaturhinweisen sowie eine Sammlung mit Übungsaufgaben.

Ein Kapitel mit einem Vergleich zwischen den verschiedenen Systemen rundet das Buch ab.

1.2 Anwendungen lokaler Funknetze

Der folgende Abschnitt gibt einen Überblick über die verschiedenen Anwendungsbereiche lokaler Funknetze.

14 Einleitung

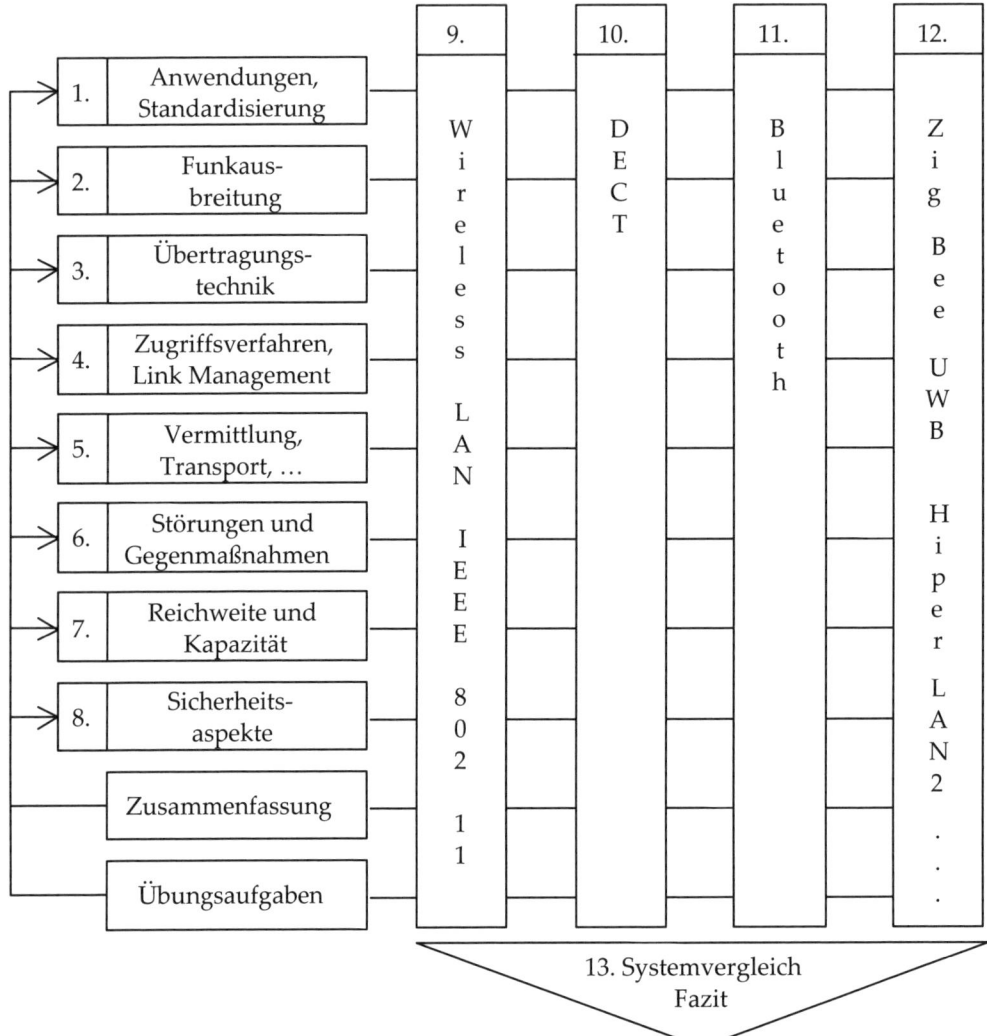

Bild 1.1 Der Aufbau des Buches

Kabelersatz
Möchte man die heutzutage vielfältigen Geräte der Telekommunikation und Unterhaltungselektronik miteinander vernetzen, so stellt sich häufig ein gewisses Kabelgewirr ein, dem man durch Funksysteme entgegenzuwirken versucht. Eine wichtige Anwendung von lokalen Funknetzen liegt also im Bereich des Kabelersatzes über kurze Entfernungen,

❑ um Drucker, Tastatur, Maus, Camcorder, Digitalkamera oder Handy mit einem PC oder Laptop zu verbinden,
❑ um ein Headset an das Handy anzuschließen,
❑ um den PC mit dem Laptop zu vernetzen oder
❑ um schnurlose Telefonie zu ermöglichen.

Bild 1.2 zeigt ein erstes Beispiel für ein **Wireless Local Area Network** (Wireless LAN,

Anwendungen lokaler Funknetze 15

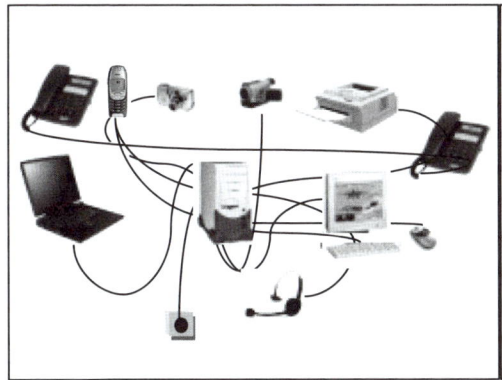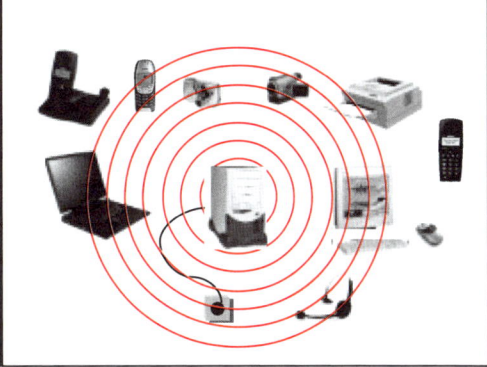

Bild 1.2   Lokale Funknetze als Kabelersatz

WLAN), d.h. ein drahtloses Netz für einen lokalen (begrenzten) Bereich.

Bewegungsfreiheit im Heimbereich
Außer der Vermeidung des Kabelgewirrs ermöglichen Funknetze eine höhere Bewegungsfreiheit: Man kann von jedem Ort seines Hauses oder Grundstücks auf das Internet zugreifen oder schnurlos telefonieren.

Multimedia-Netze im Heimbereich
Bei den zuvor aufgezählten Anwendungen handelte es sich um solche aus dem Computerumfeld bzw. aus dem Umfeld der mobilen Kommunikation. Betrachtet man den Bereich der Unterhaltungselektronik mit Fernsehen und Audio-Anlagen, so sind auch die folgenden Anwendungen denkbar:
- die drahtlose Anbindung mehrerer (Fernseh-) Bildschirme an eine zentrale TV-Empfangsanlage, an einen zentralen Server bzw. einen zentralen Video- oder DVD-Recorder,
- die Übermittlung von Filmen und Bildern vom Camcorder bzw. von der Digitalkamera an den TV-Bildschirm,
- der Anschluss einer Spielekonsole an den Fernsehbildschirm,
- die drahtlose Anbindung von Lautsprechern an eine Audio-Anlage.

Diese Anwendungen erfordern sehr hohe Datenraten – insbesondere, wenn man hochauflösende Videoübertragungen (**H**igh **D**efinition **T**ele**v**ision, HDTV) realisieren möchte.

Telemetrie-Anwendungen im Heimbereich
Ferner ermöglicht eine Funkversorgung vielfältige Anwendungen im Bereich der Hausautomation:
- Temperatur- und Feuchtigkeitssensoren sowie Rauchmelder lassen sich drahtlos an eine zentrale Überwachungsstation anschließen.
- Die Heizung, die Beleuchtung, Jalousien oder die Bewässerung im Garten kann man über Funk regeln.
- Elemente der Gebäudesicherheitstechnik, wie Kameras oder Glasbruchsensoren, können ohne Kabel vernetzt werden.

Telemetrie im industriellen Umfeld
Das Einsatzfeld lokaler Funknetze ist aber nicht nur auf den Heimbereich beschränkt. Inzwischen gibt es zahlreiche Beispiele für Telemetrie-Anwendungen (Fernüberwachung und -steuerung) im industriellen Umfeld. So werden beispielsweise Kläranlagen oder chemische Anlagen auf einer Fläche mit mehreren Quadratkilometern mittels Funksystemen überwacht und gesteuert. Auch im Bereich des Automobils werden vermehrt Sensoren über Funk an den Bordcomputer angeschlossen, und Diagnose-Informationen lassen sich in den Werkstätten drahtlos abrufen.

Sogar im medizinischen Bereich ist der Einsatz lokaler Funknetze vorgesehen, um Blutdruckmessgeräte oder EKG-Sensoren an die entsprechenden Aufzeichnungsgeräte anzuschließen.

Drahtlose Computernetze
Ein weiterer sehr wichtiger Einsatzbereich ist auf dem Gebiet der drahtlosen Computernetze zu sehen, bei denen nicht nur ein oder zwei Computer – wie im Heimbereich –, sondern sehr viele Computer bzw. Laptops über Funk in ein kabelgebundenes Netz auf z.B. einem Firmen- oder Hochschulgelände integriert werden. So betreibt beispielsweise die Universität Karlsruhe auf ihrem Campus-Gelände mit über 70 ha Fläche und zahlreichen Gebäuden ein drahtloses Computernetz mit mehreren tausend Nutzern; diese können über einige hundert so genannter Access Points auf das Netz zugreifen.

Öffentliche Wireless-LAN-Hotspots
Bei den bisher geschilderten Beispielen handelt es sich um so genannte private Netze, bei denen der Zugang nur für einen eingegrenzten Nutzerkreis – nämlich für die Personen in einem Privathaushalt oder die Angehörigen einer Firma oder einer Hochschule – erlaubt ist. Hingegen werden öffentliche Netze von einer Betreibergesellschaft errichtet und betrieben, nicht um sie selbst zu nutzen, sondern um sie – i.Allg. gegen Gebühren – der Öffentlichkeit, also einem großen, nicht eingegrenzten Personenkreis, zur Nutzung zur Verfügung zu stellen. Heutzutage (im Jahre 2006) gibt es allein in Deutschland mehr als 6000 öffentliche Wireless-LAN-Hotspots, die in Hotels, Gaststätten und Cafés, an Tankstellen, in Bahnhöfen und Flughäfen sowie teilweise in Innenstädten einen drahtlosen Zugang zum Internet für jeden ermöglichen. In diesen belebten Bereichen bieten sie hohe Datenraten. Wireless-LAN-Hotspots sind somit als Ergänzung zu den öffentlichen Mobilfunknetzen nach dem GSM- oder UMTS-Standard zu sehen, die zwar eine landesweite flächendeckende Versorgung garantieren, dies aber nur mit einem Bruchteil der Datenrate von Wireless LANs.

Digitale Kioske
Im Umfeld öffentlicher Hotspots sind auch die so genannten digitalen Kioske zu sehen. Ein typisches Beispiel besteht darin, dass man in einer Videothek oder in einem Musikladen den Film oder die Musiktitel gegen Gebühr über Funk z.B. auf seinen **P**ersonal **D**igital **A**ssistant (PDA), seinen MP3-Player oder ein anderes Gerät lädt, statt die entsprechende DVD oder CD zu erwerben. Ein weiteres Anwendungsfeld liegt im Bereich der digitalen Fotografie: In einem Fotogeschäft können die aufgenommenen Bilder drahtlos an einen Server übertragen werden, um sie von dort schnell und mit hoher Qualität auszudrucken.

Allgemeine Anforderungen an lokale Funknetze
Wie die obigen Beispiele zeigen, gibt es sehr viele verschiedene Anwendungen von lokalen Funknetzen, die sich in Bezug auf

- die erforderliche Datenrate,
- die vertretbaren Kosten,
- die Lebensdauer der Batterie für ein Funkmodul,
- den Installationsaufwand,
- die Zugangskontrolle
- und den zu versorgenden Bereich

erheblich unterscheiden können.

So sind Access Points für ein drahtloses Computernetz zumeist an eine Stromversorgung angeschlossen, benötigen also keine Batterie. Sie werden häufig – zumindest bei größeren Netzen – von Spezialisten konfiguriert. Ein höherer Installationsaufwand ist somit vertretbar und auch erforderlich, um für zahlreiche Teilnehmer den ordnungsgemäßen Zugang zu regeln. Im Allgemeinen sollen mit drahtlosen Computernetzen größere Bereiche abgedeckt werden. Ferner sind für die entsprechenden Funkmodule höhere Preise vertretbar als bei Modulen, die einen Lichtschalter steuern oder die Messwerte von einem Temperatursensor übermitteln.

Solche Module für den Telemetriebereich erfordern neben einem geringen Preis auch einen geringen Energieverbrauch, da sie meist mit Batterien (Knopfzellen) betrieben werden, die nach Möglichkeit mehrere Monate oder Jahre halten sollen. Umgekehrt ist die Anforderung an die Datenrate für die Übermittlung von Mess- und Steuerungsinformationen eher gering.

Betrachtet man hingegen Funkmodule für den Multimedia-Bereich, so sind Datenraten von einigen zehn oder gar hundert Megabits pro Sekunde erforderlich, um den Inhalt einer DVD oder Speicherkarte in akzeptabler Zeit zu übertragen. Die Installation solcher Module sollte sehr einfach zu bewerkstelligen sein, dagegen kann die Reichweite i.Allg. auf einen Raum bzw. eine Wohnung beschränkt sein.

Klassifizierung der Versorgungsbereiche
Bezüglich des Funkversorgungsbereiches nimmt man vielfach die in Tabelle 1.1 aufgeführte Einteilung vor. Dabei steht das «W» jeweils für **W**ireless und das «AN» für **A**ccess **N**etwork, der zweite Buchstabe charakterisiert den Versorgungsbereich. Dieses Buch konzentriert sich auf die Wireless PANs und Wireless LANs. Die Unterscheidung zwischen diesen beiden Typen lässt sich allerdings nicht in allen Fällen strikt vornehmen: Zwar sind größere drahtlose Computernetze oder öffentliche Hotspots sicherlich den Wireless LANs zuzuordnen, und der Anschluss eines Headsets an das Handy oder der Anschluss einer Maus an den PC fällt eindeutig in den Bereich der Wireless PANs, aber ob die Funkversorgung eines Hauses – eventuell mit großem Garten – eher ein Wireless LAN oder Wireless PAN darstellt, lässt sich nicht eindeutig beantworten.

Alle die zuvor genannten Anforderungen in einem System preisgünstig zu realisieren ist nicht möglich, daher wurden und werden mehrere Systeme bzw. Systemfamilien mit unterschiedlichen Stärken und Einschränkungen entwickelt. Abschnitt 1.3 gibt einen ersten Überblick über die entsprechenden Standards.

1.3 Standards für lokale Funknetze

Häufig werden in lokalen Funknetzen Komponenten bzw. Funkmodule verschiedener Hersteller eingesetzt, beispielsweise bei Wireless-LAN-Hotspots. Damit diese Komponenten problemlos zusammenspielen, müssen grundlegende Methoden für deren Kommunikation – wie z.B. die Übertragungsverfahren oder die Regeln und Formate für einen Meldungsaustausch – detailliert und eindeutig festgelegt werden.

> Dieser Abschnitt gibt einen Überblick über die wichtigsten Standards für lokale Funknetze und über die Organisationen, die diese Standards erarbeiten bzw. herausgeben.
>
> Eine der bedeutendsten Organisationen ist das **I**nstitute of **E**lectrical and **E**lectronics **E**ngineers (IEEE). Das IEEE wurde 1967 als Vereinigung von Ingenieuren der Elektrotechnik in den USA gegründet. Inzwischen gehören ihm über 350 000 Personen aus ca. 150 Länder an; insbesondere sind die Mitarbeiter von Firmen aus der Telekommunikations- und Mikroelektronikbranche vertreten. Eine wesentliche Aufgabe des IEEE besteht in der Erarbeitung und Herausgabe von Standards. So wurde im Februar 1980 die Arbeitsgruppe IEEE 802 gegründet, in deren Namen sich das Gründungsjahr (1980) und der Gründungsmonat (02) widerspiegeln. Sie befasst sich mit der Standardisierung im Umfeld von **L**ocal and **M**etropolitan **A**rea **N**etworks (LAN, MAN), insbesondere hat sie den Ethernet-Standard für drahtgebundene lokale Computernetze unter der Bezeichnung

Tabelle 1.1 Klassifizierung von Funknetzen nach Versorgungsbereichen

Kürzel	Bereich	ungefähre Größe	Beispiele
WBAN	Body	am Körper	Funksysteme für den medizinischen Bereich
WPAN	Personal	ca. 10 m Radius	Bluetooth, ZigBee
WLAN	Local	einige 100 m Radius	IEEE 802.11, DECT
WMAN	Metropolitan	Stadtgebiet	WiMAX
WWAN	Wide	landesweit	GSM, UMTS
WGAN	Global	global	Satellitenfunk

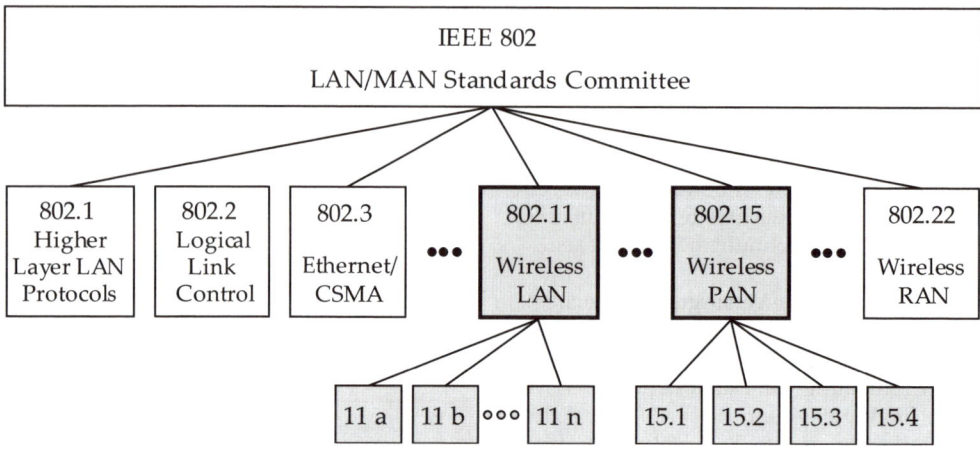

Bild 1.3   Übersicht über die Standards der Arbeitsgruppe IEEE 802

> IEEE 802.3 herausgegeben. Seit etwa 1995 befasst sich diese Arbeitsgruppe verstärkt mit Funknetzen, nämlich mit
>
> ❏ Wireless LANs in der Serie IEEE 802.11,
> ❏ Wireless PANs in der Serie IEEE 802.15.
>
> Bild 1.3 gibt einen Überblick über die von der Arbeitsgruppe IEEE 802 herausgegebenen Standards.

1.3.1   Der Wireless-LAN-Standard IEEE 802.11

In Bezug auf die Funknetze wurde vom IEEE als Erstes im Jahre 1997 der Standard IEEE 802.11 verabschiedet, wobei der Hauptanwendungsbereich auf dem Gebiet der drahtlosen Computernetze liegt. Dabei ist es möglich,

❏ zwei oder mehr Computer bzw. Laptops direkt über Funk miteinander zu vernetzen,
❏ ein bestehendes drahtgebundenes Computernetz zu erweitern, auf das man mittels Funk über Access Points zugreifen kann.

Im Heimbereich erlaubt das System über den Access Point einen drahtlosen Zugang auf den DSL- oder ISDN-Anschluss. In größeren Firmen oder in Hochschulen wurden Netze mit einigen hundert Access Points und einigen tausend Teilnehmern realisiert. Auch die öffentlichen Wireless LAN Hotspots arbeiten nach diesem Standard bzw. dessen Erweiterungen.

Neben der Hauptanwendung der drahtlosen Computernetze gibt es Einsatzgebiete im Bereich der drahtlosen Telemetrie. Ferner zeigen sich Tendenzen, auch die schnurlose Telefonie in Wireless LANs zu integrieren.

Der ursprüngliche Standard ermöglichte Datenraten von bis zu 2 Mbit/s. Dazu wurden drei unterschiedliche Übertragungstechniken definiert:

❏ eine Spreiztechnik bei 2,4 GHz,
❏ eine Technik mit Frequenzsprungverfahren bei 2,4 GHz,
❏ eine Infrarot-Übertragungstechnik,

wobei sich in Produkten nur die Spreiztechnik (siehe Abschnitt 3.1.4) durchgesetzt hat. Neben den Spezifikationen zur Übertragungstechnik enthält der ursprüngliche Standard IEEE 802.11 noch Festlegungen zur Datenverschlüsselung (Vertraulichkeit), zur Zugangskontrolle (Authentifizierung) und zum Zugriffsverfahren. Letzteres regelt, welche von mehreren Stationen ihre Daten zu welchem Zeitpunkt über Funk versenden darf und was bei der Kollision von Übertragungsanforderungen geschieht. Im Wesentlichen wurde das vom Ethernet (IEEE 802.3) bekannte Zugriffsverfahren auf die Bedürfnisse der Funkübertragung angepasst.

Um dem Bedarf an höheren Datenraten gerecht zu werden, spezifizierte das IEEE neue Übertragungsverfahren. Der 1999 verabschiedete Standard IEEE 802.11b erweiterte die ursprüngliche Spreiztechnik, um Datenraten von 11 Mbit/s zu erzielen. Bei IEEE 802.11a und IEEE 802.11g kommt mit dem so genannten Orthogonal Frequency Division Multiplexing (OFDM, siehe Abschnitt 3.1.6) eine neue – vom digitalen Fernsehen und Rundfunk bekannte – Übertragungstechnik zum Einsatz, mit der Datenraten von bis zu 54 Mbit/s möglich werden.

IEEE 802.11a und IEEE 802.11g unterscheiden sich im Wesentlichen durch den verwendeten Frequenzbereich voneinander, nämlich den Bereich bei etwa 5 GHz und den bei etwa 2,4 GHz.

Zur Zeit befasst sich die Arbeitsgruppe IEEE 802.11n damit, die Datenrate auf über 300 Mbit/s – insbesondere durch Verwendung spezieller Antennentechniken – zu steigern.

Neben den bereits erwähnten Arbeitsgruppen gibt es weitere Gruppen bzw. Zusätze zum Standard IEEE 802.11, die u.a. die Verbesserung der Datensicherheit (IEEE 802.11i), die Gewährleistung von schnurloser Telefonie (IEEE 802.11e) bzw. die Verfahren zur Sendeleistungsregelung und zur automatischen Frequenzwahl (IEEE 802.11h) betreffen.

1.3.2 Die Wireless-PAN-Standards der Serie IEEE 802.15

Das IEEE hat in den Jahren 2002 und 2003 verschiedene Standards für Wireless Personal Area Networks (WPAN) herausgegeben, die sich in ihren Anwendungsbereichen und Datenraten unterscheiden (Bild 1.4):

❑ Low Rate WPAN Standard IEEE 802.15.4 mit Datenraten bis 0,25 Mbit/s,
❑ Medium Rate WPAN Standard IEEE 802.15.1 mit Datenraten bis 1 Mbit/s,
❑ High Rate WPAN Standard IEEE 802.15.3 mit Datenraten bis 55 Mbit/s.

Da diese Systeme vorwiegend im Frequenzbereich bei 2,4 GHz arbeiten, in dem auch Mikrowellenherde, Wireless LANs und andere Funksysteme zu finden sind, können gegen-

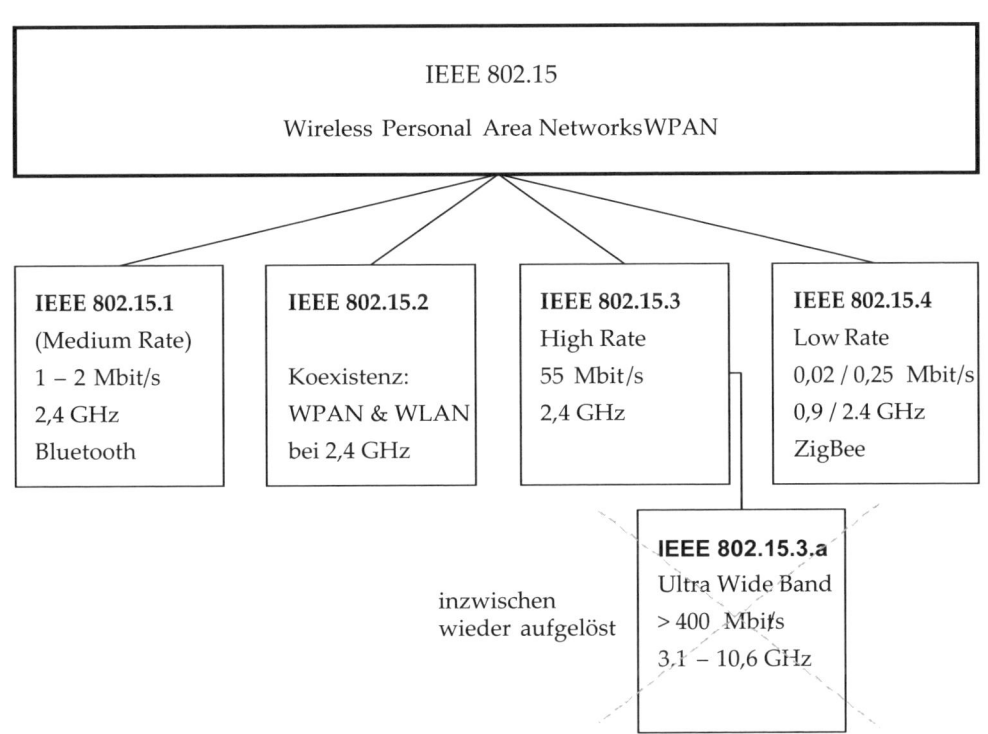

Bild 1.4 Wireless-PAN-Standards

seitige Störungen auftreten (siehe Kapitel 6). In dem Dokument IEEE 802.15.2 sind einige Untersuchungsergebnisse zu der Frage zusammengestellt, wie sich diese Störungen jeweils auswirken. Ferner werden Empfehlungen ausgesprochen, durch welche Maßnahmen und Systemparametereinstellungen die Auswirkungen der Störungen reduziert werden können.

In ihren ursprünglichen Versionen wurden die erwähnten WPAN-Standards von verschiedenen Firmenkonsortien unter anderen Namen entwickelt, die in den folgenden Abschnitten näher besprochen werden. Zu nennen sind insbesondere die Bluetooth Special Interest Group (Bluetooth – IEEE 802.15.1) und die ZigBee-Alliance (ZigBee – IEEE 802.15.4). Ferner gibt es die WiMedia-Alliance und das UWB-Forum, die verschiedene UltraWideBand-Systeme für Datenraten von mehreren hundert Megabit pro Sekunde vorantreiben. Aufgrund der unterschiedlichen Interessenlage ist die zwischenzeitlich angestrebte Standardisierung solcher Systeme als IEEE 802.15.3a vorerst gescheitert.

1.3.3 Bluetooth

> Das Funksystem Bluetooth wurde entwickelt, um Kabelverbindungen zwischen verschiedenen Geräten wie Druckern, PCs, Handys, Headsets oder Digitalkameras durch flexible Funkverbindungen zu ersetzen.
>
> Das wesentliche Anliegen bestand und besteht darin, kurze Entfernungen (einige Meter) mit preiswerten und kleinen Funkmodulen in Energie sparender Weise und ohne großen Installationsaufwand zu überbrücken.

Die Entwicklung von Bluetooth geht auf eine Initiative der schwedischen Firma Ericsson und anderer Firmen wie IBM, Intel, Nokia und Toshiba zurück, die im Jahre 1998 die Bluetooth Special Interest Group (BSIG) gründeten. Diese Gruppe, der inzwischen weit mehr als 1500 Unternehmen aus verschieden Bereichen (Auto- und Flugzeugindustrie, Unterhaltungselektronik, Computer- und Telekommunikationsbranche) angehören, gab eine erste Version der Spezifikationen im Mai 1999 heraus. Diese Version definierte bei einer Bruttodatenrate von 1 Mbit/s verschiedene Datenübertragungsmöglichkeiten für unterschiedliche Anforderungen.

Die entscheidende Neuerung in der Bluetooth-Version 2.0 aus dem Jahre 2005 ist die Erweiterung der Bruttodatenrate auf bis zu 3 Mbit/s durch die Verwendung höherwertiger Modulationsverfahren. Daher trägt diese Version vielfach auch den Zusatz Bluetooth EDR (**E**nhanced **D**ata **R**ate).

Bluetooth arbeitet in einem Frequenzbereich bei 2,4 GHz.

Der Name «Bluetooth» wurde als Anspielung auf König Harald von Dänemark und Norwegen gewählt, der den Beinamen Blåtand (Blauzahn – Bluetooth) trug und im 11. Jahrhundert große Teile Skandinaviens vereinte und christianisierte. Ebenso sollte das vor allem von den skandinavischen Firmen vorangetriebene Bluetooth-Projekt zu einem einheitlichen Standard für die Funkvernetzung führen.

1.3.4 ZigBee

> Der ZigBee-Standard wurde vorwiegend für Anwendungen im Bereich der Haus- und Gebäudeautomation, der industriellen Automatisierungstechnik und der Medizintechnik entwickelt, um Sensoren und Steuerungselemente über Funkverbindungen miteinander zu vernetzen. Das Hauptaugenmerk wurde dabei auf geringe Kosten und einen geringen Leistungsverbrauch der Funkmodule gelegt. Hingegen sind die Anforderungen an die Datenrate vergleichsweise gering: In seiner primären Übertragungsvariante bietet ZigBee in einem Frequenzband bei 2,4 GHz eine Bruttodatenrate von 250 kbit/s. Begrenzt man die Sendeleistung, um für einen niedrigen Stromverbrauch der Module zu sorgen, so ist auch deren Reichweite gering. Um dennoch in einem größeren Gebäude oder auf einem größeren Gelände Sensoren und Steuerungselemente miteinander zu vernetzen, bietet ZigBee eine so genannte *Multi-Hop-Funktionalität*. Das bedeutet, dass ein Datenpaket über mehrere Zwischenstationen vom ursprünglichen Sender zu seinem Ziel transportiert wird. Die Zwischenstationen müssen also einen geeigneten Weg für das Paket suchen. Da dieser Weg dem Zickzack-Kurs einer tanzenden Biene ähnelt, wurde der Name ZigBee gewählt.

Die Standardisierungsaktivitäten für ZigBee begannen im Jahre 1998 im Zuge der Arbeiten am so genannten *HomeRF-Standard*. Nachdem die HomeRF-Standardisierung jedoch eingestellt wurde, gründete sich im Jahr 2002 die ZigBee-Allianz als Zusammenschluss mehrerer Firmen mit dem Ziel, für eine Weiterentwicklung des Standards und eine Verbreitung der zugehörigen Technologie zu sorgen. Die erste Version der Standardisierungsdokumente erschien in den Jahren 2003 und 2004.

1.3.5 UltraWideBand (UWB)

Im Zusammenhang mit lokalen Funknetzen für den privaten Bereich versteht man unter UWB Funksysteme, die bei einer sehr großen Signalbandbreite Datenraten von mehreren hundert Megabits pro Sekunde bieten.

> Die Anwendungen solcher Systeme liegen dementsprechend im Multimedia-Bereich, bei dem große Video- und Audio-Dateien mit hoher Rate über kurze Entfernungen zu transportieren sind. Insgesamt ist es das Ziel der UWB-Systeme, die für den Bereich der Unterhaltungselektronik und der Computer-Peripherie üblichen Schnittstellen wie USB, Firewire (IEEE 1394) und Universal Plug-and-Play als Funklösung zu realisieren.

Derzeit existieren zwei nennenswerte Systemvorschläge, die sich vor allem durch die verwendete Übertragungstechnik (OFDM versus Spreiztechnik, siehe Abschnitt 3.1), aber auch in einigen anderen Systemparametern unterscheiden:

- Für den auf der Spreiztechnik beruhenden Vorschlag, der von dem UWB-Forum vertreten wird, gibt es bereits einen Prototypen;
- für den auf OFDM basierenden Vorschlag sind Produkte bisher erst angekündigt, aber nicht erhältlich. Andererseits hat die Wi-Media-Alliance, die diesen Vorschlag unterstützt, deutlich mehr Mitglieder als das UWB-Forum.

Da sich weder einer der Vorschläge durchgesetzt hat noch eine Kompromisslösung zu erzielen war, kam es zu keinem einheitlichen Standard innerhalb des IEEEs, so dass abzuwarten bleibt, welcher der Vorschläge sich am Markt durchsetzen wird.

Tendenziell zielt das Spreiztechnik-System auf den Bereich der Unterhaltungselektronik, der OFDM-Vorschlag hingegen auf den Bereich der Computer-Peripherie.

1.3.6 Digital Enhanced Cordless Telecommunications (DECT)

> Bei DECT (**D**igital **E**nhanced **C**ordless Telecommunications) handelt es sich um einen von mehreren Standards (GSM, UMTS, HiperLAN) im Bereich der Telekommunikation, die von dem European Telecommunications Standards Institute ETSI entwickelt bzw. vorbereitet wurden. Dem 1988 von der Europäischen Union gegründeten ETSI gehören Mitglieder aus unterschiedlichen Bereichen an, wie
>
> ❑ Netzbetreiber und Anbieter von Telekommunikationsdiensten,
> ❑ Hersteller von Kommunikationsgeräten,
> ❑ nationale Standardisierungsinstitute und Behörden,
> ❑ Benutzergruppen,
> ❑ Forschungsinstitutionen und Berater.

Der DECT-Standard wurde Ende der 1980er- und Anfang der 1990er-Jahre als europaweit einheitlicher Standard konzipiert, um die analogen schnurlosen (engl.: *cordless*) Telefonsysteme zu ersetzen und dabei Verbesserungen in Bezug auf die Sprachqualität, Abhörsicherheit und Nutzungsmöglichkeiten zu schaffen. Die damalige Bedeutung der Abkürzung DECT, nämlich *Digital European Cordless Telephone*, deutet auf den Ursprung des Standards hin.

Die erste Version des Standards wurde 1992 verabschiedet, die ersten Endgeräte kamen im Sommer 1993 auf den Markt. Durch seine Akzeptanz in mehr als 100 Ländern hat sich DECT stark verbreitet und ist mit über 100 Millionen verkauften Endgeräten weltweit der führende Standard im Bereich der schnurlosen Telefonie.

DECT ermöglicht aber nicht nur die schnurlose Telefonie über eine Basisstation für den Heim- oder Bürobereich, sondern einen Mehrzellenbetrieb mit vielen hundert Basisstationen und vielen tausend Endgeräten. Ferner ist der Anwendungsbereich nicht nur auf die Telefonie beschränkt: DECT wurde von Anfang an auch für verschiedene Arten von Datendiensten konzipiert. Die ursprüngliche Bruttodatenrate lag bei knapp 1,2 Mbit/s. Um sie zu steigern, wurden in späteren Versionen des Standards auch höherwertige Modulationsformen hinzugefügt, die Bruttodatenraten von knapp 7 Mbit/s bieten.

1.3.7 HiperLAN/2

HiperLAN/2 ist die Abkürzung für **High Performance Radio LAN** (Version 2). Es handelt sich dabei um einen ETSI-Standard, der für den gleichen Anwendungsbereich wie der Standard IEEE 802.11 entwickelt wurde. Dementsprechend gab es Kooperationen zwischen dem ETSI und der Arbeitsgruppe IEEE 802.11, um die jeweiligen Standards zu harmonisieren. Diese Bestrebungen führten dazu, dass der im Jahre 2000 veröffentliche HiperLAN/2-Standard und der Standard IEEE 802.11a eine nahezu identische Übertragungstechnik verwenden. Da jedoch Produkte gemäß vorangehender IEEE-Standards bereits den Markt drahtloser Computernetze besetzt hatten, konnten sich HiperLAN/2-Produkte – trotz besserer Funkkanalzuteilungsverfahren – nicht am Markt behaupten.

1.3.8 HomeRF

Wie der Name andeutet, zielte die Entwicklung des HomeRF-Systems auf eine Vernetzung des Heimbereichs mittels Funkfrequenzen (RF: *Radio Frequency*). Das System sollte dabei alle Anwendungsbereiche von der schnurlosen Telefonie über die Hausautomation bis hin zu drahtlosen Computernetzen und Multimedia-Anwendungen abdecken. Wegen der starken, uneinholbaren Konkurrenz durch andere Systeme wurde das Projekt jedoch 2003 eingestellt. Einige der Ideen sind allerdings in den ZigBee-Standard eingeflossen.

1.3.9 Z-Wave

Bei Z-Wave handelt es sich um ein Funksystem, das nicht von einer Gruppe von Firmen, sondern nur von einer einzigen in Dänemark ansässigen Firma entwickelt wurde und demnach auch nicht standardisiert ist. Es zielt vorwiegend auf den Anwendungsbereich der Haus- und Gebäudeautomation und deckt damit einen Teil des ZigBee-Anwendungsspektrums ab. Ebenso wie ZigBee sieht das Z-Wave-System eine Multihop-Funktionalität vor und ist in Hinblick auf einen niedrigen Leistungsverbrauch, geringe Kosten und eine leichte Installierbarkeit optimiert. Das System stellt eine Datenrate von 9,6 kbit/s bereit, die für die anvisierten Anwendungen i.Allg. als ausreichend anzusehen ist.

1.3.10 NanoNET

Wie bei Z-Wave handelt es sich bei NanoNET um ein Funksystem, das nur von einer Firma entwickelt wurde – der in Berlin ansässigen Firma nanotron Technologies. Das System zielt darauf ab, sowohl die ZigBee-Anwendungsbereiche (Hausautomation, industrielle Automation) als auch die Bluetooth-Anwendungsbereiche (Anbindung von Computer-Peripherie) abzudecken. Es arbeitet im gleichen Frequenzband bei 2,4 GHz wie Bluetooth und ZigBee und bietet eine Datenrate von 2 Mbit/s.

1.4 Weitere Funksysteme

Die in Abschnitt 1.3 aufgeführten Funksysteme sind dem eigentlichen Fokus dieses Buches, nämlich dem der Local Area Networks (LANs) und der Personal Area Networks (PANs) zuzuordnen. Sieht man von den Spezialfällen WLAN-Hotspots und Digitale Kioske ab, so werden sie als private Netze betrieben.

Daneben gibt es aber auch noch einige andere bedeutende Funksysteme, deren Anwendungsbereiche und wesentliche Leistungsmerkmale kurz erläutert werden sollen. Insbesondere stehen dabei die Fragen im Vordergrund, in welcher Weise sich diese anderen Systeme von den lokalen Funknetzen abgrenzen bzw. inwieweit es Wechselwirkungen oder Überschneidungen gibt.

1.4.1 Öffentliche Mobilfunknetze

Global System for Mobile Communications GSM

Das derzeit bedeutendste Mobilfunksystem mit weltweit mehr als zwei Milliarden Nutzern ist das Global System for Mobile Communications (GSM). Die erste Version des Standards, nach dem auch die D1-, D2-, Eplus- und O_2-Netze in Deutschland errichtet sind, wurde 1990 von der ETSI veröffentlicht und ermöglichte Sprachdienste sowie Datendienste mit einer Rate von etwa 10 kbit/s. Seitdem hat sich der Standard ständig weiterentwickelt, so dass GSM-Netze heutzutage einen mobilen Internet-Zugang und Multimedia-Dienste bieten. Diese basieren auf den folgenden Datendiensten:

- High Speed Circuit Switched Data (HSCSD),
- General Packet Radio Service (GPRS),
- Enhanced Data Rate for GSM Evolution (EDGE).

Die ersten beiden Verfahren sind in den deutschen GSM-Netzen im Einsatz und bieten im praktischen Betrieb eine Datenrate von etwa 40 kbit/s – theoretisch sind sogar bis zu 160 kbit/s möglich. Durch erweiterte Übertragungsverfahren ermöglicht EDGE bei günstigen Empfangsbedingungen und geringer Netzauslastung sogar Datenraten von etwa 500 kbit/s, so dass einige der Betreiber die Einführung dieser Technik erwägen.

Universal Mobile Telecommunication System, UMTS

Komplett andere Übertragungstechniken und Frequenzbänder nutzen UMTS-Netze, deren Inbetriebnahme etwa 2004 begann. UMTS steht dabei für Universal Mobile Telecommunication System. Der Standard wurde zunächst vom ETSI und später (ab 1998) vom 3rd Generation Partnership Project (3GPP), einem Zusammenschluss von mehreren Standardisierungsgruppen aus verschiedenen Teilen der Welt, entwickelt. UMTS ist einer von mehreren Standards für Mobilfunksysteme der so genannten dritten Generation, die gegenüber Systemen der zweiten Generation – wie GSM – ein erweitertes Anwendungsspektrum und verbesserte Leistungsmerkmale bieten sollen. Die Koordination der Standardisierung für die Systeme der dritten Generation, zu denen auch DECT gehört, obliegt der International Telecommunication Union (ITU).

In einem ersten Schritt hat die ITU den Systemen der dritten Generation verschiedene Bänder im Bereich bei 2 GHz zugewiesen. Der Großteil dieser Bänder ist für den Betrieb im FDD-Modus vorgesehen. Frequency Division Duplex (FDD) bedeutet, dass die Uplink- und Downlink-Richtungen einer Verbindung (Bild 1.5) unterschiedliche Frequenzen nutzen. Hingegen liegen Uplink und Downlink beim Time Division Duplex (TDD) auf der gleichen Frequenz, wechseln sich aber in einem bestimmten zeitlichen Rhythmus ab.

Für die Gewährleistung der großflächigen Versorgung wird der FDD-Modus verwendet, mit dem sich derzeit (2006) in UMTS-Netzen eine typische Datenrate von 384 kbit/s erzielen lässt. Durch die Einführung neuer Übertragungstechniken im FDD-Modus mit der Bezeichnung High Speed Downlink Packet Access (HSDPA) und High Speed Uplink

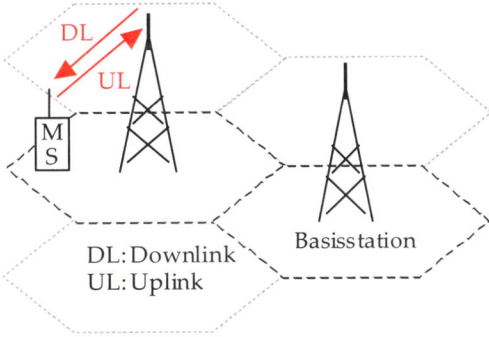

Bild 1.5
Öffentliches Mobilfunknetz

Packet Access (HSUPA) lässt sich die Datenrate schrittweise auf 1,8 Mbit/s und später sogar auf 14,4 Mbit/s steigern. Zu betonen ist allerdings, dass sich diese hohen Datenraten nur bei sehr guten Empfangsbedingungen erreichen lassen; selbst eine Datenrate von 384 kbit/s ist flächendeckend nur mit sehr großem Aufwand zu realisieren.

Teile der TDD-Bänder sind für einen lizenzierten, andere für einen unlizenzierten Netzbetrieb vorgesehen. So haben beispielsweise die Netzbetreiber in Deutschland bei der Versteigerung der UMTS-Lizenzen auch ein Spektrum in den TDD-Bändern erworben. Mit den Bändern für den unlizenzierten Betrieb können z.B. lokale Funknetze errichtet werden.

1.4.2 Drahtloser Teilnehmeranschluss und drahtlose Kopplung von Netzen

> ! Für neue Betreiber oder in Gebieten, in denen eine neue Telekommunikations-Infrastruktur aufgebaut werden soll, kann es kostengünstiger sein, die Teilnehmer nicht über Kabel, sondern mittels Funk an ein öffentliches Netz anzuschließen. Da dabei häufig Entfernungen von vielen Kilometern mit nicht allzu hoher Sendeleistung zu überbrücken sind, kommen stark bündelnde Antennen zum Einsatz, die auf den Teilnehmer ausgerichtet werden.

Ein ähnliches Einsatzgebiet der Funktechnik mit bündelnden Antennen ist die Kopplung von lokalen Netzen, die beispielsweise an unterschiedlichen Standorten einer Firma betrieben werden (Bild 1.6).

Im Bereich der drahtlosen Telefonanschlüsse hat der DECT-Standard eine große Bedeutung erlangt – zwar nicht in Deutschland, aber in anderen Ländern. Da DECT für Anwendungen mit hohen Datenraten jedoch nicht geeignet ist, wurden andere Standards erarbeitet, deren wichtigster Vertreter das WiMAX-System ist.

Die Lizenzen zum Betrieb solcher Systeme sollen in Deutschland im Jahr 2006 von der Bundesnetzagentur vergeben werden.

World Wide Microwave Access, WiMAX
Die Standardisierung von WiMAX erfolgt unter Federführung der Arbeitsgruppe IEEE

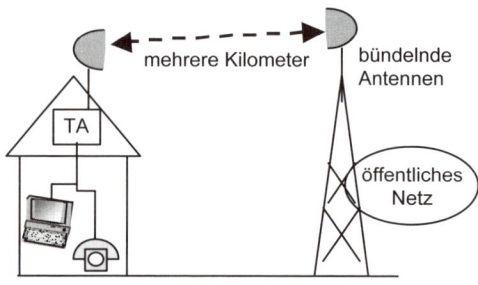

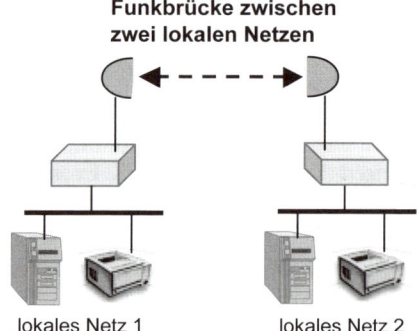

Bild 1.6 Drahtloser Teilnehmeranschluss und Funkbrücken

802.16. Die ursprüngliche Variante des Standards war für den Einsatz in verschiedenen Frequenzbändern zwischen 10 GHz und 60 GHz gedacht. Bei den hohen Frequenzen muss eine freie Sicht zwischen Sender und Empfänger bestehen. Da die Funkausbreitungsbedingungen bei niedrigeren Frequenzen i.Allg. günstiger sind (siehe Kapitel 2), wurden nachfolgend Varianten des Systems für den Einsatz in Frequenzbändern zwischen 2 GHz und 11 GHz vorgesehen. Insgesamt bieten WiMAX-Systeme Reichweiten von etwa 50 km und Datenraten von ca. 10 bis 70 Mbit/s (je nach Entfernung). In Deutschland ist für WiMAX zunächst ein Frequenzband bei 3,5 GHz vorgesehen.

Um einen weiteren Einsatzbereich für WiMAX zu erschließen, hat das IEEE den Standard um die Variante IEEE 802.16e erweitert, die den Teilnehmern die Mobilität bietet und dabei auch automatische Zellwechsel unterstützt. Mit Systemen gemäß diesem Standard können **W**ireless **M**etropolitan **A**rea **N**etworks (WMAN) – also Mobilfunknetze in Stadtgebieten – errichtet werden, die aus mehreren kleinen Funkzellen bestehen. Solche Netze stellen damit eine gewisse Konkurrenz zu UMTS dar, allerdings ist ihre Einführung in Deutschland bisher nicht in Sicht.

HIPERACCESS und HIPERMAN
Bereits zuvor wurde der ETSI-Standard HiperLAN/2 als Analogon zu dem Standard IEEE 802.11a vorgestellt. Um auch den Bereich des drahtlosen Teilnehmeranschlusses und der WMANs zu erschließen, hat das ETSI die Standards HIPERACCESS und HIPERMAN entwickelt. Was die weltweite Verbreitung von Produkten anbelangt, geht der Trend aber in Richtung des WiMAX-Systems.

IEEE 802.11
Für die Kopplung von lokalen Netzen an verschiedenen Standorten werden heute vielfach WLAN-Komponenten nach dem Standard IEEE 802.11 eingesetzt. Auch in diesem Einsatzfeld ist ein eigens dafür entwickelter ETSI-Standard namens HiperLINK ins Hintertreffen geraten.

1.4.3 Radio Frequency Identification (RFID)

Unter den Oberbegriff **R**adio **F**requency **Id**entification (RFID) fallen eine Vielzahl von automatischen Identifikationssystemen auf Funkbasis. Identifikation bedeutet, dass bestimmte Informationen, die eine Ware oder einen anderen Gegenstand kennzeichnen, auf einem an diesem Gegenstand angebrachten Mikrochip – den so genannten Transponder – gespeichert sind und von einem Lesegerät berührungslos erfasst werden können. In einigen Fällen führt man die am Lesegerät aufgenommenen Daten über ein Kommunikationsnetz einem Computer zur zentralen Erfassung und Auswertung zu (Bild 1.7). Bei dem Kommunikationsnetz kann es sich auch um ein lokales Funknetz handeln.

Das Einsatzgebiet dieser Systeme umfasst die Bereiche:

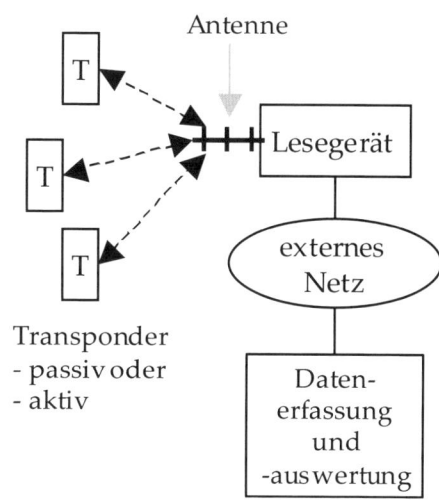

Bild 1.7 Komponenten eines RFID-Systems

❏ Wegfahrsperre in Kraftfahrzeugen,
❏ Diebstahlsicherung von Waren,
❏ Ersatz des Strichcodes zur Kennzeichnung von Waren,
❏ Erfassung und Verwaltung von Waren in einem Lager,
❏ Lokalisierung von Gegenständen und Personen,
❏ Kennzeichnung von Tieren, insbesondere von Hunden.

Zu erwähnen ist, dass die Tickets für die Fußballweltmeisterschaft in Deutschland mit RFID-Chips versehen waren, um sie eindeutig dem Besitzer zuordnen zu können.

Die Transponder sind zumeist als passive Elemente ausgelegt. Das bedeutet, dass sie keine Batterie besitzen und nicht selbst senden, sondern von dem Lesegerät zum Senden angeregt werden und dafür von diesem die notwendige Energie beziehen. Teilweise gibt es jedoch auch aktive Transponder, die eine eigene Stromversorgung besitzen und beim Senden nicht auf die Anregung durch das Lesegerät angewiesen sind.

RFID-Systeme nutzen je nach Einsatzgebiet sehr unterschiedliche Frequenzbänder zwischen 9 kHz und 25 GHz. Mit Frequenzbändern bei 868 MHz, 2,4 GHz und 5,8 GHz finden dabei auch Bänder Verwendung, die ebenso von lokalen Funknetzen benutzt werden.

Abhängig vom konkreten RFID-System sind Reichweiten zwischen etwa 2 mm und 50 m möglich.

1.5 Funknetzstrukturen

Stationen

> Die Geräte, die über Funk miteinander kommunizieren, werden im Folgenden allgemein *Stationen* (STA) genannt. Stationen, die fest an einem Ort installiert sind und den Übergang zu einem anderen (leitungsgebundenen) Netz bewerkstelligen, heißen *Access Points* (AP) oder *Basisstationen* (BS).
> Hingegen kann sich der Nutzer mit seinen Endgeräten innerhalb des Versorgungsbereiches der Basisstation frei bewegen; daraus resultiert der Name *Mobilstation* (MS).

Die genannten Stationen können auf verschiedene Weisen in einem Funknetz miteinander verbunden sein, wie Bild 1.8 illustriert.

Direktmodus / Peer-to-Peer-Kommunikation
Die Endgeräte – wie z.B. zwei oder mehrere mit WLAN-Karten bestückte Laptops – können direkt und ohne Verwendung anderer Stationen Daten miteinander austauschen; sie arbeiten im so genannten *Direktmodus*. Sind alle Stationen gleichberechtigt, so spricht man auch von einer *Peer-to-Peer-Kommunikation*.

Sternförmige Master-Slave-Netzstruktur
Nimmt eine Station eine ausgezeichnete Rolle wahr – z.B. bei der Zuteilung der Funkkanäle –, so wird diese Station damit zum Master in dem Funknetz und die anderen Stationen werden zu dessen Slaves. Beispielsweise übernimmt in einem Bluetooth-Netz immer eine Station die Rolle des Masters, der Verbindungen zu bis zu sieben Slaves steuert. Ebenso spielen der Access Point bei einem Wireless LAN oder die Basisstation in einem DECT-Netz ausgezeichnete Rollen bei der Koordination der Netze. Zudem vermitteln diese Stationen den Übergang in ein anderes leitungsgebundenes Netz. Existiert nur eine Master-Station, so ergibt sich ein Netz, bei dem die Slaves gewissermaßen sternförmig an den Master angeschlossen sind: Die Slaves können nicht direkt miteinander kommunizieren, sondern höchstens über den Master. So können beispielsweise zwei bei einem Access Point angemeldete Laptops mit WLAN-Karten über den Access Point Daten austauschen. Es gibt aber auch Netze – wie z.B. einfache Bluetooth-Netze –, bei denen die Slaves überhaupt nicht miteinander (auch nicht über den Master), sondern nur mit dem Master kommunizieren können.

Scatternetz
Gibt es zwei oder mehr Master, so kann eine Station mehreren Netzen angehören, beispielsweise, wie in Bild 1.8 gezeichnet, als Master in dem einen und als Slave in dem anderen. Besitzt diese Station jedoch keine Vermittlungsfunktion, d.h. kann sie keine Daten von dem einen in das anderen Netz weiterleiten, so sind die beiden Netze weitgehend als getrennte, unabhängige Netze zu sehen. Man spricht in diesem Fall von einem Scatternetz. Bluetooth bietet beispielsweise diese Netzstruktur.

Baum-Netz mit Multihop-Funktion
Zwei oder mehr sternförmige Netze kann man koppeln, indem man z.B. Funkverbindungen zwischen den jeweiligen Master-Stationen ermöglicht und diese mit einer Vermittlungsfunktion versieht. In Bild 1.8 kann der Slave S_a in mehreren Sprüngen über den ersten und zweiten Master dem Slave S_b Daten senden. Das Netz besitzt somit eine Multihop-Funktion und zeigt eine Baumstruktur. Daten können nur über die Master-Stationen, aber nie direkt zwischen den Slaves ausgetauscht werden. Solche Baumstrukturen werden beispielsweise vom ZigBee-Standard unterstützt.

Infrastruktur-Netz mit Mehrzellenbetrieb
Eine andere Art, die einfachen sternförmigen Master-Slave-Netze miteinander zu verknüpfen, besteht darin, die Master an ein (bestehendes) kabelgebundenes Netz anzuschließen, über das sie Daten austauschen können. Solche Netze bezeichnet man als Infrastruktur-Netze. Beispielsweise kann man zahlreiche WLAN

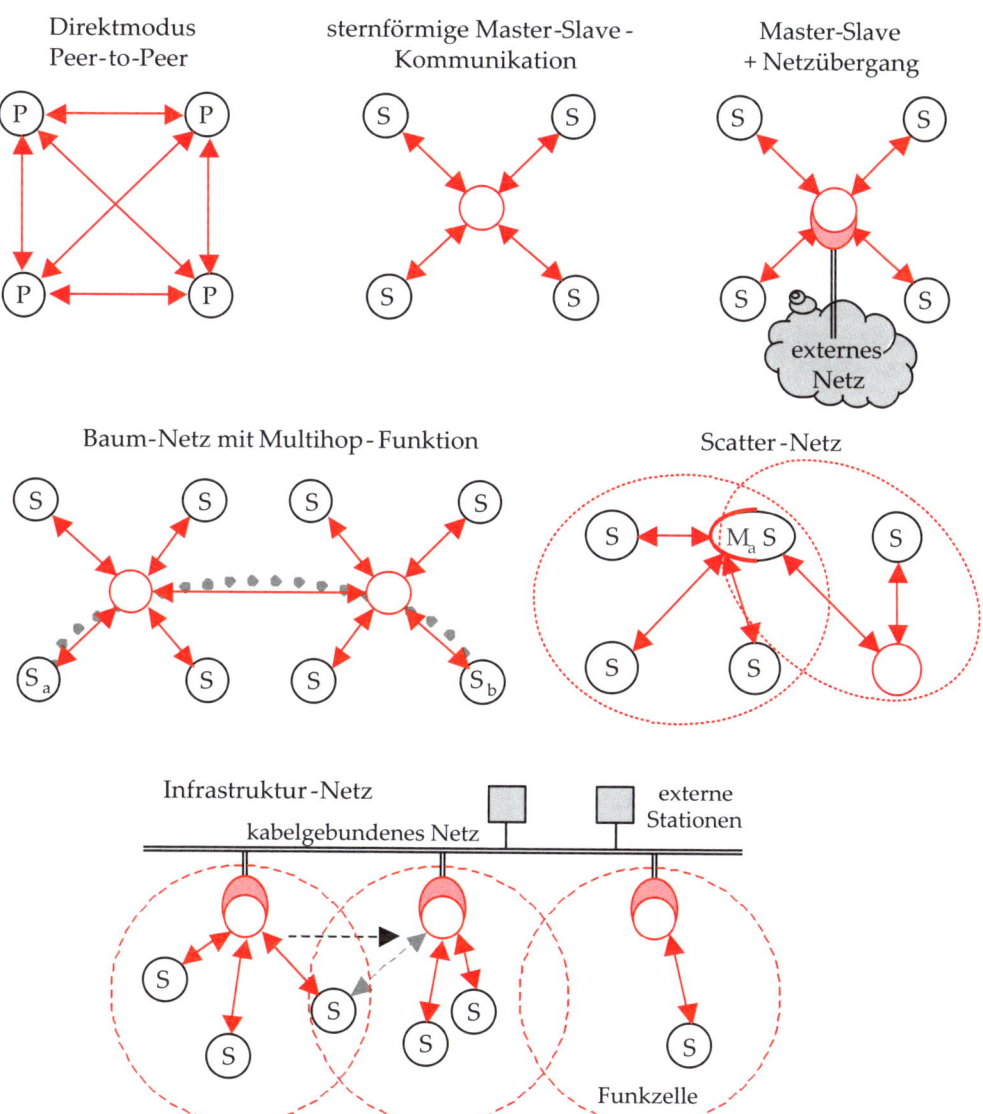

Bild 1.8   Netzstrukturen bei lokalen Funknetzen

Access Points in ein kabelgebundenes Computernetz (Ethernet-LAN) einbinden und somit ein Wireless LAN mit einem großen Versorgungsbereich aufbauen. Den Versorgungsbereich eines einzelnen Access Points bezeichnet man als eine Funkzelle, bei mehreren Access Points ist somit ein Mehrzellen-Betrieb gewährleistet. Die Mobilstationen dürfen sich frei von Funkzelle zu Funkzelle bewegen und sind dabei nahezu lückenlos erreichbar – ein Vorgang, den man *Roaming* nennt. Ferner verlangt man i.Allg., dass bei einem Zellwechsel Daten nicht verloren gehen und die Verbindung nicht abbricht, sondern zum entsprechenden Access Point weitergereicht wird. Solche Zellwechsel nennt man *Handover*.

Adhoc-Netze
Von Adhoc-Netzen spricht man bei Netzen, bei denen spontan und ohne große Vorbereitung eine Kommunikation zwischen verschiedenen Endgeräten erfolgen kann. Das bedeutet:
❏ Sie benötigen keine Infrastruktur.
❏ Sie organisieren sich selbst.
❏ Sie erfordern nur einen geringen Aufwand zur Installation.

Unter den Begriff der Adhoc-Netze fallen Bluetooth, ZigBee und die Peer-to-Peer-Kommunikation bei IEEE 802.11.

1.6 Kommunikationsprotokolle

Die Aufgabe eines Kommunikationssystems lässt sich relativ leicht zusammenfassen:

> Ein Kommunikationssystem ermöglicht einen Datenaustausch zwischen verschiedenen Geräten. Die Daten müssen dabei fehlerfrei und zuverlässig an das richtige Ziel geleitet werden, ohne dass Unbefugte in das Netz eindringen oder die übertragenen Daten abhören. In der konkreten Umsetzung handelt es sich bei dem Datenaustausch i.Allg. um einen sehr komplexen Prozess, der in viele Teilaspekte zerfällt. Dies zeigt auch der Umfang der Spezifikationsdokumente, die zumeist deutlich mehr als 1000 Seiten umfassen. Um den Kommunikationsprozess zu gliedern, zerlegt man ihn – wie in Bild 1.9 illustriert – in mehrere so genannte Schichten (Layer). Dabei nutzt jede Schicht gewissermaßen Hilfsfunktionen oder Dienste aus der jeweils darunter liegenden Schicht, um ihre Aufgaben zu erfüllen. Zieht man einen Vergleich zu einem gut strukturierten Computerprogramm, so bildet die obere Schicht das Hauptprogramm, das Unterprogramme aufruft, wobei die Unterprogramme wiederum auf «Unter-Unterprogramme» zurückgreifen.

Bild 1.9 zeigt beispielhaft eine Einteilung in fünf Schichten. In konkreten Systemen findet man zwar grundsätzlich eine ähnliche Struktur, im Detail gibt es jedoch i.Allg. einige Modifikationen sowie weitere Feinstrukturen, die in den nachfolgenden Kapiteln erläutert werden. Die in Bild 1.8 gezeigte Struktur kann jedoch als guter Ausgangspunkt für die Gliederung bei den einzelnen Systemen dienen.

Anwendungsschicht – Application Layer, APP
An oberster Stelle stehen die anwendungsbezogenen Schichten. Zu ihren Aufgaben gehören u.a.

❏ die genaue Beschreibung des eigentlichen Telekommunikationsdienstes (Telefonie, File-Transfer, World Wide Web) und seiner Nutzungsmöglichkeiten für den Teilnehmer,
❏ die Festlegungen zum Datenformat (Dateiformat, Format von Internetseite oder E-Mails).

Transportschicht – Transport Layer
Die darunter liegende Transportschicht zerlegt die Anwendungsdaten (Dateien) in kleinere Einheiten – *Segmente* genannt. Während die Daten oder Dateien der Anwendungsschicht viele Millionen von Bytes umfassen können, beträgt die Größe eines Segments typischerweise tausend Bytes. Die Zerlegung in Segmente ist erforderlich, da mit zunehmender Dateigröße das Risiko für einen Übertragungsfehler steigt, so dass die empfangene Datei unbrauchbar ist. Die Transportschicht überwacht mittels so genannter Prüfbits, ob ein Segment korrekt beim Empfänger eingetroffen ist. Ist dies nicht der Fall, so fordert der Empfänger das Segment erneut an. Der Sender wird also automatisch aufgefordert, ein Datenpaket zu wiederholen, man spricht daher von einem *ARQ-Verfahren*, wobei ARQ das Kürzel für **A**utomatic **R**epeat Re**q**uest ist. Da die Segmente nummeriert sind, kann sie der Empfänger in der richtigen Reihenfolge wieder zu der ursprünglichen Datei zusammensetzen.

Vermittlungsschicht – Network Layer, NWK
Häufig sind die kommunizierenden Geräte nicht direkt miteinander verbunden, sondern die Kommunikation erfolgt indirekt über mehrere dazwischen liegende Stationen. In diesem Fall muss das Netz einen geeigneten Weg von der Ursprungs- zur Zielstation

Kommunikationsprotokolle

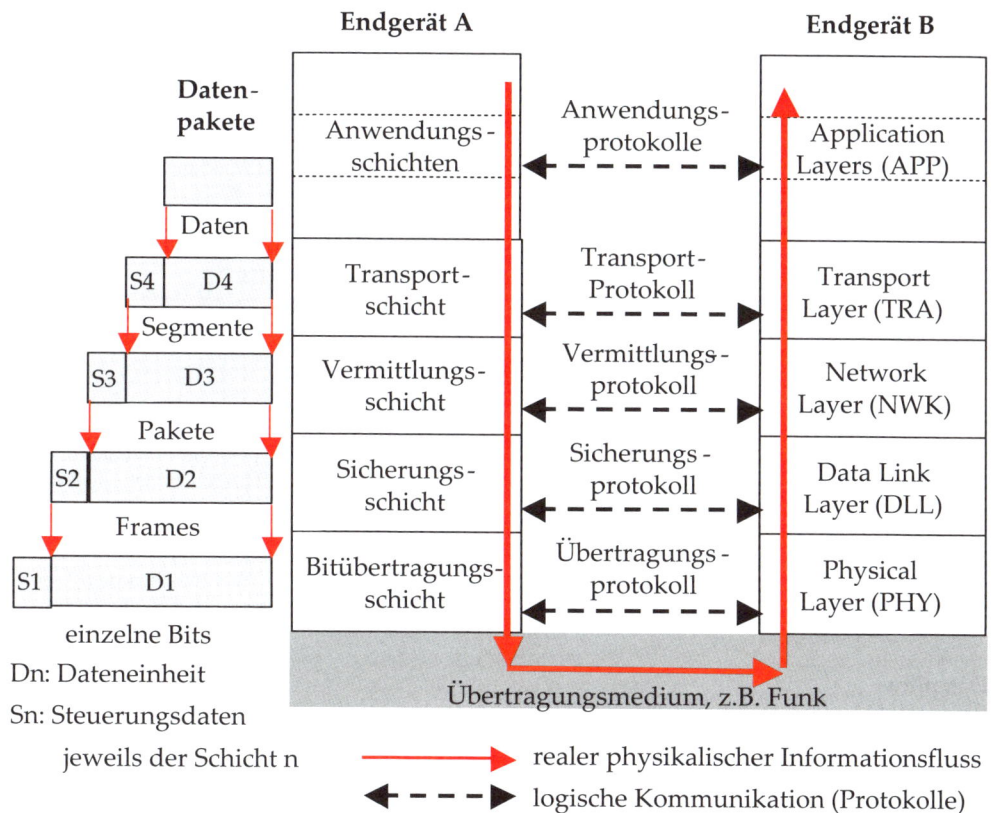

Bild 1.9 Schichten zur Beschreibung eines Telekommunikationssystems

suchen. Diese Wegesuche – auch *Routing* genannt – ist die Hauptaufgabe der Vermittlungsschicht. Die weiterleitenden Stationen – die Router – müssen dazu die Adressen der umliegenden Stationen kennen und Informationen zum Auslastungsgrad der anderen Router bzw. der Verbindungsstrecken kennen. Prinzipiell können die einzelnen Segmente einer Datei unterschiedliche Wege nehmen. Insbesondere kann in einem Funksystem eine Neuwahl des Weges erforderlich sein, wenn sich die Stationen bewegen.

Sicherungsschicht – Data Link Layer, DLL
Bei den in diesem Buch diskutierten Systemen zerfällt die Sicherungsschicht in zwei Teilschichten mit unterschiedlichen Aufgaben:

Verbindungssteuerung – Logical Link Control (LLC) / Radio Link Control (RLC)
Für die Verbindungssteuerung werden die Pakete der Vermittlungsschicht eventuell in kleinere Teile zerlegt, die man *Fragmente* nennt. Die Übertragung dieser Fragmente wird mittels eines ARQ-Verfahrens überwacht und gesteuert. Diese Schicht, die man je nach System Logical Link Control oder Radio Link Control nennt, hat eine ähnliche Aufgabe wie die Transportschicht. Während jedoch die Transportschicht für die Kontrolle der gesamten Strecke von der Ursprungs- zur Zielstation zuständig ist, überwacht die Link-Control-Schicht nur jeweils eine Teilstrecke zwischen zwei benachbarten Stationen (Bild 1.9). Eine weitere Aufgabe der Verbindungssteuerung besteht in der

Flusskontrolle, d.h., bei einer Überlast kann der Empfänger den Sender anweisen, die Aussendung von Fragmenten zu drosseln.

Zugriffskontrolle – Medium Access Control, MAC
Die MAC-Schicht regelt, welche Station zu welchem Zeitpunkt und für welchen Zeitraum auf das Übertragungsmedium (Funk) zugreifen kann und wie bei eventuellen Kollisionen zu verfahren ist.

Des Weiteren sind in der Sicherungsschicht vielfach noch die Verfahren zur Zugangsberechtigungsprüfung und zur Verschlüsselung von Daten angesiedelt.

Bitübertragungsschicht – Physical Layer, PHY
In der Bitübertragungsschicht ist festgelegt, wie die einzelnen Bits eines Fragments einer Funkwelle aufgeprägt bzw. moduliert werden. Ferner regelt diese Schicht, welche Frequenzbereiche und welche Sendeleistungen genutzt werden können.

Datenfluss
Rein physikalisch erfolgt der Datenfluss in der Weise, wie er durch die roten Pfeile in Bild 1.8 angedeutet ist. Auf der Sendeseite versieht jede Schicht die ihr übergebenen Datenpakete mit Steuerungsinformationen (Adressen, Nummern, Prüfbits u.a.) und reicht sie an die darunter liegende Schicht weiter, die ihrerseits weitere Steuerungsinformationen hinzufügt. Auf der untersten Ebene angekommen, werden dann die einzelnen Bits über Funk (oder Kabel) an den Empfänger übertragen, der sie demoduliert und wieder zu den Fragmenten der Sicherungsschicht zusammensetzt. Am Empfänger interpretiert jede Schicht ihre Steuerungsdaten, veranlasst die entsprechenden Aktionen (z.B. Wiederholung von Fragmenten) und reicht die eigentlichen Daten an die nächsthöhere Schicht weiter. Um die Dateneinheiten in den einzelnen Schichten zu unterscheiden, spricht man von Segmenten, Paketen, Frames (Rahmen) bzw. Bits.

Protokolle
Logisch gesehen erfolgt die Kommunikation jedoch innerhalb einer Schicht, wie die gestrichelten Pfeile in Bild 1.8 andeuten. Die Regeln, nach denen die Kommunikation abläuft, nennt man ein Protokoll.

> Ein Kommunikationsprotokoll legt fest:
> ❑ welche Arten von Meldungen (Datenpaketen) es gibt,
> ❑ wie deren Format ist
> ❑ und wie der Empfänger auf bestimmte Meldungen zu reagieren hat.

Beispiel
Bild 1.9 zeigt als Beispiel einen Laptop mit einer Wireless-LAN-Karte, auf den eine Datei geladen werden soll, die sich auf einem Computer in einem drahtgebundenen LAN befindet. Die Kommunikation erfolgt nicht direkt, sondern über einen Access Point, der als so genannter Router dient. Seine Aufgabe besteht darin, einen geeigneten bzw. günstigen Weg zwischen dem Laptop und dem Computer zu suchen, der eventuell über weitere Netzkomponenten verlaufen kann. Den Austausch der Datei in der Anwendungsschicht regelt das File Transfer Protocol (FTP). Die auszutauschende Datei mit einem Datenvolumen von z.B. 1 MByte wird von dem Transmission Control Protocol (TCP) in Segmente zerlegt, die typischerweise eine Größe von 1500 Byte besitzen. Das TCP überwacht den Austausch dieser Segmente zwischen den Endgeräten und setzt die Segmente am Empfänger wieder zu der ursprünglichen Datei zusammen. Das darunter liegende Internet Protocol (IP) hat die Aufgabe, einen geeigneten Weg zwischen den beteiligten Endgeräten zu finden. Dazu sind allen beteiligten Endgeräten und Netzkomponenten Adressen (die IP-Adressen) zugeteilt. Die Router – wie z.B. der Access Point – verfügen über so genannte Routing-Tabellen, in die die Adressen der angeschlossenen Netzkomponenten eingetragen sind und aus denen hervorgeht, an welche Adresse ein Router in welchem Fall ein Paket zu senden hat. Auf der Funkstrecke werden die IP-Pakete eventuell in Fragmente zerlegt. Die Sicherungsschicht des Wireless LANs stellt den Zugriff auf das Funkmedium und die korrekte Übertragung der Fragmente zwischen dem Laptop und dem Access Point sicher. Dazu nutzt sie die Dienste der Bitübertragungsschicht. Zu beachten ist, dass die gesamte Übertragungsstrecke in dem Beispiel in zwei Teile zerfällt – in eine Funkstrecke und in eine Kabelstrecke. Auf den beiden Teilstrecken gibt es

unterschiedliche Protokolle in der Bitübertragungs- und der Sicherungsschicht. Auf der Vermittlungsschicht wird jedoch das gleiche Protokoll – nämlich das Internet Protocol – verwendet. Der Access Point, der als Router in der Vermittlungsschicht arbeitet, muss also in dieser Ebene zwischen den beiden Netzen vermitteln und die IP-Pakete als WLAN-Frames oder als Ethernet-Frames verpacken.

Netzkomponenten
Wie das vorherige Beispiel zeigt, erfolgt die Kommunikation häufig nicht direkt zwischen zwei Endgeräten, sondern über mehrere Zwischenstationen bzw. Netzkomponenten. Diese Komponenten können auf den verschiedenen Schichten operieren. Dementsprechend unterscheidet man (siehe Bild 1.11):

❏ Repeater (Schicht 1),
❏ Bridges und Switches (Schicht 2),
❏ Router (Schicht 3),
❏ Gateways (Schicht 4 oder höher).

Ein *Repeater* arbeitet auf der physikalischen Schicht, besitzt demnach keine Funktionalitäten aus höheren Schichten. Er nimmt also lediglich das physikalische Signal auf, deco-

diert es und strahlt es in regenerierter bzw. verstärkter Form wieder ab. Bei lokalen Funknetzen verwendet man Repeater, um den Versorgungsbereich zu vergrößern.

Bridges und *Switches* arbeiten auf der Sicherungsschicht und dienen dazu, gleichartige Teilnetze zu einem größeren Gesamtnetz zu verknüpfen bzw. ein großes Netz in Teilnetze zu zerlegen. Gleichartig heißt dabei, dass die Netze die gleiche Sicherungsschicht verwenden. Switches sind leistungsfähiger als Bridges und können als eine Art Weiterentwicklung von Bridges angesehen werden. Während Bridges nur wenige Teilnetze miteinander verbinden (typischerweise zwei), können Switches Verknüpfungen zwischen sehr vielen Teilnetzen herstellen. Wireless LAN Access Points können zum Teil in einem Bridge-Modus betrieben werden, um eine Strecke von mehreren Kilometern über Funk zu überbrücken und somit z.B. zwei kabelgebundene Teilnetze an zwei Firmenstandorten zu verbinden (vgl. Bild 1.6).

Router wurden bereits im Zusammenhang mit dem Beispiel aus Bild 1.10 erwähnt und erläutert. Sie arbeiten in der Vermittlungsschicht und können Netze mit unterschied-

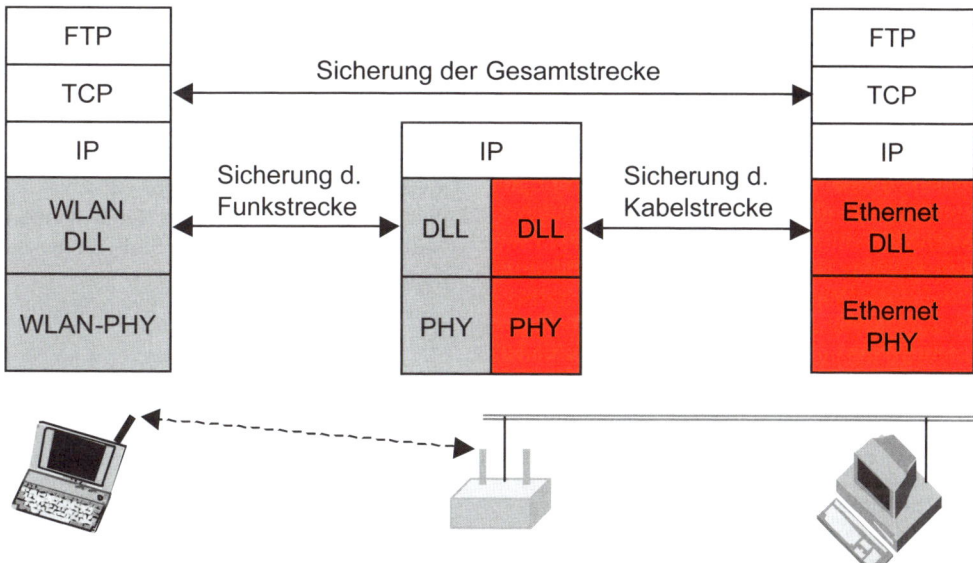

Bild 1.10   Protokollstruktur bei einem Wireless LAN

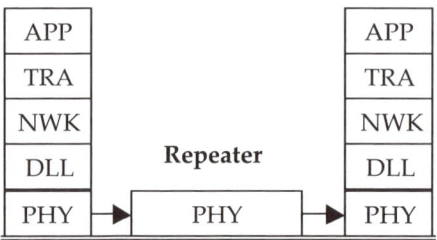
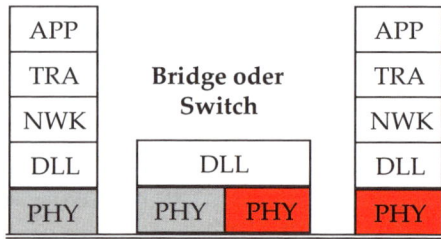

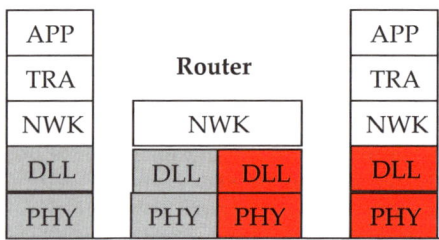
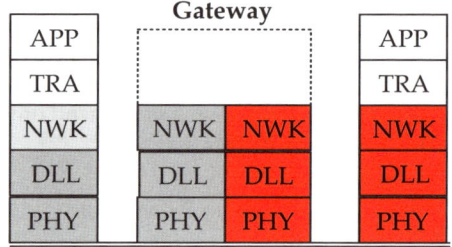

APP   Applikation – Anwendungsschicht
TRA   Transportschicht
NWK   Network – Vermittlungsschicht
DLL   Data Link Layer – Sicherungsschicht
PHY   physikalische Schicht (Bitübertragung)

Bild 1.11 Netzkomponenten

lichen Bitübertragungs- und Sicherungsschichten miteinander verbinden. Im Vergleich zu einem Switch oder gar einer Bridge verfügen sie über deutlich leistungsfähigere Methoden zur Wegewahl. Sie können ein Datenpaket für ein bestimmtes Ziel nicht nur über einen Weg, sondern auch über Alternativwege versenden und diese Wege beispielsweise in Abhängigkeit von der jeweiligen Netzauslastung wählen.

Möchte man Netze miteinander verbinden, die sich nicht nur in den untersten beiden Schichten, sondern auch in der Vermittlungsschicht unterscheiden, so benötigt man ein *Gateway*. Gateways arbeiten also innerhalb der Transportschicht oder eventuell auch innerhalb der darüber liegenden Schichten.

1.7 Zusammenfassung

Anwendungen

Lokale Funknetze bieten eine Fülle von Anwendungen, die sich – wie in Bild 1.12 gezeigt – grob in die vier Felder

- Telemetrie,
- Unterhaltungselektronik,
- Computer und Peripherie,
- Telekommunikation

einteilen lassen. Daneben gibt es die speziellen Bereiche

- drahtloser Teilnehmeranschlüsse und
- Funkbrücken zwischen lokalen Netzen,

bei denen große Entfernungen zu überbrücken sind.

Zusammenfassung 33

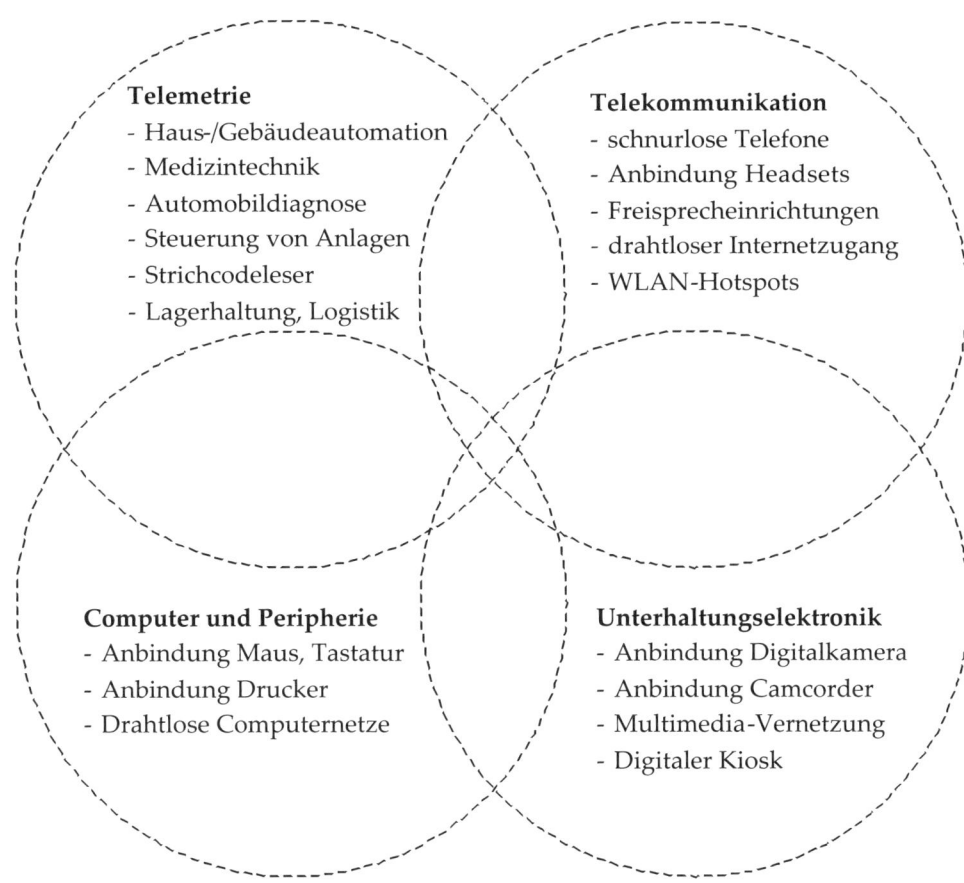

Bild 1.12   Anwendungsbereiche lokaler Funknetze

Standardisierung
Wegen der unterschiedlichen Anforderungen in Bezug auf Kosten, Stromverbrauch, Reichweite und Installationsaufwand wurden verschiedene System entwickelt und standardisiert. Die Standardisierung erfolgt durch

- das Institute of Electrical and Electronics Engineers (IEEE),
- das European Telecommunications Standards Institute (ETSI),
- verschiedene Firmen-Allianzen, wie z.B. die Bluetooth Special Interest Group (BSIG).

Tabelle 1.2 gibt einen Überblick über die wichtigsten Systeme. Sie fallen in die Kategorien des Wireless Local Area Networks (WLAN) und Wireless Personal Area Networks (WPAN).

Stationen
Die Geräte, die über Funk miteinander kommunizieren, werden Stationen (STA) genannt. Stationen, die fest an einem Ort installiert sind und den Übergang zu einem anderen (leitungsgebundenen) Netz bewerkstelligen, heißen Access Points (AP) oder Basisstationen (BS). Die frei beweglichen werden Mobilstationen (MS) genannt.

Netzstrukturen
Mit solchen Stationen lassen sich verschiedene Netzstrukturen bilden. Man unterscheidet:

- den Direktmodus mit der Peer-to-Peer-Kommunikation, bei dem mehrere gleichberechtigte Stationen direkt und ohne Ver-

Tabelle 1.2 Überblick über lokale Funknetze

	Standard durch	Jahr	Netzstrukturen	max. Datenrate	Hauptanwendungen	Frequenzbereich
DECT	ETSI	1992	Infrastruktur (Peer-to-Peer)	1 Mbit/s (7 Mbit/s)	Kommunikation PC-Peripherie	1,9 GHz
IEEE 802.11a	IEEE	1999	Infrastruktur (Peer-to-Peer)	54 Mbit/s	Computer-NetzeTelemetrie (Kommunikation)	2,4 GHz
IEEE 802.11b	IEEE	1999		11 Mbit/s		2,4 GHz
IEEE 802.11g	IEEE	2003		54 Mbit/s		5 GHz
HiperLAN/2	ETSI	2000	Infrastruktur (Peer-to-Peer)	54 Mbit/s	s.o.	5 GHz
Bluetooth/ IEEE 802.15.1	BSIG IEEE	1999 /2002	Adhoc Master-Slave	1 Mbit/s (3 Mbit/s)	Kommunikation, PC-Peripherie	2,4 GHz
UltraWide Band	UWB-Forum, WiMedia-Alliance	2006	Adhoc Master-Slave	480 Mbit/s	Unterhaltungselektronik, Multimedia	3...10 GHz
ZigBee/ IEEE 802.15.4	ZigBee-Alliance, IEEE	2003	Adhoc, Baumstruktur	0,25 Mbit/s	Telemetrie	2,4 GHz

wendung anderer Geräte Daten austauschen;
❑ die sternförmige Master-Slave-Struktur, bei der die Slaves nur mit dem Master, nicht aber untereinander kommunizieren können;
❑ die Baumstruktur mit Multihop-Funktionalität, bei der die Daten über mehrere Zwischenstationen vom Absender zum Empfänger übertragen werden können;
❑ das Infrastrukturnetz mit Mehrzellenbetrieb, bei dem mehrere Access Points durch ein kabelgebundenes Netz miteinander verbunden sind und mit dem sich große Versorgungsbereiche abdecken lassen;
❑ Kombinationen aus den zuvor genannten Netzstrukturen.

Kommunikationsschichten und -protokolle
Um den Kommunikationsprozess zu gliedern, zerlegt man ihn in mehrere Schichten (Layer). Dabei nutzt jede Schicht Hilfsfunktionen oder Dienste aus der jeweils darunter liegenden Schicht, um ihre Aufgaben zu erfüllen. Man unterscheidet:

❑ Anwendungsschicht (Beschreibung des Telekommunikationsdienstes),
❑ Transportschicht (Flusskontrolle, Überwachung der Gesamtverbindung),
❑ Vermittlungsschicht (Routing, Verbindungsauf- und -abbau),
❑ Sicherungsschicht
  – Radio Link Control, RLC (Überwachung der Funkverbindung),
  – Medium Access Control, MAC (Regelung des Zugriffs auf das Funkmedium),
❑ Bitübertragungsschicht (Modulation, Sendeleistung, Frequenzbereich).

Die Regeln, nach denen die Kommunikation innerhalb einer Schicht abläuft, nennt man ein Protokoll.

Netzkomponenten
Die Kommunikation erfolgt häufig nicht direkt zwischen zwei Endgeräten, sondern über mehrere Zwischenstationen bzw. Netzkomponenten. Diese Komponenten können auf den verschiedenen Schichten operieren. Dementsprechend unterscheidet man:

❑ Repeater (Schicht 1),
❑ Bridges und Switches (Schicht 2),
❑ Router (Schicht 3),
❑ Gateways (Schicht 4 oder höher).

1.8 Übungsaufgaben

1.1 Nennen Sie einige Anwendungen lokaler Funknetze.
1.2 Was versteht man unter einem WLAN Hotspot und unter einem Digitalen Kiosk?
1.3 Nennen Sie drei Beispiele für Telemetrie-Anwendungen.
1.4 Was bedeuten die Abkürzungen IEEE, ETSI?
1.5 Welche Arbeitsgruppen standardisieren Wireless LANs, welche Wireless PANs?
1.6 Worin unterscheiden sich IEEE 802.11a, IEEE 802.11b, IEEE 802.11g?
1.7 Nennen Sie zwei typische Anwendungsbeispiele für ZigBee.
1.8 Nennen Sie zwei typische Anwendungsbeispiele für UWB.
1.9 Welcher Standard kommt bei WLAN-Hotspots zum Einsatz?
1.10 Welche Netzstruktur liegt bei folgenden Beispielen vor:
a) DECT-Telefonie im Heimbereich,
b) Anbindung eines Handys, einer Maus, eines GPS-Empfängers an einen Laptop per Bluetooth,
c) Hausautomation per ZigBee?
1.11 Was sind die Vorteile eines Infrastruktur-Netzes?
1.12 Nennen Sie mindestens vier Schichten des Kommunikationsmodells und ihre Hauptaufgaben.
1.13 Was versteht man unter einem Segment, was unter einem Fragment?
1.14 In Abschnitt 1.5 wurden die Netzelemente Repeater, Bridge, Router und Gateway unterschieden. Welches dieser Elemente benötigen Sie in den folgenden Beispielen:
a) Anschluss eines Access Points an ein leitungsgebundenes LAN,
b) Internet-Zugriff mittels WLAN über ISDN,
c) Kopplung zweier leitungsgebundener LANs mittels WLAN,
d) Reichweitensteigerung?

2 Funkausbreitung

2.1 Allgemeines

Frequenzen und Wellenlängen
Funksignale breiten sich als elektromagnetische Wellen mit Lichtgeschwindigkeit c aus. Dementsprechend beträgt die Geschwindigkeit der Funksignale $c = 300$ m/µs.

Wie Bild 2.1 zeigt, schwingen bei einer elektromagnetischen Welle das elektrische Feld E und das magnetische Feld H senkrecht zur Ausbreitungsrichtung der Welle; ferner stehen beide Felder senkrecht zueinander. Schwingt das elektrische Feld parallel zur Erdoberfläche (Horizont), so spricht man von einer horizontalen Polarisation; schwingt es senkrecht dazu, so nennt man die Welle vertikal polarisiert.

Die Funkausbreitung wird entscheidend durch die Frequenz f bzw. die Wellenlänge λ der jeweiligen Funkwellen bestimmt. Zwischen beiden Größen besteht der Zusammenhang:

$$\lambda = c / f \qquad \text{(Gl. 2.1)}$$

Bild 2.2 zeigt den für die lokalen Funknetze wichtigen Frequenz- und Wellenlängenbereich.

Intensität von Funksignalen
Neben diesen beiden Größen spielt die Amplitude A einer Funkwelle eine wichtige Rolle; sie bestimmt die Leistung P bzw. die Intensität I einer Welle:

$$P \sim I \sim A^2 \qquad \text{(Gl. 2.2)}$$

Dabei ist die Intensität I die entscheidende physikalische Größe zur Beschreibung der Stärke eines Funksignals; sie ist definiert als Leistung P pro Fläche F:

$$\text{Intensität } I[\text{W}/\text{m}^2] = \frac{\text{Leistung } P[\text{W}]}{\text{Fläche } F[\text{m}^2]} \qquad \text{(Gl. 2.3)}$$

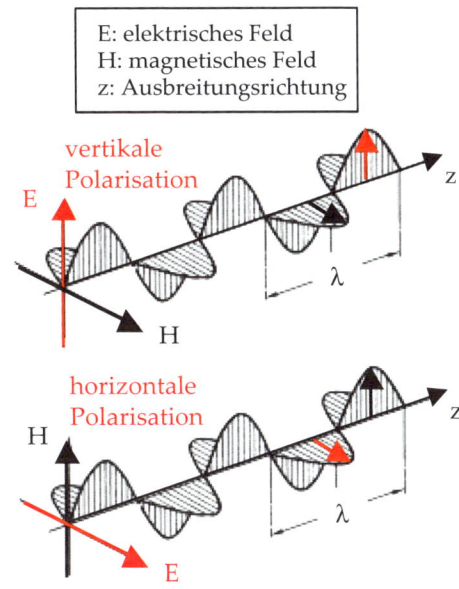

Bild 2.1 Elektromagnetische Wellen

So werden beispielsweise Grenzwerte für die Strahlungsbelastung über die Intensität definiert: Laut der Bundesimmissionsschutzverordnung des Bundesumweltministeriums aus dem Jahre 1997 sind in Deutschland folgende Grenzwerte für die Strahlenbelastung der Bevölkerung festgelegt:

❑ 400 MHz ≤ f ≤ 2000 MHz:
  $I \leq K$ W/m² mit $K = f$ [MHz] / 200
❑ 2 GHz ≤ f ≤ 300 GHz:
  $I \leq 10$ W/m²

Andere Institutionen bzw. Länder empfehlen zum Teil deutlich niedrigere Grenzwerte. Weitere Details zur Strahlungsbelastung durch Funksysteme findet man in [8] oder auf den Internetseiten des Bundesamtes für Strahlungsschutz. Einige Beispiele zur Intensität werden in den folgenden Abschnitten und Anhang C diskutiert.

38 Funkausbreitung

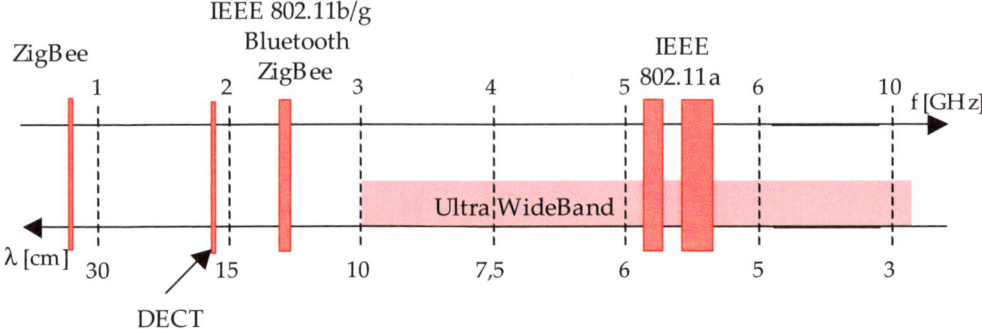

Bild 2.2 Frequenzbereiche

Pegel
Bei Funknetzen bezieht man die Leistungen üblicherweise auf ein Milliwatt (mW) und gibt sie mittels der Dezibel-Rechnung in Einheiten von «dBm» an (siehe Anhang B). Für den Sendepegel TXPWR bzw. den Empfangspegel RXLEV bedeutet dies:

TXPWR [dBm] = $10 \cdot \log P_S$ [mW]   (Gl. 2.4a)
RXLEV [dBm] = $10 \cdot \log P_E$ [mW]   (Gl. 2.4b)

Sendepegel liegen typischerweise im Bereich zwischen 0 dBm (z.B. Bluetooth-Module) und 30 dBm (starke Access Points), Empfangspegel im Bereich von −90 dBm (geringer Pegel) bis −30 dBm (sehr hoher Pegel). Weitere Beispiele finden sich in Tabelle 2.1.

2.2 Physikalische Effekte der Funkausbreitung

Auf dem Weg vom Sender S zum Empfänger E werden die Funksignale – wie in Bild 2.3 illustriert – durch verschiedene Effekte beeinflusst, die die Intensitäten der Signale verändern. Es handelt sich dabei um die folgenden Effekte, die in den Abschnitten 2.2.1 bis 2.2.6 näher erläutert werden:

- Abstrahlung durch Antennen mit Richtwirkung und Gewinn,
- Freiraumausbreitung: Verteilung der Leistung auf größer werdende Flächen,
- Reflexion und Transmission (mit Brechung) an ebenen, glatten Grenzflächen,
- Streuung an Grenzflächen mit Unebenheiten,
- Dämpfung durch Materialien (Wände, Personen, Möbel, Vegetation, ...),
- Abweichung von geradliniger Ausbreitung durch Beugung an Dachkanten, Gebäudeecken, ...,
- Dämpfung in der Atmosphäre durch Regen und Nebel,
- Überlagerung von Wellen verschiedener Ausbreitungspfade.

2.2.1 Antennenkenngrößen und Freiraumausbreitung

Intensität bei isotropen verlustfreien Strahlern
Würde eine Strahlungsquelle der Leistung P_S in alle Richtungen die gleiche Intensität abstrahlen, so würde sich die Leistung gleichmäßig über eine gedachte Kugelfläche $F = 4\pi r^2$ mit Radius r verteilen. Für einen solchen so genannten isotropen (verlustfreien) Strahler

Tabelle 2.1 Beispiele für Pegelangaben in dBm

Leistung	1 W	1 mW	1 µW	1 nW	1 pW
Leistung	10^3 mW	1 mW	10^{-3} mW	10^{-6} mW	10^{-9} mW
Pegel	30 dBm	0 dBm	−30 dBm	−60 dBm	−90 dBm

Physikalische Effekte der Funkausbreitung 39

Bild 2.3
Effekte der
Funkausbreitung

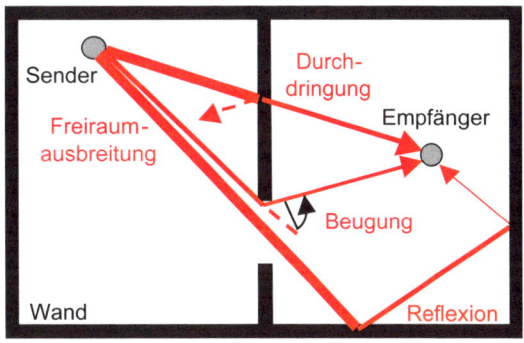

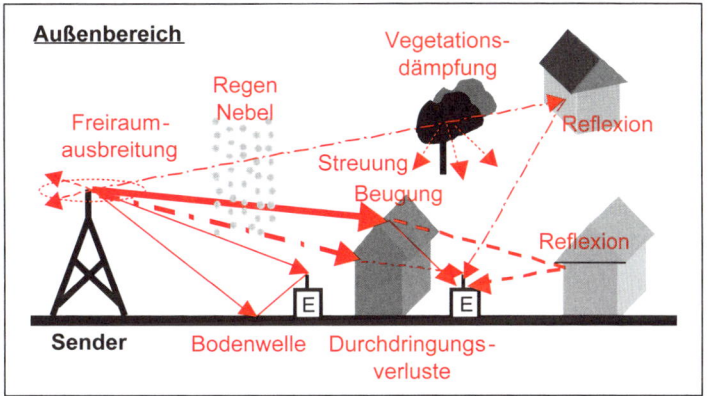

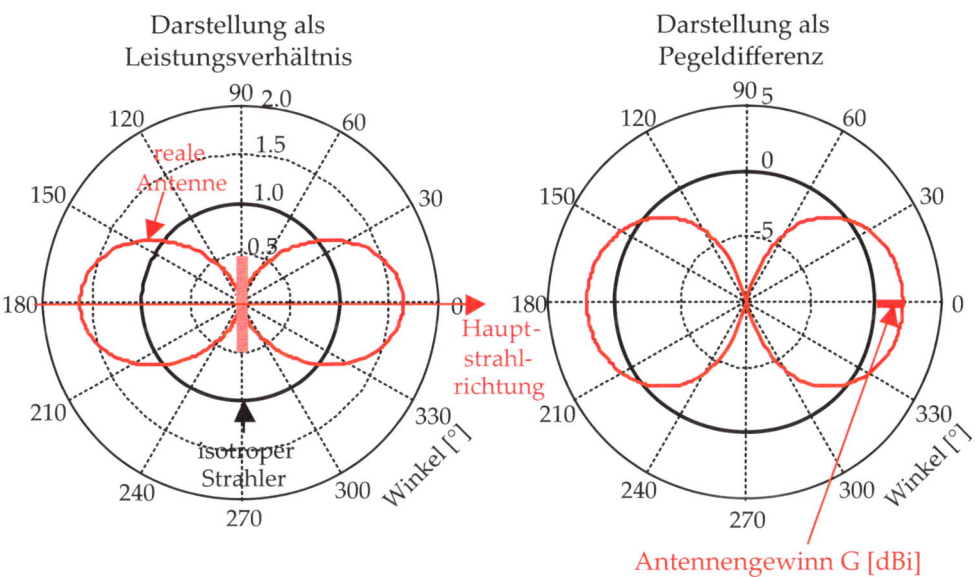

Bild 2.4 Antennendiagramme

ergäbe sich gemäß Gleichung 2.3 für die Intensität:

$$I_i = \frac{P}{4\pi \cdot r^2} \qquad \text{(Gl. 2.5)}$$

Richtwirkung und Antennengewinn
Eine reale Antenne strahlt jedoch nicht gleichmäßig in alle Richtungen, sondern bündelt die Leistung. In manche Richtungen wird mehr Intensität als bei dem isotropen Strahler abgegeben, in andere Richtungen dafür weniger; dieser Sachverhalt ist in Bild 2.4 illustriert. Die Richtung, in der sie die maximale Intensität I_{max} abstrahlt, nennt man die *Hauptstrahlrichtung* der Antenne. Aufgrund der Bündelung der Intensität gilt $I_{max} > I_i$; das Verhältnis aus I_{max} und I_i nennt man den *Antennengewinnfaktor g*. Den Antennengewinn G in «dBi» erhält man durch Logarithmieren:

$$G[\text{dBi}] = 10 \cdot \log g = 10 \cdot \log\left(\frac{I_{max}}{I_i}\right) \qquad \text{(Gl. 2.6)}$$

Dabei rührt das Symbol «dB» von der Dezibel-Rechenvorschrift her, das Symbol «i» deutet an, dass die reale Antenne mit einem isotropen Strahler verglichen wird. Für die in Hauptstrahlrichtung abgestrahlte Intensität bei einer Sendeleistung P_S und einem Gewinnfaktor g_S erhält man also:

$$I = P_S \cdot g_S \cdot \frac{1}{4\pi \cdot r^2} \qquad \text{(Gl. 2.7)}$$

Bewegt man sich aus der Hauptstrahlrichtung heraus, so nimmt die Intensität ab; bei einem bestimmten Winkel ist sie um den Faktor ½ bzw. um 3 dB abgefallen (Bild 2.5). Die entsprechende Winkelbreite nennt man die Halbwerts- oder 3-dB-Breite $\Delta\alpha$ der Antenne. Da viele Antennen sowohl in horizontaler (h) als auch in vertikaler (v) Richtung bündeln, findet man in Antennen-Datenblättern entsprechend beide Angaben zur 3-dB-Breite, nämlich $\Delta\alpha_h$ und $\Delta\alpha_v$.

Je geringer die beiden 3-dB-Breiten sind, desto stärker bündelt die Antenne und desto höher ist der Gewinn.

Dieser Zusammenhang lässt sich durch die folgende Formel beschreiben:

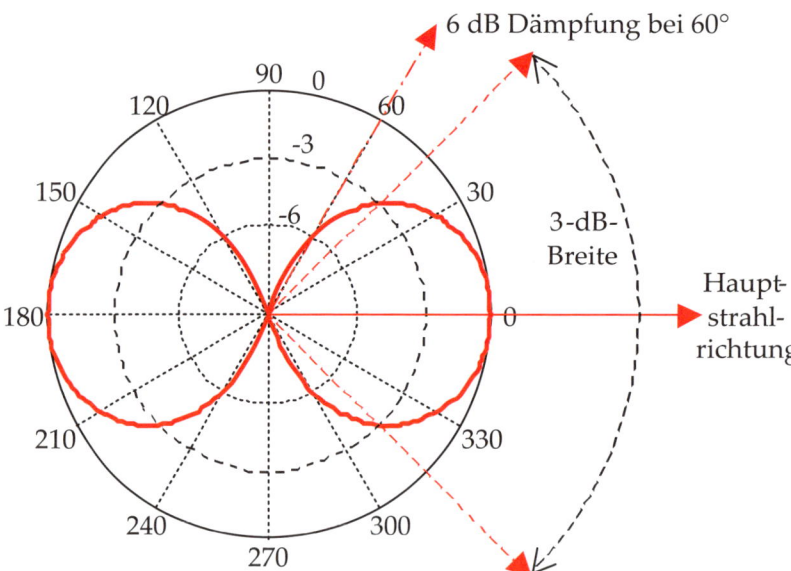

Bild 2.5 Antennen-Kenngrößen

$$G[\text{dBi}] = 10 \cdot \log\left(\frac{\gamma}{\Delta\alpha_h \cdot \Delta\alpha_v}\right) \quad \text{(Gl. 2.8)}$$
mit $\gamma \approx 15000...30000$

Die Empfangsleistung P_E ergibt sich gemäß Gleichung 2.3 als Produkt aus der Intensität und der Wirkfläche A_W der Empfangsantenne: $P_E = I \cdot A_W$. Die Antennenwirkfläche hängt mit der geometrischen Fläche A_g der Antenne zusammen: $A_W = \eta \cdot A_g$, wobei sich der Faktor η, der typischerweise im Bereich $\eta = 0{,}4...0{,}7$ liegt, als Wirkungsgrad der Antenne deuten lässt. Ferner ist die Wirkfläche proportional zum Gewinn der (Empfangs-)Antenne und zum Quadrat der Wellenlänge λ der Funkwelle:

$$A_W = \lambda^2 \cdot g_S / (4\pi) \Leftrightarrow g_S = 4\pi \cdot A_w \cdot f^2 / c^2 \quad \text{(Gl. 2.9)}$$

Empfangspegel bei Freiraumdämpfung
Setzt man die Gleichungen 2.7 und 2.9 zusammen, so erhält man für $P_E = I \cdot A_W$:

$$P_E = P_S \cdot g_S \cdot \left(\frac{\lambda}{4\pi \cdot r}\right)^2 \cdot g_E \quad \text{(Gl. 2.10)}$$

Durch Umformungen ergibt sich aus dieser Gleichung:

$$P_E = P_S \cdot g_S \cdot \frac{1}{l_F} \cdot g_E \quad \text{(Gl. 2.11)}$$

mit $l_F = \left(\frac{4\pi r}{\lambda}\right)^2 = \left(\frac{4\pi}{c} \cdot f \cdot r\right)^2 = \left(\frac{4\pi}{c}\right)^2 \cdot f^2 \cdot r^2$

In der Praxis verwendet man die obige Gleichung in der entsprechenden Dezibel-Schreibweise:

$$\text{RXLEV} = \text{TXPWR} + G_S - L_F + G_E \quad \text{(Gl. 2.12)}$$

> **!** Die Größe $L_F = 10 \log l_F$ nennt man die Freiraumdämpfung:
> $$\text{(Gl. 2.13)}$$
> $L_F = 32{,}4 + 20 \cdot \log f\,[\text{GHz}] + 20 \cdot \log r\,[\text{m}]$
> Das bedeutet: Auch ohne Hindernisse nimmt die Intensität der Funksignale mit zunehmendem Abstand r ab (und zwar quadratisch), da sich die Leistung auf immer größere Flächen verteilt. Ferner steigt die Freiraumdämpfung mit der Frequenz f.

Antennendiagramm gemäß Bild 2.5

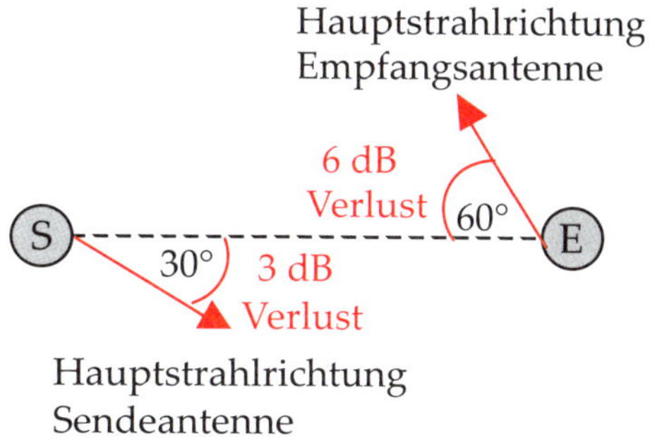

Bild 2.6 Berücksichtigung der Antennendiagramme und -ausrichtungen

So ergibt sich z.B. bei einer Verdopplung der Frequenz eine um den Faktor 4 und damit eine um 6 dB höhere Dämpfung. Umgekehrt erhöht sich zwar gemäß Gleichung 2.9 bei gleich bleibender Wirkfläche der Antennengewinn um den Faktor 4 bzw. um 6 dB, allerdings nehmen damit die 3-dB-Breiten und der Abstrahlbereich der Antenne ab.

Gleichung 2.12 setzt voraus, dass die Hauptstrahlrichtungen der Sende- und Empfangsantenne genau aufeinander ausgerichtet sind. Ist dies jedoch nicht der Fall, so ist der Empfangspegel um die entsprechenden Dämpfungswerte aus den Antennendiagrammen zu reduzieren. Für das Beispiel aus Bild 2.6 ergibt sich gegenüber Gleichung 2.11 ein zusätzlicher Verlust von 9 dB.

Weiterhin ist Folgendes zu beachten: Sofern es sich nicht um integrierte Antennen handelt, müssen diese an den Access Point oder die Funkeinsteckkarte über ein Antennenkabel angeschlossen werden. Ein solches Kabel führt zu Verlusten, die in etwa proportional zur Länge des Kabels sind. Typische Werte für die Kabelverluste L_K liegen im Bereich $0{,}05...0{,}1$ dB pro Meter. Unter Berücksichtigung des Kabelverlustes wird aus Gleichung 2.12:

$$\text{(Gl. 2.14)}$$
$$\text{RXLEV} = \text{TXPWR} - L_{K,S} + G_S - L_F + G_E - L_{K,E}$$

Effective Isotropic Radiated Power (EIRP)
Die effektive von der Antenne abgestrahlte Leistung, die so genannte Effective Isotropic Radiated Power (EIRP), ist definiert als:

EIRP = TXPWR $- L_{K,S} + G_S$ (Gl. 2.15)

In den System-Standards bzw. von den Regulierungsbehörden werden i.Allg. Grenzwerte für die maximal erlaubte EIRP festgelegt, um mögliche Störungen für andere Systeme und die Strahlenbelastung für den Anwender zu begrenzen. So beträgt die maximal erlaubte EIRP für Bluetooth- und IEEE-802.11-Systeme im Frequenzband bei 2,4 GHz $EIRP_{max} = 20$ dBm (entsprechend 100 mW).

Grenzen für den Antennengewinn
Insgesamt lässt sich also feststellen, dass bündelnde Antennen – zumindest unter Freiraumausbreitungsbedingungen – den Empfangspegel und damit die Funkreichweite deutlich erhöhen. Eine Halbierung der 3-dB-Breite (horizontal oder vertikal) führt zu einem um 3 dB verbesserten Pegel bzw. zu einer um ca. 40% erhöhten Reichweite.

Allerdings sind der Reichweitensteigerung durch bündelnde Antennen Grenzen gesetzt:

❏ Eine Erhöhung des Antennengewinns lässt sich nur durch Reduktion der Halbwertsbreiten erzielen. Daher muss bei stark bündelnden Antennen die Richtung der Partner-Station genau bekannt sein. Somit ist auch die Mobilität eingeschränkt.

❏ In einer Umgebung mit Hindernissen kommt das Funksignal nicht nur aus der geometrischen Richtung des Senders, sondern über Reflexionen aus vielen verschiedenen Richtungen. Ist die Antenne nicht auf die stärkste Signalkomponente, sondern auf die gerade abgeschattete geometrische Richtung eingestellt, so kann der Pegel bei einer stark bündelnden Antenne sogar geringer sein als bei einer schwach bündelnden mit einem nominal geringeren Gewinn, wie es in Bild 2.7 angedeutet ist.

❏ Wie bereits erwähnt, ist i.Allg. die EIRP begrenzt, d.h., der Gewinn der Sendeantenne darf nicht beliebig gesteigert werden. Da zumeist über ein und dieselbe Antenne gesendet und empfangen wird, muss man die Ausgangssendeleistung TXPWR reduzieren, um einen hohen Antennengewinn zumindest in Empfangsrichtung nutzen zu können.

Freiraumausbreitung und Fresnel-Ellipsoid
Die Frage, wann man von Freiraumausbreitungsbedingungen ausgehen kann, hängt eng mit dem Begriff des Fresnel-Ellipsoiden zusammen (Bild 2.8). In guter Näherung kann man mit der Freiraumausbreitungsformel rechnen, wenn nicht nur die Verbindungslinie zwi-

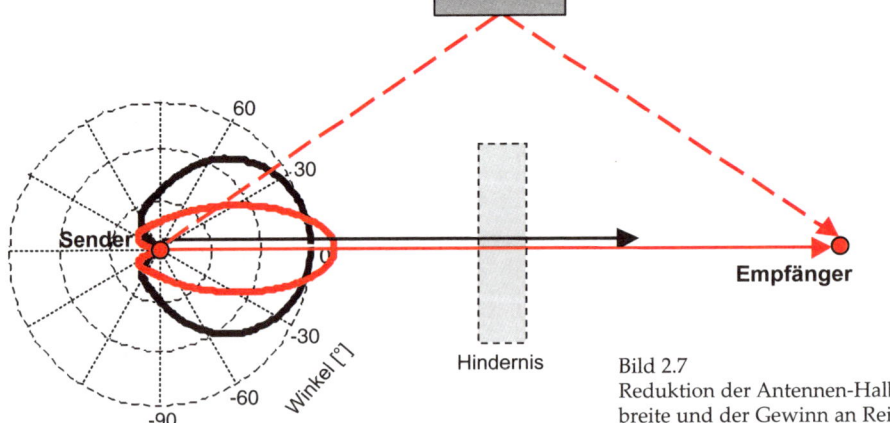

Bild 2.7
Reduktion der Antennen-Halbwertsbreite und der Gewinn an Reichweite

Physikalische Effekte der Funkausbreitung 43

Bild 2.8 Freiraumausbreitung und Fresnel-Ellipsoid

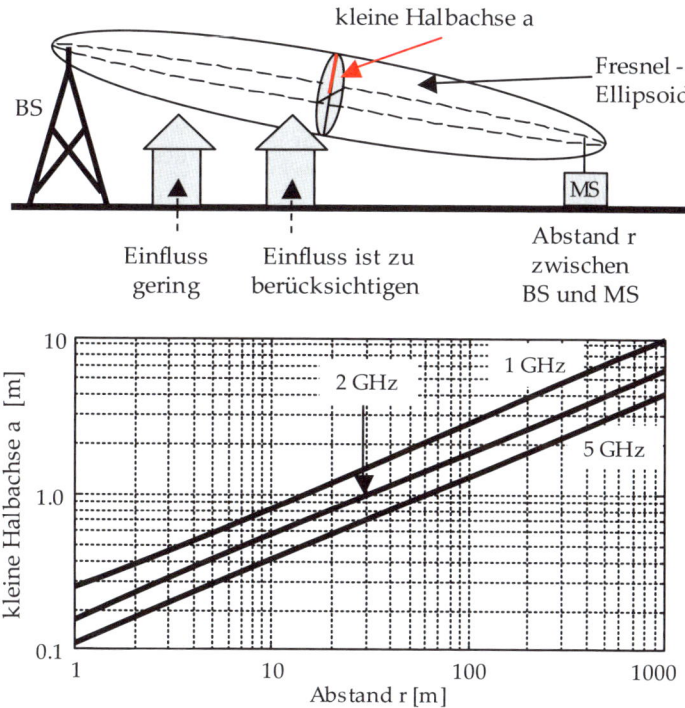

schen Sender und Empfänger, sondern auch der umgebende

Fresnel-Ellipsoid mit kleiner Halbachse
$$a = \tfrac{1}{2} (\lambda \cdot r)^{\frac{1}{2}} \qquad \text{(Gl. 2.16)}$$
frei von Hindernissen ist.

Bei f = 2,4 GHz (λ = 0,125 m) und r = 8 m besitzt die Halbachse einen Wert von a = 0,5 m, bei r = 800 m sind es a = 5 m.

Zu beachten ist allerdings, dass es durch Reflexionen von Signalkomponenten am Erd- oder Fußboden oder an Hindernissen – auch außerhalb des Fresnel-Ellipsoiden – zu starken Schwankungen des Empfangspegels und damit zu Abweichungen von den Freiraumwerten kommen kann (siehe Abschnitt 2.2.6).

Berechnungsbeispiele

Beispiel 1

Betrachtet man ein WLAN- oder Bluetooth-Modul bei f = 2,4 GHz (λ = 0,125 m) mit einer effektiven Sendeleistung von $P_S \cdot g_S$ = 100 mW,

so erhält man in Abhängigkeit vom Abstand r gemäß Gleichung 2.5 folgende Intensitäten:
- r = 0,5 m: I = 0,032 W/m²
- r = 1,0 m: I = 0,008 W/m²
- r = 2,0 m: I = 0,002 W/m²

In diesen Fällen betragen also die Intensitäten weniger als ein Hundertstel der für Deutschland festgelegten Grenzwerte.

Beispiel 2

Betrachtet man ein Wireless LAN bei f = 2,4 GHz, so beträgt die Freiraumdämpfung nach Gleichung 2.13 in sehr guter Näherung:
$$L_F = 32{,}4 + 20 \cdot \log 2{,}4 + 20 \cdot \log r \ [m]$$
$$= 40 + 20 \cdot \log r \ [m]$$

Damit erhält man die in Tabelle 2.2 aufgeführten Dämpfungswerte. Bei einer Verdopplung des Abstandes erhöht sich die Dämpfung um 6 dB, bei einer Verzehnfachung um 20 dB.

Tabelle 2.2 Beispiele für die Freiraumdämpfung (2,4 GHz)

r [m]	1	2	5	10	100
L_F [dB]	40	46	54	60	80

Betrachtet man ein Wireless LAN bei 5,4 GHz, so ist die Dämpfung insgesamt um ca. 7 dB höher als bei 2,4 GHz.

Beispiel 3

An einen Access Point der Leistung 20 mW (13 dBm) wird über ein 20 m langes Kabel der Dämpfung 0,1 dBm eine Antenne mit einem Gewinn von 6 dBi angeschlossen. Die EIRP beträgt dann EIRP = 13 dBm − 2 dB + 6 dBi = 17 dBm. Bei Verwendung einer Antenne mit 14 dBi Gewinn müsste man die Ausgangssendeleistung TXPWR um 5 dB absenken.

2.2.2 Reflexion und Streuung

Trifft eine Funkwelle mit einfallender Intensität I_e auf ein Hindernis mit ebener Grenzfläche, so tritt – wie in Bild 2.9 illustriert – eine teilweise Reflexion auf. Ein Teil der Intensität I_r wird reflektiert. Der Reflexionsgrad $\rho = I_r / I_e$ hängt von folgenden Größen ab:

❑ von dem Material,
❑ von der Frequenz,
❑ von dem Einfallswinkel,
❑ von der Polarisation der Welle.

Tendenziell nimmt der Reflexionsfaktor mit flacherem Einfall, d.h. zunehmendem Einfallswinkel, zu.

Von dem nicht reflektierten Anteil wird ein bestimmter Prozentsatz im Material absorbiert und in Wärme umgesetzt; der Rest kann das Hindernis durchdringen, so dass hinter dem Hindernis häufig ein deutlich geschwächtes Funksignal vorliegt.

Von Streuung spricht man dann, wenn das Hindernis eine unebene Grenzfläche besitzt, wobei die Dimension der Unebenheit zumindest in der Größenordnung der Wellenlänge liegt. In diesem Fall finden unregelmäßige Reflexionen in viele verschiedene Richtungen statt. Streuung erfolgt z.B. an Bäumen (Bild 2.10).

2.2.3 Durchdringungsverluste

Wie zuvor erläutert, wird beim Auftreffen einer Funkwelle auf ein Hindernis ein Teil der Intensität reflektiert bzw. gestreut. Nur ein Teil dringt in das Material ein und wird dort weiter geschwächt bzw. gedämpft: In dem Material regt die Funkwelle die Elektronen bzw. Moleküle zu Schwingungen an. Dadurch wird der Funkwelle Energie entzogen und in Wärme umgesetzt. Das Funksignal ist dementsprechend nach dem Hindernis gedämpft, wobei die Durchdringungsverluste L_H durch das Hindernis von folgenden Größen abhängen:

❑ von dem Material des Hindernisses,
❑ von der Dicke des Hindernisses,
❑ vom Einfallswinkel,
❑ von der Wellenlänge/Frequenz.

Zwar steigt L_H tendenziell mit zunehmender Dicke und zunehmendem Einfallswinkel an, doch kann es auch Abweichungen von dieser Regel geben, nämlich dann, wenn die Weg-

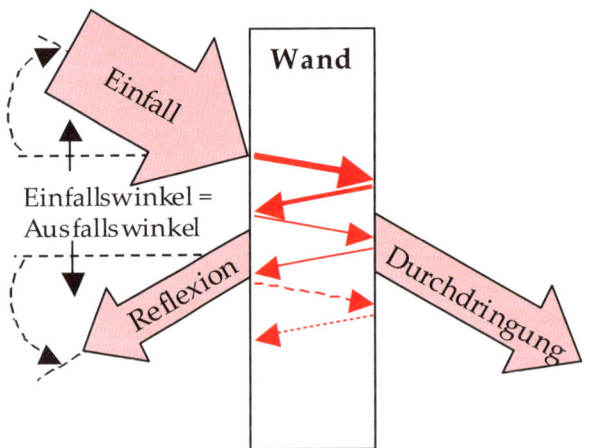

Bild 2.9
Reflexion und Durchdringung

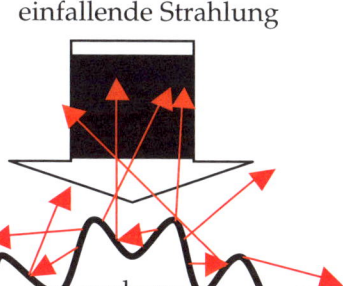

Bild 2.10   Streuung

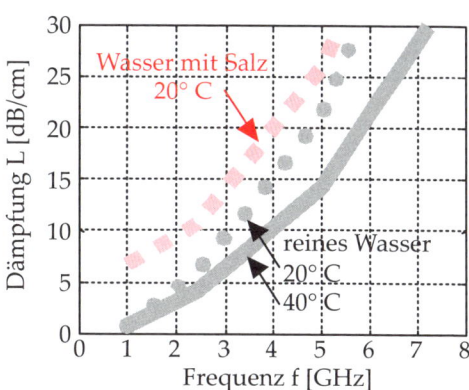

Bild 2.11   Verluste durch Wasser

strecke durch das Material in guter Näherung ein Vielfaches der Wellenlänge ist.

In den folgenden Abschnitten werden beispielhaft die Dämpfungsverluste durch einige typische Hindernisse diskutiert.

2.2.3.1   Dämpfung durch Personen bzw. Wasser

Elektromagnetische Wellen bei Frequenzen von einigen Gigahertz regen Wassermoleküle besonders gut zu Schwingungen an, erwärmen dadurch das Wasser und werden selbst geschwächt. Auf diesem Effekt beruht gerade die Erwärmung von Speisen im Mikrowellenherd, der bei Frequenzen von etwa 2,4 GHz arbeitet (siehe auch Kapitel 6).

Bild 2.11 zeigt die Dämpfung durch eine Wasserschicht als Funktion der Frequenz der Funksignale in Abhängigkeit von der Wassertemperatur und dem Salzgehalt. Tendenziell steigt die Dämpfung mit abnehmender Temperatur und zunehmendem Salzgehalt; weitere Details findet man in [29] und [27].

Besonders wichtig ist die Tatsache, dass Wasser in dem für lokale Funknetze relevanten Frequenzbereich sehr stark dämpft. Schon bei einer Dicke der Wasserschicht von nur 1 cm treten bei 2,4 GHz Dämpfungen von 5...10 dB auf, bei 5 GHz sind es bereits 15...25 dB.

Nun sind Aquarien i.Allg. ein untergeordnetes Planungsproblem; jedoch enthält der menschliche Körper einen großen Anteil an salzhaltigem Wassers, so dass Personen, die sich im Funkweg befinden, starke Einbrüche

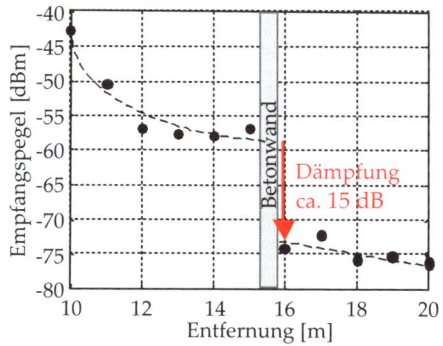

Bild 2.12   Dämpfung durch eine Betonwand

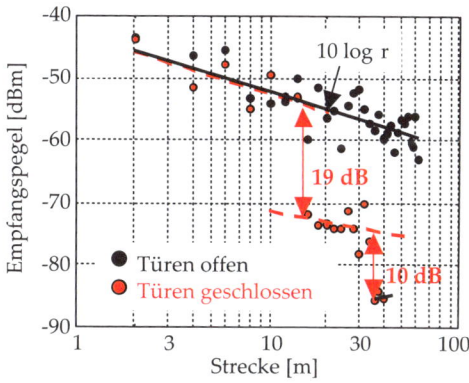

Bild 2.13   Empfangspegel auf einem langen Korridor mit zwei Stahltüren

und Schwankungen des Empfangspegels bewirken können. Ebenso beeinflusst der Feuchtigkeitsgehalt von Wänden die Funkausbreitung.

Um welchen Betrag Personen das Funksignal dämpfen, hängt von deren Standort ab: Eine Person unmittelbar vor dem Sender oder Empfänger verursacht Dämpfungen von mehr als 10 dB. Steht sie eher in der Mitte zwischen Sender und Empfänger, so können die Funksignale durch Reflexionen an benachbarten Wänden oder über Beugungseffekte zum Empfänger gelangen. In diesem Fall reduzieren sich die Verluste deutlich.

2.2.3.2 Dämpfung durch Wände, Decken und andere Hindernisse

In diesem Abschnitt werden einige Resultate zu Dämpfungswerten präsentiert, wie sie aus Messungen in verschiedenen Projekten an der Fachhochschule in Meschede gewonnen wurden. Ähnliche bzw. weitere Ergebnisse findet man z.B. in [13] und [28].

Betonwand
Ein erstes Beispiel ist in Bild 2.12 gezeigt: Durch Vergleich der gemessenen Empfangspegel vor und hinter einer 20 cm dicken Betonwand ergibt sich eine Dämpfung von ca. 15 dB.

Korridor mit Stahltüren
Interessante Schlussfolgerungen lassen sich ebenfalls aus einer Messung längs eines langen Korridors ziehen, der durch zwei Brandschutztüren (Stahl) unterbrochen ist (Bild 2.13). Bei geöffneten Türen ergibt sich aus einer Ausgleichsgeraden eine entfernungsabhängige Dämpfung von etwa $10 \cdot \log_{10}(r)$, während für eine Freiraumausbreitung eine stärkere Dämpfung von $20 \cdot \log_{10}(r)$ zu erwarten wäre. Der Korridor zeigt also eine Art «Wellenleiter»-Effekt: Er führt die Wellen. In anderen, breiteren Fluren mit mehr Energieverlustmöglichkeiten für die Funkwellen wurde ein stärkeres Abfallverhalten gemessen.

Schließt man die Türen, so erhält man nach der ersten Tür (bei ca. 15 m) eine Dämpfung von knapp 20 dB, bei der zweiten Tür eine Dämpfung von nur etwa 10 dB. Daraus sollte jedoch

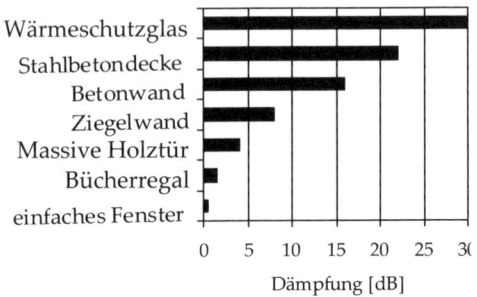

Bild 2.14 Gemessene Dämpfungswerte bei $f = 2{,}4$ GHz

nicht gefolgert werden, dass die zweite Tür weniger dämpft als die erste. Das Funksignal hat mehr Möglichkeiten, die zweite geschlossene Tür zu umgehen und über Reflexionen und Beugungen zum Empfänger hinter der Tür zu gelangen, als bei der ersten. Durch die endliche Ausdehnung der Hindernisse ist also der gemessene (tatsächliche) Dämpfungswert – gerade bei mehreren Hindernissen – geringer als erwartet.

Ein ähnlicher Effekt ergab sich bei der Dämpfung durch mehrere Betondecken und -wände sowie bei Regalen in der Bibliothek, bei der die zusätzliche Dämpfung durch ein Bücherregal tendenziell von Regal zu Regal abnimmt.

Zusammenfassung: Dämpfungswerte
In Bild 2.14 sind die gemessenen Dämpfungswerte für verschiedene Hindernisse zusammengefasst, wobei – bis auf die Bücherregale – darauf geachtet wurde, dass der Effekt des Umgehens der Hindernisse gering ist. Bei den Bücherregalen ist die mittlere Dämpfung pro Regal dargestellt.

Die angegebenen Messwerte beziehen sich auf den Frequenzbereich bei 2,4 GHz. Erste eigene Messungen und Literaturwerte für den Bereich bei 5 GHz deuten darauf hin, dass in diesem Bereich die Dämpfung – gerade durch Beton, aber auch durch wasserhaltige Hindernisse – deutlich größer ist.

Zu beachten sind die hohen Dämpfungen bei Stahlbetondecken sowie bei Wärmeschutzverglasung, die auf Reflexionen zurückzuführen sind.

2.2.3.3 Vegetationsdämpfung

Auch Pflanzen – Bäume und Büsche – dämpfen Funkwellen beträchtlich, wie Bild 2.15 zeigt. Je nach Typ der Büsche und Bäume ergeben sich natürlich sehr unterschiedliche Dämpfungswerte. Insgesamt lässt sich jedoch feststellen, dass die Dämpfung mit zunehmender Frequenz steigt: Bei f = 1 GHz liegen die Dämpfungswerte in etwa zwischen 0,2 und 0,3 dB pro Meter, bei f = 2 GHz zwischen 0,3 und 0,4 pro Meter, bei 10 GHz zwischen 0,4 und 1 dB pro Meter.

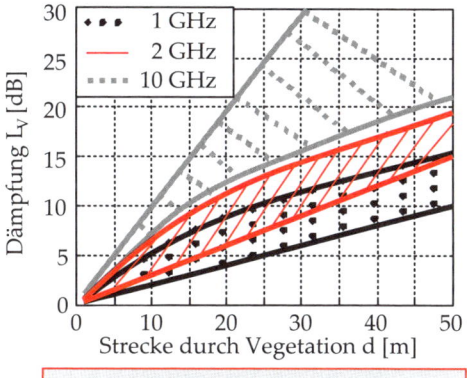

Bild 2.15 Vegetationsdämpfung

2.2.4 Beugung

Bei den betrachteten Wellenlängen von einigen Zentimetern erzeugen Hindernisse keinen scharfen Funkschatten; vielmehr werden die Funkwellen z.B. an Gebäudeecken, Türöffnungen oder Dachkanten in den geometrischen Schattenraum gebeugt, wie in Bild 2.15 illustriert. Daher ist auch dort ein Funkempfang möglich, wenn auch mit geringerer Intensität. Die entsprechenden Beugungsverluste hängen von vielen Größen ab, wie z.B.

❑ von der Wellenlänge,
❑ von dem Beugungswinkel,
❑ von dem Abstand zur Kante und auch
❑ von dem Material der Kante.

Nur für Spezialfälle lassen sich einfache Formeln angeben. So gilt z.B. bei nicht allzu geringen Beugungswinkeln und bei einer ideal leitenden Kante:

$$L_B \approx 13 + 10 \cdot \log(h/r_1 + h/r_2) + 10 \cdot \log(2h/\lambda) \quad \text{(Gl. 2.17)}$$

Unter Verwendung der Relation $\lambda = c / f$ erhält man:

$$L_B = K + 10 \cdot \log f \quad \text{(Gl. 2.18)}$$

Dabei ist K ein Parameter, der insbesondere mit zunehmendem Beugungswinkel β und mit zunehmendem h wächst.

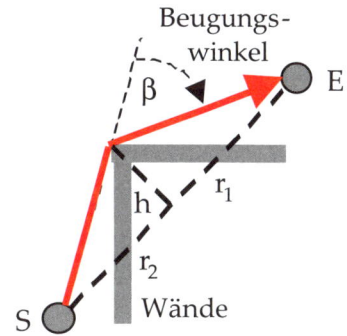

Bild 2.16 Beugung

> Besonders wichtig ist die Feststellung, dass die Beugungsverluste wie $10 \cdot \log f$ ansteigen; so erhält man bei einer Verdopplung der Frequenz einen um 3 dB erhöhten Beugungsverlust. Je geringer die Frequenz, d.h. je größer die Wellenlänge, desto besser können Wellen in den geometrischen Schattenraum gebeugt werden.

Dieser Effekt ist aus der Alltagserfahrung bekannt: Man kann zwar nicht um die Ecke sehen (Lichtwellenlängen ca. 0,4...0,8 μm), aber um die Ecke hören (Schallwellenlängen ca. 2...2000 cm).

Beispiel
Betrachtet man Wireless-LAN-Systeme bei 2,4 GHz und 5,4 GHz, bei denen die Teilabstände (Bild 2.16) zwischen dem Access Point und dem Laptop mit WLAN-Karte $r_1 = r_2 = 4$ m betragen, so ergeben sich gemäß Gleichung 2.17 die in Tabelle 2.3 aufgeführten Dämpfungswerte für verschiedene Winkel.

Zu beachten ist, dass die Beugungsdämpfung zu der Freiraumdämpfung zu addieren ist. Bei 5.4 GHz ist L_B ca. 3,5 dB höher als bei 2,4 GHz; zusammen mit der um 7 dB höheren Freiraumdämpfung ergibt sich insgesamt bei 5,4 GHz ein Nachteil von etwa 10 dB in den Fällen, in denen das Funksignal den Empfänger über eine Beugung erreicht.

Tabelle 2.3 Beispiele für Beugungsverluste bei $r_1 = r_2 = 4$ m

h [m]	1 m	2 m	4 m
β	28°	53°	90°
L_B (2,4 GHz)	22,0 dB	28,0 dB	34,0 dB
L_B (5,4 GHz)	25,5 dB	31.5 dB	37.5 dB

2.2.5 Dämpfung durch Regen und Nebel

Bei Frequenzen unterhalb von 6 GHz beträgt die Dämpfung – selbst bei starkem Regen und Nebel – deutlich weniger als 0,1 dB/km, kann also für die in diesem Buch betrachteten Anwendungen vernachlässigt werden.

Auch die Resonanzabsorption der Strahlung durch Sauerstoff- oder Wassermoleküle in der Atmosphäre spielt erst bei Frequenzen oberhalb von 20 GHz eine wichtige Rolle.

2.2.6 Mehrwegeausbreitung

Wie in Bild 2.3 illustriert, gelangt das Funksignal i.Allg. auf vielen verschiedenen Wegen vom Sender zum Empfänger. Diesen Sachverhalt bezeichnet man als Mehrwegeausbreitung.

> Überlagern sich Funkwellen, so können sie sich – abhängig von ihrem Laufzeit- bzw. Phasenunterschied – durch destruktive bzw. konstruktive Interferenz schwächen bzw. verstärken. Daraus resultieren Schwankungen des Signalpegels, die man Kurzzeitschwund oder Short Term Fading nennt.

Zwei einfache, aber wichtige Spezialfälle sind in Bild 2.17 gezeigt:

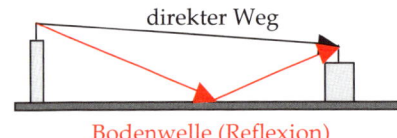
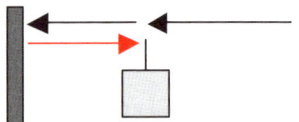
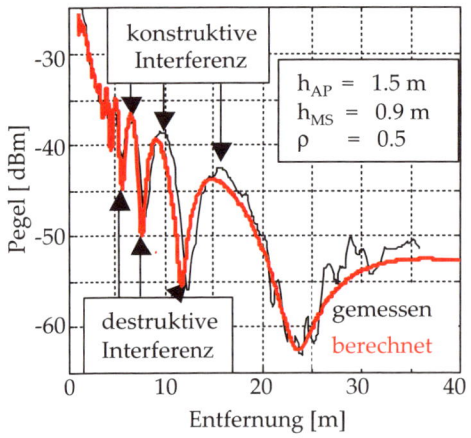
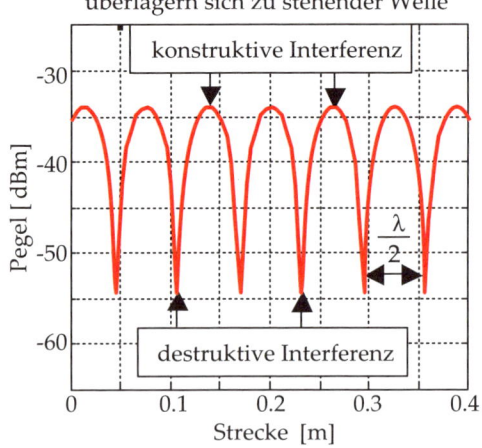

Bild 2.17 Fading-Einbrüche bei Mehrwegeausbreitung

2.2.6.1 Bodenwellen-Reflexion

Im linken Teil des Bildes sind die Auswirkungen einer Reflexion am Boden illustriert. Die Funkwelle des direkten Weges überlagert sich mit der Bodenwelle. Durch die destruktive Interferenz ergeben sich Einbrüche des Signalpegels in der Größenordnung von 10...15 dB, deren Abstand sich mit zunehmender Entfernung zwischen Sender und Empfänger vergrößert. Zum Vergleich sind die Ergebnisse einer Empfangspegelmessung auf dem Parkplatz der Fachhochschule in Meschede in dem entsprechenden Diagramm aufgenommen. Der Access Point war dabei auf einer Höhe von $h_{AP} = 1,5$ m aufgestellt, der Mobile Client (Laptop mit WLAN-Karte) wurde auf konstanter Höhe $h_{MC} = 0,9$ m sehr langsam vom Access Point weg bewegt. Der Reflexionsgrad des Asphalts ist mit $\rho = 0,5$ angesetzt.

Durch den Effekt der Bodenwellen-Reflexion treten also auch dann deutliche Schwankungen des Signalpegels auf, wenn keine offensichtlichen Hindernisse die Funkübertragung stören. Eine weitere Konsequenz der Bodenwellen-Reflexion besteht darin, dass der Signalpegel für große Abstände deutlich stärker abnimmt, als es die Freiraumdämpfung beschreibt. Für Abstände, die (viel) größer als der so genannte Break-Point-Abstand $r_{Br} = 4\pi \cdot h_E \cdot h_S / \lambda$ sind, gilt für die Dämpfung in guter Näherung:

$$L_{BW}(r) \approx 40 \cdot \log(r/h_m) \quad \text{für} \quad r > r_{Br} \quad \text{(Gl. 2.19)}$$

Dabei ist h_m das geometrische Mittel aus den Installationshöhen h_S und h_E der Sende- und Empfangsantennen (Höhen über dem reflektierenden Boden). Betrachtet man beispielsweise exponiert installierte WLAN-Antennen bei $h_E = h_S = 5$ m und $f = 2,4$ GHz, so beträgt der Break-Point-Abstand $r_{Br} = 2,5$ km. Bei Entfernungen oberhalb des Break-Point-Abstandes ist also die Dämpfung stärker als bei der Freiraumausbreitung – auch, wenn keine offensichtlichen Hindernisse vorhanden sind. Für solche Abstände liegt der reflektierende Boden innerhalb des Fresnel-Ellipsoiden (siehe Abschnitt 2.2.1) und führt damit effektiv zu der höheren Dämpfung.

Die genannten Effekte der Bodenwellen-Reflexion sind also zu beachten, wenn man mittels WLAN oder DECT Entfernungen von mehreren Kilometern überbrücken möchte. Aufgrund der Bodenwellen-Reflexion kann der Pegel – verglichen mit der Freiraumausbreitung – um 5 bis 10 dB schwanken. Daher sollte man bei solchen Konstellationen zwar zunächst eine Abschätzung der Reichweite mit der Freiraum-Formel vornehmen, aber auch

- Messungen durchführen,
- die Antennen möglichst so positionieren, dass sie nicht in einem Bereich destruktiver Interferenz stehen,
- Sicherheitszuschläge für zeitlich variierende Reflexionen einbeziehen.

2.2.6.2 Reflexion an Wänden

Trifft eine Funkwelle auf eine Wand, so wird sie teilweise reflektiert. Dadurch überlagert sich die reflektierte Welle mit der einfallenden, und es bildet sich vor der Wand eine stehende Welle mit Schwingungsbäuchen (konstruktive Interferenz) und Schwingungsknoten (destruktive Interferenz) aus. Erfolgt der Einfall exakt senkrecht zur Wand, so ist der Abstand der Schwingungsknoten gleich der halben Wellenlänge $\lambda/2$. Bei sehr vielen unregelmäßigen Reflexionen an Wänden, Decken und anderen Hindernissen ergibt sich ein ähnliches – wenn auch nicht so regelmäßiges – Bild:

> **!** Der Empfangspegel kann innerhalb der Größenordnung der halben Wellenlänge (also innerhalb weniger Zentimeter) um 10 dB und mehr schwanken. Diesen von starken Einbrüchen des Pegels begleiteten Effekt nennt man Kurzzeitschwund.

Zu beachten ist, dass Personen, die sich bewegen, Möbel, die verrückt, oder Türen, die geschlossen werden, zu anderen Reflexionsverhältnissen führen. Damit kann eine deutliche Änderung der Empfangsverhältnisse verbunden sein, auch wenn sich die erwähnten Hindernisse nicht innerhalb der Verbindungslinie zwischen Sender und Empfänger befinden.

2.3 Funkausbreitungsmodelle

Wie in den vorherigen Abschnitten erläutert, wird die Funkausbreitung von vielen komplexen Effekten bestimmt. Daher ist es – von wenigen Ausnahmen wie der Freiraumausbreitung abgesehen – unmöglich, den Empfangspegel bei einem Funksystem exakt zu berechnen. Allerdings gibt es einige Modelle, die es erlauben, die Empfangspegel (beispielsweise innerhalb von Gebäuden) in brauchbarer Näherung zu berechnen bzw. grob abzuschätzen. Solche Modelle, die im Folgenden näher diskutiert werden, sind sehr hilfreich bei der Planung von lokalen Funknetzen und bei der Erläuterung grundsätzlicher Zusammenhänge.

Heutzutage gibt es zahlreiche Planungstools, bei denen diese Modelle implementiert sind und die aus den eingegebenen Gebäudedaten, Wanddämpfungen, Antennendiagrammen und anderen Parametern die Empfangspegelverteilung in einem Gebäude berechnen.

Strahlenoptische Modelle
Bei den strahlenoptischen Modellen, die als Ray Tracing oder als Ray Launching bezeichnet werden, sucht man alle – oder zumindest mehrere – Wege, auf denen das Signal durch Reflexionen, Transmissionen und Beugungen vom Sender zum Empfänger gelangen kann. Unter Berücksichtigung der Reflexions-, Absorptions- und Beugungskoeffizienten der jeweiligen Hindernisse werden die einzelnen Signalleistungen ermittelt und zur Gesamtleistung kombiniert. Solche strahlenoptischen Modelle sind i.Allg. sehr komplex und erfordern zahlreiche Eingabewerte und eine hohe Rechenleistung.

Vielfach greift man daher auf einfachere Modelle zurück, die besser zu handhaben sind, die aber dennoch hinreichend brauchbare Ergebnisse liefern.

Potenz-Gesetze
Eine besonders einfache Form der Funkausbreitungsmodelle stellen Potenz-Gesetze dar. Bei einem solchen Gesetz berechnet sich die Empfangsleistung P_E aus der effektiven Sendeleistung P_S mittels

$$P_E = P_S / (a \cdot r^\beta) \quad \text{(Gl. 2.20)}$$

Für die Dämpfung ergibt sich damit eine ähnliche Formel wie für die Freiraumausbreitung (siehe Gleichung 2.13):

$$L = A + 10 \cdot \beta \cdot \log r \quad \text{mit } A = 10 \log a \quad \text{(Gl. 2.21)}$$

Diese Formel hat die gleiche Struktur wie die Gleichung 2.13 für die Freiraumausbreitung, bei der gilt: $A = 32{,}4 + 20 \log f$ sowie $\beta = 2$.

Im allgemeinen Fall handelt es sich bei Gleichung 2.21 um ein so genanntes empirisches Modell, bei dem sich der Ausbreitungsexponent β aus Erfahrungen (Messungen) ergibt. Ein solches Modell kann natürlich nicht die Details der Gebäudestruktur und der Möblierung widerspiegeln, sondern liefert auf einfache Weise einen groben Anhalt für den Versorgungsbereich in einem Gebäude eines bestimmten Typs. Für den Ausbreitungsexponenten kann man in dem Frequenzbereich bei 2 GHz die in Tabelle 2.4 aufgeführten groben Richtwerte angeben [25].

Tabelle 2.4 Typische Ausbreitungsexponenten

Umgebung	β
freie Flure, Korridore	1,0...2,0
Freiraumausbreitung	2,0
Hallen, Büros mit Sichtkontakt	2,0...2,5
Büros mit schwacher Möblierung	2,5...3,0
Büros mit starker Möblierung	3,0...4,0
Ausbreitung über Zwischendecken	4,0...6,0

I.Allg. hängt β von der Frequenz ab. So haben Messungen in einem Büroumfeld [28] die folgenden Werte für den Ausbreitungsexponenten ergeben:
- $\beta = 3{,}7$ bei $f = 2{,}4$ GHz,
- $\beta = 4{,}6$ bei $f = 5{,}5$ GHz.

In diesen Werten kommt zum Ausdruck, dass die Beugungsverluste sowie die Dämpfungen durch Hindernisse tendenziell mit der Frequenz zunehmen.

Linear ansteigende Zusatzdämpfung
Ein anderes empirisches Modell berücksichtigt Hindernisse mittels eines linearen Zusatz-

terms bei der Freiraumausbreitung L_F. Die Dämpfung berechnet sich in diesem Fall gemäß folgender Formel:

$$L = L_F + \alpha \cdot r \qquad \text{(Gl. 2.22)}$$

wobei die empirische Konstante α typischerweise im Bereich $\alpha = 0{,}2\ldots0{,}6$ dB/m liegt und von den mittleren Wanddämpfungen und der Stärke der Möblierung abhängt.

Wand- und Deckendämpfungen als Zusatzterme
Die Gebäudestruktur wird in einem Ausbreitungsmodell besser berücksichtigt, wenn man zumindest die Wand- und Deckendämpfungen als Zusatzterme in die entsprechende Formel aufnimmt. In diesem Fall ergibt sich für die Dämpfung:

$$L = L_F + n_D \cdot L_D + n_{W1} \cdot L_{W1} \\ + n_{W2} \cdot L_{W2} + \ldots \qquad \text{(Gl. 2.23)}$$

n_D Anzahl der Decken
L_D Dämpfung durch eine Decke
n_{Wj} Anzahl der Wände vom Typ j = 1, 2, …
L_{Wj} Dämpfung durch Decken vom Typ j

Bei diesem Modell geht man davon aus, dass jede Decke und jede Wand eines bestimmten Typs das Funksignal um einen bestimmten Betrag dämpfen, der von der jeweiligen Wandstärke bzw. von der Art des Materials abhängt (siehe Abschnitt 2.2.3).

Weitere Verfeinerungen und Verbesserungen des obigen Modells ergeben sich, wenn man berücksichtigt, dass beispielsweise die zweite und jede weitere durchdrungene Decke zu einer geringeren Dämpfung führt als die erste Decke. Dieser Effekt wurde zusammen mit seiner Ursache bereits in Abschnitt 2.2.3 diskutiert.

> **Beispiel**
> In Bild 2.18 sind die oben erläuterten empirischen Funkausbreitungsmodelle miteinander verglichen. Dabei wurde ein WLAN Access Point bei $f = 2{,}4$ GHz mit einer EIRP von 20 dBm zugrunde gelegt. Die Ergebnisse zeigen, dass für Entfernungen von mehr als 10 m in einem Gebäude die Empfangspegel i.Allg. deutlich geringer sind als bei der Freiraumausbreitung. Dementsprechend ist in einem Gebäude die Reichweite auch deutlich geringer als im Freien. Für einen ausreichenden Empfang benötigt man einen Pegel von mindestens etwa −90 dBm. Bei den Modellen mit starker Dämpfung ergibt sich so eine Reichweite von ca. 50…60 m. Ferner ist zu erwähnen, dass drei der Modelle im Bereich von 10…50 m zu recht ähnlichen Pegelwerten führen.

2.4 Zusammenfassung

Frequenz, Wellenlänge, Geschwindigkeit
Funksignale breiten sich als elektromagnetische Wellen mit Lichtgeschwindigkeit c aus. Dementsprechend beträgt die Geschwindigkeit der Funksignale $c = 300$ m/µs.

Zwischen der Frequenz f und der Wellenlänge λ besteht der Zusammenhang: $\lambda = c / f$.

Die lokalen Funknetze arbeiten i.Allg. in bestimmten Frequenzbändern im Bereich zwischen 1 GHz und 10 GHz.

Intensität
Die Intensität I ist die entscheidende physikalische Größe zur Beschreibung der Stärke eines Funksignals; sie ist definiert als Leistung P pro Fläche F. Über die Intensität werden Grenzwerte für die Strahlenbelastung festgelegt. In Deutschland beträgt der Grenzwert im Frequenzbereich oberhalb von 2 GHz $I_{max} = 10$ W/m², in anderen Ländern liegt er teilweise bei deutlich geringeren Werten.

Dezibel
Bei Funknetzen bezieht man die Leistungen üblicherweise auf ein Milliwatt (mW) und gibt sie mittels der Dezibel-Rechnung in Einheiten von «dBm» an.

Effekte der Funkausbreitung
Die Funkausbreitung ist entscheidend durch folgende Effekte geprägt:
- Abstrahlung durch Antennen mit Richtwirkung und Gewinn,
- Freiraumausbreitung: Verteilung der Leistung auf größer werdende Flächen,

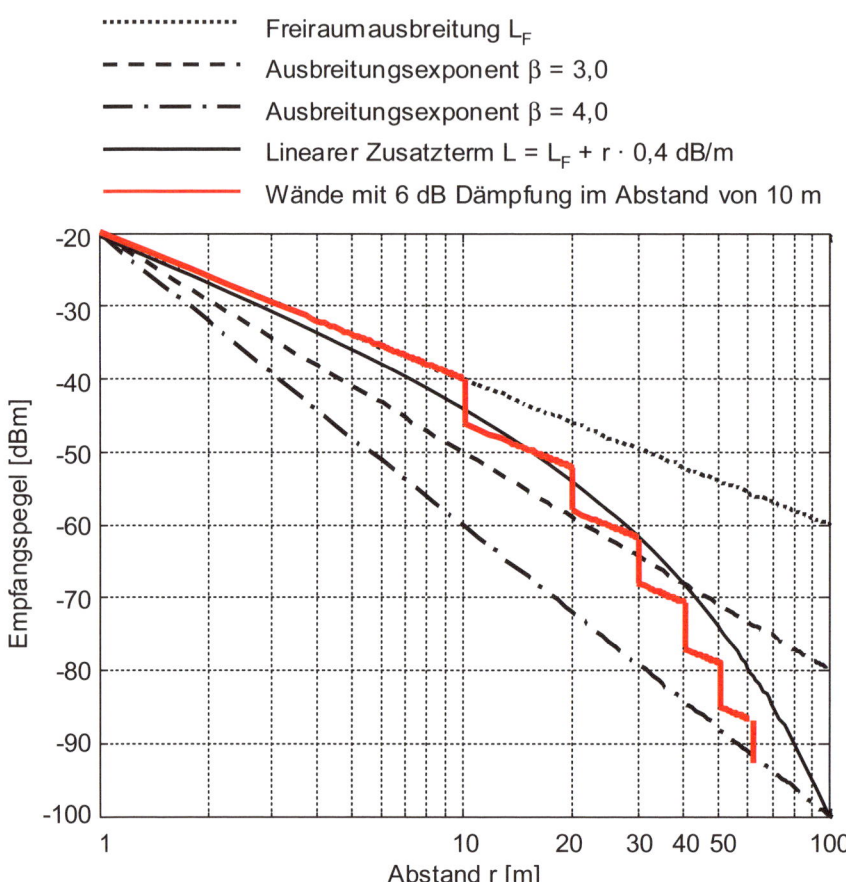

Bild 2.18 Vergleich von Ausbreitungsmodellen

- Reflexion und Transmission (mit Brechung) an ebenen, glatten Grenzflächen,
- Streuung an Grenzflächen mit Unebenheiten,
- Dämpfung durch Materialien (Wände, Personen, Möbel, Vegetation, ...),
- Abweichung von geradliniger Ausbreitung durch Beugung an Dachkanten, Gebäudeecken, ...
- Überlagerung von Wellen verschiedener Ausbreitungspfade.

Antennenkenngrößen
Antennen charakterisiert man durch ihre Halbwertsbreite und ihren Gewinn: Je geringer die Halbwertsbreite, desto größer ist ihr Gewinn. Die Halbwertsbreite hängt entscheidend von dem Verhältnis aus Antennenabmessung und Wellenlänge ab.

Effective Isotropic Radiated Power (EIRP)
Die effektive von der Antenne abgestrahlte Leistung, die so genannte Effective Isotropic Radiated Power, EIRP = TXPWR $- L_{K,S} + G_S$, bezieht den Antennengewinn G_S und den Kabelverlust L_K ein. Dabei ist TXPWR der Sendepegel eines Funkmoduls.

Freiraumausbreitung
Sind die Verbindungslinie zwischen Sender und Empfänger sowie der umgebende Fresnel-Ellipsoid mit kleiner Halbachse $a = \frac{1}{2}(\lambda \cdot r)^{\frac{1}{2}}$ frei

von Hindernissen, so lässt sich die Dämpfung – sofern keine starken Reflexionen auftreten – mit Hilfe der Freiraum-Formel berechnen.

Freiraum-Formel:
$L_F = 32{,}4 + 20 \cdot \log f \, [\text{GHz}] + 20 \cdot \log r \, [\text{m}]$

Dämpfung durch Hindernisse
Abhängig vom Material und ihrer Dicke dämpfen Hindernisse unterschiedlich stark; besonders hohe Dämpfungswerte besitzen verspiegelte Glasscheiben, Stahlbetondecken und wasserhaltige Hindernisse. Durch Beugung und Reflexionen kann eine Funkwelle – wenn auch geschwächt – in den geometrischen Schatten eines Hindernisses gelangen.

Tendenziell nimmt die Dämpfung mit der Frequenz zu: Bei einer Frequenzverdopplung steigt die Dämpfung um 6 dB (ohne Hindernisse) und um 10 dB und mehr bei Anwesenheit von Hindernissen.

Mehrwegeausbreitung
Erreicht das Signal den Empfänger über Reflexionen am Boden, an Decken, Wänden oder anderen Objekten auf verschiedenen Wegen, so kommt es zu Überlagerungen mit konstruktiver und destruktiver Interferenz. Diese Mehrwegeausbreitung führt zu Einbrüchen im Empfangspegel von mehreren Dezibel und sollte durch Sicherheitszuschläge bei der Planung berücksichtigt werden. Der Abstand der Einbrüche liegt im Bereich der halben Wellenlänge. Den Effekt nennt man Kurzzeitschwund oder Short Term Fading.

Funkausbreitungsmodelle
Die Effekte der Funkausbreitung kann man in Planungstools durch
❏ strahlenoptische Modelle,
❏ Potenz-Gesetze,
❏ lineare Zusatzterme zur Freiraum-Formel
❏ oder unter Verwendung gemessener Dämpfungswerte der Hindernisse
berücksichtigen.

Literaturhinweise
Allgemeine Grundlagen zu Antennen und der Ausbreitung von elektromagnetischen Wellen findet man in [12]. Verschiedene Funkausbreitungsmodelle werden detailliert in [3] diskutiert. [13] enthält eine ausführliche Darstellung zu Antennen bei Wireless LANs und geht auf verschiedene Aspekte der Funkausbreitung ein.

Das Thema der Auswirkung elektromagnetischer Strahlung auf die Gesundheit wird beispielsweise in [8] oder [24] behandelt. Eine Informationsquelle sind die Internetseiten des Bundesamtes für Strahlenschutz.

2.5 Übungsaufgaben

2.1 Wie lange benötigt ein Funksignal für eine Strecke von 12 m bzw. 2,4 km?

2.2 Das Echo eines Funksignals trifft um 0,2 µs später ein als das direkte Signal. Wie groß war der Umweg?

2.3 Berechnen Sie die Intensität im Abstand von 1 m bzw. 2 m von einem Access Point (5,5 GHz) der Sendeleistung 1 W. Werden die Grenzwerte unterschritten?

2.4 Geben Sie den Pegel [dBm] für folgende Leistungen an: 250 mW, 50 mW, 2,5 mW, 40 pW.

2.5 Geben Sie für folgende Pegel die Leistungen [W] an: 13 dBm, –70 dBm, –86 dBm.

2.6 Nennen Sie einige wichtige Effekte der Funkausbreitung!.

2.7 Durch welchen Effekt kommt das Short Term Fading (Kurzzeitfading) zustande? Welche Abstände besitzen die Einbrüche in etwa?

2.8 Betrachten Sie einen Access Point bei 2,4 GHz mit TXPWR = 16 dBm, an den über ein Kabel der Länge 10 m und der Dämpfung 0,05 dB/m eine Antenne mit einem Gewinn von 12 dBi angeschlossen wird. Wie hoch ist die EIRP? Ist die Konstellation zulässig?

2.9 Wie hängt der Gewinn einer Antenne von ihrer Halbwertsbreite und ihren Abmessungen ab?

2.10 Es liegen zwei Antennen mit gleichem Gewinn vor – die eine für $f = 2{,}4$ GHz, die andere für $f = 5{,}5$ GHz. An welchen Merkmalen kann man die beiden Antennen unmittelbar unterscheiden?

2.11 Wie groß ist die kleine Halbachse des Fresnel-Ellipsoiden bei f = 5,4 GHz und einer Entfernung von 3,6 km zwischen Sender und Empfänger? Was bedeutet dieses Ergebnis für die Installationshöhen der Antennen?

2.12 Unter welchen Umständen kann man die Freiraum-Formel zur Berechnung der Dämpfung verwenden?

2.13 Betrachten Sie einen WLAN Access Point f = 5,5 GHz und mit EIRP = 27 dBm und setzen Sie Freiraumausbreitung voraus. Wie groß ist der Empfangspegel in r = 100 m, 200 m, 1000 m Entfernung, wenn die Mobilstation einen Antennengewinn von 0 dBi bzw. 3 dBi besitzt?

2.14 Welche Materialien dämpfen besonders stark?

2.15 Welchen Einfluss hat die Frequenz auf die Funkausbreitung?

2.16 Welchen Nachteil haben Funksysteme bei f = 60 GHz gegenüber den in diesem Buch betrachteten Systemen?

2.17 Welche Arten der Funkausbreitungsmodelle gibt es?

3 Übertragungstechnik

3.1 Modulation

3.1.1 Allgemeines

Bei den in diesem Buch betrachteten Funksystemen kommen digitale Modulationsverfahren zum Einsatz. Dazu wird die Bitfolge in ein physikalisches Signal umgewandelt und den elektromagnetischen Wellen aufgeprägt.

Modulationsparameter
Die Wellen werden am Sender durch Cosinusförmige Ströme erzeugt, d.h., die betrachteten Signale $s(t)$ hängen in folgender Weise von der Zeit t ab:

$s(t) = A \cos(2\pi f \cdot t + \varphi)$

Das zu übertragende Signal kann der Schwingung und damit der Welle durch Modulation der drei Schwingungsparameter
- Amplitude A,
- Frequenz f,
- Phase φ

aufgeprägt werden.

Trägerfrequenz, Leistungsdichte und Bandbreite
Bei der Amplituden- und Phasenmodulation arbeitet man mit einer festen Frequenz, die man die Trägerfrequenz f_T nennt, bei der Frequenzmodulation variiert die Frequenz in einem gewissen Bereich um die Trägerfrequenz. In allen Fällen konzentriert sich die abgestrahlte Leistung in einem bestimmten Bereich um die Trägerfrequenz. Wie sich die Leistung auf die einzelnen Frequenzen um die Trägerfrequenz verteilt, gibt die spektrale Leistungsdichte an. Man kann sie mittels so genannter *Spektrumsanalysatoren* messen. Die spektrale Leistungsdichte ist definiert als die pro Frequenzintervall abgestrahlte Leistung. Für idealisierte Modulationsformen lässt sie sich mathematisch berechnen.

So zeigt Bild 3.1 die spektrale Leistungsdichte für eine BPSK-Modulation (siehe Abschnitt 3.1.3). Sie besitzt ein Maximum bei der Trägerfrequenz f_T, enthält aber auch Anteile in benachbarten Frequenzbereichen. Als (effektive) Bandbreite B des Modulations-

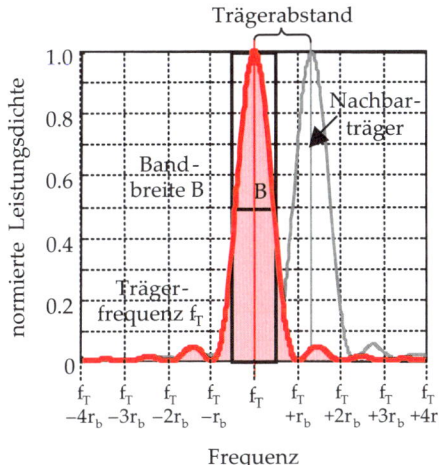 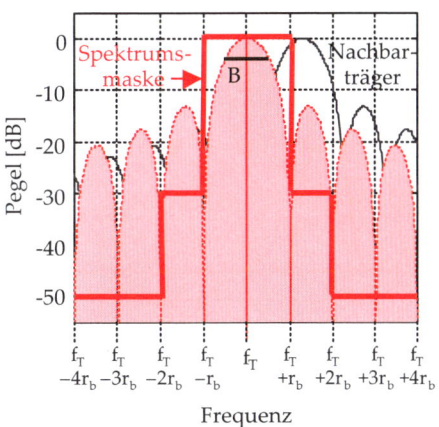

Bild 3.1 Leistungsdichtespektrum eines BPSK-modulierten Signals

signals bezeichnet man die Breite einer rechteckigen Leistungsdichteverteilung der gleichen Gesamtleistung. D.h., die Fläche des schwarz umrandeten Rechtecks aus Bild 3.1 ist gleich der Fläche unter der roten Kurve, die die spektrale Leistungsdichte des BPSK-Signals widerspiegelt.

> Die Bandbreite B eines digital modulierten Signals liegt in der Größenordnung der Bitrate r_b. Bei einer BPSK-Modulation sind beide Größen genau gleich: $B = r_b$; eine Bitrate von 1 Mbit/s benötigt also eine Bandbreite von 1 MHz.

Das rechte Diagramm zeigt die spektrale Leistungsdichte in der Dezibel-Darstellung, wie man sie auch bei Spektrumsanalysatoren angezeigt findet.

Frequenzmultiplex und Trägerabstand
Für ein Funksystem sind i.Allg. mehrere Frequenzträger vorgesehen, um mehrere gleichzeitige Verbindungen zu ermöglichen (Bild 3.2). In diesem Zusammenhang spricht man von einem *Frequenzmultiplex* (**F**requency **D**ivision **M**ultiplex, FDM). Den Abstand zweier benachbarter Trägerfrequenzen nennt man den *Trägerabstand*. Um Störungen zwischen benachbarten Trägern gering zu halten, sind verschiedene Maßnahmen erforderlich:

❏ Zum einen filtert man das Signal bei der Modulation mittels eines Signalformfilters, um einen rascheren Abfall des Signalspektrums zu erzielen; die Standards legen i.Allg. fest, dass die spektrale Leistungsdichte nach der Filterung unterhalb einer Spektrumsmaske liegen soll. Ein Beispiel für eine Spektrumsmaske gemäß IEEE 802.11b findet sich dick rot in Bild 3.1 eingezeichnet.

❏ Zum anderen sollte man den Trägerabstand mindestens so groß wie die Bandbreite B wählen, um Überlappungen gering zu halten. Bei manchen Systemen ist jedoch der Trägerabstand deutlich kleiner als die Bandbreite; in diesen Fällen gibt es Frequenzplanungsregeln: Benachbarte Träger (und eventuell sogar über- und überübernächste Nachbarn) sollten nicht im gleichen Gebiet verwendet werden.

Tabelle 3.1 gibt einen Überblick über die bei lokalen Funknetzen verwendeten Bandbreiten, Trägerabstände und Frequenzbereiche.

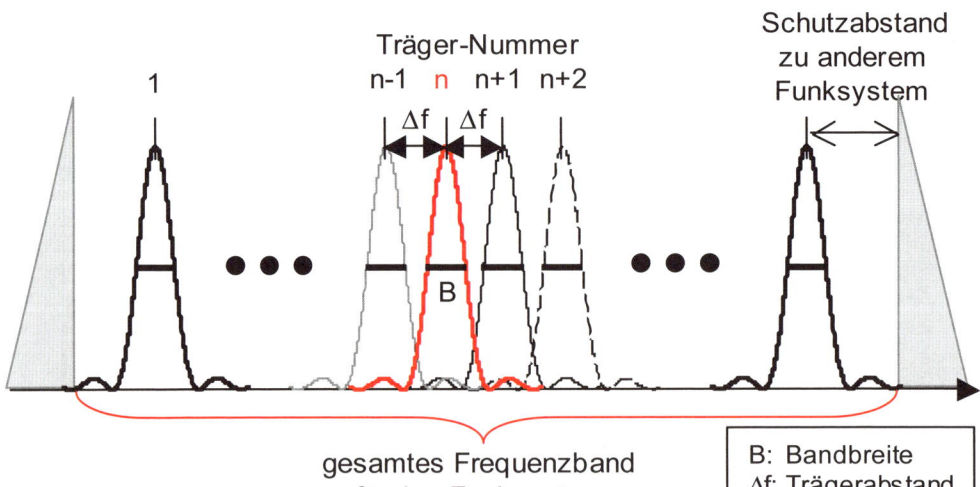

Bild 3.2   Frequenzmultiplex

Tabelle 3.1 Frequenzbereiche, Bandbreiten und Trägerabstände bei lokalen Funknetzen

	Hauptfrequenz-bereiche	Bandbreite [MHz]	Trägerabstand [MHz]	Anzahl Träger
DECT	1,88…1,90 GHz	1,15	1,72	10
IEEE 802.11a	5,15…5,35 GHz 5,47…5,73 GHz	17	20	8 + 11
IEEE 802.11b	2,40…2,48 GHz	11	5	13
IEEE 802.11g	2,40…2,48 GHz	17	5	13
HiperLAN/2	5,15…5,35 GHz 5,47…5,73 GHz	17	20	8 + 11
Bluetooth	2,40…2,48 GHz	1	1	79
UltraWideBand UWB	verschied. Bänder 3,1…10,6 GHz	500	500	anfangs 3 später mehr
ZigBee	2,40…2,48 GHz und bei 0,868 GHz	2 0,3	5 -	16 1

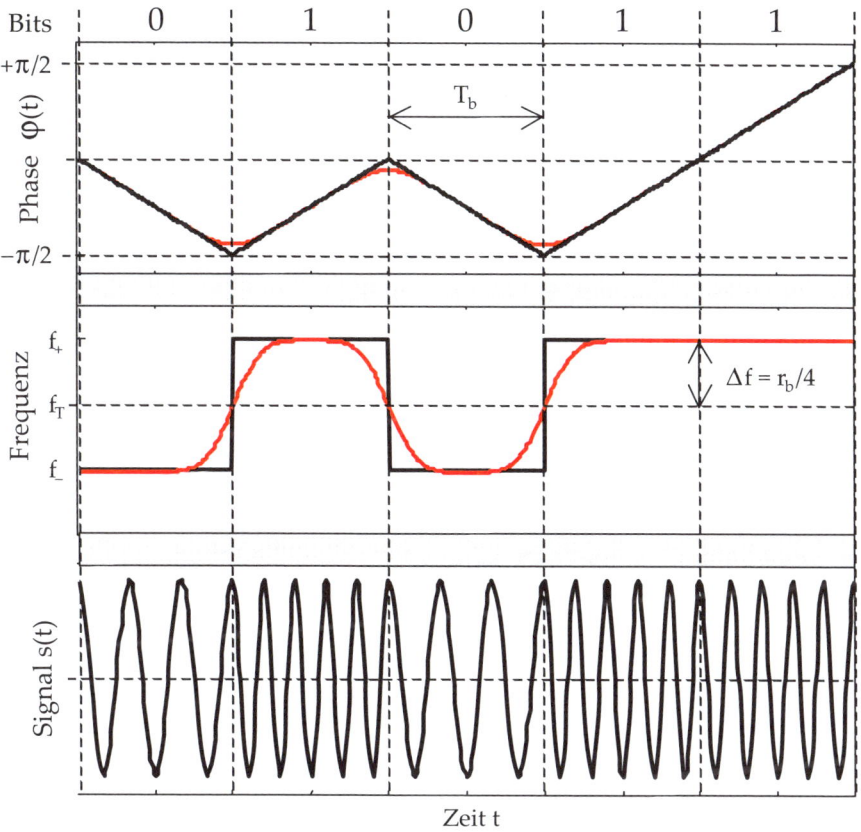

Bild 3.3 Frequenzumtastung

3.1.2 Digitale Frequenzmodulation

> Die digitale Frequenzmodulation wird in Form einer so genannten *Frequenzumtastung* (Frequency **S**hift **K**eying, FSK) durchgeführt. Wie in Bild 3.3 illustriert, überträgt man das Symbol «0» mittels einer Schwingung der Frequenz f_- und das Symbol «1» durch eine höhere Frequenz f_+. Als Mitten- oder Trägerfrequenz bezeichnet man die Frequenz $f_T = \frac{1}{2} (f_+ + f_-)$, $\Delta f = f_+ - f_T$ ist der Frequenzhub. Falls der Frequenzhub $\Delta f = 0{,}25 \cdot r_b$ gleich einem Viertel der Bitrate r_b ist, so spricht man vom Minimum Shift Keying (MSK).

Die zu übertragenden Signalanteile sind damit von der Form:

$s(t) = A \cos(2\pi f_T \cdot t \pm 2\pi \Delta f \cdot t)$,
«–» bei «0» und «+» bei «1»

Die Phasen der Signalanteile lassen sich also schreiben als $\varphi = \pm 2\pi \Delta f \cdot t$ «–» bei «0» und «+» bei «1», Bei einer «1» erhöht sich also die Phase, bei einer «0» erniedrigt sie sich. Dies ist im oberen Teil von Bild 3.3 illustriert.

Um einen besseren Abfall des Leistungsdichtespektrums zu erzielen, glättet man den Frequenzverlauf mittels eines Filters, das einer Gauß'schen Glockenkurve entspricht (rote Kurve in Bild 3.3). Die zugehörige Modulationsform nennt man **G**aussian **F**requency **S**hift **K**eying (GFSK) bzw. **G**aussian **M**inimum **S**hift **K**eying (GMSK) für den Spezialfall $\Delta f = 0{,}25 \cdot r_b$. In Bild 3.4 erkennt man, dass die

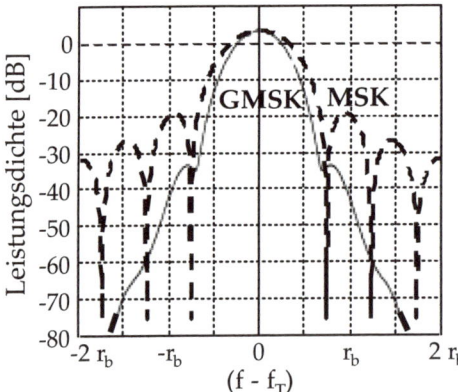

Bild 3.4 Spektrale Leistungsdichte einer MSK-Modulation

spektrale Leistungsdichte durch die Filterung deutlich schneller abfällt, so dass Störungen zwischen benachbarten Trägern unterdrückt werden. Als weiterer Vorteil der GFSK- und der GMSK-Modulation ist ihre geringere Anforderung an die Linearität des Leistungsverstärkers zu nennen.

> GFSK wird bei Bluetooth, GMSK bei DECT angewendet.

3.1.3 Digitale Phasen- und Amplitudenmodulation

> Bei einer digitalen Phasen- oder Amplitudenmodulation werden n aufeinanderfolgende Bits zunächst zu Symbolen zusammengefasst, wobei n typischerweise 1, 2, 3, 4 oder 6 ist. Aus n Bits lassen sich $N = 2^n$ (N = 2, 4, 8, 16, 64) verschiedene Symbole erzeugen. Jedem dieser Symbole ist ein bestimmter Amplituden- und Phasenwert zugeordnet.

Ein Prinzipschaltbild für den entsprechenden Modulator ist in Bild 3.5 illustriert. Es leitet sich aus dem Additionstheorem der Cosinus-Funktion her:

$s(t) = A \cos(2\pi f_T \cdot t + \varphi) =$
$A \cos(\varphi) \cos(2\pi f_T \cdot t) - A \sin(\varphi) \sin(2\pi f_T \cdot t)$

$s_I = A \cos(\varphi)$ nennt man die Inphase-Komponente und $s_Q = A \cos(\varphi)$ die Quadratur-Komponente des Signals. Diese beiden Komponenten bzw. die Amplituden- und Phasenwerte kann man – wie in Bild 3.6 – durch so genannte *Konstellationsdiagramme* veranschaulichen.

Werden die unterschiedlichen Symbole durch verschiedene Phasenwerte, aber gleiche Amplituden codiert, so spricht man von einer *Phasenumtastung* (**P**hase **S**hift **K**eying, PSK). Variiert sowohl die Phase als auch die Amplitude (unterer Teil von Bild 3.6), so spricht man von einer *Quadratur-Amplituden-Modulation* (QAM). Der Zahlenvorsatz vor dem Kürzel PSK bzw. QAM gibt die Anzahl verschiedener Symbole, d.h. die

Modulation 59

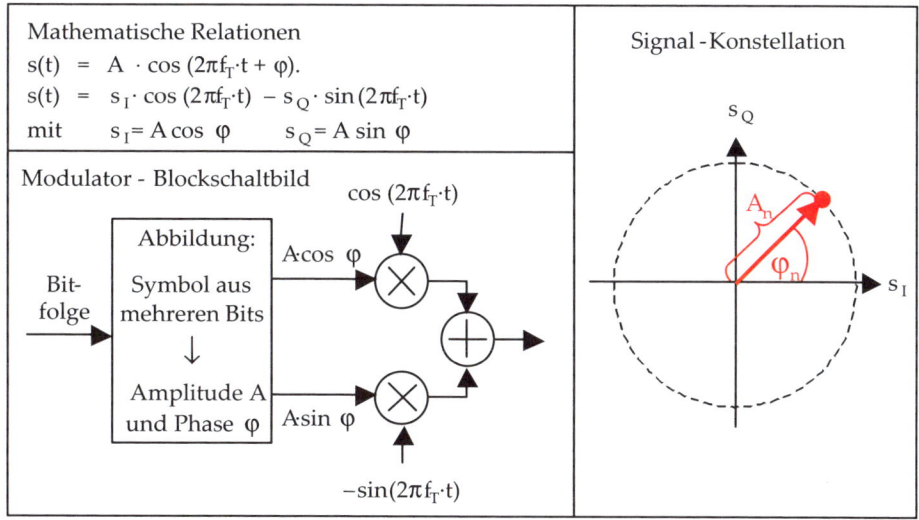

Bild 3.5   Prinzip einer digitalen Phasen- und Amplitudenmodulation

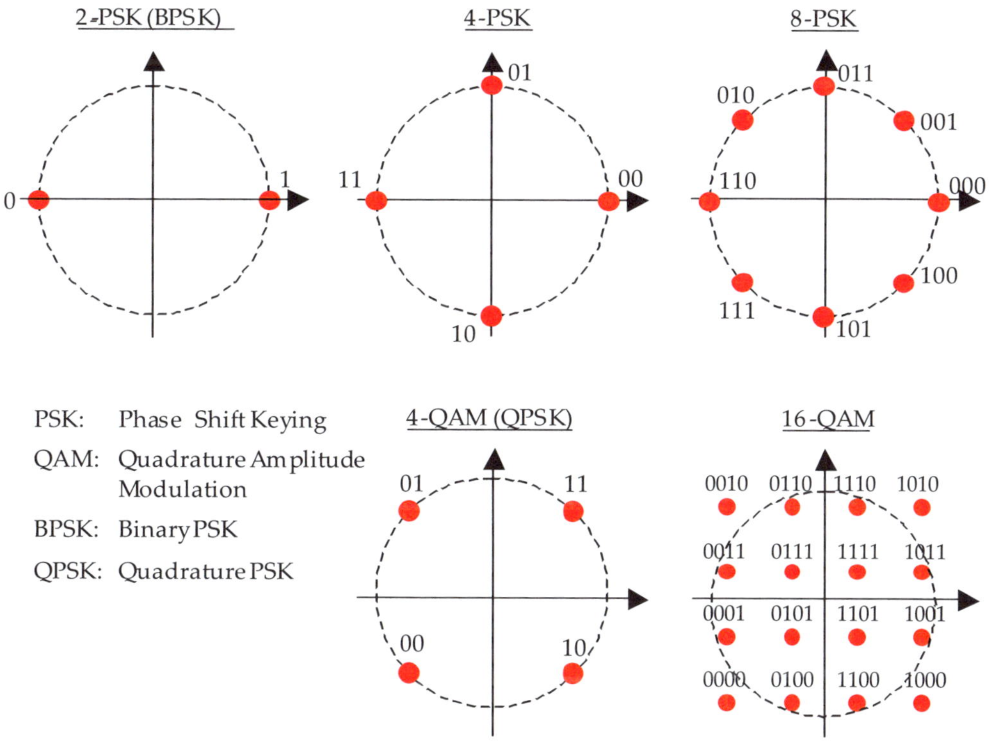

Bild 3.6   Konstellationsdiagramme für die digitale Phasen- und Amplitudenmodulation

Anzahl der Punkte im Konstellationsdiagramm an.

In Bild 3.6 sind die gebräuchlichen Modulationsformen illustriert; aufgrund der großen Anzahl der Punkte ist die 64-QAM, die z.B. bei IEEE 802.11a verwendet wird, nicht gezeichnet. Die Zuordnung von Symbolen zu Punkten (Phasen- und Amplitudenwerten) wurde so gewählt, wie sie bei IEEE 802.11 festgelegt ist; verschiedentlich findet man auch etwas andere Zuordnungen.

Zu erwähnen ist, dass es die digitalen Phasenmodulationen auch in einer differentiellen Form gibt, bei der das aktuelle Bit bzw. Symbol nicht die absolute Phase festlegt, sondern die Änderung der Phase gegenüber dem letzten Takt. So bedingt beispielsweise bei einem DBPSK-Verfahren (differenzielles BPSK-Verfahren) ein Bit «0» keine Phasenänderung und ein Bit «1» eine Phasenänderung von $\Delta\varphi = \pi$. In analoger Weise werden bei einer DQPSK die Bitkombinationen «00», «01», «11» und «10» durch Phasenänderungen von 0, $\pi/2$, π bzw. $3\pi/2$ dargestellt.

Beispiel

Betrachtet man die Bitfolge (1 0 0 1 1 0 0 0 1 1 0 1), so erhält man als Folge der Phasenwinkel:
- ❑ BPSK: (0, π, π, 0, 0, π, π, π, 0, 0, π, 0)
- ❑ DPSK: (π, π, π, 0, π, π, π, π, 0, 0, 0)
- ❑ 4-PSK: ($-\pi/2$, $\pi/2$, $-\pi/2$, π, 0, $\pi/2$)
- ❑ 8-PSK: ($-\pi/4$, π, $\pi/4$, $-\pi/2$)

Für die BPSK, die 4-PSK, 8-PSK und die 16-QAM ist der Signalverlauf für die obige Bitfolge in Bild 3.7 skizziert. Der Übersichtlichkeit halber wurden nur zwei Schwingungen pro Symbol gezeichnet, während es in realen Systemen bei Datenraten von einigen Mbit/s und Trägerfrequenzen von einigen GHz i.Allg. mehrere Hundert Schwingungen sind.

Datenrate, Bandbreite und Störfestigkeit

Zu beachten ist, dass bei einer BPSK die Phase nach jedem Bit wechseln kann, während ein Phasen- oder Amplitudensprung z.B. bei einer 16-QAM frühestens nach einem Symbol, d.h. nach vier Bits, auftritt. Mit einigem mathematischen Aufwand lässt sich zeigen, dass daraus folgt, dass die 16-QAM bei gleicher Bitrate r_b nur ein Viertel der Frequenzbandbreite B einer BPSK benötigt; umgekehrt erreicht man mit einer 16-QAM bei gleicher Bandbreite die vierfache Bitrate wie bei einer BPSK.

> ❗ In Verallgemeinerung gilt: Für eine N-PSK oder N-QAM mit $N = 2^n$ beträgt die erzielbare Bitrate
> $$r_b = n \cdot B$$
> wobei B die benötigte bzw. zur Verfügung stehende Bandbreite ist; d.h., mit zunehmenden N steigt die Bitrate.

Diesen Gewinn erkauft man jedoch durch einen Verlust an Störfestigkeit: Wie in Bild 3.6 zu sehen, liegen bei größer werdenden N die Signalpunkte dichter zusammen und können somit bei der Demodulation unter Störungen leichter verwechselt werden. Um die Zahl resultierender Bitfehler möglichst gering zu halten, wählt man eine Zuordnung von Symbolen zu Signalpunkten, bei denen sich die Symbole unmittelbar benachbarter (leicht verwechselbarer) Punkte nur um ein Bit unterscheiden.

Vielfach benötigt man zusätzliche Maßnahmen, um eine höhere Störfestigkeit zu erzielen; diese Maßnahmen werden im Folgenden erläutert.

3.1.4 Spreiztechnik

Die Spreiztechnik wird bei Systemen wie IEEE 802.11b und ZigBee, aber auch bei UMTS und GPS (**G**lobal **P**ositioning **S**ystem – Satelliten-Navigationssystem) eingesetzt.

Bei der Spreiztechnik multipliziert man die zu übertragene Bitfolge der Rate r_b vor der Modulation mit einem Spreizcode einer höheren Rate r_c, die man die *Chiprate* nennt. Dabei werden Bits und Chips durch «+1» und «−1» statt durch «0» und «1» dargestellt (0→+1, 1→−1). Die Werte «+1» und «−1» in dem gespreizten Signal nennt man *Chips*, um sie namentlich von den eigentlichen Datenbits zu unterscheiden.

Spreizfaktor

Das Verhältnis SF = r_c/r_b = T_b/T_c heißt Spreizfaktor, die entsprechende Größe $G_{sp} = 10 \cdot \log$ SF

Modulation 61

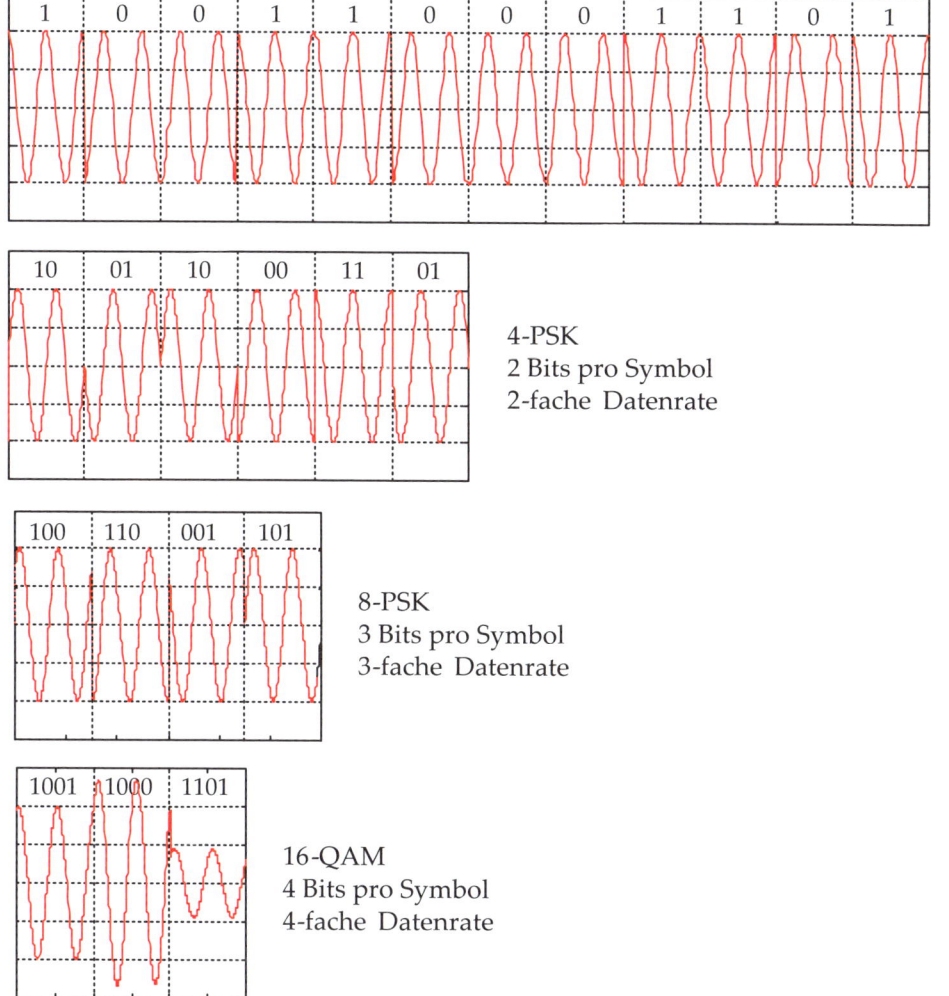

Bild 3.7 Zeitliche Verläufe verschiedenartig modulierter Signale

(in Dezibel) Spreizungs- oder Prozessgewinn. Dabei ist:

❑ T_b die Bitdauer und $r_b = 1/T_b$ die Bitrate,
❑ T_c die Chipdauer und $r_c = 1/T_c$ die Chiprate.

Spreizung im Zeitbereich
Der Vorgang des Spreizens ist in Bild 3.8 für einen so genannten Barker-Code mit Spreizfaktor SF = 11, wie er bei IEEE 802.11b Anwendung findet, dargestellt. Nach der Spreizung erfolgt eine Modulation der Chips – zumeist mit einer BPSK- oder QPSK-Modulation. Da die Rate des gespreizten Signals um den Spreizfaktor SF größer ist als die der ursprünglichen Bitfolge, ist auch die belegte Frequenzbandbreite nach der Modulation um den gleichen Faktor größer als ohne Multiplikation mit dem Code-Signal (siehe Bild 3.10).

Spreizung im Frequenzbereich
Durch Multiplikation mit dem Code-Signal wird das zu übertragende Signal im Fre-

quenzbereich um den Faktor SF gespreizt; daher der Name Spreiztechnik.

Da die Leistung beim Spreizen über einen größeren Frequenzbereich verteilt wird, sinkt – wie in Bild 3.9 zu sehen – die Leistungsdichte, d.h. die Leistung pro Frequenzintervall.

Entspreizung
Um am Empfänger die ursprüngliche Bitfolge zu rekonstruieren, muss man das gespreizte Signal im richtigen Zeittakt mit dem Code-Signal multiplizieren; denn aufgrund von $c(t) \, c(t) = 1$ heben sich die Multiplikationen am Sender und am Empfänger auf. Dieser Vorgang ist im unteren Teil von Bild 3.8 illustriert. Durch Multiplikation mit dem Code-Signal im richtigen Zeittakt, d.h. unter Berücksichtigung der Signallaufzeit ?, entsteht eine Chip-Folge, die innerhalb einer Bit-Periode konstant gleich +1 oder –1 ist; nach einer Mittelung über die Bit-Periode bleibt es bei diesen Werten.

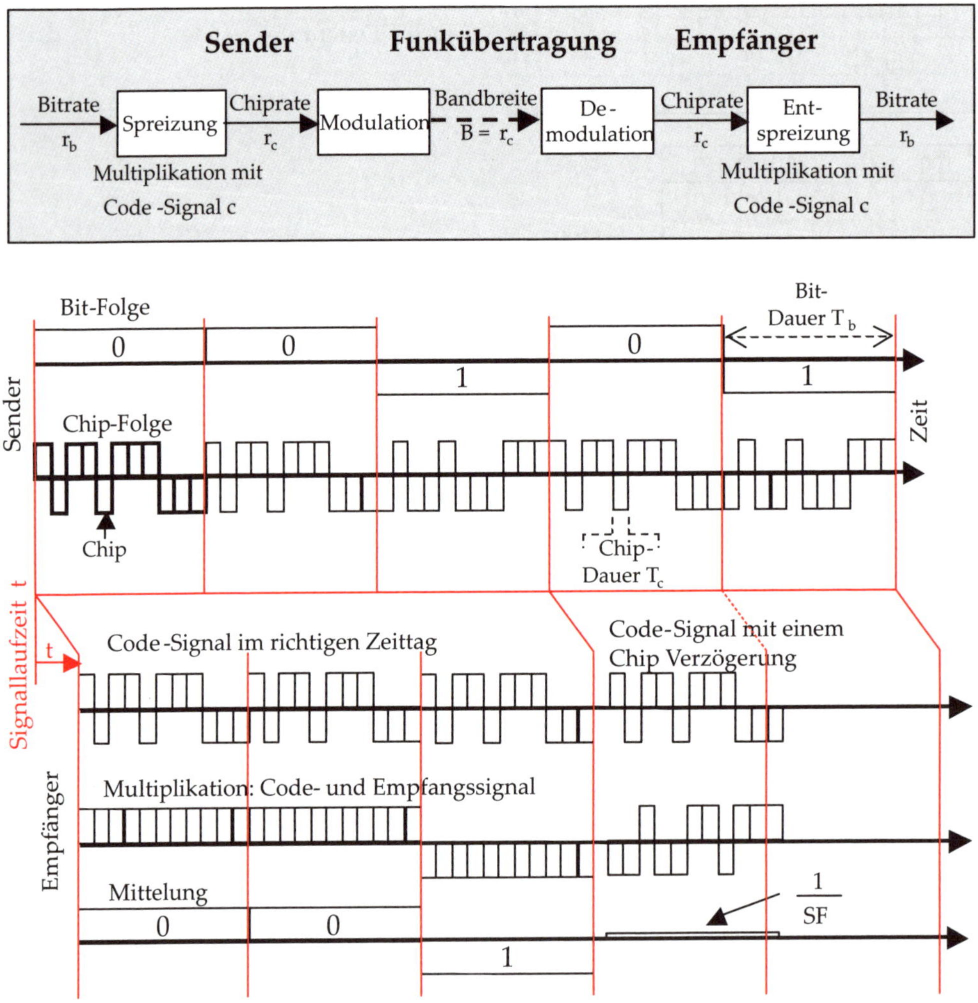

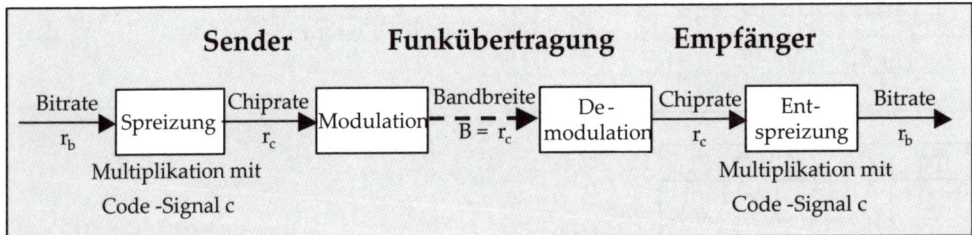

Bild 3.8 Spreizung und Entspreizung im Zeitbereich

Modulation 63

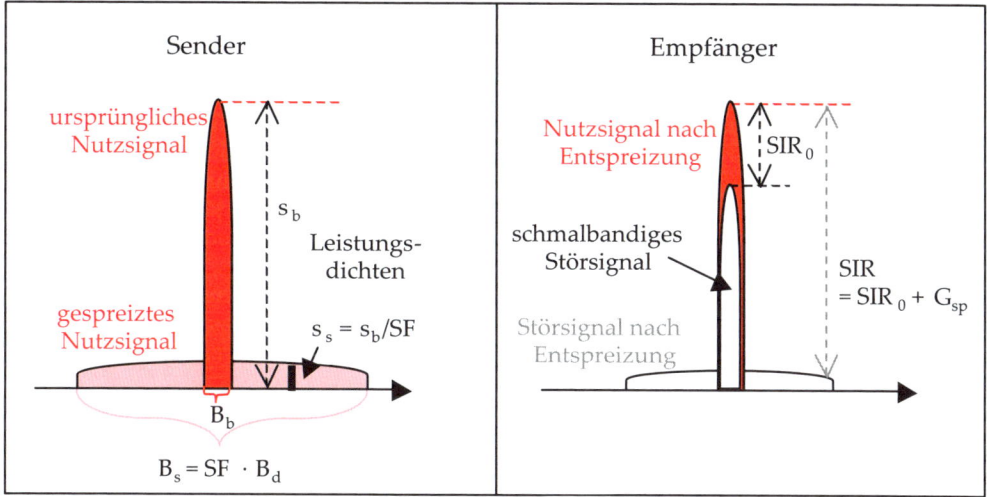

Bild 3.9 Spreizung und Entspreizung im Frequenzbereich führt zu Unterdrückung von Störungen von und durch schmalbandige Systeme

Kommt es durch Ungenauigkeiten bei der Bestimmung der Signallaufzeit zu einem Zeitversatz um z.B. ein Chip, so ist das Ergebnis der Multiplikation kein konstanter, sondern ein variierender Wert. In dem Beispiel aus Bild 3.8 (unten rechts) führt die Multiplikation sechsmal auf den Wert +1 und fünfmal auf den Wert –1; nach Mittelung ergibt sich also 1/11 = 1/SF.

Störungsunterdrückung durch Spreizung
Die aus der Multiplikation mit dem zeitversetzten Codesignal und der anschließenden Mittelung zusammengesetzte Operation bezeichnet man als *Korrelation*. Für das Beispiel des 11-Chip Barker-Codes zeigt Bild 3.10 die Ergebnisse der Korrelation in Abhängigkeit vom Zeitversatz. Ohne Zeitversatz ergibt sich eine ideale Korrelation von 1, mit Zeitversatz ist der Betrag der Korrelation für Barker-Codes kleiner als 1/SF, so dass in dem Fall das Signal um diesen Faktor unterdrückt wird. D.h., zur optimalen Detektion des Nutzsignals ist auf eine gute zeitliche Synchronisation zu achten. Andererseits werden störende Signale, die mit Zeitversatz (Echos) eintreffen, oder auch die Signale von anderen WLAN Access Points in der Nähe um den Spreizfaktor unterdrückt.

Ein Spreizungsgewinn bzw. eine Störungsunterdrückung ergibt sich aber nicht nur bezüglich Echos (Intersymbolinterferenz) und Störsignalen gleichartiger Systeme, sondern auch gegenüber denen andersartiger Systeme. Dieser Sachverhalt ist in Bild 3.9 für ein System A mit Spreizung (z.B. IEEE 802.11b) und ein System B mit schmalbandiger Übertragung illustriert: Fallen die Frequenzbänder für die Signale von System A und B zusammen, so ergäbe sich ohne Spreizung für das Empfangssignal des Systems A ein geringer Störabstand SIR_0 zu dem Störsignal von System B. Bei Verwen-

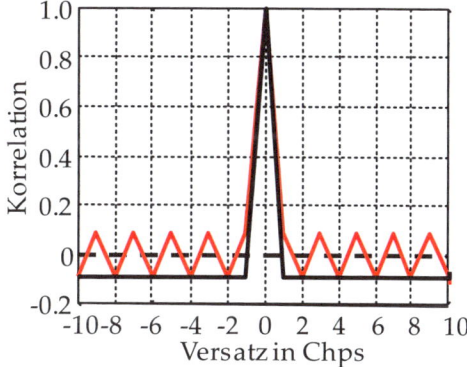

Bild 3.10 Korrelationswerte für den Barker-Code in Abhängigkeit vom Zeitversatz

dung der Spreiztechnik führt die Multiplikation mit dem Codesignal am Empfänger zu einer Entspreizung des Signals von System A, während das Störsignal von System B dabei gespreizt wird. Dadurch sinkt dessen Leistungsdichte um den Faktor 1/SF, und somit steigt der Störabstand SIR für Signal A nach der Entspreizung um den Spreizungsgewinn:

$SIR = SIR_0 + G_{sp}$

Umgekehrt profitiert auch der Empfänger des Systems B im gleichen Maße: Das Signal von System A stört System B nicht mit der hohen Leistungsdichte ohne Spreizung, sondern mit der um den Spreizfaktor SF reduzierten Leistungsdichte.

Direct Sequence Spread Spectrum, DSSS
Bei der zuvor beschriebenen Spreiztechnik wird jedes Bit (oder Symbol) – unabhängig von seinem Wert – mit dem gleichen Codesignal multipliziert. Ein solches Verfahren nennt man auch **D**irect **S**equence **S**pread **S**pectrum (DSSS).

Code Keying, CK
Codesignale finden z.B. bei IEEE 802.11b oder ZigBee auch in etwas anderer Weise Verwendung, die man *Code-Umtastung* (**C**ode **K**eying, CK) nennt. Beim Code Keying sind mehrere Codesignale definiert, wobei verschiedene Signale eine möglichst geringe Korrelation untereinander besitzen sollten. Bei IEEE 802.11b kommt diese Forderung im Namen Complementary Code Keying (CCK) zum Ausdruck.

Code Keying bedeutet, dass jedem Symbol – bestehend aus mehreren Bits – eindeutig eines der Codesignale zugeordnet ist, deren Chips dann moduliert werden.

3.1.5 Frequency Hopping

Eine andere Methode, um eine Art Spreizung des Signals vorzunehmen, besteht im *Frequenzsprungverfahren* (**F**requency **H**opping, FH). Dabei werden die Datenpakete einer Verbindung in einer i.Allg. unregelmäßigen Weise nacheinander auf verschiedenen Frequenzträgern übertragen. Dieser Vorgang ist in Bild 3.11 illustriert.

Frequency Hopping wird zum Beispiel bei Bluetooth eingesetzt. Dort geschieht ein Wechsel der Frequenz in einem Rhythmus von 625 µs. Die dabei verwendeten 79 ver-

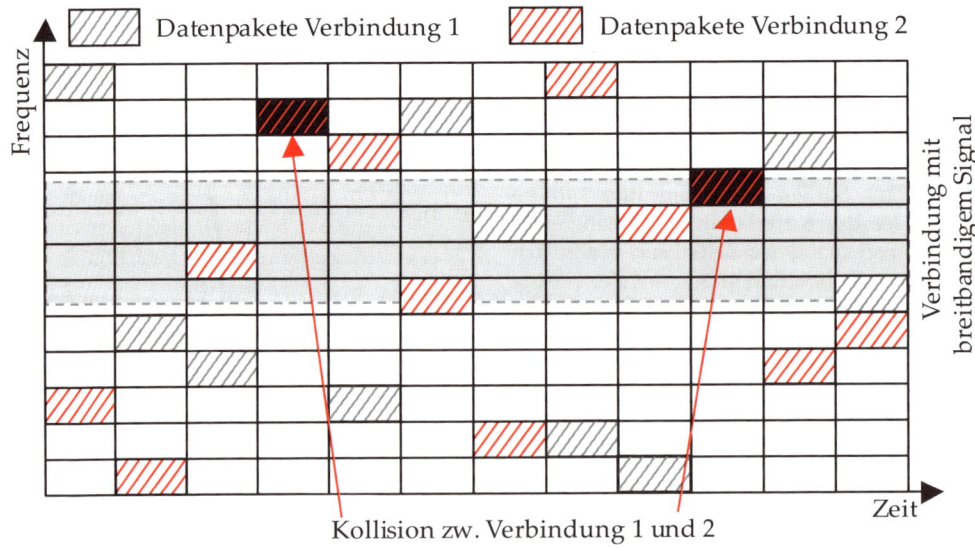

Bild 3.11 Frequency Hopping

Modulation 65

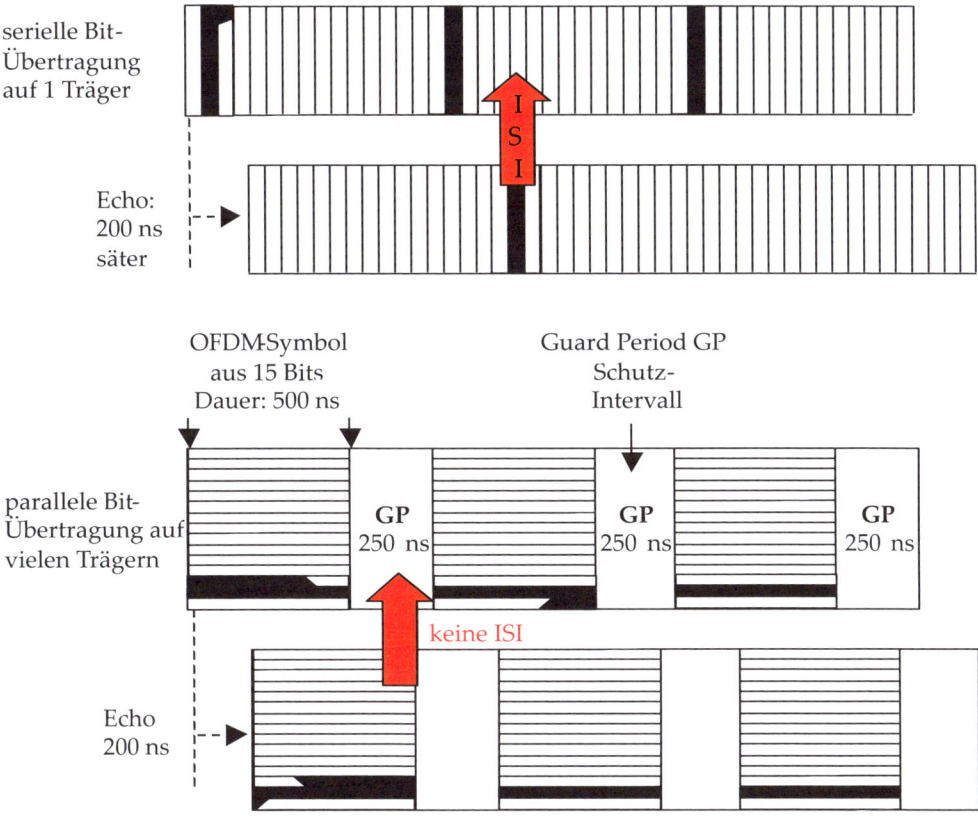

Bild 3.12   Das OFDM-Prinzip am Beispiel einer Datenrate von r_b = 20 Mbit/s (T_b = 50 ns)

schiedenen Frequenzträger haben einen Abstand von 1 MHz.

Unterschiedliche Verbindungen nutzen verschiedene Sprungfolgen, so dass sich zwei Verbindungen nicht ständig, sondern nur bei den – hoffentlich – seltenen Kollisionen stören. Ebenso treten Störungen für und durch andere Systeme nicht durchgehend, sondern nur zeitweilig auf, z.B. wenn die Sprungfolge einer Bluetooth-Verbindung auf einen breitbandigen Träger eines Wireless LANs trifft.

Erwähnenswert ist, dass neuere Bluetooth-Versionen auch flexible Sprungfolgen bieten, die automatisch an die Empfangsbedingungen angepasst werden: Stark durch Störungen belastete Frequenzträger werden in der Sprungfolge ausgespart. Ein solches Verfahren nennt man **a**daptives **F**requency **H**opping, AFH.

3.1.6   Orthogonal Frequency Division Multiplexing

> Orthogonal Frequency Division Multiplexing (OFDM) stellt eine Methode dar, um Intersymbolinterferenz (ISI), also Störungen durch Echos, zu vermeiden. Dies geschieht durch eine parallele Übertragung der Datensymbole auf einer großen Zahl von Unterträgern und durch die Einführung von Schutzperioden.

Gerade bei hohen Datenraten können Echos kritisch werden, wie folgendes Beispiel zeigt (Bild 3.12): Betrachtet man eine Datenübertragung bei r_b = 20 Mbit/s, so beträgt die Bitdauer T_b = 50 ns. Andererseits können bei lokalen

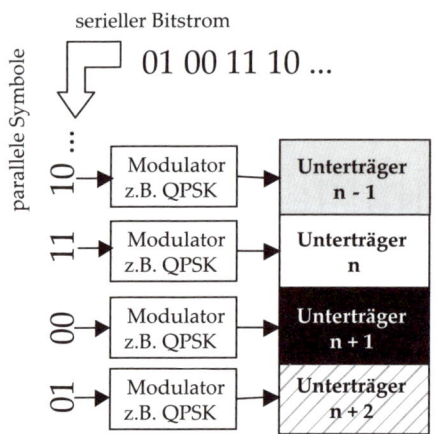

Bild 3.13 Datenmodulation bei OFDM

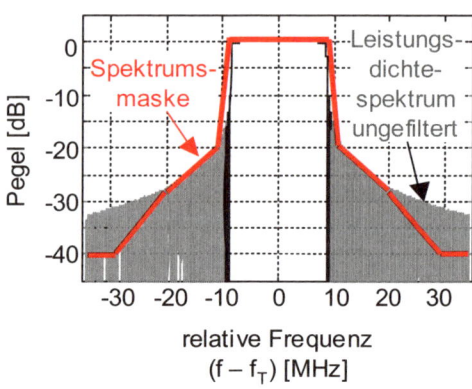

Bild 3.14 Frequenzspektrum eines OFDM-Trägers und Spektrumsmaske am Beispiel IEEE 802.11a

Funknetzen durchaus Echos mit 200 ns Verzögerung (4 bit) auftreten, so dass die dunkel markierten Bits des Echos andere Bits des direkt ankommenden Signals stören. Hauptgrund für diese Intersymbolinterferenz ist, dass mit zunehmender Datenrate die Bitdauer bei einer seriellen Übertragung der Bits deutlich kleiner als die Umweglaufzeit wird.

Um die Bitdauer zu verlängern, überträgt man daher mehrere Bits auf verschiedenen Frequenzträgern parallel: Im Beispiel des Bildes 3.12 sind es 15 parallele Träger. Dementsprechend muss man ein OFDM-Symbol aus 15 Bits innerhalb von 15 · 50 ns = 750 ns übertragen. Die eigentliche Übertragungszeit komprimiert man jedoch (im Beispiel auf 500 ns) auf Kosten eines etwas erhöhten Bedarfs an Frequenzbandbreite, um Zeit für ein Schutzintervall (**G**uard **P**eriod, GP) zu erhalten. Auf diese Weise werden Störungen eines OFDM-Symbols durch das vorangehende Symbol des Echos vermieden, wenn man die Guard Period größer als die längsten zu erwartenden Umweglaufzeiten wählt.

Wichtig für die Realisierung von OFDM ist, dass man bei der Modulation für die einzelnen Unterträger eine Signalformung verwendet, bei der man einen möglichst geringen Abstand zwischen den Trägern erzielt, ohne dass gegenseitige Störungen auftreten. Aus dieser Eigenschaft der Orthogonalität der Frequenzträger stammt die Namensgebung für das Verfahren.

Bild 3.13 illustriert das Modulationsverfahren bei OFDM an einem einfachen Beispiel.

Anwendung
OFDM wird bei Wireless LANs gemäß der Standards IEEE 802.11a/g und HiperLAN/2 verwendet. Die Nutzdaten verteilt man dabei auf 48 parallele Träger; die Übertragungszeit für ein OFDM-Symbol beträgt 4 µs – inklusive einer Guard Period von 800 ns. Verwendet man für jeden Träger eine BPSK-Modulation, so werden alle 4 µs 48 Bits gesendet, d.h., die effektive Bitrate beträgt in diesem Fall r_b = 48 bit/4 µs = 12 Mbit/s. Um die Guard Period von 0,8 µs zu realisieren, muss man jedes Bit in 3,2 µs modulieren, d.h., die Modulationsbitrate auf jedem Unterträger beträgt 1 bit/3,2 µs = 0,3125 Mbit/s. Für den Abstand der Unterträger wählt man deren Bandbreite: B_u = 0,3125 MHz. Neben den 48 Unterträgern für die Nutzdatenübertragung gibt es noch 4 weitere so genannte *Pilot-Träger*, auf denen festgelegte Symbole gesendet werden. Anhand dieser Pilot-Träger kann der Empfänger Signalverzerrungen erkennen und bei der Demodulation der anderen Unterträger weitgehend beseitigen. Insgesamt erhält man also eine Bandbreite von ca. 52 · 0,31225 MHz ≈ 16,5 MHz. Bild 3.14 illustriert das Frequenzspektrum eines OFDM-Signals.

Maßnahmen zum Schutz gegen Übertragungsfehler 67

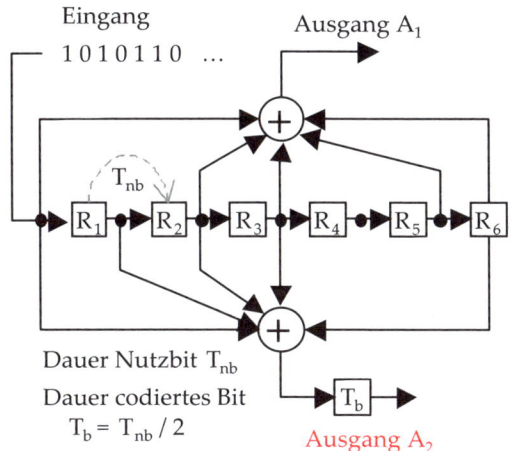

T_{nb}	E	R_1	R_2	R_3	R_4	R_5	R_6	A_1	A_2	A
1	1	0	0	0	0	0	0	1		1
									1	1
2	0	1	0	0	0	0	0	0		0
									1	1
3	1	0	1	0	0	0	0	0		0
									0	0
4	0	1	0	1	0	0	0	1		1
									0	0
5	1	0	1	0	1	0	0	0		0
									0	0
6	1	1	0	1	0	1	0	1		1
									1	1
7	0	1	1	0	1	0	1	0		0
									1	1

Bild 3.15 Faltungscodierer gemäß IEEE 802.11a/g

3.2 Maßnahmen zum Schutz gegen Übertragungsfehler

Um Übertragungsfehler am Empfänger erkennen oder gar korrigieren zu können, fügt man den Nutzbits in systematischer Weise zusätzliche Bits, die so genannten *Redundanzbits*, hinzu. Dieses der Modulation vorausgehende Verfahren nennt man *Kanalcodierung*. Man unterscheidet

- Fehler korrigierende Codes, die es dem Empfänger erlauben, Fehler selbstständig zu korrigieren;
- Fehler erkennende Codes, die dem Empfänger ermöglichen, Fehler als solche zu erkennen;
- hybride Verfahren, d.h. Kombinationen aus beiden Verfahren.

Code-Rate
Den Anteil der Nutzbits an den insgesamt zu modulierenden Bits nennt man die Code-Rate. Je mehr Redundanz zugefügt wurde, desto stärker ist der Fehlerschutz und desto geringer ist die Code-Rate.

ARQ-Verfahren
Hat der Empfänger einen Fehler erkannt, ohne ihn korrigieren zu können, so fordert er das entsprechende Datenpaket noch einmal vom Sender an. Die zugehörigen Verfahren mit ihren Regeln für das Wiederholen von Datenpaketen nennt man **A**utomatic-**R**epeat-Re**q**uest(ARQ)-Verfahren; sie werden in Kapitel 4 näher erläutert.

Das Wiederholen von Datenpaketen ermöglicht zwar in vielen Fällen eine effiziente und leistungsstarke Behebung von Fehlern, jedoch mit folgenden Einschränkungen:

Durch Wiederholungen von Datenpaketen kommt es zu unkalkulierbaren Verzögerungen bei der Datenübertragung, die bei manchen zeitkritischen Diensten (z.B. Sprache) zu einer starken Beeinträchtigung der Dienstqualität führen können. Ferner ist bei schlechten Empfangsbedingungen und hohen Bitfehlerraten das Risiko groß, dass auch die wiederholten Pakete Bitfehler enthalten: Dies führt zu sehr häufigen Wiederholungen. Abhilfe schaffen *hybride Verfahren*, bei denen der Empfänger versucht, eventuelle Fehler zunächst selbstständig zu korrigieren, und bei dem er das Paket erst dann nachfordert, wenn eine Korrektur nicht möglich ist.

Parity and Cyclic Redundancy Check
Die einfachste und bekannteste Möglichkeit zur Fehlererkennung besteht in einer Paritätsprüfung (Parity Check). Dabei fügt man einem Paket von Nutzbits ein Prüfbit als Redundanz hinzu, so dass insgesamt eine gerade Anzahl

von Einsen entsteht. Falls der Empfänger eine ungerade Anzahl von Einsen detektiert, schließt er auf einen Fehler und fordert das Paket erneut an. Treten zwei Fehler auf, so kann dies der Empfänger nicht erkennen, da sich eine gerade Parität ergibt.

Um mehr als einen Fehler erkennen zu können, muss man mehrere Paritätsbits zufügen, die verschiedene Bitkombinationen im Datenpaket prüfen. Vielfach verwendet man so genannte *zyklische Codes*, die sich mittels rückgekoppelten Schieberegistern realisieren lassen. Dementsprechend bezeichnet man solche Verfahren mit mehreren angehängten Paritätsbits auch als Cyclic Redundancy Check. Manche dieser Paritätsprüfmethoden erlauben auch eine Fehlerkorrektur.

Wiederholungscodes
Eine leicht zu durchschauende, z.B. bei Bluetooth und ZigBee eingesetzte Methode zur Fehlerkorrektur besteht in der Verwendung von Wiederholungscodes. Dabei wird jedes Nutzbit nicht nur einmal, sondern z.B. dreimal gesendet; die Code-Rate beträgt also in diesem Fall $1/3$. Der Empfänger kann dann eine einfache Mehrheitsentscheidung treffen.

Faltungscodes
Aus mathematischer Sicht und auch vom Decodierungsaufwand komplexer, dafür aber deutlich effizienter sind Faltungscodes. Sie lassen sich – wie in Bild 3.15 gezeigt – durch Schieberegister realisieren und kommen z.B. bei IEEE 802.11 a/g zum Einsatz. Dabei werden die Nutzbits durch eine zu Beginn komplett durch Nullen besetzte Anordnung von Registerplätzen R_n (n = 1, 2, 3, …) geschoben. In jedem Nutzbittakt T_{nb} führt man Modulo-2-Additionen des neuen Nutzbits mit den jeweils aktuellen Inhalten bestimmter Register durch. In dem betrachteten Beispiel gibt es zwei Summationen und Ausgänge, so dass bei jedem zugeführten Nutzbit zwei Bits der Dauer $T_b = T_{nb}/2$ die Anordnung verlassen; die Code-Rate beträgt also ½.

Einen noch stärkeren Code der Rate $1/3$ erhält man bei Verwendung von drei Summationen und drei Ausgängen. Vielfach stellt sich jedoch auch die Aufgabe, einen starken Code abzuschwächen, um bei einer festen Modulationsbitrate r_b eine höhere Nutzbitrate r_{nb} zu erzielen. Diese Abschwächung geschieht durch eine Punktierung, bei der nach einem festen Schema ein bestimmter Anteil der codierten Bits gestrichen wird. Bild 3.16 zeigt die Punktierung des bei IEEE 802.11a/g verwendeten Faltungscodes. Bei dem zu unterst gezeigten Beispiel streicht man jedes vierte codierte Bit: Für 6 Nutzbits sind also insgesamt 9 Bits zu übertragen, so dass man eine Code-Rate von $6/9 = 2/3$ erhält.

Störfestigkeit, Nutzdatenrate und Bandbreite
Wie in Abschnitt 3.1.2 erläutert, lässt sich bei gegebener Frequenzbandbreite B die Daten-

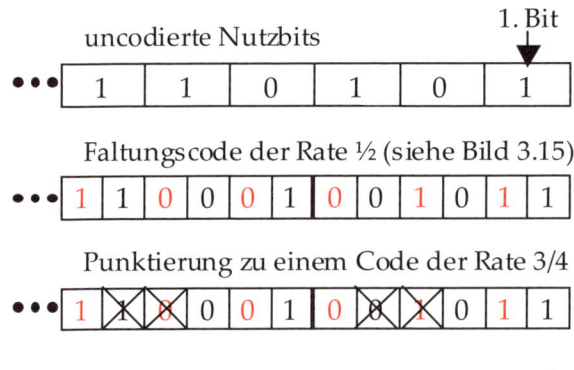

Bild 3.16
Beispiele für die Punktierung von Faltungscodes

Maßnahmen zum Schutz gegen Übertragungsfehler

Je größer der Wert des SNRs ist, desto höher ist die Nutzdatenrate, die man bei einer gegebenen Bandbreite übertragen kann. Ist die Störleistung größer als die Nutzleistung (SNR < 0), so benötigt man sehr starke Codes bzw. die Spreiztechnik. Dabei sinkt die übertragbare Nutzdatenrate allerdings auf einen Bruchteil der Bandbreite ab.

Zu beachten ist, dass die in Bild 3.17 eingezeichneten Punkte für einen idealen Empfänger gelten. Bei einem realen Empfänger treten gewisse Implementierungsverluste auf, so dass das erforderliche SNR typischerweise um 2 ... 4 dB höher liegt als im Diagramm eingezeichnet. Für einige der Übertragungsverfahren sind grobe Schätzwerte für die Störfestigkeit realer Empfänger in Tabelle 3.2 aufgeführt.

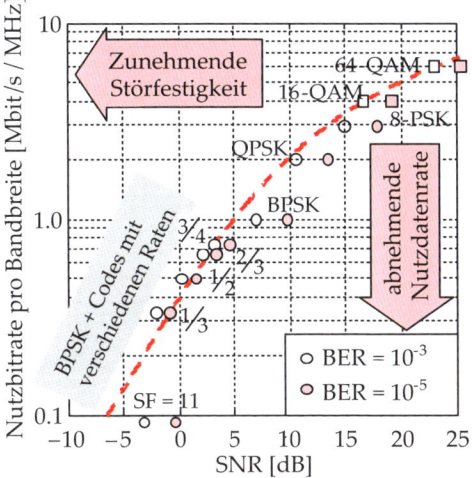

Werte im Diagramm:
– für ideale Demodulation
reale Empfänger:
– Verschlechterung um ca. 2...4 dB

Bild 3.17 Zusammenhang zwischen Bandbreite, Nutzdatenrate und Störfestigkeit

rate durch Verwendung von höherstufigen Modulationsverfahren steigern – allerdings nur auf Kosten eines Verlustes an Störfestigkeit. Umgekehrt führen Fehlerschutzmaßnahmen zu einer höheren Störfestigkeit, wobei die Nutzdatenrate zugunsten von Redundanzbits erniedrigt werden muss. Dieser Sachverhalt ist in Bild 3.17 für verschiedene Modulations- und Codierungsverfahren illustriert.

> ! Die Störfestigkeit ist charakterisiert durch das Verhältnis von Nutz- und Störleistung, das erforderlich ist, um eine Bitfehlerrate zu unterschreiten. Die entsprechenden Größen werden üblicherweise wie folgt abgekürzt:
> ❏ SNR: **S**ignal-to-**N**oise-**R**atio – Verhältnis von Nutz- und Störleistung,
> ❏ BER: **B**it **E**rror **R**ate – Bitfehlerrate.

Im Beispiel des Diagramms sind die Bitfehlerratengrenzen auf BER = 10^{-3} = 0,1% und BER = 10^{-5} = 0,001% gesetzt.

Tabelle 3.2 Schätzwerte für die Störfestigkeit realer Empfänger bei verschiedenen Übertragungsverfahren

Modulation, Code-Rate	SNR für BER < 10^{-3}	SNR für BER < 10^{-5}
BPSK, r_c = ½	≈ 3 dB	≈ 4,5 dB
BPSK, r_c = 1	≈ 10 dB	≈ 13 dB
QPSK, r_c = 1	≈ 13 dB	≈ 16 dB
8-PSK, r_c = 1	≈ 18 dB	≈ 21 dB
64-QAM, r_c = 1	≈ 25 dB	≈ 28 dB

Link Adaption

In Wireless LANs gemäß IEEE 802.11a und IEEE 802.11g wie auch in manchen anderen Funksystemen sind mehrere der erläuterten Modulations- und Codierungsverfahren vorgesehen. Bei guten Empfangsbedingungen verwenden die Systeme ein Übertragungsverfahren mit hoher Nutzdatenrate. Steigen die Störungen oder sinkt der Signalpegel, so schaltet das System automatisch auf eine störfestere Modulation (z.B. BPSK) mit geringerer Datenrate um. Diesen Mechanismus nennt man Link Adaption.

Bild 3.18 illustriert den Zusammenhang zwischen der übertragbaren Datenrate und dem SNR am Beispiel von IEEE 802.11a.

70 Übertragungstechnik

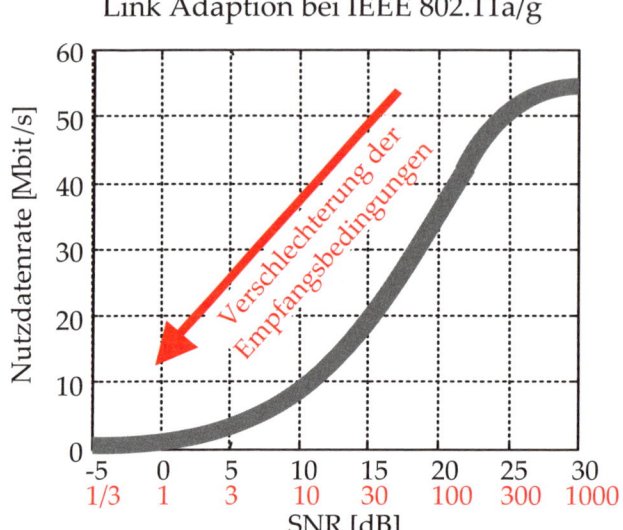

Bild 3.18
Link Adaption bei IEEE 802.11a/g

3.3 Antennentechniken

> ⚠ Die Signalqualität lässt sich deutlich steigern, wenn man sende- oder empfangsseitig nicht nur eine, sondern mehrere Antennen einsetzt und die entsprechenden abgestrahlten bzw. empfangenen Signale in geeigneter Weise kombiniert.

Allgemein kann man sagen, dass sowohl der Nutzen als auch der Aufwand mit der Anzahl der Antennen pro Station steigt; ein gutes Nutzen-Kosten-Verhältnis erzielt man mit etwa zwei bis vier Antennen, bei höherer Antennenzahl ist der zusätzliche Gewinn i.Allg. gering. Dementsprechend findet man in heutigen Produkten – z.B. bei WLAN Access Points – vorwiegend zwei Antennen; inzwischen werden aber auch Access Points mit drei oder vier Antennen angeboten. Die Verwendung von mehr als acht Antennen pro Station ist i.Allg. unpraktikabel und unwirtschaftlich.

Die Verfahren zur Kombination der verschiedenen Antennensignale lassen sich einteilen in:

❑ Diversitätsverfahren,
❑ Verfahren zur Strahlformung bzw. zur Formung der Abstrahlcharakteristik.

Verwendet man mehrere Empfangsantennen und mehrere Sendeantennen, so spricht man auch von MIMO-Verfahren (**M**ultiple **I**nput **M**ultiple **O**utput, MIMO).

3.3.1 Diversitätsverfahren

Diversitätsverfahren wirken im Wesentlichen dem Kurzzeitschwund (siehe Abschnitt 2.2.6) entgegen, der zu einem stark schwankenden Pegel innerhalb einer Strecke von einigen Zentimetern führt. Für den Fall eines Diversitätsverfahrens auf der Empfangsseite ist dieser Sachverhalt in Bild 3.19 illustriert. Es zeigt den Pegelverlauf über eine Strecke von 120 cm bei Verwendung einer Antenne (schwarze Kurve) und für die Kombination der Signale von zwei Antennen (rote Kurve), wobei die zweite Antenne in 20 cm Entfernung von der ersten angebracht wurde (grauer Pfeil links von der ersten Antenne). Verwendet man nur eine Antenne, so kann sich diese gerade an einem Ort destruktiver Interferenz befinden, so dass man dort einen sehr niedrigen Empfangspegel erhält. Hat man noch eine zweite Antenne in einem bestimmten Abstand zur Verfügung, so besteht die Chance, dass sich diese zweite Antenne an einem Ort konstruktiver Interferenz befindet.

Zur Kombination der beiden Signale ver-

Antennentechniken 71

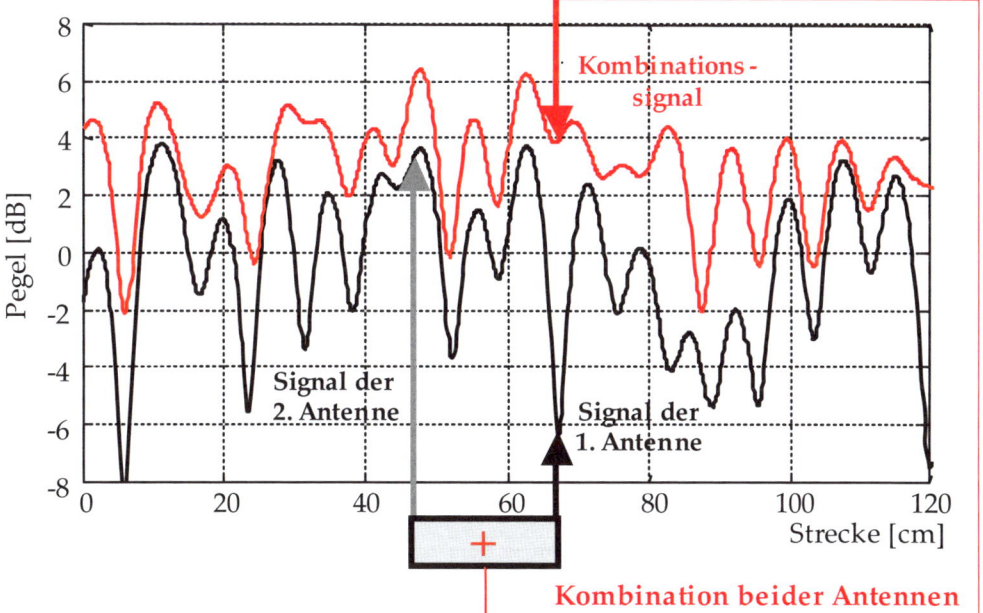

Bild 3.19   Verbesserung des Signalpegels durch Antennendiversität

wendet man üblicherweise eines der beiden folgenden Verfahren:

❑ Selection Combining,
❑ Maximum Ratio Combining.

Beim *Selection Combining* wählt man das jeweils stärkste Signal aus und verwirft das andere; beim *Maximum Ratio Combining* werden die beiden Signale in gewichteter Weise addiert. Das stärkere Signal erhält dabei ein höheres Gewicht als das schwächere. Für die rote Kurve in Bild 3.19 wurde ein Maximum Ratio Combining angenommen. Insgesamt ergibt sich eine Verbesserung von mehreren Dezibel.

Antennendiversität setzt man nicht nur als Empfangsdiversität, sondern auch als Sendediversität ein. Dabei erzeugt man aus einer zu sendenden Symbolfolge verschiedene Signale, die durch bestimmte Transformationen auseinander hervorgehen. Diese lassen sich als Drehungen bzw. Spiegelungen der Symbolfolgen im Konstellationsdiagramm deuten. Die unterschiedlichen Sendeantennen strahlen dann jeweils eines dieser untereinander transformierten Signale ab. Am Empfänger überlagern sich die Signale und führen zu einen ähnlichen Gewinn wie bei dem zuvor illustrierte Maximum Ratio Combining.

3.3.2   Strahlformungsverfahren

Antennenarrays
Strahlformungsverfahren verwenden so genannte Antennenarrays, d.h. Anordnungen von mehreren Einzelantennen. Strahlt man das Signal mehrfach über diese Einzelantennen mit einer festen Phasenbeziehung ab, so kommt es in bestimmten Richtungen zu konstruktiven Interferenzen, in anderen Richtungen zu destruktiven Interferenzen. Auf diese Weise lässt sich ein Antennendiagramm mit geringer Halbwertsbreite (siehe Abschnitt 2.2.2) erzeugen. Dies ist in Bild 3.20 für ein Antennenarray aus acht Einzelantennen illustriert, die in dem Beispiel einen Abstand $d = \lambda/2$ besitzen, wobei λ die Wellenlänge der Funkwelle ist. Sendet man das Signal über alle diese acht Antennenelemente ohne jegliche Phasendifferenz ($\Delta\varphi = 0$), so ergibt sich das schwarz gezeichnete Antennendiagramm mit einer Hauptstrahlrichtung bei 0° und einer Halbwertsbreite von ca. 13°. In einer anderen

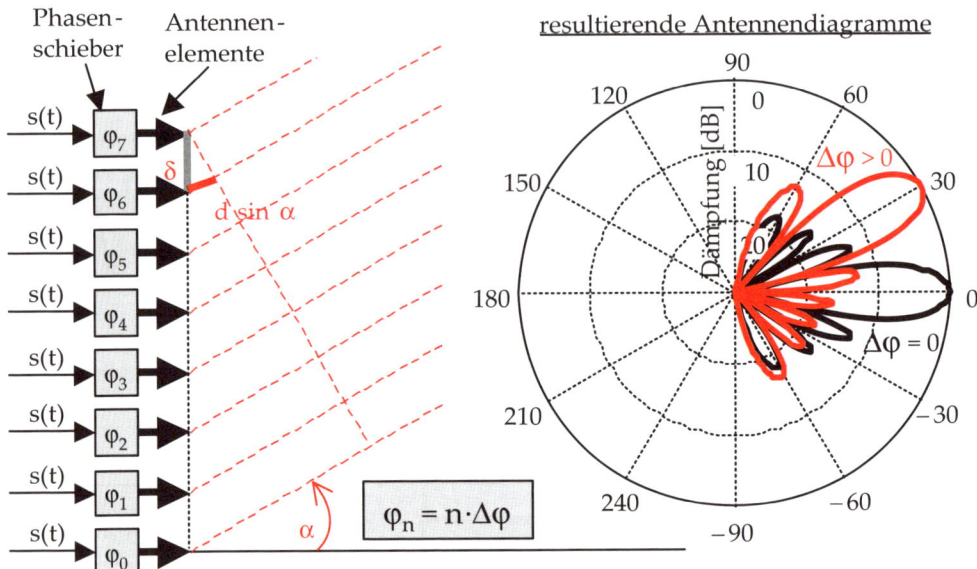

Bild 3.20 Beispiel für die Strahlformung bei einer Phased-Array-Antenne

Richtung mit Winkel α müssen die Signale unterschiedliche Wege zurücklegen. Zwischen den von zwei benachbarten Elementen abgestrahlten Signalen besteht die Wegdifferenz $\Delta s = d \sin(\alpha)$. Diese Wegdifferenz kann ausgeglichen werden, indem man das Signal des ersten (obersten) Elementes am meisten und das des untersten gar nicht verzögert.

Da eine Wegdifferenz der Wellenlänge λ einer Phasendifferenz $\Delta \varphi$ von 2π entspricht, erhält man als Bedingung für die einzustellende Phasendifferenz:

$\Delta \varphi = 2\pi \cdot \Delta s / \lambda = 2\pi \cdot (\Delta s / \lambda) \cdot \sin(\alpha)$

Auf diese Weise sind die Signale in Richtung α in Phase und überlagern sich konstruktiv, wie das rot gezeichnete Antennendiagramm mit $\alpha = 30°$ als Hauptstrahlrichtung zeigt. Der soeben durch Formeln beschriebene Sachverhalt ist in Bild 3.21 an einem Beispiel zeichnerisch dargestellt. Dabei sind die konstruktive und destruktive Überlagerung der Wellen in verschiedenen Richtung in Abhängigkeit von den Phasenverschiebungen illustriert.

Durch Verwendung von Antennenarrays lassen sich also schmale Abstrahl- bzw. Empfangs-charakteristiken formen. Durch die Bündelung ergeben sich folgende Vorteile:

❑ ein hoher Antennengewinn und somit eine Steigerung der Reichweite,
❑ eine Verringerung der empfangenen bzw. verbreiteten Störungen.

Adaptive Antennensysteme
Zu beachten ist, dass in so genannten adaptiven oder intelligenten Antennensystemen die Phasen nicht fest eingestellt, sondern automatisch an die jeweiligen Empfangsbedingungen angepasst werden: Die Hauptstrahlrichtung wird automatisch auf die Richtung der zu versorgenden Station eingestellt und bei Bewegung nachgeregelt. Ferner können nicht nur die Phasen, sondern auch die Amplituden der einzelnen Signale angepasst werden, wodurch sich weitere Formungsmöglichkeiten für das Antennendiagramm bieten.

Verfügen sowohl der Sender als auch der Empfänger über ein solches intelligentes Antennensystem, so kann man in Umgebungen mit starken Reflexionen neben der Reichweitenerhöhung eine Steigerung der Übertragungskapazität erzielen. Dies ist mög-

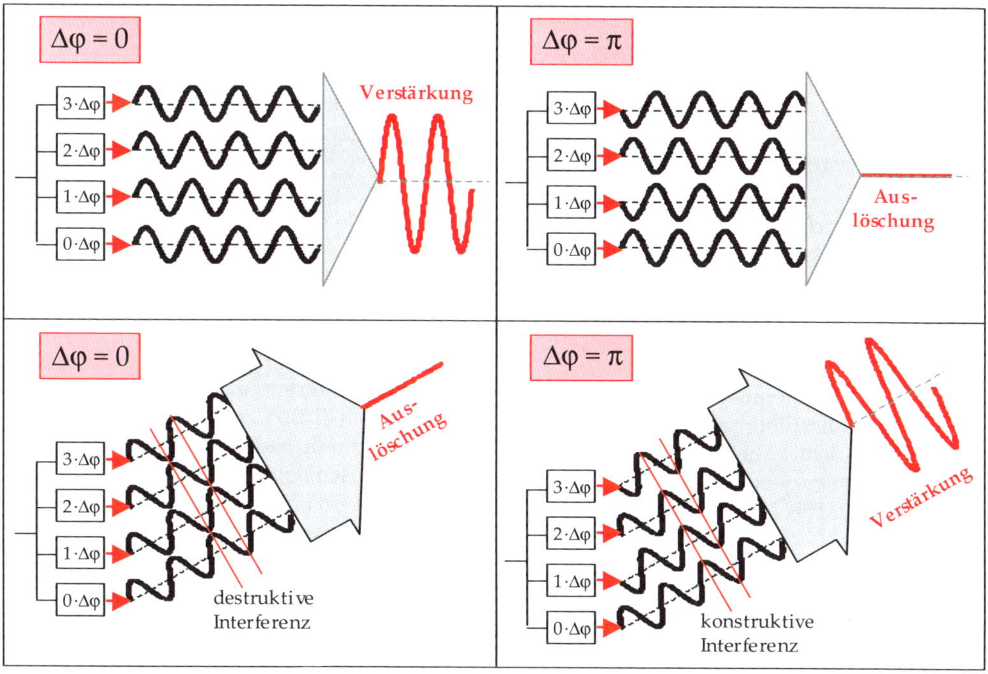

Antennentechniken 73

Bild 3.21 Das Prinzip der Richtungssteuerung durch Phasenschieber

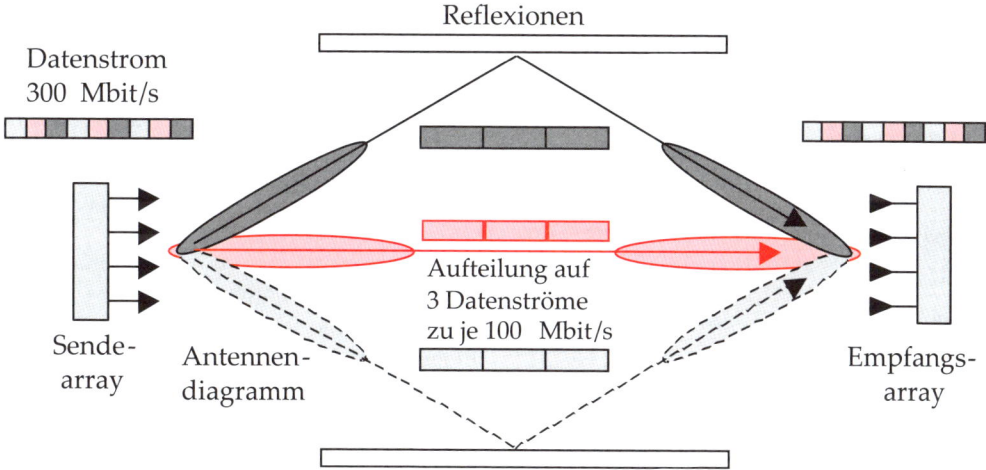

Bild 3.22 Erhöhung der Datenrate durch adaptive Antennensysteme und Übertragung auf unterschiedlichen Funkwegen und Richtungen

lich, wenn man verschiedene Teile des Datenstromes über unterschiedliche Ausbreitungswege überträgt (Bild 3.22). Die Antennensysteme müssen sich dann auf die entsprechenden Richtungen einstellen und die Datenströme über die Richtungen trennen. Verschiedene Datenströme werden also gewissermaßen parallel auf unterschiedlichen Wegen übertragen. Dieses Verfahren nennt man auch *Raummultiplex* (**S**pace **D**ivision **M**ultiplex, SDM).

3.4 Zusammenfassung

Modulationsverfahren
Bei lokalen Funknetzen werden die digitalen Daten den Funkwellen durch Modulation der Frequenz, Phase oder Amplitude aufgeprägt.

Digitale Frequenzmodulation
Bei der digitalen Frequenzmodulation glättet man den Frequenzübergang durch ein Gauß-Filter und spricht je nach Frequenzhub von Gaussian Frequency oder Gaussian Minimum Shift Keying (GFSK oder GMSK).

Digitale Phasen- und Amplitudenmodulation
Bei der digitalen Phasen- und Amplitudenmodulation fasst man eine bestimmte Zahl von n Bits zu einen Symbol zusammen, wobei jedes der $N = 2^n$ Symbole einer Kombination aus Amplituden- und Phasenwert zugeordnet wird. Die Modulationsformen heißen

❏ N-PSK (N-stufiges Phase Shift Keying),
❏ N-QAM (N-stufige Quadraturamplitudenmodulation).

Für die übertragbare Datenrate gilt:

r_b [Mbit/s] $= n \cdot B$ [MHz]

wobei B die Frequenzbandbreite eines Frequenzträgers ist.

Frequenzmultiplex
Für ein Funksystem sind mehrere Frequenzträger vorgesehen, die einen regelmäßigen Trägerabstand besitzen, der i.Allg. etwas größer als die Bandbreite ist. Ist dies nicht der Fall, so müssen bestimmte Planungsregeln befolgt werden.

Spreiztechnik, Frequency Hopping und OFDM
Verschiedentlich werden die genannten Modulationsformen durch weitere Verfahren ergänzt:

❏ Bei der Spreiztechnik multipliziert man das Datensignal mit einem hochratigen Codesignal und spreizt es damit in der Frequenzbandbreite. Dadurch erhöht man die Störfestigkeit gegenüber schmalbandigen Störungen und stört ebenfalls die entsprechenden Systeme in geringerem Maße.
❏ Einen ähnlichen Effekt erzielt man durch Frequency Hopping, d.h. durch einen Wechsel der Frequenz von Datenpaket zu Datenpaket.
❏ Orthogonal Frequency Division Multiplexing (OFDM) stellt eine Methode dar, um Intersymbolinterferenzen (ISI), also Störungen durch Echos zu vermeiden. Dies geschieht durch eine parallele Übertragung der Datensymbole auf einer großen Zahl von Unterträgern und durch die Einführung von Schutzperioden zwischen den Symbolen.

Kanalcodierung
Um Übertragungsfehler am Empfänger erkennen oder gar korrigieren zu können, fügt man den Nutzbits in systematischer Weise zusätzliche Bits, die so genannten Redundanzbits, hinzu. Dieses der Modulation vorausgehende Verfahren nennt man Kanalcodierung. Man unterscheidet

❏ Fehler korrigierende Codes, die es dem Empfänger erlauben, Fehler selbstständig zu korrigieren;
❏ Fehler erkennende Codes, die dem Empfänger ermöglichen, Fehler als solche zu erkennen;
❏ hybride Verfahren, d.h. Kombinationen aus beiden Verfahren.

Für die Kanalcodierung verwendet man Blockcodes, Wiederholungscodes und Faltungscodes. Den Anteil der Nutzbits an der Gesamtzahl der codierten Bits nennt man die Code-Rate.

Zusammenhang zwischen Datenrate, Bandbreite und Störfestigkeit
Bei gegebener Bandbreite B steigt die erzielbare Nutzdatenrate mit dem vorliegenden Nutz-zu-Störleistungs-Verhältnis SNR. Die meisten Funksysteme berücksichtigen diese Tatsache durch die Methode des Link Adaptions, bei

Tabelle 3.3 Überblick über die Übertragungsverfahren bei lokalen Funknetzen

System	Modulation	Fehlerkorrektur	zusätzliche Maßnahmen
IEEE 802.11b	DBPSK, DQPSK, CCK	---	feste Spreizung
IEEE 802.11a/g	BPSK, QPSK, 16-/64-QAM	Faltungscodes der Raten: $\frac{1}{2}$, $\frac{2}{3}$, $\frac{3}{4}$, 1	OFDM
DECT	GMSK	je nach Dienst, für Sprache keine Kanalcodierung	schnelle dynamische Kanalwahl
Bluetooth	GFSK(8-PSK)	Wiederholungscode Rate $\frac{1}{3}$ Blockcode Rate $\frac{2}{3}$	Frequency Hopping
ZigBee	BPSK	---	feste Spreizung

der das Übertragungsverfahren automatisch in Abhängigkeit von den Empfangsbedingungen (SNR) ausgewählt wird.

Antennentechniken
Die Signalqualität lässt sich deutlich steigern, wenn man sende- oder empfangsseitig nicht nur eine, sondern mehrere Antennen (typischerweise zwei bis vier, in Einzelfällen bis zu acht) einsetzt und die entsprechenden abgestrahlten bzw. empfangenen Signale in geeigneter Weise kombiniert.
Die Verfahren zur Kombination der verschiedenen Antennensignale lassen sich einteilen in:

❏ Diversitätsverfahren,
❏ Verfahren zur Strahlformung bzw. zur Formung der Abstrahlcharakteristik.

Diversitätsverfahren wirken vor allem dem ortsabhängigen Kurzzeitschwund entgegen, während bei Strahlformungsverfahren das Signal gerichtet und räumlich stark gebündelt zum Empfänger übertragen wird. Dadurch lassen sich Störungen unterdrücken und Reichweiten steigern. Zukünftige Systeme bieten die Möglichkeit, Daten parallel über mehrere Abstrahlrichtungen und Funkausbreitungswege zu übertragen, um damit die Datenrate zu vervielfachen.
Verwendet man mehrere Empfangsantennen und mehrere Sendeantennen, so spricht man auch von MIMO-Verfahren (MIMO: Multiple Input Multiple Output).

Übertragungsverfahren und ihre Anwendungen
Tabelle 3.3 gibt einen Überblick über die bei den verschiedenen lokalen Funksystemen eingesetzten Übertragungsverfahren.

Literaturhinweise
Eine umfassende Einführung in das Thema Modulation bieten [15] und [21]. Mathematisch anspruchsvoller ist [7]. Das Thema Kanalcodierung wird beispielsweise in [21] behandelt.

3.5 Übungsaufgaben

3.1 Welchen Schwingungsparametern lassen sich die digitalen Daten durch Modulation aufprägen?
3.2 Wie groß sollte der Trägerabstand in einem Funksystem gewählt werden?
3.3 Von welcher Größe hängt die Bandbreite eines Signals entscheidend ab?
3.4 Welche Systeme nutzen eine digitale Frequenzmodulation?
3.5 Wie viele Punkte hat das Konstellationsdiagramm der 64-QAM?
3.6 Für eine Verbindung stehen $B = 2$ MHz an Bandbreite zur Verfügung. Welche Datenrate kann man bei Verwendung einer BPSK, QPSK, 16-QAM bzw. 64-QAM übertragen? Wodurch erkauft man sich den Anstieg der Datenrate?
3.7 Geben Sie für folgende Bitfolge b die Folge der Phasenwechsel bei einer BPSK,

einer 4-PSK und einer 8-PSK an: b = (0, 0, 1, 1, 1, 0).
3.8 Welche prinzipiell verschiedenen Methoden zum Schutz gegen Übertragungsfehler gibt es? Welche Vor- und Nachteile besitzen sie und bei welchen Diensten werden sie jeweils eingesetzt?
3.9 Man betrachte einen Faltungscode der Rate $1/2$. Welcher Anteil an codierten Bits muss bei einer Punktierung gestrichen werden, um einen Code der Rate $3/4$ bzw. $9/16$ zu erzielen? Was ist bei der Punktierung bzgl. der Lage der punktierten Bits zu beachten?
3.10 Wie lauten die ersten 10 codierten Bits, wenn man die Informationsbitfolge 1 1 1 1 1 in den Faltungscoder aus Bild 3.15 gibt?
3.11 Man betrachte einen Faltungscode der Rate $1/3$ und der Rückgrifftiefe L = 9. Über wie viele codierte Bits ist die Information aus einem Nutzbit verteilt?
3.12 Welche Vorteile bringt Frequency Hopping und bei welchen System wird es eingesetzt?
3.13 Die Standards IEEE 802.11a/g verwenden OFDM, wobei die Daten auf 48 Unterträgern übertragen werden. Die Guard Period beträgt 0,8 µs, die Symboldauer (inklusive Guard Period) 4 µs.

a) Welche Umweglängen sind zulässig?
b) Welche Datenraten lassen sich übertragen, wenn man die folgenden Modulationsformen auf den Unterträgern verwendet: BPSK, QPSK, 16-QAM, 64-QAM?
c) Wie groß ist die Bandbreite eines einzelnen Unterträgers und die des gesamten Signals?
3.14 Über einen Frequenzträger bei IEEE 802.11a/g lässt sich bei Verwendung einer BPSK eine Bitrate von 12 Mbit/s übertragen. Welche Nutzdatenraten erhält man bei folgenden Kombinationen aus Modulationsart und Code-Rate:
a) BPSK, Code-Rate $1/2$
b) QPSK, Code-Rate $1/2$
c) 16-QAM, Code-Rate $9/16$
d) 64-QAM, Code-Rate $3/4$?
Welches dieser Verfahren ist das mit der höchsten Störfestigkeit?
3.15 Was versteht man unter Link Adaption?
3.16 Bei welchen Systemen wird die Spreizung eingesetzt und welche Vorteile bietet sie?
3.17 Durch welche Antennentechniken lassen sich Verbesserungen der Signalqualität erzielen?

4 Zugriffsverfahren

4.1 Grundsätzliche Aufgaben

In einem Funknetz – wie auch in jedem anderen Kommunikationsnetz – kommunizieren i.Allg. nicht nur zwei Stationen miteinander. Vielmehr wollen viele Stationen ihre Daten über ein und dasselbe Übertragungsmedium senden – beispielsweise über Funk bei einem bestimmten Frequenzbereich. Um Kollisionen weitgehend zu vermeiden, muss daher geregelt sein, welche Station zu welcher Zeit auf das Übertragungsmedium zugreifen darf. In diesem Zusammenhang spricht man von einem Mehrfachzugriff (Multiple Access) und von der Zugriffskontrolle auf das Medium (**M**edium **A**ccess **C**ontrol, MAC).

Selbst bei einer guten Zugriffskontrolle kann es zu Übertragungsfehlern kommen. Daher muss man regeln, wie bei Übertragungsfehlern zu verfahren ist und in welcher Weise man defekte Datenpakete wiederholt. Dazu sind die Datenpakete, die man *Frames* (Rahmen) nennt, mit Steuerungsinformationen wie z.B. Ziel- und Absenderadressen und einer Nummerierung zu versehen. Bei kabelgebundenen Systemen wie dem Ethernet fasst man diese Verfahren unter dem Stichwort **L**ogical **L**ink **C**ontrol, LLC, zusammen. MAC und LLC bilden die beiden Teilschichten der Sicherungsschicht (**D**ata **L**ink **L**ayer, DLL). Dies ist in Bild 4.1 illustriert.

Gegenüber einem kabelgebundenen Netz bringt ein Funknetz jedoch einige zusätzliche Herausforderungen mit sich: Funkstationen müssen

❑ zunächst zueinander Kontakt aufnehmen,
❑ Zugangsberechtigungen prüfen,
❑ die Verbindungsqualität überwachen,
❑ Maßnahmen zur Aufrechterhaltung der Verbindung ergreifen
❑ und ihren Leistungsverbrauch minimieren.

Diese und andere Funktionen sind Bestandteile des Link Managements.

Ferner ist es wegen der Fehleranfälligkeit der Funkübertragung vielfach erforderlich, eine geringere Paketlänge als bei kabelgebundenen Systemen sowie spezielle, einfache Wiederholverfahren zu verwenden. Die entsprechenden Verfahren werden im Folgenden als **R**adio **L**ink **C**ontrol (RLC), also als Verfahren zur Steuerung der Funkverbindung, bezeichnet.

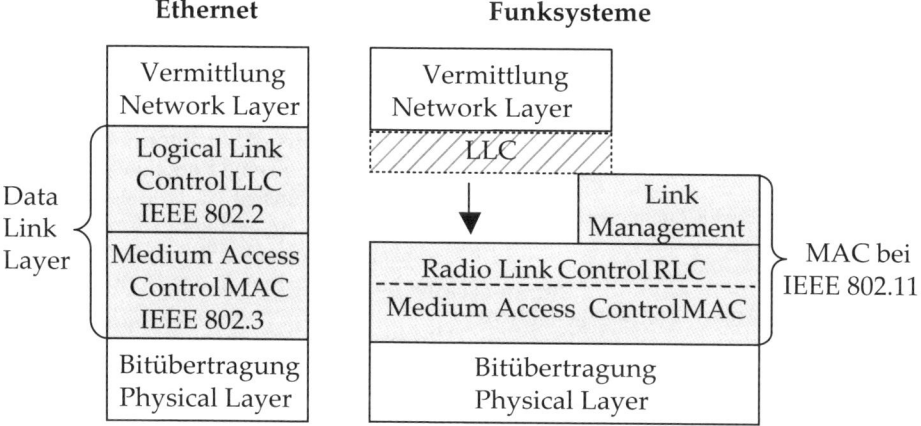

Bild 4.1 Einordnung der Zugriffskontrolle und Verbindungssteuerung bei lokalen Funksystemen

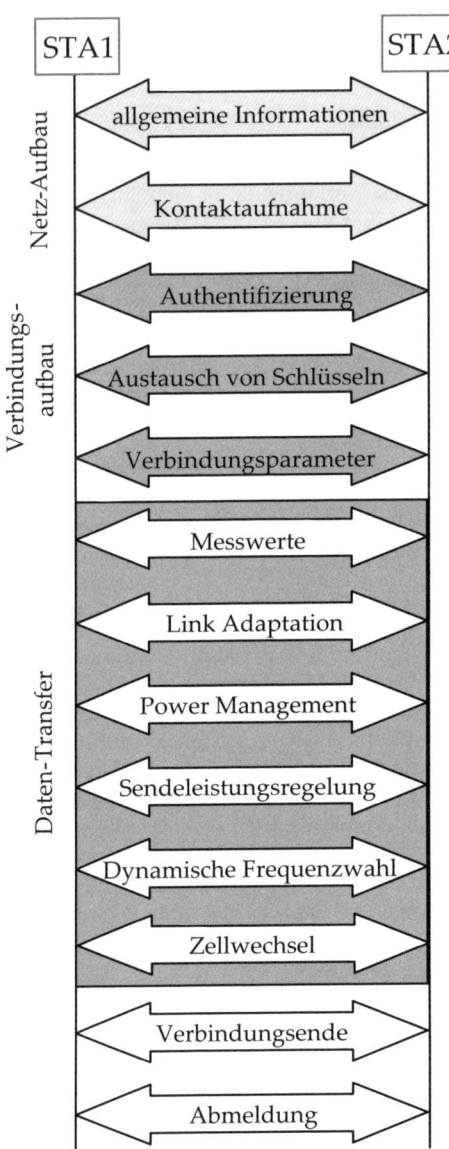

Bild 4.2 Übersicht über die Funktionen des Link Managements

Die für das Link Management benötigten Informationen werden in die gleichen Frames wie die Nutzdaten gepackt und unterliegen ebenfalls den gleichen Zugriffsverfahren. Da die RLC-Schicht i.Allg. nur sehr einfache Verfahren zur Datensicherung bereit stellt, ist bei einigen Systemen noch eine gesonderte LLC-Schicht vorgesehen.

Anzumerken ist, dass es sich bei der in Bild 4.1 gezeigten Gliederung um eine grobe und allgemeine Aufteilung der Funktionalitäten handelt. Bei den einzelnen Funksystemen gibt es leichte Abweichungen und auch etwas unterschiedliche Bezeichnungen, wie in den folgenden Kapiteln noch zu erläutern ist. Beispielsweise bezeichnet die Spezifikation für IEEE 802.11 die Summe aus der «eigentlichen» MAC-Schicht, dem Radio Link Control und Link Management als MAC-Schicht.

4.2 Link Management

Bild 4.2 gibt einen Überblick über die Verfahren des Link Managements. Diese Verfahren werden im Folgenden kurz und in allgemeiner Weise erläutert. Eine detailliertere Diskussion erfolgt im Zusammenhang mit der Beschreibung der einzelnen Systeme.

Kontaktaufnahme – Netzaufbau
Damit eine Kontaktaufnahme zwischen zwei Stationen zustande kommen kann, muss zumindest eine (z.B. der Access Point) gewisse Systeminformationen abstrahlen. Dazu gehören die Netz- oder Stationskennung, die Art des Netzes und die unterstützten Leistungsmerkmale. Auf Basis dieser Informationen prüfen die Stationen, ob eine Kontaktaufnahme möglich bzw. erwünscht ist. Ist dies der Fall und besteht eine ausreichende Funkversorgung, so beantragt eine der Stationen (die Mobilstation) die Aufnahme in das Netz.

Zugangsberechtigungsprüfung – Authentifizierung
Um einen unberechtigten Zugriff zu verhindern, sind i.Allg. spezielle Verfahren vorgesehen, um die Echtheit einer vorgegebenen Ken-

Bild 4.1 zeigt die Anordnung der genannten Verfahren bei Funksystemen im Vergleich zum Ethernet. Insgesamt gibt es bei Funksystemen eine stärkere Wechselwirkung zwischen der MAC- und RLC-Schicht als zwischen der MAC- und der LLC-Schicht beim Ethernet.

nung zu prüfen. Solche Verfahren werden im Einzelnen in Kapitel 8 diskutiert.

Austausch von Schlüsseln
Um Abhörsicherheit zu erzielen, werden bei Funksystemen verschiedene Verschlüsselungsverfahren eingesetzt (siehe Kapitel 8). Zur Initialisierung müssen die Stationen die zugehörigen Schlüssel austauschen.

Austausch von Verbindungsparametern
Beim Verbindungsaufbau tauschen die Stationen Informationen über die gewünschte Datenrate und Qualität sowie über die unterstützten Leistungsmerkmale aus.

Austausch von Messwerten
Eine wesentliche Aufgabe des Link Managements besteht darin, die Verbindung mit der geforderten Qualität aufrecht zu erhalten. Um dies zu gewährleisten, müssen die Stationen ständig Messungen zur Qualität der eigenen Verbindungen und eventuell zur Qualität von alternativen Verbindungen durchführen. Mögliche Messwerte sind dabei Bitfehlerraten, Datenraten, Paketverlustraten und insbesondere der Empfangspegel. Werte zum Empfangspegel werden vielfach als **R**eceived **S**ignal **S**trength **I**ndicator (RSSI) bezeichnet.

Link Adaption
Unter Link Adaption versteht man die Anpassung der Übertragungsverfahren an die Empfangsbedingungen (siehe Abschnitt 3.2).

Dynamische Frequenzwahl/Dynamische Kanalwahl
Für ein Funksystem sind i. Allg. mehrere Frequenzträger vorgesehen, die abhängig von ihrer Nutzung unterschiedlich stark durch Störungen belastet sein können. Für die Übertragungsqualität ist es natürlich am günstigsten, einen Frequenzträger mit möglichst wenig Störungen auszuwählen. Um den Nutzer von einer Frequenzplanung zu entlasten, bieten einige Systeme eine dynamische Frequenz- bzw. Kanalwahl – sie suchen sich automatisch den Kanal mit den geringsten Störungen. Dazu führen die beteiligten Stationen Messungen auf allen für das System vorgesehenen Frequenzträgern bzw. Kanälen durch. Das Ergebnis einer Messung kann ein RSSI-Wert sein, der als Störpegel zu deuten ist, oder eine Angabe zum Typ des Störsignals. Aus dem Typ kann man beispielsweise ablesen, ob es sich um eine Störung durch eine Station des gleichen Systems oder um eine Störung durch ein komplett verschiedenes System (z.B. ein Radar-System) handelt.

Die Unterscheidung zwischen Frequenzträgern und Kanälen wird hier insofern vorgenommen, als dass bei einigen Systemen die Frequenzträger in mehrere einzelne Kanäle (Zeitschlitze, s.u.) unterteilt sind und sich eine Station nicht nur den Träger, sondern auch einen bestimmten Kanal auf dem Träger aussuchen kann.

Bei DECT führt die Mobilstation eine dynamische Kanalwahl auf der Basis eigener Messungen durch. Bei der dynamischen Frequenzwahl gemäß IEEE 802.11h sammelt der Access Point die Messergebnisse von mehreren Mobilstationen, um sich auf dieser Grundlage für die besten Frequenzträger zu entscheiden und um dann den Mobilstationen den Befehl zum Wechseln zu geben.

Sendeleistungsregelung (Transmission Power Control)
Bei der Sendeleistungsregelung passt eine Station ihre Sendeleistung automatisch an die herrschenden Empfangsbedingungen an. Bei guten Empfangsbedingungen kann sie also die Sendeleistung reduzieren, um somit

❑ Strom zu sparen und die Batterielebensdauer zu verlängern,
❑ andere Verbindungen weniger zu stören.

Bezüglich der Regelungsschleife unterscheidet man zwischen

❑ Open-Loop Power Control (offene Schleife),
❑ Closed-Loop Power Control (geschlossene Schleife).

Diese Verfahren sind in Bild 4.3 für den Fall illustriert, dass die Sendeleistung der Mobilstation geregelt wird. Bei dem Open-Loop-Verfahren stellt die Mobilstation die Sendeleistung auf Basis des Empfangspegels ein,

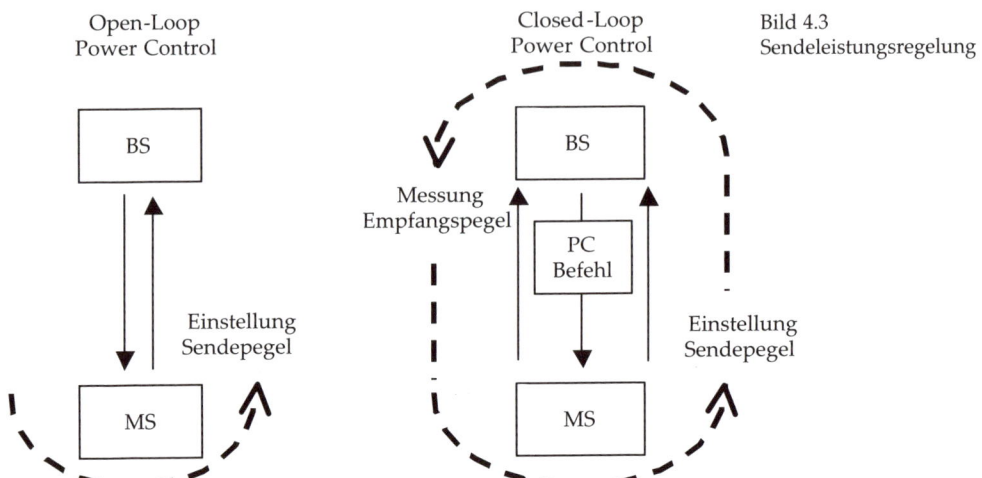

Bild 4.3 Sendeleistungsregelung

den sie selbst gemessen hat. Dagegen misst beim Closed-Loop-Verfahren die Basisstation den Empfangspegel und befiehlt der Mobilstation den Sendepegel, um einen bestimmten Wert zu erhöhen bzw. zu erniedrigen.

Der Vorteil des Open-Loop-Verfahrens besteht darin, dass kein Kontrollkanal in Rückrichtung für Power-Control-Befehle benötigt wird und somit Sendeleistungseinstellungen sofort und ohne Verzögerungen vorgenommen werden können. Da die Empfangsverhältnisse bei der Mobil- und Basisstation sehr unterschiedlich sein können, ist das Closed-Loop-Verfahren das zuverlässigere.

Realisierung von Stromsparmechanismen (Power Save)

Bei den mit Funkmodulen ausgestatteten Geräten handelt es sich häufig um mobile Geräte, die mittels einer Batterie oder eines Akkus mit Strom versorgt werden. Um die Betriebsdauer zu erhöhen, ist es also wichtig, Stromsparmechanismen zu realisieren. Eine Station A, bei der für eine bestimmte Zeit voraussichtlich wenig Daten zum Transport anstehen, kann mit der Gegenstelle – der Station B – vereinbaren, in einen Power-Save-Mode überzugehen, in dem sie keine Daten senden und empfangen kann. Treffen in der Ruhephase bei Station B dennoch Daten für Station A ein, so muss Station B diese zwischenspeichern. Station B prüft von Zeit zu Zeit, ob Daten vorliegen, und ruft sie bei Rückkehr in den Active Mode von Station B ab.

Verfahren zum Wechsel einer Funkzelle

> Einige Systeme – wie DECT oder IEEE 802.11 – erlauben den Mehrzellenbetrieb, bei dem die Basisstationen bzw. Access Points miteinander über Leitungen vernetzt sind. Verlässt eine Mobilstation den Versorgungsbereich einer Basisstation, so wird sie von einer anderen Basisstation übernommen. Diesen Vorgang, bei dem eine bestehende Verbindung nicht abreißen darf, nennt man *Handover* oder auch *Reassoziation*. Ferner sollte – gerade bei Telefonie-Anwendungen – die Unterbrechungszeit sehr gering sein (weniger als 20 ms). Für den Handover ist es erforderlich, dass die neue Basisstation die Verbindungsdaten von der alten übernimmt. Dazu ist ein Meldungsaustausch über das Infrastrukturnetz erforderlich.

4.3 Radio Link Control (RLC)

Wie bereits erwähnt ist es die Hauptaufgabe der Radio Link Control, die Frames sicher über die Funkstrecke zu transportieren. Insbesondere müssen Übertragungsfehler, die

❏ aus Kollisionen mit anderen Datenpaketen,
❏ aus Störungen durch andere Systeme oder
❏ bei geringem Empfangspegel

entstehen, sicher erkannt werden. Dies geschieht mittels eines Block Codes bzw. mittels eines **C**yclic **R**edundancy **C**hecks, CRC: An die Frames wird also eine **F**rame **C**heck **S**equence, FCS, gehängt, die typischerweise aus 2 bis 4 Byte besteht. Detektiert der Empfänger einen nicht korrigierbaren Übertragungsfehler, so fordert er den Frame noch einmal vom Sender an. Der Sender wird also automatisch aufgefordert, einen Frame zu wiederholen; man spricht daher von einem ARQ-Verfahren, wobei ARQ das Kürzel für **A**utomatic **R**epeat **R**equest ist.

Für den detaillierten Ablauf bei den Wiederholungen gibt es verschiedenen Protokolle, von denen die wichtigsten im Folgenden erläutert werden.

4.3.1 Send-and-Wait-Protokoll

Bei dem Send-and-Wait-Protokoll (Bild 4.4) wartet der Sender nach der Übertragung eines Frames für eine bestimmte Zeit auf eine Bestätigung durch den Empfänger. Eine solche Bestätigung wird als ACK-Meldung bezeichnet; ACK ist dabei die Abkürzung für den Begriff «Acknowledgement». Trifft die ACK-Meldung innerhalb der gesetzten Wartezeit nicht ein, so geht der Sender davon aus, dass der Empfänger den Frame nicht detektieren konnte. Er sendet den Frame daher nochmals. Da das Ausbleiben der ACK-Meldung auch darauf zurückzuführen sein könnte, dass der Frame zwar korrekt detektiert wurde, die ACK-Meldung aber mit einem anderen Frame kollidierte, müssen die Frames nummeriert werden. Nur so kann der Empfänger erkennen, ob es sich bei einem eintreffenden Frame um einen neuen oder um einen wiederholten handelt. Bei ungünstigen Funkbedingungen kann es vorkommen, dass ein Frame nicht nur einmal, sondern mehrfach wiederholt werden muss; allerdings gibt es i.Allg. eine maximal erlaubte Anzahl von Wiederholungen. Ist diese Zahl erreicht, wird die Verbindung insgesamt beendet. Zu betonen ist, dass der Sender

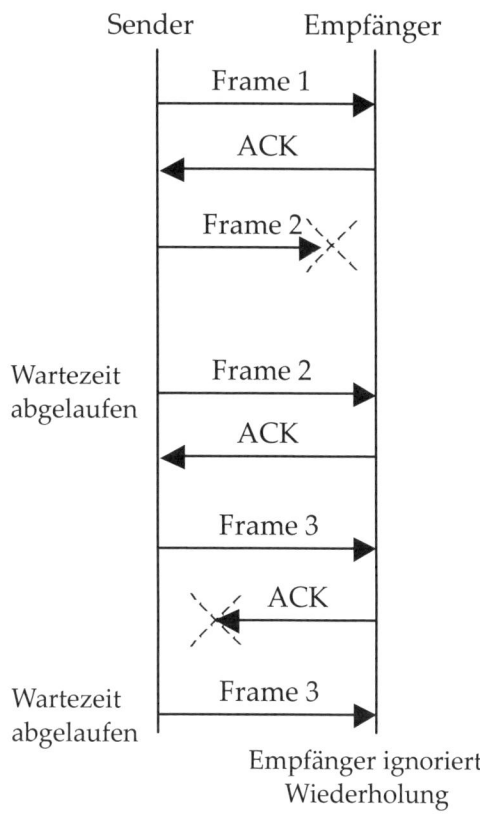

Bild 4.4 Das Send-and-Wait-Protokoll

bei dem Send-and-Wait-Protokoll erst dann einen neuen Frame senden darf, wenn der Empfang des vorhergehenden bestätigt ist. Jeder Frame muss also einzeln bestätigt werden.

Beim Send-and-Wait-Protokoll existieren zwei Varianten dafür, wie der Empfänger reagiert, wenn er einen Übertragungsfehler feststellt:

❏ Er reagiert gar nicht und geht davon aus, dass der Sender den Frame nach der Wartezeit ohnehin wiederholt.
❏ Er sendet eine NACK-Meldung, die dem Sender den Übertragungsfehler anzeigt und die ihn somit zu einer schnelleren Wiederholung des Frames bewegt. NACK steht dabei für Negative Acknowledgement.

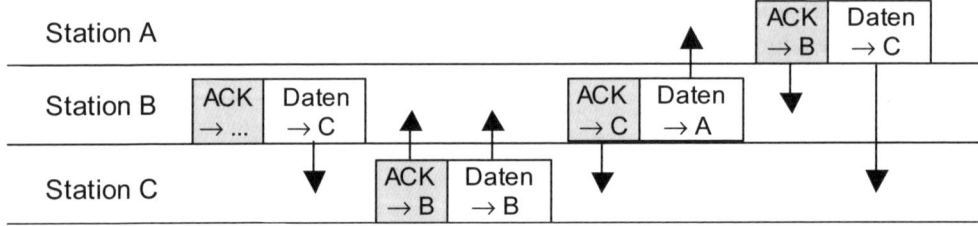

Bild 4.5 Illustration zum Huckepack-Verfahren

Send-and-Wait-Protokoll im Huckepack-Verfahren

Die Wartezeiten und die Übertragung der ACK-Meldungen reduzieren die Übertragungszeit für die Nutzdaten und damit die effektive Datenrate. Um den damit verbundenen Verlust möglichst gering zu halten, wendet man verschiedentlich so genannte Huckepack-Verfahren an. Dies ist dann möglich, wenn die Rolle des Senders und Empfängers regelmäßig zwischen den Stationen wechselt: Die ACK-Meldung wird gewissermaßen in einem Huckepack-Verfahren zusammen mit den Nutzdaten des neuen Senders übertragen. Die englische Bezeichnung lautet *Piggy-Backing*.

Ein solches Verfahren ist in Bild 4.5 illustriert.

4.3.2 Selektives ARQ-Verfahren

Wesentlich effektiver bei der Nutzung des Übertragungsmediums geht man beim selektiven ARQ-Verfahren vor. In diesem Fall lässt sich mit einer ACK-Meldung nicht nur der korrekte Empfang eines Frames, sondern gleich der von mehreren Frames bestätigen. Der Sender muss also nicht nach jedem Frame auf eine ACK-Meldung warten, sondern darf mehrere Frames hintereinander versenden – höchstens jedoch so viele, wie der Empfänger maximal mit einer ACK-Meldung bestätigen kann. In der ACK-Meldung sind die Nummern der Frames aufgeführt, die korrekt empfangen wurden.

Die Nummerierung der Frames erfolgt gemäß einer Modulo-Rechnung. Ist also eine obere Grenze erreicht, so beginnt die Nummerierung wieder bei null. Die obere Grenze hängt von der Anzahl N der Frames ab, die sich in einer ACK-Meldung bestätigen lassen, wobei N i.Allg. eine Potenz von 2 ist (z.B. N = 4, 8, 16, 32 oder 64). Als Framenummern sind dann die Zahlen n = 0, 1, 2, ..., $2N-1$ erforderlich.

Das selektive ARQ-Verfahren ist in Bild 4.6 für N = 4 illustriert.

Zu beachten ist, dass der Sender die entsprechende Zahl von Frames zwischenspeichern muss, bis die ACK-Meldung eintrifft.

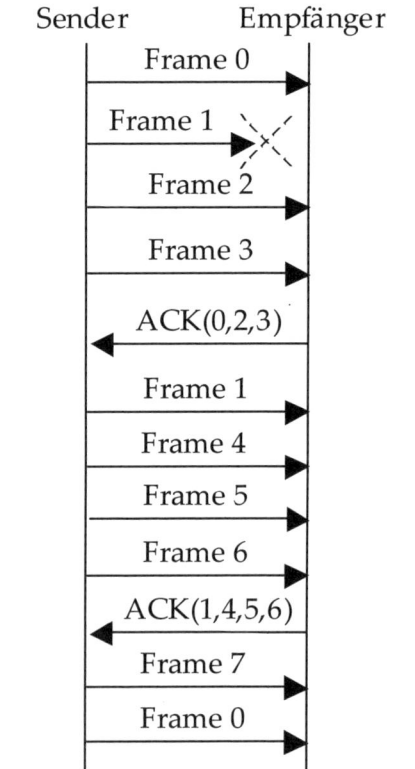

Bild 4.6 Selektives ARQ-Verfahren

Radio Link Control (RLC) 83

4.3.3 Fensterverfahren

Bei diesem Verfahren kann der Sender ebenfalls mehrere Datenpakete hintereinander senden, ohne auf eine Bestätigung warten zu müssen. Die maximale Anzahl von Datenpaketen, die vorübergehend unbestätigt bleiben kann, ist durch die so genannte *Sendefenstergröße* festgelegt (Bild 4.7). Nach Erhalt einer gewissen Zahl von Datenpaketen, schickt der Empfänger eine ACK- bzw. NACK-Meldung zurück.

Diese Meldung enthält mit der so genannten *Empfangsfolgenummer* N(R), die Nummer des Frames, die sich durch folgende Bedingung auszeichnet:

Sowohl dieser Frame selbst als auch alle vorhergehenden Frames, die seit der letzten Bestätigung eingetroffen sind, waren fehlerfrei.

Der Sender rückt daraufhin den Anfang seines Sendefensters auf das Frame mit der Nummer N(R) + 1 vor und kann nun die Frames in dem neuen Fensterbereich senden. Im Beispiel aus Bild 4.7 umfasst der neue Bereich sowohl vier alte als auch vier neue Frames.

Der Hauptvorteil dieses Verfahren besteht darin, dass sich mit einer ACK-Meldung, die nur *eine* Nummer als Information enthalten muss, gleich mehrere Datenpakete bestätigen lassen. Allerdings kann es vorkommen, dass – wie in Bild 4.7 gezeigt – auch fehlerfrei empfangene Datenpakete wiederholt werden müssen.

Fenster-Verfahren finden z.B. bei IEEE 802.2 mit einer Fenstergröße von 64 und bei Bluetooth mit einer Fenstergröße von 32 Anwendung.

4.3.4 Flusskontrolle

> Unter der Flusskontrolle versteht man Verfahren, die den Empfänger von Frames vor der Überlastung schützen. Durch entsprechende Maßnahmen signalisiert der Empfänger dem Sender, die Übertragungsrate zu drosseln, damit er (der Empfänger) die empfangenen Frames verarbeiten kann. Dies kann z.B. durch so genannte Stop-and-Go-Bits geschehen, die dem Sender anzeigen, dass er Frames übertragen darf («Go») bzw. dass er die Übertragung stoppen soll. Eine weitere Möglichkeit besteht darin, dass der Empfänger eine Reduktion des Sendefensters beantragt.

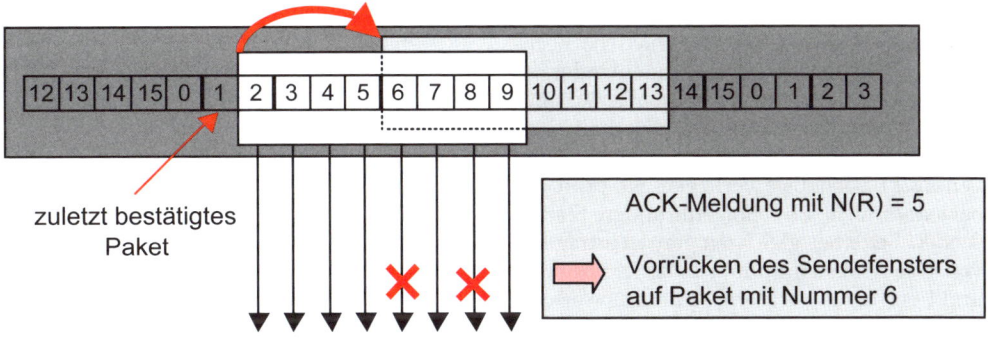

Bild 4.7 Fenster-Verfahren

4.4 Medium Access Control

Wie man den Zugriff auf das Übertragungsmedium am effizientesten regelt, hängt von vielen Randbedingungen ab, z.B. von

- ❑ dem zu übertragenden Datenvolumen,
- ❑ der Häufigkeit des Zugriffs,
- ❑ der Anzahl der aktiven Stationen im Funknetz,
- ❑ der maximal zulässigen Verzögerung bei der Übertragung,
- ❑ den Funkausbreitungsbedingungen zwischen den Stationen.

Daher ist für die jeweiligen Funksysteme nicht nur ein Verfahren, sondern ein ganzes Bündel von Maßnahmen bzw. eine Kombination aus verschiedenen Verfahren spezifiziert, um den Zugriff auf das Medium Funk zu regeln.

Grundsätzlich unterscheidet man:

- ❑ Zufallszugriffsverfahren mit einer dezentralen Steuerung,
- ❑ zentral, d.h. von einer Station, koordinierte Zugriffsverfahren,
- ❑ Mischformen aus beiden Verfahren.

4.4.1 ALOHA-Verfahren

Das einfachste dezentrale Zufallszugriffsverfahren ist das ALOHA-Verfahren; es wurde um 1960 entwickelt, um verschiedene Rechner der Universität Hawaii miteinander zu vernetzen. Dieses Verfahren ist insofern mit einem «unhöflichen» Gesprächsverhalten zu vergleichen, als dass jede Station ihre Daten verschickt, sobald sie vorliegen. Sie prüft dabei jedoch nicht, ob schon eine andere Station sendet. Bei einer gleichzeitigen Übertragung von Datenpaketen kommt es zu Kollisionen und Übertragungsfehlern, so dass eine erwartete Empfangsbestätigung ausbleibt; in diesem Fall muss der Sender die Daten ein weiteres Mal übertragen. Da ein solches Verfahren gerade bei größeren Datenpaketen ineffizient ist, wird es in heutigen Funksystemen (z.B. in GSM oder UMTS) meist nur dazu eingesetzt, um sehr kurze Datenpakete zu übertragen oder um mit einer kurzen Meldung einen Funkkanal für die weitere Übertragung anzufordern.

4.4.2 Carrier Sense Multiple Access (CSMA)

Bei einer höflichen Konversation fängt eine Person erst dann an zu reden, wenn keine andere spricht (listen before talking). Bei einem Kommunikationssystem bedeutet dies, dass eine Station vor der Aussendung eines Datenpakets zunächst prüft, ob das Übertragungsmedium bzw. der zu verwendende Frequenzträger belegt ist oder nicht. Dieser Vorgang wird als Carrier Sense bezeichnet. Bei einem belegten Medium stellt die Station ihren Übertragungswunsch zunächst zurück und versucht zu einem späteren Zeitpunkt noch einmal zuzugreifen.

Carrier Sense

Die Belegung eines Trägers lässt sich dadurch feststellen, dass eine Station

- ❑ einen Pegel misst, der größer als ein vorgegebener Schwellwert ist;
- ❑ ein Signal eines bestimmten Typs detektiert,
- ❑ eine Kombination der beiden Methoden verwendet.

Alle drei Methoden des Carrier Sense kommen bei lokalen Funknetzen zum Einsatz.

Kollisionsauflösung

Aber auch bei Einhaltung der Regeln einer höflichen Konversation kann es zu Kollisionen kommen – nämlich aufgrund von Reaktions- bzw. Signallaufzeiten: Eine Station A beginnt zu senden, da sie noch nicht bemerkt hat, dass eine andere – weiter entfernte – Station B bereits kurz zuvor ihre Übertragung begonnen hat. Bemerken die beiden Stationen die Kollision (Collision Detection), so können sie die Übertragung abbrechen und ihre Frames zu einem späteren Zeitpunkt wiederholt aussenden.

Das größte Risiko für eine Kollision besteht unmittelbar nach einer Übertragungsphase, da sich dann eventuell die Übertragungswünsche mehrerer Stationen angesammelt haben. Daher dürfen die übertragungswilligen Stationen nicht unmittelbar nach der Übertragungsphase mit dem Senden beginnen, sondern müssen eine gewisse Zeit abwarten, die

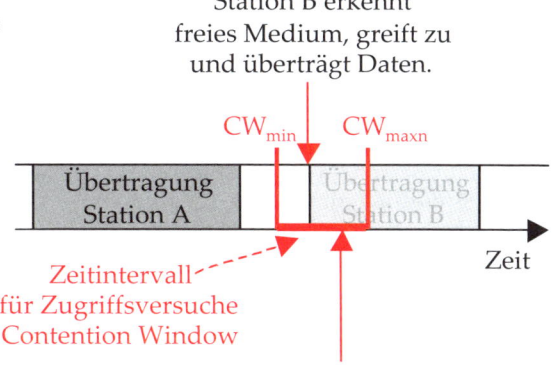

Bild 4.8
Das Prinzip des Carrier Sense Multiple Access

zufällig innerhalb eines bestimmten Intervalls zu wählen ist (Bild 4.8). Dieses Intervall nennt man häufig das Contention Window (CW), d.h. das Fenster für den Wettstreit um das Übertragungsmedium.

Vermeidung von Instabilitäten
Das CSMA-Verfahren neigt – gerade bei hoher Last – zu Instabilitäten bzw. zu Blockaden: Bei hoher Last steigt das Risiko von Kollisionen und damit die Anzahl von Wiederholungen. Ferner sammeln sich zurückgestellte Übertragungswünsche an, so dass die Last auf dem Medium weiter steigt, bis kein Zeitraum für eine ungestörte Übertragung mehr verbleibt. Um diese Instabilität zu vermeiden und Überlasten abzubauen, sind einige Zusatzmaßnahmen spezifiziert. So ist z.B. die Anzahl der Wiederholungen für einen Übertragungsversuch begrenzt. Ferner reduziert man die Zugriffsrate, indem man z.B. bei jedem gescheiterten Zugriffsversuch die Größe des Contention Windows verdoppelt, wodurch sich die Zugriffswahrscheinlichkeit pro Zeitintervall halbiert.

Prominentestes Anwendungsbeispiel für das zuvor skizzierte Carrier Sense Multiple Access mit Collision Detection (CSMA/CD) ist das kabelgebundene Ethernet-LAN, das als IEEE 802.3 standardisiert wurde.

4.4.3 CSMA-Modifikationen in Funknetzen

> Bei lokalen Funknetzen sind einige Modifikationen vorzunehmen, um das CSMA-Verfahren an die Besonderheiten der Funkübertragung anzupassen. Das resultierende Verfahren bezeichnet man vielfach CSMA/CA (CSMA with Collision Avoidance).

Der Network Allocation Vector
Eine Maßnahme besteht darin, zu Beginn der Übertragungsphase den Network Allocation Vector (NAV) zu senden. Der Wert dieses Parameters liefert eine Art Reservierungszeit für das Medium, d.h., er gibt an, wie lange die Übertragung des Frames (inklusive einer erwarteten Bestätigung) voraussichtlich dauern wird. Innerhalb der entsprechenden Zeit darf keine andere Station auf den Träger zugreifen. Während auf einem Kabel bei einer Übertragung ein konstanter Signalpegel herrscht, kann dieser während der Funkübertragung eines Frames durch eine Station A stark schwanken. Eine andere Station B detektiert zu Anfang des Frames zwar einen hohen Signalpegel und stellt ihre Übertragung zunächst zurück. Sinkt der Pegel zum Ende des Frames auf einen sehr niedrigen Wert, so würde ohne Reservierung die Station B das Medium als frei erachten und mit dem Senden beginnen.

Das Hidden-Node-Problem und seine Lösung
Ein Problem, das durch diese Art der Reservierung nicht gelöst wird, ist das «Problem der versteckten Knoten» («Hidden-Node-Problem»), das zusammen mit seiner Lösung in Bild 4.9 illustriert ist. In dem gezeigten Beispiel sendet Station C Daten an Station A. Da Station B dies aufgrund eines Hindernisses nicht bemerkt, sendet sie ihrerseits Daten, die dann bei Station A mit denen von Station C kollidieren. Um diese Situation zu vermeiden, führt man eine Art Reservierungsmechanismus vor Beginn der eigentlichen Datenübertragungsphase ein. Dabei sendet Station C eine **R**equest-**t**o-**S**end-Meldung (RTS) an Station A, die die eigene und die Zieladresse (also die von Station A) sowie die zu reservierende Belegungszeit in Form des Network Allocation Vectors enthält. Station A bestätigt den Empfang der RTS-Meldung mit einer **C**lear-**t**o-**S**end-Meldung (CTS), die ebenfalls den Network Allocation Vector (abzüglich der bereits vergangenen Zeit) enthält. Die CTS-Meldung wird von allen Stationen empfangen, die Station A erreichen können; somit sind alle diese Stationen über die Belegung des Mediums informiert, auch wenn sie die anschließende Datenübertragung durch Station C nicht wahrnehmen.

Zu betonen ist, dass sich der Aufwand des Reservierens nur lohnt, wenn es versteckte Stationen im Netz gibt und wenn die Länge der zu übertragenden Frames deutlich größer als die der RTS- und CTS-Meldung ist, die bei IEEE 802.11 insgesamt 34 Byte beträgt. Daher lässt sich häufig der Einsatz des RTS-CTS-Austausches durch einen Schwellwert für die Größe des Frames steuern.

Priorisierung
Vielfach ist es wichtig, verschiedenen Meldungen bzw. Datenpaketen eine unterschiedliche Priorität zu geben. So ist es beispielsweise besonders wichtig, ein erfolgreich empfangenes Paket möglichst rasch zu bestätigen, da anderenfalls der Sender versuchen würde, es unnötigerweise erneut zu senden. Ferner ist die Übertragung von Paketen einer Sprachverbindung zeitkritischer als die Übertragung der Datenpakete beim Laden einer Internet-Seite. Bei dem CSMA-Verfahren kann man unterschiedliche Prioritäten dadurch realisieren, dass man für die verschiedenen Frames unterschiedliche Zugriffszeiträume definiert, wo-

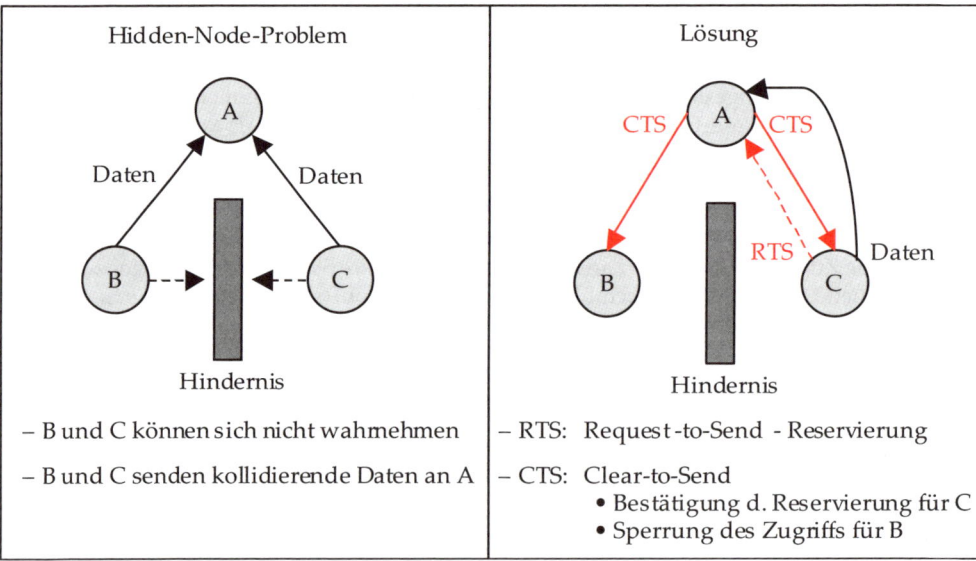

Bild 4.9 Das Hidden-Node-Problem und seine Lösung

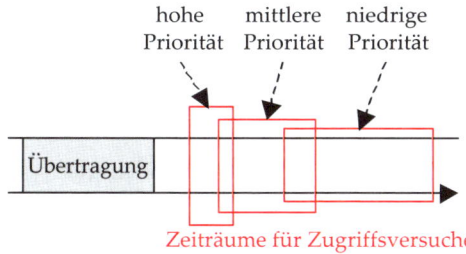

Bild 4.10 Priorisierung bei CSMA

bei die Aussendung von Frames einer hohen Priorität früher beginnen darf als die von Frames einer niedrigen Priorität (Bild 4.10).

4.4.4 Polling

Während bei den zuvor beschriebenen Verfahren die Stationen weitgehend gleichberechtigt um das Übertragungsmedium wetteifern, übernimmt beim Polling eine Station als Master die zentrale Steuerung, indem sie nach einem bestimmten Muster die bei ihr angemeldeten Stationen nach ihrem Übertragungswunsch abfragt. In Bild 4.11 ist dieser Vorgang für einen Master M und vier angemeldete Slaves S1, S2, S3 und S4 illustriert. Die Stationen S1 und S2 senden Daten zurück, während bei den Stationen S3 und S4 keine Daten anliegen. Möchte der Master an einen der Slaves Daten übertragen, so kann er dies zu jeder Zeit tun, in der das Medium frei ist, da er die komplette Kontrolle über die Zugriffe hat.

Das Polling-Verfahren hat den Vorteil, dass sich Kollisionen prinzipiell vermeiden lassen. Ferner kann das Übertragungsmedium durch den Master in kontrollierter Weise zwischen den Stationen aufgeteilt werden. Ferner lassen sich Prioritäten für Verbindungen mit besonderen Anforderungen einfach berücksichtigen, indem der Master diese häufiger nach Übertragungswünschen fragt.

Umgekehrt benötigt die Versendung der Poll-Meldungen Übertragungskapazität, die dann nicht mehr für die Nutzdatenübertragung zur Verfügung steht. Insbesondere wird das Verfahren ineffizient, wenn es sehr viele angemeldete Slaves gibt, von denen aber nur ein geringer Anteil tatsächlich Daten übertragen möchte. Daher setzt man Polling-Verfahren nur bei kleinen Funknetzen (z.B. bei Bluetooth) oder in Kombinationen mit anderen Verfahren wie CSMA ein. Beispielsweise kombiniert man CSMA mit Polling bei IEEE 802.11. Dabei verwendet man das Polling dazu, um z.B. Sprachverbindungen einen regelmäßigen Zugriff auf das Übertragungsmedium ohne größere Verzögerungen zu garantieren. Nachdem solche Dienste, die auf geringe Verzögerungszeiten angewiesen sind, ihre Übertragungsmöglichkeit bekommen haben, schließt sich eine Wettbewerbsphase für das CSMA-Verfahren an. Polling- und CSMA-Phasen wechseln sich in einem gewissen Rhythmus (Größenordnung: Millisekunde) ab. Diese Kombination trägt der Tatsache Rechnung, dass die Hauptanwendung von IEEE 802.11 zwar die drahtlose Vernetzung von Computern ist, wobei die Daten eher sporadisch anfallen und keine starken Anforderungen an die zulässigen Verzögerungen bestehen, IEEE 802.11 aber auch schnurlose Telefonie oder Bildtelefonie ermöglichen soll – also Dienste, bei denen sich Verzögerungen äußerst störend bemerkbar machen.

4.4.5 Reservierungsverfahren

Für Funksysteme, die in erster Linie Dienste wie die Telefonie anbieten, bei denen Daten sehr regelmäßig anfallen, ist ein anderer Ansatz für das Zugriffsverfahren günstiger.

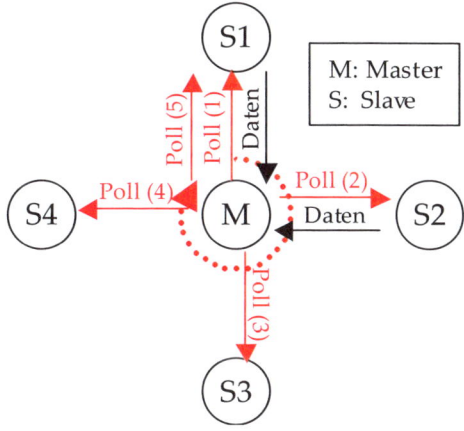

Bild 4.11 Illustration des Polling-Verfahrens

Zeitmultiplexing – Time Division Multiplex, TDM

> ⚠ Um mehreren Teilnehmern gleichzeitig ein Telefonat oder eine Videoübertragung zu ermöglichen, unterteilt man das Übertragungsmedium bzw. den Frequenzträger in einer regelmäßigen Weise in mehrere Funkkanäle – die Zeitschlitze, die sich in einem bestimmten Rhythmus wiederholen. Die Zeitschlitzdauer beträgt typischerweise einige hundert Mikrosekunden. Jede Verbindung erhält einen oder mehrere Zeitschlitze für die Datenübertragung zugeteilt. Die regelmäßige Aufteilung eines Frequenzträgers in Zeitschlitze nennt man Zeitmultiplex-Verfahren (Time Division Multiplexing, TDM).

Bei den genannten Anwendung erfolgt i.Allg. eine bidirektionale Kommunikation, d.h., Station A sendet regelmäßig Daten an Station B und umgekehrt. Solche bidirektionalen Verbindungen heißen Duplex-Verbindungen.

Zeitduplex – Time Division Duplex, TDD

> ⚠ Nutzen beide Verbindungsrichtungen die gleiche Frequenz, aber unterschiedliche Zeitschlitze, so spricht man von einem Zeitduplex-Verfahren (Time Division Duplex).

In Bild 4.12 ist diese Aufteilung eines Frequenzträgers anhand eines Beispiels mit sechs Zeitschlitzen illustriert. Bei den oberen beiden Konstellationen bestehen drei Duplex-Verbindungen; jede der Verbindungen benötigt also zwei Zeitschlitze. Die obere Art der Aufteilung zwischen den Verbindungsrichtungen ist z.B. bei DECT-Sprachverbindungen zu finden, allerdings gibt es bei DECT nicht nur 6, sondern 24 Zeitschlitze, wie Bild 4.13 zeigt. Bei Bluetooth ist die zweite Konstellation aus Bild 4.12 realisiert, bei der auf einen Zeitschlitz der einen Richtung zunächst für die gleiche Verbindung der Zeitschlitz für die umgekehrte Richtung folgt, bevor sich die nächste Verbindung anschließt.

Bei der dritten Konstellation bestehen nur zwei Verbindungen; beide Verbindungen sind symmetrisch; d.h., sie besitzen in beiden Übertragungsrichtungen die gleiche Datenrate. Al-

3 symmetrische Verbindungen
gleiche Kapazität pro Verbindung

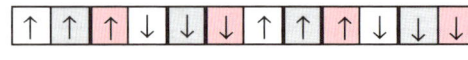

3 symmetrische Verbindungen
gleiche Kapazität pro Verbindung

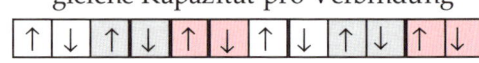

2 symmetrische Verbindungen
ungleiche Kapazität pro Verbindung

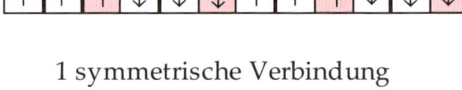

1 symmetrische Verbindung
1 asymmetrische Verbindung
ungleiche Kapazität pro Verbindung

↑ ↑ ↑ ↓ ↑ ↓ ↑ ↑ ↑ ↓ ↑ ↓

1 asymmetrische Verbindung
maximal asymmetrisch

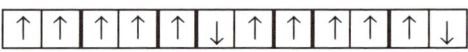

Bild 4.12 Illustration verschiedener Konfigurationen bei Zeitmultiplex

lerdings belegt eine der Verbindungen (weiß) zwei Zeitschlitze und erhält damit die doppelte Datenrate.

Wie die vierte und fünfte Konstellation illustrieren, lässt sich die Übertragungskapazität auch asymmetrisch aufteilen, so dass eine Verbindung nur einen Zeitschlitz für die eine, aber beispielsweise drei oder fünf Zeitschlitze für die andere Richtung erhält.

Welche und wie viele Zeitschlitze einer Verbindung zugeteilt werden, wird von den beteiligten Station beim Verbindungsaufbau ausgehandelt. D.h. die Station, die den Verbindungsaufbau initiiert, muss sich zunächst mit einem der Wettbewerbsverfahren aus den vorangehenden Abschnitten um die Zeitschlitze bewerben, bevor sie für sie für eine bestimmte Zeit reserviert werden. Während einer laufenden Verbindung können

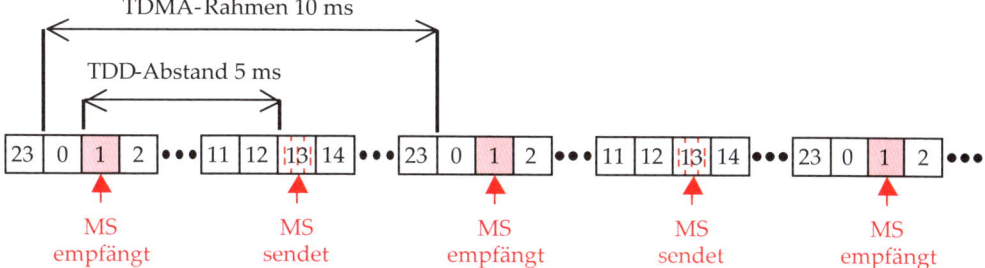

Bild 4.13   Das TDMA-Verfahren am Beispiel einer DECT-Sprachübertragung

sich die Kommunikationspartner auf Änderungen der Zeitschlitz-Zuteilungen verständigen.

4.5 Generelle Struktur von Datenrahmen

Ein wesentlicher Aspekt beim Medium Access Control und Radio Link Control besteht darin, dass sie die zu übertragenden Nutzdaten in Pakete einer bestimmten Struktur packen, die man auch Rahmen (engl.: *frames*) nennt. Bei manchen Funksystemen sind für die Rahmenlängen nur bestimmte feste Werte möglich, bei anderen Systemen kann die Rahmenlänge innerhalb bestimmter Grenzen frei variieren.

Die in diesem Abschnitt behandelten Rahmen werden als MAC/RLC-Frames bezeichnet.

Fragmentierung

In einem kabelgebundenen System wählt man häufig große Frame-Längen, um ein günstiges Verhältnis von Nutzdaten und Steuerungsdaten innerhalb des Frames zu erhalten.

Andererseits steigt mit zunehmender Länge des Frames das Risiko (siehe Abschnitt 4.6), dass Bitfehler auftreten und dass somit eine Wiederholung erforderlich ist. Wegen der vergleichsweise hohen Störanfälligkeit bei der Funkübertragung wählt man für Funknetze deutlich geringere Paket- bzw. Frame-Längen. Um also große Pakete aus höheren Schichten auf dem Funkweg zu übertragen, muss deren Inhalt auf mehrere Frames – die MAC/RLC-Frames – verteilt werden.

Die Aufteilung eines Pakets auf mehrere kleinere Frames nennt man Fragmentierung; ein Teil des ursprünglichen Pakets heißt dementsprechend ein Fragment. Damit die Fragmente beim Empfänger wieder vollständig und in der richtigen Reihenfolge zusammengesetzt werden können, erhalten sie eine Fragmentnummer. Ein so genanntes *More-Bit* gibt an, ob weitere Fragmente folgen oder nicht. Haben die MAC/RLC-Frames eine feste Länge und ist das letzte Frame nicht vollständig mit Nutzdaten belegt, so wird der Rest mit im Standard festgelegten Bits aufgefüllt; diesen Vorgang nennt man *Padding*.

Bild 4.14 illustriert den Vorgang der Fragmentierung. Ferner ist zu sehen, dass ein RLC/MAC-Frame an die Bitübertragungsschicht übergeben wird, in der zusätzliche Steuerungsinformationen hinzugefügt werden.

Aufbau eines Frames

Ein Frame besteht typischerweise aus

❏ einem Kopf (Frame Header),
❏ einer Daten-Einheit (Frame Body) und
❏ einem CRC-Feld.

Der **C**yclic **R**edundancy **C**heck (CRC) dient dazu, aufgetretene Übertragungsfehler im Frame zu erkennen, so dass ein schadhafter Frame nochmals angefordert werden kann.

Der Header enthält Steuerungsdaten wie z.B.

❏ den Rahmentyp,
❏ die Adresse des Senders und/oder Empfängers,
❏ die Länge des Frames,
❏ eine Framenummer,

90 Zugriffsverfahren

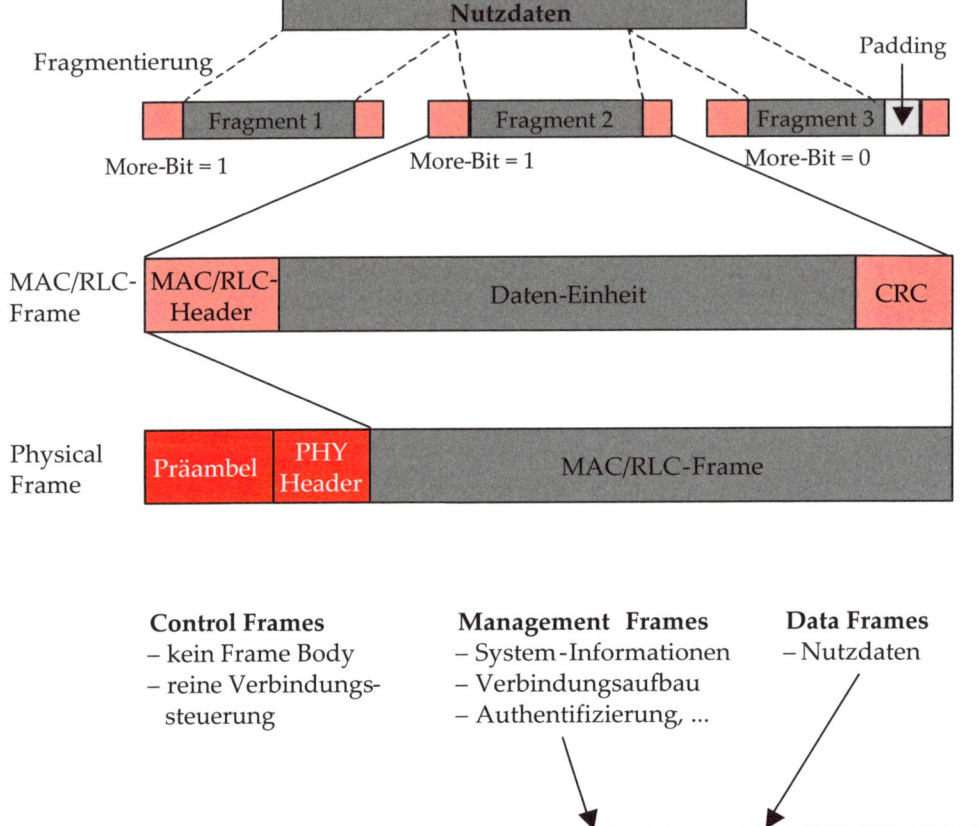

Bild 4.14 Struktur eines RLC/MAC-Frames

- Fragmentierungsinformationen,
- Angaben, ob es sich um die erste Übertragung oder um eine Wiederholung handelt.

Je nach Inhalt des Datenfeldes unterscheidet man folgende Frame-Typen:

- Data Frames, die die eigentlichen Nutzdaten transportieren,
- Link Management Frames (siehe Abschnitt 4.2),
- Control Frames, die kein Datenfeld besitzen, sondern der Verbindungssteuerung (Link Control) und der Zugriffskontrolle (MAC) dienen.

Typische Beispiele für Control Frames sind:

- Bestätigungen über den erfolgreichen und fehlerfreien Empfang eines Data Frames (ACK-Meldungen),
- Reservierungsanfragen für den Funkkanal (RTS-Meldung),
- Reservierungsbestätigungen (CTS-Meldung).

Bevor einer der zuvor beschriebenen MAC/RLC-Frames versendet wird, muss die übertragungswillige Station prüfen, ob sie auf einen Funkkanal zugreifen darf. Ist der Zugriff erlaubt, so werden die Bits des Frames mit Hilfe der in Kapitel 3 beschriebenen Ver-

Generelle Struktur von Datenrahmen 91

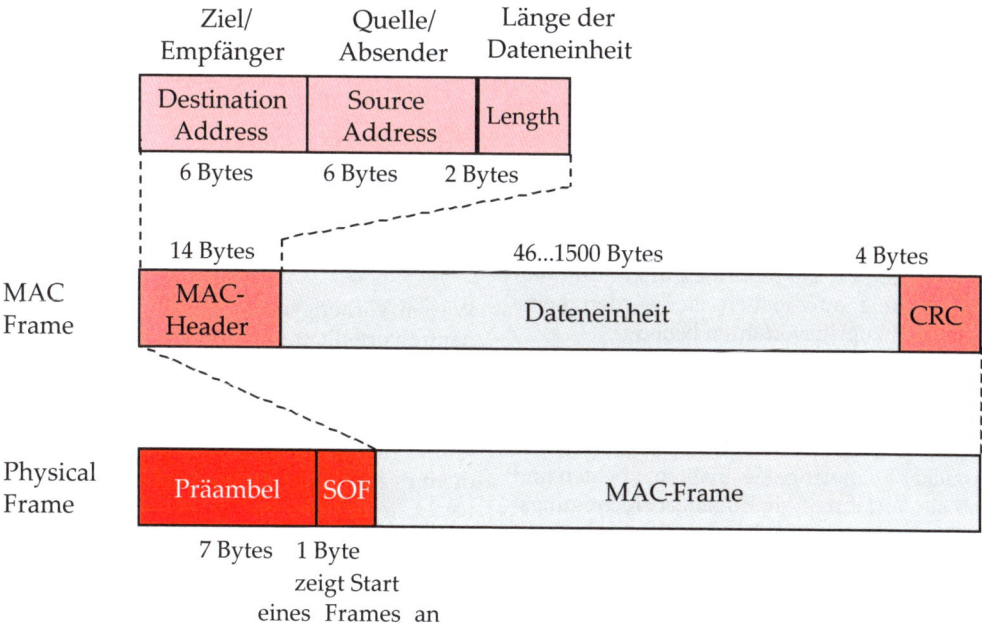

Bild 4.15 Struktur eines Ethernet-MAC-Frames

fahren zur Modulation und Kanalcodierung übertragen. Zu beachten ist, dass auch die Bitübertragungsschicht den Daten des RLC/MAC-Frames einen Header und eine so genannte *Präambel* voran stellt. Die Präambel ist ein im jeweiligen Standard festgelegtes Bitmuster, das es dem Empfänger erlaubt, sich zu synchronisieren und den Beginn eines Datenpakets zu erkennen. Der Header der Bitübertragung enthält beispielsweise Informationen über das verwendete Modulations- und Kanalcodierungsverfahren.

MAC-Frames bei Ethernet/IEEE 802.3
Die genaue Struktur der RLC/MAC-Frames bei den einzelnen Funksystemen wird in den folgenden Kapiteln näher beschrieben. Da die lokalen Funknetze vielfach mit kabelgebundenen Systemen gemäß des Standards IEEE 802.3 (Ethernet) zusammenwirken, sind an dieser Stelle einige Anmerkungen zu Ethernet-MAC-Frames angebracht. Der Aufbau eines solchen Frames ist in Bild 4.15 gezeigt. Die Dateneinheit umfasst 46 bis 1500 Bytes,

wobei die aktuelle Länge dem Empfänger durch das entsprechende Feld im Header mitgeteilt wird. Wichtige Bestandteile des Headers sind ferner die MAC-Adressen (48 bit) der Absender- und der Zielstation. Genau gesagt handelt es sich dabei um die Hardware-Adressen der zugehörigen Netzwerk-Karten. Diese werden nach einem international festgelegten Verfahren vergeben. So erhält jeder Hersteller von Netzwerk-Karten einen bestimmten Adressenbereich zugeteilt, aus dem er auf eindeutige Weise jeder produzierten Karte eine Adresse zuweisen kann. Besteht die Zieladresse nur aus Einsen, so handelt es sich um ein Broadcast-Frame, das an alle zum Netzwerk gehörende Stationen gerichtet ist.

Das Point-to-Point-Protocol, PPP
Bisher wurde ausführlich der Fall betrachtet, dass viele Stationen über ein Übertragungsmedium miteinander vernetzt sind. Dies ist sicherlich das Szenario, das bei Computernetzen und auch bei Funknetzen typischerweise

vorliegt. Andererseits kommt es auch häufig vor, dass nur zwei Stationen durch eine speziell für sie reservierte «Leitung» verbunden sind. Eine solche Situation liegt beispielsweise vor, wenn man sich mittels eines Modems oder des ISDN-Anschlusses über den Zugangsserver des eigenen Providers in das Internet einwählt. Die Einwahl geschieht dabei i.Allg. mit Hilfe des Point-to-Point-Protocols, PPP. Da nur eine Punkt-zu-Punkt-Verbindung aufzubauen ist, werden keine Mehrfachzugriffsverfahren benötigt.

In der ersten Phase des Verbindungsaufbaus überprüft die initiierende Station, ob die Gegenstelle das PPP unterstützt. Anschließend handeln die beiden Stationen aus, mit welcher Framelänge sie arbeiten möchten und ob sie Verfahren zur Zugangsberechtigungsprüfung (Authentifizierung, siehe Abschnitt 8.3) einsetzen wollen und wenn ja, welches.

Nach erfolgreicher Authentifizierung einigen sich die beiden Stationen auf das im Folgenden zu verwendende Protokoll der Vermittlungsschicht. Typischerweise wird das Internet-Protokoll (IP) verwendet – aber auch andere Protokolle werden unterstützt. Der sich einwählende Rechner erhält von Rechner des Internet Service Providers eine Internet-Adresse zugeteilt (siehe Abschnitt 5.1.3).

Eine aufgebaute Verbindung wird mit Hilfe des Link Control Protocols ständig auf ihre Zuverlässigkeit getestet. Dazu sendet eine Station in bestimmten Abständen, die vom Nutzer eingestellt werden können, Prüfframes. Eine eintreffende Antwort von der Gegenstelle zeigt eine ausreichende Verbindungsqualität an. Bleibt die Antwort aus, so sendet die Station das Prüfframe erneut, um zu testen, ob es sich nur um eine kurzfristige Störung gehandelt hat. Trifft nach einer bestimmten Zahl von Wiederholungen keine Antwort ein, so wird die Verbindung abgebaut und die IP-Adresse wieder freigegeben.

Das PPP hat sich nicht nur als Standardprotokoll für die «Einwahl» in den Zugangsrechner eines Internet Service Providers etabliert, sondern bildet auch die Basis für die Protokolle, mit denen Router verschiedener Hersteller die Verbindung zueinander aufbauen.

Gerade für solche Anwendungen – aber auch für den Internet-Zugang über DSL – wurde eine als PPP over Ethernet (PPPoE) bezeichnete Variante entwickelt, bei der PPP-Frames in Ethernet-Frames eingepackt werden.

4.6 Frame-Längen und Datenraten

Wie im vorherigen Abschnitt erwähnt, ist es häufig vorteilhaft, ein größeres Paket zu fragmentieren. Welche Frame-Länge dabei die günstigste ist, hängt von den Empfangsbedingungen (Bitfehlerraten) und von der Länge der Steuerungsinformationen ab. Das folgende Modell dient dazu, diesen Zusammenhang etwas genauer zu diskutieren:

4.6.1 Frame Error Rate

Laut Abschnitt 3.2 wird die Bitfehlerrate BER entscheidend durch das Nutz-zu-Störleistungs-Verhältnis SNR bestimmt (siehe Tabelle 3.2):

Die Wahrscheinlichkeit, dass ein bestimmtes Bit in dem betrachteten Frame korrekt ist, beträgt $q = (1 - BER)$. Treten die Bitfehler in einem Frame der Länge L (L Bits im Frame) unabhängig voneinander auf, so ergibt sich für die Wahrscheinlichkeit, dass kein Bitfehler in dem empfangenen Frame vorliegt: $(1 - BER)^L$.

Diese Relation lässt sich in Analogie zum Würfeln verstehen: Identifiziert man einen Bitfehler mit dem Würfeln einer Eins, so beträgt die Wahrscheinlichkeit $(1 - 1/6)^L$, in L voneinander unabhängigen Würfen keine Eins zu würfeln.

Betrachtet man nun die **Frame Error Rate** (FER) – also die Wahrscheinlichkeit, dass irgendein Fehler im Frame aufgetreten ist –, so erhält man:

$$FER = 1 - (1 - BER)^L$$

für statistisch unabhängige Bitfehler.

Die Annahme der statistischen Unabhängigkeit der Bitfehler ist in guter Näherung erfüllt, falls die Störungen vom Empfängerrauschen (siehe Abschnitt 6.1) herrühren. Sind die Fehler statistisch abhängig – tritt also z.B. ein Feh-

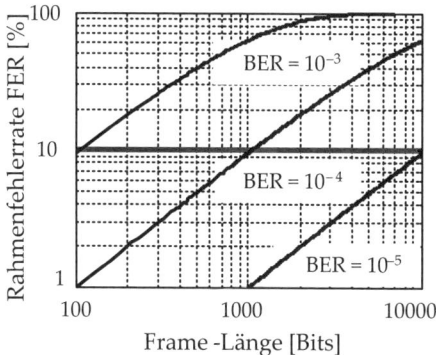

Bild 4.16 Frame Error Rate als Funktion der Frame-Länge

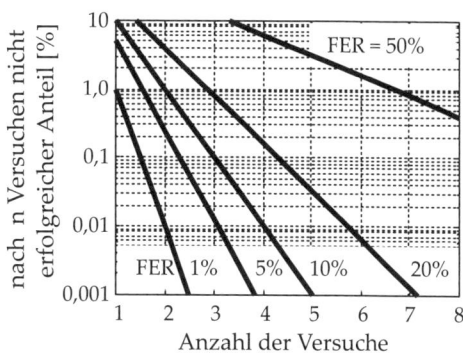

Bild 4.17 Anteil nicht erfolgreicher Frames nach einer bestimmten Anzahl von Übertragungsversuchen

ler des n-ten Bits dann besonders häufig auf, wenn auch beim $(n-1)$-ten Bit ein Fehler vorliegt – so liefert die obige Gleichung i.Allg. zu pessimistische, also zu hohe Werte für die Frame Error Rate.

Bild 4.16 zeigt die Frame Error Rate als Funktion der Frame-Länge für verschiedene Werte der Bitfehlerrate. Betrachtet man beispielsweise eine Frame-Länge von 1000 Bits, so beträgt die FER

- bei BER = 10^{-5} nur 1%,
- bei BER = 10^{-4} immerhin bereits 10%,
- und bei BER = 10^{-3} nicht mehr akzeptable 60%.

Wenn also 60% der Frames fehlerhaft sind, sinkt der effektive Durchsatz auf 40% des Maximalwerts.

Als erträgliche Grenze für die FER wird in den Standards zumeist ein Wert von etwa FER = 10% festgelegt. Dies hat folgende Gründe:

- Schon bei einer FER von 20 bis 30% sinkt der effektive Datendurchsatz deutlich, und es bietet sich an, mittels Link Adaption auf einen anderen Übertragungsmodus mit erhöhtem Fehlerschutz umzuschalten.
- Wiederholt man die defekten Frames mittels eines ARQ-Verfahrens, so sind bei FER = 20% immerhin noch knapp 0,2% der Frames auch im dritten Versuch noch nicht fehlerfrei übertragen, bei FER = 10% sind es nur 0,01% (Bild 4.17). Bei Fehlerraten von 20% muss also eine nicht zu vernachlässi-

gende Zahl von Frames sehr häufig wiederholt werden, was zu deutlichen Verzögerungen und Beeinträchtigungen der Protokolle der höheren Schichten führt (siehe Abschnitt 5.2).
- Andererseits wäre ein Grenzwert von z.B. FER = 1% i.Allg. eine zu harte Forderung.

4.6.2 Richtwerte für Frame-Längen

Selbst wenn man davon ausgeht, dass es sich bei den in Bild 4.16 gezeigten Werten um pessimistische handelt, so sollte man bei einer BER von 0,1% = 10^{-3} nur mit Frames mit einer Länge von wenigen hundert Bits arbeiten. Möchte man Frames mit beispielsweise einer Länge von 1500 Bytes = 12 000 Bits verwenden, so ist eine BER von weniger als 10^{-5} erforderlich. Zu beachten ist, dass eine Verbesserung der BER von BER = 10^{-3} auf BER = 10^{-5} eine Erhöhung des SNR-Wertes um 2 bis 3 dB verlangt.

Insgesamt kann man feststellen, dass man für die Planung eines lokalen Funknetzes bei kurzen Frames von den kleineren SNR-Werten in der linken Spalte von Tabelle 3.2, bei langen Frames von den größeren SNR-Werten in der rechten Spalte ausgehen sollte.

Vom Standpunkt der Fehlerrate sind also kurze Frames besser als lange. Andererseits ist bei kurzen Frames der Anteil der Nutzdaten an dem gesamten Frame gering. Die beiden gegenläufigen Effekte berücksichtigt Bild 4.18, das im Folgenden genauer erläutert wird.

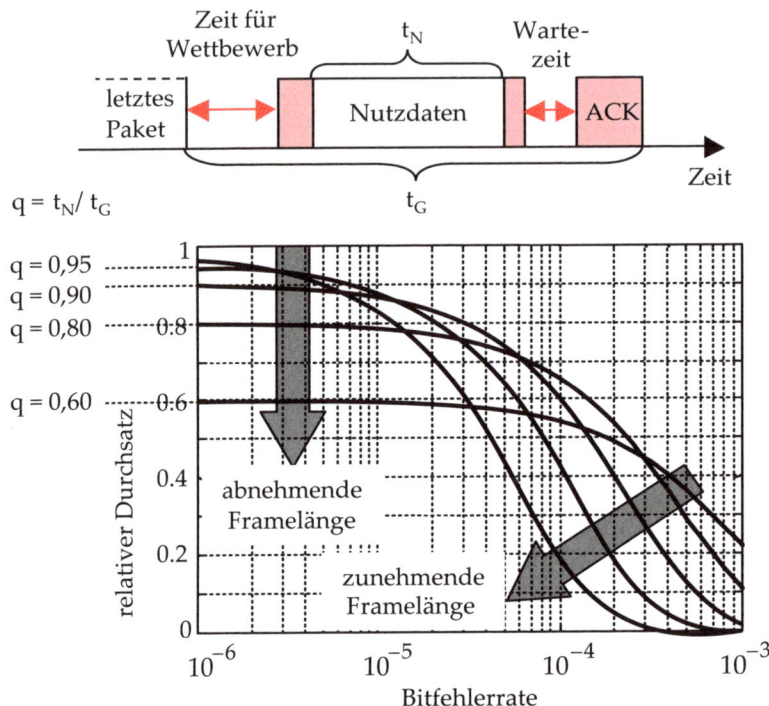

Bild 4.18 Effektiver Datendurchsatz als Funktion der Bitfehlerrate für verschiedene Framelängen

Den Ausgangspunkt bildet die physikalische Schicht, die eine bestimmte Bruttodatenrate r_B garantiert, mit der die einzelnen Bits übertragen werden.

Beachtet man, dass außer den Nutzbits auch Steuerungsbits bzw. ACK-Meldungen zu übertragen sind und dass das Übertragungsmedium in Wettbewerbsphasen und Wartezeiten teilweise nicht genutzt wird, so erhält man eine Nettodatenrate r_N, die häufig deutlich geringer als die Bruttodatenrate ist.

Führt man die folgenden Bezeichnungen ein:

- N_N: Anzahl der Nutzbits im Frame,
- N_S: Anzahl der Steuerungsbits im Frame und in der ACK-Meldung,
- t_W: Wettbewerbszeit + Wartezeit,
- t_S: Übertragungszeit für Steuerungsdaten $t_S = N_S/r_B$,
- t_N: Übertragungszeit für Nutzdaten $t_N = N_N/r_B$,
- t_G: Gesamtzeit $t_G = t_W + t_S + t_N$,

so ergibt sich als

Nettodatenrate bei fehlerfreier Übertragung:
$r_N = N_N / t_G = r_B \cdot t_N / t_G = r_B \cdot q$.

Dabei charakterisiert $q = t_N / t_G$ die Effizienz des Verfahrens zur Zugriffs- und Verbindungskontrolle.

> ! Bei einer Erhöhung der Frame-Länge steigt der Nutzdatenanteil im Frame, während der Anteil der Steuerungsdaten und die Warte- und Wettbewerbszeiten konstant bleiben. In diesem Fall nimmt das Verhältnis q und damit die Nettodatenrate zu – zumindest bei fehlerfreier Übertragung. Andererseits ist zu beachten, dass die Frame Error Rate mit zunehmender Frame-Länge L ansteigt.
> Bei guten Übertragungsbedingungen sollte man also mit großen Frames, bei schlechten Empfangsbedingungen mit kurzen Frames arbeiten.

Beispiel
Startet man von einer Bruttodatenrate von r_B = 20 Mbit/s, so erhält man bei folgenden Annahmen

- N_N = 8000 bit
- N_S =   600 bit
- t_W =   100 µs
- $t_S = N_S/r_B$ = 30 µs
- $t_N = N_N/r_B$ = 400 µs
- t_G: Gesamtzeit $t_G = t_W + t_S + t_N$ = 530 µs

als Nettodatenrate r_N = 8000 bit/530 µs = 15,1 Mbit/s. Von den 20 Mbit/s der physikalischen Schicht verbleibt in diesem Beispiel bei fehlerfreier Übertragung also noch etwa q = 75% der Rate für die Übertragung der Dateneinheiten in der RLC/MAC-Schicht.

Auch wenn die Parameterwerte bei lokalen Funknetzen im Detail von denen des Beispiels abweichen, so zeigt es doch einen sehr grundsätzlichen Effekt.

4.6.3 Datenrate in der RLC/MAC-Schicht

Die maximal erzielbare Datenrate für die Dateneinheiten in der RLC/MAC-Schicht beträgt je nach System und Frame-Länge nur zwischen 50% und 90% der Bruttodatenrate, die durch die physikalische Schicht zur Verfügung gestellt wird. Die Verluste kommen durch

- Steuerungsinformationen im Header eines Frames,
- Control Frames (z.B. ACK-Meldungen),
- einzuhaltende Warte- und Wettbewerbszeiten

zustande. Zu beachten ist ferner, dass sich die Stationen innerhalb einer Funkzelle die Kapazität teilen. Da es bei N Stationen zu Kollisionen kommen kann, die aufzulösen sind, erhält jede Station weniger als ein N-tel der Gesamtkapazität.

4.7 Zusammenfassung

Gliederung der Sicherungsschicht
Die Sicherungsschicht gliedert sich bei Funksystemen in drei Teilaufgaben:

- die Regelung des Zugriffs auf einen Funkkanal (Medium Access Control),
- die Überwachung der Verbindungsqualität und die Wiederholung schadhafter Frames (Radio Link Control),
- das Link Management.

Link Management
Wesentliche Prozeduren des Link Managements sind

- der Netzaufbau bzw. die Kontaktaufnahme zwischen zwei Stationen,
- die Authentifizierung und der Schlüsselaustausch,
- der Austausch von Verbindungsparametern,
- der Austausch von Messwerten,
- die Link Adaption,
- die automatische Sendeleistungsregelung (Power Control),
- die dynamische Frequenz- bzw. Kanalwahl,
- der Zellwechsel,
- Prozeduren zur Energieeinsparung (Power Save Modes).

Radio Link Control
Zur Durchführung der Radio Link Control hängt man an jeden Datenrahmen 2 bis 4 Bytes zur Fehlererkennung, um schadhafte Rahmen mittels eines ARQ-Verfahrens zu wiederholen. Bezüglich des Protokolls zum Austausch von Rahmen und Bestätigungen (ACK-Meldungen) unterscheidet man:

- das Stop-and-Wait-Protokoll,
- das selektive ARQ-Protokoll,
- das Fenster-Protokoll.

Eine weitere wichtige Aufgabe der Radio Link Control besteht in der Flusskontrolle, also in der Vermeidung der Überlastung des Empfängers.

Medium Access Control
Wie man den Zugriff auf das Übertragungsmedium am effizientesten regelt, hängt von vielen Randbedingungen ab. Daher ist für die jeweiligen Funksysteme nicht nur ein Verfahren, sondern ein ganzes Bündel von Maßnahmen bzw. eine Kombination aus verschiedenen Verfahren spezifiziert, um den Zugriff auf das Medium Funk zu regeln.

Carrier Sense Multiple Access, CSMA

Beim Carrier Sense Multiple Access (CSMA) prüft eine Station vor der Aussendung eines Datenpakets zunächst, ob das Übertragungsmedium bzw. der zu verwendende Frequenzträger belegt ist oder nicht. Bei einem belegten Medium stellt die Station ihren Übertragungswunsch zunächst zurück und versucht zu einem späteren Zeitpunkt noch einmal zuzugreifen. Die übertragungswilligen Stationen dürfen jedoch nicht unmittelbar nach dem Freiwerden des Trägers mit dem Senden beginnen, sondern müssen eine gewisse Zeit abwarten, die zufällig innerhalb eines bestimmten Intervalls zu wählen ist. Bei lokalen Funknetzen sind jedoch einige Modifikationen vorzunehmen, um das CSMA-Verfahren an die Besonderheiten der Funkübertragung anzupassen. Dazu gehören die Einführung eines Network Allocation Vektors und ein Reservierungsmechanismus zur Beseitigung des Hidden-Node-Problems. Unterschiedliche Prioritäten lassen sich bei CSMA dadurch realisieren, dass man für die verschiedenen Frames unterschiedliche Zugriffszeiträume definiert, wobei die Aussendung von Frames einer hohen Priorität früher beginnen darf als die von Frames einer niedrigen Priorität.

Polling

Beim Polling übernimmt eine Station als Master die zentrale Steuerung, indem sie nach einem bestimmten Muster die bei ihr angemeldeten Stationen (Slaves) nach ihrem Übertragungswunsch abfragt. Das Polling-Verfahren hat den Vorteil, dass sich Kollisionen prinzipiell vermeiden lassen. Ferner kann das Übertragungsmedium in kontrollierter Weise zwischen den Stationen aufgeteilt werden. Umgekehrt benötigt die Versendung der Poll-Meldungen Übertragungskapazität. Daher setzt man Polling-Verfahren nur bei kleinen Funknetzen (z.B. bei Bluetooth) oder in Kombinationen mit anderen Verfahren wie CSMA ein.

Time Division Multiplex, TDM

Um mehreren Teilnehmern gleichzeitig ein Telefonat oder eine Videoübertragung zu ermöglichen, unterteilt man das Übertragungsmedium bzw. den Frequenzträger in einer regelmäßigen Weise in mehrere Funkkanäle – die Zeitschlitze, die sich in einem bestimmten Rhythmus wiederholen. Jede Verbindung erhält einen oder mehrere Zeitschlitze für die Datenübertragung zugeteilt. Die regelmäßige Aufteilung eines Frequenzträgers in Zeitschlitze nennt man Zeitmultiplex-Verfahren (Time Division Multiplexing, TDM).

Frame-Struktur

Die Dateneinheiten der RLC/MAC-Schicht bezeichnet man als Frames. Ein Frame besteht typischerweise aus

❑ einem Kopf (Frame Header),
❑ einer Daten-Einheit (Frame Body) und
❑ einem CRC-Feld.

Die Aufteilung eines Pakets der Vermittlungsschicht auf mehrere kleinere Frames nennt man Fragmentierung; ein Teil des ursprünglichen Pakets heißt dementsprechend ein Fragment. Welche Frame-Länge die günstigste ist, hängt von den Empfangsbedingungen (Bitfehlerraten) und von der Länge der Steuerungsinformationen ab. Bei guten Übertragungsbedingungen sollte man also mit großen Frames, bei schlechten Empfangsbedingungen mit kurzen Frames arbeiten.

Datenraten in der RLC/MAC-Schicht

Die maximal erzielbare Datenrate für die Dateneinheiten in der RLC/MAC-Schicht beträgt je nach System und Frame-Länge nur zwischen 50% und 90% der Bruttodatenrate, die durch die physikalische Schicht zur Verfügung gestellt wird. Die Verluste kommen durch

❑ Steuerungsinformationen im Header eines Frames,
❑ Control Frames (z.B. ACK-Meldungen),
❑ einzuhaltende Warte- und Wettbewerbszeiten

zustande. Zu beachten ist ferner, dass sich die Stationen innerhalb einer Funkzelle die Kapazität teilen. Da es bei N Stationen zu Kollisionen kommen kann, die aufzulösen sind, erhält jede Station weniger als ein N-tel der Gesamtkapazität.

Literaturhinweise

Zugriffsverfahren und die Verbindungskontrolle werden ausführlich und in allgemeiner Form in [4] und [17] erläutert. Spezielle Ausprägungen für lokale Funknetze finden sich z.B. in [16]. Die wichtigsten Standardisierungsdokumente sind

- Logical Link Control [802.2],
- CSMA (Ethernet): [802.3],
- CSMA für WLAN: [802.11, Kapitel 9],
- Polling bei Bluetooth [BT1],
- TDM bei DECT [DECT3].

4.8 Übungsaufgaben

4.1 In welche Teilschichten gliedert sich die Sicherungsschicht?

4.2 Nennen Sie einige Aufgaben des Link Managements.

4.3 Was versteht man unter dynamischer Frequenzwahl?

4.4 Was bedeutet das Kürzel ARQ?

4.5 Welche Vor- und Nachteile besitzt ein selektives ARQ-Verfahren gegenüber einem Send-and-Wait-Protokoll?

4.6 Bei einem Fenster-Verfahren tragen die Frames die Nummern von 0 bis 31. Wie groß kann das Sendefenster maximal gewählt werden?

4.7 Betrachten Sie das zweite (graue) Sendefenster aus Bild 4.7 und nehmen Sie an, dass die Frames mit den Nummern 7 und 12 fehlerbehaftet sind. Welchen Bereich nimmt dann das nächste Sendefenster ein?

4.8 Was bedeutet die Abkürzung CSMA? Worin unterscheidet sich CSMA im Wesentlichen vom ALOHA-Verfahren?

4.9 Für welche Anwendungen ist ein reines CSMA nicht gut geeignet und warum nicht?

4.10 Welche Varianten, einen belegten Träger zu erkennen, gibt es bei CSMA?

4.11 Was gibt der Network Allocation Vector an?

4.12 Wozu dient der Austausch der RTS-CTS-Meldungen? Für welche der beiden folgenden Anwendungen ist er erforderlich (mit Begründung):
a) Gebäudeautomation,
b) Anbindung eines einzigen PCs an einen Access Point?

4.13 Bei welchen Systeme wird ein Polling-Verfahren eingesetzt?

4.14 Was versteht man unter TDM?

4.15 Nennen Sie einige Bestandteile eines RLC/MAC-Frames.

4.16 Welche Vor- und Nachteile besitzt eine große Frame-Länge?

4.17 Welche Faktoren führen dazu, dass die Datenrate in der RLC/MAC-Schicht deutlich geringer als in der physikalischen Schicht ist?

4.18 Betrachten Sie das Beispiel aus Abschnitt 4.6.2 und führen Sie die Rechnung für die Datenrate in der RLC/MAC-Schicht getrennt für folgende Änderungen durch:
a) Brutto-Datenrate von 20 Mbit/s auf $r_B = 50$ Mbit/s erhöhen,
b) Größe der Nutzdateneinheit von 8000 bit auf $N_N = 1000$ Bits erniedrigen.

5 Vermittlungs-, Transport- und Anwendungsprotokolle

Abgesehen von einigen Spezialfällen definieren die Standards für lokale Funknetze keine völlig eigenen Vermittlungs-, Transport- und Anwendungsschichten, sondern greifen auf vorhandene Protokolle für leitungsgebundene Netze zurück. Diese Protokolle werden zusammen mit ihren allgemeinen Prinzipien im Folgenden erläutert. Eine Diskussion spezieller Protokolle erfolgt in den Kapiteln über das jeweilige Funksystem, in dem sie zum Einsatz kommen.

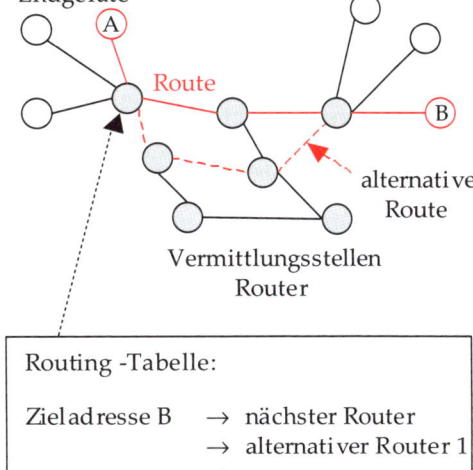

Bild 5.1 Routing

5.1 Protokolle in der Vermittlungsschicht

5.1.1 Allgemeines

> ❗ Zwei Endgeräte A und B, die miteinander kommunizieren, sind i.Allg. nicht direkt miteinander verbunden, sondern über mehrere Zwischenknoten – die so genannten *Vermittlungsstellen* oder *Router* (Bild 5.1). Die Aufgabe dieser Router ist es, innerhalb des Kommunikationsnetzes einen möglichst günstigen Weg für den Transport der Daten von Endgerät A nach Endgerät B zu suchen. Die entsprechenden Verfahren nennt man Routing-Verfahren.

Um sie zu realisieren, führt jeder Router (jede Vermittlungsstelle) Tabellen, aus denen hervorgeht, an welchen anderen Router ein Datenpaket bei gegebener Absender- und Empfängeradresse weiter zu leiten ist. Ferner sind häufig Alternativwege abgespeichert für den Fall, dass manche Übertragungswege sehr stark belastet oder ausgefallen sind. Werden die Tabellen vom Netzbetreiber in einem Planungsprozess erstellt, so spricht man von einem statischen Routing-Verfahren. Dagegen sind bei einem dynamischen Routing-Verfahren die Router in der Lage, die Tabellen selbst zu erstellen. Dies geschieht auf der Basis von Erfahrungen und von speziellen Meldungen, die zwischen den Routern ausgetauscht werden.

Je nach Anwendung kann es sinnvoll sein, alle Datenpakete innerhalb einer Sitzung über den gleichen Weg laufen zu lassen oder den Weg für jedes Datenpaket individuell zu wählen. Dementsprechend unterscheidet man bei den Diensten, die die Vermittlungsschicht bereit stellt, zwischen

❏ dem verbindungsorientierten Vermittlungsdienst (Connection-Oriented Network Service),
❏ dem verbindungslosen Vermittlungsdienst (Connection-less Network Service).

Anwendungen wie die schnurlose Telefonie mittels DECT oder Bluetooth nutzen einen verbindungsorientierten Vermittlungsdienst sowie Signalisierungsabläufe, wie sie auch bei der ISDN-Telefonie zu finden sind. Bei (drahtlosen) Computernetzen kommen hingegen i.Allg. der verbindungslose Vermittlungsdienst und das Internet-Protokoll zum Einsatz. Die beiden Verfahren werden in den folgenden zwei Abschnitten näher vorgestellt.

5.1.2 Verbindungsorientierter Vermittlungsdienst am Beispiel ISDN

> Beim verbindungsorientierten Dienst, wie er bei der ISDN-Telefonie genutzt wird, gibt es eine Initialisierungsphase, in der die Vermittlungsstellen auf Basis der angegebenen Rufnummer und der aktuellen Netzauslastung einen Weg vom rufenden Endgerät A zum gerufenen Endgerät B auswählen. Diese Route mit den zugehörigen Wegeinformationen bleibt so lange bestehen, bis sich die Kommunikationspartner explizit auf einen Verbindungsabbau einigen und dies dem Netz bekannt geben. Alle Datenpakete der Verbindung laufen also über den gleichen Weg. Sie benötigen daher keine Adressinformationen, sondern müssen lediglich der passenden Verbindung zugeordnet werden.

Bei der Verbindungsaufbau-Signalisierung (Bild 5.2) teilt zunächst das rufende Endgerät A dem Netz mittels einer Setup-Meldung die Rufnummer des anderen Teilnehmers sowie den gewünschten Dienst (Sprache, Daten) mit. Das Netz zeigt daraufhin dem Endgerät A mit einer Call-Proceed-Meldung an, dass es bereit ist, den Verbindungswunsch zu bearbeiten, und beginnt, die entsprechenden Übertragungsstrecken mit der erforderlichen Kapazität zu reservieren. Ist der Weg zum gerufenen Endgerät B komplett, so beginnt es zu klingeln. Dieser Vorgang wird dem rufenden Endgerät mit einer Alert-Meldung signalisiert, so dass dort der Rufton generiert wird. Nimmt der Teilnehmer B den Ruf entgegen, so erhält Endgerät A eine Connect-Meldung, und das Gespräch kann beginnen. Anschließend werden alle Sprachdaten über den zuvor eingerichteten Weg transportiert. Bei Beendigung des Gesprächs sendet das Endgerät A eine Disconnect-Meldung, so dass das Netz die

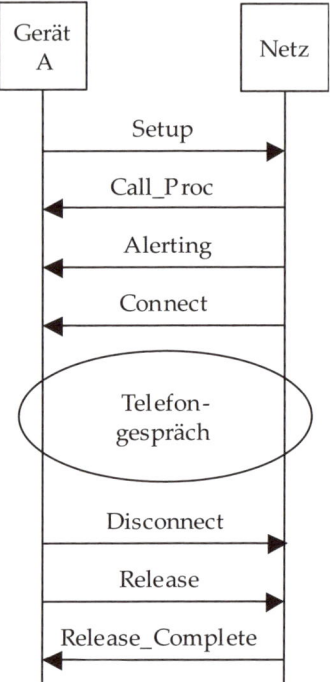

Bild 5.2 Auf- und Abbau einer Sprachverbindung bei ISDN

reservierten Übertragungskapazitäten wieder freigeben und die Verbindungsdaten löschen kann.

5.1.3 Verbindungsloser Vermittlungsdienst am Beispiel des Internet-Protokolls

Charakterisierung des verbindungslosen Vermittlungsdienstes

> Bei dem verbindungslosen Vermittlungsdienst, wie er beispielsweise beim Internet-Browsing zum Einsatz kommt, wird für jedes einzelne Paket ein geeigneter Weg gesucht. Daher muss jedes Paket sowohl die Absender- als auch die Empfängeradresse tragen. Der Vorteil dieses Verfahrens besteht darin, dass es sehr schnell auf die aktuelle Situation im Netz reagieren kann: Ist eine Übertragungsstrecke stark belastet oder ein Router ausgefallen, so können die noch funktionstüchtigen Router nach einem Al-

! ternativweg suchen. Allerdings garantiert ein solcher Dienst nicht die korrekte Auslieferung aller Datenpakete. Ferner kann sich die Reihenfolge der empfangenen Pakete von der der gesendeten unterscheiden.

Das Internet-Protokoll der Version 4, IPv4
Für den Bereich der Computernetze ist das Internet-Protokoll (IP) das Protokoll der Vermittlungsschicht mit der größten Bedeutung. Derzeit wird überwiegend mit der als IPv4 bezeichneten Version 4 dieses Protokolls gearbeitet. Eine deutlich verbesserte Version 6 (IPv6) ist zwar seit langem spezifiziert, findet aber nur langsam Verbreitung.

Ein IPv4-Paket besteht – wie Bild 5.3 zeigt – aus einem Header, der typischerweise 20 Bytes umfasst, und einem Datenanteil mit einer variablen Länge von bis zu etwa 64 KByte.

Im Zusammenhang mit lokalen Funknetzen sind insbesondere die folgenden Informationselemente des Header von Bedeutung:

❑ die Protokollversion (IPv4),
❑ der Type of Service (ToS),
❑ der Typ des verwendeten Transportprotokolls (TCP, UDP, s.u.),
❑ die Länge des Pakets (Angaben in Bytes),
❑ die Adresse des Absender (Source Address, SA),
❑ die Adresse des Ziels (Destination Address DA).

Mit dem Type-of-Service-Feld kann die geforderte Dienstqualität grob klassifiziert werden, so dass sich verschiedene Anwendungen mit unterschiedlicher Priorität behandeln lassen. Dies ist insbesondere im Hinblick auf Echtzeit-Anwendungen wichtig, die einen kontinuierlichen Datenstrom und geringe Verzögerungszeiten erfordern. Als Beispiel ist die Telefonie über das Internet (**V**oice **o**ver **IP** VoIP) zu nennen. Allerdings wird das ToS-Feld heutzutage noch nicht von allen Routern berücksichtigt.

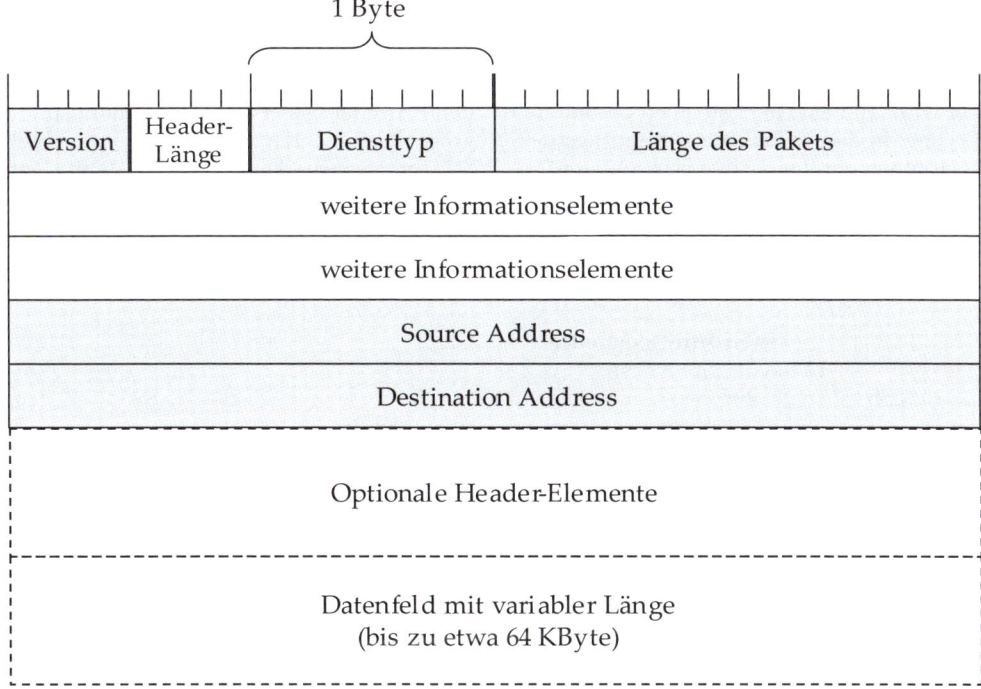

Bild 5.3   Aufbau eines IP-Paketes

> Die Adressen haben eine Länge von 4 Bytes (32 bit). Üblicherweise gibt man sie in einer Dezimal-Notation an, wobei man die Bytes durch Punkte trennt. Da jedes Byte aus 8 Bits besteht, können mit einem Byte die Zahlen von 0 bis 255 dargestellt werden, so dass nur diese Dezimalzahlen zwischen zwei Punkten stehen können.

Um effiziente Routing-Verfahren zu ermöglichen, sind die Adressen hierarchisch aufgebaut. Die ersten Bits bezeichnen das Teilnetz, in das ein Computer eingebunden ist. Die letzten Bits geben die Adresse des Computers in dem Teilnetz an. Die Zerlegung in die Teilnetzadresse und die Host-(Computer-)Adresse erfolgt mit Hilfe der so genannten *Subnetz-Maske*. Deren Wirkungsweise wird verständlich, wenn man alle Adressen – wie in Bild 5.4 gezeigt – in einer binären Schreibweise angibt. Die Bits, bei denen die Subnetz-Maske den Wert 1 hat, geben die Teilnetzadresse an, die restlichen Bits die Host-Adresse.

Bei einer Kommunikation über den Bereich eines Teilnetzes hinaus erfolgt diese zumeist über einen bestimmten Computer in dem Teilnetz, der vielfach als *Standard-Gateway* bezeichnet wird. Soll ein Paket an einen bestimmten Rechner in diesem Teilnetz versandt werden, so ermittelt ein Router in einem anderen Teil des Netzes zunächst mit Hilfe der Subnetz-Maske die Teilnetzadresse des Ziels und routet das Paket an das zuständige Gateway, das es dann innerhalb des Teilnetzes an den Computer weiter leitet.

Da ein Gerät mit einer IP-Adresse, das seinen Standort ändert, nur dann gefunden wird, wenn es sich innerhalb des gleichen Teilnetzes bewegt, ist ein unterbrechungsfreier Wechsel zwischen zwei Access Points in einem Wireless LAN nur dann möglich, wenn beide zum gleichen Teilnetz gehören. Abhilfe schafft das Internet-Protokoll der Version 6, das eine erhöhte Mobilität bietet.

Dynamic Host Control Protocol, DHCP
Da Internet-Adressen für IPv4 ein knappes Gut sind und ihre Beantragung mit Aufwand und Kosten verbunden ist, weist man sie häufig nicht fest, sondern dynamisch einem Computer zu.

Innerhalb eines lokalen Netzes erfolgt die Zuweisung der Adressen und anderer Angaben wie der Gateway-Adresse und der Subnetzmaske durch einen Server mittels des **D**ynamic **H**ost **C**ontrol **P**rotocols (DHCP). Am Server ist dazu ein bestimmter Adressbereich einzutragen, aus dem er bei Bedarf einem Computer eine Adresse zuteilen kann. Benötigt dieser Computer sie nicht mehr, so steht sie wieder für andere zur Verfügung. DHCP entlastet den Anwender, aber auch den Administrator großer Netze, deren Struktur häufig wechselt bei der Netzwerkkonfiguration. Häufig enthalten Access Points für Wireless LANs einen DHCP-Server, um IP-Adressen den assoziierten Mobilstationen zu zuteilen.

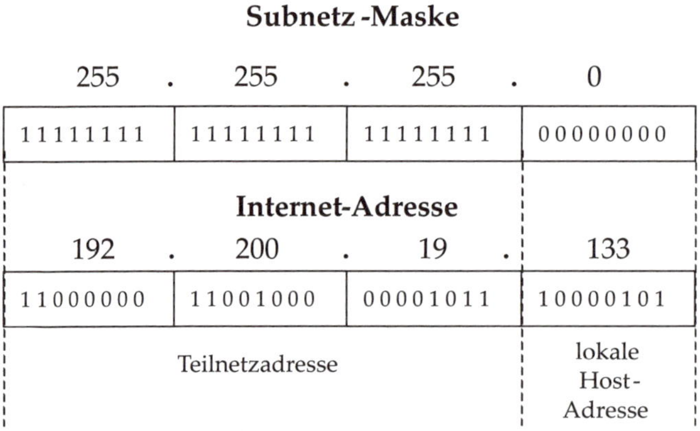

Subnetz-Maske

255	255	255	0
11111111	11111111	11111111	00000000

Internet-Adresse

192	200	19	133
11000000	11001000	00001011	10000101
Teilnetzadresse			lokale Host-Adresse

Bild 5.4
Internet-Adressen und Subnetz-Masken

Network Address Translation, NAT

Eine andere Möglichkeit, das Problem der knappen Adressen zu umgehen, besteht darin, für den Datenaustausch innerhalb eines privaten lokalen Netzes andere Adressen zu verwenden als bei einem Datenaustausch, der über ein externes, öffentliches Netz erfolgt. Das entsprechende Verfahren, das frei wählbare, interne Adressen auf fest vergebene, externe Adressen abbildet, nennt man **Network Address Translation** (NAT). Die Umsetzung geschieht dabei automatisch durch das Gateway zum (externen) Internet – ohne dass das externe Netz oder der beteiligte Computer im internen Netz diesen Vorgang bemerkt. Werden dabei nicht nur IP-Adressen, sondern auch Port-Nummern (s.u.) geändert, so spricht man von einem *Maskieren* (Masquerading).

Neuerungen bei IPv6

Das Internet-Protokoll der Version 6 (IPv6) bietet die folgenden Verbesserungen:

- eine höhere Adresslänge (128 Bits) und damit deutlich mehr Adressen,
- vereinfachte und schnellere Routing-Verfahren,
- verbesserte Verfahren zur Gewährleistung einer geforderten Dienstgüte,
- ein höheres Maß an Sicherheit (Authentifizierung, Verschlüsselung, siehe Kapitel 8),
- beliebige Standortwechsel unter Beibehaltung der ursprünglichen Adresse (uneingeschränkte Mobilität).

5.2 Die Transportschicht

> Die Hauptaufgabe der Transportschicht besteht darin, die Daten der Anwendungsschichten in geeignete Blöcke – die Segmente – einzuteilen und den Transport dieser Segmente durch das Netz zu überwachen. Im Gegensatz zur Sicherungsschicht bezieht sich diese Überwachung nicht nur auf einzelne Teilstrecken, sondern auf den kompletten Verbindungsweg zwischen den beiden kommunizierenden Endgeräten. Je nach Transport-Protokoll sind verschiedene Verfahren zur Wiederholung fehlerbehafteter Segmente sowie zur Flusskontrolle vorgesehen.

5.2.1 Transport Control Protocol (TCP)

> Eines der wichtigsten Transport-Protokolle ist das **T**ransport **C**ontrol **P**rotocol (TCP), das in Verbindung mit dem Internet Protocol (IP) eingesetzt wird. Diese enge Verknüpfung bringt man in der Bezeichnung TCP/IP zum Ausdruck. TCP sorgt für
> - eine erneute Anforderung fehlerhafter Segmente,
> - eine Zusammensetzung der Segmente in der richtigen Reihenfolge,
> - eine Vermeidung der Überlastung des Empfängers und des Netzes (Flusskontrolle).

Aufbau eines TCP-Segments

Ein TCP-Segment (Bild 5.5) besteht aus einem Header und einem Nutzlastanteil. Der Header umfasst typischerweise 20 Bytes, allerdings sind auch längere Header möglich. Der Nutzlastanteil hat eine variable Länge, die bis zu etwa 64 KByte betragen kann. Da TCP/IP-Pakete zumeist jedoch mittels Ethernet-Frames mit einer Länge von 1500 Bytes transportiert werden, einigen sich Sender und Empfänger i.Allg. auf eine maximale Länge der Nutzdatensegmente von 1460 Bytes. Dabei ist berücksichtigt, dass sowohl für den IP- als auch für den TCP-Header 20 Bytes benötigt werden.

Bestandteile des Headers

Die wichtigsten Bestandteile des Headers sind:

- die *Portnummern* des Senders und des Empfängers: Beide Endgeräte vergeben für jede Anwendung, die über das TCP läuft, eine Nummer, die die Anwendung eindeutig kennzeichnet. Damit ist es möglich, dass ein Endgerät mehrere Verbindungen parallel betreibt;
- die *Sequenznummer* des ersten Bytes, das in dem aktuellen Segment transportiert wird: Die zu übertragenden Bytes sind durchnummeriert, so dass der Empfänger erkennen kann, welche Bytes bereits angekommen sind;
- die *Zeitfenstergröße* gibt an, wie viele Bytes der Empfänger bereit ist, mit dem nächsten Segment entgegenzunehmen;

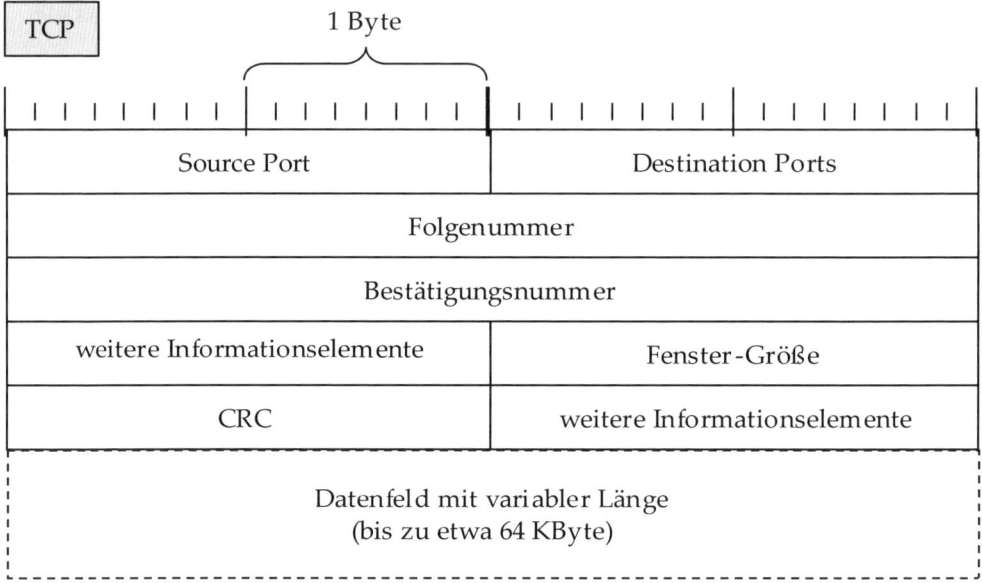

Bild 5.5 Aufbau von TCP- und UDP-Segmenten

- die *Acknowledgement-Nummer*: Sie gibt an, welches Byte als Nächstes erwartet wird;
- die *Checksum* (CRC) zur Erkennung von Übertragungsfehlern: Sie wird über den Header und das Nutzlastfeld berechnet.

Verbindungs- und Flusskontrolle

Das ARQ-Verfahren arbeitet nach einem Fenster-Protokoll (siehe Abschnitt 4.3) mit variabler Fenstergröße. Mit einer ACK-Meldung können also mehrere aufeinanderfolgende Segmente bestätigt werden. Jedes Segment, für das nach Ablauf eines Timers keine ACK-Meldung eingetroffen ist, wiederholt der Sender automatisch. Dabei kann das Ausbleiben einer ACK-Meldung auf folgende Gründe zurückzuführen sein:

- Ein Übertragungsfehler ist aufgetreten.
- Das Netz ist überlastet, so dass das Segment nicht in akzeptabler Zeit transportiert werden konnte.

Slow Start und Überlastkontrolle

In leitungsgebundenen Netzen liegt zumeist der zweite Grund vor. Daher verwendet TCP die folgende Strategie zur Vermeidung von Überlastsituationen (Congestion Control). Zu Beginn einer Verbindung darf zunächst nur ein Segment verschickt werden. Trifft die zugehörige ACK-Meldung ein, erhöht sich das Sendefenster auf zwei Segmente, die versendet und gemeinsam bestätigt werden können. Mit jeder erfolgreichen Bestätigung verdoppelt sich die Sendefenstergröße, bis der vom Empfänger in dem Zeitfenster-Feld vorgegebene Maximalwert erreicht ist. Bleibt eine Bestätigung aus, so reduziert der Sender die Fenstergröße auf einen niedrigen Wert, um der vermuteten Netzüberlastung entgegen zu wirken. Da der Sender zu Beginn der Verbindung noch nicht mit der vollen Datenrate arbeiten darf und Bestätigungen abwarten muss, bezeichnet man das geschilderte Verfahren als Slow Start. Erst nach mehreren erfolgreich übermittelten Segmenten erreicht die Datenrate ihren Maximalwert. Beim Ausbleiben von ACK-Meldungen sinkt die Rate deutlich ab und kann erst allmählich wieder ansteigen.

Kritisches Verhalten von TCP bei Funksystemen

> **!** Dieser für leitungsgebundene Netze angepasste Mechanismus kann bei Funksystemen zu einem kritischen Verhalten führen, da ausbleibende ACK-Meldungen ihre Ursache zumeist in Übertragungsfehlern haben. Fehlerhafte Segmente sollten daher möglichst schnell wiederholt werden, wohingegen TCP für ein weiteres Absinken der Datenrate sorgt. Daher ist es insbesondere bei der Verwendung von TCP wichtig, dass der Link-Adaption-Mechanismus des Funksystems einen Übertragungsmodus mit geringer Fehlerrate wählt.

5.2.2 User Data Protocol (UDP)

Außer mit dem zuvor erläuterten TCP kann das Internet-Protokoll auch mit einem verbindungslosen Protokoll, dem User Data Protocol (UDP) zusammenwirken. Da UDP den Transport der Segmente nicht kontrolliert, enthält der Header lediglich Angaben zu dem Quell- und Zielport sowie zur Länge des Segments. Ein Prüfsummenfeld ist ebenfalls enthalten. Es dient jedoch nicht dazu, ein schadhaftes Segment erneut anzufordern, sondern es gegebenenfalls zu verwerfen.

Die maximale Segmentlänge beträgt ähnlich wie bei TCP 64 KByte.

UDP wird – auch wenn die maximal mögliche Paketlänge wie bei TCP 64 KByte beträgt – hauptsächlich für Anwendungen mit geringen Paketlängen eingesetzt, die zwar geringe Paketverlustraten, aber keine hohen Verzögerungen tolerieren.

5.2.3 Real-Time Transport Protocol (RTP)

Bei dem **R**eal-Time **T**ransport **P**rotocol (RTP) handelt es sich um ein Protokoll, das der Übertragung von Daten für Echtzeit-Anwendungen (daher Real-Time) wie Audio und Video dient, bei denen ein kontinuierlicher Datenfluss mit geringen Verzögerungszeiten erforderlich ist. RTP setzt dabei auf dem UDP auf und findet beispielsweise bei der Internet-Telefonie (**V**oice **o**ver **IP**, VoIP) oder bei Videokonferenzen über das Internet Verwendung. Da es solche Anwendungen erfordern, dass der Empfänger die Segmente in der richtigen Reihenfolge und im richtigen zeitlichen Abstand wieder zusammensetzt, werden sie vom Sender im Header mit einer Sequenznummer und einem Zeitstempel versehen. Aus dem Zeitstempel kann der Empfänger ablesen, in welchem zeitlichen Abstand die Segmente erzeugt wurden, und somit ungleichmäßige Verzögerungen in einem gewissen Maße korrigieren. Eng verknüpft mit RTP ist das **R**eal **T**ime **C**ontrol **P**rotocol (RTCP), das den Datenfluss bei Echtzeitanwendungen überwacht und steuert.

5.3 Anwendungsprotokolle

Klassische Telefonie

Betrachtet man einen klassischen Telekommunikationsdienst wie die Telefonie, so sind i.Allg. keine speziellen Anwendungsprotokolle erforderlich. Vielmehr erzeugt der Nutzer durch Drücken der entsprechenden Tasten auf dem Telefon den in Abschnitt 5.1.2 beschriebenen Signalisierungsablauf zum Aufbau einer Sprachverbindung. Auch die nachfolgende Übertragung der (digitalisierten) Sprachdaten bedarf keiner speziellen Vermittlungs-, Transport- oder Anwendungsschichten. Es ist lediglich das analoge Sprachsignal mit einem geeigneten Verfahren in ein digitales Signal zu verwandeln, das in den Rahmen der Sicherungsschicht transportiert wird.

Digitalisierung von Sprache

> ! Das bekannteste Verfahren zur Digitalisierung von Sprachsignalen ist das PCM-Verfahren (**P**ulse **C**ode **M**odulation), bei dem das analoge Signal mit einer Rate von 8 kHz abgetastet und anschließend quantisiert wird. Bei $256 = 2^8$ Quantisierungsstufen benötigt man 8 Bits, um einen Abtastwert darzustellen. Daraus ergibt sich die für ISDN typische Datenrate von 64 kbit/s. PCM wurde von der ITU als Standard G.711 veröffentlicht.

Um Übertragungskapazität zu sparen, wurden – ausgehend von PCM – Verfahren entwickelt, die die Datenrate bei gleich bleibender Sprachqualität reduzieren. Sie beruhen auf der Tatsache, dass sich der Verlauf eines Sprachsignals häufig weder stark noch willkürlich ändert. Dementsprechend kann man einen Abtastwert vielfach aus den zurückliegenden Abtastwerten im Voraus berechnen und muss nur die Abweichung (die Differenz) des tatsächlichen Wertes von dem vorhergesagten übertragen. Werden dabei bestimmte Parameter an das Sprachsignal angepasst, so nennt man das Verfahren **A**daptive **D**ifferential PCM (ADPCM). Gemäß des ITU-Standards G.726 kann ADPCM die Sprachdatenrate je nach Varianten auf 16, 24, 32 oder 40 kbit/s reduzieren. Bei DECT wird ADPCM mit einer Rate von 32 kbit/s eingesetzt.

Anwendungsprotokolle bei Computernetzen

Im Bereich der Computernetze gibt es zahlreiche Anwendungsprotokolle, die TCP oder UDP in der Transportschicht und IP in der Vermittlungsschicht nutzen. Als wichtigste Beispiele sind zu nennen:

- das **H**ypertext **T**ransfer **P**rotocol (HTTP), das vorwiegend zum Laden von Webseiten oder anderer Daten aus dem WorldWideWeb in einen Internet-Browser genutzt wird;
- das **F**ile **T**ransfer **P**rotocol (FTP) zum Austausch von Dateien zwischen einem Client und einem Server;
- das **S**imple **M**ail **T**ransfer **P**rotocol (SMTP) zum Austausch von E-Mails;
- das **P**ost **O**ffice **P**rotocol der Version 3 (POP3), um E-Mails von einem Server abzurufen;
- das **D**omain **N**ame **S**ystem (DNS) zur Umwandlung von leicht zu merkenden Domänennamen wie «www.vogel.de» auf die zugehörige IP-Adresse;
- das **S**imple **N**etwork **M**anagement **P**rotocol (SNMP).

SNMP dient dem Administrator dazu, Netzwerkelemente wie Router, Server oder Access Points von einem speziellen Computer zentral zu überwachen und zu steuern. Das Netzwerkmanagement umfasst dabei die Aufgaben:

- Fehlererkennung und -behebung,
- Software-Update,
- Konfiguration der Netzelemente (z.B. Sendeleistungseinstellung bei einem Access Point),
- Analyse zur Netzauslastung und -güte.

Die meisten der Netzwerkmanagement-Tools basieren auf dem SNMP.

Voice over IP, VoIP

VoIP-Anwendungen nutzen für die Digitalisierung der Sprache das PCM- oder ADPCM-Verfahren oder auch andere Verfahren, die die Sprachdatenrate weiter reduzieren. Die Sprachbits werden in RTP- und diese wiederum in UDP-Segmenten transportiert. Bei Verwendung von PCM werden typischerweise alle 20 ms RTP-Segmente mit einer Nutzlast von 160 Bytes

erzeugt, um die Nutzdatenrate von 64 kbit/s transportieren zu können. Berücksichtigt man
- einen RTP-Header von mindestens 12 Byte,
- einen UDP-Header von mindestens 8 Byte
- und einen IP-Header von mindestens 20 Byte,

so hat die MAC-Schicht Rahmen mit Dateneinheiten von etwa 200 Byte Länge zu versenden.

Für den Aufbau und die Steuerung von VoIP-Verbindungen gibt zwei Ansätze:
- die von der ITU herausgegebene Protokollsammlung H.323,
- das von der IETF veröffentlichte Session Initiation Protocol (SIP).

Heutzutage wird i.Allg. SIP bevorzugt. Bild 5.6 zeigt den Aufbau einer Sprachverbindung mittels SIP. Dabei ähnelt der Signalisierungsablauf – bis auf die Namen der Meldungen – sehr stark dem ISDN-Ablauf aus Bild 5.2. Die SIP-Meldungen werden üblicherweise über UDP transportiert.

Neben diesen Auf- und Abbau-Mechanismen bietet SIP auch andere vom ISDN bekannte Zusatzdienste wie
- die Anrufweiterleitung,
- das Makeln,
- die Verbindungsübergabe,
- die Dreierkonferenz.

SIP ist aber nicht nur auf VoIP zugeschnitten, sondern ermöglicht auch den Aufbau von Multimedia-Verbindungen (z.B. Video-Konferenzen) über das Internet.

5.4 Anwendungsprofile

Wie in den Abschnitten 1.1 und 1.2 erläutert, wurden die Standards für lokale Netze für eine Vielzahl von Anwendungen konzipiert. Dementsprechend sind in den Standards zahlreiche Datenübertragungsmöglichkeiten, Zugriffsverfahren und Sicherheitsmaßnahmen vorgesehen. Ferner besteht eine große Freiheit bei der Wahl mancher Systemparameter und bei der Verwendung von Protokollen aus den Schichten 3 und 4. Würde man all diese Optionen in einem Gerät gleichzeitig realisieren,

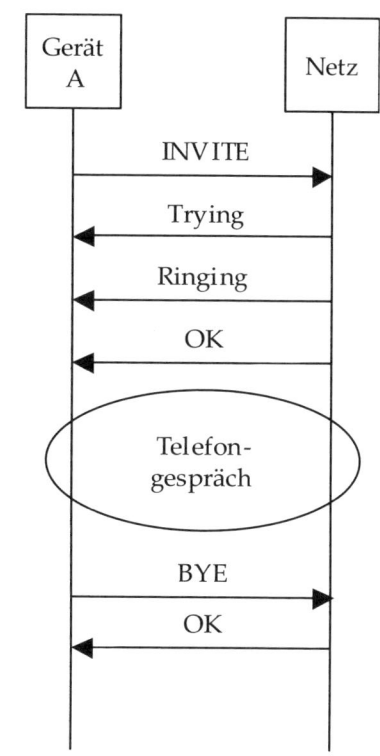

Bild 5.6   Auf- und Abbau einer Sprachverbindung (VoIP) mit dem Session Initiation Protocol (SIP)

käme man sicherlich nicht zu einem preisgünstigen Produkt. Schränkt man die Optionen jedoch willkürlich ein, so ist nicht garantiert, dass die Produkte unterschiedlicher Hersteller reibungslos miteinander kommunizieren können.

Daher definiert man bei einigen Funksystemen (DECT, Bluetooth, ZigBee) so genannte *Anwendungsprofile* – auch Access Profiles genannt. In ihnen wird für die jeweilige Klasse von Anwendungen (z.B. Telefonie oder Computernetz) detailliert geregelt,
- welche Systemoptionen zu realisieren sind,
- wie die Systemparameter einzustellen sind,
- welche höheren Protokolle verwendet werden und
- wie die Nutzerschnittstelle aussieht. (In welcher Weise kann der Nutzer sein Gerät konfigurieren? Welche Informationen erhält er angezeigt?)

108 Vermittlungs-, Transport- und Anwendungsprotokolle

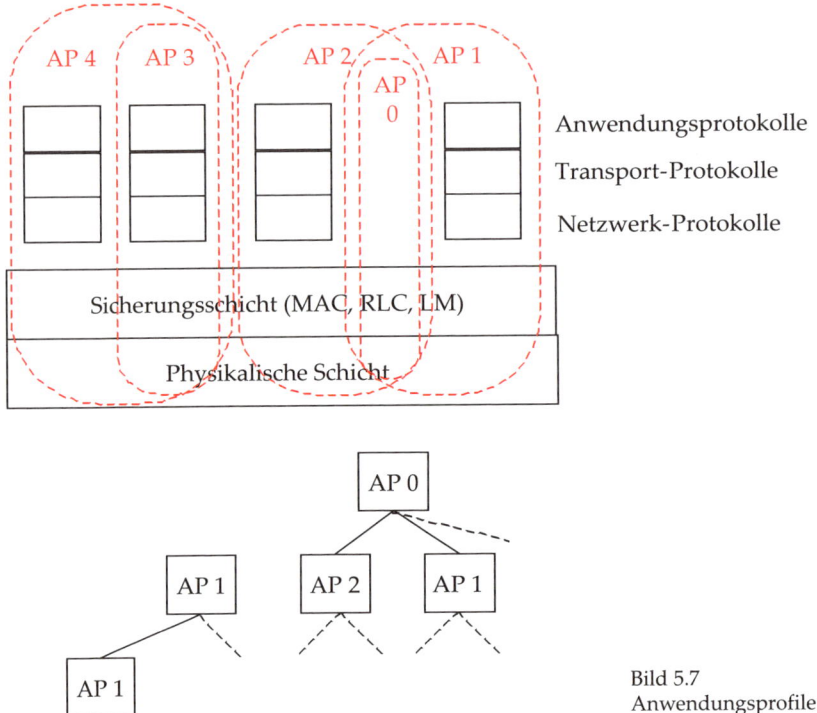

Bild 5.7
Anwendungsprofile

Wie in Bild 5.7 gezeigt, sind Anwendungsprofile vielfach hierarchisch gegliedert. Ausgehend von einem Basisprofil (AP_0 im Bild), das die Minimalanforderungen festlegt, werden durch Ableitung und Erweiterung speziellere Anwendungsprofile geschaffen.

5.5 Zusammenfassung

Aufgabe der Vermittlungsschicht
Die Aufgabe der Vermittlungsschicht besteht darin, einen geeigneten Weg zwischen zwei kommunizierenden Endgeräten über mehrere Zwischenstationen zu finden. Die Wegesuche wird als Routing bezeichnet: die Zwischenstationen, die das Routing bewerkstelligen, heißen Router oder Vermittlungsstellen.

In der Vermittlungsschicht unterscheidet man zwischen

❑ dem verbindungsorientierten Vermittlungsdienst (Connection-oriented Network Service) für z.B. klassische Telefonie-Anwendungen,

❑ dem verbindungslosen Vermittlungsdienst (Connection-less Network Service) für z.B. Computernetze.

Das Internet-Protokoll, IP
Ein IPv4-Paket besteht aus einem Header, der typischerweise 20 Bytes umfasst, und einem Datenanteil mit einer variablen Länge von bis zu etwa 64 KByte. Der Header enthält u.a. ein Type-of-Service-Feld zur Vergabe unterschiedlicher Prioritäten und die IP-Adressen des Absenders und Empfängers.

Die Adressen haben eine Länge von 4 Bytes (32 bit). Üblicherweise gibt man sie in einer Dezimal-Notation an, wobei man die Bytes durch Punkte trennt. Mittels einer Subnetz-Maske können sie in eine Adresse des Teilnetzes und die lokale Host-Adresse zerlegt werden. IP-Adressen lassen sich fest oder dynamisch (z.B. mit dem Dynamic Host Control Protocol, DHCP) einem Computer zuordnen.

Ferner findet bei der Kommunikation mit externen Netzen häufig eine Umsetzung zwischen frei wählbaren internen Adressen und fest vergebenen öffentlichen Adressen statt (Network Address Translation, NAT).

Transport Control Protocol, TCP
In der Transportschicht sorgt das Transport Control Protocol (TCP) mittels eines ARQ-Verfahrens mit einem Fenster-Protokoll für einen sicheren Transport von Segmenten einer Datei. Ein TCP-Segment (siehe Bild 5.5) besteht aus einem Header und einem Nutzlastanteil. Der Header umfasst typischerweise 20 Bytes, allerdings sind auch längere Header möglich. Der Nutzlastanteil hat eine variable Länge, die bis zu etwa 64 KByte betragen kann. Die bei TCP verwendeten Verfahren zur Überlastkontrolle können bei drahtlosen Netzen zu einem deutlichen Abfall der Datenrate führen, sobald Übertragungsfehler auftreten und Rahmen auf der Funkschnittstelle häufig wiederholt werden müssen.

User Data Protocol, UDP
Das User Data Protocol (UDP) wird für den unbestätigten Transport von Segmenten eingesetzt – hauptsächlich für Anwendungen mit kleinen Paketlängen, die zwar geringe Paketverlustraten, aber keine hohen Verzögerungen tolerieren. Der Header eines UDP-Segments umfasst typischerweise 8 Bytes.

Real-Time Transport Protocol, RTP
Bei dem Real-Time Transport Protocol handelt es sich um ein Protokoll, das der Übertragung von Daten für Echtzeit-Anwendungen dient, bei denen ein kontinuierlicher Datenfluss mit geringen Verzögerungszeiten erforderlich ist. RTP setzt dabei auf dem UDP auf und findet beispielsweise bei der Internet-Telefonie (Voice over IP, VoIP) oder bei Videokonferenzen über das Internet Verwendung.

Telefonie-Anwendungen
Bei einem klassischen Telekommunikationsdienst wie der Telefonie sind i.Allg. keine speziellen Anwendungsprotokolle erforderlich. Es ist lediglich das analoge Sprachsignal mit einem geeigneten Verfahren in ein digitales Signal zu verwenden, das in den Rahmen der Sicherungsschicht transportiert wird. Für die Digitalisierung kommen hauptsächlich Pulse Code Modulation (PCM) mit einer Datenrate von 64 kbit/s und Adaptive Differential PCM (ADPCM) mit Datenraten von 16, 24, 32 und 40 kbit/s zum Einsatz.

Anwendungsprotokolle bei Computernetzen
Im Bereich der Computernetze gibt es zahlreiche Anwendungsprotokolle, die TCP oder UDP in der Transportschicht und IP in der Vermittlungsschicht nutzen, z.B.

❑ das Hypertext Transfer Protocol (HTTP), das vorwiegend zum Laden von Webseiten oder anderer Daten aus dem World Wide Web in einen Internet-Browser genutzt wird;
❑ das File Transfer Protocol (FTP) zum Austausch von Dateien zwischen einem Client und einem Server;
❑ das Simple Mail Transfer Protocol (SMTP) zum Austausch von E-Mails;
❑ das Post Office Protocol der Version 3 (POP3), um E-Mails von einem Server abzurufen;
❑ das Domain Name System (DNS) zur Umwandlung von leicht zu merkenden Domänennamen auf die zugehörige IP-Adresse;
❑ das Simple Network Management Protocol (SNMP) zur Überwachung und Steuerung von Netzelementen.

Voice over IP, VoIP
Bei VoIP-Anwendungen werden die Sprachbits in RTP- und diese wiederum in UDP-Segmenten transportiert. Für den Aufbau und die Steuerung von VoIP-Verbindungen verwendet man vorwiegend das Session Initiation Protocol (SIP).
Bild 5.8 gibt einen Überblick über die Protokolle der Vermittlungs-, Transport- und Anwendungsschicht.

Anwendungsprofile – Access Profiles, AP
Bei einigen Funksystemen (DECT, Bluetooth, ZigBee) sind so genannte Anwendungsprofile – auch Access Profiles genannt – definiert, in denen für die jeweilige Klasse von Anwen-

110 Vermittlungs-, Transport- und Anwendungsprotokolle

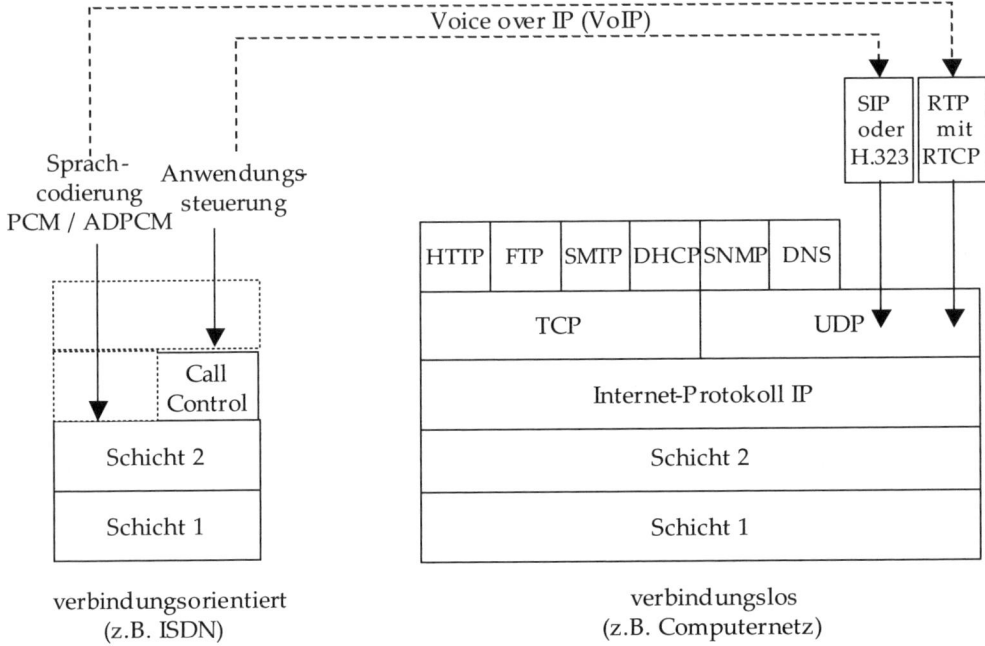

Bild 5.8 Überblick über die Protokolle in der Vermittlungs-, Transport- und Anwendungsschicht

dungen (z.B. Telefonie oder Computernetz) detailliert geregelt wird,
❏ welche Systemoptionen zu realisieren sind,
❏ wie die Systemparameter einzustellen sind,
❏ welche höheren Protokolle verwendet werden und
❏ wie die Nutzerschnittstelle aussieht.

Geräte, die die gleichen APs unterstützen, spielen reibungslos zusammen.

Literaturhinweise
Eine ausführliche Diskussion der Protokolle der Vermittlungs-, Transport- und Anwendungsschichten findet man beispielsweise in [4] und [17], wobei [4] eher den Bereich ISDN und Telefonie und [17] den Bereich der Computernetze abdeckt. VoIP und das Session Initiation Protokoll (SIP) werden detailliert in [18] erläutert. Einen guten Überblick über das Internet und die zugehörigen Protokolle gibt auch [5].
Alle Verfahren, Protokolle und Erweiterungen, die mit dem Internet zusammenhängen, werden nach einer Begutachtung und Prüfung durch die Internet Engineering Task Force IETF (siehe Anhang A) als Request for Comments (RFC) veröffentlicht:
❏ Internet Protocol [63],
❏ Transmission Control Protocol [65],
❏ User Data Protocol [62],
❏ Real-time Transport Protocol [67],
❏ Session Initiation Protocol [70].

5.6 Übungsaufgaben

5.1 Worin unterscheiden sich der verbindungsorientierte und der verbindungslose Vermittlungsdienst? Nennen Sie jeweils ein Anwendungsbeispiel.
5.2 In welchen Schritten erfolgt der Verbindungsaufbau bei der ISDN-Telefonie?
5.3 Welche wichtigen Angaben sind im Header eines IP-Paketes zu finden?
5.4 Welche der folgenden Adressen sind keine gültigen IPv4-Adressen und warum nicht?
 a) 123.345.222.178,
 b) 111.2.3.4,

c) 202.13.5.6.12,
d) 202.130589.
5.5 Betrachten Sie die Internet-Adresse 182.19.122.86. Wie lautet die Teilnetz-Adresse bei folgenden Subnetz-Masken:
a) 255.255.255.0,
b) 255.255.0.0,
c) 255.255.224.0?
5.6 Wie viele Computer kann es höchstens in einem Teilnetz mit den Subnetz-Masken aus Aufgabe 5.5 a) und b) geben?
5.7 Auf welche Weisen können IP-Adressen zugeteilt werden?
5.8 Welche Einschränkung bezüglich der Mobilität in einem WLAN gibt es bei IPv4?
5.9 Was bedeutet TCP? Welche wichtigen Angaben enthält der Header?
5.10 Inwiefern kann die Verwendung von TCP in Funknetzen zu einem kritischen Verhalten führen?

5.11 Was bedeutet UDP und für welche Anwendungen ist es vorgesehen?
5.12 Welche Verfahren werden bei der Digitalisierung von Sprache verwendet? Nennen Sie zwei Beispiele und die dazu gehörigen Datenraten.
5.13 Was versteht man unter VoIP und welche Protokolle kommen dabei zum Einsatz?
5.14 Betrachten Sie ADPCM mit einer Datenrate von 24 kbit/s. Welche Länge hat ein IP-Paket mindestens, wenn man die Sprachpakete alle 20 ms transportiert?
5.15 Welche Aufgaben hat das Simple Network Management Protocol, SNMP?
5.16 Nennen Sie drei weitere Anwendungsprotokolle für Computernetze.
5.17 Wozu dient ein Anwendungsprofil? Welche Dinge werden darin festgelegt?

6 Störquellen: Auswirkungen und Gegenmaßnahmen

In einem lokalen Funknetz kann das Funksignal durch viele verschiedene Einflüsse gestört werden. Prinzipiell lassen sich die folgenden Störquellen unterscheiden:

- das Empfängerrauschen,
- Störungen durch Echos (Intersymbolinterferenz),
- Störungen durch gleichartige Netze,
- Störungen durch andere Funksysteme im gleichen Frequenzbereich,
- Störungen durch Geräte wie z.B. Mikrowellenherde.

Dieses Kapitel diskutiert zunächst diese Störquellen und deren Auswirkungen auf die Übertragungsqualität näher. Anschließend werden einige Verfahren erläutert, um mit diesen Störungen umzugehen, sie reduzieren bzw. ihnen auszuweichen.

6.1 Störquellen

6.1.1 Empfängerrauschen

Das Empfängerrauschen entsteht durch zufällige thermische Bewegungen der Elektronen in den elektronischen Bauelementen des Empfängers. Diese zufälligen Bewegungen überlagern die eigentlich zu detektierenden Signale (Ströme) und stören sie. Das Empfängerrauschen tritt bei allen Funksystemen auf. Die so genannte *spektrale Rauschleistungsdichte* N_0, also die Rauschleistung pro Frequenzintervall, ist über einen weiten Frequenzbereich unabhängig von der Frequenz; man spricht in diesem Zusammenhang von *weißem Rauschen*.

Die gesamte Rauschleistung N (engl.: *noise*) ist daher proportional zur Bandbreite B des Empfängereingangsfilters; ferner hängt sie von der Temperatur T [K] (Temperaturangaben in Kelvin) ab:

$$N = z \cdot k \cdot T \cdot B \qquad \text{(Gl. 6.1)}$$

Dabei ist $k = 1{,}38 \cdot 10^{-23}$ Ws/K die Boltzmann-Konstante und z die Empfängerrauschzahl, die typischerweise in Bereich zwischen 4 und 40 liegt. Daraus resultiert ein so genanntes *Rauschmaß* Z [dB] = $10 \cdot \log z$ zwischen 6 dB und 16 dB.

Beispiel

Für eine Temperatur von 17 °C, d.h. T = 290 K, und eine Bandbreite von B = 1 MHz erhält man: $k \cdot T \cdot B$ = 4 10^{-15} W = 4 10^{-12} mW; diese Leistung entspricht einem Pegel von –114 dBm.
Bei einem Rauschmaß von Z = 10 dB ergibt sich so ein Rauschpegel von N = –104 dBm. Bei einem Wireless LAN gemäß IEEE 802.11b beträgt die Bandbreite B = 11 MHz. Dementsprechend ist der Rauschpegel um $10 \cdot \log 11$ = 10,4 dB größer als bei B = 1 MHz, so dass sich für dieses Beispiel ein Rauschpegel von etwa N = –94 dBm ergibt. Für andere Beispiele sind die Werte in Tabelle 6.1 aufgeführt.

Tabelle 6.1 Beispiele für Rauschpegel bei einem Rauschmaß von Z = 10 dB.

B [MHz]	N [dBm]	Beispiel
1	– 104	Bluetooth, DECT
2	– 101	ZigBee
10	– 94	IEEE 802.11b
20	– 91	IEEE 802.11a/g
500	– 77	UWB

6.1.2 Störungen durch Echos – Intersymbolinterferenz

Im Allgemeinen erreicht das ausgesandte Funksignal aufgrund von Reflexionen über verschiedene Wege den Empfänger, d.h., das gleiche Signal wird mehrfach zu etwas unterschiedlichen Zeiten detektiert. Diese verschiedenen Echos können sich erheblich stören – es kommt zur so genannten Intersymbolinterferenz.

> Bei Funksystemen, die OFDM als Übertragungstechnik verwenden, ist die Auswirkung der Echos zu vernachlässigen, sofern die Umweglaufzeiten für starke Echos kleiner als die Guard Period sind (siehe Abschnitt 3.1.6).
> Echos mit langen Umweglaufzeiten lassen sich eventuell unterdrücken bzw. ausblenden, wenn man stark bündelnde Antennen mit geringem Abstrahlwinkel verwendet oder wenn man ihre Abstrahlrichtung abneigt.

6.1.3 Störungen durch gleichartige Systeme

Konstellationen für Störungen
Betreiben in einem Wohngebiet oder gar in einem Mehrfamilienhaus Nachbarn ein Funksystem des gleichen Typs, so kann es zu gegenseitigen Störungen kommen, wenn die beiden Systeme die gleichen oder benachbarte Frequenzen verwenden. Die gleiche Problematik tritt auf, wenn ein Firmengelände über zahlreiche Access Points versorgt wird.
Abhängig von der Stärke und der Dauer der Störungen kann es zu einer Verringerung der Datenrate oder gar zu einem Abbruch der Verbindung kommen.

Reference Interference Performance
Solche Störungen lassen sich jedoch zumeist durch Planungsmaßnahmen oder durch bestimmte Funktionen der Systeme auf ein «erträgliches» Maß reduzieren, das durch die so genannte Reference Interference Performance gegeben ist.

> In den Systemspezifikationen ist als Receiver Interference Performance der Wert für die Störleistungen festgelegt, bei dem noch ein hinreichender Empfang (geringe BER bzw. FER) möglich ist. Im Unterschied zur Rauschleistung N wird die Störleistung mit dem Symbol I (Interference) bezeichnet. Entscheidend für die Empfangsqualität ist das Verhältnis aus Nutzleistung S und der Störleistung I, das man mit dem abkürzenden Symbol SIR (Signal-to-Interference-Ratio) versieht.

Störungen für eine Verbindung A entstehen, wenn eine andere Verbindung B den gleichen Frequenzträger (Co-Channel Interference) oder einen benachbarten Frequenzträger (Adjacent Channel Interference) benutzt. Der Unterschied in den Frequenzträgern lässt sich durch die Größe Δn charakterisieren:

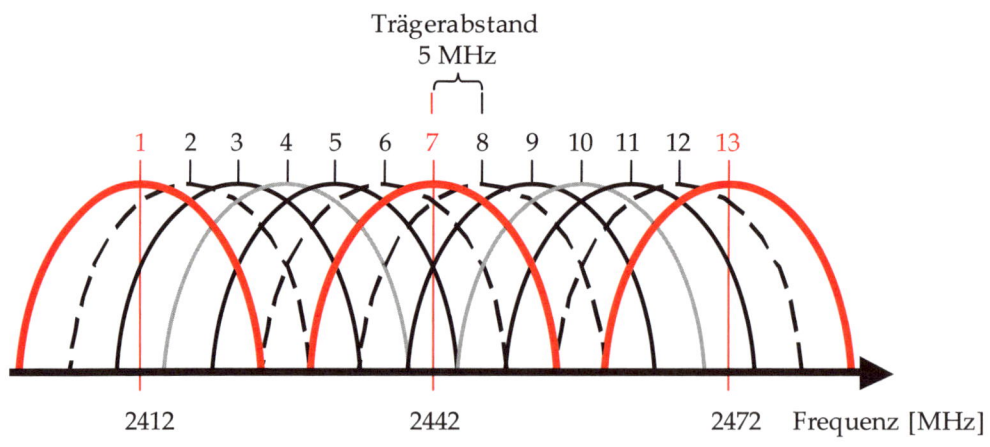

3 „überlappungsfreie" Träger: 1, 7, 13
Bild 6.1 Überlappung der Frequenzträger bei IEEE 802.11b/g

❏ $\Delta n = 0$: gleiche Frequenzträger,
❏ $\Delta n = 1$: unmittelbar benachbarte Frequenzträger,
❏ $\Delta n = 2$: als Abstand zwischen einem und dem übernächsten Frequenzträger.

Die Reference Interference Performance gibt also in Abhängigkeit von Δn den Wert für das SIR an, bei dem noch ein ausreichender Empfang möglich sein sollte. Einige Beispielwerte sind in Tabelle 6.2 aufgeführt. Die Werte beziehen sich dabei auf das Übertragungsverfahren mit der jeweils höchsten Störfestigkeit.
Weitere Werte für das SIR bei Gleichkanalstörungen ($\Delta n = 0$) sind in Bild 6.2 zu finden.
Für die in Tabelle 6.2 aufgeführten Systeme kann also bei $\Delta n = 2$ der Störpegel I um etwa 30 dB größer sein als der Nutzpegel S, da sich Frequenzträger, die nicht unmittelbar benachbart sind, nur sehr wenig überlappen. Bei Gleichkanalstörungen ($\Delta n = 0$) sollte dagegen der Nutzpegel deutlich größer als der Störpegel sein.

Tabelle 6.2 Reference Interference Performance SIR für verschiedene Systeme und Trägerabstände

System	$\Delta n = 0$	$\Delta n = 1$	$\Delta n = 2$	$\Delta n > 2$
Bluetooth	11 dB	0 dB	–30 dB	–40 dB
DECT	11 dB	–12 dB	–33 dB	–39 dB
IEEE 802.11a	5 dB	–11 dB	–27 dB	–

Bei IEEE 802.11b/g ist die Referenz Interference Performance nur für Trägerabstände $\Delta n \geq 5$ definiert. Das liegt daran, dass sich bei diesen Systemen benachbarte Träger stark überlappen, wie Bild 6.1 zeigt.
Dementsprechend sollte man bei benachbarten Access Points keine benachbarten Träger verwenden, sondern mindestens fünf oder sechs Träger Abstand halten. Dieser Sachverhalt ist in Bild 6.1 dargestellt: Von den insgesamt 13 Frequenzträgern sind die Träger mit den Nummern 1, 7 und 13 (oder auch 1, 6 und

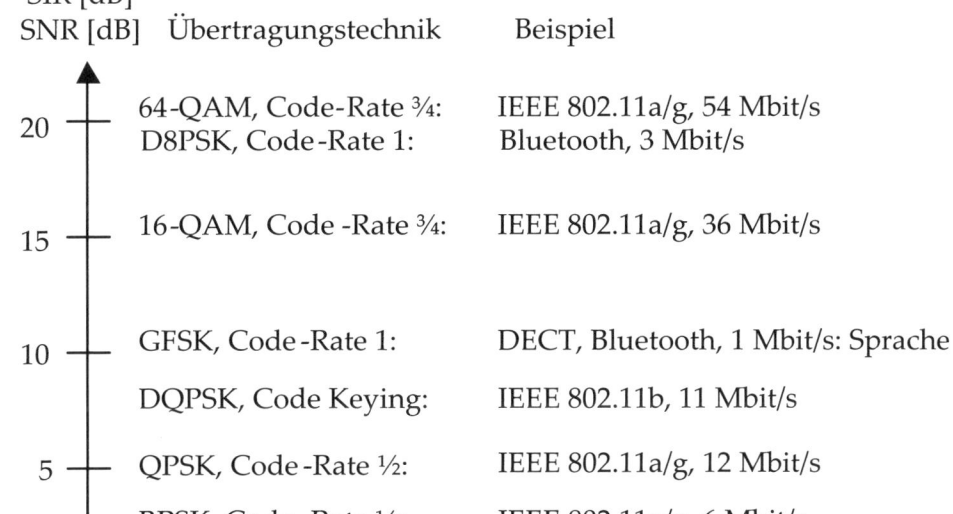

Bild 6.2 Erforderliches SIR bei verschiedenen Übertragungstechniken

11) in guter Näherung überlappungsfrei. Für die Frequenzplanung eines Wireless LANs gemäß IEEE 802.11b/g stehen effektiv also nur drei Frequenzträger zur Verfügung.

Bei Wireless LANs gemäß IEEE 802.11a in den Frequenzbändern oberhalb von 5 GHz ist für die 19 Frequenzträger von vornherein ein Trägerabstand von 20 MHz festgelegt, so dass – bei einer Bandbreite von 17 MHz – alle 19 Träger als nahezu überlappungsfrei angesehen werden können.

Abschätzung des Verhältnisses aus Nutz- und Störleistung, SIR
Der für eine aktuelle Konstellation vorliegende Wert von SIR hängt von vielen Faktoren ab, wie z.B. den Positionen der beteiligten Stationen und den jeweiligen Ausbreitungsbedingungen. Das folgende Modell dient dazu, das SIR grob abzuschätzen und ein Gefühl für die Größenordnung zu vermitteln. Bild 6.3 zeigt eine Konstellation, bei der sich eine Mobilstation im Abstand r_S vom Access Point befindet. Die zugehörige Verbindung wird durch eine andere Mobilstation im Abstand r_I zum Access Point gestört. Der Unterschied in den Sendepegeln beträgt ΔTX. Nimmt man für die Funkausbreitung ein einfaches Potenz-Gesetz gemäß Abschnitt 2.3 (Gleichung 2.21) an, so ergibt sich für SIR:

$$SIR \text{ [dB]} = S \text{ [dBm]} - I \text{ [dBm]} =$$
$$\Delta TX + 10 \cdot \beta \cdot \log (r_S/r_I)$$

wobei β der Ausbreitungsparameter ist: Unter Freiraumausbreitungsbedingungen gilt $\beta = 2$, bei Anwesenheit von Hindernissen liegt β typischerweise zwischen 3,0 und 4,0.

Bild 6.3 zeigt das SIR in Abhängigkeit vom Abstandsverhältnis für einige wichtige Spezialfälle. Greift man den Fall gleicher Sendepegel ($\Delta TX = 0$) heraus, so zeigt sich, dass Gleichkanalstörungen i.Allg. nur dann verkraftet werden, wenn der Abstand des Störers zumindest doppelt so groß ($V = 0,5$) wie der Abstand des Nutzers zum Empfänger ist. Dagegen führen Nachbarkanalstörungen für $\Delta n = 2$ und die in Tabelle 6.2 genannten Systeme selbst dann zu keinen entscheidenden Beeinträchtigungen der Empfangsqualität, wenn der Nutzer gegen-

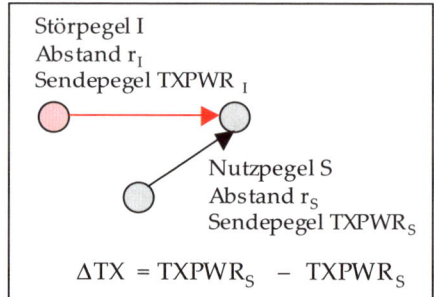

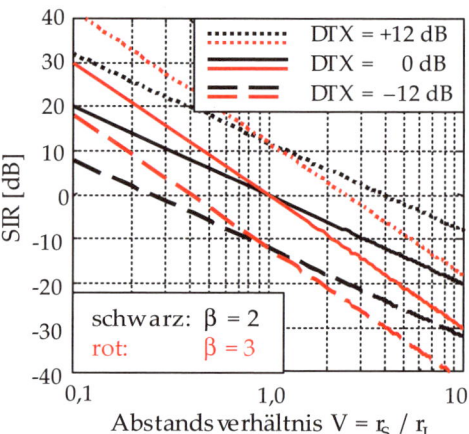

Bild 6.3 Nutz-zu-Störleistungs-Verhältnis SIR für ein einfaches Modell

über dem Störer den zehnfachen Abstand zu Empfänger besitzt. Bestehen Unterschiede in den Sendepegeln, so ändern sich natürlich die Störverhältnisse.

6.1.4 Störungen durch andere Systeme

In einem Frequenzband ist i.Allg. nicht nur ein Funksystem bzw. -standard angesiedelt, sondern mehrere. Daher sind Maßnahmen, die die Auswirkungen gegenseitiger Störungen gering halten, unabdingbar.

Das ISM-Band bei 2,4 GHz
Betrachtet man beispielsweise das so genannte *ISM-Band* bei 2,4 GHz (ISM: **I**ndustrial, **S**cientific, **M**edical), so ist dieses Frequenzband freigegeben für beliebige Funkanwendungen im industriellen, wissenschaftlichen und medizinischen Bereich. Konkret arbeiten

in dem ISM-Bereich zwischen 2,40 GHz und 2,48 GHz beispielsweise:

- Bluetooth,
- IEEE 802.11b/g,
- ZigBee,
- Spezialsysteme, wie z.B. drahtlose Videoübertragungssysteme.

Für diese Anwendungen im ISM-Bereich ist der Grenzwert für die abgestrahlte Leistung auf 100 mW entsprechend 20 dBm festgelegt. Zu beachten ist, dass sich dieser Grenzwert auf die EIRP (siehe Abschnitt 2.2.1) bezieht, die sich aus der Summe des Sendepegels des Funkmoduls und dem Gewinn einer eventuell angeschlossenen Antenne ergibt. Verwendet man beispielsweise einen WLAN Access Point mit einer Antenne mit 7 dBi Gewinn, so darf der Access Point selbst nur mit einem Sendepegel von 13 dBm (20 mW) betrieben werden.

Der betrachtete Frequenzbereich ist ferner für den Amateurfunk (Sendeleistungen von einigen zehn Watt) freigegeben.

Die Wireless-LAN-Bänder oberhalb von 5 GHz
Der für IEEE 802.11a bzw. HiperLAN/2 vorgesehene Frequenzbereich oberhalb von 5 GHz ist zwar deutlich weniger belastet als der ISM-Bereich bei 2,4 GHz, doch auch hier gibt es andere Funksysteme, die in dem Bereich arbeiten. Zu nennen sind:

- militärische Radarsysteme,
- der Satellitenfunk,
- der Ortungsfunk,
- der Amateurfunk.

Da Wireless LANs insbesondere auf militärische Radarsysteme Rücksicht nehmen müssen, wurden detaillierte Festlegungen über die Nutzung der WLAN-Frequenzen getroffen. Einige Träger dürfen nur innerhalb von Gebäuden mit einer Sendeleistung von 200 mW (23 dBm) genutzt werden, während für andere ein Betrieb inner- und außerhalb von Gebäuden mit einer Sendeleistung von 1000 mW (30 dBm) zulässig ist. Die verhältnismäßig hohen Sendeleistungen dürfen jedoch nur dann verwendet werden, wenn die WLAN-Komponenten die in Abschnitt 6.2 erläuterten Funktionalitäten **D**ynamic **F**requency **S**election (DFS) und **T**ransmis-

sion **P**ower **C**ontrol (TPC) besitzen. Ansonsten gelten deutlich niedrigere Grenzwerte für die Sendeleistung, oder die Nutzung einiger Frequenzen ist in diesem Fall völlig untersagt. Weitere Details findet man in Abschnitt 9.6.

Das DFS-Verfahren muss insbesondere in der Lage sein, die in dem Frequenzbereich verwendeten Radarsignaltypen sicher zu erkennen, um auf eine nicht genutzte Frequenz auszuweichen. Die Spezifikationen zu DFS und TPC sind Inhalt der Standards IEEE 802.11h. Bei HiperLAN/ 2 waren die beiden Verfahren von vorn herein im Standard vorgesehen.

Auch in dem Bereich oberhalb von 5 GHz beziehen sich die Grenzwerte für die Leistung auf die EIRP.

UltraWideBand-Systeme, UWB

> In dem großen Frequenzbereich der UltraWideBand-Systeme von 3,1...10,6 GHz arbeiten zahlreiche andere Systeme, vor allem:
> - zivile und militärische Richtfunksysteme,
> - Satellitenfunk,
> - WiMAX.

Um diese nicht zu stören, sind für UWB-Systeme sehr niedrige Grenzwerte für die EIRP festgelegt: Pro Megahertz Bandbreite darf im Mittel nicht mehr als ca. 70 nW Leistung abgestrahlt werden. Also liegt bei einer typischen Bandbreite von 500 MHz die EIRP unterhalb von 0,05 mW (–13 dBm). Die Tatsache, dass die oben genannten Systeme außerhalb von Gebäuden, UWB jedoch i.Allg. innerhalb von Gebäuden betrieben wird, sorgt für eine weitere Entkopplung.

UWB-Systeme erzielen ihre Störfestigkeit gegenüber schmalbandigen Systemen durch ihre Breitbandigkeit, wobei – je nach Systemvorschlag – entweder die Spreiztechnik oder Frequency Hopping verwendet wird. Um mehrere UWB-Systeme in unmittelbarer Nachbarschaft zu betreiben, müssen unterschiedliche Frequenzträger bzw. unterschiedliche Hopping-Folgen gewählt werden.

Zur Vermeidung von Konflikten mit Wireless LANs wurde der von IEEE 802.11a verwendete Frequenzbereich für UWB ausgespart; Sende- und Empfangsfilter sind so spezifiziert, dass auch Nachbarkanalstörungen und zwischen den beiden Systemen i.Allg. auszuschließen sind.

6.1.5 Störungen durch Mikrowellenherde

> ⚠ Auch Mikrowellenherde arbeiten bei Frequenzen in der Umgebung von 2,45 GHz.

Zwar ist die Strahlung mit einer Leistung von einigen hundert Watt gut abgeschirmt und somit die Leckleistung vergleichsweise gering. Aber selbst wenn das Gerät die geforderten Grenzwerte unterschreitet, so liegt doch die Intensität in der Größenordnung der von einem Access Point abgegebenen Strahlung. Somit kann auch der Betrieb eines Mikrowellenherdes in der Nähe eines Wireless LANs oder eines Bluetooth-Netzes zu Störungen führen.

6.2 Maßnahmen zur Reduktion von Störungen und deren Auswirkungen

Wie zuvor erläutert, lassen sich Störungen bei Funksystemen nicht vollständig vermeiden.
 Um sie zu reduzieren bzw. um ihre Auswirkungen gering zu halten, lässt sich eine Vielzahl von Maßnahmen ergreifen. Manche dieser Maßnahmen ergreift das System selbstständig, bei anderen ist der Nutzer oder Betreiber eines Funksystems gefordert, bestimmte Richtlinien einzuhalten.

Reduktion der Sendeleistung – Grenzwerte für die EIRP

Zur Limitierung von Störungen sind von der Regulierungsbehörde Grenzwerte für die abgestrahlte Leistung vorgeschrieben, die unbedingt eingehalten werden sollten. Ferner führen manche Systeme eine automatische Sendeleistungsregelung (**T**ransmission **P**ower **C**ontrol, TPC) durch, d.h., bei guten Empfangsbedingungen reduziert eine Station die Sendeleistung, so dass andere Systeme bzw. Stationen weniger gestört werden.

Signalspreizung

Eine weitere Methode, die Auswirkungen auf bzw. von schmalbandigen Funksystemen zu reduzieren, ist die in Abschnitt 3.1.4 diskutierte Spreiztechnik, die beispielsweise bei IEEE 802.11b zum Einsatz kommt.

Link Adaption

Nahezu alle heutigen Funksysteme verwenden *Link Adaption* (siehe Abschnitt 3.2): Sinkt das Nutz-zu-Störleistungs-Verhältnis SNR, so schaltet das System zur Verhinderung eines Verbindungsabbruchs automatisch auf einen störfesteren Übertragungsmodus um, der dann allerdings nur eine geringere Datenrate liefert. Steigt das SNR, so wechselt das System wieder auf einen Modus mit höherer Datenrate.

Spezielle Antennen

Durch Antennen mit starker Richtwirkung lässt sich die Signalenergie gezielt zum gewünschten Empfänger transportieren. Insgesamt werden durch solche Antennen weniger Störungen verbreitet und empfangen.
 Die folgenden Methoden beruhen darauf, dass für ein Funksystem i.Allg. mehrere Frequenzträger zur Verfügung stehen:

Feste Frequenzplanung

Es erfolgt eine (feste) Frequenzplanung, d.h., man betreibt benachbarte Funksysteme mit unterschiedlichen Frequenzen, so dass gegenseitige Störungen von vornherein vermieden werden.

Dynamische Frequenzwahl

Das System nimmt eine dynamische Frequenzwahl (**D**ynamic **F**requency **S**election, DFS) vor: Das System misst, welche Frequenz durch welchen Störpegel belastet ist, und wählt für den weiteren Betrieb eine Frequenz aus, die möglichst wenig gestört ist.
 Das System verwendet **Frequency Hopping**: Werden benachbarte Systeme mit zufälligen (aber unterschiedlichen) Frequenzsprungfolgen betrieben, so kommt es nicht mehr zu

ständigen, sondern nur zu sporadischen, sehr kurzzeitigen Störungen, nämlich dann, wenn beide Systeme zufällig auf die gleiche Frequenz springen. Die Wahrscheinlichkeit w für eine solche Kollision beträgt bei zwei Systemen $p = 1/n$, wobei n die Anzahl der Frequenzen in der Sprungfolge ist. Beispielsweise bei Bluetooth ist $n = 79$ und somit $p = 1,3\%$. Solche kurzzeitigen Störungen kann entweder der Fehler korrigierende Code beheben, oder das betroffene Datenpaket wird (bei besseren Übertragungsbedingungen) wiederholt.

Kombiniert man die dynamische Frequenzwahl mit Frequency Hopping, so spricht man von einem *adaptiven Frequency Hopping*: Durch Messungen stellt das System fest, welche Frequenzen für einen längeren Zeitraum von starken Störungen belastet sind, und vermeidet diese in der Sprungfolge.

6.3 Zusammenfassung

In einem lokalen Funknetz kann das Funksignal durch viele verschiedene Einflüsse gestört werden. Prinzipiell lassen sich die folgenden Störquellen unterscheiden:

- ❏ das Empfängerrauschen,
- ❏ Störungen durch Echos (Intersymbolinterferenz),
- ❏ Störungen durch gleichartige Systeme,
- ❏ Störungen durch andere Funksysteme im gleichen Frequenzbereich,
- ❏ Störungen durch Geräte wie z.B. Mikrowellenherde.

Das Empfängerrauschen entsteht durch zufällige, thermische Bewegungen der Elektronen in den elektronischen Bauelementen des Empfängers. Die gesamte Rauschleistung N (engl.: *noise*) ist proportional zur Bandbreite B

Tabelle 6.3 Überblick über Störungen und Gegenmaßnahmen

System	Koexistenz mit	Maßnahmen
DECT	❏ andere DECT-Stationen ❏ Bereich nur durch DECT belegt	❏ Dynamische Kanalwahl ❏ Link Adaption (teilweise)
IEEE 802.11b/g	❏ IEEE 802.11b/g ❏ Bluetooth ❏ ZigBee	❏ Begrenzung der EIRP (20 dBm) ❏ feste Frequenzplanung ❏ Übertragungsmodi mit Spreiztechnik ❏ Link Adaption
Bluetooth	❏ Videoübertragungssysteme ❏ Amateurfunk	❏ Begrenzung der EIRP ❏ TPC (teilweise) ❏ (Adaptive) Frequency Hopping ❏ Link Adaption (teilweise)
ZigBee	❏ Mikrowellenherde ❏ ...	❏ Begrenzung der EIRP ❏ Spreiztechnik ❏ Link Adaption (teilweise)
IEEE 802.11a	❏ IEEE 802.11a ❏ militärische Radarsysteme ❏ Satelliten- und Ortungsfunk ❏ Amateurfunk	❏ komplexe Regelungen zur EIRP ❏ Transmission Power Control TPC ❏ Dynamic Frequency Selection DFS ❏ Link Adaption
UltraWideBand UWB	❏ großes Frequenzband mit vielen anderen Systemen	❏ sehr niedrige EIRP ❏ Spreiztechnik oder Frequency Hopping ❏ Link Adaption ❏ Aussparung mancher Teilbänder

des Empfängereingangsfilters; ferner hängt sie von der Temperatur T [K] (Temperaturangaben in Kelvin) ab:

$N = z \cdot k \cdot T \cdot B$

Dabei ist $k = 1{,}38 \cdot 10^{-23}$ Ws/K die Boltzmann-Konstante und z die Empfängerrauschzahl.

Maßnahmen gegen Störungen
Tabelle 6.3 gibt einen Überblick, welche Störungen bei den wichtigsten lokalen Funknetzen zu erwarten sind und welche Gegenmaßnahmen ergriffen werden können.

6.4 Übungsaufgaben

6.1 Welche Störquellen gibt es bei Funksystemen?
6.2 Berechnen Sie den Rauschpegel für eine Bandbreite von $B = 5$ MHz und bei einer Rauschzahl von $z = 20$.
6.3 Ein Funkmodul ist im Außenbereich installiert. Im Winter ist es einer Temperatur von −20 °C und im Sommer einer Temperatur von 45 °C ausgesetzt. Um welchen Betrag unterscheiden sich die Rauschpegel?
6.4 Wie lassen sich Störungen durch Echos reduzieren?
6.5 Welche Systeme sind in dem ISM-Band bei 2,4 GHz angesiedelt?
6.6 Welche Systeme können WLANs bei 5 GHz stören bzw. von ihnen gestört werden?
6.7 Wodurch kommen Nachbarkanalstörungen zustande?
6.8 Betrachten Sie das Modell für Störungen aus Bild 6.3 für den Fall von WLAN-Stationen gemäß IEEE 802.11a und legen Sie die Reference Interference Performance aus Tabelle 6.2 zugrunde. Der Sendepegel der Nutzstation bei $r_S = 20$ m beträgt 5 dBm. Wie groß muss der Abstand der «Störstation» r_I vom Empfänger sein, damit eine hinreichende Empfangsqualität garantiert ist?
a) Die Störstation verwendet die gleiche Frequenz und einen Sendepegel von 10 dBm.
b) Die Störstation verwendet eine unmittelbar benachbarte Frequenz und einen Sendepegel von 22 dBm.
Geben Sie die Werte sowohl für die Freiraumausbreitung als auch für Potenzgesetze mit $\beta = 3$ an.
6.9 Welche Maßnahmen gibt es, um die Auswirkungen von Störungen zu reduzieren?

7 Aspekte der Funknetzplanung

Vom Standpunkt der Funknetzplanung sind die folgenden Fragestellungen von entscheidender Bedeutung, die in diesem Kapitel ausführlich diskutiert werden:

- Wie sieht der Versorgungsbereich bzw. die Reichweite des lokalen Funknetzes aus?
- In welchem Bereich lässt sich welche Datenrate erzielen?
- Wie kann man die Kapazität eines lokalen Funknetzes steigern und welche Randbedingungen – z.B. bezüglich der Frequenzplanung – sind dabei zu beachten?

Betrachtet man zunächst die Reichweite, so hängt diese ab von

- den Funkausbreitungsbedingungen (freie Sicht, Hindernisse),
- den Sender- und Empfängerkenngrößen (Sendeleistungen, Störfestigkeit, Antennen, ...),
- den vorliegenden Störungen.

Was die Funkausbreitung anbelangt, so greift dieses Kapitel auf die Ergebnisse von Kapitel 2 zurück. Das Thema Sender- und Empfängerkenngrößen wird im folgenden Abschnitt diskutiert.

7.1 Sender- und Empfängerkenngrößen

Wie in Kapitel 6 erwähnt, gibt es für die verschiedenen Frequenzbereiche unterschiedliche Grenzwerte für die EIRP (**E**ffektive **I**sotropic **R**adiated **P**ower).

> Die EIRP setzt sich zusammen aus:
> - dem Sendepegel des Funkmoduls TXPWR,
> - dem Gewinn der verwendeten Sendeantenne G_S,
> - dem Verlust durch das Antennenkabel (bzw. die Anschlussstecker) L_K,
>
> EIRP = TXPWR − L_K + G_S (Gl. 7.1)

7.1.2 Antennen und Anschlusskabel

Kabelverluste liegen bei 2,4 GHz im Bereich von ca. 0,02 bis 0,1 dB pro Meter Kabellänge, bei 5 GHz sind sie etwa doppelt so hoch. Hinzu kommen Verluste durch Anschluss- bzw. Verbindungsstecker, so dass sich insgesamt typischerweise Verluste von 2 bis 4 dB ergeben.

Das Thema Antennen und ihre Kenngrößen wurde in Abschnitt 2.2.1 näher erläutert, daher fasst der folgende Abschnitt lediglich die wichtigsten Tatsachen zusammen:

Die entscheidenden Kenngrößen einer Antenne sind ihre Halbwertsbreiten in horizontaler und vertikaler Richtung ($\Delta\alpha_h$ und $\Delta\alpha_v$) sowie ihr Gewinn G [dBi]: Je geringer die Halbwertsbreiten, desto größer ist der Gewinn. Die Halbwertsbreite hängt entscheidend von dem Verhältnis aus Antennenabmessung und Wellenlänge ab.

Diese fundamentalen Zusammenhänge sind in Bild 7.1 grafisch dargestellt. Betrachtet man beispielsweise eine Antenne mit Halbwertsbreiten von $\Delta\alpha_h = 30°$ und $\Delta\alpha_v = 30°$, so erhält

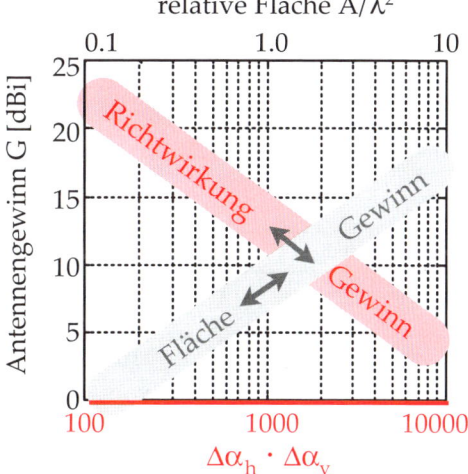

Bild 7.1 Wichtige Zusammenhänge bei Kenngrößen von Antennen

man für das Produkt den Wert 900. Aus Bild 7.1 kann man ablesen, dass der Gewinn der Antenne zwischen etwa 11 dB und 15 dB liegt. Für die relative Fläche erhält man $A/\lambda^2 = 0{,}9$. Bei einem Wireless LAN mit $f = 2{,}4$ GHz und $\lambda = 12{,}5$ cm bedeutet die $A = (12$ cm$)^2$.

Gerade für Wireless LANs gibt es eine große Vielfalt von Antennen sowohl für den Innen- als auch für den Außenbereich. Die Gewinne reichen dabei von ca. 3 dB bis 25 dBi. Zu beachten ist, dass bei einem Gewinn von 25 dBi, die Halbwertsbreiten nur ca. 10° betragen – die Richtung des Kommunikationspartners muss also bei solchen Antennen recht genau bekannt sein und darf sich nicht stark ändern. Insofern sind diese Antennen nur für den Einsatz bei Funkbrücken, bei denen sie sehr exponiert installiert werden, geeignet. Ferner ist zu beachten, dass der Antennengewinn in einer Umgebung mit starken Reflexionen deutlich kleiner ausfallen kann als angegeben (siehe Abschnitt 2.2.1, Bild 2.7).

Zu erwähnen ist ferner, dass vielfach bei Antennen mit mitgelieferten Kabeln und Steckern der effektive Gewinn G' – also der Gewinn abzüglich der Kabelverluste angegeben ist: $G' = G - L_K$.

7.1.3 Sendeleistungen

Die Grenzwerte für die EIRP der einzelnen Systeme sind in Tabelle 7.1 zusammengefasst. Zu beachten ist, dass bei konkreten Produkten der Sendepegel TXPWR der Funkmodule vielfach deutlich unterhalb der aufgeführten Grenzwerte liegt. So gibt es Bluetooth-Module mit 20 dBm (100 mW), 4 dBm (2,5 mW), aber häufig auch mit 0 dBm (1 mW). Ebenso werden die Grenzwerte für Produkte gemäß IEEE 802.11 nicht ausgeschöpft – insbesondere nicht bei 5 GHz. Gleiches gilt für ZigBee-Module, die häufig mit einem Sendepegel von etwa 0 dBm arbeiten.

> **!** Um zu garantieren, dass selbst bei einem Anschluss einer Antenne mit hohem Gewinn die zulässigen Grenzwerte eingehalten werden, gibt es zwei Möglichkeiten:
> ❑ Man verwendet zum Ausgleich Kabel mit hinreichender Dämpfung.
> ❑ Man reduziert den Sendepegel TXPWR des Funkmoduls. Bei WLAN-Modulen lässt sich der Sendepegel vielfach über die Konfigurationssoftware auf verschiedene Werte einstellen.

Die erste Möglichkeit ist insofern ineffizienter, da i.Allg. die gleiche Antenne und das gleiche Kabel auch beim Empfangen genutzt werden, so dass auch der Empfangspegel reduziert wird, während die zweite nur den Sendepegel verringert. Allerdings kann es Konstellationen geben, bei denen keine hinreichende Absenkung des Sendepegels möglich ist.

> **Beispiel**
> Ein WLAN-Modul für 2,4 GHz hat einen Sendepegel von 18 dBm, der sich per Software um 3, 6 und 9 dB reduzieren lässt. Schließt man eine Antenne mit 15 dBi Gewinn an, so benötigt man ein Kabel mit mindestens 4 dB Verlust, um die zulässige EIRP von 20 dBm einzuhalten: EIRP = 18 dBm – 9 dB + 15 dBi – 5 dB = 20 dBm.

7.1.4 Empfängerempfindlichkeit

Ein wichtiger Parameter, der die Empfängerempfindlichkeit bestimmt, ist die Störfestigkeit, also das Verhältnis aus Nutz- und Störleistung (Signal-to-Interference-Ratio, SIR), das vorliegen muss, um eine bestimmte Übertragungsqualität zu gewährleisten.

Tabelle 7.1 Grenzwerte für die EIRP

System	Max. EIRP
ZigBee	20 dBm (2,4 GHz) 14 dBm (868 MHz)
Bluetooth	20 dBm
IEEE 802.11b	20 dBm
IEEE 802.11a	5 dBm / 8 dBm
IEEE 802.11a+h	23 dBm / 30 dBm
UWB	< –10 dBm

Was hinreichende Übertragungsqualität bedeutet, wird in den Standards i.Allg. über eine obere Grenze für die Bitfehlerrate BER (vor der Fehlerkorrektur) bzw. für die Frame Error Rate (FER) festgelegt (siehe Abschnitte 3.2 und). So fordern die DECT- und Bluetooth-Spezifikationen: BER ≤ 0,1%. In den Standards IEEE 802.11a und IEEE 802.11b wird verlangt, dass die FER für Frames einer Länge von ca. 1000 Bytes kleiner als 10% bzw. 8% ist.

Betrachtet man als Störung zunächst nur das immer gegenwärtige Empfängerrauschen N, dann ist SIR = SNR. Für die jeweils geforderte Übertragungsqualität benötigt man daher einen Signalpegel S bzw. Empfangspegel RXLEV = S von:

S = RXLEV ≥ RXLEV$_{min}$ = N + SNR.   (Gl. 7.2)

Den erforderlichen Mindestempfangspegel RXLEV$_{min}$ bezeichnet man als Empfängerempfindlichkeit (Receiver Sensitivity). Je geringer der Wert von RXLEV$_{min}$ ist, desto besser ist die Empfindlichkeit des Empfängers.

Beispiel 1
Betrachtet man Bluetooth-Module der Version 1 (GFSK) mit einem Rauschmaß von 10 dB und einer Störfestigkeit von SNR = 11 dB (siehe Abschnitte 6.1 und 6.2), so erhält man mit N = –104 dBm:

RXLEV$_{min}$ = –104 dBm + 11 dB = –93 dBm

Der Standard fordert eine deutlich geringere Empfindlichkeit von –70 dBm, um kostengünstige Module mit höherem Rauschmaß und geringerer Störfestigkeit zu ermöglichen. Bei Produkten bewegt sich die Empfindlichkeit zwischen ca. –70 dBm und –85 dBm.

Beispiel 2
Für WLAN-Module gemäß IEEE 802.11a/g erhält man auf analoge Weise für den Übertragungsmodus mit BPSK und Code-Rate ½ (6 Mbit/s):

RXLEVmin = –94 dBm + 5 dB = –89 dBm

Auch hier verlangt der Standard nur eine geringere Empfindlichkeit von –82 dBm. Produktangaben bewegen sich zwischen den beiden Werten.

Beispiel 3
Bild 7.2 zeigt die Empfindlichkeit in Abhängigkeit von der Datenrate am Beispiel von IEEE 802.11a. Rot eingezeichnet sind die von der Spezifikation geforderten Mindestwerte. Bei Produkten sind die Angaben zur Empfindlichkeit jedoch meist deutlich besser (niedrigere Werte) – wie der grau eingezeichnete Streifen illustriert. Zu beachten ist, dass manche Produktangaben den Diversitätsgewinn (zwei oder mehr Empfangsantennen, siehe Abschnitt 3.3) oder gar den Antennengewinn einer integrierten Antenne enthalten. Dadurch tritt bei den Angaben eine große Spannweite auf. Bei Bild 7.2 fällt auf, dass die Empfindlichkeit und damit die Reichweite mit der geforderten Datenrate sinken. Dieser Sachverhalt tritt nicht nur für dieses Beispiel auf, sondern gilt sehr allgemein – wie der folgende Abschnitt erläutert.

7.2 Datenrate und Reichweite

Wie bereits in Abschnitt 3.2 diskutiert, steigt – bei fester Übertragungsbandbreite – das erforderliche SIR mit der Datenrate, oder umgekehrt sinkt die erzielbare Datenrate mit dem vorliegenden SIR.

Anhand der Gleichung 7.2 lässt sich der sehr allgemeine Zusammenhang zwischen der Datenrate und der Reichweite erläutern:

Bei fester Sendeleistung (und festen Antennenparametern) sinkt mit zunehmender Datenrate die Reichweite der Funkübertragung.

Zur Begründung:
Hält man die Bandbreite (und damit auch N) konstant, so steigt mit zunehmender Datenrate das erforderliche SNR und somit auch der erforderliche Empfangspegel RXLEV, d.h., die Reichweite sinkt. Steigert man die Datenrate über eine Erhöhung der Bandbreite, so bleibt zwar bei gegebenem Übertragungsverfahren das SNR (nahezu) konstant, allerdings erhöht sich der Rauschpegel N und damit der erforderliche Empfangspegel.

Eine andere Art, den obigen Sachverhalt zu begründen, geht von den folgenden Relationen aus:

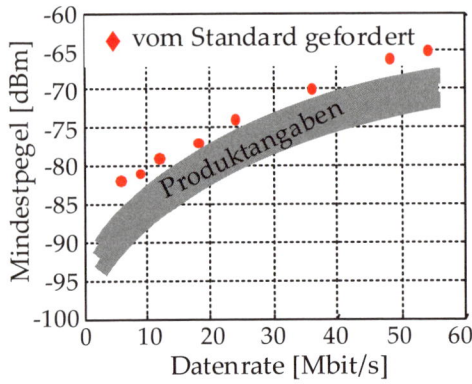

Bild 7.2 Empfängerempfindlichkeit bei IEEE 802.11a

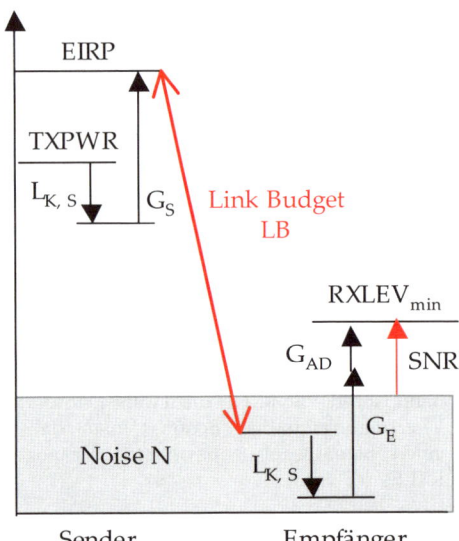

G_{AD}: Gewinn durch Antennendiversität
G: Antennengewinn
LK: Kabel - und Anschlussverlust
TXPWR: Sendepegel des Funkmoduls

Bild 7.3 Das Link Budget

Leistung = Energie / Zeit =
Energie pro Bit · Bits pro Zeit

Leistung = Energie pro Bit · Datenrate

Bei fester Leistung sinkt also mit zunehmender Datenrate die Energie pro Bit. Andererseits benötigt man eine bestimmte Bitenergie, um die Bits fehlerfrei zu detektieren. Um also bei hoher Datenrate eine ausreichende Bitenergie zu erhalten, muss sich der Empfänger nahe am Sender befinden.

Anzumerken ist, dass manche Systeme – wie DECT oder Bluetooth – eine Datenratensteigerung durch die Bündelung von Zeitschlitzen erzielen. In diesem Fall sinkt dabei die Reichweite natürlich nicht; vielmehr steigt die mittlere Sendeleistung und damit der Energieverbrauch beim Sender.

7.3 Abschätzungen der Funkreichweite

Benutzt man die Relation

$\text{RXLEV} = \text{TXPWR} + G'_S - L_{Funk} + G'_E + G_{AD}$
$= \text{EIRP} - L_{Funk} + G'_E + G_{AD} \geq \text{RXLEV}_{min}$

so erhält man durch einfache Umformungen das so genannte **L**ink **B**udget, LB:

$\text{LB} = \text{EIRP} + G'_E + G_{AD} - \text{RXLEV}_{min} \geq L_{Funk}$

Dabei ist G' der Antennengewinn abzüglich der Kabel- und Anschlussverluste und G_{AD} der Diversity-Gewinn (siehe Abschnitt 3.3). Das Link Budget, das in Bild 7.3 illustriert ist, gibt an, wie groß die Funkausbreitungsdämpfung L_{Funk} auf der Strecke r zwischen Sender und Empfänger höchstens sein darf. Bei bekannter Funkausbreitungsformel $L_{Funk}(r)$ lässt sich daraus die maximale Reichweite ausrechnen. Ebenso kann man abschätzen, um welchen Faktor die Reichweite zu- oder abnimmt, wenn man das Link Budget – beispielsweise durch die Verwendung anderer Antennen – um eine Betrag Δ ändert. Nimmt man für die Funkausbreitung ein Potenz-Gesetz mit einem Koeffizienten β gemäß Gleichung 2.21 an, so erhält man für den Ausgangsradius r_0:

$\text{LB}_0 = L_{Funk}(r_0) = A + 10 \cdot \beta \cdot \log r_0$

Eine Änderung des Link Budgets Δ = LB – LB_0 führt zu einem anderen Radius r:

Bild 7.4
Funkreichweite und Link Budget

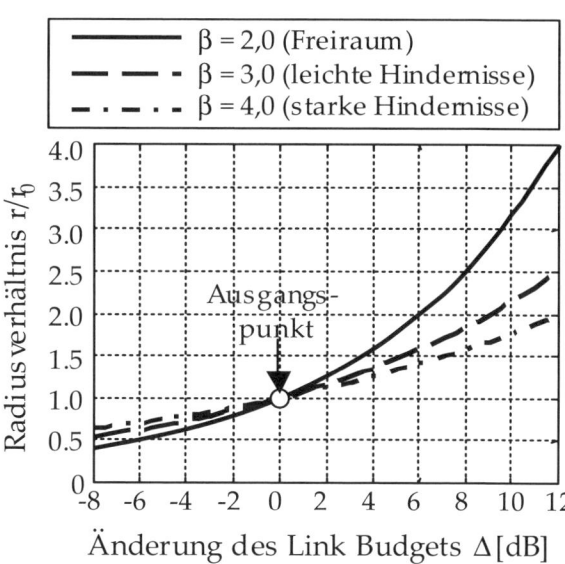

$\Delta = LB - LB_0 = A + 10 \cdot \beta \cdot \log r -$
$\quad - (A + 10 \cdot \beta \cdot \log r_0)$

$\Delta = 10 \cdot \beta \cdot \log(r/r_0)$

Dieser Zusammenhang zwischen Δ und r/r_0 ist in Bild 7.4 für verschiedene Werte des Ausbreitungskoeffizienten β dargestellt. Bei einer Verbesserung des Link Budgets um 6 dB nimmt die Reichweite (je nach Wert von β) um 40 bis 100% zu. Umgekehrt führt eine Abnahme des Link Budgets um 6 dB zu einer Verringerung der Reichweite auf 50 bis 70% des Ausgangswertes.

In den folgenden beiden Abschnitten sind einige Beispiele zur Reichweite ausführlicher diskutiert.

7.3.1 Reichweite bei Freiraumausbreitung

Betrachtet man z.B. die Freiraumausbreitung (siehe Abschnitt 2.2.1), so erhält man $LB \geq 32{,}4 + 20 \cdot \log f \, [GHz] + 20 \cdot \log r \, [m]$. Löst man die Relation nach r auf, so ergibt sich für die maximale Reichweite bei Freiraumausbreitungsbedingungen:

$r_{max} \, [m] = 10^{X/20}$ mit $X = LB - 32{,}4 - 20 \cdot \log f \, [GHz]$

In Tabelle 7.2 sind Beispielswerte für die Reichweite bei verschiedenen Systemen, Datenraten und Sendepegeln zusammengestellt. Dabei wurden typische Werte für die Empfindlichkeit angenommen.

Anmerkungen und Schlussfolgerungen

❏ Die freien Zellen der Tabelle 7.2 sind in der Übungsaufgabe 7.2 zu berechnen.
❏ Eine Erhöhung des Link Budgets um 6 dB führt zu einer Verdopplung der Reichweite. Die Erhöhung des Link Budgets kann beispielsweise durch einen Gewinn der Empfangsantenne erzielt werden.
❏ Vergleicht man IEEE 802.11 bei 2,4 GHz und bei 5.5 GHz bei gleicher Datenrate, so ist die Reichweite bei gleicher EIRP für 5,5 GHz nur knapp halb so groß wie für 2,4 GHz. Erhöht man bei 5,5 GHz die EIRP auf den zulässigen Wert von 30 dBm, so ist die Reichweite um ca. 40% größer als bei 2,4 GHz und EIRP = 20 dBm.
❏ Die Reichweite von UWB ist auf wenige Meter (einen Raum) beschränkt.
❏ Bei Freiraumausbreitungsbedingungen lassen sich mit IEEE 802.11, DECT und starken Bluetooth-Modulen je nach Datenrate Entfernungen von mehreren hundert und sogar mehreren tausend Metern überbrücken.

Es sollte noch einmal betont werden, dass die in der Tabelle aufgeführten großen Werte für

126 Aspekte der Funknetzplanung

Tabelle 7.2 Reichweite bei Freiraumausbreitung für verschiedene Systeme und Konstellationen

System	Datenrate	EIRP	Sensitivity	LB [dB]	r_{max} [km]
UWB	480 Mbit/s	–15 dBm	–76 dBm	61	0,007
Bluetooth	1 Mbit/s	0 dBm	–74 dBm	74	0,05
IEEE 802.11a	54 Mbit/s	15 dBm	–72 dBm	87	0,1
IEEE 802.11a+h	36 Mbit/s	30 dBm	–75 dBm	105	0,8
IEEE 802.11a+h	6 Mbit/s	30 dBm		117	3,2
IEEE 802.11g	48 Mbit/s	20 dBm	–72 dBm	92	0,4
IEEE 802.11g	24 Mbit/s	20 dBm	–78 dBm		0,8
IEEE 802.11g	6 Mbit/s	20 dBm	–84 dBm	104	1,6
Bluetooth	1 Mbit/s	20 dBm	–84 dBm	104	1,6
IEEE 802.11b	1 Mbit/s	20 dBm	–90 dBm	110	3,2
DECT	1 Mbit/s	24 dBm	–90 dBm	114	

die Reichweite nur bei Freiraumausbreitungsbedingungen gelten. Wie in Abschnitt 2.2.1 erwähnt, bedeutet dies, dass sowohl die direkte Verbindungslinie zwischen Sende- und Empfangsantenne als auch der umgebende Fresnel-Ellipsoid frei von Hindernissen sein müssen. Bei 2,4 GHz und r = 800 m Abstand beträgt die kleine Halbachse des Ellipsoiden a = 5 m, bei r = 3,2 km sind es bereits a = 10 m. Die Antennen sind also einige Meter oberhalb von Hindernissen zwischen Sender und Empfänger zu montieren; ansonsten kommt es zu zusätzlichen Verlusten und einer deutlichen Verringerung der Reichweite, wie Bild 7.5 zeigt. Ferner kann es – wie in Abschnitt 2.2.1 diskutiert – durch Reflexionen zu Einbrüchen des Pegels kommen.

Um den Einfluss von Hindernissen zu berücksichtigen, wurde das im Mobilfunk vielfach verwendete, so genannte *Cost-231-Hata-Ausbreitungsmodell* (siehe z.B. [3]) für ein vorstädtisches Gebiet zugrunde gelegt. Es han-

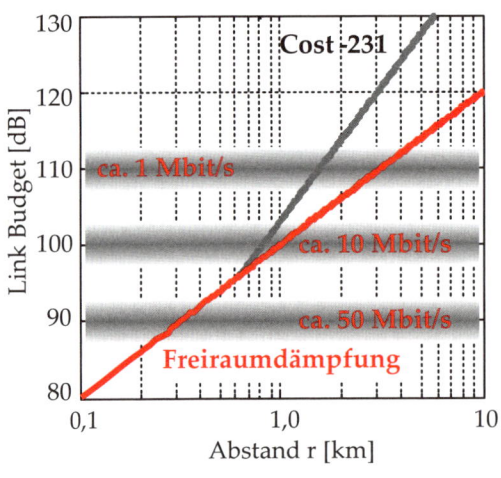
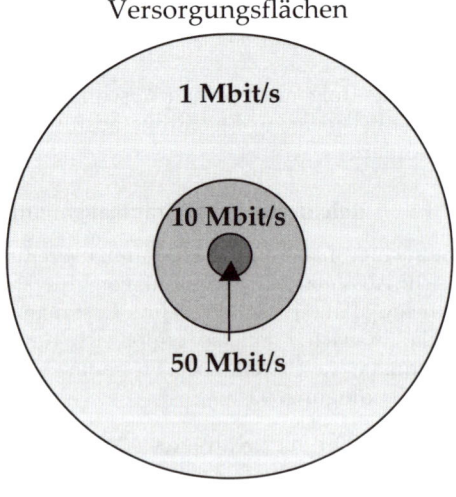

Bild 7.5 Reichweite und Datenrate für Freiraumdämpfung bei IEEE 802.11b/g (2,4 GHz)

delt sich dabei um eine Art Potenz-Gesetz. Für Bild 7.5 wurden folgende Annahmen getroffen: h_S = 30 m und h_E = 10 m als Installationshöhen für die beiden Antennen, f = 2,4 GHz und G_E = 0 dBi. Ohne Hindernisse ergibt sich bei 1 Mbit/s – wie schon in Tabelle 7.2 – eine Reichweite von ca. 3,5 km; bei Berücksichtigung von Hindernissen sinkt die Reichweite in dem Modell auf ca. 1,5 km.

Durch den Einsatz einer Empfangsantenne mit zusätzlich 10 dBi Gewinn kann man die Reichweite deutlich steigern:

❑ von 1,5 km auf ca. 3 km (mit Hindernissen),
❑ von 3,5 km auf 10 km (ohne Hindernisse).

7.3.2 Reichweite in Gebäuden

In einem Gebäude ergeben sich durch die Dämpfung durch Decken, Wände, Mobiliar und andere Hindernisse (siehe Abschnitt 2.2.3) deutlich geringere Reichweiten, wie die folgenden Beispiele zeigen.

Beispiel 1

Man betrachte einen WLAN Access Point bei f = 2,4 GHz mit EIRP = 10 dBm, der im Erdgeschoss installiert ist. Zu untersuchen ist, ob zwei Stockwerke darüber in 10 m Abstand noch ein ausreichender Empfangspegel vorliegt, wenn zwei Betondecken mit jeweils L_D = 20 dB Dämpfung zu durchdringen sind.
Für eine Abschätzung des Empfangspegels sind die Deckendämpfung und die Freiraumausbreitung zu berücksichtigen:
RXLEV = EIRP $- 2L_D - 32{,}4 - 20 \log f - 20 \log r$
= 10 dBm $-$ 40 dB $-$ 40 dB $-$ 20 dB = $-$90 dBm

Unter der Annahme der Empfängerempfindlichkeiten aus Tabelle 7.1 wäre gerade noch ein Empfang bei einer Datenrate von 1 Mbit/s möglich; zusätzliche Dämpfungen durch Möbel oder andere Hindernisse würden für einen Abbruch der Verbindung sorgen.

Beispiel 2

Man betrachte einen WLAN Access Point bei f = 2,4 GHz mit EIRP = 10 dBm, der in einer Etage eines Bürogebäudes installiert ist und mehrere Büros versorgen soll, die durch Wände der Dämpfung L_W = 6 dB getrennt sind. Untersucht man, ob fünf Büroräume weiter in einem Abstand von 32 m noch ausreichender Empfang vorliegt, so kann man ähnlich vorgehen wie in Beispiel 1 und zusätzlich die Dämpfung durch Möbel und andere Hindernisse durch einen Verlust von z.B. l_H = 0,2 dB/m berücksichtigen.
RXLEV = EIRP $- 4L_W - r \cdot l_H - 32{,}4 -$
$- 20 \log f - 20 \log r$
= 10 dBm $-$ 25 dB $-$ 5 dB $-$ 40 dB $-$ 30 dB
= $-$90 dBm

Auch in dieser Situation ist unter der Annahme der Empfängerempfindlichkeiten aus Tabelle 7.1 gerade noch ein Empfang bei einer Datenrate von 1 Mbit/s möglich.

Beispiel 3

Man betrachte ein Bluetooth-Modul mit einer EIRP von 0 dBm, das innerhalb eines Wohnhauses betrieben wird. Wie groß ist der Empfangspegel außerhalb des Hauses in 20 m Entfernung, wenn nur eine Außenwand mit L_W = 20 dB, ansonsten aber keine Hindernisse durchdrungen werden müssen?
RXLEV = EIRP $- L_W - 32{,}4 - 20 \log f - 20 \log r$
= 0 dBm $-$ 20 dB $-$ 40 dB
$-$ 26 dB = $-$86 dBm

Mit einem empfindlichen Bluetooth-Modul ist also in diesem Abstand noch ein Empfang möglich.

Beispiel 4

Die Ergebnisse aus den obigen Beispielen spiegeln sich auch in Bild 7.6 wider. Es zeigt die Ergebnisse einer Funkversorgungssimulation für das dreigeschossige Fachhochschulgebäude in Meschede, wobei für die einzelnen Wände jeweils gemessene Dämpfungswerte zugrunde gelegt wurden. Die Dämpfung durch die Decken beträgt 22 dB; für weitere Hindernisse wurde ein Verlust von 0,3 dB pro Meter angenommen. In dem Bild kann man die Reichweite für verschiedene Systemkonfigurationen ablesen. Dabei wurden für die EIRP und die Sensitivity die gleichen Annahmen wie in Tabelle 7.2 getroffen. Die sendende Station (der Access Point) ist im Flur im zweiten Obergeschoss bei X = 40 m platziert.

Betrachtet man Bild 7.6 und die Ergebnisse aus den vorherigen Beispielen, so lassen sich folgende Schlussfolgerungen ziehen:

❑ Eine DECT-Basisstation, ein Bluetooth-Modul (EIRP = 20 dBm) oder ein WLAN Access

128 Aspekte der Funknetzplanung

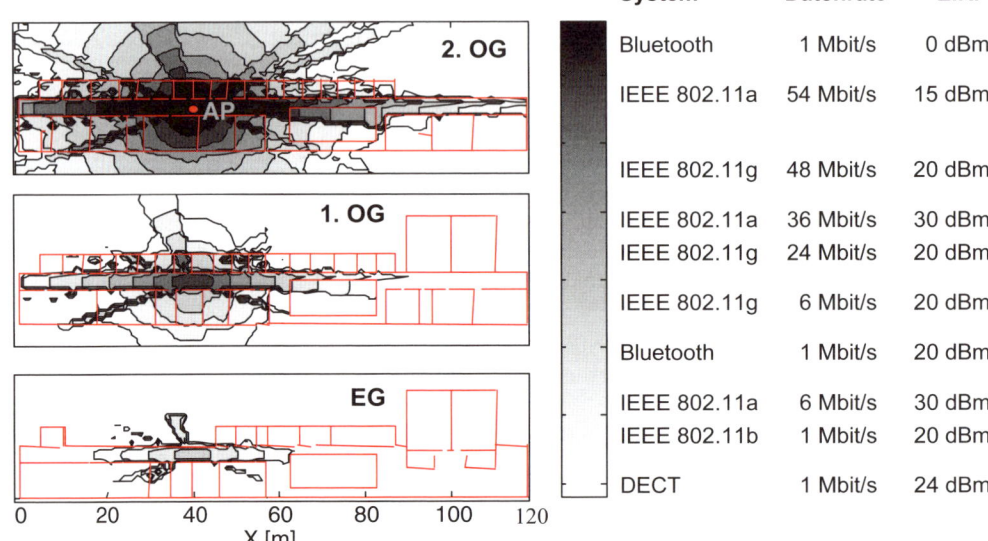

Bild 7.6 Reichweite in einem 3-geschossigen Büro- und Laborgebäude

Point bei mittleren Datenraten ermöglichen innerhalb von Gebäuden auf einer Etage die Versorgung mehrerer Räume und eine Reichweite von ca. 30 bis 50 m (je nach Datenrate).

- In Wohngebäuden ist unter den zuvor genannten Bedingungen auch eine Versorgung der unmittelbar benachbarten Etage möglich, ebenso in Bürogebäuden – dort allerdings nur in einem eingeschränkten Bereich.
- Die Durchdringung einer zweiten Betondecke ist zumeist kritisch, so dass in der übernächsten Etage nur ein äußerst eingeschränkter Empfang möglich ist. Nur bei DECT-Telefonen ist i.Allg. ein guter Empfang selbst bei der Dämpfung durch zwei Decken möglich.
- Bei WLAN-Systemen im 5-GHz- Bereich ist die Dämpfung deutlich stärker als bei 2,4 GHz, so dass für diesen Fall selbst der Empfang in der benachbarten Etage kritisch ist.
- Mit einem innerhalb eines Gebäudes installierten Access Point kann man außerhalb des Gebäudes Reichweiten von mehreren hundert Metern erzielen.

7.4 Kapazitätsplanung

Wie Bild 7.7 zeigt, lässt sich ein Stockwerk des betrachteten 120 Meter langen Gebäudes mit zwei bis drei Access Points oder Basisstationen funktechnisch versorgen. Allerdings steht dann in jedem Stockwerk auch nur die Übertragungskapazität von zwei bis drei Access Points oder Basisstationen zur Verfügung. Ferner ist zu beachten, dass sich im Übergangsbereich zwischen zwei Access Points eventuell nur eine geringe Datenrate erzielen lässt.

> Vom Standpunkt der Kapazität kann es erforderlich sein, weitere Stationen zu installieren. Hat man auf einem begrenzten Raum zahlreiche Access Points installiert, so müssen ihnen Frequenzen in der Weise zugeteilt werden, dass sie sich gegenseitig möglichst wenig stören. Diese Zuteilung kann entweder in einem Planungsprozess durch den Systemadministrator oder dynamisch durch das System selbst erfolgen (siehe Abschnitt 6.2). Die Güte eines Frequenzplans lässt sich anhand der resultierenden SIR-Verteilung beurteilen.

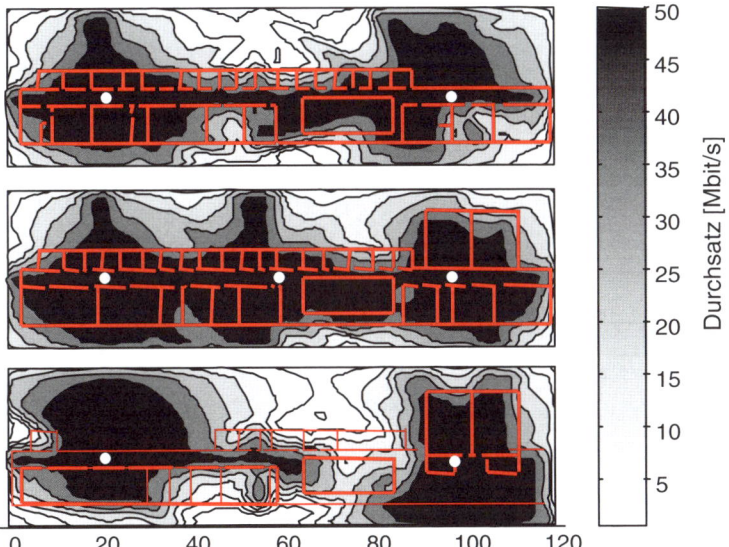

Bild 7.7   Verteilung des Datendurchsatzes bei zwei bis drei Access Points pro Stockwerk

Feste Frequenzplanung
Bild 7.8 zeigt die Simulationsergebnisse zu SIR-Verteilungen für verschiedene Konstellation von Access Points und Frequenzplänen im 1. Obergeschoss des bereits zuvor betrachteten Gebäudes.

Bei der Konstellation K1 wurden im Flur neun Access Points platziert, die alle auf der gleichen Frequenz A arbeiten. Die SIR-Werte liegen in einem großen Bereich deutlich unter 10 dB, so dass ein Betrieb eines WLANs kaum möglich ist.

Die Konstellation K2, bei der die Access Points abwechselnd die Frequenzen A und B verwenden, bringt leichte Verbesserungen.

Beim Einsatz von drei Frequenzen A, B und C in der Konstellation K3 können weitere Verbesserungen erzielt werden, so dass sich in diesem Fall eine hinreichende Netzgüte ergibt, bei der das SIR an fast allen Stellen oberhalb von 15 dB liegt.

Eine weitere Optimierung wurde bei Konstellation K4 vorgenommen, bei der die Access Points – bis auf zwei – nicht im Flur, sondern in den Laborräumen installiert sind. Die dazwischen liegenden Wände schirmen Störung zwischen Access Points mit gleichen Frequenzen ab.

Ein nahezu optimales Ergebnis liefert die Konstellation K5, bei der 12 Access Points zueinander versetzt in zwei Reihen aufgestellt wurden. Auch diese Konstellation arbeitet mit drei verschiedenen Frequenzen A, B und C.

Bei den bisher diskutierten Konstellationen wurde nur ein Stockwerk betrachtet. Zwar sind mögliche Störungen aus benachbarten Stockwerken i.Allg. durch die stark dämpfenden Decken gut abgeschirmt, dennoch ist es ratsam, einige Regeln für die Frequenzplanung zu beachten: Wie in Bild 7.9 illustriert, sollte man in dem benachbarten Stockwerk die Frequenzen in versetzter Weise den Access Points zuteilen, um Störungen zu minimieren.

In dem zuvor betrachteten Szenario kommt man also bei einer sorgfältigen Planung mit drei verschiedenen Frequenzgruppen aus. Steht man jedoch vor der Aufgabe, eine größere Fläche – wie eine Flughafen- oder Messehalle oder ein Stadion – mit zahlreichen Access Points zu versorgen, bei der die gegenseitigen Störungen nicht durch Wände oder Decken voneinander abgeschirmt sind, so sind zusätzliche Maßnahmen erforderlich: Die Störungen müssen durch bündelnde Antennen und die Optimierung ihrer Ausrichtung begrenzt werden. Ohne solche

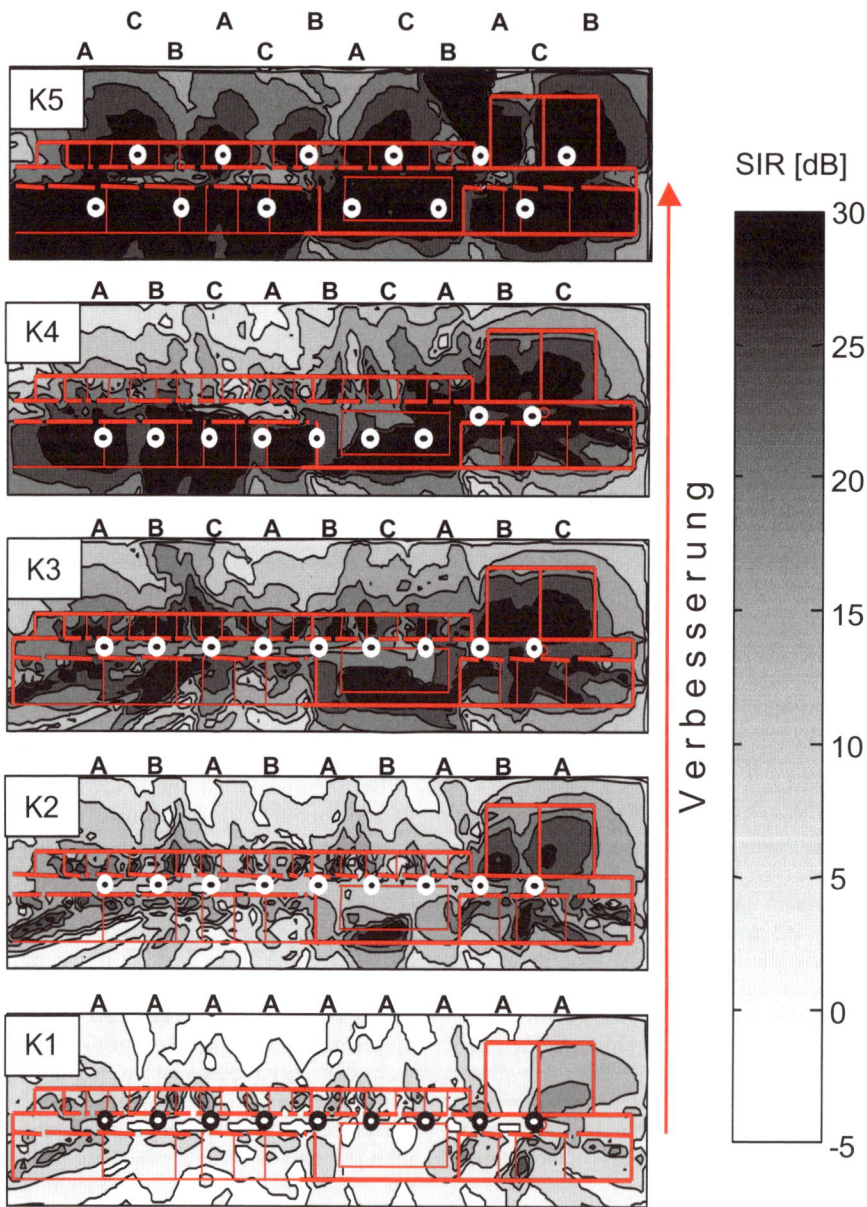

Bild 7.8 SIR bei verschiedenen Konstellationen für die Access Points und die Frequenzmuster aus Frequenzen A, B und C

Kapazitätsplanung

Konfiguration 1

2. Stock

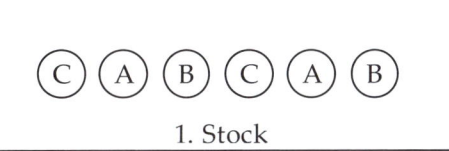

1. Stock

Konfiguration 2

2. Stock

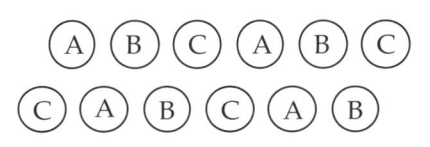

1. Stock

Bild 7.9 Schematische Darstellung von Frequenzmustern für mehrere Stockwerke

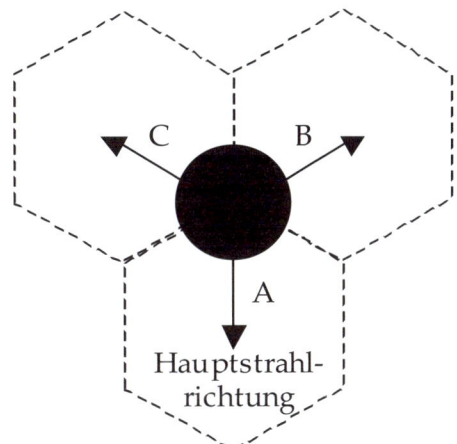

Bild 7.10 Beispiel für einen Standort mit drei Sektoren

Antennen benötigt man deutlich mehr als drei Frequenzen für eine hinreichende Netzgüte.

Eine Möglichkeit, mit bündelnden Antennen eine größere Fläche zu versorgen, besteht in der Verwendung von *sektorisierten Standorten*. Ein Beispiel mit drei Sektoren ist in Bild 7.10 gezeigt: Dabei befinden sich an einem Standort drei Access Points, die auf drei verschiedenen Frequenzen A, B und C arbeiten und ihre Signale über getrennten Antennen mit einem Öffnungswinkel von etwa 120° senden bzw. empfangen.

Dynamische Frequenzwahl
Die bisherigen Betrachtungen gingen davon aus, dass ein Betreiber ein isoliertes Netz in koordinierter Weise plant. In einem Mehrfamilienhaus, in dem mehrere Parteien unabhängig voneinander ein DECT-System oder ein Wireless LAN betreiben, ist eine solche koordinierte Planung jedoch nicht machbar. Auch bei großen Firmennetzen mit Hunderten von Basisstationen oder Access Points, stellt eine dynamische Frequenz- bzw. Kanalwahl, die vom System selbst durchgeführt wird, den einzig gangbaren Weg dar. Allerdings ist zu beachten, dass sich bei Verwendung der jeweiligen Algorithmen nicht die symmetrischen und in gewisser Weise optimalen Frequenzmuster aus Bild 7.8 einstellen. Vielmehr ergibt sich ein unregelmäßigerer Frequenzplan, der i.Allg. eher vier bis fünf als drei Frequenzgruppen benötigt.

Leistungsreduktion

> ❗ Stellt man aus Kapazitätsgründen deutlich mehr Access Points auf, als aus Sicht der Reichweite erforderlich sind, so ist es empfehlenswert, deren Sendeleistung zu reduzieren; denn dadurch verringern sich die Strahlenbelastung von Personen und die Störung für andere Systeme. Ferner lässt sich dadurch die Funkversorgung besser auf den gewünschten Bereich begrenzen, so dass ein unberechtigter Zugriff erschwert wird.

Reduziert man den Zellradius auf 50% des benötigten Wertes, so kann man den Sendepegel gemäß Bild 7.4 um 6 dB bis 10 dB absenken. Bei der Konstellation K5 aus Bild 7.8 kommt es selbst bei einer Reduktion des Sendepegels um 20 dB zu keiner bedeutsamen Beeinträchtigung der Übertragungsbedingungen.

Lastverteilung
Die Übertragungswünsche verteilen sich i.Allg. nicht von vorn herein gleichmäßig auf die Access Points. Um die bereit gestellte Kapazität den Anforderungen anzupassen, kann man beispielsweise in Bereichen hoher Last viele Access Points aufstellen. Eine andere Möglichkeit besteht darin, die Zellfläche weniger belasteter Access Points durch Erhöhung der Sendeleistung zu vergrößern. Umgekehrt reduziert man die Sendeleistung stark belasteter Access Points.

Manche Systeme bieten auch eine automatische Lastverteilung: Ist ein Access Point stark ausgelastet, so wird ein neuer Verbindungswunsch an einen benachbarten weiter gereicht, sofern eine ausreichende Funkversorgung vorliegt.

7.5 Zusammenfassung

Die Funknetzplanung gliedert sich im Wesentlichen in die folgenden beiden Bereiche:
- die Reichweiten- bzw. Funkversorgungsplanung,
- die Kapazitäts- und Frequenzplanung.

Die Reichweite hängt ab von
- den Funkausbreitungsbedingungen (freie Sicht, Hindernisse),
- den Sender- und Empfängerkenngrößen (Sendeleistungen, Störfestigkeit, Antennen, ...),
- den vorliegenden Störungen.

Link Budget
Die Sender- und Empfängerkenngrößen fasst man im Link Budget LB zusammen:

$$LB = TXPWR + G_S - L_{K,S} + G_E - L_{K,E} + G_{AD} - RXLEV_{min}$$

Dabei bezeichnet TXPWR den Sendepegel des Funkmoduls, G den Antennengewinn, L_K den Kabelverlust, G_{AD} den Gewinn durch Antennendiversität und $RXLEV_{min}$ die Empfängerempfindlichkeit. Der Index E bzw. S bezieht sich auf den Empfänger bzw. Sender.

Die Empfindlichkeit des Empfängers ist durch den vorliegenden Rauschpegel N und die Störfestigkeit SNR gegeben:

$$RXLEV_{min} = N + SNR$$

Die Reichweite ergibt sich aus der Relation $LB \leq L_{Funk}(r)$, wobei L_{Funk} die Funkausbreitungsdämpfung ist. Eine Änderung des Link Budgets um 6 dB ändert die Reichweite im Freien um etwa den Faktor 2 und in Gebäuden in etwa um den Faktor 1,5. Grundsätzlich sinkt die Reichweite mit zunehmender Datenrate: Eine Verdopplung bis Verdreifachung der Datenrate benötigt bei gleichbleibender Bandbreite eine um ca. 6 dB erhöhte Störfestigkeit.

Reichweite
Bei Freiraumausbreitungsbedingungen lassen sich mit WLAN- und DECT-Systemen Reichweiten von mehreren Kilometern erzielen. In Gebäuden sinkt die Reichweite – abhängig von den Hindernissen und den erforderlichen Datenraten – auf 10 m bis 100 m.

Kapazität
Eine Erhöhung der Kapazität erzielt man, indem man mehr Access Points aufstellt, als vom Standpunkt der Reichweite erforderlich ist. Ihnen müssen Frequenzen in der Weise zugeteilt werden, dass sie sich gegenseitig möglichst wenig stören. Diese Zuteilung kann entweder in einem Planungsprozess durch den Systemadministrator oder dynamisch durch das System selbst erfolgen. Vielfach reichen drei Frequenzen aus, die man nach einem bestimmten Muster den Access Points zuweist. Bei einer dynamischen Frequenzwahl durch das System sind i.Allg. mehr Frequenzen erforderlich. Die Access Points sollten so platziert werden, dass sie gut gegeneinander abgeschirmt sind. Ist dies nicht möglich, so kann man durch bündelnde Antennen

und deren Ausrichtung für eine Begrenzung gegenseitiger Störungen sorgen.

Bei einer Planung mit erhöhter Zahl von Access Points ist eine Reduzierung der Sendeleistung empfehlenswert, um Störungen zu verringern.

7.6 Übungsaufgaben

7.1 Es liegt eine Antenne mit einem quadratischen Querschnitt von 10 cm × 10 cm vor, die bei einer Frequenz von 5,5 GHz betrieben werden soll. Schätzen Sie mittels der Grafik aus Bild 7.1 den Gewinn und die Halbwertsbreiten der Antennen ab.

7.2 Berechnen Sie die fehlenden Einträge für Tabelle 7.2.

7.3 Aus welchen Größen berechnet sich die Empfängerempfindlichkeit?

7.4 Bei einer bestimmten Konstellation ergibt sich ein Link Budget von LB = 100 dB. Wie groß ist die Reichweite unter Freiraumausbreitungsbedingungen bei f = 2,4 GHz und bei f = 5,5 GHz? Berechnen Sie für beide Fälle die kleine Halbachse des Fresnel-Ellipsoiden.

7.5 Betrachten Sie zwei Funkmodule mit einem Sendepegel von TXPWR = 12 dBm, an die über Kabel der Länge l = 5 m (Dämpfung 0,2 dB/m) jeweils eine Antenne mit 6 dBi Gewinn angeschlossen ist. Die Empfängerempfindlichkeit beträgt jeweils −90 dBm. Wie groß ist die EIRP und wie groß das Link Budget?

7.6 Um welche Faktoren ändert sich die Reichweite, wenn man das Link Budget um 3 dB bzw. um 6 dB ändert? Betrachten Sie dabei Potenz-Gesetze für die Funkausbreitung mit β = 2 und β = 4.

7.7 Der Empfangspegel eines Signals beträgt −90 dBm. Wie groß ist die Energie pro Bit bei einer Datenrate von 1 Mbit/s bzw. 10 Mbit/s?

7.8 Betrachten Sie Daten der Rate 1 Mbit/s, 2 Mbit/s und 10 Mbit/s, die mittels einer BPSK mit Code-Rate ½ zu übertragen sind. Der Empfänger besitzt ein Rauschmaß von Z = 12 dB und eine Störfestigkeit gemäß Tabelle 3.2. Schätzen Sie die Empfängerempfindlichkeit ab.

7.9 In einem 3-stöckigen Gebäude werden in allen drei Stockwerken jeweils vier Access Points in einer Reihe aufgestellt. Welchen Frequenzplan empfehlen Sie?

7.10 Bei einer Versorgung einer Messehalle mit Access Points des Standards IEEE 802.11g stellt sich heraus, dass man fünf verschiedene Frequenzgruppen benötigt. Welche Schwierigkeit tritt dabei auf? Wie kann man das Problem lösen?

8 Sicherheitsaspekte

8.1 Allgemeine Anforderungen

Wie in Abschnitt 7.3 erläutert, sind i.Allg. auch außerhalb der eigentlich zu versorgenden Räume, Gebäude oder Bereiche ein Empfang der Funksignale und eine Decodierung der Daten möglich. Ebenso können aus diesen «fremden» Gebieten unerwünschte Daten an die Funkmodule des lokalen Funknetzes gesendet werden.

Mögliche Angriffe und Gegenmaßnahmen

> Sofern man keine speziellen Sicherheitsvorkehrungen trifft, ist somit ein Funknetz sehr anfällig gegenüber verschiedene Angriffen; dazu gehören:
> - das Abhören der Verbindung,
> - der unberechtigte Zugriff auf das Netz,
> - die Manipulation der übertragenen Daten,
> - die Erstellung von Nutzungs- und Bewegungsprofilen,
> - die Störung des Netzbetriebs (Denial-of-Service-Attacken).

Was den unberechtigten Zugriff auf das Netz betrifft, so ist beispielsweise zu verhindern, dass ein Unberechtigter über eine DECT-Basisstation telefoniert oder über einen Access Point auf das Internet oder ein Firmennetz zugreift. Ebenso muss man aber auch gewährleisten, dass sich eine Mobilstation nicht bei einem unbefugt aufgestellten Access Point einbucht und an diesen vertrauliche Daten wie Passwörter sendet. Ferner ist bei einer Datenübertragung die Authentizität zu prüfen: Stammen die Daten tatsächlich von dem richtigen Absender? Diese Frage ist eng verknüpft mit der Frage der Gewährleistung der Integrität von Daten: Wie lassen sich Daten gegen Manipulationen schützen.?

Störungen des Netzbetriebs können auf sehr unterschiedliche Weise erfolgen, die dementsprechend auch verschiedene Gegenmaßnahmen erfordern:

- Einer Überflutung mit Meldungen (Spam) kann man durch den Einsatz einer Firewall entgegenwirken, die nur Pakete mit vordefinierten Eigenschaften in das Netz lässt und eventuell auch deren Inhalt prüft. Ein integriertes Intrusion Detection System warnt vor unerwünschten Eindringversuchen.
- Eine Zerstörung von Access Points (Vandalismus) kann durch eine sichere Montage verhindert werden.
- Vor unbeabsichtigten Störungen durch andere Systeme und Sender schützen weitgehend die in Kapitel 6 diskutierten Methoden.

Tabelle 8.1 Überblick über Sicherheitsaspekte

Ziel	Maßnahme
Abhörsicherheit	Verschlüsselung (Ciphering/Encryption)
Schutz gegen Manipulation von Datenpaketen	Integritätsprüfung (Message Integrity Check)
Schutz gegen unberechtigten Netzzugriff / Zugangsberechtigungsprüfung	Authentifizierung (Authentication)
Wahrung der Anonymität eines Teilnehmers	Verschlüsselung der Identität und temporäre Kennungen
Schutz gegen Störungen des Netzbetriebs, d.h. gegen Denial-of-Service-Attacken	verschiedene Maßnahmen

Dieses Kapitel diskutiert die allgemeinen Prinzipien der Sicherheitsmaßnahmen, die in Tabelle 8.1 zusammengestellt sind. Die konkreten Ausprägungen und Umsetzungen werden im Zusammenhang mit den jeweiligen Funksystemen (Kapitel 9 bis 12) detaillierter erläutert.

Konfiguration

> Bei der Inbetriebnahme eines lokalen Funknetzes ist es wichtig, die zur Verfügung stehenden Maßnahmen auch tatsächlich zu aktivieren und richtig zu konfigurieren. Insbesondere sollten Schlüssel bzw. Passwörter so lang wie möglich sein und aus einer schwer zu erratenden, zufälligen Zeichenfolge bestehen.

Zuordnung zu einer Kommunikationsschicht
Bei dem Entwurf eines Kommunikationssystems erhebt sich die Frage danach, in welcher Schicht die Sicherheitsmaßnahmen angesiedelt sein sollten.

Für eine Ansiedlung in den unteren Kommunikationsschichten spricht, dass sie dort

❏ effizient zu realisieren sind (z.B. in der Hardware von Funkmodulen),
❏ für alle Anwendungen zur Verfügung stehen,
❏ eine Verschlüsselung der Header (insbesondere der Adressen) aus höheren Schichten liefern.

Die Ansiedlung in den oberen Kommunikationsschichten hat die Vorteile,

❏ dass die Verfahren dem Sicherheitsbedarf des jeweiligen Dienstes angepasst werden können,
❏ dass beispielsweise die Verschlüsselung für die Gesamtstrecke zwischen den beiden Kommunikationspartnern und nicht nur für Teilstrecken garantiert ist.

Bei den in diesem Buch behandelten Funksystemen sind die Sicherheitsmaßnahmen weitgehend in der Sicherungsschicht (Schicht 2) realisiert.

8.2 Verschlüsselung

8.2.1 Allgemeine Prinzipien

> Das Prinzip der Verschlüsselung besteht darin, dass man die zu übertragende Meldung (den Klartext) durch einen Algorithmus gezielt verändert, so dass der so genannte *Chiffretext* entsteht. Dabei wird der Algorithmus durch einen Parameter, den Schlüssel K (englisch: Key), gesteuert. Der Empfänger muss die Veränderungen durch einen zugehörigen Entschlüsselungsalgorithmus und Empfangsschlüssel K_E rückgängig machen. Auf die Algorithmen und das Paar aus Sende- und Empfangsschlüssel (K_S und K_E) müssen sich Sender und Empfänger vor Beginn der verschlüsselten Übertragung einigen.

Dieses Prinzip ist in Bild 8.1 illustriert.

In einem Funksystem ist zumeist nur ein Verschlüsselungsverfahren (oder nur sehr wenige) realisiert; dagegen werden die Schlüssel den Teilnehmern, Geräten oder auch Verbindungen i.Allg. individuell zugeordnet. Zur Verbesserung der Sicherheit sind vielfach Schlüsselwechsel nach einer gewissen Zeit vorgesehen.

> Je nachdem, ob bei der Entschlüsselung der gleiche oder ein anderer Schlüssel verwendet wird wie bei der Verschlüsselung, unterscheidet man zwischen symmetrischen und asymmetrischen Verschlüsselungsverfahren:
>
> ❏ symmetrische Verschlüsselung:
> $K_E = K_S$ (Stromchiffre, Blockchiffre),
> ❏ asymmetrische Verschlüsselung:
> $K_E \neq K_S$ (bei Public-Key-Verfahren).
>
> Bei der symmetrischen Verschlüsselung unterscheidet man die folgenden beiden Ansätze:
>
> ❏ die Stromchiffre,
> ❏ die Blockchiffre.

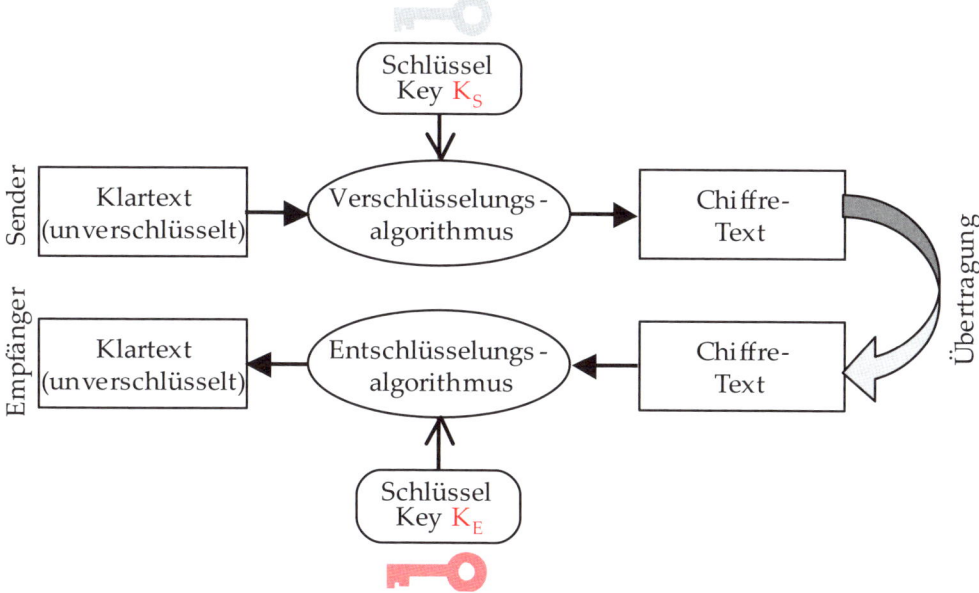

Bild 8.1   Das Prinzip der Verschlüsselung

Ein einfaches Beispiel für eine Verschlüsselung besteht in dem (sehr unsicheren) Verfahren, jeden Buchstaben in einem Text durch den Buchstaben zu ersetzen, der im Alphabet K Stellen weiter hinten steht. Der Algorithmus ist dabei die Verschiebung, der Schlüssel ist die Anzahl der Positionen im Alphabet, um die verschoben werden soll. In dem Beispiel aus Bild 8.2 (linke Hälfte) erfolgt eine Verschiebung um 2 Positionen nach links (K = 2); der Empfänger entschlüsselt, indem er eine Verschiebung um 2 Positionen nach rechts vornimmt. Die Verschlüsselung besteht also in einer Substitution, d.h. in einer Ersetzung eines Zeichens (Buchstabens) durch einen anderes. Ein weiteres Beispiel für eine Verschlüsselung ist die im rechten Teil von Bild 8.2 illustrierte Permutation, bei der die Reihenfolge der Zeichen in dem Klartext in bestimmter Weise geändert wird.

8.2.2   Stromchiffre

Ziel bei einer Verschlüsselung ist es, eine möglichst unregelmäßige Zeichenfolge als Chiffre-Text zu erzeugen, so dass sich möglichst keine Rückschlüsse auf den Klartext ziehen lassen.

In einem digitalen Übertragungssystem besteht die Zeichenfolgen aus einer Folge aus Bits. Bei dem Stromchiffre-Verfahren (Bild 8.3) erzeugt man zusätzlich zu der Klartext-Bitfolge eine Zufallsbitfolge, den so genannten *Schlüsselstrom*, den man zu der Klartext-Bitfolge addiert, und zwar mittels einer Modulo-2-Addition (siehe Anhang D). Die Entschlüsselung erfolgt, indem der Empfänger zu dem

Substitution	**Permutation**
(Ersetzung)	(Vertauschung der Reihenfolge)
ABCD ... WXYZ ↓ ↓ ↓ ↓ YZAB ... UVWX	1 → 4, 2 → 3, 3 → 5, 4 → 8, ...
KLARTEXT ⇩ IJYPRCVR	KLARTEXT ⇩ XELKATTR

Bild 8.2   Einfache Verschlüsselungsverfahren

138 Sicherheitsaspekte

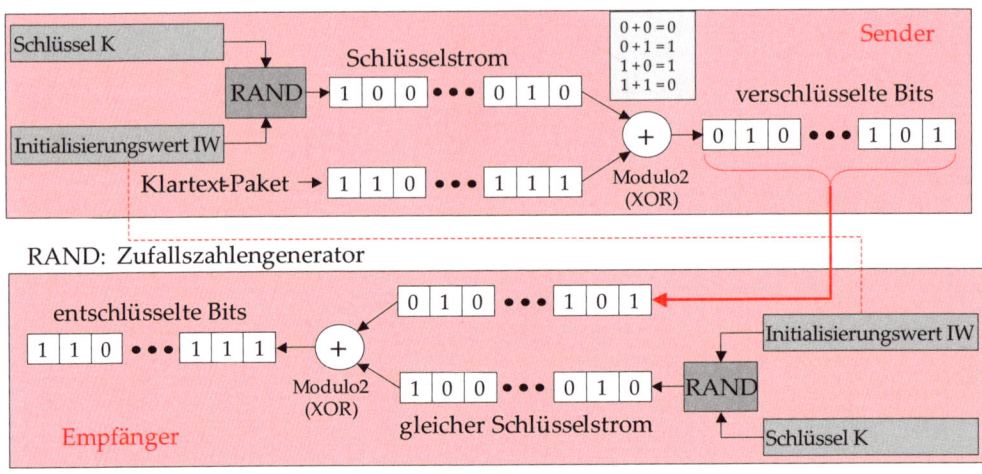

Bild 8.3 Das Prinzip der Stromchiffre

empfangenen Datenpaket den gleichen Schlüsselstrom wie der Sender addiert; denn bei der Modulo-2-Addition hebt sich die zweimalige Addition desselben Wertes auf.

Die Erzeugung des Schlüsselstroms erfolgt über einen Zufallszahlengenerator, der über zwei Eingabeparameter gesteuert wird – über den Schlüssel K und einen Initialisierungswert IW. Die Bits im Schlüsselstrom ergeben sich natürlich nicht nach einem echten Zufallsprozess, sondern werden durch einen bestimmten Algorithmus berechnet, so dass man bei Eingabe der gleichen Werte für K und IW den gleichen Schlüsselstrom erhält. Allerdings sollten in dem Schlüsselstrom keine Regelmäßigkeiten zu erkennen sein; die Verteilung von Nullen und Einsen sollte wie bei einem echten Zufallsprozess sein.

> Das Stromchiffre-Verfahren stellt ein sicheres Verfahren dar, sofern
> ❑ ein guter Zufallszahlengenerator verwendet wird,
> ❑ der Schlüssel K geheim bleibt
> ❑ und alle Datenpakete mit unterschiedlichen Schlüsselströmen verschlüsselt werden.

Überträgt man zwei Datenpakete D_1 und D_2 mit dem gleichen Schlüsselstrom S, so kann ein Angreifer die beiden verschlüsselten Datenpakete $D_1 \oplus S$ und $D_2 \oplus S$ addieren ($\oplus$: Modulo-2-Addition), und er erhält:

$(D_1 \oplus S) \oplus (D_2 \oplus S) = D_1 \oplus D_2 \oplus S \oplus S = D_1 \oplus D_2$,

d.h. die Summe der beiden Klartexte. Aus der Summe kann der Angreifer Rückschlüsse auf die beiden einzelnen Datenpakete ziehen, insbesondere dann, wenn Teile der Datenpakete wie Adress- und Steuerungsinformationen bekannt sind.

Die Variation des Schlüsselstroms bewerkstelligt man, indem man von Datenpaket zu Datenpaket den Wert von IW ändert. IW kann sich beispielsweise aus einer Nummerierung der Datenpakete oder der Systemzeit an einer Basisstation (Access Point) ergeben. Da der aktuelle Wert von IW auch dem Empfänger als Eingabewert für den Zufallszahlengenerator bekannt sein muss, wird er vielfach (unverschlüsselt) an das zu übertragende Datenpaket angehängt. In der Praxis gibt es immer einen Maximalwert für IW. Für die ursprünglichen Verschlüsselungsverfahren bei IEEE 802.11 beträgt er beispielsweise 2^{24}; spätestens nach ungefähr vier Millionen Datenpaketen wiederholt sich also in diesem Fall der Schlüsselstrom.

> Stromchiffre-Verfahren sind einfach zu realisieren und mit mäßigem Rechenaufwand

> durchzuführen. Daher sind sie in verschiedenen Ausprägungsformen in nahezu allen modernen Funksystemen vorgesehen: bei GSM und UMTS, aber auch bei DECT, Bluetooth und IEEE 802.11.

Bekanntestes Beispiel ist der so genannte *RC4-Algorithmus*, der nach seinem Entwickler, dem amerikanischen Kryptologen RONALD L. RIVEST, benannt ist. In der ursprünglichen Version von IEEE 802.11 wurde der Algorithmus mit einer Schlüssellänge von 64 Bits eingesetzt, er lässt aber auch andere Schlüssellängen mit bis zu 2048 Bits zu.

8.2.3 Blockchiffre

> Eine andere Art der symmetrischen Verschlüsselung stellt die Blockchiffre dar, bei der man den Datenstrom in Blöcke einer festen Größe einteilt und dann jeden einzelnen dieser Blöcke einen Verschlüsselungsalgorithmus zuführt. I.Allg. bieten Blockchiffre-Verfahren ein höheres Sicherheitsniveau als Stromchiffre-Verfahren.

Digital Encryption Standard, DES
Einer der bekanntesten und effizientesten Algorithmen wurde um 1970 entwickelt und als **D**igital **E**ncryption **S**tandard (DES) standardisiert.
   Der Schlüssel K besteht aus 56 Bits, zu denen noch 8 Bits für eine Prüfsummenbildung dazu kommen. Es gibt also $2^{56} \approx 63 \cdot 10^{15}$ verschiedene Schlüssel. DES arbeitet mit Blöcken zu 64 Bits, von denen jeder in 16 Iterationsschritten in Abhängigkeit von dem Schlüssel K mittels Substitutionen, Permutationen und Modulo-2-Additionen (wie bei den Stromchiffren) verarbeitet wird. Das DES-Verfahren lässt sich sehr effizient als Hardware realisieren, Software-Realisierungen arbeiten dagegen vielfach zu langsam. Das Verfahren gilt heutzutage – u.a. wegen der vergleichsweise kurzen Schlüssellänge von 56 Bits – nicht mehr als absolut sicher. Daher wurden andere verbesserte Verfahren entwickelt.

Triple-DES / 3DES
Bei dem 3DES-Verfahren wird der DES-Algorithmus dreimal hintereinander durchlaufen, wobei man im ersten und dritten Durchlauf den gleichen, im zweiten Durchlauf einen anderen Schlüssel verwendet. Dadurch erhöht man effektiv die Schlüssellängen, aber auch den Rechenaufwand für die Verschlüsselung.

Advanced Encryption Standard, AES

> Als heutzutage absolut sicher gilt das um 2000 entwickelte Verfahren, das 2001 als **A**dvanced **E**ncryption **S**tandard (AES) von dem amerikanischen **N**ational **I**nstitute of **S**tandards and **T**echnology (NIST) standardisiert wurde. Es verwendet ähnliche Prinzipien wie DES und kann mit drei verschiedenen Schlüssellängen arbeiten, nämlich mit Schlüsseln aus 128, 192 oder 256 Bits. Auch wenn das Verfahren deutlich mehr Rechenleistung erfordert als DES, lässt es sich mit heutiger Hardware sehr effizient realisieren.

Weitere Blockchiffres
Bei den zuvor genannten Blockchiffre-Verfahren handelt es sich sicherlich um die derzeit bedeutendsten. Daneben gibt es noch einige andere Verfahren, die hier nur kurz aufgezählt werden sollen:

- Blowfish (Schlüssellänge: 32 bis 448 Bits),
- Cast (Schlüssellänge: variabel),
- Idea (Schlüssellänge: 128 Bits),
- Safer (Schlüssellänge: 64 oder 128 Bits).

Die bisher besprochen symmetrischen Verschlüsselungsverfahren stellen – bei korrekter Anwendung – sehr sichere Methoden dar, die sich auch effizient realisieren lassen; doch gibt es bei ihnen ein prinzipielles Problem: Zwei Kommunikationspartner benötigen den gleichen individuellen Schlüssel, der zuvor auf einem sicheren Weg zwischen ihnen ausgetauscht werden muss. Gerade bei großen Netzen mit vielen hundert oder tausend Nutzern stellt dies eine große Herausforderung an das Schlüsselmanagement dar.

8.2.4 Asymmetrische Verschlüsselung und Public-Key-Verfahren

> ! Bei Public-Key-Verfahren löst man das Problem des Schlüsselmanagements, indem die beiden Kommunikationspartner A und B zwei verschiedene Schlüssel verwenden: einen öffentlichen Schlüssel $K_ö$ zum Verschlüsseln und einen privaten (geheimen) Schlüssel K_p zum Entschlüsseln. Es handelt sich also um asymmetrische Verschlüsselungsverfahren.

Public-Key-Verfahren beruhen auf dem Prinzip, dass manche mathematischen Operationen sehr viel weniger Rechenaufwand benötigen als die zugehörige Umkehroperation. So ist es beispielsweise sehr einfach, zwei Primzahlen miteinander zu multiplizieren; hingegen erfordert die Zerlegung einer Zahl aus mehreren hundert Ziffern in ihre Primfaktoren selbst bei sehr leistungsfähigen Computern eine Rechenzeit von vielen Jahren. Diese Tatsache nutzt das von den Kryptologen RIVEST, SHAMIR und ADLEMAN entwickelte so genannte RSA-Verfahren (Bild 8.4).

Das RSA-Verfahren

Als privaten (geheimen) Schlüssel wählt man auf zufällige Weise ein Paar von großen Primzahlen p und q: K_p = (p, q).

Der öffentliche Schlüssel besteht aus dem Produkt aus p und q (R = p · q) sowie aus einer Zahl e, die zu dem Produkt (p–1)·(q–1) teilerfremd ist: $K_ö$ = (R, e).

Wegen des erwähnten großen Rechenaufwandes lässt sich aus dem bekannten öffentlichen Schlüssel der private Schlüssel (d.h. die Primfaktorzerlegung) praktisch nicht berechnen.

Die zu verschlüsselnde Nachricht bildet man auf einer Zahlenfolge ab. Von den einzelnen Zahlen bildet man die *e*-te Potenz (modulo R).

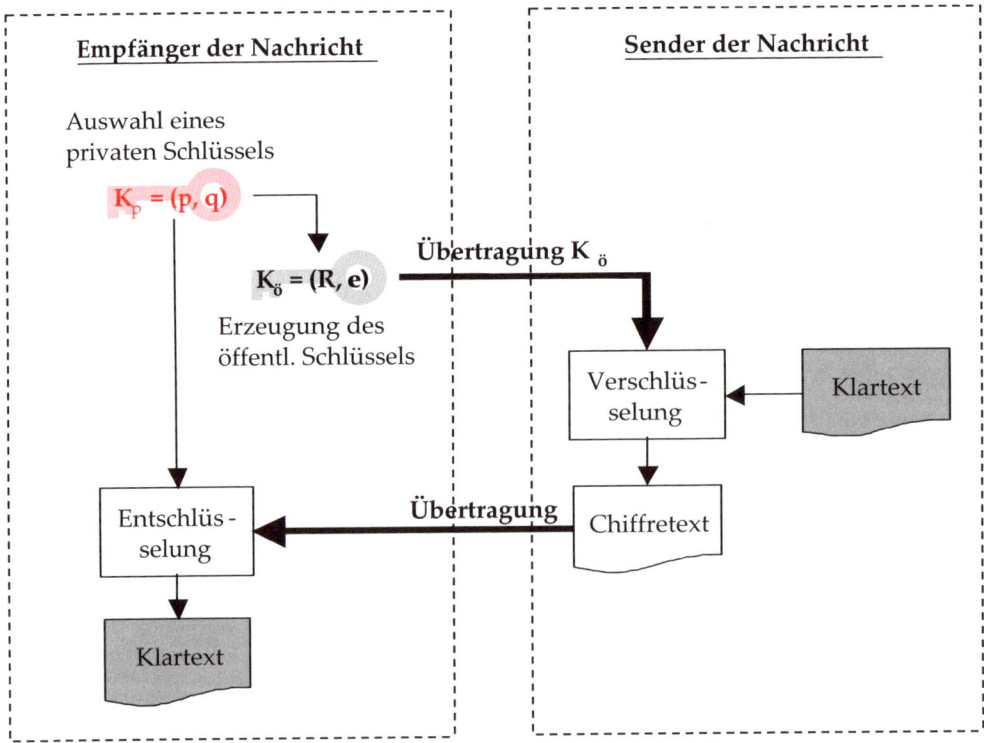

Bild 8.4 Public-Key-Verfahren

Zum Entschlüsseln der Nachricht benötigt man die beiden Primfaktoren p und q von R getrennt – also den privaten Schlüssel.

> ! Ein Public-Key-Verfahren wie das RSA-Verfahren löst zwar das Problem des Schlüsselaustausches, erfordert aber andererseits deutlich mehr Rechenaufwand (z.B. für die Potenz- und Modulo-Bildung).
> Daher setzt man die Public-Key-Verfahren nicht direkt zur Verschlüsselung der eigentlichen Nachrichten ein, sondern zum sicheren Austausch von Schlüsseln für eine anschließende symmetrisches Verschlüsselungsmethode.

Ein weiteres Anwendungsgebiet der Public-Key-Verfahren liegt auf dem Gebiet der Digitalen Signaturen und Digitalen Zertifikate (siehe Abschnitt 8.4.2).

8.3 Integritätsprüfung

Im Zusammenhang mit dem Schutz vor Übertragungsfehler wurde in Abschnitt 3.2 das Thema Paritätsprüfung bzw. Cyclic Redundancy Check (CRC) besprochen. Bei diesen Verfahren wird eine Prüfsumme mit folgenden Eigenschaften an das zu übertragende Datenpaket gehängt:

a) Die Prüfsumme ist eine Art Extrakt aus dem Datenpaket – d.h., sie enthält (deutlich) weniger Bits als das Datenpaket.
b) Geringfügige Änderungen des Datenpakets ändern den Wert der Prüfsumme.

Die bisher besprochen Methoden mit den Eigenschaften (a) und (b) sind zwar geeignet, zufällige Fehler im Datenpaket, die durch schlechte Übertragungsbedingungen entstehen, zu erkennen. Sie sind jedoch wirkungslos gegen gezielte Manipulationen. Beispielsweise lässt sich eine mehrziffrige Zahl (ein Datenpaket) sehr leicht so verändern, dass sich die gleiche Quersumme (Prüfsumme) ergibt.
Für eine kryptographische Integritätsprüfung gibt es daher eine zusätzliche Anforderung:

c) Zu einem gegebenen Prüfsummenwert (dem so genannten Hash-Wert) darf es nicht (oder nur mit erheblichem Aufwand) möglich sein, eine Meldung zu berechnen, die diesen Hash-Wert liefert.

Eine Funktion, die die oben genannten drei Eigenschaften (a), (b) und (c) besitzt, nennt man eine *kryptographische Hash-Funktion*. Eine Hash-Funktion kann schlüsselabhängig gestaltet werden, indem man z.B. den Hash-Wert aus einer Meldung berechnet, die sich aus dem eigentlichen Datenpaket und einem geheimen (symmetrischen) Schlüssel zusammensetzt.
Wichtige Hash-Funktionen tragen die Bezeichnungen,

❑ Secure Hash Algorithm (SHA-x),
❑ Message Digest (MDx),

wobei x die Versionsnummer des Verfahrens ist.
Eine andere Möglichkeit, die Integrität der übertragenen Daten zu prüfen, besteht in der Verwendung eines symmetrischen Verschlüsselungsverfahren. Verändert ein Angreifer ein verschlüsseltes Datenpaket – ohne es selbst entschlüsseln zu können –, so führt dies nach der Entschlüsselung am Empfänger zu einer zufälligen Bitfolge. Ist der Empfänger in der Lage, diese zufällige Bitfolge von einem sinnvollen Datenpaket zu unterscheiden, so kann er das verfälschte Paket verwerfen.
Verwendet man statt des symmetrischen ein asymmetrisches Verschlüsselungsverfahren, so kommt man zur Integritätsprüfung mittels einer Digitalen Signatur. Dieses Thema wird im folgenden Abschnitt genauer diskutiert.

8.4 Authentifizierung

8.4.1 Allgemeines

> ! Unter Authentifizierung (engl. *authentication*) versteht man die Prüfung der Echtheit von Daten; d.h., man prüft, ob die Daten tatsächlich von dem angegebenen (und sendeberechtigten) Absender stammen. Mittels Authentifizierung können ein unberechtigter Zugriff auf das Netz

> und eine Entgegennahme und Speicherung von Daten mit unklarem Ursprung verhindert werden.

Im ersten Schritt muss also derjenige, der einen Telekommunikationsdienst in Anspruch nehmen möchte, seine Identität mitteilen. Die entsprechende Person oder das Gerät nennt man den *Anfrager* oder *Supplikanten*. Die Einheit, die die Zugriffsberechtigung und Echtheit der Identität prüft, heißt *Authentifizierer*.

Die Authentifizierung kann durch

- Wissen (z.B. Passwörter oder Geheimnummern),
- Besitz (z.B. Ausweis, Chip-Karte oder Funkmodul mit bestimmter Hardware-Adresse),
- ein persönliches Merkmal (Stimme, Fingerabdruck, Unterschrift, ...)

erfolgen.

In Funknetzen wird heutzutage vorwiegend die Authentifizierung durch Wissen eingesetzt, wobei darauf zu achten ist, dass das Wissen geheim bleibt. Passwörter sollten daher beispielsweise schwer zu erraten sein, verschlüsselt übertragen und häufig gewechselt werden.

Verschiedentlich erfolgt die Authentifizierung auch durch Besitz, nämlich dann, wenn Hardware-Adressen abgefragt werden oder wenn Funkmodule ähnlich wie Handys einen Einschub für Identifikationskarten besitzen.

8.4.2 Verfahren zur Authentifizierung

Voraussetzung für eine Authentifizierung ist, dass der anfragende Teilnehmer (bzw. das anfragende Hardware-Modul oder Programm) seine Identität I (Name, Kennung) an den Authentifizierer übergibt, der dann bei der Authentifizierung überprüft, ob diese Kennung tatsächlich von dem zugehörigen Teilnehmer übermittelt wurde (siehe Bild 8.5).

Passwörter

Die einfachste Methode ist die der Authentifizierung über ein Passwort bzw. eine persönliche Identifikationsnummer, PIN. Wird ein und dasselbe Passwort aber häufig unver-

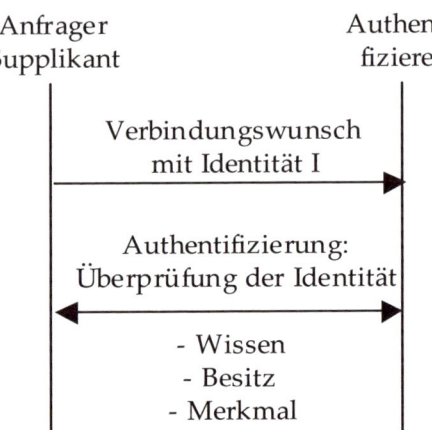

Bild 8.5 Prinzipieller Ablauf der Authentifizierung

schlüsselt übertragen, so birgt dieses Verfahren ein hohes Sicherheitsrisiko. Eine gewisse Abhilfe schaffen wechselnde Passwörter, jedoch sind diese mit einem erhöhten Verwaltungsaufwand verbunden.

Verschlüsselung von Passwörtern

Eine erhebliche Verbesserung erzielt man, indem man Passwörter nicht direkt, sondern nur einen Hash-Wert des Passwortes oder das Passwort in verschlüsselter Form überträgt. Das Prinzip ist in Bild 8.6 illustriert.

Challenge-Response-Verfahren

Eine direkte Übertragung des Passwortes vermeiden auch die weit verbreiteten Challenge-Response-Verfahren (Bild 8.7). Beide Seiten – Anfrager und Authentifizierer – sind im Besitz des Passwortes bzw. des Authentifizierungsschlüssels K(I), der zu der Identität I des Anfragers gehört. Bei einer Anfrage erzeugt der Authentifizierer eine Zufallszahl und sendet sie als Herausforderung (Challenge) an den Anfrager. Dieser berechnet daraus – unter Verwendung seines Schlüssels K(I) – einen Hash-Wert (oder einen verschlüsselten Wert) und sendet ihn als Antwort (Response) zurück. Der Authentifizierer vergleicht diese Antwort mit seinen eigenen Berechnungen. Stimmt Beides überein, so ist der Anfrager authentifiziert.

Authentifizierung   143

Bild 8.6
Authentifizierung durch
verschlüsselte Passwörter

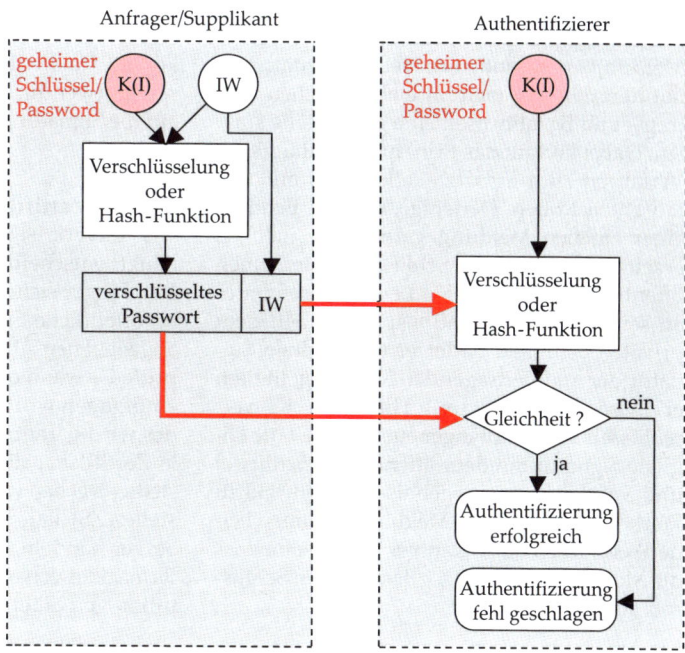

Bild 8.7
Challenge-Response-
Verfahren

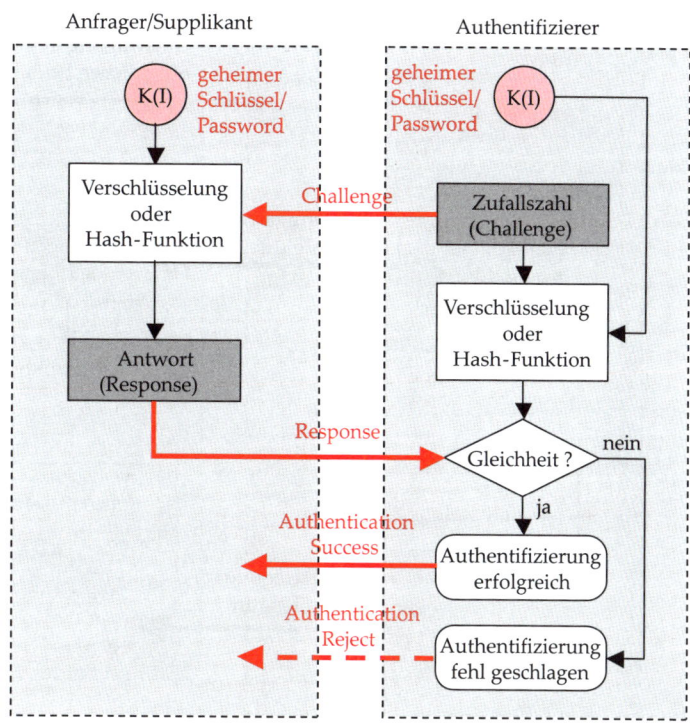

Digitale Signaturen

Ein anderes Verfahren, um die Echtheit einer Meldung zu garantieren, stellen Digitale Signaturen dar, die auch im elektronischen Vertrags- und Bezahlwesen eine große Rolle spielen. Dabei kommt das Prinzip der Public-Key-Verfahren zum Einsatz – allerdings mit vertauschten Rollen. Derjenige, der die Echtheit einer eigenen Meldung garantieren möchte, erzeugt einen privaten Schlüssel K_p und einen öffentlichen Schlüssel $K_ö$. Letzteren sendet er an seinen Kommunikationspartner. Mit dem privaten Schlüssel bildet er die Digitale Signatur der zu übertragenden Meldung, in dem er ihren Hash-Wert mit Hilfe von K_p verschlüsselt. Der Empfänger entschlüsselt die Digitale Signatur mit dem öffentlichen Schlüssel und vergleicht das Ergebnis mit dem Hash-Wert der empfangenen Meldung. Stimmen beide Werte überein, so kann er sicher sein, dass die Meldung vom Besitzer des privaten Schlüssels stammt.

Anzumerken ist, dass man statt des Hash-Wertes auch die komplette Meldung signieren könnte. Da dies bei einer langen Meldung aber sehr aufwendig sein kann, greift man zumeist auf die Signatur des kürzeren Hash-Wertes zurück.

Digitale Zertifikate

Die Zuverlässigkeit der Digitalen Signatur hängt entscheidend davon ab, ob sich der Empfänger sicher sein kann, dass der erhaltene öffentliche Schlüssel tatsächlich von dem angegebenen Absender stammt. Ebenso ist zu prüfen – wenn der Schlüssel vor längerer Zeit empfangen wurde –, ob er noch gültig ist. Beides wird garantiert durch so genannte Digitale Zertifikate, die durch eine Zertifizierungsstelle vergeben werden. Bei der Zertifizierungsstelle (ZS) kann es sich um einen speziellen Server handeln, der entweder innerhalb einer Firma oder von einer vertrauenswürdigen Institution verwaltet wird.

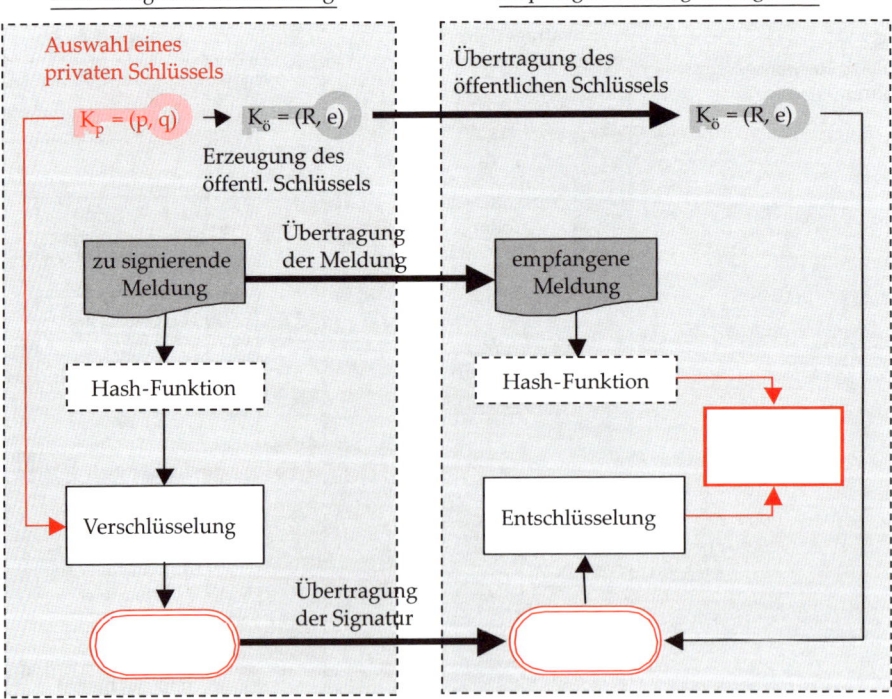

Bild 8.8 Authentifizierung und Digitale Signatur

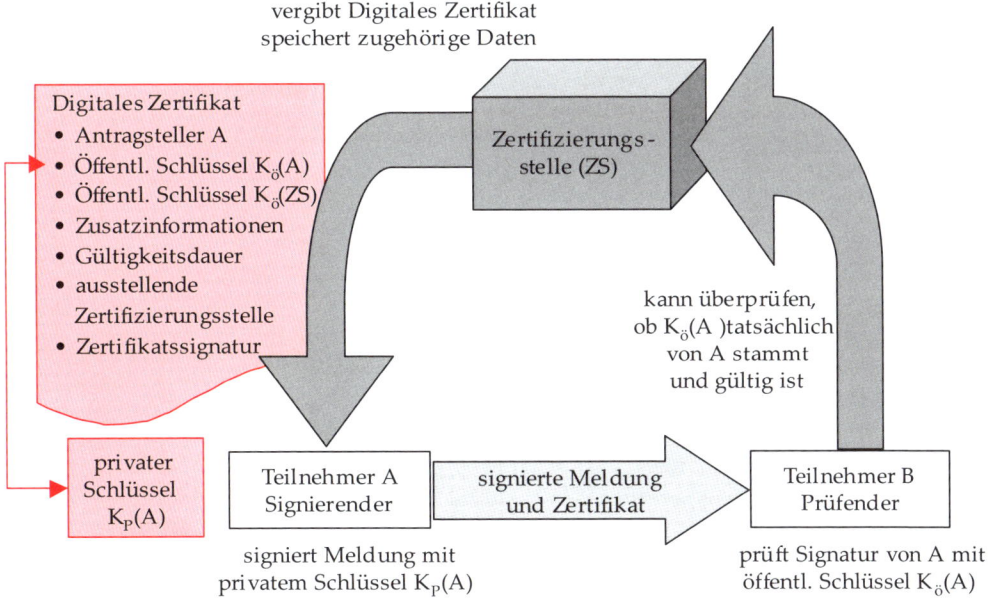

Bild 8.9   Digitale Signatur und Digitale Zertifikate

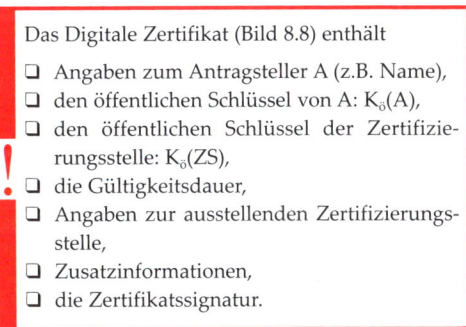

Das Digitale Zertifikat (Bild 8.8) enthält
- Angaben zum Antragsteller A (z.B. Name),
- den öffentlichen Schlüssel von A: $K_ö(A)$,
- den öffentlichen Schlüssel der Zertifizierungsstelle: $K_ö(ZS)$,
- die Gültigkeitsdauer,
- Angaben zur ausstellenden Zertifizierungsstelle,
- Zusatzinformationen,
- die Zertifikatssignatur.

Die Zertifikatssignatur wird wie in Bild 8.9 dargestellt gebildet – allerdings mit dem privaten Schlüssel der Zertifizierungsstelle. Mit Hilfe von $K_ö(ZS)$ kann der Empfänger die Signatur der Zertifizierungsstelle prüfen, ferner kann er bei der Zertifizierungsstelle anfragen, ob die Daten des Zertifikats gültig sind.

Authentifizierung auf Basis Digitaler Zertifikate

Bild 8.10 zeigt ein Beispiel, wie Digitale Zertifikate für die Authentifizierung verwendet werden können. Der Authentifizier sendet eine Zufallszahl als Challenge an den Anfrager. Dieser signiert sie mit seinem privaten Schlüssel und sendet die Signatur als Response zusammen mit dem zugehörigen Zertifikat zurück. Der Authentifizierer prüft das Zertifikat und damit die Echtheit der Signatur. Anschließend entschlüsselt er die Response mit dem verifizierten öffentlichen Schlüssel des Anfragers. Stimmt der Wert mit der erzeugten Zufallszahl überein, so war die Authentifizierung erfolgreich.

Ein etwas anderer Ablauf, bei dem zugleich ein Sitzungsschlüssel (Session Key K_S) für eine anschließende symmetrische Verschlüsselung ausgetauscht wird, ist in Bild 8.11 skizziert.

Der Anfrager erzeugt dazu den Session Key, verschlüsselt ihn mit dem öffentlichen Schlüssel aus dem Zertifikat des Authentifizierers und überträgt ihn auf diese Weise.

146 Sicherheitsaspekte

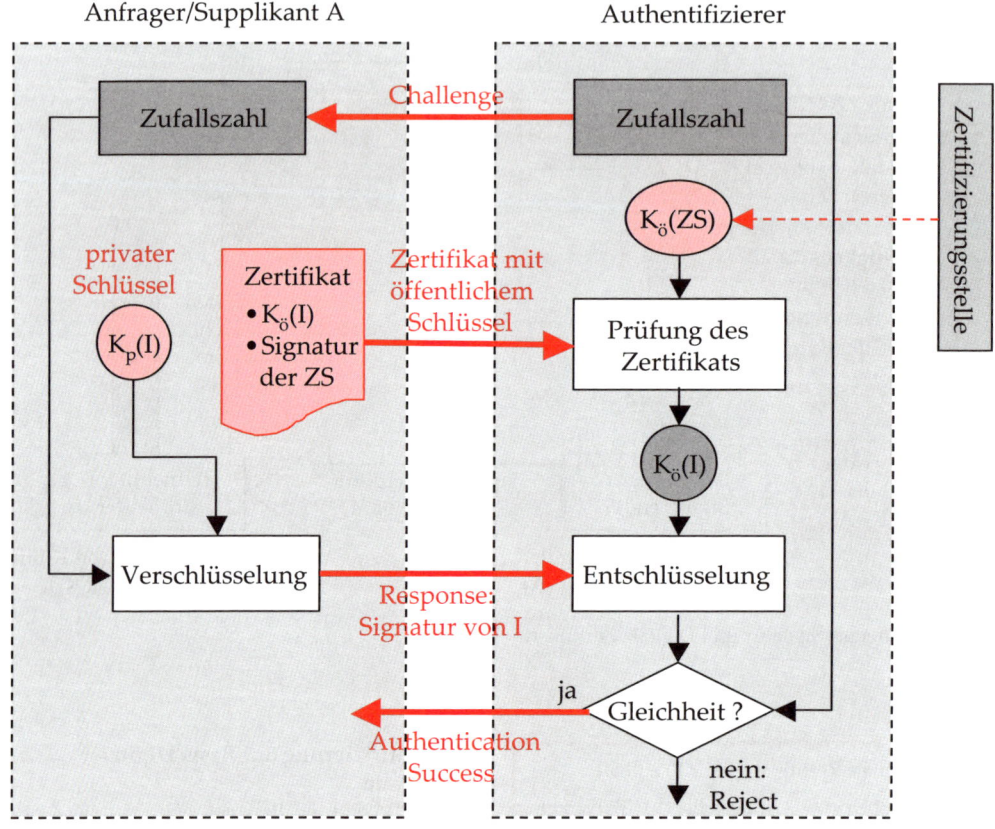

Bild 8.10 Authentifizierung durch Zertifikate

Der Authentifizierer kann mit seinem privaten Schlüssel den Session Key und damit auch das verschlüsselte Passwort der Anfragers entschlüsseln. Ein Vergleich zwischen dem Ergebnis der Entschlüsselung und dem hinterlegten Passwort zeigt, ob die Authentifizierung erfolgreich war oder nicht.

8.4.3 Authentifizierungsserver

Betrachtet man ein größeres lokales Funknetz mit mehreren Access Points und zahlreichen Teilnehmern oder öffentliche Hotspots, so ist es nicht praktikabel, die Zugangsdaten (Kennungen, Schlüssel, ...) für alle Teilnehmer auf jedem Access Point zu hinterlegen. Vielmehr ist es sinnvoll, diese Daten auf einen Server in dem jeweiligen (Infrastruktur-) Netz zu speichern und die Authentifizierung nicht von den Access Points, sondern von dem Server vornehmen zu lassen.

Architektur gemäß IEEE 802.1x

Die für diese Architektur erforderlichen Strukturen und Verfahren wurden von dem IEEE im Standard IEEE 802.1x spezifiziert. Dieser Standard bezieht sich nicht nur auf lokale Funknetze, sondern stellt Methoden bereit, um den Zugriff auf alle Netze aus der Serie IEEE 802 zu kontrollieren.

Authentifizierung 147

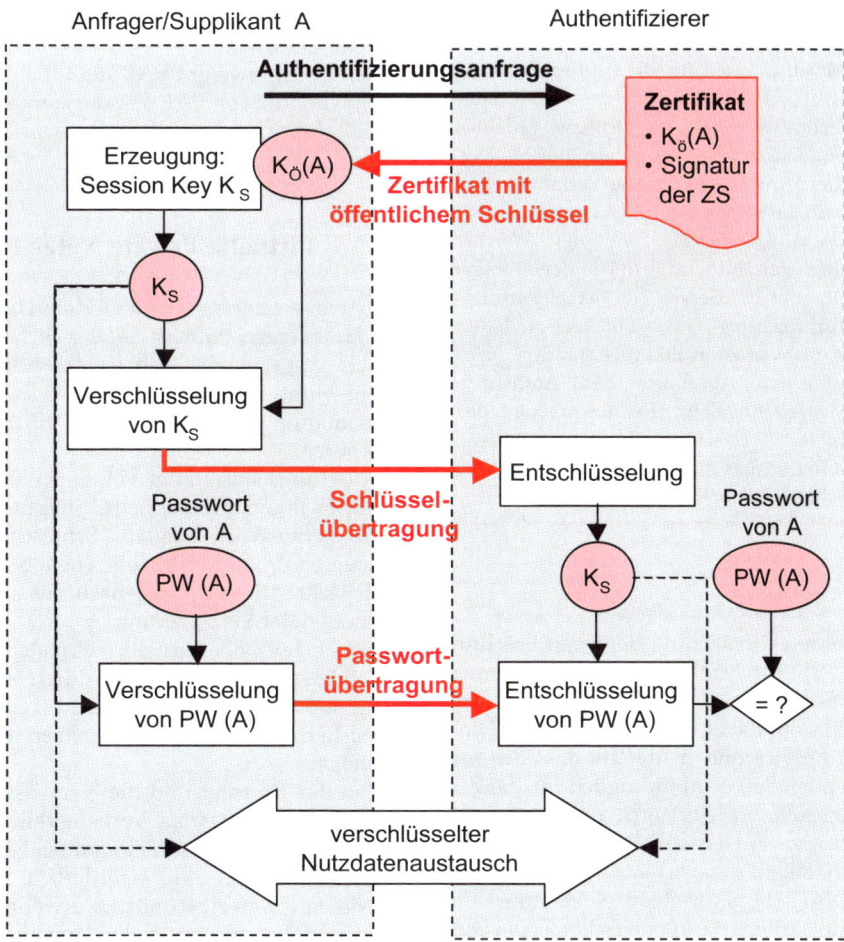

Bild 8.11 Authentifizierung durch Zertifikate mit gleichzeitigem Schlüsselaustausch

Die Methoden umfassen

- die Authentifizierung,
- die Autorisierung (welcher Dienst darf genutzt werden),
- das Accounting (Gebührenabrechnung).

Insofern spricht man bei dem entsprechenden Server von einem AAA-Server. Da in diesem Abschnitt der Schwerpunkt auf der Authentifizierung liegt, wird die ebenfalls übliche Bezeichnung Authentifizierungsserver gewählt. Der Server nimmt die Authentifizierung eines drahtlosen Clients (des Anfragers oder Supplikanten) mit Hilfe des Authentifizierers (Access Point bei einem WLAN) vor, der als eine Art Vermittler dient. Der Authentifizierer besitzt zwei als Ports bezeichnete Ausgänge:

- einen unkontrollierten Ausgang zum Server, über den die für die Authentifizierung erforderlichen Daten laufen;
- einen kontrollierten Ausgang zu dem kompletten Netz, der erst dann freigegeben wird und vom Anfrager genutzt werden kann, wenn die Authentifizierung erfolgreich war.

Extensible Authentication Protocol, EAP

> ❗ Als Ablaufprotokoll für die Authentifizierung empfiehlt IEEE 802.1x das **E**xtensible **A**uthentication **P**rotocol (EAP) bzw. Varianten davon. Dieses Protokoll ermöglicht verschiedene Authentifizierungsverfahren und lässt sich auf neuere Verfahren erweitern – wie das Wort «Extensible» andeutet. Welches Verfahren gewählt wird, handeln der Anfrager (Client) und der Server vor der eigentlichen Authentifizierung aus. Ein beispielhafter Protokollablauf ist in Bild 8.11 skizziert: Nach erfolgreichem Abschluss des Authentifizierungsverfahrens gibt der Access Point den kontrollierten Anschluss für den drahtlosen Client frei, so dass dieser z.B. auf einen im Netz angeschlossenen Drucker zugreifen kann.

Die konkrete Umsetzung der oben beschriebenen Struktur erfolgt zumeist über einen RADIUS-Server als AAA-Server. Der Name RADIUS steht dabei für **R**emote **A**ccess **D**ial-**i**n **U**ser **S**ervice und deutet an, dass die entsprechenden Server ursprünglich für die Zugriffskontrolle von Nutzern vorgesehen war, die sich z.B. als Heimarbeiter in ein Firmennetz einwählen.

Von EAP gibt es verschiedene Varianten, die sich hauptsächlich darin unterscheiden, in welchem Maße sie Zertifikate einsetzen:

❏ EAP-TLS: Bei EAP with **T**ransport **L**ayer **S**ecurity muss sowohl für den Server als auch für jeden (mobilen) Client ein Zertifikat für die gegenseitige Authentifizierung ausgestellt werden. Dies bedeutet zwar bei der Konfiguration einen erhöhten Aufwand, nicht aber bei der späteren Nutzung.

❏ PEAP: Bei dem Protected EAP muss nur für den Authentifizierungsserver ein Zertifikat ausgestellt werden. Die Authentifizierung des mobilen Clients erfolgt – ähnlich wie in Bild 8.12 skizziert – über ein vereinbartes Passwort.

❏ EAP-TTLS: EAP with Tunneled Transport Layer Security hat eine große Ähnlichkeit zu PEAP, benötigt also nur auf der Server-Seite Zertifikate.

❏ LEAP: Lightweight EAP stellt die einfachste Variante von EAP dar, die ganz auf Zertifikate verzichtet und ein Passwort-basiertes Challenge-Response-Verfahren nutzt.

8.5 Virtuelle Private Netze (VPN)

Die zuvor erläuterten Methoden sind bei lokalen Funknetzen zumeist in der Sicherungsschicht angesiedelt. Insbesondere die Verschlüsselung ist häufig in der Hardware der Funkmodule umgesetzt, um sie effizient zu realisieren.

Allerdings sind in der Vergangenheit einige Schwachpunkte der Sicherheitsmechanismen zutage getreten. Zwar sind die Schwachpunkte in neueren Produkten in Teilen behoben; dennoch stellt sich die Frage nach zusätzlichen Methoden der Verbesserung.

Die Technik der **V**irtuellen **P**rivaten **N**etze (VPN) bietet eine Möglichkeit, durch Verwendung spezieller Software und Netzelemente die Sicherheit in lokalen Funknetzen deutlich zu steigern.

Um das Konzept und die Namensgebung zu verstehen, sind einige Vorbemerkungen zu den Ursprüngen dieser nicht nur bei Funknetzen verbreiteten Technik erforderlich.

Wie bereits in Abschnitt 1.1 erwähnt, handelt es sich bei privaten Netzen um Netze, die von einer Privatperson, einer Firma oder Institution betrieben werden und die nur ein eingeschränkter Personenkreis (Familienmitglieder, Firmenmitarbeiter) nutzen darf. Diese eingeschränkte Nutzung wird i.Allg. dadurch sichergestellt, dass sich die Übertragungswege und Kommunikationseinrichtungen auf dem Privatgelände des Betreibers befinden und damit (hoffentlich) vor unbefugter Nutzung geschützt sind. Es handelt sich damit um physikalisch reale private Netze.

Das Prinzip (Bild 8.13)

Die Technik der Virtuellen Privaten Netze entstand ursprünglich aufgrund der folgenden Anforderungen:

Virtuelle private Private Netze (VPN) **149**

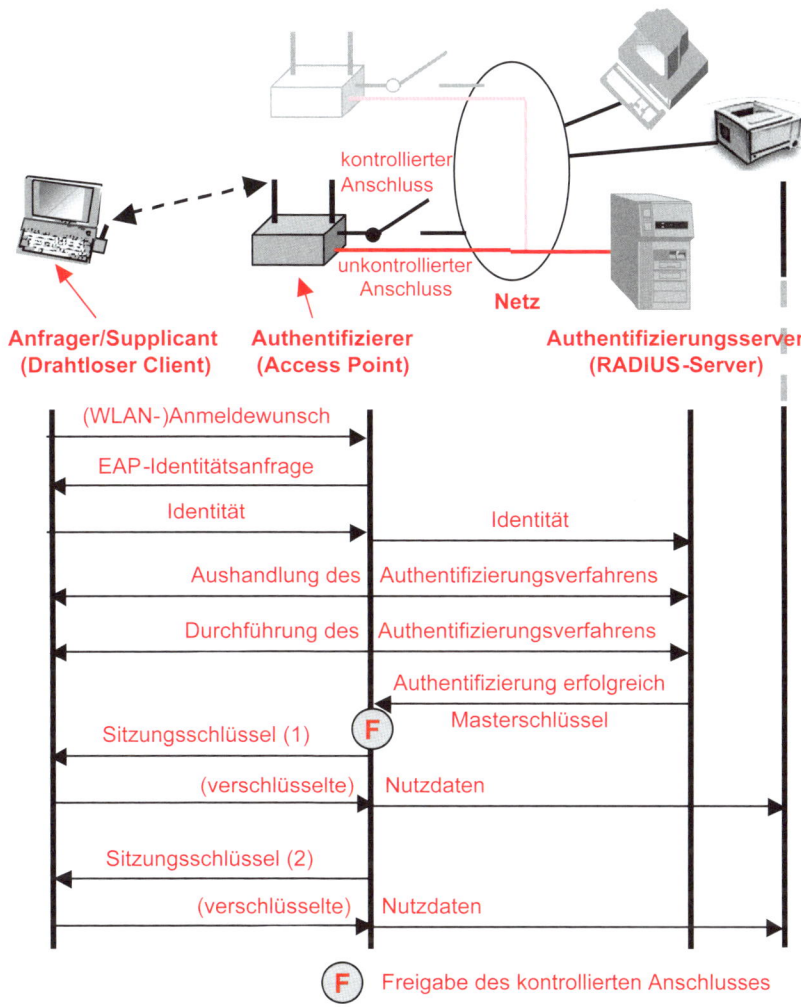

Bild 8.12   Prinzip der IEEE-802.1x-Authentifizierung

❑ Firmenmitarbeiter dürfen bzw. sollen von zu Hause oder von unterwegs auf das firmeninterne private Netz zugreifen, wobei dieser Zugriff über ein öffentliches Netz, i.Allg. über das Internet, erfolgt.
❑ Die privaten Netze an zwei Firmenstandorten sollen über ein öffentliches Netz miteinander verbunden werden.

Da in beiden Fällen der Datentransfer über ein Netz verläuft, das allen zugänglich ist, andererseits aber geschützt und vertraulich ablaufen soll, sind Maßnahmen zur Authentifizierung, Verschlüsselung und Integritätsprüfung erforderlich, um das gleiche Sicherheitsniveau wie in realen privaten Netzen zu erzielen.

> Ein Virtuelles Privates Netz ist ein Netz, bei dem der Datentransfer zumindest teilweise über ein öffentliches Netz verläuft, wobei mittels geeigneter Software ein Sicherheitsniveau wie bei einem echten privaten Netz erzielt wird. Die so gesicherte Verbindung über ein öffent-

150 Sicherheitsaspekte

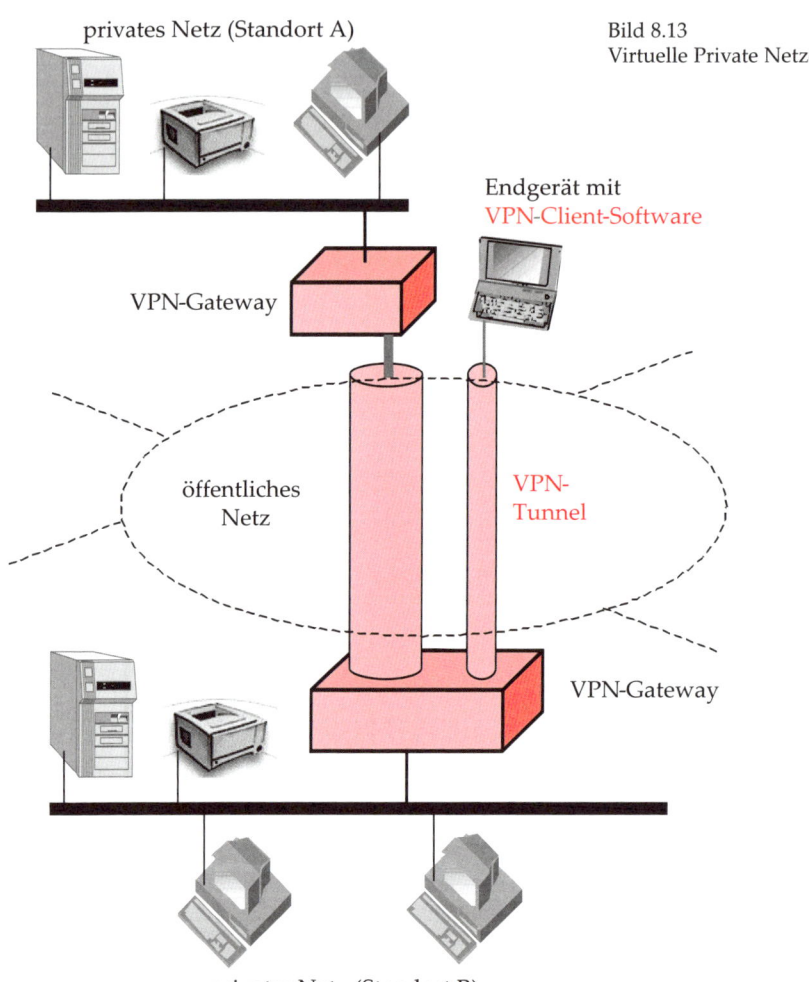

Bild 8.13
Virtuelle Private Netze

liches Netz bezeichnet man als einen *Tunnel*. Je nach Anwendungsszenario wird der Tunnel wird zwischen einem mit entsprechender Software ausgestatteten Endgerät (VPN-Client) und einem VPN-Server – auch VPN-Gateway genannt – oder zwischen zwei VPN-Gateways aufgebaut. Authentifizierung und Verschlüsselung erfolgen also zwischen dem VPN-Client und VPN-Server bzw. zwischen den beiden VPN-Gateways.

Standards für VPNs

Im Bereich der VPNs haben sich drei Verfahren etabliert:
- ❏ das Point-to-Point Tunneling Protocol (PPTP),
- ❏ das Layer 2 Tunnel Protocol (L2TP),
- ❏ das IP Security Protocol (IPsec).

Die ersten beiden Verfahren arbeiten in der Sicherungsschicht und können daher mit beliebigen Netzwerk-Protokollen betrieben werden. Allerdings sind sie hauptsächlich auf Einwahlverbindungen zugeschnitten und bieten kein sehr hohes Sicherheitsniveau. Dagegen gilt das von der **Internet Engineering Task Force** (IETF) speziell für IP-Netze entwickelte IPsec als äußerst sicher und stellt daher für den Bereich lokaler Funknetze das wichtigste Verfahren dar.

IPsec

IPsec besteht aus mehreren Protokollen, die sich gegenseitig ergänzen. Im ersten Schritt erfolgt der Aufbau eines sicheren Tunnels zwischen den beteiligten IPsec-Geräten mit Hilfe des IKE-Protokolls. Die Bezeichnung IKE steht dabei für «**I**nternet **K**ey **E**xchange» und deutet an, dass in dieser Phase die benötigten Schlüssel zwischen den Geräten ausgetauscht werden. Dazu einigen sich die Geräte zunächst auf die für diesen Zweck und für die Authentifizierung zu verwendenden Verfahren. Hier besteht i.Allg. die Auswahl zwischen den in Abschnitt 8.3.2 erläuterten Passwort- und zertifikatsbasierten Methoden. Einen auf diese Weise errichteten Tunnel nennt man im Sprachgebrauch von IPsec eine *Security Association*. Sie ist gekennzeichnet durch

❑ eine Nummer zur Unterscheidung mehrerer verschiedener Verbindungen zwischen den gleichen Geräten,

❑ die IP-Adresse des IPsec-Ziels (z.B. VPN-Gateway),

❑ die zu verwendenden Verfahren zur Verschlüsselung und Integritätsprüfung,

❑ und eventuell durch festgelegte Zeiträume für einen Schlüsselwechsel oder eine erneute Authentifizierung.

Zu beachten ist, dass bei einer Duplex-Verbindung getrennte Security Associations für beide Übertragungsrichtungen einzurichten sind.

Der Nutzer bzw. Systemadministrator kann bei der Konfiguration festlegen, ob eine Integritätsprüfung oder eine Verschlüsselung der Datenpakete oder Beides erfolgen soll. Bei beiden Verfahren besteht ferner die Wahl zwischen verschiedenen Algorithmen. So bietet IPsec i.Allg. DES, 3DES, AES und einige andere Verfahren zur Verschlüsselung an. Die Durchführung der Verfahren zur Integritätsprüfung obliegt dem so genannten **A**uthentication **H**eader (AH) Protocol, die Durchführung der Verschlüsselung dem **E**ncapsulating **S**ecurity **P**ayload (ESP) Protocol.

Für den Einsatz in Virtuellen Privaten Netzen betreibt man IPsec im so genannten *Tunnel-Modus*. Dazu wird – wie Bild 8.14 zeigt – ein mit einem IPsec-Header versehenes IP-Paket nochmals in ein äußeres IP-Paket verpackt. Damit ist das gesamte ursprüngliche IP-Paket

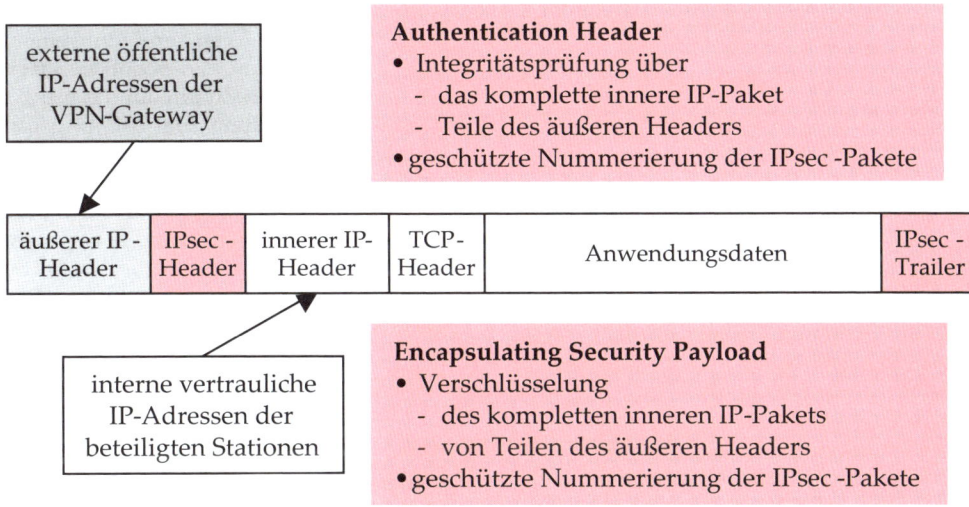

Bild 8.14 Aufbau von IP-Paketen bei Verwendung von IPsec im Tunnelmodus

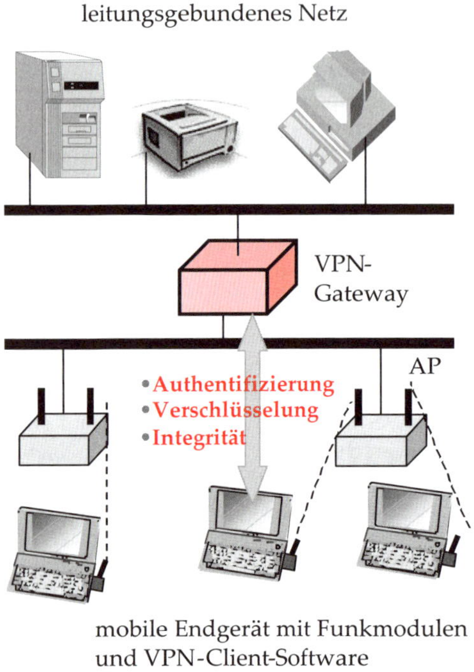

leitungsgebundenes Netz

VPN-Gateway

• Authentifizierung
• Verschlüsselung
• Integrität

AP

mobile Endgerät mit Funkmodulen und VPN-Client-Software

Bild 8.15 Lokale Funknetze und Virtuelle Private Netze

> Um den unberechtigten Zugriff auf ein leitungsgebundenes Netz zu verhindern, schützt man es durch ein VPN-Gateway, das zwischen diesem und dem Funknetz angebracht ist. Das VPN-Gateway übernimmt dabei für alle Mobilstationen
> ❑ die Zugangsberechtigungsprüfung,
> ❑ die Verschlüsselung,
> ❑ die Integritätsprüfung.

Dazu muss auf all diesen Stationen die entsprechende VPN-Client-Software installiert sein. Bei großen Funknetzen mit sehr vielen Teilnehmern ist als VPN-Gateway ein sehr leistungsstarker Rechner erforderlich, da er mittels einer Software-Lösung die aufwendige Ver- und Entschlüsselung für alle Verbindungen übernehmen muss. Für kleine Netze mit wenigen Teilnehmern – beispielsweise im Heimbereich – bieten manche Hersteller bereits Access Points mit integriertem VPN-Gateway an.

inklusive des Headers geschützt. Nach außen sichtbar sind nur die IP-Adressen der beiden Tunnel-Endpunkte (VPN-Gateways), nicht aber die internen, vertraulichen Adressen der einzelnen Stationen in den gekoppelten lokalen Netzen.

Zu erwähnen ist, dass es neben dem Tunnel-Modus noch einen so genannten *Transport-Modus* gibt, bei dem keine Verpackung in ein äußeres IP-Paket vorgenommen wird. Stattdessen ist der IPsec-Header zwischen den ursprünglichen IP-Header und den TCP-Header eingeschoben. Den Transport-Modus verwendet man beispielsweise bei der Fernkonfiguration eines Routers.

Insgesamt bietet also ein mit IPsec betriebenes VPN viele Optionen und ein sehr hohes Sicherheitsniveau.

VPN-Technik und lokale Funknetze
Das Einsatzszenario der VPN-Technik in Zusammenhang mit lokalen Funknetzen illustriert Bild 8.15.

8.6 Zusammenfassung

Sicherheitsmaßnahmen
Ein Funknetz ist sehr anfällig gegenüber verschiedenen Angriffen. Daher sind mehrere Maßnahmen erforderlich, um das Sicherheitsniveau zu erhöhen:

❑ die Verschlüsselung von Daten zur Vermeidung des Abhörens von Verbindungen,
❑ die Authentifizierung zum Schutz gegen einen unberechtigten Zugriff auf das Netz,
❑ die Integritätsprüfung zum Schutz gegen eine Manipulation der übertragenen Daten,
❑ die Verwendung temporärer Adressen und die Verschlüsselung von Adressen, um die Erstellung von Nutzungs- und Bewegungsprofilen zu erschweren,
❑ der Einsatz von Firewalls, eine gesicherte Installation von Access Points und anderer Maßnahmen zum Schutz gegen Störungen des Netzbetriebs (Denial-of-Service-Attacken).

Verschlüsselung
In Bezug auf die Verschlüsselung unterscheidet man symmetrische und asymmetrische Verfahren.

Zusammenfassung

Die symmetrischen Verfahren gliedern sich weiter in:
- die Stromchiffre,
- die Blockchiffre.

Stromchiffre
Bei dem Stromchiffre-Verfahren erzeugt man zusätzlich zu der Klartext-Bitfolge eine Zufallsbitfolge, den so genannten Schlüsselstrom, den man zu der Klartext-Bitfolge addiert. Das Stromchiffre-Verfahren lässt sich einfach und effizient realisieren und findet daher bei nahezu allen Funksystemen Anwendung.

Blockchiffre
Blockchiffre-Verfahren, bei denen man den Datenstrom in Blöcke einer festen Größe einteilt und diese Blöcke durch Substitutionen, Permutationen und Modulo-2-Additionen verarbeitet, bieten ein höheres Maß an Sicherheit als Stromchiffre-Verfahren. Dies gilt insbesondere für den **A**dvanced **E**ncryption **S**tandard (AES), der in neueren Systemen bzw. Systemversionen zum Einsatz kommt.

In jedem Fall ist es wichtig, eine ausreichende Schlüssellänge zu wählen: Sie sollte mindestens 64 Bit, besser noch 128 Bit oder mehr betragen.

Public-Key-Verfahren
Das Problem des Schlüsselaustausches, das sich bei einer symmetrischen Verschlüsselung stellt, löst man bei Public-Key-Verfahren, indem die beiden Kommunikationspartner zwei verschiedene Schlüssel verwenden: einen öffentlichen Schlüssel $K_ö$ zum Verschlüsseln und einen privaten (geheimen) Schlüssel K_p zum Entschlüsseln. Public-Key-Verfahren, wie RSA als wichtigstes Verfahren, beruhen auf dem Prinzip, dass manche mathematischen Operationen sehr viel weniger Rechenaufwand benötigen als die zugehörige Umkehroperation. Da Public-Key-Verfahren einen hohen Rechenaufwand erfordern, setzt man sie i. Allg. nicht direkt zur Verschlüsselung der eigentlichen Nachrichten ein, sondern zum sicheren Austausch von Schlüsseln für eine anschließende symmetrische Verschlüsselungsmethode.

Integritätsprüfung
Eine Integritätsprüfung erfolgt mit kryptologischen Hash-Funktionen, die einen Hash-Wert als Extrakt des Datenpakets liefern. Sie haben die Eigenschaft, dass es praktisch nicht möglich ist, aus dem Hash-Wert den Inhalt des Pakets zu berechnen. Zur Integritätsprüfung werden ebenfalls Digitale Signaturen eingesetzt.

Authentifizierung
Bei einer Authentifizierung prüft man, ob die empfangenen Daten tatsächlich von dem angegebenen (und sendeberechtigten) Absender stammen. Somit können ein unberechtigter Zugriff auf das Netz und eine Entgegennahme und Speicherung von Daten mit unklarem Ursprung verhindert werden. Sichere Authentifizierungsverfahren arbeiten mit verschlüsselten Passwörtern, digitalen Signaturen und digitalen Zertifikaten. Besonders verbreitet sind Challenge-Response-Verfahren, bei denen der Authentifizierer dem Anfrager eine Zufallszahl sendet, die er mit seinem geheimen Schlüssel verarbeiten muss. Der Authentifizierer prüft das Ergebnis mit dem von ihm selbst erzielten Ergebnis.

Digitale Signaturen beruhen auf asymmetrischen Verschlüsselungsverfahren. Mit einem digitalen Zertifikat beweist die signierende Stelle die Echtheit und Gültigkeit ihres öffentlichen Schlüssels.

Authentifizierungsserver
Bei großen Netzen und öffentlichen WLAN Hotspots ist es sinnvoll, die Authentifizierung nicht von den Access Points, sondern von einem zentralen Server gemäß des Standards IEEE 802.1x vornehmen zu lassen. Als Ablaufprotokoll für die Authentifizierung empfiehlt IEEE 802.1x das Extensible Authentication Protocol (EAP) bzw. Varianten davon. Dieses Protokoll ermöglicht verschiedene Authentifizierungsverfahren und lässt sich auf neuere Verfahren erweitern. Welches Verfahren gewählt wird, handeln der Anfrager (Client) und der Server vor der eigentlichen Authentifizierung aus. Die konkrete Umsetzung der oben beschriebenen Struktur erfolgt zumeist über

einen Remote Access Dial-in User Server (RADIUS).

Virtuelle Private Netze
Ein Virtuelles Privates Netz (VPN) ist ein Netz, bei dem der Datentransfer zumindest teilweise über ein öffentliches Netz verläuft, wobei mittels geeigneter Software ein Sicherheitsniveau wie bei einem echten privaten Netz erzielt wird. Die so gesicherte Verbindung über ein öffentliches Netz bezeichnet man als einen Tunnel. Im Bereich der VPNs haben sich drei Verfahren etabliert:

❏ das Point-to-Point Tunneling Protocol (PPTP),
❏ das Layer 2 Tunnel Protocol (L2TP),
❏ das IP Security Protocol (IPsec).

Dabei ist IPsec gerade für lokale Funknetze der bedeutendste Standard. Ein zwischen dem leitungsgebundenen Netz und dem Funknetz installiertes VPN-Gateway übernimmt für alle Mobilstationen

❏ die Zugangsberechtigungsprüfung,
❏ die Verschlüsselung,
❏ die Integritätsprüfung.

Dazu muss auf all diesen Stationen die entsprechende VPN-Client-Software installiert sein.

Literaturhinweise
Die Themen Kryptographie und Sicherheitsmaßnahmen werden sehr allgemein und ausführlich in [14] behandelt. Weiterführende Kapitel findet man ferner in [17] und [5]. Speziell mit dem Thema VPN befasst sich [9]. Eine sehr umfangreiche und umfassende Darstellung des Themas in Bezug auf Wireless LAN gibt [1]. Ferner sind einige Requests for Comments lesenswert, die auf den Internetseiten der IEFT zu finden sind:

❏ [68]: RADIUS,
❏ [71]: EAP TLS Authentication Protocol,
❏ [72]: RADIUS Support For Extensible Authentication Protocol (EAP),
❏ [73]: IEEE 802.1x,
❏ [74]: Extensible Authentication Protocol (EAP),
❏ [75]: IP Encapsulating Security Payload (ESP),
❏ [76]: IP Authentication Header.

8.8 Übungsaufgaben

8.1 Welche Arten von Angriffen auf ein lokales Funknetz sind möglich und mit welchen prinzipiellen Methoden kann man ihnen begegnen?

8.2 Was ist in Bezug auf die Sicherheitsmaßnahmen bei der Konfiguration eines lokalen Funknetzes zu beachten?

8.3 Was spricht für eine Realisierung der Sicherheitsmaßnahmen in den höheren, was für eine Realisierung in den unteren Schichten?

8.4 Worin unterscheiden sich symmetrische und asymmetrische Verschlüsselungsverfahren? Welches sind jeweils die Vor- und Nachteile?

8.5 Nennen Sie Beispiele für symmetrische und asymmetrische Verschlüsselungsverfahren.

8.6 Bei einem Stromchiffre-Verfahren wird der Klartext $KT_1 = (1, 1, 1, 1, 0, 0, 0, 0)$ mit dem Schlüsselstrom $S = (1, 1, 0, 1, 0, 0, 0, 1)$ verschlüsselt. Wie lautet der Chiffretext CT_1?

8.7 Ein anderer Klartext KT_2 wurde mit dem gleichen Schlüsselstrom verschlüsselt. Das Ergebnis ist der Chiffretext $CT_2 = (1, 0, 1, 0, 0, 1, 0, 1)$. Wie lautet der Klartext KT_2?

8.8 Was ist bei einem Stromchiffre-Verfahren zu beachten, damit seine Sicherheit gewährleistet ist?

8.9 Welche beiden Schlüssel verwendet man bei einem Public-Key-Verfahren? Welcher davon wird zum Verschlüsseln eingesetzt?

8.10 Welche Architektur beschreibt der Standard IEEE 802.1x?

8.11 Wozu verwendet man ein Challenge-Response-Verfahren und wie funktioniert es im Prinzip?

8.12 Warum stellt die Quersummenbildung oder ein Cyclic Redundancy Check kei-

ne gute Maßnahme zur Integritätsprüfung dar?
8.13 Welchen Schlüssel benötigt der Empfänger einer Digitalen Signatur?
8.14 Welche prinzipiellen Möglichkeiten zur Authentifizierung gibt es?
8.15 Was bedeutet die Abkürzung RADIUS?
8.16 Wozu dient ein Digitales Zertifikat und welche Informationselemente enthält es?
8.17 Was versteht man unter einem VPN? Für welche Einsatzgebiete im Bereich lokaler Funknetze ist diese Technik geeignet, für welche eher nicht?

9 Wireless Local Area Networks

9.1 Überblick über den Standard IEEE 802.11

9.1.1 Entstehungsgeschichte

Wie bereits in Abschnitt 1.2 erwähnt, hat die Arbeitsgruppe 802 des Institutes of Electrical and Electronics Engineers seit 1980 zahlreiche Standards für Local Area Networks (LANs) herausgegeben. Diese bezogen sich zunächst auf kabelgebundene Systeme. Prominentestes Beispiel ist der unter dem Namen Ethernet bekannte Standard IEEE 802.3, der im Bereich der lokalen Computernetze seine Anwendungen findet.

> **!** Um Computer auch drahtlos miteinander zu vernetzen bzw. in ein kabelgebundenes Netz einzubeziehen, entwickelte das IEEE den Standard 802.11 – ausgehend von dem Ethernet-Standard. In dem entsprechenden Dokument [34], das im Jahre 1997 verabschiedet wurde, finden sich die Spezifikationen
> - ❑ zur Übertragungstechnik (Physical Layer),
> - ❑ zum Zugriffsverfahren (Medium Access Control, MAC),
> - ❑ zur Funkverbindungskontrolle (Radio Link Control, RLC),
> - ❑ zum Link Management (LM).

Bild 9.1 zeigt diese Gliederung des Standards im Überblick.

> **Anmerkung**
> Auch wenn im Standard 802.11 die Funktionen MAC, RLC und LM insgesamt als Bestandteile der MAC-Schicht angesehen werden, unterscheidet dieses Buch zwischen den drei Teilaufgaben, um eine klarere Gliederung vorzunehmen.

Der ursprüngliche Standard ermöglichte Datenraten von bis zu 2 Mbit/s. Dazu wurden drei unterschiedliche Übertragungstechniken definiert:

- ❑ eine Spreiztechnik bei 2,4 GHz,
- ❑ eine Technik mit einem Frequenzsprungverfahren bei 2,4 GHz,
- ❑ eine Infrarot-Übertragungstechnik.

In Produkten hat sich allerdings nur die Spreiztechnik (siehe Abschnitt 3.1.4) durchgesetzt.

Bei dem Zugriffsverfahren hat man die vom Ethernet bekannte Methode des **C**arrier **S**ense **M**ultiple **A**ccess (CSMA) zu Grunde gelegt und auf die speziellen Bedürfnisse von Funknetzen angepasst.

Die Verbindungskontrolle erfolgt über ein ARQ-Verfahren, das auf dem Send-and-Wait-Protokoll beruht. Die Link-Management-Teilschicht legt fest, wie sich die einzelnen Stationen zu einem Funknetz zusammenfinden. Besonders zu erwähnen ist, dass dabei auch Verfahren zur Authentifizierung und zur Verschlüsselung spezifiziert wurden, die unter dem Namen **W**ired **E**quivalent **P**rivacy (WEP) bekannt sind.

Seit seiner ersten Veröffentlichung im Jahr 1997 wird der Standard IEEE 802.11 ständig ergänzt bzw. erweitert. Diese Erweiterungen betreffen – wie in Bild 9.1 zu sehen – viele verschiedene Teilaspekte des ursprünglichen Standards und werden durch einen an den Namen IEEE 802.11 angehängten Buchstaben gekennzeichnet.

Um beispielsweise dem Bedarf an höheren Datenraten gerecht zu werden, spezifizierte das IEEE neue Übertragungsverfahren. Der 1999 verabschiedete Standard IEEE 802.11b erweitert die ursprüngliche Spreiztechnik, um Datenraten von 11 Mbit/s zu erzielen. Bei IEEE 802.11a und IEEE 802.11g kommt mit dem so genannten **O**rthogonal **F**requency **D**ivision **M**ultiplexing (OFDM, siehe Abschnitt 3.1.6) eine komplett veränderte Übertragungstechnik zum Einsatz, mit der Datenraten von bis zu 54 Mbit/s möglich werden.

IEEE 802.11a und IEEE 802.11g unterscheiden sich untereinander im Wesentlichen

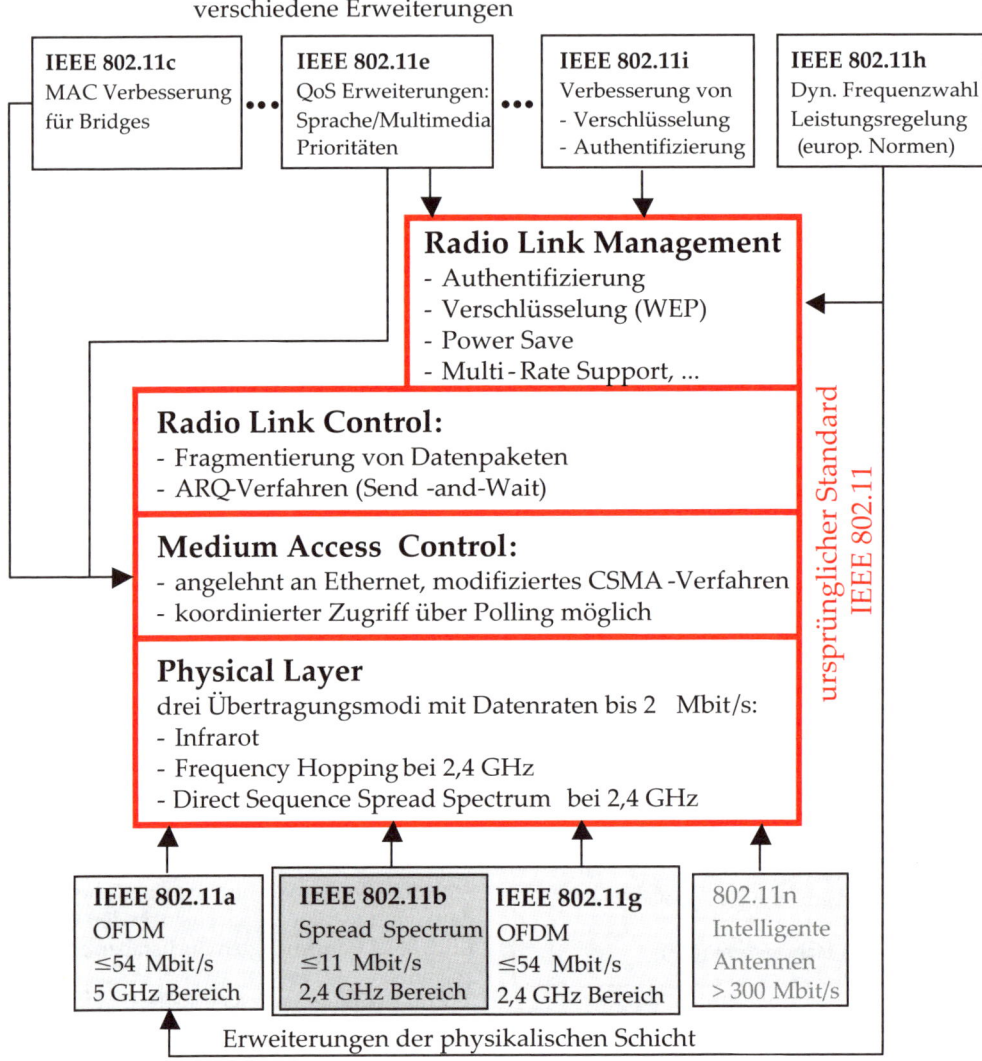

Bild 9.1   Überblick über den Standard IEEE 802.11 und seine Erweiterungen

durch die verwendeten Frequenzbereiche: Dieses sind die Bereiche bei etwa 5 GHz (a) und bei etwa 2,4 GHz (g).

Zur Zeit befasst sich die Arbeitsgruppe IEEE 802.11n damit, die Datenrate auf über 300 Mbit/s zu steigern – insbesondere durch die Verwendung spezieller Antennentechniken.

Ferner wurden weitere Ergänzungen zum ursprünglichen Standard verabschiedet, die Aspekte wie z.B.

❑ die Verbesserung der Datensicherheit (IEEE 802.11i),
❑ die Gewährleistung von schnurloser Telefonie (IEEE 802.11e),
❑ die Verfahren zur Sendeleistungsregelung und zur automatischen Frequenzwahl (IEEE 802.11h)

betreffen. Einen Gesamtüberblick über die Ergänzungen des Standards IEEE 802.11 gibt Tabelle 9.1.

Bild 9.1 Netzstrukturen bei IEEE 802.11

Standard	Inhalt
IEEE 802.11a	Übertragungstechnik für den Frequenzbereich bei 5 GHz: OFDM und verschiedene Modulations- und Codierungsverfahren, Brutto-Datenraten bis 54 Mbit/s
IEEE 802.11b	Übertragungstechnik für den Frequenzbereich bei 2,4 GHz: Spreiztechnik und Code Keying, kombiniert mit DBPSK und DQPSK, Brutto-Datenraten bis 11 Mbit/s
IEEE 802.11c	Erweiterung der Zugriffsverfahren für die Nutzung von WLAN- Komponenten als Wireless Bridges: Funkverbindung zwischen zwei lokalen Netzen
IEEE 802.11d	Regelungen zu den in unterschiedlichen Ländern genutzten Frequenzbereichen, Anpassung an regionale Regulierungen
IEEE 802.11e	Erweiterung des Zugriffsverfahrens: Einführung von Prioritäten und anderen Methoden zur Garantie der Dienstgüte; wichtig für Multimedia u. Echtzeitdienste wie Sprache
IEEE 802.11f	Methoden für das Zusammenspiel von Access Points (verschiedener Hersteller) bei der Übergabe einer Verbindung von einem Access Point zum nächsten
IEEE 802.11g	Übertragungstechnik für den Frequenzbereich bei 2,4 GHz: OFDM und verschiedene Modulations- und Codierungsverfahren, Brutto-Datenraten bis 54 Mbit/s
IEEE 802.11h	Ergänzung zu IEEE 802.11a: Dynamische Frequenzwahl und Sendeleistungsregelung; in Europa erforderlich, um höhere Sendeleistungen nutzen zu dürfen
IEEE 802.11i	Verbesserte Verfahren für die Verschlüsselung, für die Datenintegritätsprüfung und für die Authentifizierung
IEEE 802.11j	Anpassungen für den japanischen Markt, IEEE 802.11a für den Frequenzbereich zwischen 4,9 GHz und 5 GHz
IEEE 802.11k	Verbesserte Methoden zur Messung, Auswertung und Speicherung von Funkausbreitungsparametern, um z.B. ortsbezogene Dienste zu realisieren
IEEE 802.11m	Zusammenfassung verschiedener Ergänzungen und Korrekturen
IEEE 802.11n	Methoden zur Steigerung der Datenrate: Adaptive Antennen und MIMO, Bündelung von Frequenzträgern
IEEE 802.11r	Beschleunigte Weitergabe von Verbindungsparametern beim Wechsel von einem Access Point zum nächsten
IEEE 802.11s	Vernetzung von Access Points über Funk, Multihop-Funktionalität
IEEE 802.11u	Nahtloses und unterbrechungsfreies Zusammenwirken von WLAN mit öffentlichen Mobilfunknetzen (wie GSM oder UMTS)
IEEE 802.11w	WLAN-Netzmanagement von einer zentralen Stelle: Überwachung, Konfiguration und Update von Stationen

9.1.2 Produkte

WLAN-Module werden zum einen in Form von Adaptern angeboten, die sich an die entsprechenden Schnittstellen eines PCs, Laptops, PDAs oder Drucker anschließen lassen, um diese Geräte miteinander zu vernetzen. So gibt es:
- USB-Adapter,
- WLAN-Module in PC- und PCI-Cards,
- WLAN-Module in Compact Flash Cards und SDIO Cards.

Zum anderen können WLAN-Module auch in Geräten wie
- Laptops und PDAs,
- Handys (Smartphones),
- Internet-Videokameras,
- Digitalkameras, Camcordern und DVD-Recordern,
- digitalen Fernsehgeräten, Set-Top-Boxen für Fernseher,
- Spielekonsolen,
- Audioequipment

fest integriert sein, um diese Geräte kabellos miteinander zu verbinden. Ebenso sind einige schnurlose Telefone auf WLAN-Basis im Handel.

Im Bereich der Access Points gibt es zahlreiche Produkte, die als IP-Router fungieren können und eine Gateway-Funktionalität besitzen. Manche der Access Points lassen sich auch als Bridge (Funkverbindung zwischen lokalen Netzen) oder als Repeater (Erweiterung des Versorgungsbereiches) konfigurieren.

Insgesamt handelt es sich bei dem Bereich der WLAN-Produkte um einen dynamischen, stark wachsenden Markt. So war in den Jahren von 2000 bis 2005 ein durchschnittlicher Umsatzzuwachs von 20 bis 30% pro Jahr zu verzeichnen.

9.1.3 Netzstrukturen

Adhoc-Netz
Die einfachste Netzstruktur bei Wireless LANs besteht darin, dass zwei oder mehr Stationen direkt in einem Adhoc-Netz miteinander kommunizieren. Bild 9.2 zeigt ein Beispiel mit drei über WLAN-Karten vernetzten Laptops. Eine solche Netzstruktur wird verschiedentlich auch als *Peer-to-Peer-Kommunikation* bezeichnet. Der Bereich, innerhalb dessen die Stationen über Funk miteinander verbunden sind, heißt im Standard IEEE 802.11 **B**asic **S**ervice **S**et (BSS). Bestehen zwei voneinander unabhängige Netze in verschiedenen Gebieten, so spricht man von **I**ndependent **B**asic **S**ervice **S**ets (IBSS).

Wireless LAN mit einem Access Point
Eine andere Art der Netzstruktur ergibt sich bei der Verwendung eines Access Points, um mittels eines kleinen Wireless LANs – z.B. im Heimbereich oder im Büro – mobil und drahtlos auf das Internet zugreifen zu können. Der Access Point versorgt ebenfalls ein BSS und besitzt i.Allg. zusätzliche Funktionalitäten, um als Router oder Gateway den Übergang zu anderen Netzen zu bewerkstelligen. An einen Access Point lassen sich zahlreiche mobile Stationen anmelden, die jedoch nicht mehr direkt miteinander, sondern nur über den Access Point kommunizieren können. Vom Standard her ist die maximale Zahl anmeldbarer Stationen auf 2007 begrenzt, in der Praxis erlauben Access Points zumeist aber nur zwischen 10 und 250 anmeldbare Mobilstationen. Ferner ist zu beachten, dass sich alle aktiven Mobilstationen die Übertragungskapazität des Access Points teilen müssen, so dass eine große Zahl von Mobilstationen pro Access Point i.Allg. nicht praktikabel ist..

Infrastruktur-Netz im Mehrzellenbetrieb
Um den Versorgungsbereich und die Kapazität eines Wireless LANs zu erhöhen, erlaubt der Standard IEEE 802.11 einen Mehrzellenbetrieb, bei dem mehrere Access Points über ein kabelgebundenes lokales Netz miteinander verbunden sind (siehe Bild 9.2). Der gesamte Versorgungsbereich setzt sich aus den einzelnen Versorgungsbereichen der Access Points – den Funkzellen – zusammen, die sich teilweise überlappen. Diesen so erweiterten Versorgungsbereich, der sich z.B. über ein größeres Firmen- oder Hochschulgelände erstrecken kann, nennt man **E**xtended **S**ervice **S**et (ESS). Das Netz, das die Access Points verbindet, heißt **D**istribution **S**ystem (DS).

Innerhalb des Extended Service Sets kön-

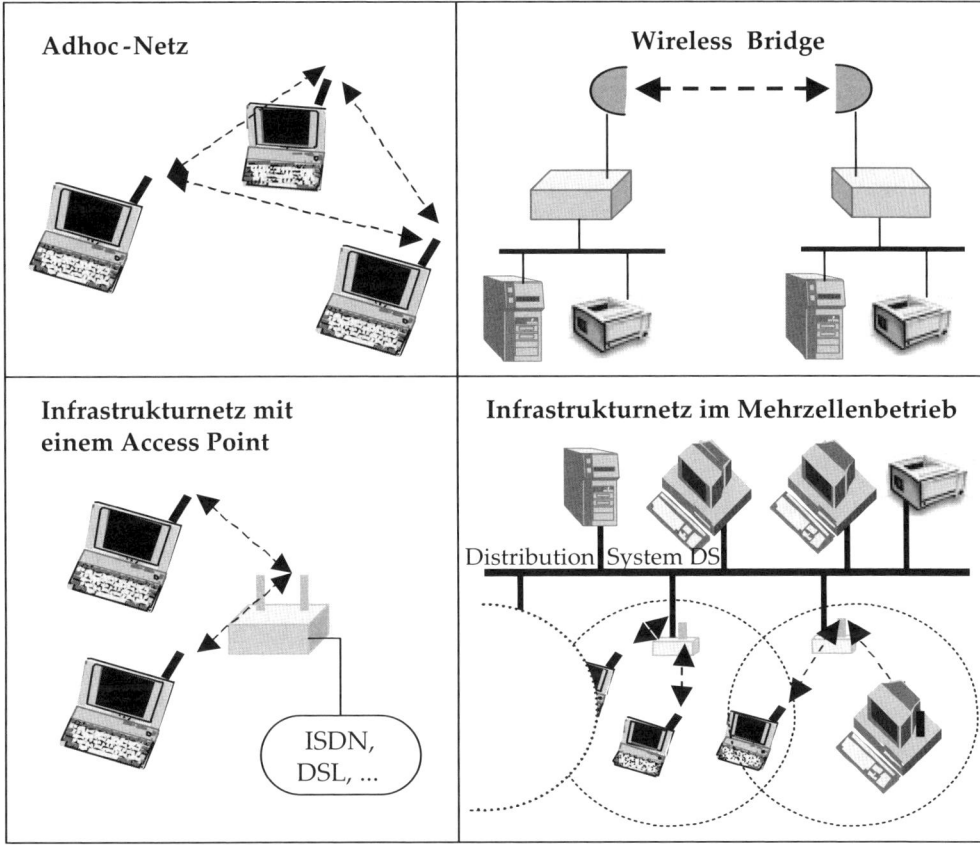

Bild 9.2 Netzstrukturen bei IEEE 802.11

nen sich die Mobilstationen frei bewegen, wobei eine bestehende Verbindung von einem Access Point zum nächsten weitergereicht wird.

Vermaschung der Access Points per Funk
In einem herkömmlichen Infrastruktur-Netz, sind die Access Points über Kabel miteinander verbunden. Die Gruppe IEEE 802.11s arbeitet derzeit an Verfahren, die Access Points auch drahtlos miteinander in einer hierarchischen Weise zu verknüpfen, so dass Daten über Funk von einen Access Point zum anderen weitergeleitet werden können.

Bridge-Modus
WLAN-Komponenten lassen sich auch einsetzen, um zwei geografisch getrennte lokale Netze miteinander über Funk zu verbinden. Dazu sind Access Points erforderlich, die sich als Bridge betreiben lassen. In dem Bridge-Modus erfolgt die Kommunikation auf der Funkseite nur mit einem vorher spezifizierten Partner (bzw. mit wenigen Partnern). Üblicherweise stattet man die beiden beteiligten Access Points mit stark bündelnden und exponiert platzierten Antennen aus, um eine hohe Reichweite zu erzielen (siehe Bild 9.2).

WLAN-Hotspots
Unter WLAN-Hotspots versteht man öffentliche Bereiche mit einem hohen Bedarf an Internet-Zugangsmöglichkeiten, die von einer Betreibergesellschaft – ein Wireless Internet Service Provider – mittels eines WLANs bereitgestellt werden.

Typische Orte, an denen solche Hotspots

installiert sind, sind Hotels und Gastronomiebetriebe, Tankstellen und Raststätten, Flughäfen, Bahnhöfe und Fußballstadien. Anfang des Jahres 2006 waren in Deutschland etwa 6000 WLAN-Hotspots aktiv, weltweit sind es mehr als 50 000. Das jeweilige WLAN kann dabei mittels nur eines Access Points oder als Infrastruktur-Netz mit mehreren Access Points realisiert sein. Entscheidend ist, dass das WLAN einen Zugang zum Internet bietet.

Um ihn zu nutzen, benötigt ein Kunde einen Laptop oder PDA mit der Zugangssoftware des entsprechenden Providers. Befindet er sich im Versorgungsbereich eines Hotspots, so wird er beim Start des Internet-Browsers i.Allg. aufgefordert, die Zugangsdaten einzugeben, die er über

❑ eine Short Message (im Handy),
❑ eine erworbene Zeitguthabenkarte (Voucher)
❑ oder auf andere Weise

erhalten hat. Die Zugangskontrolle (Authentication) erfolgt zumeist über einen RADIUS-Server, der auch die Gebührenabrechnung (Accounting) übernimmt (Bild 9.3). Somit steht prinzipiell jeder Person gegen Gebühren der Zugang zum Internet über WLAN-Hotspots offen. Es handelt sich damit um öffentliche Netze. Beispielsweise kann ein Firmenmitarbeiter, der einen Laptop mit WLAN-Karte und VPN-Client-Software besitzt, zu seinem Firmennetz über ein VPN-Gateway eine gesicherte Verbindung aufbauen.

Auch wenn WLAN-Hotspots vielfach von Mobilfunkbetreibern unterhalten werden, stellen Mobilfunknetze und WLAN-Hotspots heutzutage getrennte Netze dar, für die ein unterbrechungsfreier Übergang nicht möglich ist. Um zukünftig ein besseres Zusammenspiel der beiden Technologien anzubieten, arbeitet die Gruppe IEEE 802.11u entsprechende Verfahren aus.

Adressen und Netzkennung
Jedes WLAN-Modul ist mit einer weltweit eindeutigen Hardware-Adresse (48 Bytes) versehen, die nach einem festgelegten Schema vom Hersteller vergeben wird und die von der entsprechenden Station in jedem Datenpaket als MAC-Adresse übertragen wird (s.u.). Die MAC-Adresse eines Access Points charakterisiert die Funkzelle und wird als **B**asic **S**ervice **S**et **Id**entifier (BSSID) bezeichnet. Auch der

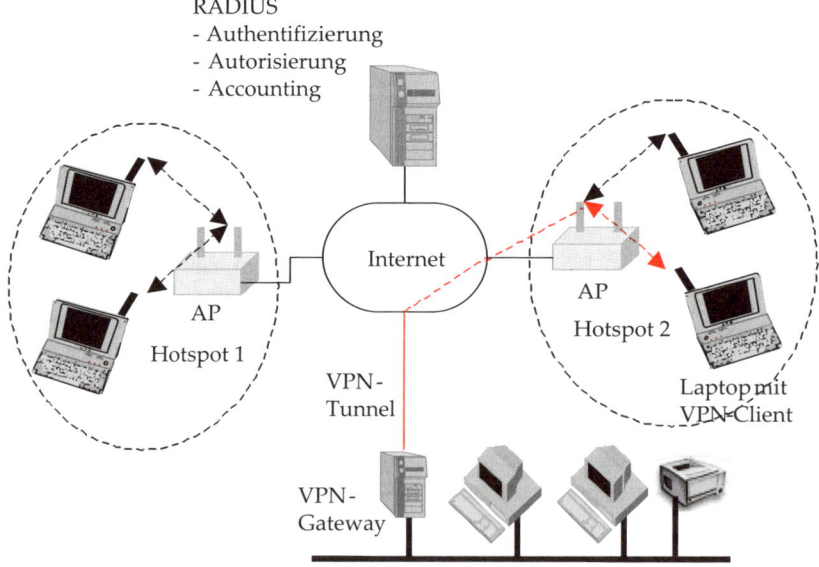

Bild 9.3 Architektur bei WLAN-Hotspots

BSSID-Wert ist in die Datenpakete integriert, um sie einer Zelle zuordnen zu können. Bei einem Adhoc-Netz wählt eine der beteiligten Stationen den BSSID als Zufallszahl.

Neben diesen fest vorgegebenen Adressen ist für die Kennzeichnung eines WLANs die Netzname – der so genannte **S**ervice **S**et **Id**entifier (SSID) – von großer Bedeutung. Er kann vom Betreiber des Netzes frei gewählt werden und darf in der Regel maximal aus 32 Zeichen bestehen. Dabei sind alle Access Points im Netz i.Allg. mit dem gleichen Namen (SSID) zu konfigurieren. Zu beachten ist, dass der Netzname i.Allg. alle 100 ms vom Access Point unverschlüsselt abgestrahlt wird. Daher sollte aus Sicherheitsgründen ein möglichst unverfänglicher Name gewählt werden. Bei manchen Access Points lässt sich die Ausstrahlung des Netznamens auch unterdrücken. In diesem Fall kann sich eine mobile Station nur anmelden, wenn sie den Netznamen kennt.

Bei einer mobilen Station lässt sich über ein Menü steuern, ob sie sich nur bei einem bestimmten Netz mit vorgegebenem Namen oder bei einem beliebigen Netz einbuchen soll. Ein beliebiges Netz wird typischerweise durch die Eingabe «Any» gewählt.

> **Anmerkung**
> Manche Produkte unterstützen auch die Eintragung und Abstrahlung mehrerer verschiedener Netzkennungen bei einem Access Point – ein Leistungsmerkmal, das Multi SSID (MSSID) genannt wird. Dadurch lassen sich mit dem gleichen Equipment logisch getrennte Netze (gekennzeichnet durch den MSSID-Wert) errichten, in denen verschiedenen Teilnehmergruppen unterschiedliche Zugriffsrechte eingeräumt werden.

9.2 Funkausbreitung

In Bezug auf die Funkausbreitung und die belegten Frequenzbereiche hat man zwischen den Typen a, b und g des Standards IEEE 802.11 zu unterscheiden. Das Frequenzspektrum eines Trägers wird ferner entscheidend durch das Modulationsverfahren bestimmt. Daher sind

Tabelle 9.2

	Spreiztechnik/ Code Keying	OFDM
bei 2,4 GHz	Typ b	Typ g
bei 5,5 GHz	–	Typ a

die entsprechenden Unterscheidungsmerkmale für die WLAN-Typen in Tabelle 9.2 zusammengestellt.

Leistungsdichtespektrum eines Trägers

Wie Bild 9.4 zeigt, liegt der Hauptanteil der spektralen Leistungsdichte eines Trägers bei allen drei Typen in einem Frequenzbereich von rund 20 MHz. Erst in einem Abstand von etwa 10 MHz von der Trägerfrequenz fordert die Spektrumsmaske einen Abfall der Leistungsdichte um 20 dB; ein Abfall von 30 dB und mehr ist erst ab einem Abstand von rund 20 MHz garantiert. Wegen der verschiedenen Modulationsformen gibt es Unterschiede in den Spektrumsmasken bei den einzelnen Typen von IEEE 802.11.

Frequenzraster bei 2,4 GHz

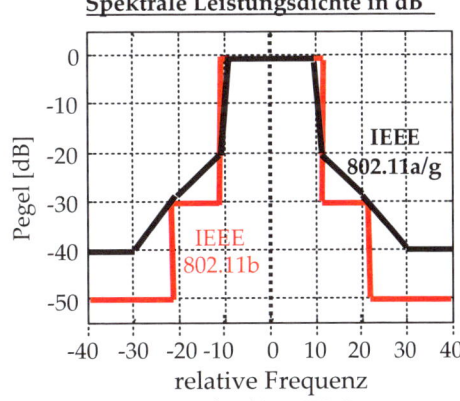

Bild 9.4 Spektrumsmasken für Frequenzträger des Standards IEEE 802.11

> **!** Im ISM-Band zwischen 2,4000 und 2,4835 GHz stehen gut 80 MHz an Frequenzspektrum für

IEEE 802.11b und IEEE 802.11g zu Verfügung. Wie Bild 9.5 illustriert, ist dieses Band in insgesamt 14 Träger mit einem Trägerabstand von Δf = 5 MHz eingeteilt. Die zugehörigen Träger- bzw. Mittenfrequenzen liegen bei:

f_n = (2407 + $n \cdot$ 5) MHz, n = 1, 2, ..., 13, 14

Von diesen Frequenzen dürfen in Europa nur diejenigen mit den Nummern n = 1, 2 ..., 13 (in Frankreich und Spanien sogar nur ein Teil davon) genutzt werden. Da der Trägerabstand mit 5 MHz wesentlich kleiner als die Bandbreite der Träger ist, kommt es zu deutlichen Überlappungen. Um die daraus resultierenden Nachbarkanalstörungen zu vermeiden, besteht für eine WLAN mit mehreren benachbarten Access Points die Planungsrichtlinie, nur drei nahezu überlappungsfreie Träger zu verwenden. Diese sind in Bild 9.5 rot markiert.

Die Richtlinie hat ihre Ursache darin, dass das Spezifikationsdokument für IEEE 802.11b nur für Trägerabstände von mehr als 25 MHz eine Mindestanforderung für die Nachbarkanalunterdrückung vorschreibt.

Frequenzraster bei 5 GHz

Im Frequenzbereich oberhalb von 5 GHz sind zwei Teilbänder für IEEE 802.11a reserviert:
- 5,15 – 5,35 GHz,
- 5,47 – 5,73 GHz.

Insgesamt steht also etwa das sechsfache Frequenzspektrum wie bei 2,4 GHz zur Verfügung, nämlich rund 460 MHz.
Für diesen Bereich ist der Trägerabstand von vorn herein auf 20 MHz festgelegt, um Überlappungen mit Nachbarträgern gering zu halten. Damit erhält man in dem unteren Teilband acht Träger und in dem oberen Teilband elf Träger. Das entsprechende Kanalraster ist in Bild 9.6 illustriert.

Freiraumdämpfung

Für die verschiedenen Typen von IEEE 802.11 beträgt die Freiraumdämpfung:

bei 2,4 GHz: L_F = 40 + 20 log r [m]   (Gl. 9.1)
bei 5,4 GHz: L_F = 47 + 20 log r [m]   (Gl. 9.2)

Die Freiraumdämpfung bei 5,4 GHz ist also um 7 dB höher als bei 2,4 GHz.

Für andere Frequenzen in den jeweiligen Bändern ist die Abweichung von den obigen Formeln geringer als 1 dB und damit für praktische Berechnungen zu vernachlässigen. Die Freiraumdämpfung spielt eine Rolle bei der Verbindung zweier LANs über eine Wireless Bridge oder bei der Anbindung einer WLAN-

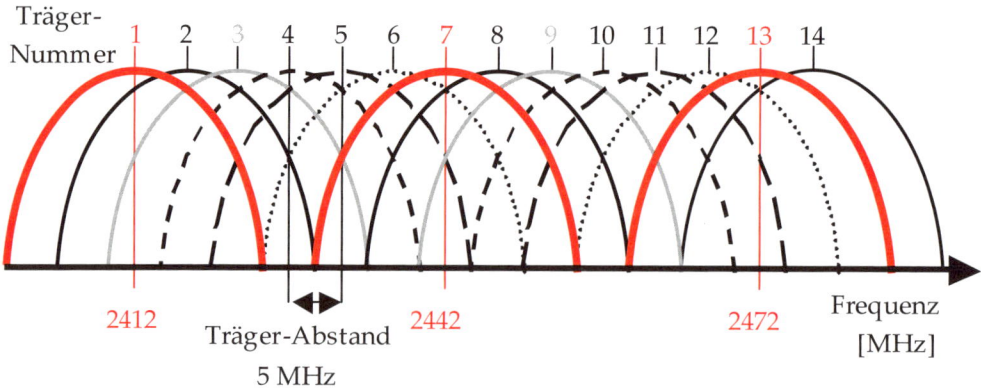

Bild 9.5   Das Frequenzraster bei 2,4 GHz für IEEE 802.11b und IEEE 802.11g

Station mittels exponierter Antennen. Wie hoch diese Antennen oberhalb von Hindernissen zu installieren sind, gibt die kleine Halbachse a des Fresnel-Ellipsoiden an. Für einen Abstand von $r = 1$ km zwischen Sender und Empfänger beträgt ihr Wert:

❑ bei 2,4 GHz: $a = 5{,}6$ m,
❑ bei 5,4 GHz: $a = 3{,}7$ m,

Bei 5 GHz ist es also einfacher als bei 2,4 GHz, den Fresnel-Ellipsoiden frei von Hindernissen zu halten.

Antennen
Gemäß Abschnitt 2.2.1 besteht zwischen der Querschnittsfläche A einer Antenne, deren Gewinnfaktor g und der Wellenlänge λ der Zusammenhang: $A = \lambda^2 \cdot g /(4\eta\pi)$, wobei η der Wirkungsgrad der Antenne ist. Bei gleichem Gewinn g lässt sich also eine Antenne für den Bereich bei 5 GHz kompakter bauen als für den Bereich bei 2,4 GHz. Umgekehrt hat eine Antenne bei 5,4 GHz einen um etwa 7 dB höheren Gewinn als eine Antenne gleicher Größe bei 2,4 GHz. Allerdings sinkt damit die Halbwertsbreite – sowohl in vertikaler als auch in horizontaler Richtung – um etwa den Faktor 2.

Dämpfung in Gebäuden
Wie in Abschnitt 2.2.3 diskutiert, steigen Beugungsverluste sowie die Dämpfungswerte von Hindernissen, insbesondere von Decken, wasserhaltigen Materialien (Personen) und Pflanzen, stark mit der Frequenz. Der Nachteil bei 5 GHz ist somit bei der Anwesenheit von Hindernissen größer als bei der Freiraumausbreitung (Nachteil 7 dB).

> ❗ In Gebäuden sollte man typischerweise davon ausgehen, dass die Dämpfung bei 5 GHz um 10 bis 15 dB höher als bei 2,4 GHz ist.

9.3 Übertragungstechnik

9.3.1 Übertragungstechnik bei IEEE 802.11b

> ❗ Der Standard IEEE 802.11b arbeitet im ISM-Bereich bei 2,4 GHz mit folgenden Modulationsarten (siehe Abschnitte 3.1.3 und 3.1.4):
> ❑ mit einer Spreiztechnik zusammen mit dem DBPSK- und DQPSK-Verfahren,
> ❑ mit zwei Varianten des Complementary Code Keyings zusammen mit dem DQPSK-Verfahren.

Bei der Spreiztechnik findet der in Bild 3.8 illustrierte *Barker-Code* mit einem Spreizungsfaktor SF = 11 Verwendung. Die komplementären Codes bestehen jeweils aus acht komplexwertigen Chips.

Fehler korrigierende Codes sind nicht vorgesehen; aufgetretene Fehler können jedoch durch einen Cyclic Redundancy Check erkannt

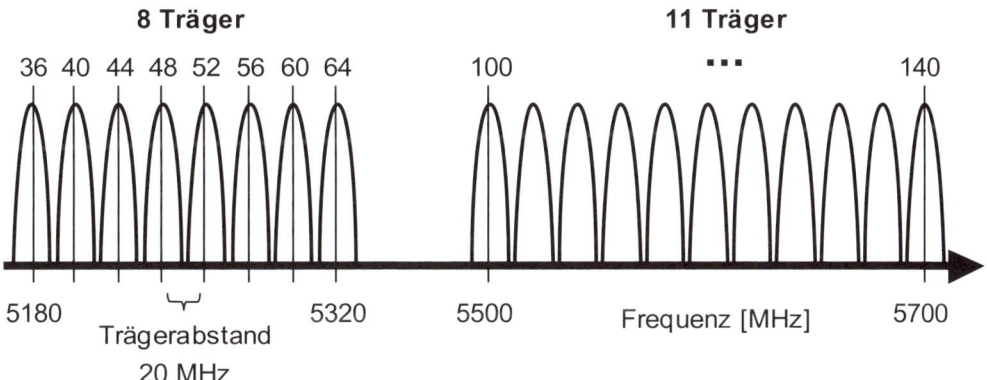

Bild 9.6 Das Frequenzraster bei 5 GHz für IEEE 802.11a

und schadhafte Datenpakete mittels eines ARQ-Verfahrens wiederholt werden.

> ! Die genannten vier Übertragungsmodi bieten als Bruttodatenraten:
> - 1 Mbit/s und 2 Mbit/s,
> - 5,5 Mbit/s und 11 Mbit/s.

Die sendende Station wählt den für die Ausbreitungsbedingungen geeignetsten Modus automatisch aus; IEEE 802.11b verwendet also Link Adaptation.

9.3.2 Übertragungstechnik bei IEEE 802.11a/g

Die beiden Varianten IEEE 802.11a und IEEE 802.11g nutzen im Wesentlichen die gleiche Übertragungstechnik. Der einzige Unterschied besteht darin, dass IEEE 802.11a in den Frequenzbändern oberhalb von 5 GHz arbeitet, während IEEE 802.11g für den ISM-Bereich bei 2,4 GHz vorgesehen ist. Um für den zuletzt genannten Bereich das reibungslose Zusammenspiel mit der Variante IEEE 802.11b zu gewährleisten, gibt es bei IEEE 802.11g einige wenige Besonderheiten beim Aufbau der Datenpakete (s.u.), die bei IEEE 802.11a nicht zu finden sind.

Modulation, Fehlerkorrektur und Datenraten
Wesentlicher Bestandteil der Übertragungstechnik ist das in Abschnitt 3.1.6 näher erläuterte OFDM-Verfahren, bei dem die Daten parallel 48 Unterträgern aufmoduliert werden (Bild 9.7). Zusätzlich gibt es vier Unterträger mit so genannten *Pilot-Symbolen*, die sowohl dem Sender als auch dem Empfänger bekannt sind und mit deren Hilfe der Empfänger Verzerrungen bei der Übertragung detektieren und beseitigen kann.

Die codierten Nutzdaten auf den 48 Unterträgern werden jeweils mit einem BPSK-, QPSK-, 16-QAM- oder 64-QAM-Verfahren moduliert, bei denen man 1, 2, 4 oder 6 Bits zu einem Modulationssymbol zusammenfasst. Insgesamt besteht also ein OFDM-Symbol aus 48 dieser Modulationssymbole, die man auf den 48 Unterträgern überträgt.

Die Dauer eines OFDM-Symbols von 4 µs enthält eine Guard Period von 0,8 µs, um Störungen durch Echos (Intersymbol-Interferenzen, siehe Abschnitt 3.1.6) zu unterdrücken.

Würde man auf eine Kanalcodierung verzichten, so ergäbe sich beispielsweise bei einem 64-QAM-Modulationsverfahren eine Datenrate von 72 Mbit/s (48 · 6 Bits pro 4 µs).

Tatsächlich liegt die Brutto-Datenrate jedoch niedriger, da IEEE 802.11a und IEEE 802.11g im Gegensatz zu IEEE 802.11 b bei allen vier Modulationsverfahren Faltungscodes zur Fehlerkorrektur verwenden. Ausgangspunkt ist dabei der in Abschnitt 3.2 beschriebene Faltungscode der Code-Rate $1/2$, der bei manchen Übertragungsmodi durch Punktierung zu Codes der Raten $2/3$ bzw. $3/4$ abgeschwächt wird. Die höchste Brutto-Datenrate beträgt 54 Mbit/s bei einem 64-QAM-Verfahren mit einem Faltungscode der Rate $3/4$ (72 Mbit/s · $3/4$ = 54 Mbit/s); bei einem BPSK-Verfahren mit einem Faltungscode der Rate $1/2$ ergibt sich bei der niedrigsten Brutto-Datenrate (6 Mbit/s) die beste Störfestigkeit.

> ! Insgesamt sind für IEEE 802.11 a und g acht Übertragungsmodi mit den Datenraten 6, 9, 12, 18, 24, 36, 48 und 54 Mbit/s vorgesehen, wobei die Störfestigkeit mit zunehmender Datenrate sinkt.
>
> Die sendende Station wählt den für die Ausbreitungsbedingungen geeignetsten Modus automatisch aus; IEEE 802.11a und g verwenden also Link Adaption.

> **Anmerkung: Turbo-Mode**
> Manche Hersteller von WLAN-Komponenten bieten bei ihren Produkten zusätzlich zu den standardisierten Übertragungsmodi einen so genannten Turbo-Modus mit einer Brutto-Datenrate von 108 Mbit/s an. Diese Datenrate erzielt man, indem man gewissermaßen zwei Träger bündelt. Der Turbo-Modus erfordert also die doppelte Frequenzbandbreite.

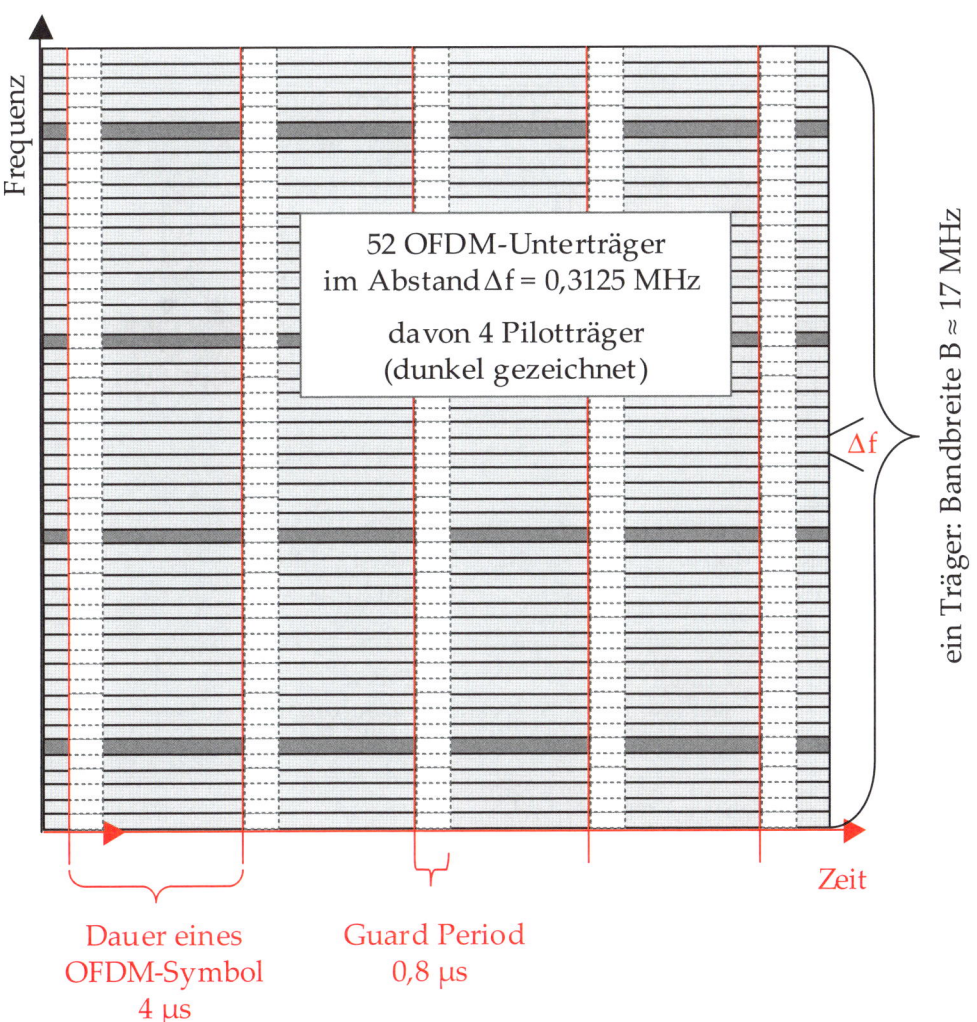

Bild 9.7 OFDM-Verfahren bei IEEE 802.11

9.3.3 Übertragungstechnik bei IEEE 802.11n

Der Standard IEEE 802.11n, der derzeit entwickelt wird, spezifiziert etwas modifizierte Modulations- und Codierverfahren, so dass sich auf einem herkömmlichen Träger eine Bruttodatenrate von rund 65 Mbit/s realisieren lässt. Ferner ist auch die Bündelung von zwei Trägern zu einem Träger mit einer Breite von 40 MHz und damit die Erhöhung der Datenrate auf 130 Mbit/s standardmäßig vorgesehen.

Die entscheidende Neuerung ist aber die Integration, der MIMO-Antennentechnik (siehe Abschnitt 3.4), die die parallele Übertragung von Datenströmen über mehrere Antennen ermöglicht. Bei einer so genannten *4×4-Konfiguration* mit vier Sende- und vier Empfangsantennen ist so bei günstigen Funkausbreitungsbedingungen eine Vervierfachung der Datenrate erzielbar. Bei Verwendung der breiten Träger ergibt sich so eine maximale Bruttodatenrate von etwa 500 Mbit/s.

IEEE 802.11a

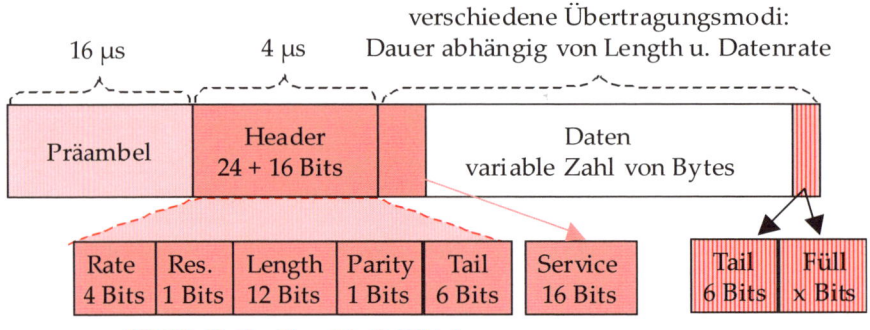

IEEE 802.11b

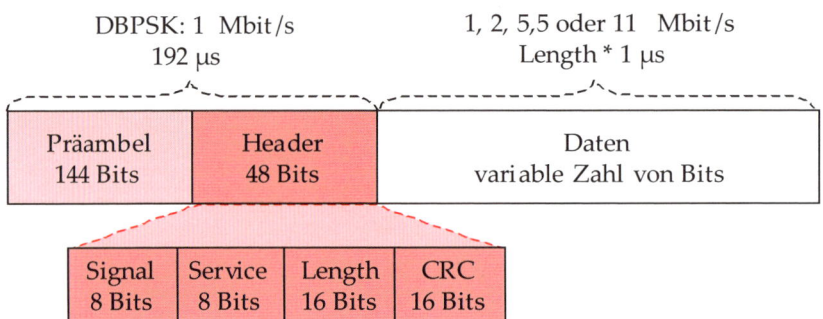

Bild 9.8 Datenpakete der physikalischen Schicht bei IEEE 802.11a und IEEE 802.11b

Der Standard IEEE 802.11n kann sowohl im Bereich bei 2,4 GHz als auch im Bereich bei 5 GHz verwendet werden.

9.3.4 Datenpakete der physikalischen Schicht

Innerhalb der physikalischen Schicht werden die zu übertragenden Bits in Datenpaketen einer bestimmten Struktur zusammengefasst und zur Übergabe an die nächsthöhere Schicht (die MAC-Schicht) aufbereitet. Der in Bild 9.8 gezeigte Aufbau der Datenpakete und die Bedeutung der einzelnen Komponenten sind Bestandteile des **P**hysical **L**ayer **C**onvergence **P**rotocols (PLCP).

Die zugehörigen PLCP-Pakete für IEEE 802.11a und IEEE 802.11b haben zwar einen ähnlichen Aufbau, unterscheiden sich jedoch in einigen Details.

In beiden Fällen beginnt das Paket mit einer so genannten *Präambel*, die u.a. der Zeit- und Frequenzsynchronisation zwischen Sender- und Empfänger dient und den Beginn eines Datenpakets anzeigt. Gefolgt wird die Präambel von dem Header, der mehrere Teilfelder besitzt:

❏ Das Rate- bzw. Signal-Feld enthält Informationen über das im Datenfeld verwendete Übertragungsverfahren.

❏ Das Service- und das Res-Feld steuern die Verwürfelung von Bits bzw. sind für zukünftige, noch nicht definierte Anwendungen reserviert.

❏ Das Length-Feld gibt die Länge des Daten-

feldes an. Bei IEEE 802.11a wird die Länge in Bytes, bei IEEE 802.11b in Mikrosekunden (Übertragungszeit) angegeben.
- ❏ Das eine Parity-Bit bzw. die 16 CRC-Bits dienen der Erkennung von Fehlern im Header.
- ❏ Die Tail-Bits zum Abschluss des Headers bzw. des Daten-Feldes bei IEEE 802.11a setzen die sechs Register des Faltungscodes (siehe Bild 3.15) zurück auf Null.
- ❏ Da bei IEEE 802.11a aufgrund des OFDM-Verfahrens immer ein Vielfaches von 48 Modulationssymbolen übertragen werden muss, füllt man die Bits in dem Datenpaket auf die passenden Anzahl durch angehängte Nullen auf.

Insgesamt ist zu beachten, dass der Header bei allen WLAN-Typen jeweils mit dem Verfahren mit der größten Störfestigkeit und der niedrigsten Datenrate übertragen wird, während für das Datenfeld alle definierten Übertragungsmodi zulässig sind.

Das PLCP-Paket für IEEE 802.11g ergibt sich aus dem für IEEE 802.11a, indem ihm noch die Präambel und der Header für IEEE 802.11b vorangestellt wird. Aus dem Signalfeld dieses Headers kann eine Station, die nur den Standard IEEE 802.11b beherrscht, ablesen, dass das folgende Paket Daten eines für sie unbekannten Übertragungsverfahrens enthält. Ferner lassen sich auf diese Weise Steuerungsinformationen an Stationen des Typs «b» und des Typs «g» senden, um ein reibungsloses Zusammenspiel zwischen Stationen verschiedenen Typs in einem Netz zu gewährleisten.

9.4 Zugriffsverfahren, Verbindungskontrolle und Link Management

Dieser Abschnitt erläutert verschiedene Aspekte der Verbindungssteuerung bei einem Wireless LAN.

Aufgabe des Link Managements (Abschnitt 9.4.1) ist es, Verfahren bereit zu stellen, mit denen sich die Stationen zu einem Netz zusammen finden, die Stationen Verbindungen aufbauen und den Bestand der Verbindungen bei geringem Leistungsverbrauch und der gewünschten Qualität garantieren können.

Die Verbindungskontrolle (Radio Link Control, Abschnitt 9.4.2) stellt mittels eines ARQ-Verfahrens sicher, dass die Datenrahmen (Frames) fehlerfrei vom Sender zum Empfänger übertragen werden.

Die Zugriffsverfahren (Medium Access Control, Abschnitt 9.4.3) regeln, welche Station zu welchem Zeitpunkt auf den Funkkanal zugreifen darf.

Die genannten Verfahren erfordern ein bestimmtes Format der Datenrahmen, das in Abschnitt 9.3.4 beschrieben ist. Dieser Abschnitt enthält auch einige Beispielrechnungen, die zeigen, wie sich die Brutto-Datenraten der physikalischen Schicht durch die Verbindungssteuerung auf deutlich niedrigere Werte reduzieren.

9.4.1 Link Management

> Das Link Management umfasst im Wesentlichen die folgenden Funktionen:
> - ❏ Aussenden von Systeminformationen,
> - ❏ Netzsuche,
> - ❏ Assoziierung,
> - ❏ Authentifizierung,
> - ❏ Verschlüsselung,
> - ❏ Power Management,
> - ❏ Protection- Mechanismus,
> - ❏ Transmit Power Control,
> - ❏ Dynamic Frequency Selection.

Einen groben Überblick über diese Verfahren gibt Bild 9.9; im Folgenden werden sie näher beschrieben.

Aussendung von Systeminformationen
Damit sich alle Stationen in einer Funkzelle orientieren können, muss eine Station regelmäßig Systeminformation in Form von so genannten *Beacon-Frames* ausstrahlen. In einem Infrastruktur-Netz übernimmt dies der Access Point, in einem Adhoc-Netz wird eine Station für diese Aufgabe nach einem bestimmten Verfahren ausgewählt.

Das Beacon-Intervall – also der Zeitraum

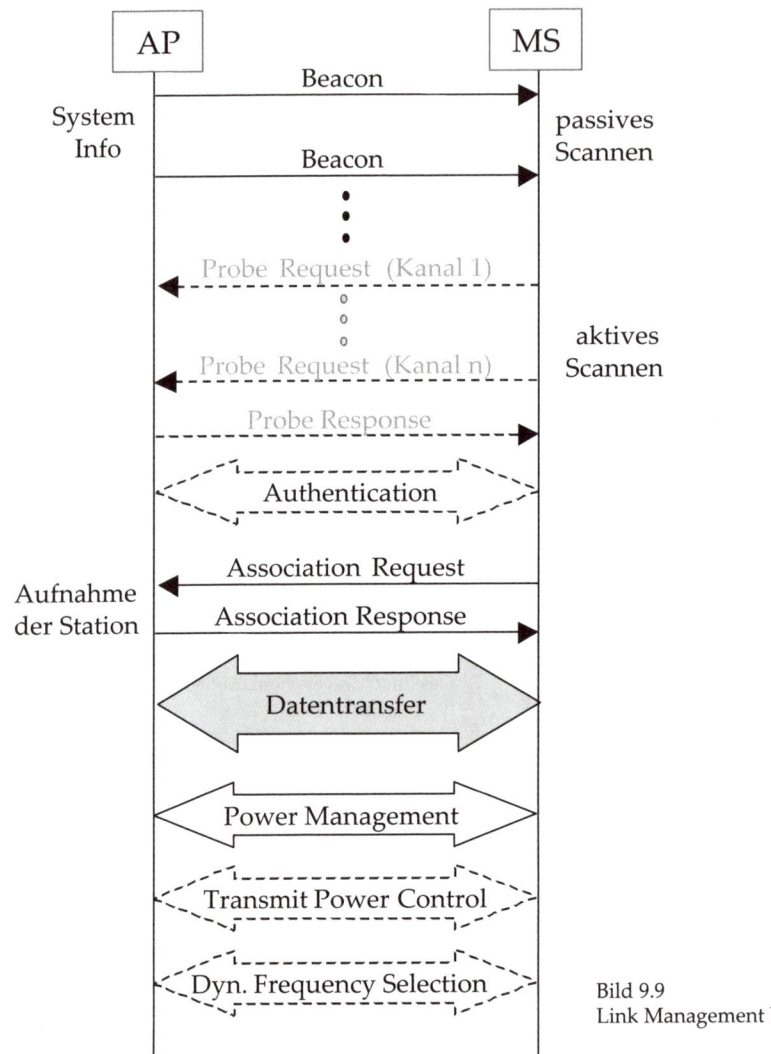

Bild 9.9
Link Management bei IEEE 802.11

zwischen zwei aufeinander folgenden Beacon-Frames – beträgt typischerweise 100 ms, kann teilweise aber auch bei der Konfiguration auf andere Werte gesetzt werden.

Das Beacon-Frame selbst enthält u.a. die folgenden Informationselemente:

- die Systemzeit in Mikrosekunden,
- den Netznamen SSID,
- den Netztyp (Infrastruktur oder Adhoc),
- die unterstützten Datenraten,
- die Kanalnummer (Frequenznummer),
- Informationen über ein eventuell verwendetes Polling-Verfahren,
- Angaben zu zwischengespeicherten und abrufbaren Datenpaketen.

Netz- und Zellsuche

Eine Station, die nach einem geeigneten und verfügbaren Netz sucht, kann entweder ein passives oder ein aktives Scanning durchführen. Dabei hat der Nutzer die Möglichkeit festzulegen,

> ob ein bestimmtes Netz mit einem vorgegebenen Namen (SSID) oder irgendein Netz (SSID = Any) gesucht werden soll.

Beim passiven Scanning sucht die Station auf allen bei ihr eingetragenen Kanälen nach Beacon-Frames und prüft, ob sie zu dem passenden Netz gehören. Findet sie mehrere verfügbare Kanäle mit dem gesuchten Netznamen, so wählt sie denjenigen mit dem besten SNR-Wert aus.

Beim aktiven Scanning sendet die Station der Reihe nach auf allen eingetragenen Kanälen so genannte *Probe-Requests*, die den Namen des gesuchten Netzes und Angaben über die unterstützten Datenraten enthalten. Empfängt z.B. ein zu dem Netz gehörender Access Point diese Meldung, so antwortet er mit einer Probe-Response-Meldung, die ähnliche Informationen wie ein Beacon-Frame enthält. Antworten insgesamt mehrere Access Points des Netzes, so wählt die Station denjenigen aus, für den der beste SNR-Wert gemessen wurde.

Das passive Scanning ermöglicht es, auf die periodische Aussendung des Netznamens in den Beacon-Frames zu verzichten und somit einen gewissen Grad an Anonymität zu wahren.

Authentifizierung
Hat eine Station ein verfügbares Netz gefunden, so wird als Nächstes geprüft, ob sie berechtigt ist, auf das Netz zu zugreifen. Die Verfahren, mit denen die Authentifizierung erfolgt, sind detailliert in Abschnitt 9.8 erläutert. An dieser Stelle ist lediglich zu erwähnen, dass auch eine so genannte Open-System-Authentifizierung möglich ist (wenn sie vom Betreiber eingestellt ist), d.h., jede Station darf ohne besondere Zugangsberechtigungsprüfung auf das Netz zugreifen.

Assoziierung
Nach der erfolgreichen Authentifizierung beantragt die Station die Aufnahme in das Funknetz. Den Prozess nennt man Assoziierung. Dazu sendet die beantragende Station eine Association-Request-Meldung an den zuständigen Access Point (bzw. an eine andere Station in einem Adhoc-Netz), der mit einer Association-Response-Meldung antwortet. Diese Antwort enthält als zentrales Informationselement die Association Identity (AID), eine eindeutige Kennung, mit der die Station vom Access Point angesprochen wird, solange sie bei ihm assoziiert ist. Die AID kann einen Wert zwischen 1 und 2007 annehmen und ist insbesondere für das weiter unten zu besprechende Power Management von großer Bedeutung. Ferner tauschen die Stationen bei der Assoziierung Informationen über die unterstützten Datenraten aus.

Mit einer Disassociation-Request-Meldung meldet sich eine Station beim Access Point ab.

Verlässt eine Station den Versorgungsbereich eines Access Points und bewegt sich in den eines anderen, so kann sie sich bei dem neuen Access Point mit einer Reassociation-Request-Meldung anmelden. Zusätzlich zu einer Association-Request-Meldung enthält die Reassociation-Request-Meldung die MAC-Adresse des bisherigen Access Points. Auf diese Weise kann der neue Access Point die aufgenommene Station über das Infrastruktur-Netz beim alten Access Point abmelden und dafür sorgen, dass die Daten für die aufgenommene Station an die richtige Stelle weitergeleitet werden (s.u., Handover).

Power Management
Vielfach sind die Mobilstationen in einem Funknetz nicht mit einer stationären Stromversorgung ausgestattet, sondern sind auf eine Versorgung über Batterien oder den Akku in einem Laptop angewiesen. Hingegen sind Access Points fest installiert und beziehen den Strom über das allgemeine Stromnetz oder über das Infrastruktur-Netz, an das sie angebunden sind. Insbesondere wenn der Access Point an das Ethernet angeschlossen ist, kann er über dieses seinen Strom beziehen – ein Verfahren, das man als Power-over-Ethernet (PoE) bezeichnet.

Für die mobilen Stationen ist es daher ratsam, Methoden vorzusehen, die die Leistungsaufnahme reduzieren. Diese Reduktion erfolgt bei IEEE 802.11 dadurch, dass die Stationen in einen so genannten *Power Save Mode* übergehen, bei denen sie nicht ständig das Übertragungsmedium abhören. Sie sind also für eine bestimmte Zeit nicht empfangsbereit. Den Übergang in den Power Save Mode muss eine Station dem Access Point mitteilen, damit dieser die für die «schlafende» Station eintreffenden Meldungen zwischenspeichern kann. Von Zeit zu Zeit wachen die «schlafenden» Stationen auf und decodieren die Systeminformationen aus den Beacon- Frames. Diese Meldungen enthalten die AIDs derjenigen Stationen in der Funkzelle, für die Daten gespeichert wurden. Eine Station, für die Daten vorliegen, meldet sich beim Access Point mit einer Power-Save-Poll-Meldung, um die Daten abzurufen. Können diese nicht in einem MAC-Frame übertragen werden, so setzt der Access Point in einem Kontrollfeld das so genannte *More-Bit* auf den Wert 1, um anzuzeigen, dass weitere Frames zu Übertragung anstehen.

Ein Power-Save-Verfahren ist nicht nur bei Infrastruktur-Netzen, sondern auch bei Ad-hoc-Netzen vorgesehen, wobei es gegenüber dem zuvor beschriebenen Verfahren allerdings einige leichte Änderungen gibt.

Measurement, Transmit Power Control und Dynamic Frequency Selection
In dem Standardisierungsdokument IEEE 802.11h wurden für den Frequenzbereich bei 5 GHz zusätzliche Link-Management-Methoden spezifiziert, die vor allem dazu dienen sollen, Störungen zwischen WLANs und Radar-Systemen zu vermeiden. Gleichzeitig kann man diese Methoden aber auch nutzen, um die Störungen innerhalb eines WLANs oder zwischen verschiedenen WLANs zu reduzieren.

Es handelt sich dabei um die

❏ Sendeleistungsregelung (Transmission Power Control, TPC),
❏ Dynamische Frequenzwahl (Dynamic Frequency Selection, DFS).

Messungen
Beide Methoden beruhen darauf, dass die einzelnen Stationen Messungen zur Signalstärke vornehmen und die Messergebnisse untereinander austauschen.

Dazu fordert eine Station (i.Allg. der Access Point) mit einer Measurement-Request-Meldung eine andere Station auf, bestimmte Messungen durchzuführen. Diese Meldung enthält Angaben zu folgenden Größen:

❏ den Kanal, auf dem die Messungen erfolgen sollen,
❏ den Startzeitpunkt für die Messung,
❏ die Dauer der Messung,
❏ die Art der geforderten Messwerte.

Bezüglich der Art der Messwerte gibt es drei Möglichkeiten: Die messende Station sendet der auffordernden Station einen Measurement Report, der die folgenden Angaben enthalten kann:

❏ die Art des detektierten Signals,
  – kein Signal,
  – ein WLAN-Signal,
  – ein Radar-Signal,
  – ein unbekanntes Signal,
❏ den Bruchteil der Messzeit, bei der der Signalpegel oberhalb eines Schwellwertes lag,
❏ die Häufigkeitsverteilung der Signalpegelwerte.

Transmission Power Control, TPC

> ❗ Im Frequenzbereich bei 5 GHz bestehen abhängig vom jeweiligen Frequenzträger und einigen anderen Randbedingungen unterschiedliche Grenzwerte für die EIRP (siehe Abschnitt 9.6). Die zentrale Aufgabe des TPC-Verfahrens ist es, automatisch für die Einhaltung dieser Grenzwerte zu sorgen. Die entsprechenden Werte gibt der Access Point über die Beacon-Frames bekannt.

Innerhalb dieser Grenzen ist es möglich, die Sendeleistung einer Station an die Empfangsbedingungen anzupassen. Dazu fordert eine Station A eine andere Station B mit einer TPC-Request-Meldung auf, ihre aktuelle Sendeleistung sowie Angaben zum Empfangspegel in einem TPC-Report mitzuteilen. Ist der Empfangspegel bei Station B hinreichend gut, so kann Station A ihren Sendepegel um einen bestimmten Betrag reduzieren.

Im Standard IEEE 802.11h sind zwar die generellen Mechanismen für eine Sendeleistungsregelung, nicht aber die detaillierten Algorithmen, nach denen diese erfolgt, spezifiziert. In der Beziehung hat also ein Hersteller von WLAN-Komponenten einen gewissen Spielraum.

Dynamic Frequency Selection, DFS
Das zentrale Anliegen der dynamischen Frequenzwahl (Dynamic Frequency Selection) gemäß IEEE 802.11h ist es, die Störung von Radarsystemen, die in dem gleichen Frequenzbereich arbeiten, zu vermeiden. Die standardkonformen Stationen sind in der Lage, die Anwesenheit solcher Signale festzustellen und deren Stärke zu messen. Eine Station darf eine Frequenz nur dann verwenden, wenn sie festgestellt hat, dass auf der Frequenz kein Radarsignal vorhanden ist. Ferner kann beispielsweise der Access Point die assoziierten Stationen auffordern, Messungen zur Störsituation auf bestimmten Frequenzen durchzuführen und die Ergebnisse in einem Measurement Report zurückzuliefern (s.o.). Dabei kann nicht nur die Frequenznutzung durch Radarsysteme, sondern auch durch andere WLAN-Stationen festgestellt werden. Träger, die von anderen Access Points verwendet werden, sind zu vermeiden, um für eine möglichst gleichmäßige Belastung der Frequenzen zu sorgen.

Kommt der Access Point zu der Entscheidung, dass die bisher verwendete Frequenz seit einiger Zeit stark gestört, eine andere aber weniger belastet ist, so kündigt er den Frequenzwechsel mit einer *Channel-Switch-Announcement-Meldung* an. Diese Meldung enthält:

❑ die Nummer der neuen Frequenz,
❑ den Zeitpunkt, zu dem der Wechsel durchgeführt wird,
❑ und eine Angabe, ob Stationen bis zum Frequenzwechsel weiter Frames senden dürfen.

Im Standard IEEE 802.11h sind zwar die generellen Mechanismen für eine Sendeleistungsregelung und die dynamische Frequenzwahl spezifiziert, nicht aber die detaillierten Algorithmen, nach denen die Wahl der Sendeleistung oder der Frequenz erfolgt. In der Beziehung hat also ein Hersteller von WLAN-Komponenten einen gewissen Spielraum.

Zellwechsel – Handover
Bewegt sich eine Mobilstation (MS) aus den Versorgungsbereich eines Access Points A in den eines anderen Access Points B, so meldet sie sich bei letzterem im Normalfall mit einer Reassociation-Request-Meldung an. Danach sollte eine bereits bestehende Verbindung möglichst unterbrechungsfrei und ohne Einbuße an Qualität am neuen Access Point fortgesetzt werden. Solange jedoch der alte Access Point A nicht bemerkt, dass die Mobilstation seinen Versorgungsbereich verlassen hat – sie muss sich nicht abmelden –, versucht er, Datenpakete an die MS zu senden und leitet sie nicht an den neuen Access Point weiter. Zwar könnte AP A nach mehreren erfolglosen Wiederholungen des Datenpakets die veraltete Assoziierung löschen, so dass ein neuer Weg zur Mobilstation gesucht werden kann, doch dabei vergeht zu viel Zeit, so dass es zu nicht akzeptablen Unterbrechungen kommt.

Daher sieht der Standard IEEE 802.11f einen anderen, in Bild 9.10 skizzierten Mechanismus vor, der zumindest bei größeren Netzen einen RADIUS-Server (siehe Abschnitt 8.4.3) erfordert:

Aus der Reassociation-Request-Meldung erfährt der neue Access Point B die MAC-Adresse (BSSID) des alten Access Points. Über eine Datenbank im RADIUS-Server kann er daraus die IP-Adresse des alten Access Points A ableiten und diesen mit einer Move-Notify-Meldung über den Zellwechsel der Mobilstation informieren.

Die Meldung wird über das Distribution System in TCP/IP-Paketen transportiert, die sich mittels des Encapsulating Security Payload Protocols (siehe Abschnitt 8.5) verschlüsseln lassen.

Nach Erhalt der Move-Notify-Meldung löscht der alte Access Point die Mobilstation aus seiner Assoziierungsliste und sendet die bisherigen Verbindungsparameter in einer (verschlüsselten) Move-Response-Meldung an

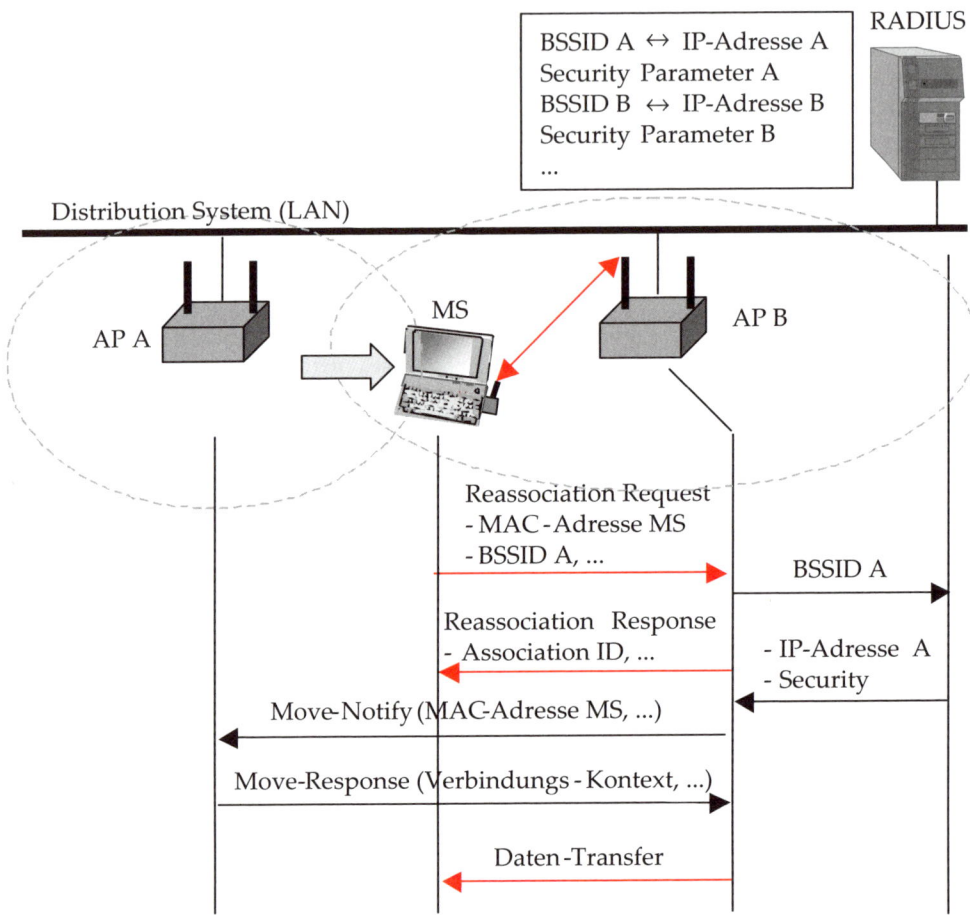

Bild 9.10 Illustration zum Zellwechsel

den neuen Access Point, der daraufhin den Datentransfer mit der Mobilstation fortsetzen kann. Zu den Verbindungsparametern (Kontext) können beispielsweise Schlüssel oder Passwörter für eine Authentifizierung oder für die Verschlüsselung zwischen AP und MS gehören. Somit muss der neue Access Point keine Zeit raubende Authentifizierungs- und Schlüsselaustauschprozedur mit der Mobilstation initiieren.

Um den Zellwechsel zu beschleunigen, sieht der Standard IEEE 802.11f die Methode des *Cachings* vor. Dabei sendet ein Access Point vorsorglich den Verbindungskontext einer bei ihm assoziierten Mobilstation an alle Access Points, zu denen eventuell ein Wechsel erfolgen könnte. Welche das sind, lernt sie aus der Erfahrung: Access Points, die in der Vergangenheit bereits Mobilstationen aufgenommen haben, werden in eine Kandidatenliste eingetragen. Aus dieser Liste können sie auch wieder gelöscht werden, wenn lange kein Handover zu diesem Access Point erfolgt ist.

Anzumerken ist, dass sich der Austausch der Move-Meldungen in kleinen Netzen auch ohne RADIUS-Server realisieren lässt – allerdings nur unverschlüsselt. Dazu muss man bei jedem Access Point alle benachbarten Access Points mit deren MAC- und IP-Adressen eintragen.

In einem Infrastrukturnetz, bei dem alle Access Points von einem Hersteller stammen, kann der Handover auch nach einem nicht standardisierten Verfahren erfolgen.

Zur Zeit arbeitet eine Gruppe des IEEEs an folgenden Standards zum Handover:

❑ IEEE 802.11r soll einen beschleunigten Handover – insbesondere im Hinblick auf Echtzeitdienste wie die Telefonie – ermöglichen.
❑ IEEE 802.11u spezifiziert Handover-Verfahren für einen Wechsel zwischen WLANs und öffentlichen Mobilfunknetzen wie GSM oder UMTS.

9.4.2 Radio Link Control

> Zur Steuerung und Überwachung einer bestehenden Funkverbindung (Radio Link Control) verwendet IEEE 802.11 in seiner ursprünglichen Version ein Send-and-Wait-Protocol: Jedes Nutzdatenpaket und jedes Management-Frame, das nicht als Broadcast- oder Multicast-Frame an mehrere Stationen verschickt wird, muss vom jeweiligen Empfänger durch ein ACK-Frame bestätigt werden. Erst wenn das ACK-Frame eingetroffen ist, darf der Sender dem Empfänger ein neues Paket schicken. Bleibt die Bestätigung aus, so überträgt der Sender das Paket nach einer gewissen Wartezeit erneut.

Alle Frames enthalten also einen Cyclic Redundancy Check (4 Bytes) zur Fehlererkennung. Ferner ist in jedem Frame durch ein bestimmtes Bit anzuzeigen, ob es sich um einen erstmals versandten Frame oder um einen wiederholten handelt.

Bei neueren Versionen des Standards muss nicht mehr jeder einzelne Frame bestätigt werden, sondern Bestätigungen können sich auf eine Gruppe von Frames beziehen, so dass der Empfänger dem Sender gezielt mitteilen kann, welche der Frames korrekt empfangen wurden und welche nicht.

Datenpakete aus höheren Schichten können innerhalb der Radio Link Controls in bis zu 16 Fragmente zerlegt werden, die eine eindeutige Fragmentnummer (4 Bits) erhalten.

9.4.3 Medium Access Control

> Um den Zugriff auf das Übertragungsmedium zu steuern, bietet der Standard IEEE 802.11 zwei Verfahren an:
>
> ❑ eine zentrale Zugriffssteuerung, **P**oint **Coor**dination **F**unction (PCF) genannt,
> ❑ eine dezentrale Zugriffssteuerung, **D**istributed **C**oordination **F**unction (DCF) genannt.
>
> In den Jahren bis etwa 2004 lag die Hauptanwendung im Bereich der drahtlosen Computernetze, so dass in den Produkten fast ausschließlich die DCF realisiert war, die auf dem aus dem leitungsgebundenen Ethernet bekannten CSMA-Verfahren beruht (siehe Abschnitte 4.4.2 und 4.4.3).

Heutzutage werden vermehrt auch Echtzeitdienste wie die Telefonie sowie Multimedia-Dienste mit unterschiedlichen Qualitätsanforderungen über Wireless LANs realisiert, so dass die Point Coordination Function, die über ein Polling-Verfahren eine gleich bleibende Datenrate garantiert, zunehmend wichtiger wird. Ferner wurde im Standard IEEE 802.11e die DCF um die Möglichkeit der Prioritätenvergabe erweitert und die Kombination zwischen zentraler und dezentraler Steuerung verbessert. Die entsprechenden Maßnahmen bezeichnet man als **E**nhanced **D**istributed **C**oordination **F**unction (EDCF) und **H**ybrid **C**oordination **F**unction (HCF). Durch diese Maßnahmen lassen sich Dienste mit unterschiedlichen Qualitätsanforderungen (Quality of Service, QoS) in einem Netz realisieren.

Während die dezentrale Zugriffssteuerung sowohl in einem Adhoc-Netz als auch in einem Infrastruktur-Netz möglich ist, müssen die zentrale und auch die hybride Steuerung immer durch den Access Point als Master erfolgen. In Adhoc-Netzen ist diese Methode daher nicht anwendbar.

Distributed Coordination Function

Die dezentrale Zugriffssteuerung erfolgt mittels eines CSMA-Verfahrens, wobei die Möglichkeit besteht, das Übertragungsmedium durch den Austausch von RTS- und CTS-Meldungen zu reservieren, um das Problem verborgener Stationen zu beseitigen (siehe Abschnitt 4.4.3). Ob dem Datentransfer die Reservierung voraus gehen soll, lässt sich zumeist bei der Konfiguration des Wireless LANs einstellen.

Zur Erläuterung der Details des Zugriffsverfahren sind in Bild 9.11 einige Übertragungsszenarien dargestellt. Im oberen Teil des Bildes überträgt die Station A die drei Fragmente eines Datenpakets an Station B. Der Empfang jedes Fragments muss von Station B mittels einer ACK-Meldung quittiert werden. Solche ACK-Meldungen haben Vorrang vor anderen Datenpaketen. Somit darf und muss Station B die ACK-Meldung kurze Zeit nach Eintreffen des Frames bzw. Fragments senden. Diese Zeitspanne, die man **S**hort **I**nter **F**rame **S**pacing (SIFS) nennt, beträgt – je nach Typ des WLAN (a, b oder g) – 10 μs oder 16 μs. Das SIFS-Intervall ist erforderlich, um dem Empfänger Zeit zu geben, das empfangene Frame zu decodieren, auf Korrektheit zu prüfen und die Antwort zu erzeugen. Innerhalb des Intervalls dürfen jedoch keine anderen Stationen auf das Medium zugreifen. Nachdem Station B des erste Fragment bestätigt hat, sendet Station A das zweite Fragment, wobei der zeitliche Abstand wiederum durch das SIFS gegeben ist. Durch diesen Mechanismus garantiert man, dass alle Fragmente eines Datenpakets ohne Unterbrechung gesendet werden können; jedes Fragment ist allerdings einzeln zu quittieren.

Im mittleren Teil des Bildes 9.11 endet die Übertragungsphase für Station A mit dem Eintreffen der ACK-Meldung. Da keine weiteren Fragmente von Station A folgen, schließt sich ein Zeitintervall DIFS an. Innerhalb dieses DCF Interframe Spacings von 50 μs oder 34 μs (je nach Typ des WLANs) dürfen keine Zugriffsversuche erfolgen. Zugriffsversuche sind erst wieder in dem anschließenden Contention Window – dem Zeitfenster für Bewerbungen – erlaubt.

Innerhalb des DIFS-Intervalls führen die übertragungswilligen Stationen Messungen durch, um zu detektieren, ob der Funkkanal tatsächlich nicht belegt ist. Erkennen sie einen freien Funkkanal, so wählen sie innerhalb des Contention Windows einen zufälligen Zeitpunkt (im Bild als roter Strich markiert) für die Übertragung eines Datenpakets aus. Ist der Funkkanal bis zu diesem Zeitpunkt frei geblieben, so senden sie ihr Datenpaket. In dem Beispiel überträgt Station C Daten an Station B. Dabei ist in dem Header des Datenpakets die Angabe zu finden, wie lange die Übertragung des Pakets inklusive der Quittierung mittels der ACK-Meldung dauern wird. Diese Angabe bezeichnet man auch als *Network Allocation Vector*; sie charakterisiert die Belegungszeit des Funkkanals. Station A hatte einen etwas späteren Zeitpunkt für den Zugriff gewählt und stellt – da sie die Funkkanalbelegung bemerkt hat – ihren Verbindungswunsch zurück. Als Contention Window sind je nach Typ des WLANs ca. 135 μs (Typ a und g) bzw. ca. 620 μs (Typ b) vorgesehen, solange es zu keinen Störungen kommt. Tritt eine Kollision ein, d.h. bleibt die ACK-Meldung für ein Paket aus, so verdoppelt sich bei jedem fehlgeschlagenen Versuch die Dauer des Contention Windows, bis ein Maximalwert erreicht ist. Auf diese Weise verteilen sich Zugriffsversuche bei hoher Last automatisch auf einen größeren Zeitbereich, so dass das Risiko weiterer Kollisionen sinkt.

Im unteren Teil von Bild 9.11 ist die Datenübertragung mit vorgeschalteter Reservierung skizziert. Die übertragungswillige Station C sendet zunächst innerhalb des Contention Windows eine **R**equest-to-**S**end-Meldung (RTS) an Station B, die den Network Allocation Vector – also die benötigte Kanalbelegungszeit – angibt. Station B bestätigt die Belegung mit der **C**lear-to-**S**end-Meldung. Durch die CTS-Meldung erfährt Station A die Belegungszeit des Funkkanals – selbst dann, wenn sie die RTS-Meldung von Station A nicht empfangen haben sollte. Die RTS-Meldung stellt also eine Reservierung des Mediums dar, so dass für die unmittelbar folgenden Frames (CTS, Daten, ACK) das **S**hort **I**nterframe **S**pacing (SIFS) verwendet wird und ein zwischenzeitlicher Zugriff durch andere Stationen nicht erlaubt ist. Der skizzierte Reservierungsmechanismus vermindert das Risiko der Störungen durch verborgene Stationen, andererseits ver-

Zugriffsverfahren, Verbindungskontrolle und Link Management 177

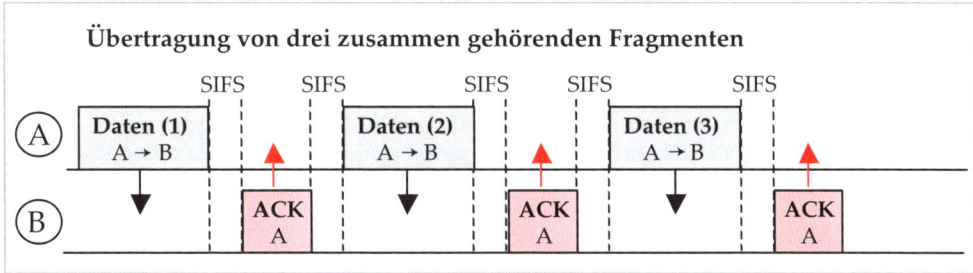

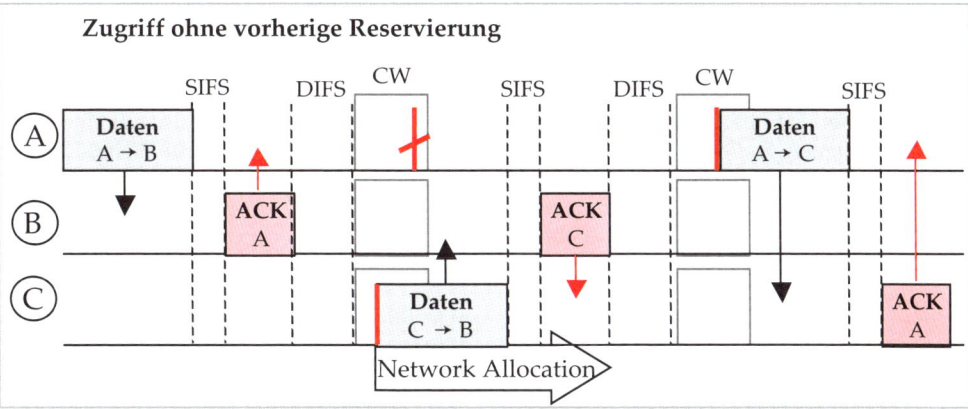

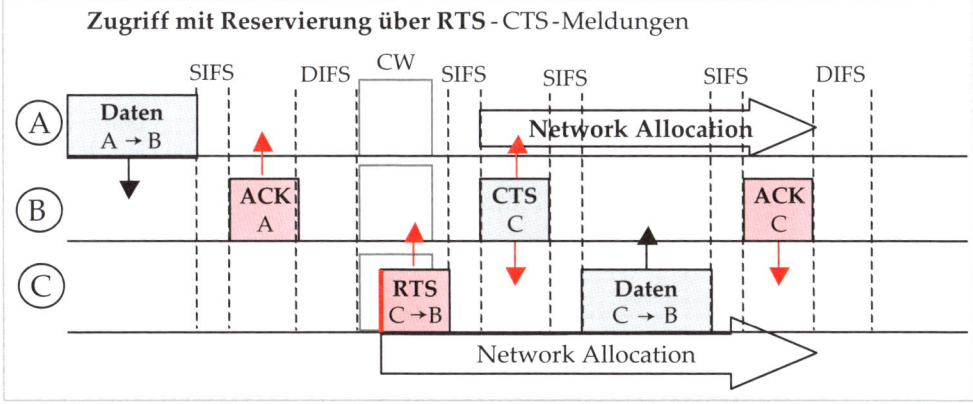

Bild 9.11   Szenarien für die Übertragung von Rahmen gemäß DCF

längert sich dabei die Übertragungszeit. Daher besteht bei der Konfiguration eines WLANs häufig die Möglichkeit, den Reservierungsmechanismus komplett abzuschalten oder ihn in Abhängigkeit von der Länge des Datenpakets einzusetzen.

Point Coordination Function, PCF
Eine Phase für die zentrale Zugriffssteuerung, die man Contention Free Period (CFP) nennt, wird vom Access Point durch ein Beacon-Frame eingeleitet – eine Systeminformation für alle Stationen, die die Dauer der CFP angibt.

Innerhalb der CFP darf nur der Access Point senden bzw. eine Station, die vom Access Point die Erlaubnis dazu erhalten hat. Der Zugriff erfolgt also in einem Polling-Verfahren, bei dem die Stationen in einer bestimmten Reihenfolge vom Master nach Übertragungswünschen abgefragt werden (siehe Abschnitt 4.4.4). Auch innerhalb der CFP müssen Datenpakete bestätigt werden. Dabei sind «Huckepack-Verfahren» (siehe Abschnitt 4.3) zulässig, bei denen die ACK-Meldung für das letzte Datenpaket mit einem neuen Datenpaket zusammengepackt wird. Gleiches gilt für die Kombination von POLL-Meldungen und Nutzdaten-Frames sowie für einige andere Kombinationen. Stellt der Access Point innerhalb der CFP fest, dass keine Übertragungswünsche mehr bestehen, so kann er die CFP vorzeitig durch eine CF-END-Meldung beenden.

Erweiterungen durch IEEE 802.11e
Wie zuvor erwähnt, soll über die Erweiterungen des Standards IEEE 802.11e eine Nutzung des Wireless LANs für Dienste mit unterschiedlichen Qualitätsanforderungen ermöglicht werden. Die entsprechende Dienstqualität (**Q**uality **o**f **S**ervice, (QoS)) garantiert man durch die Einführung von acht Prioritätenklassen – Traffic Categories genannt. Beim dezentralen CSMA-Verfahren realisiert man die Priorisierung – wie in Bild 9.12 illustriert – durch die Verwendung unterschiedlicher Contention Windows. Bei Diensten einer hohen Priorität beginnt dieses früher (und ist kürzer) als bei Diensten einer niedrigeren Priorität, so dass erstere beim Zugriff bevorzugt behandelt werden. Die entsprechenden variablen Interframe Spacings nennt man **A**rbitration **I**nterframe **S**pacings (AIFS). Daneben bietet IEEE 80211e die Möglichkeit, das Medium gleich für die Aussendung mehrerer Frames zu reservieren – ein Verfahren, das man *Transmission Opportunity Bursting* nennt. Ferner wurden auch die Methoden der PCF erweitert, um den Stationen zentral, also auf eine durch den Access Point koordinierte Weise, Übertragungskapazität gemäß der jeweiligen Kapazitätsanforderung zuzuteilen.

9.4.4 Aufbau von MAC-Frames

Wie Bild 9.13 zeigt, ist ein MAC-Frame bei IEEE 802.11 in üblicher Weise aufgebaut: Der aus 30 Bytes bestehende Header wird von einem Datenfeld variabler Länge gefolgt. Ein Cyclic Redundancy Check sorgt für eine Fehlererkennung. Das Datenfeld kann entweder Nutzdaten oder Meldungen des Link Managements (Association, Authentication, Measurement Report, …) enthalten. Control-Frames (ACK, RTS, CTS, …) besitzen kein Datenfeld.

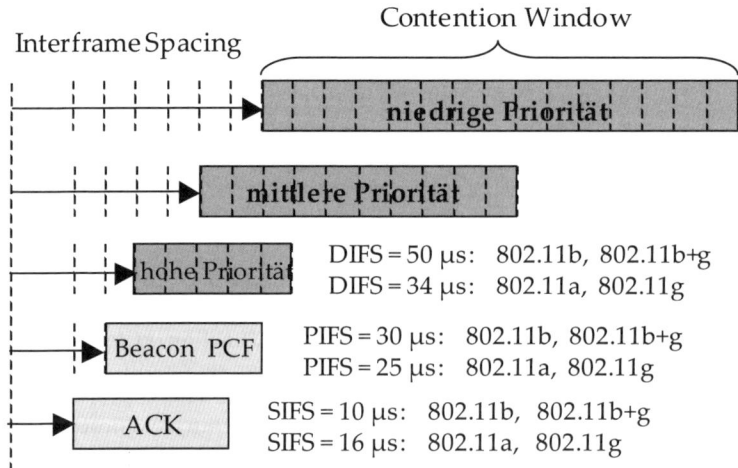

Bild 9.12   Priorisierung von Zugriffen

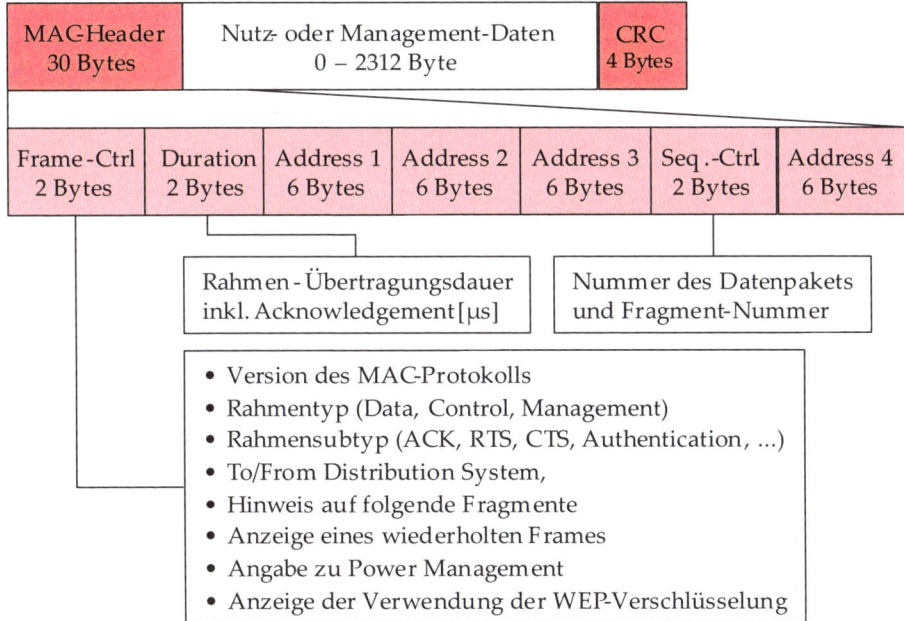

Bild 9.13 Aufbau von MAC-Frame

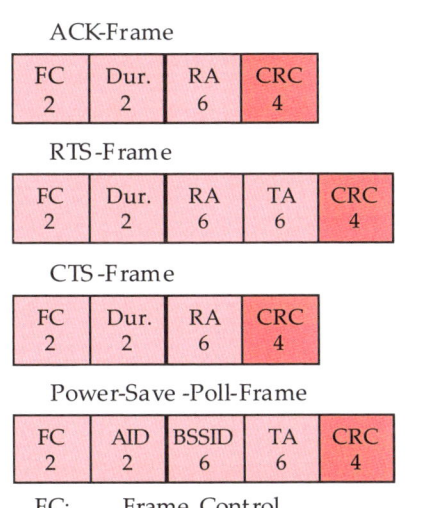

FC: Frame Control
Dur.: Duration
RA: Receive Address
TA: Transmit Address
AID: Association Identity
CRC: Cyclic Redundancy Check

Bild 9.14 Beispiele für Control-Frames

Einige Beispiele für Control Frames sind in Bild 9.14 illustriert.

> Bei den MAC-Frames aus Bild 9.13 fällt auf, dass sie vier Adressfelder enthalten; man unterscheidet:
> - die Quelladresse (Source Address, SA),
> - die Zieladresse (Destination Address, DA),
> - die Senderadresse (Transmitter Address, TA),
> - die Empfängeradresse (Receiver Address, RA).

Alle Adressen besitzen das vom Ethernet bekannte Format mit einer Länge von 48 Bits (6 Bytes).

Die Unterscheidung von z.B. Ziel- und Empfängeradresse ist notwendig, wenn ein MAC-Frame über ein Distribution System verteilt werden muss. Dieser Sachverhalt ist in Bild 9.15 illustriert:

Im Fall B sendet eine Mobilstation MS_1 über das Distribution System einen Frame an eine andere Mobilstation MS_2 in einer anderen Zelle. Der Empfänger des Frames ist zunächst der Access Point AP_1, der es über das Distribution

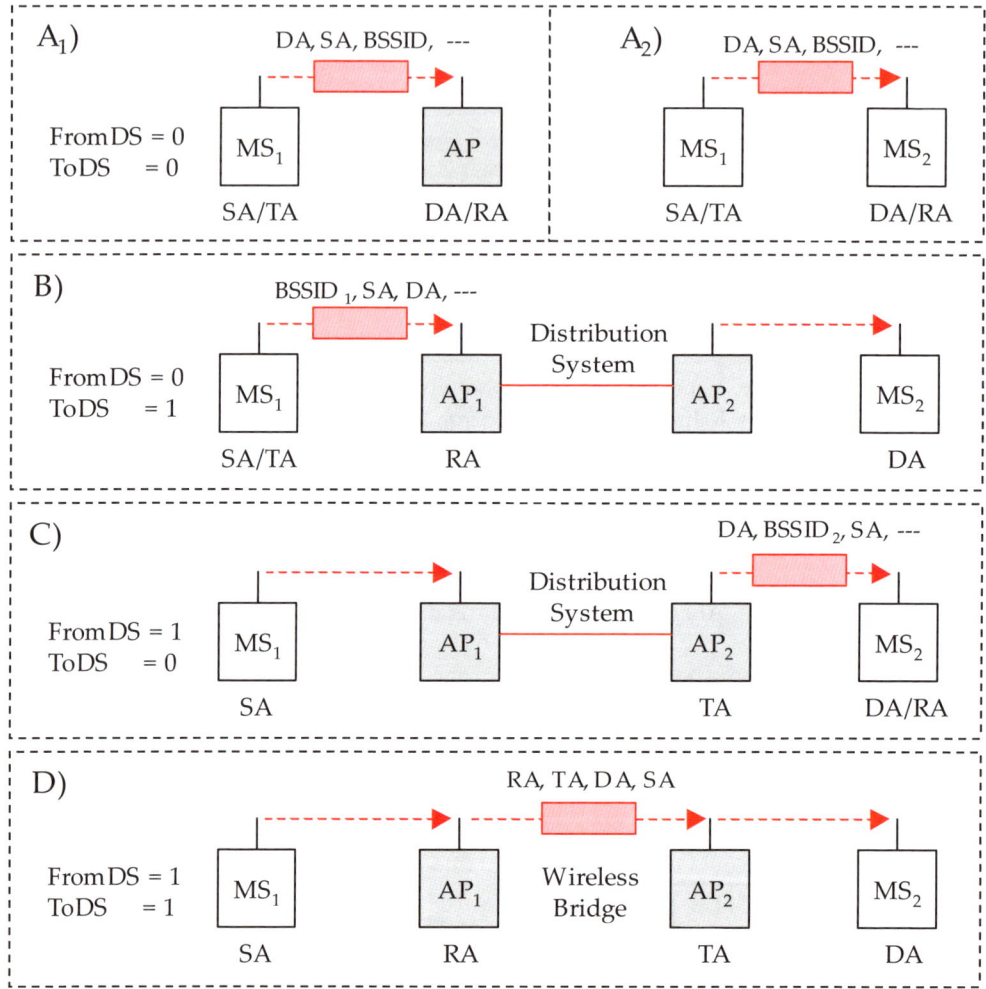

Bild 9.15 Illustration zur Verwendung der MAC-Adressen bei IEEE 802.11 für verschiedene Fälle

System und den Access Point AP_2 an das eigentliche Ziel, nämlich MS_2, weiterleitet. Somit ergibt sich folgende Belegung für die Adressen in dem von MS_1 versendeten Frame:

- Adresse 1: RA = MAC-Adresse von AP_1 ($BSSID_1$),
- Adresse 2: SA = TA = MAC-Adresse von MS_1,
- Adresse 3: DA = MAC-Adresse von MS_2,
- Adresse 4: bleibt unbelegt.

Eine ähnliche Belegung erhält man in dem Frame, das an MS_2 ausgeliefert wird (Fall C).

Erfolgt der Transport über eine Wireless Bridge (Fall D), so sind alle vier Adressfelder belegt.

Die Unterscheidung der vier Fälle erfolgt durch zwei Flags, die angeben, ob ein Frame aus einem Distribution System kommt (FromDS) oder über ein solches System transportiert werden soll (ToDS).

Tabelle 9.3   Beispielrechnungen zur Datenrate der MAC-Schicht für verschiedene Systemvarianten.

IEEE-Standard		IEEE 802.11b		IEEE 802.11a	
Brutto-Rate		2 Mbit/s	11 Mbit/s	6 Mbit/s	54 Mbit/s
	Bytes	Zeit	Zeit	Zeit	Zeit
DIFS		50 µs	50 µs	34 µs	34 µs
Backoff		≈ 300 µs	≈ 300 µs	≈ 70 µs	≈ 70 µs
Frame mit Nutzdaten					
Präambel		144 µs	144 µs	20 µs	20 µs
PLCP-Header		48 µs	48 µs	7 µs	4 µs
MAC-Header	30	120 µs	22 µs	40 µs	4 µs
CRC	4	16 µs	3 µs	5 µs	1 µs
Data	1500	6000 µs	1091 µs	2000 µs	222 µs
SIFS	–	10 µs	10 µs	16 µs	16 µs
ACK-Frame					
Präambel		144 µs	144 µs	20 µs	20 µs
PLCP-Header		48 µs	48 µs	7 µs	4 µs
MAC (ACK)	14	56 µs	10 µs	19 µs	2 µs
Gesamtzeit t_G		6936 µs	1870 µs	2238 µs	397 µs
effektive Datenrate		1,7 Mbit/s	6,4 Mbit/s	5,4 Mbit/s	30 Mbit/s

9.4.5   Datenraten in der MAC-Schicht

> Bereits in Abschnitt 4.6 wurde erläutert, dass die effektiven Datenraten, die die MAC-Schicht zur Verfügung stellt, vielfach deutlich niedriger als die Brutto-Datenraten in der physikalischen Schicht sind, da Übertragungskapazität für «organisatorische» Aufgaben benötigt wird:
>
> ❑ für die Übertragung von MAC- und PHY-Headern und CRC-Bits,
> ❑ für die Übertragung von Bestätigungsmeldungen (ACK),
> ❑ für die Einhaltung von Warte- und Wettbewerbszeiten (Interframe Spacing IFS, Contention).
>
> Ferner ist zu beachten, dass die Header der physikalischen Schicht mit der jeweils niedrigsten Datenrate übertragen werden (siehe Bild 9.8).

In Tabelle 9.3 sind einige Berechnungsbeispiele für die effektive Datenrate r_N bei der Übertragung von Dateneinheiten aus 1500 Bytes aufgeführt. Sie ergibt sich als $r_N = N_N / t_G$, wobei N_N = 12 000 die Anzahl übertragener Bits und t_G die benötigte Gesamtzeit vom Vorliegen der Dateneinheit bis zur Decodierung der Bestätigungsmeldung (ACK) ist.

Bei den niedrigen Brutto-Datenraten von 2 Mbit/s und 6 Mbit/s machen sich die Header-, Warte- und Backoff-Zeiten nur wenig bemerkbar, so dass die Netto-Raten noch bei ca. 85 ... 90% der jeweiligen Brutto-Raten liegen. Bei den höchsten Übertragungsmodi sinkt die effektive Datenrate auf 55 bis 60% der Brutto-Rate.

Aktiviert man den RTS-CTS-Mechanismus zur Reservierung des Mediums, so sinkt die Netto-Rate weiter. Dieser Mechanismus ist insbesondere dann erforderlich, wenn Stationen des Typs IEEE 802.11g zusammen mit denen des Typs 802.11b betrieben werden. Da bei IEEE 802.11g einem Frame zudem sowohl die DSSS- als auch die OFDM-Präambel vorangestellt ist, liegen die Netto-Raten bei diesem Systemtyp noch unterhalb der Werte für IEEE 802.11a.

9.5 Vermittlungs-, Transport- und Anwendungsschicht

> Der Standard IEEE 802.11 definiert keine eigenen Protokolle für die Vermittlungs-, Transport- und Anwendungsschicht. Da die Anwendungen im Bereich der Anbindung bzw. der Vernetzung von Computern liegen, greifen Produkte i.Allg. auf die Internet-Protokoll-Familie zurück (siehe Kapitel 5). Dies gilt sowohl für Dienste wie den File Transfer oder das Internet-Browsing, aber auch für Telefonie-Anwendungen, die als Voice over IP realisiert sind.

Dementsprechend sind die Stationen in einem Wireless LAN mit IP-Adressen und Subnetz-Masken zu versehen. Die Adressen können dabei vom Nutzer bzw. Systemadministrator fest zugeteilt oder mittels des **D**ynamic **H**ost **C**ontrol **P**rotocols (DHCP) dynamisch vergeben werden.

Bei kleinen WLANs mit nur einem Access Point erfolgt die dynamische Vergabe häufig über diesen Access Point. Ferner dient dieser vielfach auch als Router bzw. Gateway in ein anderes, leitungsgebundenes Netz, so dass bei den Mobilstationen seine IP-Adresse als Standard-Router-Adresse einzutragen ist. Im Router selbst sind die Routing-Tabellen oder andere Zugangsdaten für das externe Netz zu konfigurieren. I.Allg. übernimmt der entsprechende Access Point auch die Umsetzung der nur im WLAN gültigen lokalen IP-Adressen der Mobilstationen auf die öffentlichen IP-Adressen.

Ferner ist anzumerken, dass die Anwendungen zumeist TCP als Transportprotokoll verwenden. Somit kann es bei schlechten Übertragungsverhältnissen oder bei einer ungünstigen Implementierung des Link-Adaption-Verfahrens zu dem in Abschnitt 5.2 diskutierten kritischen Verhalten kommen: Aufgrund des Slow-Start- und Congestion-Control-Mechanismus sinkt die erzielbare Nutzdatenrate deutlich unter die in Tabelle 9.3 aufgeführten Werte.

9.6 Störquellen und störungsmindernde Maßnahmen

> Das Empfängerrauschen liegt bei WLAN-Modulen typischerweise im Bereich zwischen –95 dBm und –90 dBm (siehe Abschnitt 6.1).

Bezüglich anderer Störquellen und der entsprechenden störungsmindernden Maßnahmen gibt es deutliche Unterschiede zwischen dem ISM-Band bei 2,4 GHz und dem Frequenzband oberhalb von 5 GHz. Daher werden diese beiden Bereiche im Folgenden getrennt diskutiert.

9.6.1 IEEE 802.11b/g im ISM-Band bei 2,4 GHz

> Im lizenzfreien ISM-Band bei 2,4 GHz sind zahlreiche potentielle Störquellen zu finden. Dazu gehören:
> - andere WLAN-Netze,
> - Bluetooth,
> - Netze nach dem Standard ZigBee,
> - spezielle Funksysteme wie drahtlose Videoübertragungssysteme,
> - Mikrowellenherde,
> - der Amateur-Funk.

Eine dauerhafte Störung sollte man durch geeignete Planungsmaßnahmen vermeiden. Kommt es kurzzeitig zu Störungen, so bietet der Link-Adaption-Mechanismus die Möglichkeit, eine Verbindung dennoch aufrecht zu erhalten. Bei Anwesenheit einer Störquelle schaltet dieser Mechanismus automatisch auf ein störfestes Übertragungsverfahren mit geringer Datenrate. Für IEEE 802.11g ist dies der Modus mit einer BPSK-Modulation und einer Code-Rate ½, bei IEEE 802.11b kann der sehr störsichere Übertragungsmodus mit der Spreiztechnik verwendet werden, der auch dann noch eine Detektion erlaubt, wenn die Störleistung in etwa gleich der Nutzleistung ist.

Störungen durch andere WLANs oder andere Stationen

Senden andere Stationen, die entweder in einem anderen Netz oder bei einem anderen Access Point im gleichen Netz assoziiert sein können, auf der gleichen Frequenz wie die eigene Station, so kann es am Empfänger zu starken Störungen und damit zu Beeinträchtigungen der Übertragungsqualität kommen. Bild 9.16 illustriert, wie sich die Störungen einer anderen Station im Abstand r_I zum Empfänger bemerkbar machen, wenn sich die betrachtete sendende Station im Abstand r_S befindet. Das Modell gleicht dem in Abschnitt 6.1 diskutierten Modell und legt Potenzgesetze mit den Exponenten $\beta = 2, 3, 4$ für die Funkausbreitung zugrunde. $\beta = 2$ gilt für den Bereich der Freiraumausbreitung, in Gebäuden ist – je nach Bebauung und Möblierung – $\beta = 3$ oder $\beta = 4$ ein typischer Parameterwert. Wie das Bild zeigt, ist ein eingeschränkter Betrieb mit einer Rate von 1 Mbit/s noch möglich, wenn der Störer den gleichen Abstand zum Empfänger hat wie der Nutzer. Für die Rate von 54 Mbit/s muss der Abstand des Störers in Gebäuden vier- bis sechsmal so groß sein, bei Freiraumausbreitungsbedingungen sogar mehr als zehnmal so groß.

Daher muss man eine Frequenzplanung für die einzelnen Access Points vornehmen, um die genannten Relationen für die Abstände zu garantieren. Wie bereits erwähnt, stehen im Bereich bei 2,4 GHz effektiv nur drei hinreichend überlappungsfreie Träger zur Verfügung. Benachbarte Access Points dürfen also nicht unmittelbar benachbarte Frequenzen verwenden. Erst bei einem Trägerabstand von 25 MHz und mehr werden die Störungen um mehr als 20 dB unterdrückt, so dass sich in diesem Fall eine hohe Datenrate selbst dann erzielen lässt,

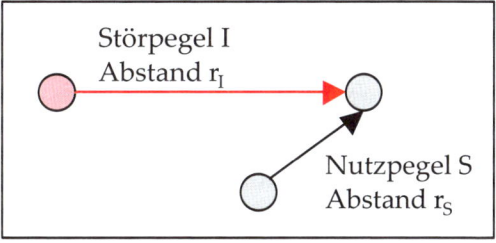

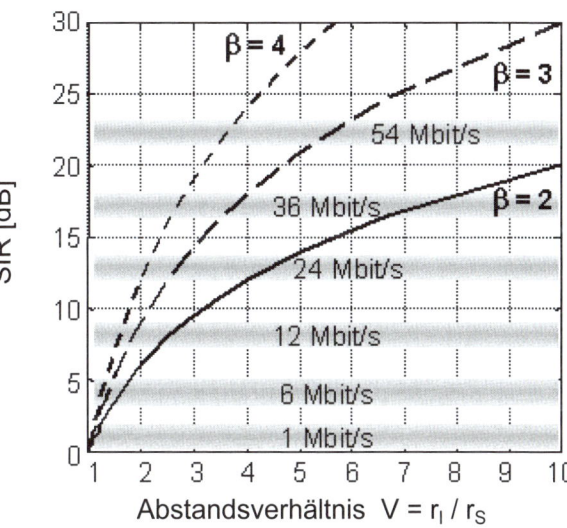

Bild 9.16
Erzielbare Datenrate bei verschiedenen Störverhältnissen

wenn der Störer den gleichen Abstand zum Empfänger hat wie der Nutzsender.

> **!** Für den Bereich bei 2,4 GHz ist eine dynamische Frequenzplanung durch das WLAN-System in keiner Weise vorgeschrieben, so dass der Nutzer bzw. Systemadministrator vielfach die Planung vornehmen muss. Allerdings bieten manche Produkte eine dynamische Frequenzplanung als Leistungsmerkmal an.

Störungen durch Bluetooth
Bluetooth verwendet Frequency Hopping über den gesamten ISM-Frequenzbereich von etwa 80 MHz und trifft dabei mit einer Wahrscheinlichkeit von etwa 25% auf das 20 MHz breite Band, das von einem WLAN-Träger belegt ist. Insofern besteht ein großes Störungspotential. Allerdings wirkt sich positiv aus, dass Bluetooth-Module vielfach mit geringerer Sendeleistung arbeiten als WLAN-Module. Bei der Verwendung von IEEE 802.11b mit der Spreiztechnik reduziert sich zudem die Störung um den Spreizfaktor SF = 11.

Ein Beispiel für die Auswirkung der Störungen durch Bluetooth ist in Bild 9.17 dargestellt. Bei der Messung befanden sich die Bluetooth-Geräte und das IEEE- 802.11b-System im gleichen Raum in wenigen Metern Abstand. Ohne äußere Störungen liegt der Rauschpegel (thermisches Empfängerrauschen) bei IEEE 802.11b wenige Dezibel unterhalb von —90 dBm. Durch den gleichzeitigen Bluetooth-Betrieb steigt der Störpegel deutlich an – zeitweise um mehr als 40 dB. Da jedoch zum einen gute Empfangsbedingungen bestanden und zum anderen die Störungen durch Frequency Hopping nur kurzzeitig auftraten, brachen die Verbindungen nicht ab. Allerdings erhöhte sich die Übertragungszeit um den Faktor 1,5 (IEEE 802.11b) bzw. 2,5 (Bluetooth) gegenüber dem Fall ohne gegenseitige Störungen. Bei noch ungünstigeren Störbedingungen ist auch ein Verbindungsabbruch nicht auszuschließen.

Neuere Versionen von Bluetooth bieten die Möglichkeit, belegte Frequenzträger zu erkennen und diese beim Frequency Hopping auszusparen. Dadurch reduzieren sich natürlich die gegenseitigen Störungen. Betreibt man allerdings eine größeres WLAN mit mehreren Frequenzen, so schränkt dies die Wirksamkeit des adaptiven Frequency Hoppings ein.

Störungen durch Mikrowellenherde
Auch ein Mikrowellenherd verursacht – ähnlich wie Bluetooth – pulsartige Störungen, wobei die Pulse von Pausen der Dauer 10 ms unterbrochen sind. Betrachtet man ein Datenpaket mit einer Größe von 1500 Bytes, so benötigt dies bei einer Datenrate von 1 Mbit/s eine Übertragungszeit von 12 ms, während bei 11 Mbit/s die Übertragungszeit nur knapp 1,2 ms beträgt. Im Fall der hohen Datenrate besteht also eine gute Chance, das Paket innerhalb der Pause ungestört zu übertragen, während bei niedriger Datenrate die Pausenzeit nicht ausreicht. Insofern kann es bei Störungen durch Mikrowellenherde für ein Wireless LAN ratsam sein, nicht auf den i.Allg. störfesteren Übertragungsmodus mit geringer Datenrate zu wechseln. Manche WLAN-Komponenten berücksichtigen diesen Sachverhalt dadurch, dass der Nutzer einstellen kann, ob Störungen durch Mikrowellenherde zu erwarten sind.

Da Mikrowellenherde eine Leckleistung von mehreren hundert Milliwatt besitzen können und die Leistung nicht nur innerhalb eines WLAN-Trägers, sondern über einen größeren Bereich auftritt, können die entsprechenden Störungen nicht vernachlässigt werden. Allerdings sind sie i.Allg. zeitlich und räumlich sehr beschränkt und lassen sich durch eine überlegte Nutzung und Aufstellung des Access Points weitgehend vermeiden.

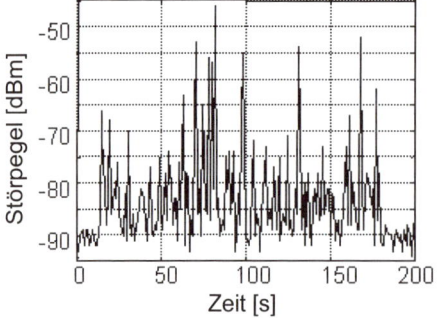

Bild 9.17 Störungen von WLAN durch Bluetooth

Störungen durch ZigBee
ZigBee-Module senden i.Allg. nur sporadisch kurze Datenpakete mit geringer Leistung aus. Daher sind im Normalfall keine großen Störungen durch ZigBee zu erwarten.

9.6.2 IEEE 802.11a im Frequenzband bei 5 GHz

> Das Frequenzband oberhalb von 5 GHz ist deutlich weniger von Störungen belastet als das ISM-Band bei 2,4 GHz. Störungen in diesem Bereich können lediglich zustande kommen durch:
> - andere WLANs,
> - (militärische) Radarsysteme,
> - Satellitenfunk-Systeme,
> - Amateurfunk-Systeme.

Radar-, Satelliten- und Amateurfunk-Systeme sind deutlich weniger verbreitet als die Systeme im ISM-Band bei 2,4 GHz angesiedelten Systeme. Ferner belegen sie nicht das komplette Frequenzband, so dass man durch eine geeignete Frequenzwahl den Störungen ausweichen kann. Wireless LANs genießen keinen gesetzlichen Schutz vor Störungen durch diese Systeme. Umgekehrt darf ein Radarsystem auf keinen Fall durch ein WLAN-System gestört werden. Daher ist der Betrieb eines WLANs mit hohen Leistungen von 0,2 W bzw. 1 W nur dann erlaubt, wenn es den Standard IEEE 802.11h und damit die Verfahren Dynamic Frequency Selection und Transmission Power Control unterstützt. Ohne diese Maßnahmen ist nur ein sehr eingeschränkter Betrieb mit niedrigen Sendeleistungen zulässig – wie Bild 9.18 zeigt.

Die genannten Verfahren sind aber nicht nur geeignet, Störungen von Radar-Systemen auszuweichen, sondern sie helfen auch, gegenseitige Störungen zwischen verschiedenen WLANs oder zwischen WLAN-Stationen in verschiedenen Zellen zu vermeiden.

> Insgesamt ist die Störsituation im Band bei 5 GHz als deutlich unkritischer als im Band bei 2,4 GHz zu betrachten.

9.7 Planungsaspekte

9.7.1 Sender- und Empfängerkenngrößen

Sendeleistung
Der Maximalwerte der EIRP betragen:

- EIRP = 20 dBm im ISM-Band bei 2,4 GHz,
- EIRP = 23 dBm im Band zwischen 5,15 GHz und 5,35 GHz,
- EIRP = 30 dBm im Band zwischen 5,47 GHz und 5,73 GHz.

> Zu beachten ist, dass die hohen Werte bei 5 GHz nur dann zulässig sind, wenn die Funkmodule konform zum Standard IEEE 802.11h sind.

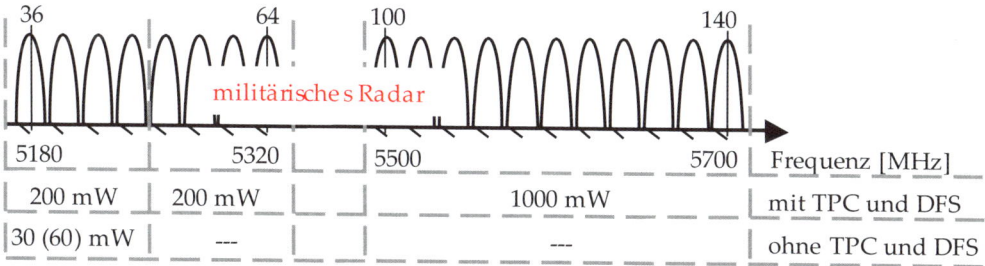

Bild 9.18 Nutzungsbestimmungen für WLAN-Frequenzen im Frequenzband bei 5 GHz

> Die Sendepegel gängiger Produkte liegen zumeist 3 bis 10 dB niedriger als diese Maximalwerte.

Empfänger-Empfindlichkeit

> Die Empfänger-Empfindlichkeit hängt deutlich von der Datenrate und dem zugehörigen Übertragungsmodus ab.

In Bild 9.19 sind sowohl die Produktangaben als auch die in den Standards geforderten Werte dargestellt. Typische Werte liegen

- zwischen –71 dBm und –74 dBm bei 54 Mbit/s,
- zwischen –92 dBm und –88 dBm bei 6 Mbit/s.

Die Empfindlichkeitswerte beziehen sich auf Frame Error Rates von FER = 8...10% für Frames mit einer Länge von etwa 1000 Bytes.

Mit Hilfe der Werte aus den Tabellen 3.2 und 6.1 kann man sie auf Plausibilität testen: Bei einer Bandbreite von etwa B = 20 MHz und einem Rauschmaß von Z = 10 dB erhält man einen Rauschpegel von N = –91 dBm. Verwendet man eine BPSK-Modulation mit einer Code-Rate ½, so ergibt sich für die Datenrate 6 Mbit/s ein erforderlicher SNR-Wert von etwa 3 dB. Daraus folgt:

$RXLEV_{min} = N + SNR = –88$ dBm

Für ein kleineres Rauschmaß erhält man geringere – also bessere – Werte.

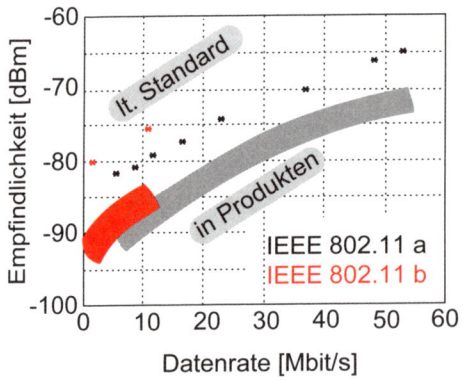

Bild 9.19 Empfängerempfindlichkeit bei IEEE 802.11

9.7.2 Reichweite

Die Funkreichweite hängt zum einen von den Sender- und Empfängerkenngrößen und zum anderen von den Funkausbreitungsbedingungen ab.

Freiraumausbreitung
Der günstigste Fall ist der der Freiraumausbreitung, bei dem sich die Dämpfung mittels der Gleichungen 9.1 und 9.2 berechnen lässt. Berücksichtigt man einen Sicherheitszuschlag von 5 dB für Signalschwankungen aufgrund von Reflexionen oder anderer Unwägbarkeiten ($L = L_F + 5$ dB), so erhält man beispielsweise für f = 2,4 GHz und r = 1000 m (1 km) eine Dämpfung von L = 105 dB. Bei einem Sendepegel von EIRP = 20 dBm ergibt sich als Empfangspegel:

RXLEV = 20 dBm – 105 dB = –85 dBm

Setzt man Antennen mit einem Gewinn von 10 dBi oder 20 dBi ein, so erhöht sich der Empfangspegel um den entsprechenden Wert. Der Sendepegel des Funkmoduls ist allerdings soweit zu reduzieren, dass der Grenzwert für die EIRP nicht überschritten wird. Bild 9.18 zeigt die Empfangspegel unter den zuvor beschriebenen Annahmen als Funktion des Abstandes r. Zum Vergleich sind auch die entsprechenden Daten für ein WLAN-System im Bereich bei 5 GHz aufgenommen (rote Linien); dabei wurde ein Sendepegel von EIRP = 30 dBm zu Grunde gelegt. Daher ist für den Bereich bei 5 GHz der Empfangspegel um 3 dB höher als bei 2,4 GHz, obwohl die Dämpfung um 7 dB stärker ist.

Um eine Vorstellung zu vermitteln, wie hoch die Sende- und Empfangsantennen oberhalb etwaiger Hindernisse zu installieren sind, ist im oberen Teil von Bild 9.20 der Wert der kleinen Halbachse des Fresnel-Ellipsoiden als Funktion des Abstandes dargestellt.

Betrachtet man die einzelnen Funktionsverläufe, so beträgt die Reichweite bei einer Datenrate von 6 Mbit/s und bei Verwendung einer Antenne mit einem Gewinn von 20 dBi theoretisch mehr als 10 km. Allerdings müssen die Antennen dafür sehr exponiert aufgestellt werden, nämlich 10 bis 20 m oberhalb von

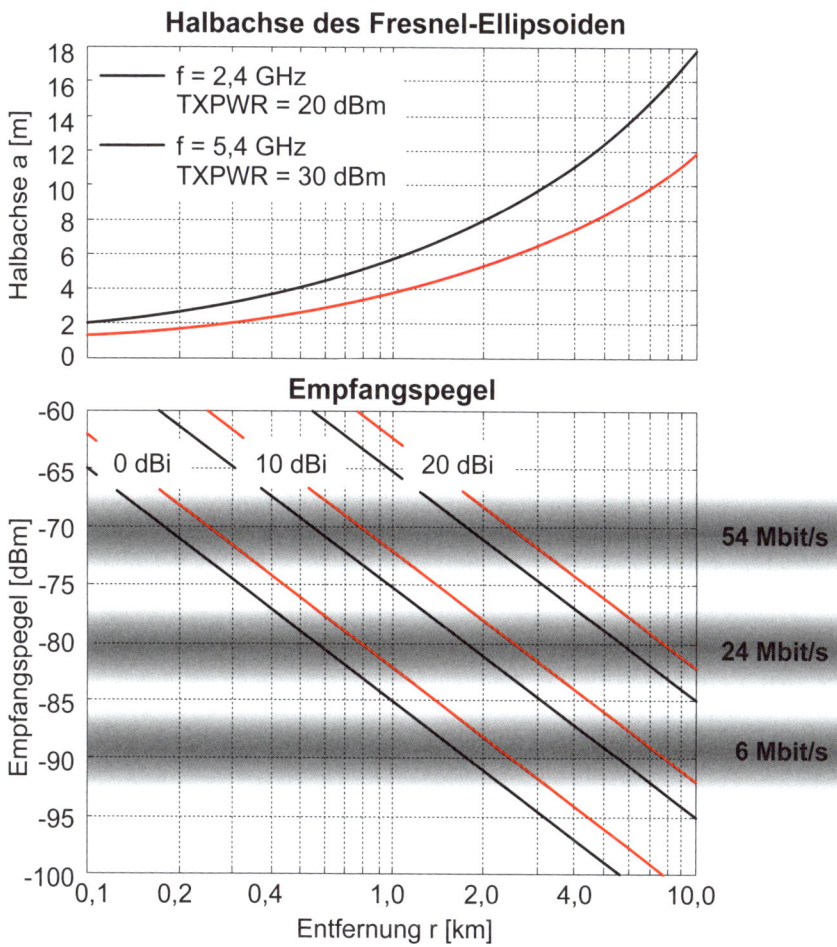

Bild 9.20 Empfangspegel bei WLANs gemäß IEEE 802.11 bei Freiraumausbreitung mit 5 dB Sicherheitszuschlag für verschiedene Antennen mit Gewinn 0, 10, 20 dBi

Hindernissen, wie das Diagramm für den Fresnel-Ellipsoiden zeigt. Eine Reichweite von einigen Kilometern ist aber durchaus realistisch und wird durch Praxisbeispiele bestätigt.

Insgesamt kann man aus den vorherigen Überlegungen und aus Bild 9.20 die folgenden Schlussfolgerungen ziehen:
❏ Wegen der höheren Grenzwerte für die EIRP ist die Reichweite bei 5 GHz trotz der stärkeren Dämpfung um etwa 40% höher als bei 2,4 GHz.
❏ Da der Wert der kleinen Halbachse des Fresnel-Ellipsoiden bei 5,4 GHz um ca. 30% geringer ist als bei 2,4 GHz, kann die Installationshöhe der Antennen bei 5 GHz geringer ausfallen.
❏ Eine Steigerung des Link Budgets um 10 dB durch bündelnde Antennen führt in etwa zu einer Verdreifachung der Reichweite.
❏ Bei 24 Mbit/s beträgt die Reichweite nur rund 40%, bei 54 Mbit/s nur rund 10% der Reichweite, die man bei 6 Mbit/s erzielen kann.

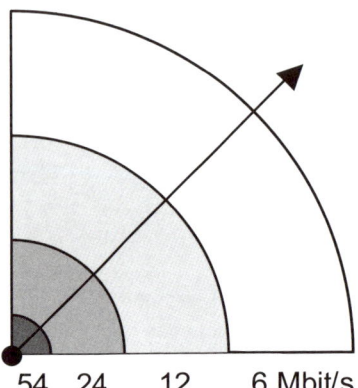

Bild 9.21 Datenrate und relative Reichweite bei Freiraumausbreitung

Der Zusammenhang zwischen der Datenrate und dem damit versorgten Bereich bei Freiraumausbreitungsbedingungen ist in Bild 9.21 illustriert.

Reichweite in Gebäuden
In Gebäuden ist die Reichweite deutlich geringer, da zum einen Wände und Hindernisse stark dämpfen und sich zum anderen Antennen mit hohem Gewinn und starker Richtwirkung aufgrund zahlreicher Reflexionen nicht effizient einsetzen lassen (siehe Abschnitt 2.2.1, Bild 2.7).

Als Beispiel sind in Bild 9.22 Simulationsergebnisse für die Empfangspegel im 3-geschossigen Hochschulgebäude in Meschede dargestellt. Sie beziehen sich auf einen im Erdgeschoss platzierten Access Point des Standards IEEE 802.11g bei 2,4 GHz mit einem Sendepegel von EIRP = 20 dBm. Für den Gewinn der Empfangsantenne wurde G_E = 0 dBi angenommen. Wie das Bild zeigt, beträgt die Reichweite bei einer Bruttodatenrate von 6 Mbit/s etwa 50 m, für eine Datenrate von 54 Mbit/s sinkt sie auf 10 bis 20 m. Ferner ist zu sehen, dass trotz der Deckendämpfung von 20 dB noch ein beträchtlicher Bereich im ersten Obergeschoss versorgt wird, während der Versorgungsbereich im zweiten Obergeschoss sehr eingeschränkt ist. Daraus lässt sich schließen, dass ein Access Point in einem Einfamilienhaus das Geschoss, in dem er instal-

liert ist, und das unmittelbar benachbarte Geschoss i.Allg. ausreichend versorgt.

Betrachtet man die Reichweite bei einem WLAN im Bereich bei 5 GHz gemäß IEEE 802.11a, so ist in diesem Frequenzbereich die Dämpfung in Gebäuden etwa 10 – bis 15 dB höher als bei 2,4 GHz. So liegt beispielsweise die Deckendämpfung eher bei 30 dB als bei 20 dB. Bei gleicher EIRP sinkt damit die Reichweite bei 5 GHz auf etwa 40 bis 50% des Wertes bei 2,4 GHz. Zwar könnte man die Nachteile durch eine 10 dB höhere EIRP weitgehend ausgleichen, doch dabei ist zu beachten, dass

❏ dabei auch die Mobilstationen mit einer zehnfachen Sendeleistung arbeiten müssen und daher mehr Strom verbrauchen;
❏ die Strahlenbelastung für die Nutzer auf das Zehnfache steigt.

In Bild 9.23 sind die Relationen zwischen den versorgten Bereichen in einem Gebäude für die verschiedenen Datenraten illustriert.

> **!** In Bezug auf die Reichweite kann man Folgendes feststellen:
> ❏ Wegen der höheren erlaubten Sendeleistung und des kleineren Fresnel-Ellipsoiden sind WLAN-Systeme bei 5 GHz für die Überbrückung großer Distanzen besser geeignet als Systeme bei 2,4 GHz.
> ❏ In Gebäuden erzielt man bei gleichen Sendeleistungen bei 2,4 GHz etwa die doppelte Reichweite wie bei 5 GHz.

9.7.3 Kapazität

Wie Bild 9.22 andeutet, kommt man bei 2,4 GHz mit zwei Access Points pro Etage aus, um das gezeigte Gebäude funktechnisch zu versorgen. Möchten aber mehr als zwei Mobilstationen pro Etage Daten über die Access Points austauschen, müssen sie sich die zur Verfügung stehende Übertragungskapazität teilen, so dass die erzielbare Datenrate pro Verbindung sinkt. Um dem entgegen zu wirken, muss man entsprechend mehr Access Points installieren. Damit sich diese möglichst wenig stören, ist eine Frequenzplanung erforderlich. Da in

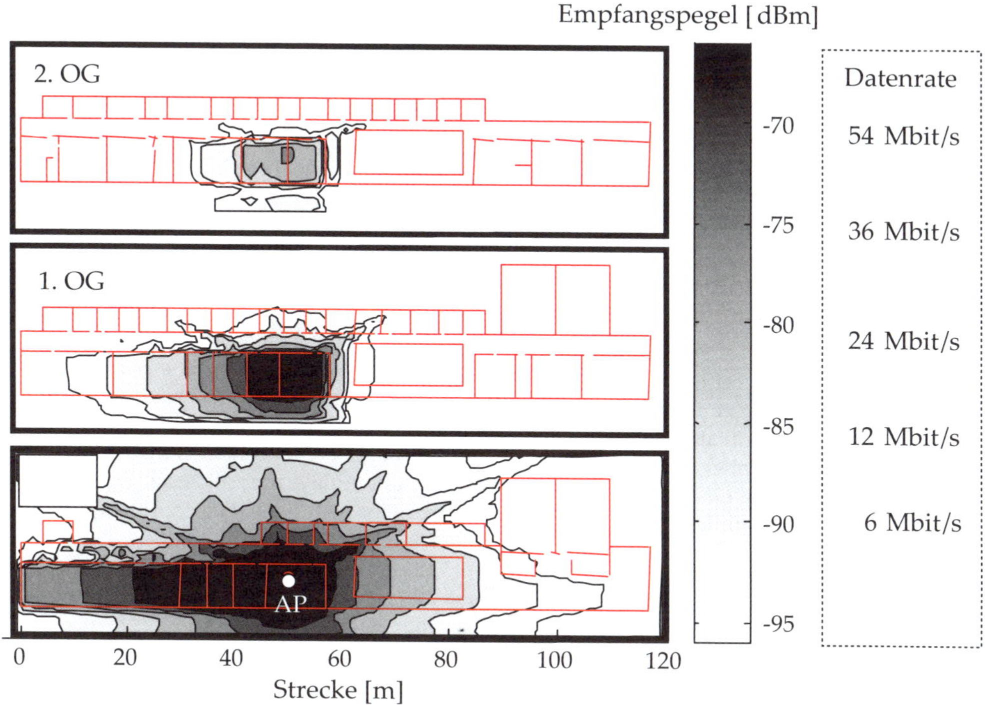

Störquellen und störungsmindernde Maßnahmen 189

Bild 9.22 Beispiel für die Reichweite von IEEE 802.11g in einem Gebäude

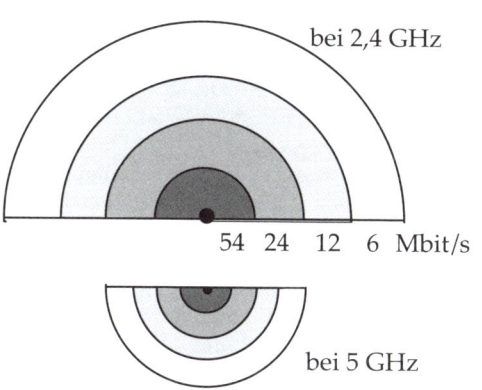

Bild 9.23 Datenrate und relative Reichweite in Gebäuden

dem ISM-Band bei 2,4 GHz drei nahezu überlappungsfreie Träger zur Verfügung stehen, kann man die in Abschnitt 7.4 erläuterten Frequenzmuster verwenden (siehe auch Bild 7.9).

Allerdings lassen sich bei einer Planung mit nur drei Frequenzen nicht in allen Fällen Störungen vermeiden – insbesondere dann nicht, wenn die Access Points nicht gut gegeneinander abgeschirmt sind.

Für die Versorgung von Hochlastgebieten sollte man auf den Standard IEEE 802.11a bei 5 GHz zurückgreifen, da für diesen nicht nur drei, sondern 19 Frequenzen zur Verfügung stehen. Mit diesen 19 Frequenzen lässt sich eine weitgehend störungsfreie Planung vornehmen. Zudem unterstützen die meisten Access Points den Standard IEEE 802.11h und führen somit die Frequenzwahl eigenständig durch (Dynamic Frequency Selection). Da in einem Hochlastbereich ohnehin deutlich mehr Access Points installiert werden müssen, als es eine funktechnische Versorgung erfordert, kommen die zuvor erwähnten Nachteile für die Reichweite bei 5 GHz nicht zum Tragen.

Insgesamt ist es also aufgrund des Mehrzellenbetriebs möglich, die Kapazität eines WLANs kontinuierlich zu steigern und den Bedarf anzupassen.

9.8 Sicherheitsrelevante Netzfunktionen

9.8.1 Allgemeiner Überblick

Bereits in der ursprünglichen Version des Standards IEEE 802.11 aus dem Jahr 1997 waren Methoden zur Authentifizierung und zur Verschlüsselung spezifiziert, die häufig mit dem Namen **W**ired **E**quivalent **P**rivacy (WEP) versehen werden. Dabei erfolgt die Authentifizierung mittels eines Challenge-Response- und die Verschlüsselung mittels eines Stromchiffre-Verfahrens. Beide Verfahren benutzen einen vom Nutzer einzutragenden statischen Schlüssel der Länge von ursprünglich 40 Bits.

> ! Die genannten Methoden offenbarten einige grundsätzliche Schwächen, so dass sich das IEEE entschloss, das Sicherheitskonzept vollständig zu überarbeiten und deutlich wirkungsvollere, aber auch komplexere Methoden zu entwickeln. Diese wurden im Jahr 2004 als Standard IEEE 802.11i veröffentlicht.

Um bereits vor der Herausgabe dieses Standards die Sicherheit zu erhöhen, wurden einige Zwischenlösungen entwickelt, die teilweise als Modifikationen der ursprünglichen Verfahren (z.B. Erhöhung der Schlüssellänge) oder als Vorabversionen von IEEE 802.11i anzusehen sind.

Ferner stellt gerade für den Bereich der Wireless LANs das Konzept der Virtuellen Privaten Netze (VPN, siehe Abschnitt 8.5) eine geeignete Möglichkeit dar, ein hohes Maß an Sicherheit zu erzielen. Entsprechende Produkte werden von vielen Herstellern angeboten.

In den folgenden Abschnitten werden zunächst die ursprünglichen Verfahren und ihre Schwächen erläutert.

9.8.2 Wired Equivalent Privacy

Ausgangspunkt bei dem bei IEEE 802.11 verwendeten WEP-Verfahren sind relativ statische Schlüssel. Statisch bedeutet, dass sie vom Nutzer oder Systemadministrator einzugeben sind und so lange ihre Gültigkeit behalten, bis sie von diesen Personen gewechselt werden. Ein automatisches Schlüssel-Management ist nicht vorgesehen. Ferner sind bei allen Stationen im Netz die gleichen Schlüssel einzutragen – es gibt also nur globale, aber keine verbindungsspezifischen Schlüssel. Insgesamt können bis zu vier verschiedene Schlüssel verwaltet werden, von denen jeweils einer ausgewählt wird, wie Bild 9.24 zeigt.

Der ausgewählte Schlüssel fließt sowohl bei der Authentifizierung als auch bei der Verschlüsselung als Eingabewert für den Stromchiffre-Algorithmus RC4 ein.

Bei der Zugangsberechtigungsprüfung sendet die zu authentifizierende Station zunächst ein Management-Frame mit der gewünschten Methode. Dabei besteht die Wahl zwischen

❏ der Open-System-Authentifizierung (keine Authentifizierung) und

❏ der Shared-Key-Authentifizierung (Challenge-Response-Verfahren).

Wählt z.B. eine Station die Open-System-Variante, obwohl für das Netz die Shared-Key-Variante eingestellt wurde, so schlägt die Authentifizierung fehl, und die Station darf nicht auf das Netz zugreifen.

Bei der Shared-Key-Variante erzeugt die authentifizierende Station eine Zufallszahl RAND (40 Bit) und sendet sie als Challenge-Text an die anfragende Station. Diese gibt die Zufallszahl und den gewählten Schlüssel in den RC4-Algorithmus (siehe Abschnitt 8.2.2) ein und produziert so eine Antwort, die sie als Signed Response SRES (32 Bit) an die authentifizierende Station zur Prüfung zurücksendet. Die authentifizierende Station gibt anschließend bekannt, ob die Prüfung erfolgreich war oder nicht.

Die Verschlüsselung erfolgt über einen Schlüsselstrom, den man in einer Modulo-2-Addition mit den Datenbits eines MAC-Frames verknüpft (Bild 9.25). Zur Erzeugung des Schlüsselstroms wählt die sendende Station

Sicherheitsrelevante Netzfunktionen 191

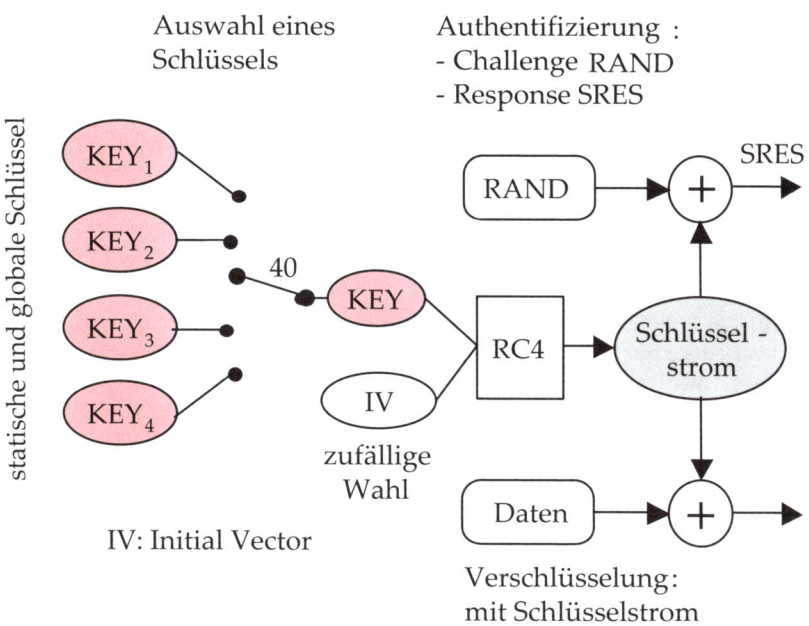

Bild 9.24 Überblick über die ursprünglichen Sicherheitsverfahren bei IEEE 802.11

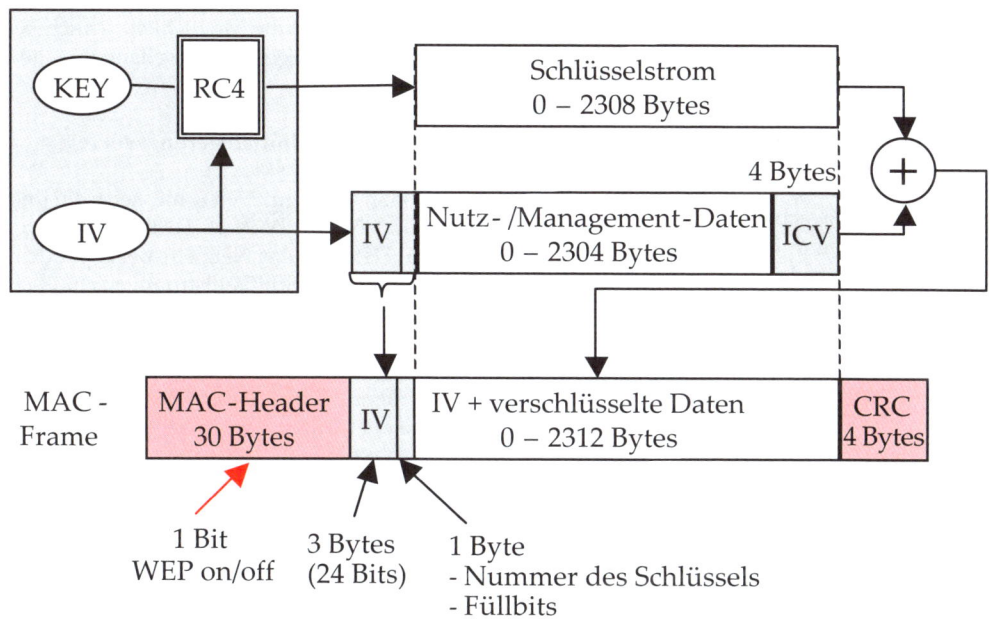

Bild 9.25 Verschlüsselung innerhalb der MAC-Frames

eine Zufallszahl (24 Bit), die als Initialisierungsvektor IV bezeichnet wird. Der Schlüssel KEY und IV bilden die Eingabewerte für den Algorithmus RC4. Da der Schlüssel beim Empfänger bekannt ist und der Wert von IV unverschlüsselt im MAC-Frame übertragen wird, kann der Empfänger den gleichen Schlüsselstrom erzeugen und die Daten mittels einer Modulo-2-Addition entschlüsseln (vgl. Abschnitt 8.2.2). Zu beachten ist, dass man an die Daten einen Integrity Check Value (ICV) hängt, der für die Integritätsprüfung gedacht ist. Dieser bietet jedoch nur Schutz gegen zufällige Fehler, aber nicht gegen gezielte Manipulationen. Ferner ist zu betonen, dass nur die Nutzdaten, nicht aber die Steuerungsdaten wie z.B. die MAC-Adressen verschlüsselt werden.

Ursprünglich boten die WLAN-Komponenten eine Schlüssellänge von 40 Bit (5 Byte), bei neueren Produkten sind auch größere Schlüssellängen von 104 Bit (13 Byte) und 128 Bit (16 Byte) möglich. Anzumerken ist, dass in Produkt-Beschreibungen vielfach die Werte 64, 128 und 152 Bit als Schlüssellänge angegeben wird. Bei diesen Werten sind allerdings auch die 24 Bits des Initialisierungsvektors eingerechnet. Für die Stärke der Verschlüsselung ist jedoch nur die Länge des geheimen Schlüssels (ohne IV) entscheidend.

9.8.3 Schwachstellen des WEP-Verfahrens

Das zuvor beschriebene WEP-Verfahren besitzt einige Schwachstellen, die seit längerem bekannt sind und im Folgenden aufgezählt und erläutert werden.

Schlechtes Schlüsselmanagement
Das Wechseln der Schlüssel bleibt dem Nutzer bzw. Systemadministrator überlassen. Bleibt ein Schlüssel jedoch zu lange konstant, so besteht die Gefahr, dass sein Wert herausgefunden wird. Zudem ist die Vergabe und Geheimhaltung der Schlüssel gerade bei größeren Netzen mit sehr vielen Nutzern problematisch, da alle die gleichen Schlüssel verwenden.

Unverschlüsselte Kontrollinformationen
Die Kontrollinformationen werden nicht verschlüsselt. Insofern kann man insbesondere die MAC-Adressen der beteiligten Stationen abhören.

Integritätsprüfung unzureichend
Wie bereits erwähnt, bietet der Integrity Check Value keinen ausreichenden Schutz gegen gezielte Manipulationen der Datenpakete.

Kurze Schlüssellänge
Die Schlüssellänge von 40 Bit ist viel zu kurz. Durch Aufzeichnen eines Datentransfers in einem WLAN lässt sich mit einem handelsüblichen Computer und frei verfügbarer Software der Schlüssel durch systematisches Ausprobieren aller Schlüsselkombinationen in kurzer Zeit finden.

Kurze Initialisierungsvektoren
Die Länge des Initialisierungsvektors IV (24 Bit) ist zu kurz. Ferner ist im Standard nicht festgelegt, dass die Werte von IV systematisch zu vergeben sind. Bei einer zufälligen Wahl kommt es mit großer Wahrscheinlichkeit nach einigen tausend MAC-Frames zu einer Wiederverwendung des gleichen IV-Wertes und damit des gleichen Schlüsselstroms. Somit erhält ein Angreifer die Möglichkeit – auch bei Verwendung größerer Schlüssellängen –, den Code zu brechen.

Reihenfolge der Initialisierungsvektoren nicht festgelegt
Kennt man einen gültigen Schlüsselstrom und den zugehörigen IV-Wert, so kann man gefälschte Daten in das Netz einspeisen, indem man sie mit dem Schlüsselstrom verschlüsselt und mit dem zugehörigen IV-Wert versieht. Da der Empfänger nicht auf eine bestimmte Reihenfolge der IV-Werte achtet (s.o.), kann er nicht erkennen, dass es sich um ein gefälschtes Paket handelt.

Authentifizierung fälschbar
Aus einem aufgezeichneten Challenge-Response-Paar ($RAND_0$ / $SRES_0$) lässt sich aufgrund der Eigenschaft der Modulo-2-Addition $\oplus$ der zu dem unverschlüsselten IV-Wert gehörige Schlüsselstrom CS_{IV} durch Addition von $RAND_0$ und $SRES_0$ berechnen:

Aus $SRES_0 = RAND_0 \oplus CS_{IV}$ folgt:
$RAND_0 \oplus SRES_0 =$
$RAND_0 \oplus RAND_0 \oplus CS_{IV} = CS_{IV}$

Hat man auf diese Weise einen gültigen Schlüsselstrom gefunden, so kann man auf jeden beliebigen Challenge-Wert eine Antwort berechnen, da nicht vorgeschrieben ist, welcher IV-Wert zu verwenden ist. Ferner lassen sich mit diesem Schlüsselstrom gefälschte Datenpakete in das Netz schleusen (s.o.), da bei der Authentifizierung und bei der Verschlüsselung die gleiche Methode zur Erzeugung des Schlüsselstroms verwendet wird.

Schwache Initialisierungsvektoren
Manche Initialisierungsvektoren lassen zusammen mit den verschlüsselten Daten Rückschlüsse auf den Schlüssel zu. Mittels frei erhältlicher Tools kann man so – je nach Datenverkehr – die Schlüssel innerhalb weniger Stunden oder Tage berechnen. Bei dem als WEP-plus bezeichneten Verfahren werden die entsprechenden schwachen IV-Werte vermieden.

Maßnahmen angesichts der Schwachstellen

> Trotz dieser Schwachstellen sollte man bei Netzen, die noch keine verbesserten Methoden bieten, die genannten Verfahren aktivieren (bis auf die Shared-Key-Authentifizierung) und einige zusätzliche Maßnahmen ergreifen:
> - Für die Konfiguration eines Access Points sollte ein wirksames Passwort vorgesehen werden.
> - Es sollte ein unverfänglicher, schwer zu erratener Netzname (SSID) gewählt werden, dessen Aussendung – wenn möglich – abzuschalten ist.
> - Eine möglichst hohe Schlüssellänge ist einzuhalten, und Schlüssel sind häufig zu wechseln.
> - Die Funkversorgung sollte durch eine geeignete Wahl des Aufstellungsortes und der Sendeleistung begrenzt werden. Ferner ist auch zu überlegen, ob man Access Points nicht besser abschaltet, wenn man sie gerade nicht benötigt.

Manche Produkte bieten die Möglichkeit der Zugangskontrolle über so genannte **A**ccess **C**ontrol **L**ists (ACL). In diese Listen können die MAC-Adressen der Stationen eingetragen werden, die auf das Netz zugreifen dürfen. Aber auch diese Methode bietet keinen perfekten Zugriffsschutz, da Angreifer erlaubte MAC-Adressen abhören und für den eigenen Zugriff nutzen können.

9.8.4 Sicherheitsmechanismen gemäß IEEE 802.11i

> Zur Verbesserung der Sicherheit wurden im Standard IEEE 802.11i die folgenden Methoden spezifiziert:
> - Authentifzierungsverfahren nach dem Standard IEEE 802.1x, die das Extensible Authentication Protocol EAP und Authentifizierungsserver verwenden (siehe Abschnitt 8.4.3);
> - ein so genanntes Pre-Shared-Key-Verfahren (PSK) für die Authentifizierung innerhalb kleinerer Netze bzw. in Adhoc-Netzen ohne Authentifizierungsserver;
> - ein vom WEP-Verfahren abgeleitetes Verfahren, das eine verbesserte Verschlüsselung und Integritätsprüfung bietet;
> - die Verwendung des Advanced Encryption Standards (AES) für die Verschlüsselung und Integritätsprüfung;
> - Methoden zur schnelleren Authentifizierung und zum schnelleren Schlüsselaustausch beim Wechsel zwischen Access Points, insbesondere im Hinblick auf Telefonie-Anwendungen.

Teile des Standards wurden bereits im Jahr 2002 von der WiFi-Allianz unter dem Namen **W**iFi **P**rotected **A**ccess (WPA) veröffentlicht.

Authentifizierung mittels IEEE 802.1x und EAP
Wie bereits in Abschnitt 8.4.3 erläutert, beruht die Authentifizierung gemäß IEEE 802.1x und EAP darauf, dass es einen zentralen Authentifizierungsserver im Netz gibt, der zumeist als RADIUS-Server realisiert ist. Eine Mobilstation authentisiert sich nicht direkt gegenüber dem Access Point, sondern gegenüber diesem Server. Der Access Point dient dabei nur als eine Art Relais. Mit welcher Methode die Authentifizierung erfolgt, kann zwischen der Mobilstation als Client und dem Server ausgehandelt werden. WLAN-Produkte unterstützen zumeist mehrere der in Abschnitt 8.4.3 erläuterten EAP-Varianten – sowohl solche, die Di-

gitale Zertifikate erfordern, als auch solche, die mit einfachen Passwörtern auskommen.

Nach einer erfolgreichen Authentifizierung ist eine Art sicherer Tunnel zum Client entstanden, den nun der Access Point nutzen kann, um der Mobilstation auf verschlüsselte Weise einen Sitzungsschlüssel zu senden. Ferner besteht die Möglichkeit, den Schlüssel von Zeit zu Zeit zu wechseln, wobei sowohl der Access Point als auch die Mobilstation den Schlüsselwechsel anstoßen kann. Der vom Access Point vergebene Schlüssel ist entweder ein Gruppenschlüssel, der wie bei WEP für alle Mobilstationen gilt, oder auch ein individueller Schlüssel.

Pre-Shared-Key-Verfahren
Das PSK-Verfahren kommt ohne Authentifizierungsserver aus. Stattdessen ist bei den Access Points und allen Mobilstationen eine so genannte *Passphrase* (ein Passwort) aus 8 bis 32 Zeichen einzugeben, aus der die Stationen mit einer Hash-Funktion den Master-Schlüssel berechnen. Mit Hilfe dieses Master-Schlüssels lassen sich anschließend die eigentlichen individuellen Sitzungsschlüssel sicher austauschen und häufig wechseln.

Advanced Encryption Standard, AES
Für den Advanced Encryption Standard (AES) gibt es zwei Betriebsformen:
- Im so genannten Counter Mode (CTR) wird er für eine symmetrische Verschlüsselung genutzt.
- Als **C**ipher **B**lock **C**haining **M**essage **A**uthentication **C**ode (CBC-MAC) dient er zur Integritätsprüfung.

Der Standard IEEE 802.11i sieht AES in einem aus beiden Formen kombinierten Betriebsmodus vor, der als *AES-CCM* bezeichnet wird.

Temporary Key Integrity Protocol, TKIP
Da ältere WLAN-Hardware nicht über die notwendige Rechenleistung verfügt, um den Advanced Encryption Standard zu realisieren, wurden mit dem Verfahren **T**emporary **K**ey **I**ntegrity **P**rotocol (TKIP) spezifiziert, die weniger Rechenaufwand erfordern. Die Verschlüsselung bei TKIP basiert auf WEP, wird aber ergänzt durch folgende Maßnahmen (Bild 9.26):

- einen **M**essage **I**ntegrity **C**heck (MIC) namens Michael, der durch eine schlüsselabhängige Hash-Funktion realisiert ist;
- eine Verdopplung der Länge des **I**nitialization **V**ectors (IV) von 24 auf 48 Bit;
- eine Neuberechnung (Key Mixing) des Schlüssels für den RC4-Algorithmus für jeden MAC-Frame mit Hilfe des Sitzungsschlüssels, des aktuellen IV-Wertes und der MAC-Adresse des Senders als Eingabewerte.

Der verwendete Message Integrity Check ist zwar deutlich wirkungsvoller als das ursprünglich für WEP vorgesehene Verfahren, stellt aber keine unüberwindliche Hürde für Manipulationen dar. Stellt der Empfänger eine bestimmte Anzahl fehlerhafter MICs innerhalb einer vorgegebenen Periode fest, so schließt er auf Manipulationsversuche und bricht die Verbindung zwischenzeitlich ab, um sie mit neuen Schlüsseln wieder aufzunehmen.

Durch die Verdopplung der Länge des Initial Vectors sind Frames mit gleichem IV-Wert praktisch ausgeschlossen. Da zudem der IV-Wert von Frame zu Frame um den Wert 1 erhöht wird, ist es ferner ausgeschlossen, aufgezeichnete alte Schlüsselströme zur Manipulation zu verwenden.

Das Key Mixing verhindert, dass ein Angreifer aus den unverschlüsselt übertragenen IV-Werten den Sitzungsschlüssel berechnen kann. Aus Rechenzeitgründen wurde das Key Mixing in zwei Phasen zerlegt. Die erste Phase, die viel Rechenzeit erfordert, verwendet nur die 32 ersten Bits des Initial Vectors und muss daher nur alle 65 536 Frames einmal durchgeführt werden. Die zweite Phase, die in jedem Frame zu durchlaufen ist, ist dagegen weniger aufwendig.

Aushandlung der Sicherheitsverfahren
Bei der Assoziierung handeln Access Point und Mobilstation aus, mit welchen Authentifizierungs- und Verschlüsselungsverfahren sie arbeiten möchten. Dazu muss der Access Point in den Beacon-Frames die Verfahren angeben, die er unterstützt. Die Mobilstation wählt mit einem speziellen Frame das gewünschte Authentifizierungsverfahren aus und informiert

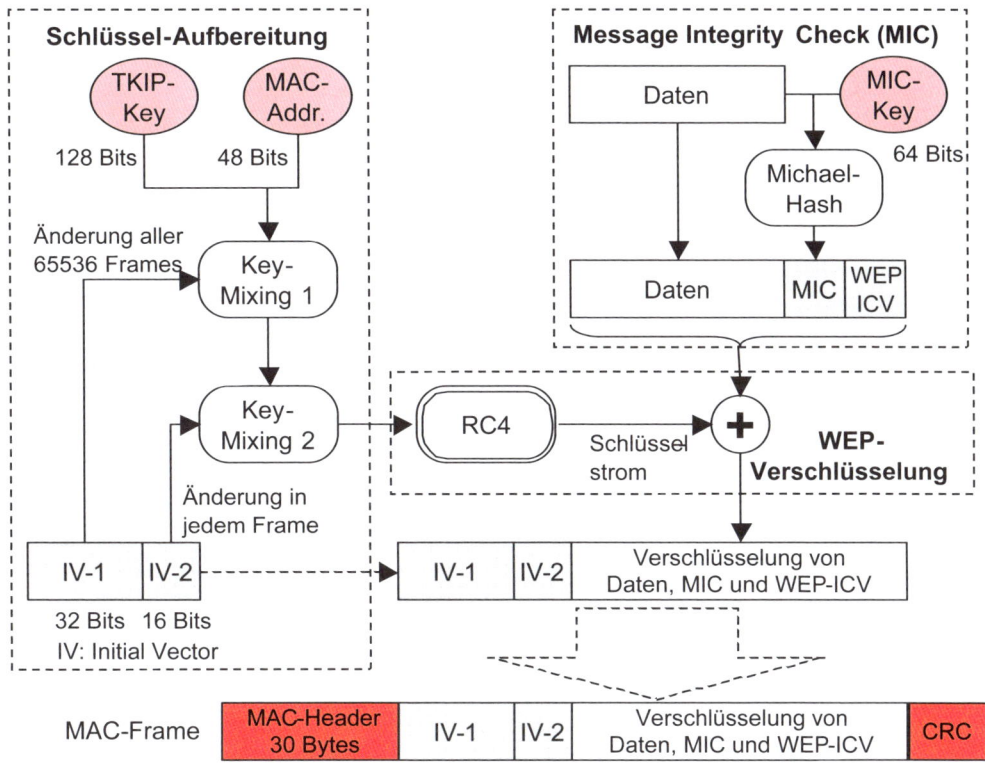

Bild 9.26 Funktionsweise des Temporary Key Integrity Protocols (TKIP)

den Access Point über die von ihr unterstützten Verfahren. Da diese Aushandlung vor Aktivierung der Sicherheitsmaßnahmen erfolgt, könnte ein Angreifer den Ablauf manipulieren, um das Sicherheitsniveau zu senken. Daher ist es erforderlich, dass sich Access Point und Mobilstation in einer späteren Phase noch einmal der gewünschten Verfahren versichern.

Authentifizierung bei einem Wechsel des Access Points

Da die Authentifizierung einige Zeit in Anspruch nimmt, eine Unterbrechung von mehr als 100 ms sich aber sehr störend bei z.B. Sprachverbindungen bemerkbar macht, sieht der Standard IEEE 802.11i verschiedene Maßnahmen vor, die Authentifizierungszeit bei einem Wechsel des Access Points zu verkürzen. So kann sich eine Mobilstation – kurz vor einem anstehenden Wechsel – über den alten Access Point bei dem neuen authentifizieren. Ferner werden Authentifizierungsparameter in den Access Points, bei denen eine Mobilstation schon einmal angemeldet war, gespeichert, so dass sich eine vereinfachte Authentifizierung durchführen lässt.

Weitere Verfahren zur Beschleunigung der Authentifizierung bei einem Zellwechsel sind Gegenstand des Standards IEEE 802.11r.

9.9 Zusammenfassung

Das Hauptanwendungsgebiet des Standards IEEE 802.11 sind drahtlose Computernetze

- im Heimbereich,
- in Bürogebäuden und auf dem Gelände von Firmen und Hochschulen,
- im Bereich öffentlicher WLAN-Hotspots.

Tabelle 9.4 Wichtige Parameter für IEEE 802.11

	IEEE 802.11a	IEEE 802.11g	IEEE 802.11b
Standardisierung durch	Institute of Electrical and Electronics Engineers IEEE		
Hauptanwendungsbereich	drahtloses Computernetz, drahtloser Internetzugang,		
Weitere Anwendungsbereiche	Telemetrie, Funkbrücken, Anbindung von Computer-Peripherie und Geräten der Unterhaltungselektronik		
Veröffentlichung	1999	2003	1997
Produkte	Adapter (USB, PC-, PCI-Cards, Compact Flash, SDIO Cards), integrierte Module in Laptops, PDAs, Handys, Internet-Videokameras, Digitalkameras, Camcorder und DVD-Recordern, Set-Top-Boxen für Fernseher, Spielekonsolen, Audioequipment, schnurlosen TelefonenAccess Points als Router, Gateways, Wireless Bridges		
Maximale Netzgröße	bis zu 2007 anmeldbare Mobilstationen pro Access Point (tatsächlich 10…250), Mehrzellenbetrieb möglich		
Sendeleistung (IEEE 802.11h bei 5 GHz)	23 dBm 30 dBm	20 dBm	
Sendeleistungsregelung	ja: IEEE 802.11h	nicht spezifiziert	
Empfängerempfindlichkeit (lt. Standard / in Produkten)	6 Mbit/s: −82 dBm, 54 Mbit/s: −65 dBm 6 Mbit/s: −90 dBm, 54 Mbit/s: −72 dBm	11 Mbit/s: −76 dBm 11 Mbit/s: −84 dBm	
Energiespar-Funktionen	ja, Zwischenspeicherung von Daten am Access Point		
Frequenzbereich	5,15…5,35 GHz 5,47…5,73 GHz	ISM-Band: 2,40…2,84 GHz	
Anzahl Kanäle	8 + 11	14, aber nur 3 überlappungsfrei	
Modulation	BPSK, QPSK, 16-QAM, 64 QAM jeweils mit OFDM	DBPSK, DQPSK, Spreizung, CCK	
Brutto-Datenrate	6, 12, 18, 24, 36, 48, 54 Mbit/s	1, 2, 5,5, 11 Mbit/s	
Kanalcodierung	Faltungscodes, Rate $1/2$, $2/3$, $3/4$, ARQ	nur ARQ	
Zugriffsverfahren	hauptsächlich CSMA/CA, optional mit RTS-/CTS-Verfahren Polling und Prioritätenvergabe in neueren Versionen		
Maximale Netto-Datenrate:	ca. 32 Mbit/s	ca. 25 Mbit/s	ca. 7 Mbit/s
Störungen durch	Radar Amateurfunk	andere IEEE 802.11b/g-Netze, ZigBee, Bluetooth, andere Systeme im ISM-Band, Mikrowellenherde, Amateurfunk,	
Maßnahmen gegen Störungen	Dyn. Frequenzwahl Link Adaption	Link Adaption	Spreizung
Schnurlose Telefonie	als Voice over IP, ca. 2 bis 20 Telefonate pro Access Point		
Schlüsselmanagement	wechselnde individuelle Schlüssel bei IEEE 802.11i		
Authentifizierung (IEEE 802.11i)	gemäß IEEE 802.1x (Authentifizierungsserver, z.B. RADIUS), mittels EAP (Extensible Authentication Protocol), Unterstützung von Zertifikats- und Passwort-basierten Verfahren		
Verschlüsselung (IEEE 802.11i)	AES oder TKIP (Schlüsselstrom-Verfahren RC4 mit Key Mixing)		
Integritätsprüfung	über AES bzw. bei TKIP mit Michael (IEEE 802.11i)		

Daneben werden Produkte dieses Standards für Telemetrie-Anwendungen im industriellen Umfeld, für Funkbrücken zwischen kabelgebundenen Netzen sowie für die Anbindung von Computer-Peripherie und Geräten der Unterhaltungselektronik genutzt. Ebenso wird die schnurlose Telefonie als Voice over IP unterstützt.

Der Standard unterstützt sowohl Adhoc-Netze mit einer Peer-to-Peer-Kommunikation als auch große Infrastruktur-Netze im Mehrzellenbetrieb.

Derzeit gibt es drei Haupttypen des Standards, die sich durch die verwendeten Frequenzbereiche, Übertragungsverfahren und die erzielbaren Brutto-Datenraten unterscheiden:

- IEEE 802.11a: 5 GHz, 54 Mbit/s,
- IEEE 802.11b: 2,4 GHz, 11 Mbit/s,
- IEEE 802.11g: 2,4 GHz, 54 Mbit/s.

Da Übertragungskapazität für Header, Steuerungsmeldungen sowie für Warte- und Wettbewerbszeiten benötigt wird, sind die Netto-Datenraten deutlich geringer.

Der Standard IEEE 802.11a bietet in Verbindung mit IEEE 802.11h die höhere Netzkapazität und die höhere Reichweite bei Freiraumausbreitungsbedingungen. In Gebäuden ist die Reichweite bei 2,4 GHz deutlich größer als bei 5 GHz.

Das ursprüngliche Sicherheitskonzept bei IEEE 802.11 war mit deutlichen Schwächen behaftet, so dass ein ergänzender Standard IEEE 802.11i entwickelt wurde, der ein sehr hohes Sicherheitsniveau bietet. Eine weitere Absicherung ist mit VPN-Software möglich.

Diese und weitere wichtige Informationen sind in Tabelle 9.4 zusammengefasst.

Literaturhinweise

Eine ausführliche Darstellung des Standardisierungsprozesses, allgemeine Richtlinien zur Planung von WLANs und eine Beschreibung der Sicherheitsmaßnahmen findet man in [6]. Die technischen Grundlagen sind in dem Buch allerdings recht kurz erläutert. Dagegen stellt [13] die Übertragungsverfahren und Protokolle sehr detailliert dar. Ebenso intensiv diskutiert dieses Buch die Themen Produkte, Antennen und Netzwerk-Analysetools. Eine kompakte Darstellung des Themas WLAN liefert [16]. Speziell mit dem Thema Sicherheitsaspekten befasst sich [26].

Ferner sind einige der folgenden Standardisierungsdokumente auf den Internet-Seiten des IEEE frei erhältlich:

- physikalische Schicht, Übertragungsverfahren: IEEE 802.11, IEEE 802.11a, IEEE 802.11b, IEEE 802.11g, IEEE 802.11n,
- Netzstrukturen und Adressen: IEEE 802.11,
- Zugriffsverfahren: IEEE 802.11, IEEE 802.11e,
- Sicherheitsmaßnahmen: IEEE 802.11, IEEE 802.11i,
- Dynamic Frequency Selection, Power Control: IEEE 802.11h,
- Handover: IEEE 802.11f.

9.10 Übungsaufgaben

9.1 Was sind die Hauptanwendungsgebiete des Standards IEEE 802.11?

9.2 Wie unterscheiden sich die Typen a, b und g des Standards IEEE 802.11?

9.3 Welchen dieser Typen würden Sie jeweils bei folgenden Anwendungsszenarien wählen und warum?
a) Versorgung eines größeren Einfamilienhauses mit einem Access Point,
b) Funkbrücke zwischen zwei LANs in großer Entfernung,
c) Versorgung von Messehallen mit zahlreichen Access Points und Teilnehmern.

9.4 Welche Netzstrukturen erlaubt der Standard IEEE 802.11 derzeit?

9.5 Beschreiben Sie die Netzarchitektur bei einem WLAN-Hotspot.

9.6 Was versteht man unter dem Service Set Identifier (SSID) und was ist bei seiner Wahl zu beachten?

9.7 Wie viele Bits enthält ein OFDM-Symbol bei IEEE 802.11a/g bei Verwendung eines QPSK- bzw. 16-QAM-Verfahrens für die Modulation?

9.8 Was ist bei der Frequenzplanung zu beachten, wenn man bei IEEE 802.11g ein Produkt verwendet, das den Turbo Mode (108 Mbit/s) unterstützt?

9.9 Nennen Sie einige Informationselemente des Headers in der physikalischen Schicht. Warum findet man die Tail Bits bei IEEE 802.11a, aber nicht bei IEEE 802.11b?
9.10 Welche Möglichkeiten der Fehlerkorrektur bieten die Standards IEEE 802.11a und IEEE 802.11b?
9.11 Beschreiben Sie die Netz- und Zellsuche.
9.12 Wie funktioniert das Power Management?
9.13 Welche Aufgabe haben die Beacon-Frames?
9.14 Wozu dient die Dynamic Frequency Selection und wie funktioniert sie?
9.15 Durch welche Methoden erzielt man bei IEEE 802.11n die sehr hohen Datenraten?
9.16 Was versteht man unter der Assoziierung?
9.17 Warum müssen die Access Points bei einem Handover einer Mobilstation Meldungen untereinander austauschen? In welcher Form erfolgt der Meldungsaustausch?
9.18 Für welche Arten von Anwendungen ist die Distributed Coordination Function (DCF), für welche die Point Coordination Function (PCF) gedacht?
9.19 Welches Zugriffsverfahren wird bei IEEE 802.11 hauptsächlich verwendet?
9.20 Wozu dient das SIFS, wozu das DIFS?
9.21 Warum sind in einem MAC-Frame vier Adressfelder vorgesehen? Bei welchen Netzstrukturen sind alle vier Felder belegt?
9.22 Welchen IEEE-Standard aus der Serie 802.11 würden Sie zu Rate ziehen, wenn Sie detaillierte Informationen zu folgenden Themen benötigen:
a) OFDM-Verfahren bei 2,4 GHz,
b) Spreiztechnik und Code Keying,
c) Kommunikation zwischen den Access Points bei einem Handover,
d) Empfängerempfindlichkeit im Bereich bei 5 GHz,
e) Wired Equivalent Privacy,
f) AES bei WLANs, verbesserte Authentifizierung,
g) CSMA-Verfahren für WLAN,
h) Zugriffsverfahren mit Quality of Service,
i) Dynamic Frequency Selection?
9.23 Führen Sie die Rechnungen aus Tabelle 9.3 mit folgenden Modifikationen durch:
a) Reduktion des Nutzdatenanteils von 1500 auf 500 Bytes,
b) Erhöhung der Brutto-Datenrate bei IEEE 802.11a von 6 Mbit/s auf 24 Mbit/s.
9.24 Welche Netto-Datenraten ergeben sich jeweils?
9.25 Welche Vorteile kann es haben, mit den kürzeren Frames zu arbeiten?
9.26 Warum wird das Verhältnis aus Netto- und Brutto-Datenrate mit zunehmender Brutto-Datenrate kleiner?
9.27 In welcher Form können Telefoniedienste bei WLAN unterstützt werden?
9.28 Welchen Einfluss hat TCP auf die Netto-Datenrate?
9.29 Welche System-Variante von IEEE 802.11 ist i.Allg. am wenigsten von Störungen belastet?
9.30 Mit einem WLAN soll eine Funkbrücke über große Entfernungen (Freiraumausbreitung) errichtet werden. Zur Wahl stehen dafür die folgenden drei Frequenzen:
a) f = 2442 MHz,
b) f = 5220 MHz,
c) f = 5600 MHz.
Bei welcher der Frequenzen erzielt man die größte, bei welcher die geringste Reichweite und warum?
9.31 In einem Bürogebäude soll ein WLAN mit hoher Kapazität errichtet werden. Welchen Typen würden Sie verwenden und wie erzielen Sie die hohe Kapazität?
9.32 Nennen Sie einige Schwachstellen des ursprünglichen Sicherheitskonzeptes bei IEEE 802.11.
9.33 Welche Maßnahmen sollte man trotz dieser Schwachstellen ergreifen?
9.34 Welche Verbesserungen bietet der Standard IEEE 802.11i?

10 Digital Enhanced Cordless Telecommunications – DECT

10.1 Überblick über den DECT-Standard

10.1.1 Der Entstehungsprozess

Der DECT-Standard (DECT: **D**igital **E**nhanced **C**ordless **T**elecommunications) wurde Ende der 1980er und Anfang der 1990er Jahre als europaweit einheitlicher Standard konzipiert, um die analogen schnurlosen (engl.: *cordless*) Telefonsysteme zu ersetzen und dabei Verbesserungen in Bezug auf die Sprachqualität, Abhörsicherheit und Nutzungsmöglichkeiten zu schaffen. Die damalige Bedeutung der Abkürzung DECT, nämlich Digital European Cordless Telephone, deutet auf den Ursprung des Standards hin.

Die erste Version des Standards wurde seitens des **E**uropean **T**elecommunications **S**tandards **I**nstitutes (ETSI) 1992 verabschiedet, die ersten Endgeräte kamen im Sommer 1993 auf den Markt. Durch seine weltweite Akzeptanz in mehr als 100 Ländern hat sich DECT stark verbreitet. Bild 10.1 zeigt eine Statistik bzw. eine Prognose zur Zahl der verkauften DECT-Endgeräte; DECT ist damit weltweit der führende Standard im Bereich der schnurlosen Telefonie. Diese und weitere Informationen findet man auf den Internetseiten des DECT Forums.

> **!** DECT ermöglicht nicht nur die schnurlose Telefonie über eine Basisstation für den Heim- oder Bürobereich, sondern einen Mehrzellenbetrieb mit vielen hundert Basisstationen und vielen tausend Endgeräten. Ferner ist der Anwendungsbereich nicht nur auf die Telefonie beschränkt: DECT wurde von Anfang an auch für verschiedene Arten von Datendiensten konzipiert. Die ursprüngliche Bruttodatenrate lag bei knapp 1,2 Mbit/s. Um sie zu steigern, wurden in späteren Versionen des Standards auch höherwertige Modulationsformen hinzugefügt, die Bruttodatenraten von knapp 7 Mbit/s bieten.

DECT arbeitet derzeit in Europa und vielen anderen Ländern im Frequenzbereich bei 1880...1900 MHz. Da DECT im Jahre 1998 von der **I**nternational **T**elecommunication **U**nion (ITU) in die Familie der Mobilfunksysteme der 3. Generation aufgenommen wurde, stehen nun auch weitere Frequenzbänder knapp unterhalb und knapp oberhalb von 2 GHz für DECT prinzipiell zur Verfügung (siehe Abschnitt 1.3). In Deutschland sind sie allerdings nicht bzw. noch nicht für die Nutzung durch DECT freigegeben.

Für den amerikanischen Markt und in anderen Ländern, in denen das ursprüngliche DECT-Band anderweitig belegt ist, wurde eine DECT-Variante im ISM-Band bei 2,4 GHz spezifiziert.

10.1.2 Produkte

Schnurlose Telefone und Basisstationen für die Telefonie bilden sicherlich das bei weitem größte Marktsegment unter den DECT-Produkten. An nächster Stelle sind Telefonanlagen für größere DECT-Netze sowie Komponenten für den drahtlosen Teilnehmeranschluss (**W**ireless **L**ocal **L**oop, WLL) zu nennen.

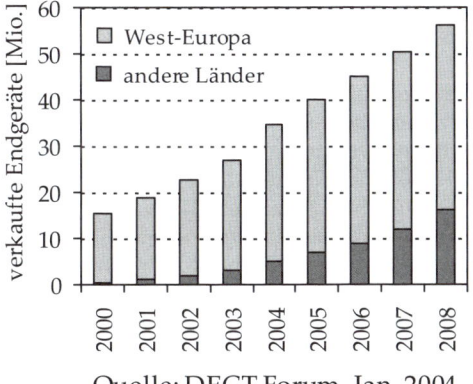

Quelle: DECT Forum, Jan. 2004

Bild 10.1 Der Markt für DECT-Geräte

Vereinzelt gibt es einige Produkte für Datenanwendungen, z.B.

❑ USB-Adapter,
❑ Adapter für die serielle Schnittstelle,
❑ DECT-Module in PC- und PCI-Cards,
❑ DECT-Telemetriemodule für die Überwachung und Steuerung von Maschinen und Anlagen,
❑ Strichcodeleser und Kreditkartenterminals mit DECT-Modulen.

Derzeit erhältliche Produkte bieten zumeist nur Datenraten von gut 100 kbit/s. Ob demnächst Produkte mit höheren Datenraten auf den Markt kommen und inwieweit sie sich gegen andere Produkte (WLAN, Bluetooth, ZigBee) durchsetzen können, bleibt abzuwarten.

10.1.3 Protokollarchitektur

Wie Bild 10.2 zeigt, folgt DECT weitgehend der grundsätzlichen Protokollarchitektur für lokale Funknetze aus Bild 4.1.

In der physikalischen Schicht sind die Frequenzbereiche, die Modulationsverfahren, Sender- und Empfängerkenngrößen sowie andere für die Bitübertragung bedeutsame Größen festgelegt.

Die MAC-Schicht regelt die Zugriffsverfahren, die Zuteilung von Übertragungskapazität, die Auswahl und Qualitätsüberwachung eines Funkkanals und stellt einige Methoden zum Funkzellenwechsel (Handover) bereit.

Die DLC-Schicht bietet verschiedene Verfahren und Frame-Typen, um einer Vielzahl von Diensten die erforderliche Dienstgüte zu garantieren. Dabei sind unterschiedliche Verfahren für den Transport von Nutzdaten (U-Plane, d.h. User-Plane) und Steuerungsdaten (C-Plane, d.h. Control-Plane) vorgesehen.

Eine Vermittlungsschicht (Network Layer) ist im DECT-Standard nur innerhalb der Kontrollebene (C-Plane) definiert. In ihr sind die Verfahren und Abläufe zum Auf- und Abbau von Verbindungen unterschiedlichen Typs, zum Wechsel von Funkzellen, zur Authentifizierung und zum Start der Verschlüsselung festgelegt. Insofern decken sich ihre Aufgaben mit dem, was in Kapitel 4 und auch bei anderen Systemen *Link Management* genannt wird. Da

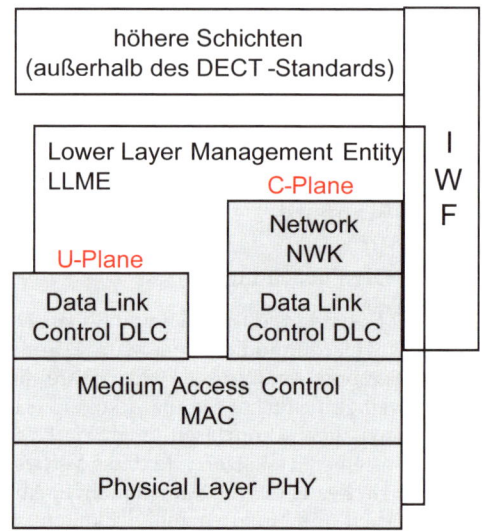

IWF: Interworking Functions

Bild 10.2   DECT-Protokollarchitektur

DECT jedoch seinen Ursprung und seine Hauptanwendungen im Bereich der Telefonie und ISDN-Dienste hat und dort der Verbindungsaufbau eine typische Aufgabe der Vermittlungsschicht ist, verwendet DECT ebenfalls diese Namensgebung (siehe Abschnitt 5.1.2). Hinzu kommt, dass innerhalb der Vermittlungsschicht auch die Protokolle der vom ISDN bekannten Zusatzdienste – wie z.B. Anklopfen, Makeln und Konferenzschaltungen – definiert sind.

Die Lower Link Management Layer Entity umfasst Funktionen, die alle oben genannten Schichten betreffen.

Eine Vermittlungsschicht für Nutzdaten sowie höhere Schichten sind nicht Bestandteil des DECT-Standards. Sie müssen abhängig vom Anwendungsszenario von den jeweiligen Systemen übernommen und durch Interworking Functions und andere Maßnahmen in die DECT-Übertragung integriert werden. DECT bietet gewissermaßen in einer Art Baukastenprinzip viele Signalisierungs- und Übertragungsmöglichkeiten, aus denen sich auf flexible Weise eine Vielzahl von Anwendungen zusammensetzen lässt.

Die entsprechenden «Bauelemente» sind in acht so genannten *DECT Common Air Interface Specifications* dokumentiert [50 bis 57].

Den Zusammenbau dieser Elemente zu Diensten für spezifische Anwendungsbereiche regeln mehrere so genannte *Access Profiles* (siehe Abschnitt 10.5).

10.1.4 Netzstrukturen und Anwendungsszenarien

Dieser Abschnitt erläutert verschiedene Netzstrukturen und Anwendungsszenarien von DECT-Systemen. Einige davon sind in Bild 10.3 illustriert.

Schnurloses Telefon für den Heimbereich – Infrastruktur-Netz mit einer Basisstation

Für die Anwendung im Heimbereich besteht die Systemkonfiguration i.Allg. aus einer Basisstation und mehreren schnurlosen Telefonen oder anderen schnurlosen Endgeräten, z.B. zur Datenübertragung. Der DECT-Standard bezeichnet die Basisstation als **F**ixed **P**art (FP) und die schnurlosen Endgeräte als **P**ortable **P**arts (PP). Dem Fixed Part kommen mehrere Aufgaben zu, die in vier funktionale Gruppen gegliedert sind:

❑ Dem **R**adio **F**ixed **P**art (RFP) obliegt die funktechnische Versorgung eines bestimmten Gebietes. Seine Aufgabe besteht also im Senden und Empfangen von Signalen sowie in der Durchführung von Messungen. In diesem Teil sind die Leistungsverstärkung, die Modulation (bzw. Demodulation), die Kanalcodierung (bzw. Decodierung) und die Verschlüsselung (bzw. Entschlüsselung) angesiedelt.

❑ Eine (kleine) **D**aten**b**ank (DB) speichert die bei dem Fixed Part registrierten, d.h. angemeldeten Portable Parts mit ihren Kennziffern.

❑ Um einen Fixed Part an ein externes Netz wie das analoge Telefonnetz oder das ISDN anzuschließen, benötigt er eine Interworking Function, die die DECT-spezifischen Übertragungsverfahren und Signalisierungsprotokolle an die des externen Netzes anpasst.

❑ Die Koordination der einzelnen Teile des Fixed Parts übernimmt der Central Control Fixed Part. Zu seinen Aufgaben gehört ferner der Verbindungsaufbau sowie die Vermittlung von Interngesprächen, d.h. von Gesprächen zwischen Portable Parts, die bei dem betrachteten Fixed Part angemeldet sind.

Mehrzellenbetrieb und Schnurlose Nebenstellenanlagen – Infrastruktur-Netz

Um Bürogebäude oder ein größeres Firmengelände zu versorgen, erlaubt der DECT-Standard den Mehrzellenbetrieb. Dazu installiert man an verschiedenen Orten des zu versorgenden Bereiches mehrere Radio Fixed Parts. Diese werden über ein lokales kabelgebundenes Netz an eine gemeinsame zentrale Steuerungseinheit (**C**entral **C**ontrol **F**ixed **P**art, CCFP) und dann weiter an eine private Nebenstellenanlage angeschlossen. Häufig sind die zentralen Steuereinheiten sowie die Datenbanken für die Teilnehmerverwaltung auch in die privaten Nebenstellenanlagen integriert. Bei einem größeren Firmengelände oder bei einer Firma mit verschiedenen Standorten lassen sich mehrere Steuerungseinheiten und Nebenstellenanlagen zu einem größeren Netz verbinden. Auf diese Weise ist eine Versorgung von vielen tausend DECT-Teilnehmern in einem Netz mit einigen hundert Radio Fixed Parts möglich.

Das für eine solche Konfiguration vorgesehene Mobilitätsmanagement erlaubt ein Roaming zwischen den verschiedenen Netzbereichen, wobei die aktuellen Aufenthaltsbereiche (Location Areas) eines Teilnehmers in den jeweiligen Datenbasen gespeichert sind. Ferner sorgen Handover-Mechanismen für die Aufrechterhaltung einer Verbindung bei einer Positionsänderung des Teilnehmers. Solche Handover können sehr schnell und vollkommen unterbrechungsfrei ausgeführt werden, wenn die beteiligten Zellen zu dem gleichen Cluster gehören. Bei einem Cluster (im Sinne von DECT) handelt es sich um eine Gruppe von Zellen, die bei der Systemkonfiguration festzulegen ist.

202 Digital Enhanced Cordless Telecommunications

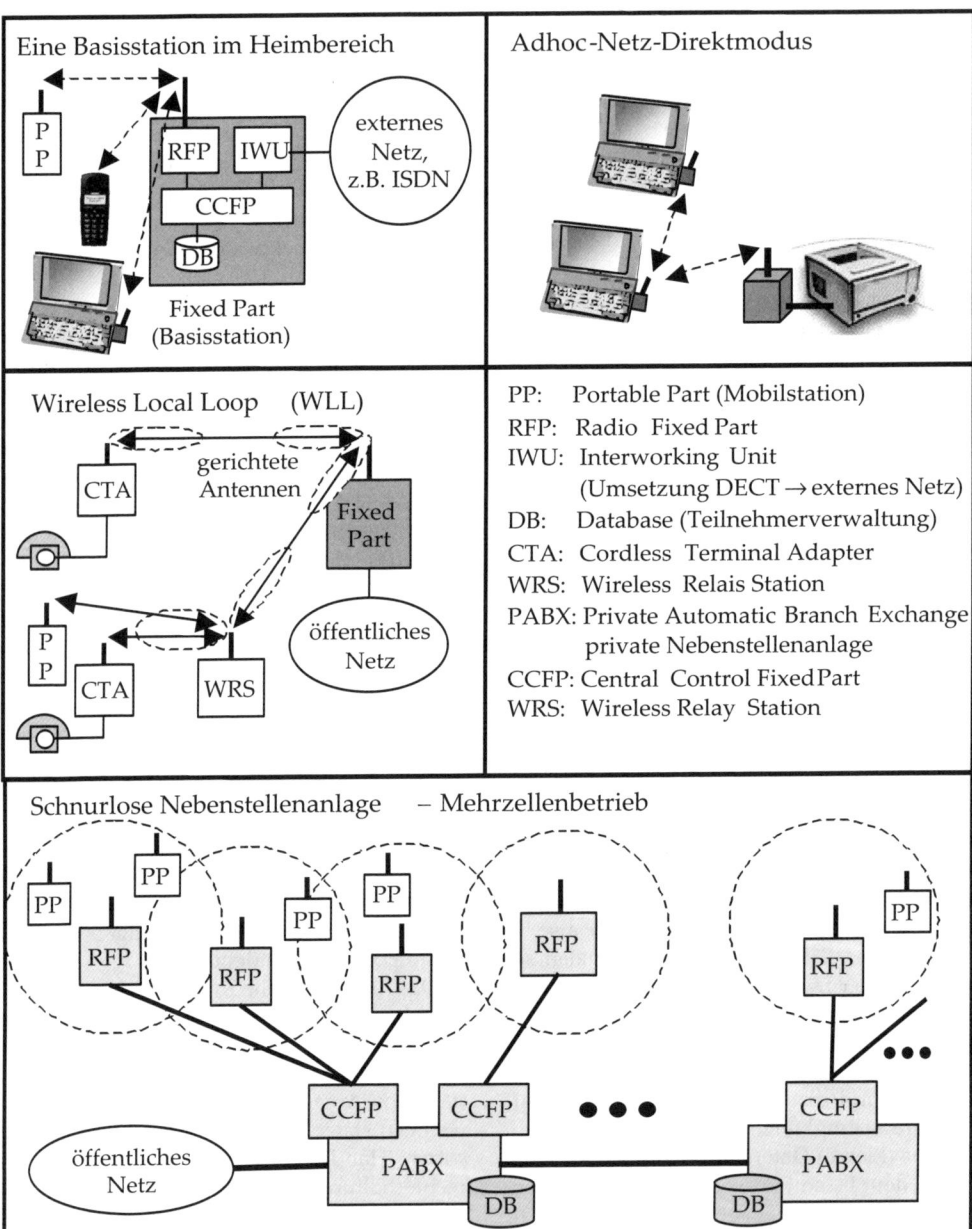

Bild 10.3 Netzstrukturen und Anwendungsbereiche von DECT-Systemen

Überblick über den DECT-Standard

Drahtlose Zugangsnetze auf DECT-Basis
Einen bedeutenden Marktanteil von DECT machen so genannte **W**ireless-**L**ocal-**L**oop (WLL)-Anwendungen aus, bei denen der Anschluss von fest installierten Endgeräten an das öffentliche Telefonnetz nicht über Kabel, sondern über DECT-Funkverbindungen realisiert wird.

Weltweit gibt es bereits mehrere Millionen solcher WLL-DECT-Anschlüsse. Bei Verwendung von gerichteten Antennen mit hohem Antennengewinn und bei freier Sicht lassen sich Reichweiten von etwa 5 bis 10 km erzielen (siehe Abschnitt 10.7), die man durch den Einsatz von DECT-Relaisstationen (**W**ireless **R**elay **S**tation, WRS) weiter steigern kann. Solche Relaisstationen (Repeater), die es auch für den Heim- und Bürobereich gibt, verhalten sich in der einen Richtung als Portable Part und in der anderen Richtung als Radio Fixed Part.

Die Antenne des Radio Fixed Parts ist bei dieser Anwendung an exponierter Stelle installiert; ebenso lässt sich die Antenne des Cordless Terminal Adapters, ein Portable Part mit einem Anschluss für ein anderes fest installiertes Endgerät, z.B. auf dem Dach des zu versorgenden Gebäudes montieren.

Direkt-Modus – Adhoc-Netz
Der DECT-Standard ermöglicht es mobilen Endgeräten, direkt miteinander zu kommunizieren – d.h. ohne eine Basisstation, die an ein externes Netz angeschlossen werden muss.

So lässt sich beispielsweise über DECT ein Datenaustausch zwischen zwei Laptops oder zwischen einem PC und einem Drucker oder zwischen einer Videokamera und einem PC realisieren.

Öffentliche DECT-Netze
Der DECT-Standard sieht auch den Betrieb in öffentlichen Netzen vor, bei dem man mit speziellen DECT-Endgeräten (bei verschiedenen Tarifen) sowohl von seiner Heimbasisstation aus als auch über das von einem Betreiber in z.B. einem Innenstadtbereich installierte Netz telefonieren kann. Ferner wird man bei einem ankommenden Ruf in dem jeweiligen Versorgungsbereich gefunden. Ein solches öffentliches Netz wurde Ende der 90er-Jahre in Italien errichtet, musste jedoch nach einiger Zeit aufgrund veränderter regulatorischer Randbedingungen seinen Betrieb einstellen.

Integration von DECT in GSM- und UMTS-Netze
Ferner wurden Anwendungsprofile entwickelt, die das Zusammenspiel zwischen DECT-Netzen und öffentlichen Mobilfunknetzen nach dem GSM- und UMTS-Standard regeln (siehe Abschnitt 10.5).

10.1.5 Adressen und Kennziffern

> ! Der DECT-Standard sieht einige Kennziffern vor, um Teilnehmer, Geräte und Funkzellen zu identifizieren. Je nach Anwendungsgebiet sind die jeweiligen Kennziffern unterschiedlich aufgebaut. So unterscheidet man auf Seiten des Fixed Parts zwischen fünf so genannten Access Rights Classes (ARC) und auf Seiten des Nutzers zwischen acht **P**ortable **U**ser **T**ypes (PUT).

Dieser Abschnitt erläutert den Aufbau und die Verwendung der jeweiligen Kennziffern für die folgenden beiden Anwendungsszenarien (Bild 10.4):

❏ ARC A: Heimbereich mit einem Radio Fixed Part oder kleine Nebenstellenanlage mit bis zu 7 Radio Fixed Parts,
❏ ARC B: große Nebenstellenanlage mit bis zu 256 Radio Fixed Parts.

In beiden Fällen besteht die Kennziffer eines Radio Fixed Parts, die **R**adio **F**ixed **P**art Identity (RFPI), aus

❏ einem Bit (E), das angibt, ob weitere Access Rights Identifier in der Zelle verfügbar sind,
❏ dem Access Rights Code (ARC),
❏ einem Hersteller- bzw. Netzbetreibercode,
❏ einer Kennung desjenigen Fixed Parts (FPN), der die Radio Fixed Parts steuert,
❏ einer **F**ixed **P**art **S**ubnumber (FPS),
❏ der Nummer des jeweiligen Radio Fixed Parts (RPN).

Jeder Radio Fixed Part strahlt seine RFPI in einem bestimmten Rhythmus ab, so dass sie

204 Digital Enhanced Cordless Telecommunications

alle Portable Parts in der Zelle decodieren können (siehe Abschnitt 10.4.1).

Während der Hersteller- und Betreibercode sowie die FPN nur durch autorisierte Hersteller, Händler bzw. Institutionen vergeben werden, kann der Betreiber des DECT-Netzes die FPS und RPN eigenständig zuteilen. (Allerdings ist bei einem einzelnen Radio Fixed Part nur RPN = 0 zulässig.) Um Teilnehmerklassen mit unterschiedlichen Zugriffsrechten zu ermöglichen, gibt es neben dem Primary ARI bei größeren DECT-Netzen noch einen Secondary und Tertiary Access Rights Identifier. Anhand des E-Bits kann der Portable Part erkennen, ob neben dem Hauptzugriffsrecht weitere Zugriffsrechte bestehen.

Im Portable Part sind die Kennziffern der Radio Fixed Parts in Form der **P**ortable **A**ccess **R**ights **K**eys (PARKs) abgespeichert, für die es ein Zugriffsrecht hat. Der PARK besteht entweder aus dem kompletten ARI oder den ersten Ziffern einer ARI. Der Portable Part hat ein Zugriffsrecht auf alle Radio Fixed Parts, deren erste Ziffern mit dem PARK übereinstimmen.

Ferner lassen sich anhand der RFPI verschiedene Handover-Bereiche konfigurieren und Zellen zu so genannten *Location Areas* zusammenfassen (siehe Bild 10.4).

Die Teilnehmerkennung setzt sich, wie in Bild 10.4 gezeigt, aus dem PARK sowie aus der International **P**ortable **U**ser **I**dentity (IPUI) zusammen. Beim Einbuchen in eine Location Area vergibt der Fixed Part ferner eine temporäre Kennung (Temporary User Identity, TPUI), die innerhalb der Location Area eindeutig ist und mit der ein Teilnehmer bei einem ankommenden Ruf ausgerufen wird.

10.2 Funkausbreitung

Das DECT-Primärband in Europa

> Für das DECT-System ist in Europa primär der Frequenzbereich zwischen 1880 MHz und 1900 MHz reserviert. In diesem Band gibt es 10 Frequenzträger mit einer Bandbreite von ca. 1,2 MHz und einem Trägerabstand von 1,728 MHz (Bild 10.5).

Bei dem Primärband handelt es sich um den Frequenzbereich, der von Anfang an für DECT

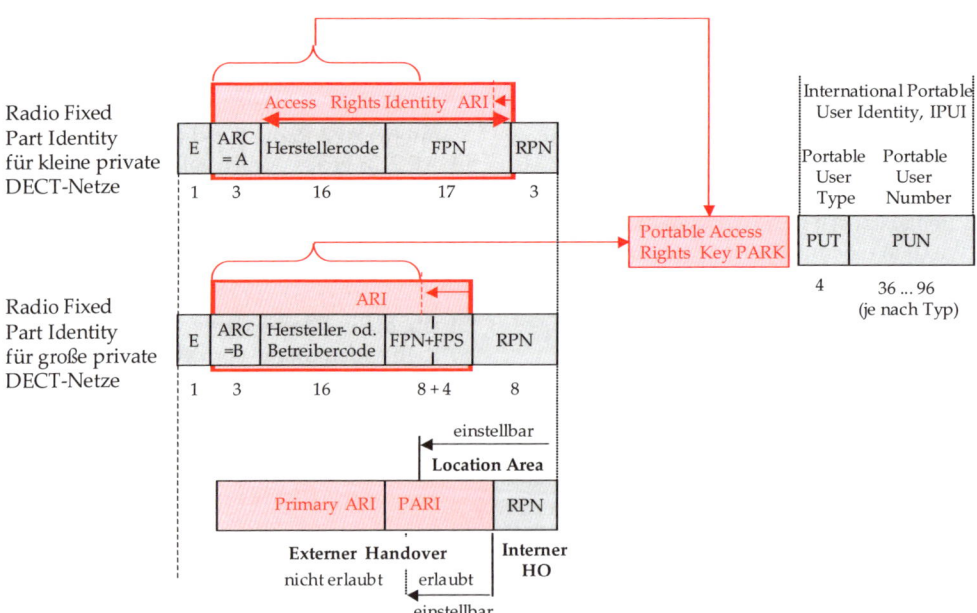

Bild 10.4 Kennziffern des DECT-Systems

Übertragungstechnik 205

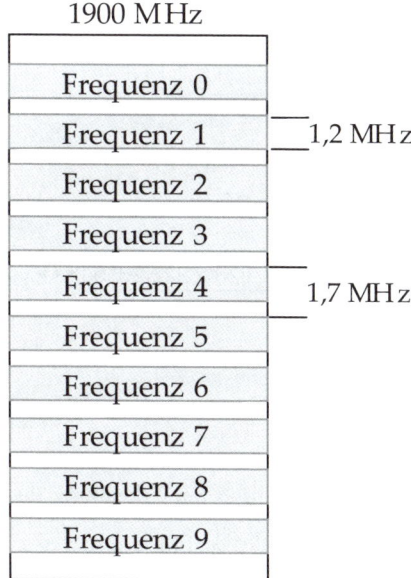

Bild 10.5 Das DECT-Primärband in Europa

in Europa vorgesehen war und der heutzutage von nahezu allen Produkten unterstützt wird.

Weitere Frequenzbänder
In Erweiterung des DECT-Systems wurden weitere Bänder zugewiesen:

❏ der Bereich 1900 bis 1925 MHz mit 15 Trägern,
❏ der Bereich 2010 bis 2025 MHz mit 8 Trägern,
❏ der ISM-Bereich bei 2,4 GHz mit 45 Trägern,
❏ der Bereich 902 bis 928 MHz mit 14 Trägern.

Dabei wurden die ersten beiden Bänder im Zuge der Standardisierung der dritten Generation von Mobilfunksystemen reserviert. Die letzten beiden Bänder wurden für den amerikanischen Markt und andere außereuropäische Märkte vorgesehen.
 Die Diskussion in den folgenden Abschnitten konzentriert sich – sofern nicht ausdrücklich anders erwähnt – auf das *Primärband*.

> In dem Primärband beträgt die Wellenlänge in etwa 15,7 cm. Die allgemeine Gleichung 2.13 für die Freiraumausbreitung reduziert sich für DECT auf:
>
> $L_F = 38 + 20 \log r$ [m]

Ansonsten treten bei DECT die in Kapitel 2 erläuterten Effekte der Funkausbreitung auf. Eine Diskussion zur Reichweite findet sich in Abschnitt 10.7.

10.3 Übertragungstechnik

Zeitmultiplex
Die Übertragungstechnik und insbesondere der Aufbau der physikalischen Pakete ist geprägt von der *Zeitschlitzstruktur* der Frequenzträger: Jeder Frequenzträger ist in 24 Zeitschlitze unterteilt, die sich nach einer Rahmendauer von 10 ms wiederholen (Bild 10.6).

Physical Packets
Innerhalb dieser Zeitschlitzstruktur werden die Daten in so genannten Physical Packets übertragen. Von diesen Physical Packets gibt es vier verschiedene Arten:

❏ das Short Physical Packet für Systeminformationen oder sehr kurze Nachrichten ohne Bestätigung;
❏ das Basic Physical Packet, das einen Zeitschlitz füllt;
❏ das High Capacity Physical Packet, das zwei Zeitschlitze umfasst und damit zu einer effizienteren Ressourcennutzung führt;
❏ das Low Capacity Physical Packet, das nur einen halben Zeitschlitz benötigt, so dass sich zwei Dienste mit niedriger Datenrate einen Zeitschlitz teilen können.

Von den genannten Paketarten sind das zweite und dritte in ihrem Aufbau in Bild 10.6 illustriert. Um den Aufbau zu erläutern, sind einige Bemerkungen zu den bei DECT verwendeten Modulationsformen erforderlich:

> **Modulation**
> Als Basismodulationsform verwendet DECT das GMSK-Verfahren mit einer Modulations-

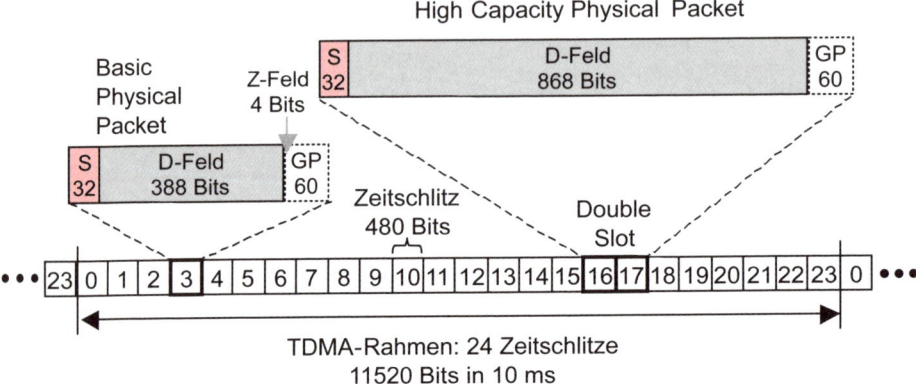

Bild 10.6 Zeitmultiplex-Verfahren und physikalische Pakete

bitrate von 1152 kbit/s. Damit lassen sich in einem Rahmen (10 ms) 11 520 Bit und in einem Zeitschlitz 480 Bit übertragen. Alle gängigen schnurlosen Telefone arbeiten mit dieser Modulationsform.

Um die Übertragungsrate für Datendienste und Multimedia-Anwendungen zu steigern, wurden in neueren Versionen des DECT-Standards weitere, höherwertige Modulationsformen aufgenommen. Dieses sind:

❏ differentielle Varianten des BPSK-, QPSK und 8-PSK-Verfahrens,
❏ die 16- und die 64-QAM.

Bei dem heutzutage vorwiegend verwendeten GMSK-Verfahren ergibt sich der folgende Aufbau eines Basic Physical Packets (siehe Bild 10.6):

Basic Physical Packet bei GMSK
Von den rein rechnerisch vorhandenen 480 Bits eines Zeitschlitzes entfallen 60 Bit auf eine Schutzperiode (Guard Period), die garantiert, dass sich bei geringen Synchronisierungsungenauigkeiten die Physical Packets zweier aufeinanderfolgender Zeitschlitze nicht überlappen. Ferner verbleibt genügend Zeit, um im nächsten Zeitschlitz eventuell auf eine andere Frequenz zu wechseln.

Am Anfang des Basic Physical Packets befindet sich das S-Feld, das aus einer festen Sequenz von 32 Bit besteht. Es dient der Synchronisa-

tion des Empfängers und der Erkennung des Beginns eines Paketes.

Die vier Bits im Z-Feld sind Wiederholungen der vier letzten Bits im D-Feld. Erkennt der Empfänger Fehler im Z-Feld, so deutet dies auf Störungen durch mangelnde Synchronisierung hin.

Zur Übertragung von Daten aus der MAC-Schicht verbleiben also noch 388 Bit im D-Feld.

Anmerkungen

❏ Bei einem High Capacity Physical Packet besteht das D-Feld aus 868 Bit (bei GMSK).
❏ Die zuvor beschriebene Aufteilung von Bits in einem Physical Packet gilt für das GMSK-Verfahren. Bei einer höherwertigen Modulation lassen sich natürlich mehr Bits pro Paket übertragen. Allerdings sind diese Modulationsverfahren nur bei den Bits des D-Feldes zulässig – im S-Feld wird in diesem Fall das differentielle BPSK-Verfahren angewendet.
❏ Innerhalb der physikalischen Schicht ist keine Vorwärtsfehlerkorrektur vorgesehen. Solche Verfahren werden abhängig vom Dienst in der Sicherungsschicht angeboten.
❏ Die oben erläuterten Parameter gelten für alle DECT-Frequenzbänder. Allerdings ist zu beachten, dass im ISM-Band bei 2,4 GHz Frequency Hopping über die 45 Frequenzträger vorgesehen ist, wobei mit jedem Rahmen – also alle 10 ms – der Frequenzträger gewechselt wird. In den anderen Bändern wird dagegen kein Frequency Hopping verwendet.

10.4 Zugriffsverfahren, Verbindungskontrolle und Link Management

10.4.1 Zugriffsverfahren

Wie bereits im vorangegangenen Abschnitt erläutert, arbeitet DECT mit einer Einteilung der Frequenzträger in Zeitschlitze. Time Division Multiple Access (TDMA) ist also das bei DECT verwendete Mehrfachzugriffsverfahren. Bevor die konkreten Ausprägungen und Details des Verfahrens besprochen werden, sind zunächst einige Hinweise auf die Struktur der MAC-Frames erforderlich (Bild 10.7).

Aufbau eines MAC-Frames

> ! Ein MAC-Frame wird im D-Feld eines Physical Channels übertragen und besteht aus
> - dem A-Feld für Kontrollinformationen,
> - dem B-Feld als MAC-Dateneinheit und
> - dem X-Feld (CRC).

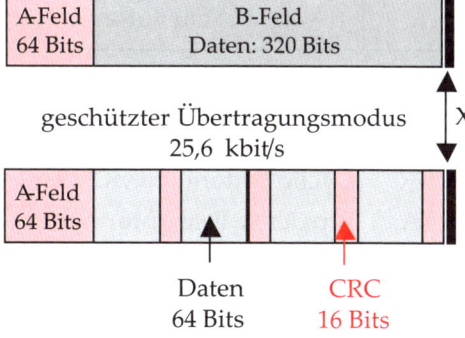

Bild 10.7 Aufbau eines MAC-Frames

Für das B-Feld steht je nach Typ des Physical Packets und des verwendeten Modulationsverfahrens eine unterschiedliche Anzahl von Bits zur Verfügung. Bei der GMSK-Modulation und dem Basic bzw. High Capacity Physical Packet sind es 320 bzw. 800 Bit, die alle 10 ms übertragen werden können. Daraus resultieren für den so genannten ungeschützten Übertragungsmodus MAC-Datenraten von 32 kbit/s bzw. 80 kbit/s. Bei dem geschützten Übertragungsmodus werden Blöcke von 64 Datenbits zusätzlich mit jeweils 16 CRC-Bits gesichert. Dadurch reduziert sich die MAC-Datenrate auf 25,6 kbit/s bzw. auf 64 kbit/s. Verwendet man höherwertige Modulationsverfahren, so lässt sich die Datenrate auf das entsprechende Vielfache steigern.

Die 4 Bits des X-Feldes liefern einen Cyclic Redundancy Check über ausgewählte Bits des B-Feldes und dienen somit der Erkennung von Fehlern im B-Feld. Ein durch das X-Feld erkannter Fehler führt i.Allg. aber nicht zu einer Wiederholung des Packets. Vielmehr lässt sich auf diese Weise abschätzen, ob die Verbindungsqualität akzeptabel oder ein Handover erforderlich ist oder ob z.B. ein Rahmen bei der Sprachübertragung verworfen werden soll.

> ! Bei DECT finden sich i.Allg. in jedem Rahmen sowohl Nutz- als auch Steuerungsinformationen.

Steuerungsinformationen sind im A-Feld des MAC-Frames untergebracht. Der Header des A-Feldes (8 Bit) enthält Informationen zum Typ des MAC-Feldes sowie Qualitätsinformationen (Bild 10.8). Die eigentlichen Informationen zur Steuerung des MAC-Layers sind in den folgenden 40 Bits zu finden; einige wichtige Informationselemente sind in Tabelle 10.1 aufgeführt. Diese Kontrollinformationen werden abwechselnd – in einem bestimmten Rhythmus – kontinuierlich auf allen Verbindungen in einer Zelle gesendet. Ist in der Zelle noch keine Verbindung aktiv, so

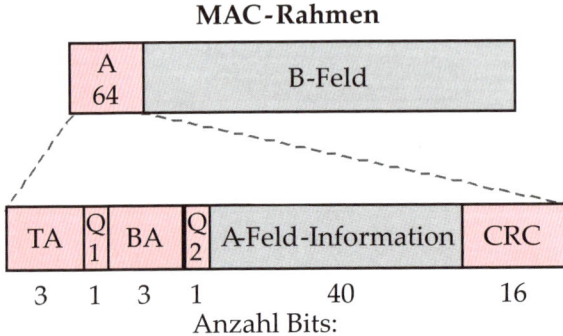

CRC:	Cyclic Redundancy Check		
TA:	Typ der A-Feld-Information		
BA:	Typ des B -Feldes (geschützt/ungeschützt, Nutzdaten/Signalisierung, ...)		
Q2:	Qualitätsinformation;		
Q1:	zusätzliche Qualitätsinformation		

Bild 10.8   Kontrollinformationen im A-Feld

Symbol	Name	UL/DL	Wichtige Informationselemente

Q_T	System Information Channel	DL	❏ aktuelle Multiframe-Nummer
			❏ Systeminformationen
			  – Anzahl der Transceiver
			  – unterstützte Frequenzträger
			  – unterstützte Bearer- und Connection-Typen
			  – eventuell: Secondary Access Rights Identifier

N_T	Identities Channel	UL&DL	❏ Radio Fixed Part Identity (RFPI)
M_T	MAC Control Channel	UL&DL	❏ Kanalanforderungen und -freigaben ❏ Handover-Anforderungen ❏ Bestätigungsmeldungen ❏ Wartekommandos bei Verzögerungen
P_T	Paging Channel	DL	❏ Paging-Meldungen ❏ Radio Fixed Part Identity ❏ Handover-Einschränkungen ❏ Informationen über belegte od. bessere Kanäle ❏ unterstützte Modulationsverfahren
C_T	Control Informations Higher Layers	UL&DL	❏ Signalisierungsinformationen aus höheren Schichten

richtet der Radio Fixed Part einen so genannten *Dummy Bearer* (oder Beacon Channel) ein, um die für die Orientierung der Portable Parts wichtigen Systeminformationen abzustrahlen.

Das A-Feld wird ergänzt durch einen Cyclic Redundancy Check. Das Q1-Bit im Header gibt beispielsweise an, ob das A-Feld des zuvor empfangenen Headers korrekt empfangen wurde oder nicht. Als Modulationsformen sind für das A-Feld GMSK und die differentiellen Varianten der BPSK-, QPSK- sowie der 8-PSK-Modulation zulässig, nicht aber die QAM-Verfahren.

Zu betonen ist, dass ein MAC-Frame i.Allg. Nutz- und Kontrolldaten gemeinsam transportiert. Ferner können im B-Feld nicht nur Nutzdaten, sondern auch Signalisierungsmeldungen aus höheren Schichten übertragen werden. Dazu gehören z.B. Meldungen zum Verbindungsaufbau, zur Authentifizierung oder zur Steuerung von Zusatzdiensten wie Anklopfen oder Makeln.

Bearer

> Bei DECT wird einer Verbindung Übertragungskapazität in Form von so genannten Bearern (Träger) zugewiesen. Ein Bearer nutzt dabei die im vorherigen Abschnitt beschriebenen Physical Packets, die periodisch auf bestimmten Zeitschlitzen und Frequenzen übertragen werden. Es gibt vier Arten von elementaren Bearern, die in Bild 10.9 illustriert sind.
>
> ❏ Ein Simplex-Bearer nutzt einen Zeitschlitz für nur eine Übertragungsrichtung. Beispielsweise verwendet die Basisstation einen Simplex-Bearer für die System-Informationen.
> ❏ Ein Duplex-Bearer, wie er zum Beispiel bei der Sprachübertragung Anwendung findet, besteht aus zwei Zeitschlitzen auf der gleichen Frequenz, die um einen halben TDMA-Rahmen (5 ms, 12 Zeitschlitze) gegeneinander versetzt sind. Die Duplex-Übertragung ist also als Time Division Duplex (TDD) realisiert.
> ❏ Ein Double-Duplex-Bearer besteht aus zwei einfachen Duplex-Bearern auf der gleichen Frequenz.
> ❏ Ein Double-Simplex-Bearer nutzt für eine Übertragungsrichtung zwei Zeitschlitze, die

> wie bei einem Duplex-Bearer angeordnet sein müssen – auf der gleichen Frequenz und mit einem Zeitversatz von 5 ms.

Die obigen Angaben für die Anzahl der Zeitschlitze gelten bei Verwendung des Basic Physical Packets. Bearer, die das High Capacity Physical Packet nutzen, benötigen die doppelte Anzahl von Zeitschlitzen.

Wie Bild 10.9 zeigt, können mehrere dieser elementaren Bearer zu einer Multibearer-Verbindung zusammengeschaltet werden, um die Übertragungskapazität zu erhöhen. Ferner lassen sich asymmetrische Verbindungen realisieren, bei denen eine Übertragungsrichtung eine höhere Datenrate als die andere Richtung erhält. Dies geschieht mit Hilfe der Double-Simplex-Bearer. Zu betonen ist, dass eine Verbindung wenigstens einen Bearer für jede Richtung benötigt, um zumindest Steuerungsinformationen zu übertragen.

Eine symmetrische Verbindung kann also bis zu 12 Zeitschlitze für jede Richtung belegen, bei einer asymmetrischen Verbindung lassen sich bis zu 23 Zeitschlitze für eine Richtung bündeln, der verbleibende Zeitschlitz wird für die Rückrichtung benötigt.

MAC-Datenrate

In Tabelle 10.2 sind die Datenraten auf der MAC-Ebene aufgeführt, die sich mit den einfachen elementaren Bearern unter Verwendung des Basic und High Capacity Physical Packets realisieren lassen. Durch Bündelung bzw. Kombination erzielt man dementsprechend höhere Datenraten für die Verbindung. Leitet man bei der geschützten Übertragung ein ARQ-Verfahren ein, so verringert sich natürlich die effektive Datenrate gegenüber dem angegebenen Wert.

Bündelt man Zeitschlitze bzw. Bearer für eine Verbindung, so ergeben sich die folgenden maximalen Datenraten bei einer ungeschützten Übertragung mit GMSK:

❏ symmetrische Verbindung
– 384 kbit/s pro Richtung (Basic Physical Packet),
– 480 kbit/s pro Richtung (High Capacity Physical Packet);

210 Digital Enhanced Cordless Telecommunications

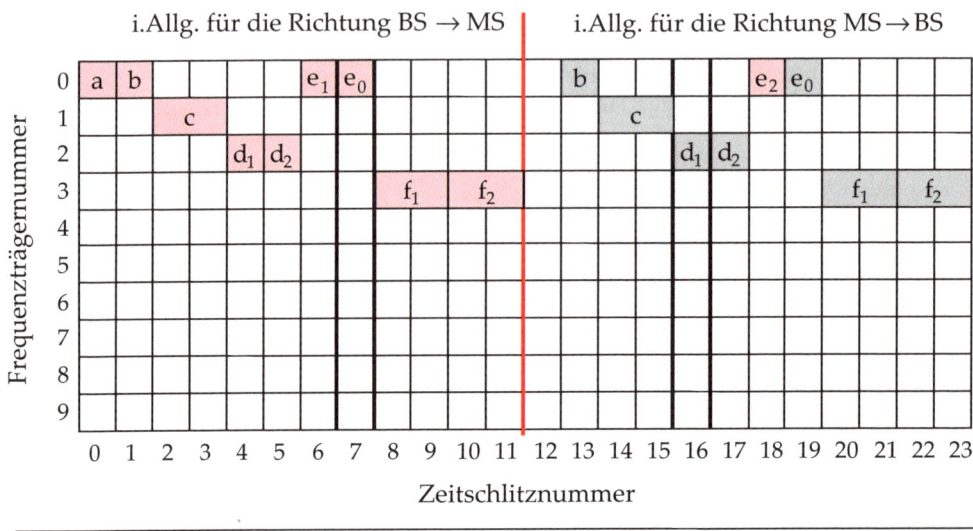

a: Simplex Bearer
b: Duplex Bearer mit Basic Physical Packet
c: Duplex Bearer mit High Capacity Physical Packet
d: Double Duplex Bearer mit Basic Physical Packet
e: Multibearer Connection: Double Simplex Bearer (e_1, e_2) u. Duplex Bearer (e_0)
f: Double Duplex Bearer mit High Capacity Physical Packet

Bild 10.9 Physikalische Kanäle und Bearer-Typen bei DECT

Tabelle 10.2 MAC-Datenraten (in kbit/s) für einige einfache, elementare Bearer

Modulation	Basic Physical Packet		High Capacity Physical Packet	
	ungeschützt	geschützt	ungeschützt	geschützt
GMSK	32	25,6	80	64
DBPSK	32	25,6	80	64
DQPSK	64	51,2	160	128
D8-PSK	96	76,8	240	192
16-QAM	128	102,4	320	256
64-QAM	192	153,6	480	384

Zugriffsverfahren, Verbindungskontrolle und Link Management 211

- asymmetrische Verbindung
  - 736 kbit/s in einer Richtung (Basic Physical Packet),
  - 880 kbit/s in einer Richtung (High Capacity Physical Packet):).

Mit der 64-QAM kann man bei sehr guten Empfangsbedingungen deutlich höhere Datenraten erzielen:

- symmetrische Verbindung
  - 2,3 Mbit/s pro Richtung (Basic Physical Packet),
  - 2,9 Mbit/s pro Richtung (High Capacity Physical Packet);
- asymmetrische Verbindung
  - 4,4 Mbit/s kbit/s in einer Richtung (Basic Physical Packet),
  - 5,3 Mbit/s in einer Richtung (High Capacity Physical Packet).

TDMA-basiertes Zugriffsverfahren mit dynamischer Kanalwahl
Wie in Bild 10.9 illustriert, sind in dem DECT-Primärband 10 Frequenzträger vorgesehen, die in jeweils 24 Zeitschlitze eingeteilt sind. Insgesamt gibt es also in dem Band 240 elementare Kanäle.

> ❗ Eine DECT-Basisstation besitzt zumeist nur eine Sende- und Empfangseinheit (Transceiver) und verwaltet damit nur 24 elementare Kanäle. Über diese Kanäle können mehrere Verbindungen gleichzeitig betrieben werden – beispielsweise 12 Sprachverbindungen über 12 Duplex-Bearer. Die einzelnen Verbindungen sind dabei durch ihre Zeitschlitzlage getrennt; es liegt also Time Division Multiple Access (TDMA) vor.

Auch wenn die Basisstation nur mit einem Transceiver bestückt ist, können die einzelnen Verbindungen doch unterschiedliche Frequenzen nutzen, wie Bild 10.9 andeutet. Allerdings können nicht zwei oder mehr Verbindungen auf dem gleichen Zeitschlitz bestehen. Dies ist nur möglich, wenn die Basisstation mit mehreren Transceivern ausgestattet ist.

Bearer Setup
Die Einrichtung eines Bearers wird i.Allg. sei-

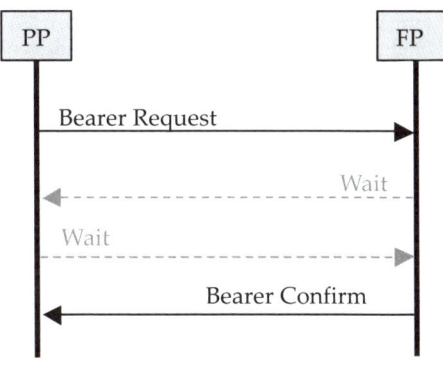

Bild 10.10 Bearer Setup

tens der MS (Portable Part, PP) beantragt, die eine Bearer-Request-Meldung zu einem bestimmten Zeitpunkt auf dem gewählten Kanal an die BS (Fixed Part, FP) sendet (Bild 10.10). Diese sucht in einem bestimmten Rhythmus alle freien Kanäle nach solchen Bearer-Anforderungen ab. Den erfolgreichen Empfang einer Bearer-Request-Meldung bestätigt der Radio Fixed Part mit einer Bearer-Confirm-Meldung. Zwischenzeitlich werden eventuell auch Hinweise über zu beachtende Wartezeiten (Wait) oder auch weitere Meldungen ausgetauscht, die Angaben

- zum Typ der aufzubauenden Verbindung,
- zum Typ des Bearers,
- zu der Anzahl benötigter Zeitschlitze,
- zum gewünschten Modulationsverfahren

enthalten. Falls der Zugriff scheitert, so unternimmt der Portable Part einen weiteren Versuch auf dem nächstbesten Kanal.

Innerhalb der zulässigen Verbindungsaufbaudauer von 3 Sekunden sind maximal 10 Zugriffsversuche erlaubt, wobei der Portable Part nach 3 Versuchen den Radio Fixed Part wechseln darf.

Dynamische Kanalwahl

> ❗ Welchen Zeitschlitz eine MS für eine Bearer-Anforderung auswählt, wird durch eine Verfahren der dynamischen Kanalwahl (Dynamic Channel Selection) festgelegt. Dieses i.Allg. von der MS durchgeführte Verfahren wird durch die Systeminformationen der BS zum Belegungszustand ihrer verfügbaren Kanäle unterstützt. Die MS un-

! ternimmt auf allen Kanälen, die für einen Verbindungsaufbau in Frage kommen, mindestens einmal alle 30 Sekunden Messungen der Empfangspegel.

Dabei gibt es folgende Einschränkungen (Bild 10.11):

Ein Radio Fixed Part mit beispielsweise nur einem Transceiver kann pro Zeitschlitz auch nur eine Verbindung versorgen. Die in Bild 10.11 grau markierten Zeitschlitze stehen der MS daher nicht zur Verfügung (und werden als Blind Slots bezeichnet).

Die MS führt solche Pegelmessungen auch während einer laufenden Verbindung durch, um eventuell bessere Zeitschlitze zu finden. In diesem Fall ergeben sich weitere Einschränkungen, die in Bild 10.11 rot gekennzeichnet sind.

Ein hoher Empfangspegel zeigt an, dass der entsprechende Kanal in der Nähe von einer anderen Verbindung genutzt wird, so dass auf diesem Kanal starke Störungen zu erwarten sind.

Die gemessenen Pegel, die also als Störpegel zu deuten sind, dienen der anschließenden Klassifikation von Kanälen (Bild 10.12). Kanäle, die einen sehr hohen Störpegel besitzen oder aus anderen Gründen für die Zuteilung nicht zulässig sind, werden als «busy» eingestuft. Die MS wählt für den Verbindungsaufbau Kanäle mit möglichst geringem Störpegel aus, wobei als «busy» eingeordnete Kanäle auf keinen Fall verwendet werden dürfen. Falls in der Klasse b(j) keine Kanäle zur Verfügung stehen oder falls auf diesen Kanälen keine Verbindung zustande kommt, so kann die MS einen Kanal aus der nächstbesten Klasse b(j+1) wählen.

10.4.2 Data Link Control

! Um die Zuverlässigkeit der Übertragung zu steigern, ist beim DECT-Standard oberhalb der MAC-Schicht eine Sicherungsschicht (Data Link Control Layer, DLC) vorgesehen. Sie hat die Aufgabe, die Daten aus den höheren Schichten so aufzubereiten, dass sie mit der jeweils geforderten Dienstqualität (Datenrate, maximal erlaubte Bitfehlerraten und Verzögerungszeiten) über die MAC-Bearer übertragen werden können. Dazu bietet die DLC-Schicht verschiedene Formen der Fragmentierung sowie unterschiedliche hybride ARQ-Verfahren an, wobei Block-Codes für die Fehlerkorrektur verwendet werden. Daraus ergeben sich Dienste

❑ mit festem und mit variablem Datendurchsatz,
❑ mit und ohne Übertragungswiederholung,
❑ mit und ohne Überwachung der Übertragungswiederholung.

Beispielsweise gibt es einen DLC-Dienst, der die Daten völlig transparent und ungeschützt an den MAC-Layer weiterreicht. Dieser Dienst wird mit einer Datenrate von 32 kbit/s für die Sprachübertragung genutzt. Ein ande-

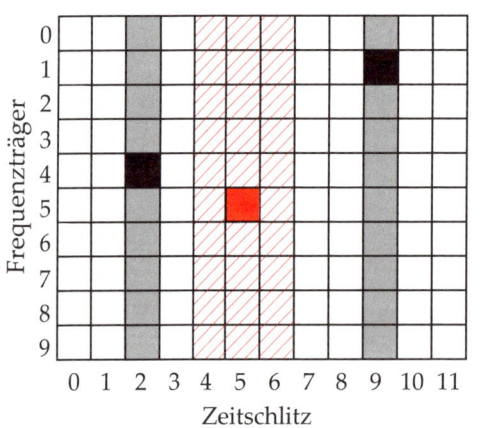

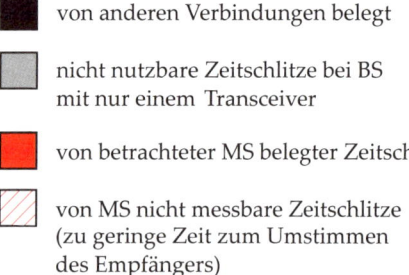

■ von anderen Verbindungen belegt

■ nicht nutzbare Zeitschlitze bei BS mit nur einem Transceiver

■ von betrachteter MS belegter Zeitschlitz

▨ von MS nicht messbare Zeitschlitze (zu geringe Zeit zum Umstimmen des Empfängers)

☐ von MS zu vermessende Kanäle

Bild 10.11 Dynamische Kanalwahl

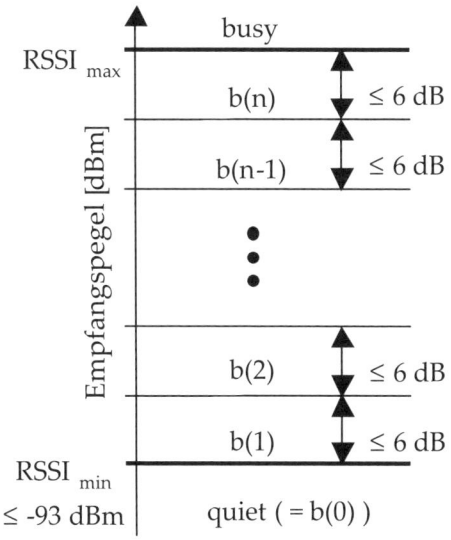

Bild 10.12 Einteilung der Funkkanäle in Bänder gemäß des gemessenen Pegels

rer Dienst ist speziell auf die Verknüpfung mit dem ISDN zugeschnitten. Um die Datenrate von 64 kbit/s bei geringer Bitfehlerrate zu garantieren, nutzt er eine Kombination aus Vorwärtsfehlerkorrektur und ARQ-Verfahren. Da bei einer Fragment-Wiederholung die Datenrate sinkt, startet man mit einer erhöhten Datenrate von 72 kbit/s und sorgt durch raffinierte Verfahren der Datenpufferung dafür, dass sich auch mit Wiederholungen eine konstante Datenrate von 64 kbit/s ergibt.

Weil zur Sicherung von Nutz- und Signalisierungsdaten unterschiedliche Verfahren vorgesehen sind, teilt sich die DLC-Schicht in 2 Bereiche (siehe Bild 10.2).

10.4.3 Link Management

Systeminformationen
Wie bereits in Abschnitt 10.4.1 erwähnt, strahlen die Basisstationen (Fixed Parts) in einem bestimmten Rhythmus Systeminformationen ab, anhand derer sich die verbindungswilligen Mobilstationen (Portable Parts) orientieren können.

Zellwahl
Nach dem Einschalten wechselt der Portable Part in den Active-Unlocked-Zustand (Bild 10.13). In diesem Zustand synchronisiert er sich auf die umliegenden Radio Fixed Parts, decodiert die Systeminformationen und führt Empfangspegelmessungen durch. Auf der Basis dieser Informationen wählt er den stärksten Radio Fixed Part aus, zu dem er die Zugriffsrechte besitzt, und geht damit in den Idle-Locked-Zustand über. Im Idle-Locked-Zustand ist der Portable Part in der Lage, Paging-Meldungen zu empfangen und eine Verbindung aufzubauen. Er muss von Zeit zu Zeit die Synchronität zum Radio Fixed Part überprüfen bzw. wiederherstellen, Systeminformationen decodieren und eine Zellneuwahl bei veränderten Empfangsbedingungen durchführen.

Bearer Setup
Erster Schritt beim Aufbau der Verbindung ist die in Abschnitt 10.4.1 beschriebene Bearer-Anforderung und -Zuteilung, bei der die dynamische Kanalwahl entscheidend zum Einsatz kommt. Weitere Schritte wie die Authentifizierung, der Start der Verschlüsselung oder die Übertragung von Telefonnummern sind Bestandteil der Vermittlungsschicht und werden daher in späteren Abschnitten besprochen.

Änderung der Verbindungsparameter
Ist eine Verbindung mit einer bestimmten Bearer-Konstellation aufgebaut, so bestehen mehrere Möglichkeiten, sie zu verändern:

❑ durch Wechsel des Modulationsverfahrens (Link Adaption),
❑ durch Veränderung der Zahl der zugeteilten Bearer,
❑ durch Wechsel des physikalischen Kanals

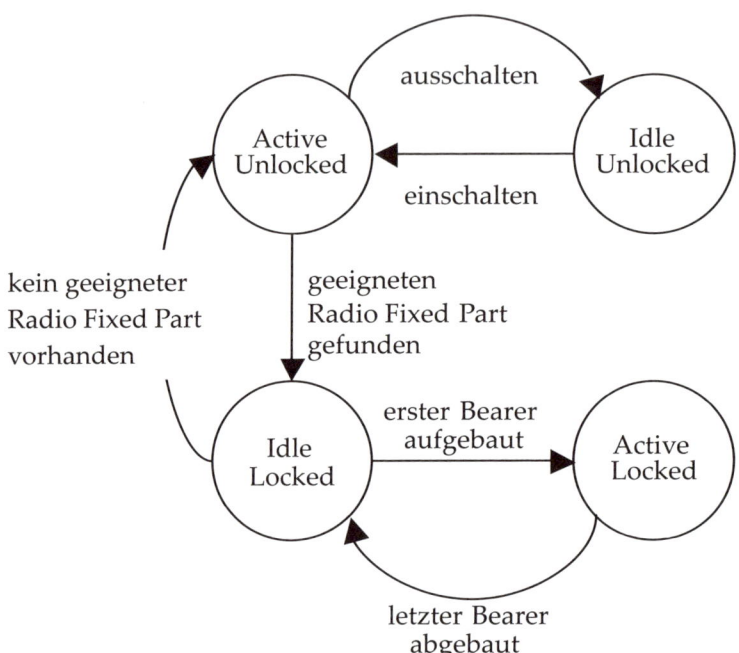

Bild 10.13 Zustände des Portable Parts

innerhalb der gleichen Zelle (Intracell Handover),
❑ durch Zellwechsel (Intercell Handover).

Intracell Handover und Dynamic Channel Selection

> ⚠ Wie bereits in Abschnitt 10.4.1 erwähnt, überwacht der Portable Part nicht nur die Qualität der eigenen Verbindung, sondern misst auch den Interferenzpegel auf alternativen Kanälen. Sinkt die Übertragungsqualität auf einen nicht akzeptablen Wert, so erfolgt rasch ein völlig unterbrechungsfreier Intracell Handover (innerhalb der gleichen Funkzelle) auf einen besseren Kanal.

Intercell Handover
Bild 10.14 illustriert die unterschiedlichen Handover-Arten bei DECT-Netzen.

Ein External Handover zwischen Zellen, die zu unterschiedlichen Fixed Parts gehören, kann nur erfolgen, wenn dies ausdrücklich bei der Systemkonfiguration festgelegt wurde (siehe Abschnitt 10.1.5). In diesem Fall ist eine Signalisierung über ein externes, nicht zum DECT-System gehörendes Netz erforderlich, so dass es zu einer kurzzeitigen Unterbrechung der Verbindung kommen kann.

Dagegen lässt sich ein Internal Handover komplett innerhalb eines Fixed Parts abwickeln, wobei in der Übergangsphase i.Allg. sowohl eine Verbindung über den bisherigen als auch über den neuen Radio Fixed Part besteht. Der Handover verläuft also vollkommen unterbrechungsfrei. Besonders effizient lässt er sich ausführen, wenn die beiden Radio Fixed Parts zum gleichen Cluster gehören (siehe Abschnitt 10.1.5). In diesem Fall wird der Handover auf der MAC-Schicht durchgeführt, so dass keine Auswirkungen in den höheren Schichten zu verzeichnen sind. Liegen die beiden Zellen in verschiedenen Clustern oder ist die Verbindung auf MAC-Ebene unterbrochen, so wird ein Connection Handover innerhalb der DLC-Schicht ausgeführt. Durch einen Intracell Handover kann man unter Beibehaltung der gleichen Zelle den physikalischen Kanal wechseln, um einer starken Störung auszuweichen.

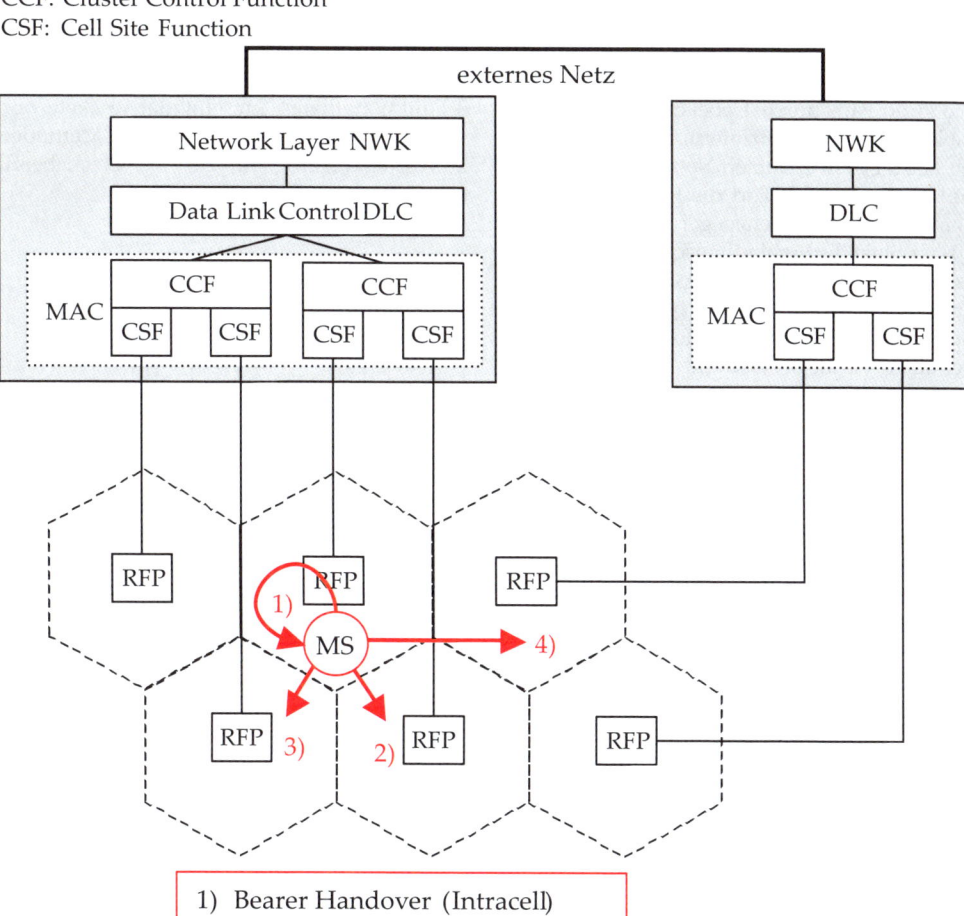

Bild 10.14 Handover-Arten bei DECT

Im DECT-Standard sind nur die Signalisierungsabläufe und einige Mechanismen zur Detektion eines Handovers, jedoch keine Details des Entscheidungsprozesses spezifiziert. Bei den entsprechenden Algorithmen hat der Hersteller also gewisse Freiheiten. Die Entscheidung über einen Handover trifft i.Allg. der Portable Part, wobei er für die Überwachung der Verbindungsqualität auf u.a. die folgenden Größen zurückgreift:

❑ auf den Cyclic Redundancy Check für verschiedene Datenfelder,
❑ auf den gemessenen Empfangspegel, auch Received Signal Strength Indicator (RSSI) genannt,
❑ auf den Vergleich zwischen X- und Z-Feld,
❑ auf die Q1- und Q2-Bits, d.h. Rückmeldungen des Radio Fixed Parts über einen erfolgreichen bzw. nicht erfolgreichen Cyclic Redundancy Check.

Während der bestehenden Verbindung überwacht der Portable Part nicht nur die Qualität der eigenen Verbindung. Er führt auch Messungen des Empfangspegels von benachbarten Radio Fixed Parts durch. Dabei decodiert der Portable Part deren Kennziffern, um festzustellen, ob sie zu einem erlaubten Netz gehören. Ferner ordnet der Portable Part die Kanäle nach dem gemessenen Interferenzpegel (siehe Abschnitt 10.4.1). Sinkt die Verbindungsqualität zu sehr ab oder werden die Empfangsbedingungen in einer Nachbarzelle deutlich besser, so initiiert der Portable Part eine Handover-Prozedur. Er benutzt dazu die in Abschnitt 10.4.1 beschriebene Bearer-Setup-Prozedur, wobei die Bearer-Request-Meldung u.a. die Identität des neuen Radio Fixed Parts sowie eine Angabe über den gewählten Kanal enthält. Für eine gewisse Zeit läuft die Verbindung anschließend über 2 Bearer – über den alten und über den neuen. Der Fixed Part prüft, welcher der beiden Bearer die bessere Verbindungsqualität liefert, und gibt nach spätestens 160 ms den schlechteren Bearer mit einer Release-Meldung wieder frei.

Um ein häufiges Wechseln zu vermeiden, darf ein Portable Part nicht mehr als zweimal innerhalb von 3 Sekunden einen Handover durchführen.

Power Control
In den ursprünglichen Versionen des DECT-Standards war kein Power Control vorgesehen, so dass die meisten Geräte auch keine Sendeleistungsregelung unterstützen. Eine neue Version des Standards enthält Power Control als optionales Leistungsmerkmal. Allerdings darf nur der Portable Part seine Sendeleistung regeln, nicht aber der Fixed Part, da andernfalls die dynamische Kanalwahl durch den Portable Part nicht mehr zuverlässig funktionieren würde.

Abbau sowie für das Management verschiedener Typen von Verbindungen geeignet sind. Allerdings sieht DECT – wie Bild 10.2 zeigt – keine Routing-Verfahren oder andere Schicht-3-Funktionalitäten für Nutzdatenpakete vor. Einige Access-Profile stellen jedoch Methoden zum Interworking mit z.B. IP-Netzen bereit (s.u.).

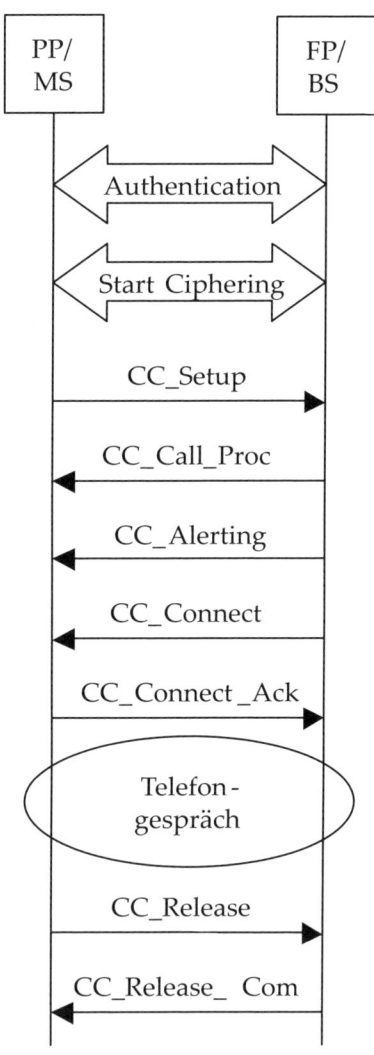

Bild 10.15 Signalisierung bei einen einem Telefonat, initiiert durch den Portable Part

10.5 Vermittlungs-, Transport- und Anwendungsschicht

10.5.1 DECT-Vermittlungsschicht

Überblick
Die DECT-Vermittlungsschicht stellt Signalisierungsverfahren bereit, die für den Auf- und

Die DECT-Signalisierungsverfahren umfassen die folgenden Funktionen:
- Call Control (CC):
- Supplementary Services (SS),
- Connection Oriented Message Service (COMS),
- Connectionless Message Service (CLMS),
- Mobility Management (MM).

Call Control
Die Call-Control-Funktionen beziehen sich auf den Auf- und Abbau sowie auf die Aufrechterhaltung von leitungsvermittelten Diensten wie vor allem Sprachdienste. Bild 10.15 zeigt eine typische Gesprächsaufbau-Signalisierung für den Fall, dass der Portable Part eine Sprachverbindung initiiert: Sie ist sehr stark an die ISDN-Signalisierung aus Bild 5.2 angelehnt. Nach einer Bearer-Zuteilung und einer eventuellen Einleitung von Sicherheitsverfahren sendet der Portable Part die Setup-Meldung, die Bestandteil des Call Controls ist. Sie enthält z.B. die Telefonnummer des anzurufenden Teilnehmers sowie Angaben zum gewünschten Dienst. Unterstützt das Netz diesen Dienst, so teilt der Fixed Part dem Portable Part in der CC_Proc mit, dass er den Aufbau weiter bearbeitet. Ist die Verbindung zu dem angerufenen Teilnehmer geschaltet, so zeigt die Alerting-Meldung dem Portable Part an, dass es beim gerufenen Teilnehmer klingelt. Daraufhin erzeugt der Portable Part das Rufzeichen. Sobald der gerufene Teilnehmer abhebt, erhält der Portable Part die Connect-Meldung, deren Empfang er mit der Connect-Ack-Meldung bestätigt. Anschließend kann das Gespräch erfolgen. Mit der Release-Meldung wird die Verbindung abgebaut und der belegte Bearer freigegeben.

Supplementary Services
Unter Supplementary Services versteht man Zusatzdienste wie die Anrufweiterleitung, die Rufnummernanzeige, das Anklopfen oder Makeln. Sämtliche vom ISDN bekannten Zusatzdienste werden auch durch DECT unterstützt und mit ähnlichen Signalisierungsverfahren realisiert.

Connection Oriented Message Service, COMS
Dieser Dienst ermöglicht einen Paketdatendienst, der verbindungsorientiert ist; d.h., die Verbindungsdaten bleiben nach der Eröffnung einer Datensitzung (Aufruf des Internet-Browsers) gespeichert. Allerdings werden die Bearer in den Phasen, in denen keine Daten zu übertragen sind, freigegeben. Sind wieder Daten zu übertragen – z.B. beim Aufruf einer neuen Internet-Seite, so wird schnell ein neuer Bearer zugeteilt. Der COMS bietet daher schnellere und einfachere Methoden zum Verbindungsaufbau, als sie im Call Control definiert sind. Ferner besteht die Möglichkeit, eine COMS-Verbindung beim Eintreffen z.B. eines Telefonanrufes zwischenzeitlich zurückzustellen und sie nach Beendigung des Gespräches automatisch wieder aufzunehmen.

Connectionless Message Service, CLMS
Bei diesem Dienst handelt es sich um eine verbindungslose Paketübertragung, bei der die Auslieferung der Pakete nicht durch ein ARQ-Verfahren überwacht wird und jedes Paket für sich, d.h. ohne Bezug zum vorhergehenden, übertragen wird.

Mobility Management, MM
Das Mobility Management umfasst die folgenden Funktionen:
- Prozeduren zum Austausch von Kennungen,
- Prozeduren zur Realisierung der Authentifizierung,
- Prozeduren zur Verwaltung des Aufenthaltsbereichs und zur Zuteilung von temporären Kennungen,
- Signalisierungsverfahren zum Schlüsselaustausch und zum Start des Verschlüsselungsverfahrens,
- Verfahren zum Austausch der Access Right Keys.

10.5.2 Anwendungsprofile

Wie bereits erwähnt, spezifiziert der DECT-Standard keine Transport- und Anwendungsschichten. Vielmehr beschreiben mehrere Anwendungs- bzw. Access-Profile, wie bestimmte Dienste mittels der DECT-Übertragungs- und -Signalisierungsverfahren zu realisieren sind. Ferner ist in den entsprechenden Dokumenten festgelegt, wie das Interworking (die Zusammenarbeit) mit anderen Netzen erfolgt. Insbesondere wurde das Interworking für folgende Netze spezifiziert:

- analoge Telefonnetze,
- ISDN,
- Ethernet-LAN,
- Token Ring,
- IP-Netze.

Sprachdienst
Eine gewisse Sonderstellung bei den Diensten nimmt der Sprachdienst ein, dem ein gesonderter Band (Part 8) der DECT Common Air Interface Specifications gewidmet ist.

> Die Digitalisierung der Sprachsignale erfolgt bei DECT mit dem ADPCM-Verfahren bei einer Sprachdatenrate von 32 kbit/s (siehe Abschnitt 5.3). Es bietet – sofern keine Störungen der Funkübertragung auftreten – eine mit dem ISDN-Netz vergleichbare Sprachqualität.
> Die Sprachbits der Rate 32 kbit/s werden ohne jeglichen Fehlerschutz (ungeschützter Übertragungsmodus) unter Verwendung des Basic Physical Packets übertragen.

Generic Access Profile, GAP

> Das Generic Access Profile bildet die Basis für mehrere andere Profile. Es enthält gewissermaßen die Minimalanforderung an ein DECT-System für die Realisierung von Sprachdiensten.

Die ISDN Interworking Profiles, IIP und IAP
Für das Interworking mit dem ISDN gibt es zwei Profile, deren Anwendungsbereiche in Bild 10.16 skizziert sind. Bei dem ISDN-Access-Interworking-Profile (IAP) ist das komplette DECT-System – bestehend aus Fixed und Portable Part – als ein ISDN-Gerät anzusehen, das

ISDN-Access-Interworking-Profil IAP

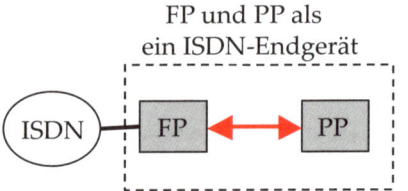

ISDN-Interworking-Profil IIP

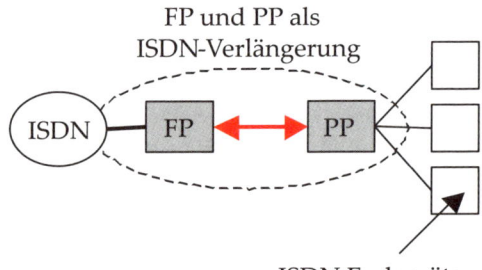

Bild 10.16 ISDN-Interworking-Profile

an das ISDN angeschlossen ist. Damit kann man am DECT-Telefon die ISDN-Dienste wie Dreierkonferenz, Anklopfen u.a. nutzen.

Das ISDN Interworking Profile (IIP) erlaubt es, den ISDN-Anschluss gewissermaßen drahtlos zu verlängern und in einen anderen Raum zu verlegen.

DECT/GSM Interworking Profile, GIP, DECT/UMTS Interworking Profil, UIP
Die einfachste Form des Zusammenwirkens von DECT und GSM bzw. UMTS setzt ein Dual-Mode-Endgerät voraus, d.h. ein Endgerät, in dem sowohl die Übertragungsverfahren und Protokolle des DECT- als auch die des GSM- bzw. UMTS-Standards realisiert sind. Hält man sich in der Nähe seines Hauses auf, so telefoniert man über die DECT-Basisstation zu den üblichen Festnetztarifen. Verlässt man den DECT-Versorgungsbereich, so kann mit dem gleichen Gerät das GSM- oder UMTS-Netz genutzt werden – allerdings zu den höheren Mobilfunkgebühren. Einige Betreiber bieten ihren

Kunden dabei die Möglichkeit, in beiden Bereichen unter ein und derselben Rufnummer erreichbar zu sein und auch eine (gemeinsame) Endabrechnung zu erhalten. Ein Handover, also ein unterbrechungsfreies Weiterreichen einer bestehenden Verbindung, zwischen DECT- und GSM-Zellen ist jedoch in dem bisher beschriebenen Fall nicht möglich.

Neben dieser bereits realisierten Form der Konvergenz von DECT und GSM hat man eine andere, weitergehende Form des Zusammenspiels standardisiert, die eine Erweiterung von GSM-Netzen um öffentlich zugängliche DECT-Zellen erlaubt. Die DECT-Zellen können dabei z.B. die Versorgung von Bereichen hoher Verkehrslast (Bahnhöfe, Flughäfen, Fußgängerzonen) übernehmen. In diesem Fall werden die DECT Fixed Parts über eine spezielle Interworking-Einheit an eine GSM- oder UMTS-Vermittlungsstelle angeschlossen, so dass die volle Mobilität – also auch ein Handover zwischen DECT und GSM – möglich ist.

DECT Packet Radio Service, DPRS
DPRS definiert vollständig paketvermittelte Datendienste und die Übergangsfunktionen zu den entsprechenden Datennetzen wie dem Internet. Dabei erhält eine Verbindung nur dann einen Funkkanal, wenn tatsächlich Daten zu senden sind. In Pausen wird der Kanal entzogen, um ihn anderen Verbindungen zuzuordnen. Durch eine kurze Aufbauzeit von 50 ms ist garantiert, dass ein Kanal bei Bedarf schnell wieder zur Verfügung steht. Sprache und Daten können bei DPRS gleichzeitig übertragen werden, und es lässt sich eine vom Dienst abhängige Qualität der Übertragung garantieren. Mittels DPRS kann ein Adhoc-Netz mit einer direkten Übertragung (ohne Basisstation) zwischen zwei Portable Parts betrieben werden. Aus DPRS und GAP wurde das **DECT M**ultimedia **A**ccess **P**rofile (DMAP) abgeleitet, das – wie der Name andeutet – auf Multimedia-Anwendungen zugeschnitten ist.

Data Services Profiles, DSPS
Neben DPRS gibt es verschiedene andere Datenprofile, die auf bestimmte Anwendungen ausgerichtet sind, wie auf den **S**hort **M**essage **S**ervice (SMS), den E-Mail-Transfer, die Fax-Übertragung oder auf den Abruf von Internet-Seiten.

Public Access Profile, PAP
Das PAP definiert die Verfahren für den Betrieb von DECT-Netzen als öffentliche Netze.

Radio in the Local Loop Access Profile, RAP, Multimedia in the Local Loop, MRAP
RAP und MRAP definieren Verfahren für die Nutzung von DECT für den drahtlosen Teilnehmeranschluss.

Cordless Telephone Mobility Access Profile, CAP
Dieses Profil ermöglicht den Mehrzellenbetrieb, bei dem sich die Portable Parts frei in dem Versorgungsbereich mehrerer Fixed Parts bewegen können, ohne dass die Verbindung abreißt. Es definiert daher die Verfahren für einen externen Handover. Darüber hinaus definiert das Profil gewisse Notruf-Funktionen, bei denen sich der rufende Teilnehmer lokalisieren lässt.

Open Data Access Profile, ODAP
Mit dem ODAP ist ein Profil entwickelt worden, das auf Telemetrie-Anwendungen zugeschnitten ist, bei denen nur eine geringe Datenrate (28,8 kbit/s), aber auch ein geringer Leistungsverbrauch erforderlich ist.

10.6 Störquellen: Auswirkungen und Gegenmaßnahmen

Störungen im DECT-Primärband resultieren hauptsächlich von anderen DECT-Systemen, die im gleichen Band arbeiten – eventuell aber auch von Systemen, die an das DECT-Primärband unmittelbar angrenzen, wie GSM oder UMTS. Durch das spezifizierte Verfahren zur dynamischen Kanalwahl bietet DECT gute Möglichkeiten, diesen Störungen auszuweichen. Dabei sind hauptsächlich Gleichkanalstörungen zu vermeiden; Störungen durch einen benachbarten DECT-Kanal sind laut Tabelle 6.2 bereits um mehr als 20 dB, Störungen durch übernächste Nachbarn um mehr als 40 dB unterdrückt.

> ! Verglichen mit anderen Frequenzbändern, die für viele Systeme zugelassen sind, ist das DECT-Primärband nur wenig von Störungen belastet.

Für das ISM-Band verwendet DECT Frequency Hopping, um die Auswirkung von Störungen gering zu halten. In den anderen Bändern kommt Dynamic Channel Selection zum Einsatz.

10.7 Funknetzplanung

10.7.1 Sender- und Empfängerkenngrößen

> ! Die maximale Sendeleistung eines DECT-Gerätes ist im Standard mit 250 mW (24 dBm) festgelegt. Dieser Wert bezieht sich auf die Sendeleistung in dem aktiven Zeitschlitz. Betrachtet man also eine Sprachverbindung mit einem aktiven Zeitschlitz, so beträgt die mittlere Sendeleistung in etwa 10 mW (250 mW / 24).

Durch den Anschluss bündelnder Antennen darf der angegebene Wert laut Standard um höchstens 12 dBi überschritten werden – allerdings können nationale Regulierungsbehörden auch andere Werte vorgeben.

> ! Die Empfängerempfindlichkeit ist über die zu unterschreitenden Bitfehlerrate BER im D-Feld festgelegt. Bei einem Empfangspegel von –86 dBm darf sie höchstens 0,1 % betragen. Bei Produkten ist häufig ein deutlich besserer Wert (um –90 dBm) für die Empfindlichkeit angegeben.

10.7.2 Reichweite

Um ein Gefühl für die Reichweite eines DECT-Systems zu vermitteln, werden im Folgenden vier Beispiele betrachtet.

Beispiel 1

Bei einem System für den drahtlosen Teilnehmeranschluss (Wireless Local Loop, WLL) sind die Antennen zumeist so exponiert installiert, dass man von Freiraumausbreitung ausgehen kann. Für eine Entfernung von $r = 4$ km beträgt dann die Dämpfung:

$$L_F = 38 + 20 \log 4000 = 110 \text{ dB}$$

Ohne besondere Antennen erhält man für den Empfangspegel RXLEV = 24 dBm – 110 dB = –86 dBm. Die Entfernung von 4 km lässt sich also überbrücken – zumindest dann, wenn der erste Fresnel-Ellipsoid frei von Hindernissen ist. Seine kleine Halbachse hat für das angegebene Beispiel einen Wert von etwa $a = 13$ m. Dieser Wert zeigt, wie weit oberhalb der Hindernisse in etwa die Antennen angebracht sein müssen. Durch Verwendung bündelnder Antennen lässt sich die Reichweite weiter steigern; allerdings ist zu beachten, dass damit auch die Ausdehnung des Fresnel-Ellipsoiden steigt und Antennen daher noch exponierter installiert werden müssen. Insgesamt sind also für WLL-Anwendungen Reichweiten von 5 bis 10 km realistisch.

Beispiel 2

Betrachtet man ein schnurloses Telefon in einem Gebäude in 20 m Entfernung zwei Stockwerke oberhalb der Basisstation, so lässt sich der Empfangspegel unter folgenden Annahmen abschätzen:

- Freiraumdämpfung $L_F = 38 + 20 \log 20 = 64$ dB,
- Dämpfung durch Decken: $L_D = 40$ dB (erste Decke 22 dB, zweite Decke 18 dB),
- Dämpfung durch sonstige Hindernisse: $L_H = 20$ m $\cdot$ 0,3 dB/m = 6 dB,
- Gesamtdämpfung $L = 110$ dBm.

Damit erhält man für den Empfangspegel RXLEV = 24 dBm – 110 dB = –86 dBm. Das Telefon befindet sich an der Versorgungsgrenze.

Beispiel 3

Betrachtet man ein schnurloses Telefon in einem Gebäude, 40 m und 5 Räume von der Basisstation entfernt, so lässt sich der Empfangspegel unter folgenden Annahmen abschätzen:

- Freiraumdämpfung $L_F = 38 + 20 \log 40 = 70$ dB,
- Dämpfung Wände: $L_W = 5 \cdot 5$ dB = 25 dB,
- Dämpfung durch sonstige Hindernisse: $L_H = 40$ m $\cdot$ 0,3 dB/m = 12 dB,
- Gesamtdämpfung $L = 107$ dBm.

Auch bei diesem Szenario befindet sich das Telefon in der Nähe der Versorgungsgrenze.

Beispiel 4

Betrachtet wird ein schnurloses Telefon im Außenbereich in 200 m Entfernung von der Basisstation, die sich in einem Gebäude befindet:

❏ Freiraumdämpfung $L_F = 38 + 20 \log 200 = 84$ dB,
❏ Dämpfung Außenwand: $L_W = 14$ dB,
❏ Dämpfung durch sonstige Hindernisse: $L_H = 12$ dB,
❏ Gesamtdämpfung $L = 110$ dBm.

Bei diesem Szenario befindet sich das Telefon ebenfalls an der Versorgungsgrenze.

Insgesamt zeigen diese Beispiele, dass sich ein normales Einfamilienhaus und dessen Garten mit einer DECT-Basisstation versorgen lassen. Für die Versorgung eines Bürogebäudes – wie es beispielsweise in Bild 7.6 gezeigt ist – benötigt man mehrere Basisstationen. Bei dem gezeigten Beispiel sind zwei Basisstationen pro Stockwerk im Hinblick auf die Funkversorgung völlig ausreichend.

10.7.3 Kapazität

Bei der Basismodulation (GMSK) bietet eine Basisstation eine Kapazität von 12 Sprachverbindungen (in konkreten Produkten sind es zumeist nur 6 bis 8) und eine maximale Nettodatenrate (asymmetrisch) von knapp 0,9 Mbit/s. Mittels einer 64-QAM kann die Datenrate auf etwa 5,3 Mbit/s gesteigert werden.

Dadurch, dass DECT einen Mehrzellenbetrieb unterstützt, kann die Netzkapazität prinzipiell beliebig erweitert und an den Bedarf angepasst werden. Dazu kann man beispielsweise die in den Bildern 7.8 und 7.9 illustrierten BS-Konstellationen verwenden. Da es im DECT-Primärband 10 Träger gibt, stehen hinreichend viele Frequenzen zur Verfügung, um Gleich- und Nachbarkanalstörungen zu vermeiden.

Bild 10.17 zeigt ein Beispiel, wie sich ein Bürogebäude mit mehreren Stockwerken mit vier Frequenzen und mehreren Basisstationen versorgen lässt. Bei einem angenommenen BS-Abstand von 20 m stehen in einem Bereich

2. Stockwerk

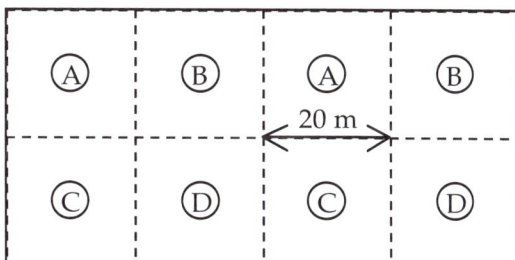

1. Stockwerk

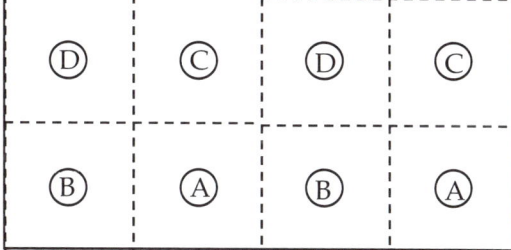

Bild 10.17
DECT-Netz mit vier Frequenzen in einem Bürogebäude mit mehreren Stockwerken

von 400 m² je nach BS-Ausstattung 6 bis 12 Sprachkanäle zur Verfügung.

Vielfach findet man für DECT Kapazitätsangaben bezogen auf einen Quadratkilometer. Geht man von dem zuvor beschriebenen Szenario mit im Mittel nur vier belegten Sprachkanälen aus, so erhält man eine Kapazität von 10 000 gleichzeitigen Gesprächen pro Quadratkilometer. Diese Zahl scheint auf den ersten Blick sehr groß, wird aber verständlich, wenn man sich verdeutlicht, dass die Funkzellen sehr klein sind und 2500 Funkzellen in einen Quadratkilometer passen.

10.8 Sicherheitsaspekte bei DECT

10.8.1 Überblick über die Sicherheitsmaßnahmen

> Als sicherheitsrelevante Methoden sieht der DECT-Standard
> ❑ die Authentifizierung nach einem Challenge-Response-Verfahren,
> ❑ die Verschlüsselung mittels eines Schlüsselstrom-Verfahrens
> ❑ sowie die Wahrung der Anonymität durch Verwendung temporärer Kennungen
>
> vor. Eine Integritätsprüfung von Datenpaketen gibt es nicht. Ferner ist zu betonen, dass es sich bei der Verschlüsselung und Authentifizierung um optionale Leistungsmerkmale handelt, die nicht in allen Geräten für den Heimbereich realisiert sind.

Für die Authentifizierung bestehen die folgenden Möglichkeiten:

❑ Authentifizierung des Portable Parts gegenüber dem Fixed Part,
❑ Authentifizierung des Nutzers des Portable Parts gegenüber dem Fixed Part,
❑ Authentifizierung des Fixed Parts gegenüber dem Portable Part,
❑ eine wechselseitige Authentifizierung von Fixed und Portable Part.

10.8.2 Schlüsselmanagement

Ausgangspunkt für die Authentifizierung und Verschlüsselung ist ein Satz von primären Schlüssel-Parametern, die sowohl im Fixed als auch im Portable Part abgespeichert bzw. dem Nutzer des Portable Parts bekannt sein müssen. Insgesamt gibt es drei Alternativen, die je nach Anwendungsbereich genutzt werden (Bild 10.18):

❑ Der **U**ser **A**ccess **K**ey (UAK) ist ein Schlüssel (128 Bit), der permanent im Portable und Fixed Part gespeichert und zur Authentifizierung der Geräte genutzt wird.
❑ Der kürzere **A**uthentication **C**ode, AC (16 bis 32 Bit), findet bei geringeren Sicherheitsanforderungen Verwendung und kann bei einer Endgeräte-Authentifizierung oder für eine Authentifizierung des Teilnehmers eingesetzt werden. Im zweiten Fall muss der Nutzer den Code bei der Authentifizierung manuell (über die Tastatur) eingeben.
❑ Ein höheres Maß an Sicherheit bei der Nutzer-Authentifikation – wie z.B. bei öffentlichen DECT-Netzen oder DECT-Netzen für den geschäftlichen Bereich gefordert – bietet die **U**ser **P**ersonal **I**dentity (UPI), die wie der Access Code vom Nutzer eingegeben werden muss. Im Gegensatz zum Access Code ist die UPI aber immer mit einem zusätzlichen Geräteschlüssel verknüpft.

Die Verteilung und Installation dieser Schlüssel kann auf folgenden Wegen erfolgen:

❑ in einem Anmeldeprozess auf dem Funkweg (Subscription),
❑ mittels Voreinstellungen durch den Hersteller,
❑ durch (Tastatur-) Eingaben durch den Nutzer (Heimbereich) oder Netzadministrator (Geschäftsbereich),
❑ durch Übergabe z.B. telefonisch oder per Brief vom Netzadministrator an den Nutzer,
❑ mittels eines DECT-Authentication-Moduls, das in etwa einer GSM SIM-Karte entspricht.

Bei einzelnen Basisstationen – z.B. für den Heimbereich – wird zumeist der Anmeldeprozess auf dem Funkweg gewählt. Dazu setzt man sowohl den Fixed als auch den Portable Part für eine begrenzte Zeit (ca. eine Minute) in den Anmeldestatus. Nach einer kurzen Signalisierungsphase wird der Nutzer aufgefordert, am Por-

Sicherheitsaspekte bei DECT   223

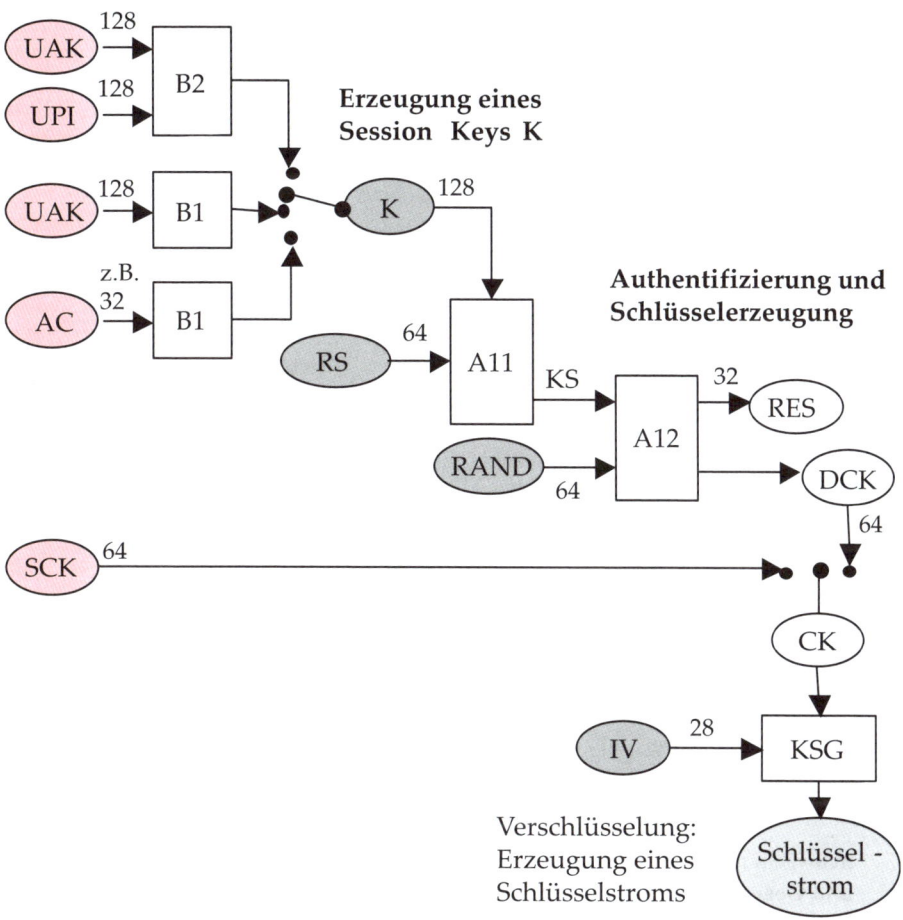

Bild 10.18   Sicherheitsrelevante Prozesse bei DECT

table Part die PIN einzugeben, die auch schon am Fixed Part abgespeichert ist. Aus der PIN und einer ausgetauschten Zufallszahl erzeugen Fixed und Portable Part den User Access Key, der den Ausgangspunkt für die weiteren Sicherheitsmaßnahmen bildet.

10.8.3   Authentifizierung

Aus dem jeweils gewählten primären Authentifizierungsschlüssel K und einem Hilfsparameter RS, den der Fixed Part erzeugt und an den Portable Part sendet, wird ein Session Authentication Key (KS) abgeleitet. Dieser Schlüssel KS dient zusammen mit einer Zufallszahl RAND als Eingabewert für das eigentliche Challenge-Response-Verfahren. Neben dem erwarteten Response-Parameter RES entsteht dabei als Ausgabewert ein abgeleiteter Schlüssel DCK (**D**erived **C**ipher **K**ey).

Die Authentifizierung kann beispielsweise bei jedem Verbindungsaufbau oder bei Bedarf auch in anderen Situationen erfolgen. Jedes Mal ergibt sich dabei ein anderer Wert für DCK und somit ein neuer Schlüssel für das Stromchiffre-Verfahren. Wird bei einer Anwendung und bei einer Systemrealisierung auf die Authentifizierung verzichtet, so kann dennoch eine Verschlüsselung genutzt werden – allerdings nur mit einem statischen Schlüssel SCK, der wie die Authentifizierungsschlüssel bei der Systemkonfiguration erzeugt werden muss.

10.8.4 Verschlüsselung

Die Verschlüsselung bei DECT erfolgt nach einem Stromchiffre-Verfahren, wobei als Schlüssel CK (64 Bit) entweder der statische Schlüssel SCK oder der bei der Authentifizierung dynamisch erzeugte Schlüssel DCK gewählt wird. Neben dem Cipher Key geht als Eingabewert die Nummer des jeweils aktuellen TDMA-Rahmens als Initialisierungsvektor IV ein. Aufgrund der abgestrahlten Systeminformationen ist IV ohnehin sowohl dem Fixed als auch dem Portable Part kontinuierlich bekannt. Derzeit hat IV eine effektive Länge von 28 Bit.

Zu beachten ist, dass bei einer Duplex-Verbindung beide Richtungen mit unterschiedlichen Schlüsselströmen versehen werden, bei einer Bündelung von Bearern aber auf allen Zeitschlitzen einer Verbindungsrichtung der gleiche Schlüsselstrom addiert wird.

10.8.5 Schwächen im Sicherheitskonzept und Gegenmaßnahmen

Das Sicherheitskonzept bei DECT besitzt folgende Schwachstellen:

❑ Die Anwendung von Authentifizierung und Verschlüsselung ist optional, d.h. nicht zwingend vorgeschrieben.
❑ Häufig werden Geräte mit unsicheren Voreinstellungen ausgeliefert.
❑ Beim Schlüsselmanagement haben die Hersteller von DECT-Geräten einige Freiheiten, so dass dessen Güte nicht garantiert ist.
❑ Dem verwendeten Stromchiffre-Verfahren schreiben Experten ein mittleres Sicherheitsniveau zu.

❑ Bei Verwendung des statischen Schlüssels wiederholt sich der Schlüsselstrom nach einiger Zeit (siehe Aufgabe 10.24).

Als erste Gegenmaßnahme sollte man die Herstellereinstellungen prüfen und eine möglichst lange und unverfängliche PIN verwenden. Bei sorgfältigem Umgang mit den für DECT spezifizierten Verfahren reichen sie für normale Telefonie-Anwendungen ohne besondere Geheimhaltungsstufe sicherlich aus. Bei den kritischeren Datenanwendungen sollte man zusätzliche Sicherheitsmaßnahmen installieren, wie z.B. Firewalls oder Virtual Private Networks.

10.9 Zusammenfassung

Der DECT-Standard wurde in einer ersten Version Anfang der 1990er Jahre durch das ETSI herausgegeben und hat sich inzwischen zu dem weltweit führenden Standard im Bereich der schnurlosen Telefonie entwickelt. Dabei sind nicht nur Konstellationen mit einer Basisstation für den Heimbereich, sondern auch der Mehrzellenbetrieb mit zahlreichen Basisstationen und vielen tausend Teilnehmern möglich. DECT bietet zudem Datenübertragungsmöglichkeiten für Multimedia-Anwendungen und den Telemetrie-Bereich. In älteren Versionen war die Bruttodatenrate auf ca. 1,2 Mbit/s beschränkt, neuere Versionen erlauben Bruttodatenraten von bis zu 7 Mbit/s.

DECT arbeitet primär in einem durch andere Systeme unbelasteten Frequenzbereich bei 1,9 GHz und zeichnet sich durch ein TDMA-basiertes Zugriffsverfahren aus, bei dem in der Regel die Mobilstation einen Zeitschlitz mit einem dynamischen Kanalwahlverfahren auswählt.

Die Sprachübertragung erfolgt ohne Fehlerschutz mit dem ADPCM-Verfahren bei 32 kbit/s. Weitere wichtige Leistungsmerkmale sind in Tabelle 10.3 zusammengefasst.

Literaturhinweise

Eine sehr ausführliche Darstellung zum DECT-System findet man in [19]. Die Sicherheitsaspekte von DECT werden in [26] diskutiert.

Tabelle 10.3 Der DECT-Standard in der Zusammenfassung

DECT	Digital Enhanced Cordless Telecommunications
Standardisierung durch	European Telecommunication Standards Institute ETSI
Hauptanwendungsbereich	schnurlose Telefonie, drahtloser Teilnehmeranschluss
Produkte seit	1993
Produkte	schnurlose Telefone, Basisstationen, Telefonanlagen, RLL-Komponenten, USB-, serielle, PC-Card-Adapter, Spezialmodule für Strichcodeleser und Kreditkartenterminals
Netzgröße	mehrere hundert Basisstationen, mehrere tausend Mobilstationen
Sendeleistung	250 mW
Sendeleistungsregelung	in neueren Versionen optional, zumeist nicht vorhanden
Empfängerempfindlichkeit	besser als –86 dBm (bei GMSK)
Energiespar-Funktionen	über verschiedene Paging-Modes, zusätzliche Maßnahmen bei bestimmten Profilen wie ODAP
Frequenzbereich	Primärband: 1880 bis 1900 MHz US-DECT bei 2,4 GHz, weitere Bänder bei 2 GHz
Anzahl Kanäle	10 Träger im Primärband zu je 24 Zeitschlitzen
Modulation	ursprünglich GMSK, in neueren Versionen: differentielle BPSK, QPSK, 8-PSK sowie 16- und 64-QAM
Brutto-Datenrate	1,2 Mbit/s bei GMSK, ca. 7 Mbit/s bei 64-QAM
Kanalcodierung	Block-Codes für ARQ und/oder Fehler korrigierende Codes
Zugriffsverfahren	TDMA mit Reservierung, unterstützt durch Carrier Sense (Dynamic Channel Selection)
Verbindungstypen	verbindungsorientiert: symmetrisch u. asymmetrisch verbindungslos (paketvermittelt): symmetrisch u. asymmetrisch
Netto-Datenraten	GMSK: symmetrisch ca. 0,4 Mbit/s, asymmetrisch ca. 0,8 Mbit/s, 64-QAM: symmetrisch ca. 2,9 Mbit/s, asymmetrisch ca. 5,3 Mbit/s,
Sprachübertragung	verbindungsorientiert, ohne Fehlerschutz, ADPCM: 32 kbit/s
Störungen durch	andere DECT-Netze
Maßnahmen gegen Störungen	dynamische Kanalwahl und Intracell Handover, unterschiedliche Übertragungsmodi (Link Adaption)
Schlüsselmanagement	je nach Gerät: feste oder dynamische Schlüssel; Voreinstellungen oder Konfiguration über Funk oder DECT Authentication Module
Authentifizierung	Challenge-Response-Verfahren (optional)
Verschlüsselung	Stromchiffre mit Schlüssel der Länge 64 bit (optional)
Integritätsprüfung	nicht vorhanden

11 Bluetooth

11.1 Überblick über den Bluetooth-Standard

11.1.1 Entstehungsgeschichte

> Das Funksystem Bluetooth wurde entwickelt, um Kabelverbindungen zwischen verschiedenen Geräten durch flexible Funkverbindungen zu ersetzen. Dabei ist insbesondere an Verbindungen zwischen folgenden Geräten gedacht:
> - Computer/Laptop und Drucker,
> - Computer und Digitalkamera bzw. Camcorder,
> - Computer und Maus,
> - Handy und Laptop,
> - Handy und Headset (Sprechgarnitur).
>
> Das wesentliche Anliegen bestand und besteht darin, kurze Entfernungen (einige Meter) mit preiswerten und kleinen Funkmodulen in Energie sparender Weise und ohne großen Installationsaufwand zu überbrücken.

Die Entwicklung von Bluetooth geht auf eine Initiative der schwedischen Firma Ericsson und anderen Firmen wie IBM, Intel, Nokia und Toshiba zurück, die im Jahre 1998 die Bluetooth Special Interest Group (BSIG) gründeten. Diese Gruppe, der inzwischen weit mehr als 1500 Unternehmen aus verschiedenen Bereichen (Auto- und Flugzeugindustrie, Unterhaltungselektronik, Computer- und Telekommunikationsbranche) angehören, gab eine erste Version der Spezifikationen im Mai 1999 heraus. Diese Version definierte bei einer Bruttodatenrate von 1 Mbit/s verschiedene Datenübertragungsmöglichkeiten für unterschiedliche Anforderungen.

Bluetooth arbeitet im ISM-Band bei 2,4 GHz. Um mit anderen Funksystemen in dem Band koexistieren zu können, verwendet Bluetooth Frequency Hopping als ein wesentliches Merkmal der Übertragungstechnik.

In den folgenden Jahren wurde der Bluetooth-Standard zunächst unter Beibehaltung der Bruttodatenrate von 1 Mbit/s weiterentwickelt. Neue Leistungsmerkmale wie
- ein schnellerer Verbindungsaufbau,
- ein adaptives, an die aktuelle Störsituation angepasstes Frequency Hopping,
- erweiterte flexiblere Datenübertragungsmöglichkeiten,
- eine verbesserte Fehlererkennung und Flusskontrolle

sind Bestandteil der Version 1.1 aus dem Jahr 2001 bzw. der Version 1.2 aus dem Jahr 2003.

Die entscheidende Neuerung in der Bluetooth-Version 2.0 aus dem Jahre 2005 ist die Erweiterung der Bruttodatenrate auf bis zu 3 Mbit/s durch die Verwendung höherwertiger Modulationsverfahren. Daher trägt diese Version vielfach auch den Zusatz Bluetooth EDR (**E**nhanced **D**ata **R**ate).

> Teile des Bluetooth-Standards, nämlich diejenigen, die die Übertragungstechnik und die Zugriffs- und Datensicherungsverfahren betreffen, wurden vom IEEE als Standard IEEE 802.15.1 herausgegeben.

Bluetooth hat sich in den letzten Jahren zu einem weltweit verbreiteten Industriestandard entwickelt. Die Zahl verkaufter Geräte mit Bluetooth-Modulen hat sich zwischen 2001 und 2005 von Jahr zu Jahr mehr als verdoppelt: Wurden 2004 beispielsweise noch etwa 150 Millionen Bluetooth-Einheiten verkauft, so waren es im Jahr 2005 schon deutlich mehr als 300 Millionen.

Der Name «Bluetooth» wurde als Anspielung auf König Harald von Dänemark und Norwegen gewählt, der den Beinamen Blåtand (Blauzahn – Bluetooth) trug und im 11. Jahrhundert große Teile Skandinaviens vereinte und christianisierte. Ebenso sollte das vor allen von den skandinavischen Firmen vorangetriebene

Bluetooth-Projekt zu einem einheitlichen Standard für die Funkvernetzung führen. Zu erwähnen ist allerdings, dass Harald Blåtand die Vereinigung und Christianisierung nicht nur durch überzeugende Argumente und hartnäckige Gremienarbeit, sondern auch durch militärische Gewalt erreicht hat.

11.1.2 Produkte

Bluetooth-Module werden zum einen in Form von Adaptern angeboten, die sich an die entsprechenden Schnittstellen eines PCs, Laptops, PDAs oder Druckers anschließen lassen, um diese Geräte miteinander zu vernetzen. So gibt es

- USB-Adapter,
- Adapter für die serielle und die parallele Schnittstelle,
- Bluetooth-Module in PC- und PCI-Cards,
- Bluetooth-Module in Compact Flash Cards und SDIO-Cards.

Zum anderen können Bluetooth-Module auch in Geräten wie

- Laptops und PDAs,
- Handys,
- Headsets und Freisprecheinrichtungen,
- Drucker, Scanner,
- Strichcode-Leser,
- Digitalkameras, Camcorder, Set-Top-Boxen für Fernseher,
- DVD- und Videorecorder,
- Computer-Mäuse und -Tastaturen,
- GPS-Empfänger für die Satellitennavigation

fest integriert sein, um diese Geräte kabellos miteinander zu verbinden.

Des Weiteren gibt es Access Points auf Bluetooth-Basis, mit denen sich kleinere lokale Computernetze für den Heimbereich oder im Büro realisieren lassen, und die auch eine Gateway-Funktionalität zu anderen, externen Netzen wie DSL oder ISDN bieten. Manche Access Point ermöglichen auch die schnurlose Telefonie mit speziellen schnurlosen Telefonen auf Bluetooth-Basis.

11.1.3 Systemarchitektur

> Die Bluetooth-Spezifikationen gliedern sich – wie Bild 11.1 zeigt – grob in
> - einen Bluetooth-Kern (Bluetooth Core), dessen Protokolle auch im Standard IEEE 802.15.1 zu finden sind,
> - spezielle Protokolle für bestimmte Anwendungen,
> - die Anwendungsprofile.

Bluetooth Core
Der Bluetooth Core umfasst die unteren Schichten der Kommunikation.

In der physikalischen Schicht bzw. in den Radio Specifications sind Festlegungen zum Frequenzband, den Modulationsverfahren sowie zu Sender- und Empfängerkenngrößen enthalten.

Die im Bluetooth-Standard als Baseband bezeichnete Schicht kann als Kombination aus einer Medium Access Control (MAC) und einer einfachen Radio Link Control (RLC) aufgefasst werden.

Die Schicht spezifiziert also Verfahren zur Bildung von einzelnen Funkkanälen und zur Zuteilung von Übertragungskapazitäten sowie Methoden zur Fehlerüberwachung und Flusskontrolle.

Der Link Manager übernimmt den Auf- und Abbau oder auch die Modifikation einer Funkverbindung. Er kann auch eine Authentifizierung und eine Verschlüsselung des Datenstroms anstoßen.

Das Logical Link Control and Adaption Protocol (L2CAP) hat die Aufgabe, die Datenströme von unterschiedlichen Anwendungen an die Bluetooth-Übertragungsverfahren und -Datenstrukturen anzupassen und die für die jeweilige Anwendung erforderliche Dienstqualität (Quality of Service) zu garantieren. Dazu sind verschiedene Verfahren zur Logical Link Control definiert, die deutlich komplexer, flexibler und leistungsfähiger sind als die des Radio Link Controls in der Baseband-Schicht.

Ferner sind im Bluetooth Core die Verfahren zur Sprachcodierung (als Bluetooth Audio bezeichnet) festgelegt.

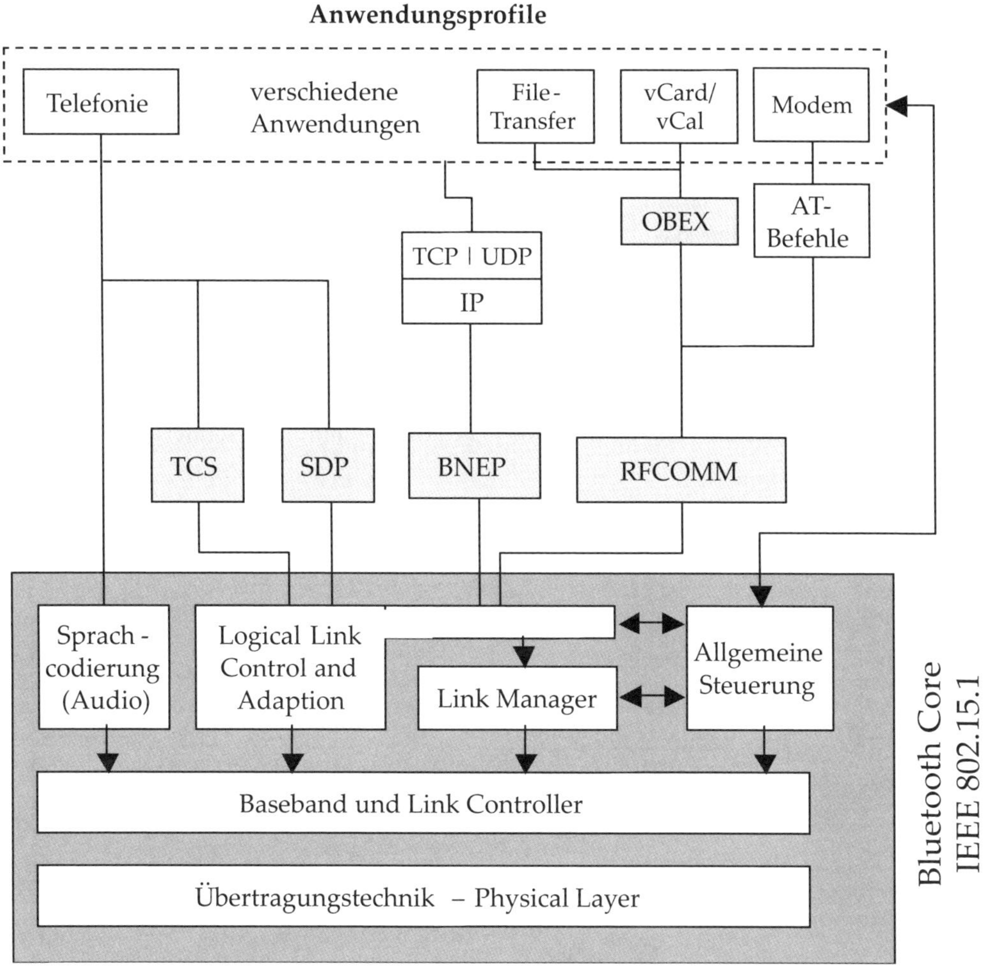

Anwendungsprofile

```
┌─────────────────────────────────────────────────────────────────┐
│ Telefonie   verschiedene    File-    vCard/   Modem             │
│             Anwendungen    Transfer  vCal                       │
└─────────────────────────────────────────────────────────────────┘
                                              OBEX      AT-
                                                       Befehle
                              TCP | UDP
                                 IP

         TCS    SDP    BNEP            RFCOMM

    ┌──────────────────────────────────────────────────────────┐
    │  Sprach-    Logical Link                  Allgemeine     │
    │  codierung  Control and                   Steuerung      │
    │  (Audio)    Adaption     Link Manager                    │
    │                                                          │
    │           Baseband und Link Controller                   │
    │                                                          │
    │           Übertragungstechnik – Physical Layer           │
    └──────────────────────────────────────────────────────────┘
                                                  Bluetooth Core
                                                  IEEE 802.15.1
```

Bild 11.1 Protokoll-Architektur

Spezielle Protokolle
Um verschiedene Anwendungen innerhalb des Bluetooth-Systems nutzen zu können, wurden im Bluetooth-Standard einige spezielle Protokolle definiert (siehe Abschnitt 11.5):

❏ Das **S**ervice **D**iscovery **P**rotocol (SDP) ermöglicht es einem Gerät, Informationen über die beim Kommunikationspartner realisierten Dienste zu erhalten;
❏ das «Kabelersatz-Protokoll» (RFCOMM) kann mehrere serielle Schnittstellen nachbilden;
❏ die **T**elephone **C**ontrol **P**rotocol **S**pecifications (TCS) enthalten Verfahren zur Steuerung von Telefonieanwendungen;
❏ mit Hilfe des **Ob**ject **Ex**change Protocols (OBEX) lassen sich bestimmte Datenobjekte wie elektronische Visitenkarten (vCard), Kalendereinträge (vCal) oder Dateien effizient austauschen.

Anwendungsprofile
Bluetooth definiert zahlreiche Anwendungsprofile, die in Abschnitt 11.5.2 näher vorgestellt werden.

Bluetooth Device und Bluetooth Host

Betrachtet man die Architektur von Bluetooth-fähigen Geräten (Bild 11.2), so benötigen sie ein aus einem Hochfrequenzteil und verschiedenen Controllern bestehendes Bluetooth-Funkmodul, *Bluetooth Device* genannt. Dieses Modul ist entweder fest in dem jeweiligen Endgerät (Laptop, Headset, ...) – dem Bluetooth Host – installiert, oder es lässt sich extern über eine Standardschnittstelle des jeweiligen Gerätes (z.B. über den USB-Ausgang eines Computers oder über einen PC Card Bus) anschließen. Ein mit einem solchen Funkmodul ausgestattetes Gerät wird im Folgenden kurz *Station* genannt.

In dem Bluetooth Device sind die Protokolle des Bluetooth Cores als Hardware oder Firmware realisiert – bis auf das Logical Link Control and Adaption Protocol. Die Firmware ist eine spezielle Software, die vom Hersteller in einem Speicher im Bluetooth Device abgelegt ist und nur mit solchen Typen von Geräten zusammenspielt. Innerhalb des Bluetooth Devices gibt es einen zentralen Controller, dem die generelle Steuerung des Bluetooth-Gerätes obliegt. Er regelt ferner die Kommunikation des Bluetooth Devices mit dem Bluetooth Host, die vielfach über eine standardisierte Schnittstelle, dem **H**ost **C**ontroller **I**nterface (HCI), erfolgt.

Auf dem Bluetooth Host sind die höheren Protokolle und insbesondere die Anwen-

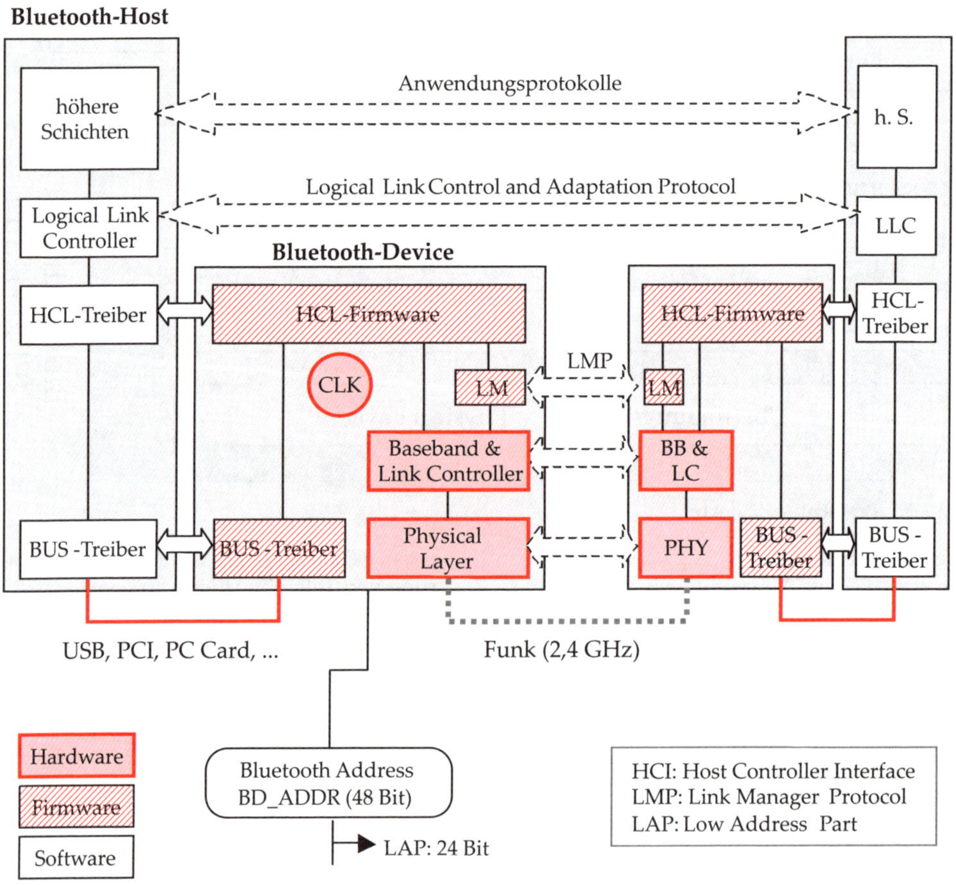

Bild 11.2 Aufteilung zwischen Bluetooth Device und Bluetooth Host

dungsschichten als Software realisiert. Ebenso ist das Logical Link Control and Adaption Protocol als Software auf dem Bluetooth Host zu finden.

Bluetooth-Device-Adresse

> Jedes Bluetooth-Modul besitzt eine weltweit eindeutige, 48 Bit umfassende Bluetooth-Device-Adresse, BD_ADDR. In einem Teil dieser Adresse ist die Information über die Herstellerfirma codiert, ein anderer Teil enthält gewissermaßen die von der Herstellerfirma vergebene Produktnummer des Geräts. Dieser letzte Teil (24 Bit) wird Low Address Part (LAP) genannt und spielt bei der Kennzeichnung von Netzen eine Rolle.

Bluetooth Clock

Ferner besitzt jedes Bluetooth Device einen internen Taktgeber, die so genannte Clock, CLK: Die Takte der Länge 312,5 µs werden zyklisch von 0 bis $2^{28} - 1$ nummeriert, d.h., ist der Zähler bei $2^{28} - 1$ angekommen, beginnt die Nummerierung wieder bei 0.

11.1.4 Netzstrukturen

In Bild 11.3 sind verschiedene Netzstrukturen illustriert, die von Bluetooth ermöglicht werden.

Piconetz aus zwei Stationen

Die einfachste Netzstruktur ist ein so genanntes Piconetz, bestehend aus zwei Stationen, von denen eine die Rolle des Masters und die andere die des Slaves übernimmt. Dabei liegt die Rolle des Masters nicht zwangsläufig von vornherein fest, sondern die Station, die die Verbindung initiiert, übernimmt i.Allg. die Funktion des Masters. Der Master gibt den Zeittakt und die Sprungfolge beim Frequency Hopping vor; der Slave muss sich darauf synchronisieren. Anzumerken ist, dass die Rolle von Master und Slave nach Absprache während der Kommunikation geändert werden kann.

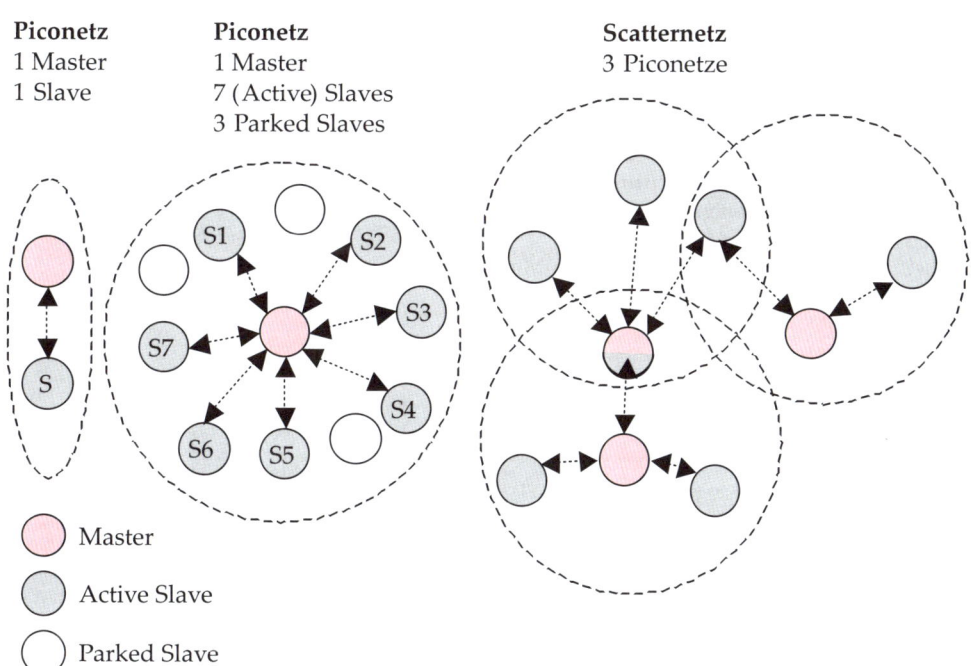

Bild 11.3 Beispiele für Bluetooth-Netzstrukturen

Allgemeines Piconetz

> Ein gegenüber dieser einfachsten Struktur erweitertes Piconetz besteht aus einem Master und bis zu sieben mit ihm in Verbindung stehenden Slaves. Der Datenaustausch kann dabei nur zwischen Master und Slave geschehen, nicht aber zwischen zwei Slaves. Der Master regelt, welche Station den Funkkanal zu welcher Zeit nutzen darf. Er teilt also die Übertragungskapazität zwischen den Stationen auf. Die mit dem Master in Verbindung stehenden Slaves werden nicht mit ihrer Device-Adresse angesprochen, sondern mit der deutlich kürzeren logischen Transportadresse LT_ADDR (3 Bits). Dabei ist die Bitkombination (0, 0, 0) für Broadcast-Meldungen reserviert, die an alle Slaves gerichtet sind. Die verbleibenden 7 Adressen werden den Slaves beim Verbindungsaufbau zugeteilt.

Neben den maximal sieben unmittelbar verbundenen Slaves, kann es noch bis zu 255 (unter gewissen Bedingungen sogar mehr) so genannter geparkter Slaves (*Parked Slaves*) geben, die sich zwar von Zeit zu Zeit mit dem Master synchronisieren, ansonsten aber nicht aktiv an der Kommunikation teilnehmen. Der Master kann einen dieser geparkten Slaves schnell in den Verbindungsstatus aufnehmen, muss dafür eventuell aber einen anderen Slave in den Park-Modus versetzen. Der Park-Modus dient der Energieeinsparung beim Slave in den Zeiten, in denen längerfristig keine Daten zu übertragen sind.

Bei der Verwendung eines Bluetooth-Moduls innerhalb eines Access Points übernimmt dieses die Rolle des Masters, wobei im Access Point noch Übergangsfunktionen zu anderen Netzen realisiert sind.

Scatternetz

> Überlappen sich die Versorgungsbereiche von Piconetzen, so können einige der beteiligten Stationen mehreren dieser Piconetze angehören. In diesem Fall spricht man von einem Scatternetz.

Dabei besteht die Möglichkeit, dass eine Station als Slave mit zwei verschiedenen Mastern kommuniziert oder dass eine Station in einem Piconetz die Rolle des Slaves und in einem anderen die Rolle des Masters spielt. Jedoch kann eine Station niemals in zwei Piconetzen gleichzeitig die Rolle des Masters übernehmen. Ferner sieht der Bluetooth-Standard keine Multihop-Funktionalität vor, bei der die Daten über mehrere Zwischenstationen von einer zur anderen Station gesendet werden.

11.2 Funkausbreitung

> Bluetooth verwendet das für industrielle, wissenschaftliche (scientific) und medizinische Anwendungen international reservierte ISM-Frequenzband bei 2,4 GHz. In diesem Band sind 79 Frequenzträger mit einer Breite und einem Trägerabstand von 1 MHz definiert (Bild 11.4).

Insgesamt stehen im ISM-Band 79 Bluetooth-Frequenzträger zur Verfügung mit Mittenfrequenzen bei

$f_n = (2402 + n \cdot 1)$ MHz, $n = 0, 1, 2, ..., 77, 78$

In dem ISM-Band beträgt die Wellenlänge in etwa 12,5 cm. Die allgemeine Gleichung 2.13

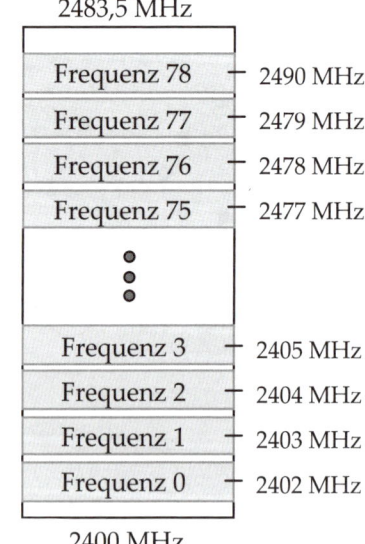

Bild 11.4   Bluetooth im ISM-Band bei 2,4 GHz

für die Freiraumausbreitung reduziert sich für Bluetooth auf:

$L_F = 40 + 20 \log r$ [m]

Ansonsten treten bei Bluetooth die in Kapitel 2 erläuterten Effekte der Funkausbreitung auf. Kurzzeit-Fading-Einbrüche sind bei Bluetooth insofern i.Allg. nicht kritisch, als dass Frequency Hopping dafür sorgt, dass verschiedene (also auch wiederholte) Pakete auf unterschiedlichen Frequenzen mit unterschiedlichem Fading übertragen werden.

Eine Diskussion zur Reichweite findet sich in Abschnitt 11.7.2.

11.3 Übertragungstechnik

Modulation
In seiner ursprünglichen Version verwendet Bluetooth eine GFSK-Phasenmodulation mit einem Modulationsindex zwischen 0,28 und 0,35 und einer Modulationsbitrate von 1 Mbit/s. Der festgelegte Trägerabstand von 1 MHz stimmt also mit der Trägerbandbreite überein. In der Version 2.0 wurden weitere (höherwertige) Modulationsverfahren spezifiziert, die eine Steigerung der Datenrate bei annähernd gleicher Bandbreite ermöglichen; dabei handelt es sich um Varianten der differenziellen QPSK und der differenziellen 8-PSK.

Kanalcodierung
Je nach Anwendung nutzt Bluetooth Fehler korrigierende Codes der Raten $1/3$ und $2/3$ und Fehler erkennende Codes. Für manche Anwendungen wird auf die Fehler korrigierenden oder auch auf die Fehler erkennenden Codes verzichtet.

Physikalische Kanäle
Die Struktur der physikalischen Kanäle bei Bluetooth ist von einem Zeitmultiplex-Verfahren (Time Division Multiplex, TDM) geprägt: Ein Frequenzträger ist in Zeitschlitze der Dauer 625 µs = 0,625 ms eingeteilt, die von 0 bis $2^{27} - 1$ durchnummeriert sind; ist der maximale Wert erreicht, startet die Nummerierung wieder bei 0. Die Zeiteinteilung wird

dabei durch die Clock des Masters vorgegeben. Ein Datenpaket kann sich über 1, 3 oder 5 solcher Zeitschlitze erstrecken, wobei ein vom Master ausgesandtes Paket nur in den geraden und ein vom Slave ausgesandtes Paket nur in den ungeraden Zeitschlitzen beginnen kann (Bild 11.5).

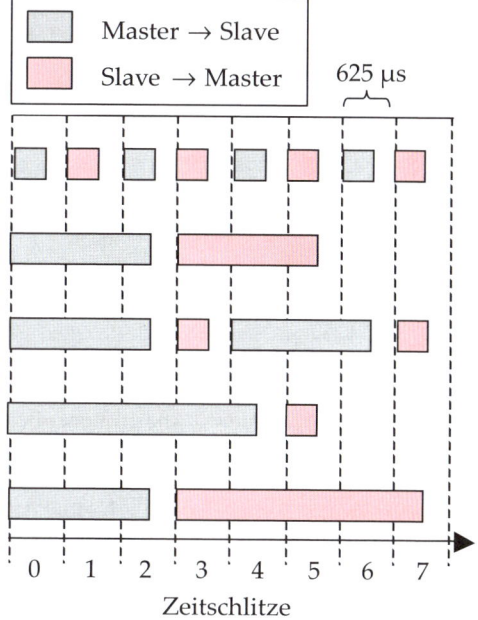

Bild 11.5 Beispiele für mögliche Zeitschlitzbelegungen durch Datenpakete verschiedener Länge

Da der Betrieb von Funkanwendungen im ISM-Band lizenzfrei und damit unkoordiniert erfolgt, wurden im Bluetooth-Standard Vorkehrungen getroffen, um die Auswirkungen von Störungen durch bzw. auf andere Systeme gering zu halten. Als eine wesentliche Maßnahme verwendet Bluetooth Frequency Hopping.

Frequency Hopping
In der in Bild 11.6 illustrierten Basisvariante (Basic Physical Channel) erfolgt das Hopping über alle 79 Frequenzen. Die Hopping-Folge wird dabei mittels eines (Pseudo-)Zufallszahlengenerators in Abhängigkeit von der Bluetooth-Device-Adresse und dem Wert der

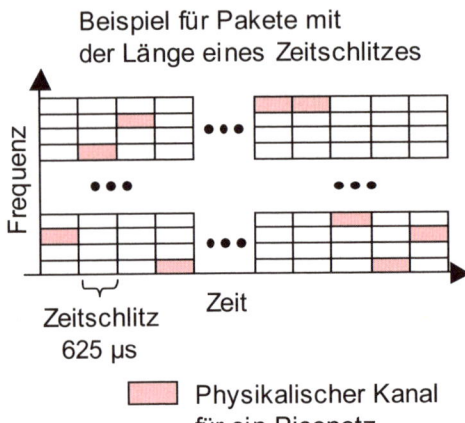

Bild 11.6 Physikalische Kanäle und Frequency Hopping bei Bluetooth

Clock des Master berechnet. Jede der 79 Frequenzen tritt dabei mit der gleichen Häufigkeit auf. Jedes Datenpaket wird auf einer anderen Frequenz übertragen. Bei Datenrahmen, die sich nur über einen Zeitschlitz erstrecken, erfolgt also ein Frequenzwechsel alle 625 µs. Ein längeres Datenpaket wird komplett auf ein und derselben Frequenz übertragen, so dass der Frequenzwechsel in diesen Fällen erst nach 1,875 ms bzw. nach 3,125 ms erfolgt.

In einem zweiten Piconetz mit einem anderen Master ergibt sich eine andere Hopping-Folge, so dass die beiden Kanäle nur mit einer Wahrscheinlichkeit von 1 : 79 kollidieren.

In der Bluetooth-Version 1.2 wurde ein adaptives Frequency Hopping definiert: Stellt das Bluetooth-System fest, dass manche Frequenzen (dauerhaft) gestört sind – z.B. durch Wireless LANs –, so kann es diese bei der Hopping-Folge aussparen. Das Hopping erfolgt dann über weniger als 79, mindestens aber über 20 Frequenzen.

Besondere Hoppingfolgen werden für das Auffinden neuer verbindungswilliger Bluetooth-Geräte und für den Verbindungsaufbau (Paging) verwendet. Hierbei erfolgt das Hopping nur über 16 Frequenzen, und die Folge wiederholt sich nach 32 Sprüngen. Ferner werden die entsprechenden Meldungen nicht alle 625 µs, sondern mit der doppelten Rate – also alle 312,5 µs – ausgesendet.

11.4 Zugriffsverfahren, Verbindungskontrolle und Link Management

Bild 11.7 zeigt die Aufteilung der Sicherungsschicht (Data Link Layer) bei Bluetooth.

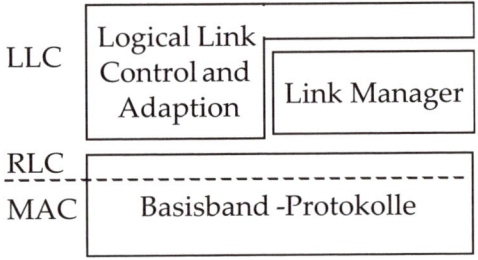

Bild 11.7 Die Bluetooth-Sicherungsschicht

Das so genannte *Baseband Protocol* kann als Kombination aus einer Medium Access Control (MAC) und einer einfachen Radio Link Control (RLC) aufgefasst werden. Diese Teilschicht spezifiziert also Verfahren zur Bildung von einzelnen Funkkanälen und zur Zuteilung von Übertragungskapazitäten sowie Methoden zur Fehlerüberwachung und Flusskontrolle.

Der Link Manager übernimmt den Auf- und Abbau oder auch die Modifikation einer Funkverbindung. Er kann auch eine Authentifizierung und eine Verschlüsselung des Datenstroms anstoßen.

Das Logical Link Control and Adaption Protocol (L2CAP) hat die Aufgabe, die Datenströme von unterschiedlichen Anwendungen an die Bluetooth-Übertragungsverfahren und -Datenstrukturen anzupassen, um die für die jeweiligen Anwendungen erforderliche Dienstqualität (Quality of Service) zu garantieren. Dazu sind verschiedene Verfahren zur Logical Link Control (LLC) definiert, die deutlich komplexer, flexibler und leistungsfähiger sind als die des Radio Link Controls in der Baseband-Schicht.

11.4.1 Datentransportmöglichkeiten und Medium Access Control

> ⚠️ Grundsätzlich ist die Datenübertragung bei Bluetooth von einer festen Zeitschlitzstruktur, d.h. einem Time Division Multiplex, geprägt. Da sich zudem Master und Slaves beim Senden nach einem bestimmten Schema abwechseln, liegt ein Time Division Duplex (TDD) vor. Die Zuteilung der Übertragungskapazität erfolgt durch den Master mittels eines Polling- oder mittels eines Reservierungsverfahrens.

Bluetooth bietet für die Datenübertragung mehrere Transportmöglichkeiten (Logical Transports):

- **A**ctive **S**lave **B**roadcast (ASB),
- **P**arked **S**lave **B**roadcast (PSB),
- **S**ynchronous **C**onnection-**O**riented (SCO),
- **E**xtended **S**ynchronous **C**onnection-**O**riented (eSCO),
- **A**synchronous **C**onnection-**O**riented **L**ogical Transport (ACL).

> **Anmerkung**
> Der Asynchronous Connection-Oriented Logical Transport wird mit ACL abgekürzt, da die Abkürzung ACO im Bluetooth-Standard für eine andere Größe vorgesehen ist (siehe Abschnitt 11.8).

Broadcast
Bei dem Broadcast Transport verteilt der Master die Datenrahmen (wie beim Rundfunk) gleichzeitig an alle seine Slaves, wobei die Slaves die empfangenen Datenrahmen nicht quittieren. Um die Übertragungssicherheit zu erhöhen, werden Datenrahmen vom Master eventuell vorsorglich mehrfach verschickt. Die Unterscheidung zwischen ASB und PSB ist erforderlich, da es für den Master schwieriger ist, mit den geparkten als mit den aktiven Slaves in Kontakt zu treten. Ferner können geparkte Slaves Zugriffswünsche an den Master senden.

Synchroner Transport
Bei dem synchronen verbindungsorientierten Transport SCO, der vor allem für Sprach-, Audio- und Videodienste vorgesehen ist, sind bestimmte Zeitschlitze für die Dauer der Verbindung reserviert. Das bedeutet, dass beim Verbindungsaufbau festgelegt wird, in welchem konstanten zeitlichen Rhythmus Datenrahmen übertragen werden. Somit garantiert der SCO-Transport eine konstante Nutzdatenrate, die typischerweise 64 kbit/s beträgt. Die Nutzdaten sind durch einen Fehler korrigierenden Code der Rate $1/3$, der Rate $2/3$ oder gar nicht vor Übertragungsfehlern geschützt. Ein ARQ-Verfahren zur Wiederholung nicht reparabler Datenrahmen ist nicht vorgesehen. Der SCO-Transport ist symmetrisch ausgelegt, d.h. dass die gleiche Code-Rate, die gleiche Anzahl von Zeitschlitzen und die gleiche Datenrate für die Slave-Master- wie für die Master-Slave-Richtung verwendet wird. Ein Master kann je nach Code-Rate bis zu drei SCO-Verbindungen der Rate 64 kbit/s gleichzeitig betreiben. Ein Slave kann bis zu zwei solcher Verbindungen unterhalten – zwei allerdings nur innerhalb zweier verschiedener Piconetze.

Der obere Teil von Bild 11.8 zeigt einen Master, der mittels SCO-Verbindungen mit drei Slaves kommuniziert.

Der eSCO-Transport ist eine erweiterte Variante des SCO-Transports: Auch bei ihm sind bestimmte Zeitschlitze für die Dauer der Verbindung reserviert, so dass eine konstante Nutzdatenrate garantiert ist. Allerdings kann diese Datenrate nicht nur 64 kbit/s betragen, sondern auch beispielsweise 128 kbit/s oder 384 kbit/s. Bei Verwendung höherwertiger Modulationsverfahren lässt sich bei einem symmetrischen Betrieb sogar eine Nutzdatenrate von gut 1 Mbit/s erzielen. Der eSCO-Transport kann aber nicht nur symmetrisch, sondern auch asymmetrisch mit unterschiedlichen Datenraten für die beiden Verbindungsrichtungen betrieben werden. In diesem Fall ist z.B. für die Master-Slave-Richtung sogar eine Nutzdatenrate von etwa 2 Mbit/s möglich. Zusätzlich bietet der eSCO-Transport einen Fehlerschutz mittels eines ARQ-Verfahrens, wobei eine eingeschränkte Anzahl von Wiederholungen unmittelbar im Anschluss an einen reservierten Zeitschlitz erfolgen kann.

Asynchrone Verbindungen
Bei dem asynchronen verbindungsorientierten logischen Transport ACL kann der Master die

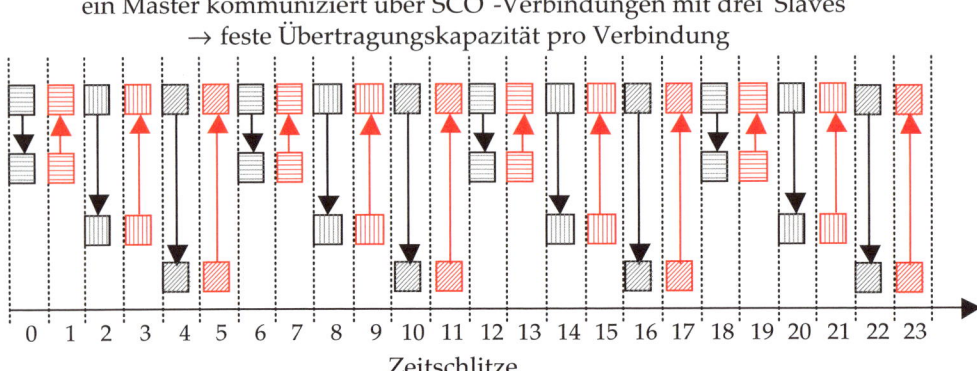

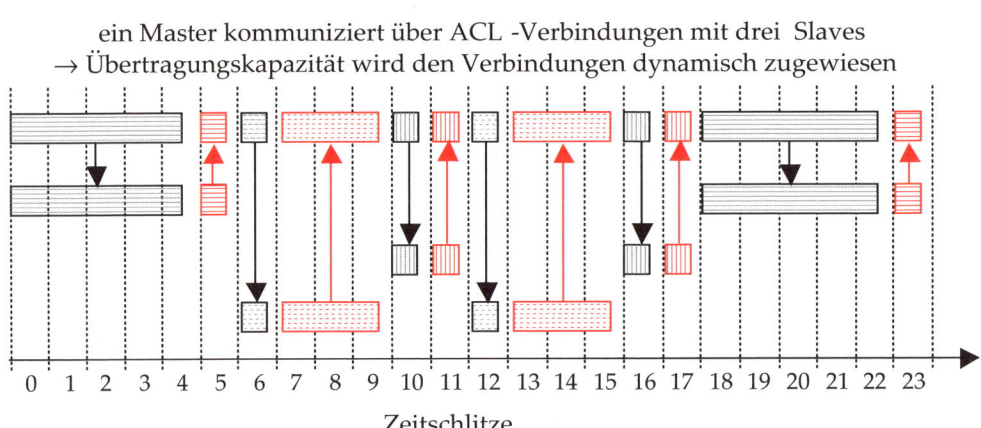

Bild 11.8 Unterschiedliche Verbindungstypen

Kapazität des Funkkanals unter Verwendung eines Polling-Verfahrens variabel und sehr flexibel auf die verschiedenen Slaves aufteilen (unterer Teil von Bild 11.8). Der Master darf dabei in den für ihn vorgesehenen Zeitschlitzen Daten an einen beliebigen Slave, mit dem er eine ACL-Verbindung unterhält, senden. Der Datenrahmen enthält die logische Transport-Adresse (LT_ADDR) des angesprochenen Slaves. Dieser kann daran erkennen, dass der Rahmen für ihn bestimmt ist und dass er – und nur er – im nächsten Zeitschlitz senden darf. Liegen beim Slave keine Nutzdaten vor, so muss er dennoch einen Datenrahmen zurücksenden, nämlich als Quittung für den empfangenen Rahmen. Der Fehlerschutz erfolgt also bei dem ACL-Transport über ein ARQ-Verfahren, das in Form eines Send-and-Wait-Protokolls betrieben wird. Das Acknowledgement kann dabei in den nächsten zu sendenden Rahmen integriert werden (Huckepack-Verfahren, siehe Abschnitt 4.3). Beim Verbindungsaufbau und auch während einer Verbindung können Master und Slave aushandeln, mit welcher Mindestrate sie Datenrahmen austauschen und wie viele Zeitschlitze maximal von diesen Rahmen (1, 3 oder 5) belegt werden.

Der ACL-Transport lässt sowohl eine symmetrische als auch eine asymmetrische Aufteilung der Übertragungskapazität zu.

Tabelle 11.1 Übersicht über die Datentransportmöglichkeiten bei Bluetooth

	ACL	SCO	eSCO
Verbindungsprinzip	paketvermittelt	leitungsvermittelt	leitungsvermittelt
Zuteilungsverfahren	Polling	Reservierung	Reservierung
Richtung	bidirektional	bidirektional	bidirektional
Aufteilung	symmetrisch und asymmetrisch	nur symmetrisch	symmetrisch und asymmetrisch
Datenrate	variabel	konstant	konstant
Modulation	GFSK u. höherwertig	nur GFSK	GFSK u. höherwertig
Fehlerschutz	Fehlerkorrektur und ARQ-Verfahren	Fehlerkorrektur	Fehlerkorrektur und ARQ-Verfahren
max. Nutzdatenrate bei GFSK-Modulation	434 kbit/s (sym.) 723 kbit/s (asym.)	64 kbit/s (sym.)	384 kbit/s (sym.) 576 kbit/s (asym.)
max. Nutzdatenrate EDR	1,3 Mbit/s (sym.) 2,2 Mbit/s (asym.)	nicht vorgesehen	1,2 Mbit/s (sym.) 1,7 Mbit/s (asym.)

Bei einer symmetrischen Verbindung beträgt die maximale Datenrate ca. 430 kbit/s pro Richtung für eine GFSK-Modulation bzw. 1,2 Mbit/s bei einer höherwertigen Modulation.

Für eine asymmetrische Verbindung gibt es mehrere Möglichkeiten der Aufteilung: Maximal lassen sich ca. 720 kbit/s (GFSK) bzw. 2,2 Mbit/s (höherwertige Modulation) für eine Übertragungsrichtung erzielen, für die Rückrichtung (Bestätigungen) ist die Datenrate wesentlich geringer.

Tabelle 11.1 fasst die wesentlichen Eigenschaften der Datenübertragungsmöglichkeiten bei Bluetooth zusammen.

11.4.2 Paketformate und Fehlerschutz

Für die verschiedenen Transporttypen (ACL, SCO) mit ihren unterschiedlichen Datenraten sowie zur Übertragung bestimmter Steuerungsinformationen (Verbindungsaufbau und -steuerung) verwendet Bluetooth mehrere Typen von Rahmen, die sich in ihrer Länge und einigen anderen Details deutlich unterscheiden können. Der grundsätzliche Aufbau solcher MAC-Frames, die im Bluetooth-Standard als Packets bezeichnet werden, ist jedoch in allen Fällen der gleiche (Bild 11.9).

> Ein MAC-Frame besteht aus
> ❏ einem Access Code, der der Synchronisierung und der Identifizierung eines Pakets dient (68 oder 72 Bit),
> ❏ einem Header mit Steuerungsdaten (54 Bit),
> ❏ einem Nutzdatenanteil aus bis zu 2745 Bit bei einer GFSK-Modulation bzw. aus bis zu 8200 Bit bei einer höherwertigen Modulation (EDR).

Access Code und Header werden in jedem Fall gemäß des GFSK-Verfahrens moduliert. Für den Nutzdatenanteil können ab der Bluetooth-Version 2.0 auch die bereits erwähnten höherwertigen Modulationsverfahren verwendet werden. In diesem Fall ist zwischen Header und Nutzdatenanteil eine Guard Period von ca. 5 µs und eine Synchronisationssequenz eingeschoben, damit sich Sender und Empfänger auf die neue Modulationsform einstellen können.

Access Code

Der Access Code wird i.Allg. aus dem Low Address Part (LAP, siehe Abschnitt 11.1.3) der Bluetooth Device Adresse BD_ADDR abgeleitet. Der abgeleitete Code zeichnet sich durch seine guten Korrelationseigenschaften aus, d.h.

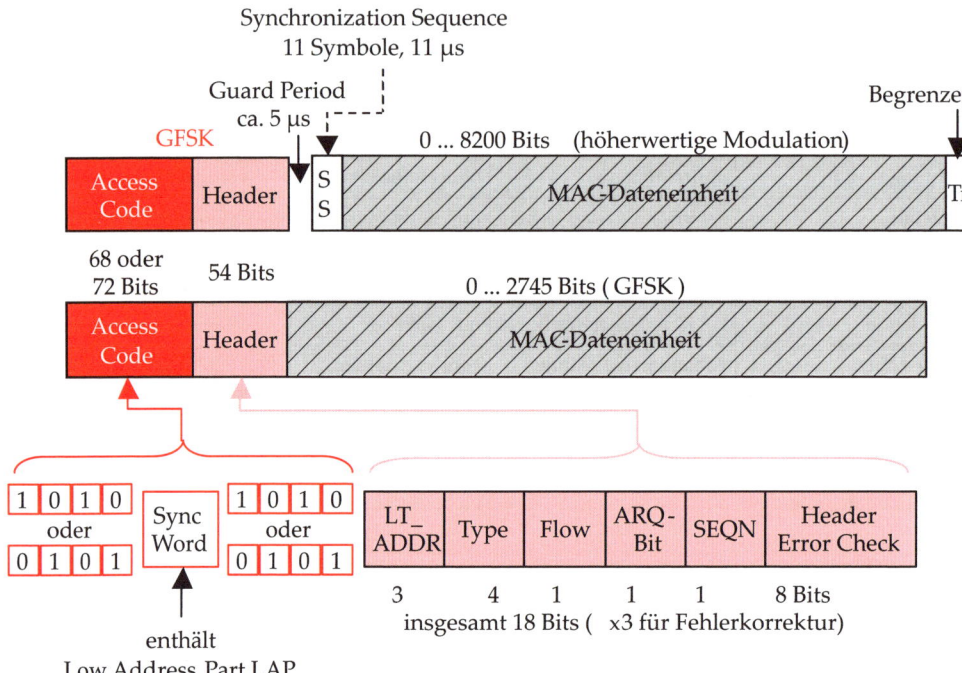

Bild 11.9 Aufbau eines Bluetooth-MAC-Frames

dass der Empfänger durch eine Art Vergleich mit dem erwarteten Access Code feststellen kann, dass zum einen ein Frame vorliegt und dass es zum anderen von dem erwarteten Sender kommt. Ferner lässt sich aus dem Access Code der Zeittakt genau bestimmen.

Die zugrunde liegende Adresse zur Bildung des Access Codes richtet sich nach dem Einsatz des jeweiligen Frames, so dass man drei Typen von Access Codes unterscheidet:

❏ Der aus der Master-Adresse gebildete Channel Access Code wird während einer bestehenden Verbindung sowohl vom Master als auch vom Slave verwendet.
❏ Der Inquiry Access Code kommt beim Auffinden verbindungswilliger Geräte zum Einsatz. Da zu diesem Zeitpunkt die Geräteadressen noch nicht bekannt sind, bildet man den Access Code mit Hilfe von wenigen im Standard festgelegten und daher allgemein bekannten Adressen.
❏ Der Verbindungsaufbau, bei dem die Stationen u.a. ihre Adressen austauschen, erfolgt mit Hilfe des Device Access Codes, der – je nach dem, wer gerade eine Verbindungsaufbau-Meldung sendet – aus der Device Adresse des Slaves oder des Masters abgeleitet wird.

Header
Der Header enthält folgende Angaben:
❏ den Typ des Pakets (4 Bit),
❏ die Transportadresse des Slaves LT_ADDR (3 Bit),
❏ ein Bit für die Flusskontrolle,
❏ ein ARQ-Bit, das angibt, ob das zuvor empfangene Paket korrekt decodiert werden konnte,
❏ ein Bit für die Sequenznummern, das angibt, ob es sich bei dem Paket um ein neues oder ein wiederholtes handelt,
❏ 8 CRC-Bits zur Erkennung von Übertragungsfehlern im Header.

Diese insgesamt 18 Bits werden durch einen Fehler korrigierenden Code der Rate $1/3$ (einen Wiederholungscode) geschützt, so dass für den Header 54 codierte Bits zu übertragen sind.

Spezielle Rahmen für den Verbindungsaufbau und zur Verbindungssteuerung
Für den Verbindungsaufbau und zur Verbindungssteuerung gibt es vier spezielle Rahmen:
- Das *Identity Packet ID* besteht nur aus entweder dem Inquiry Access Code oder Device Access Code. Es enthält also weder Nutzdaten noch einen Header und wird zum Auffinden verbindungswilliger Stationen in der ersten Phase des Verbindungsaufbaus verwendet.
- Das *Frequency Hopping Synchronization Packet FHS* enthält unter anderem die Bluetooth- Device- Adresse sowie den aktuellen Wert der Clock der sendenden Station. Ferner vergibt der Master mit dieser Meldung die logische Transportadresse LT_ADDR an die Slaves. Das Paket dient der Synchronisierung zwischen Master und Slave.
- Das *POLL-Packet* enthält neben dem Access Code nur einen Header, aber keine Nutzdaten. Der Master sendet es an einen Slave als eine Aufforderung, ein Paket zurückzuschicken. Bei dem Antwort-Paket kann es sich um Nutzdaten oder ein NULL-Packet (s.u.) handeln. Der Slave muss auf jeden Fall antworten, sofern er nicht gerade in einem anderen Piconetz empfangen oder senden muss.
- Das *NULL-Packet*, das ebenso wie das POLL-Packet keine Nutzdaten trägt, wird zur Verbindungssteuerung eingesetzt. Es wird dann verwendet, wenn die sendende Station keine Nutzdaten zu übertragen hat, aber z.B. ein empfangenes Paket bestätigen muss oder mitteilen möchte, dass sie sich in Überlast befindet (Flusskontrolle).

Ferner wird das so genannte DM1-Packet für die Verbindungssteuerung eingesetzt. Da dieses Paket auch Nutzdaten transportieren kann, wird sein Aufbau in den folgenden Absätzen besprochen.

Frames für die Nutzdatenübertragung
Bild 11.10 zeigt die Frame-Typen für die Nutzdatenübertragung (außer dem so genannten AUX-Packet, dass keinerlei Fehlerschutz verwendet).

Tabelle 11.2   Frame-Typen und Datenraten symmetrischer und asymmetrischer ACL-Verbindungen

Symmetrische Verbindungen				Asymmetrische Verbindungen				
Frame	max. Nutzbits	Rahmendauer	max. Datenrate [kbit/s]	Format M → S	Format S → M	Rahmendauer	max. Datenrate [kbit/s] M → S	S → M
DM1	0...136	1,25 ms	109	DM1	DM1	1,25 ms	109	109
DH1	0...216		173	DH1	DH1		173	173
DM3	0...968	3,75 ms	258	DM3	DM1	2,50 ms	387	54
DH3	0...1464		390	DH3	DH1		586	86
DM5	0...1792	6,25 ms	287	DM5	DM1	3,75 ms	478	36
DH5	0...2712		434	DH5	DH1		724	58
Symmetrische Verbindungen				Asymmetrische Verbindungen				
Frame	max. Nutzbits	Rahmendauer	max. Datenrate [kbit/s]	Format M → S	Format S → M	Rahmendauer	max. Datenrate [kbit/s] M → S	S → M
DH1	0...664	1,25 ms	533	DH1	DH1	1,25 ms	531	531
DH3	0...4416	3,75 ms	1178	DH3	DH3	2,50 ms	1766	266
DH5	0...8168	6,25 ms	1307	DH5	DH5	3,75 ms	2178	117

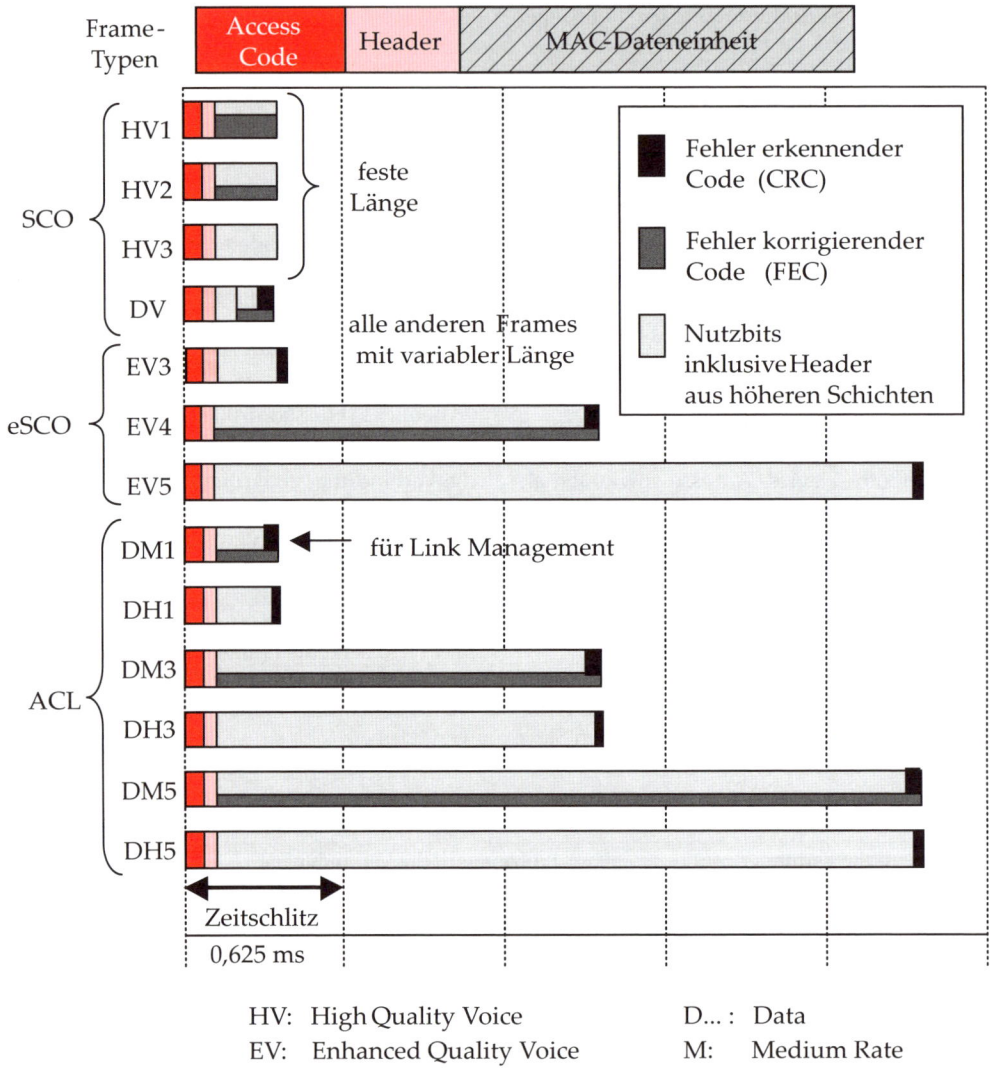

Bild 11.10 Frame-Typen bei Bluetooth

Für eine SCO-Verbindung gibt es drei Transportformate, die sich durch die Stärke des Fehler korrigierenden Codes unterscheiden. Bei dem stärksten Fehlerschutz der Code-Rate $1/3$ entstehen aus 80 Sprachbits 240 codierte Bits, die in einem HV1-Paket transportiert werden. Die beiden Übertragungsrichtungen (Master → Slave, Slave → Master) wechseln sich dabei in einem Zeitduplex-Verfahren mit einer Rahmendauer von 2 Zeitschlitzen (1,25 ms) ab. So ergibt sich eine Duplex-Verbindung mit einer Nutzdatenrate von 2 · 64 kbit/s (80 Bit pro 1,25 ms pro Richtung), die für die Dauer der Verbindung den kompletten Träger belegt. Verzichtet man vollständig auf die Fehlerkorrektur (HV3-Paket), so sind 3 solcher Duplex-

Zugriffsverfahren, Verbindungskontrolle und Link Management 241

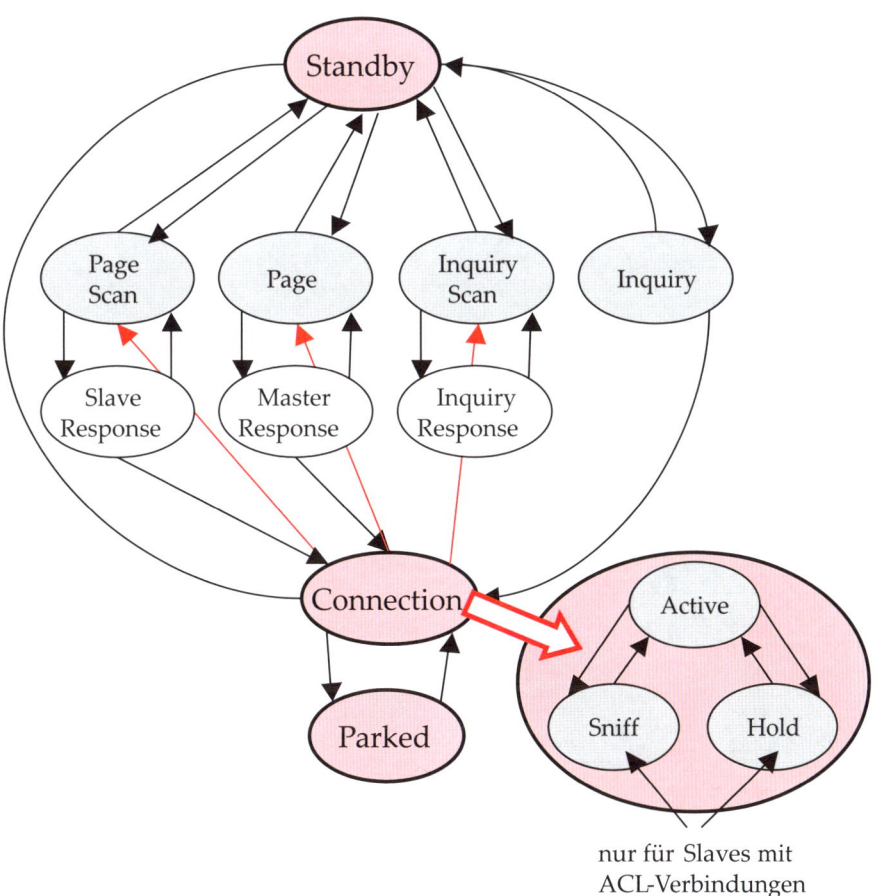

Bild 11.11   Zustände des Link Controllers

Verbindungen möglich, bei einer Code-Rate $2/3$ (HV2-Paket) sind es 2.

Ferner gibt es ein DV-Paket, das der gleichzeitigen Übertragung von Sprache und Daten über eine einzige Verbindung dient.

Für eSCO-Verbindungen sind die EV3-, EV4- und EV5-Pakete vorgesehen. Sie können sich über einen Zeitschlitz oder über drei oder fünf Zeitschlitze erstrecken. Im Gegensatz zu den HV-Paketen ist ihre Länge variabel und sie enthalten einen CRC-Anteil zur Fehlererkennung. In Bild 10.10 sind die entsprechenden Pakete mit maximaler Länge illustriert.

Bei den ACL-Verbindungen setzt man hybride ARQ-Verfahren zum Schutz gegen Übertragungsfehler ein; es handelt sich in diesem Fall um eine Kombination aus Fehler korrigierenden Codes mit einem Send-and-Wait-Mechanismus zur Wiederholung schadhafter Datenrahmen. Für ACL-Verbindungen sind Rahmen unterschiedlicher Länge (1, 3 oder 5 Zeitschlitze) und mit verschieden starkem Fehlerschutz (Code-Rate 1 und $2/3$) vorgesehen.

Je nach Aufteilung auf die beiden Übertragungsrichtungen ergeben sich die in Tabelle 11.2 aufgeführten maximalen Datenraten, die sich allerdings bei schlechten Funkbedingungen aufgrund des ARQ-Verfahrens weiter verringern können.

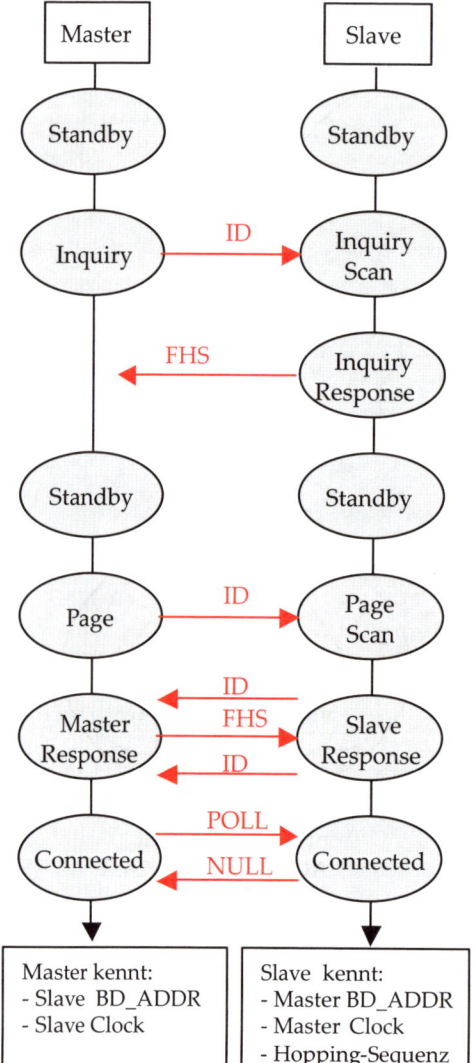

Bild 11.12 Erfolgreicher Netzaufbau

Ein Beispiel für eine erfolgreiche Aufnahme eines Slaves in ein Piconetz ist in Bild 11.12 illustriert.

Standby
Ist das Gerät eingeschaltet, aber noch nicht oder nicht mehr in ein Piconetz eingebunden, so befindet sich die Station im Stand-by-Zustand.

Inquiry
In der Inquiry-Phase suchen sich verbindungswillige Stationen: Dazu sendet eine Station – der spätere Master – Inquiry-Meldungen (ID-Pakete mit dem Inquiry Access Code) in einem bestimmten Rhythmus mit einer speziellen Hopping-Folge. Dabei kann die Suche beliebige Geräte (General Inquiry) umfassen oder auf bestimmte Gerätetypen beschränkt sein (Dedicated Inquiry). Eine andere Station, die die zugehörigen Frequenzen nach solchen Meldungen scannt (Inquiry Scan), antwortet bei erfolgreicher Decodierung mit einem FHS-Packet (Inquiry Response). Die suchende Station kennt damit die Bluetooth Device Adresse der antwortenden Station sowie den Wert ihrer Clock.

Discoverability – Entdeckbarkeit

> Zu betonen ist, dass eine Station nur dann auf eine Inquiry-Meldung reagiert, wenn sie sich im Discoverable-Mode befindet – also entdeckbar ist. I.Allg. kann der Nutzer sein Bluetooth-Gerät hinsichtlich der Entdeckbarkeit konfigurieren:
> - Im Non-Discoverable-Mode ist es gar nicht,
> - im General-Discoverable-Mode in jedem Fall und
> - im Limited-Discoverable-Mode nur in einem bestimmten Zeitraum oder unter bestimmten Bedingungen
>
> entdeckbar.

Paging
Die eigentliche Aufnahme in das Netz erfolgt in der Page-Phase. Dazu sendet der Master Page-Meldungen (ID-Pakete mit dem Device Access Code des gewünschten Slaves) in einem bestimmten Rhythmus mit der speziellen

11.4.3 Aufbau eines Piconetzes

Der Aufbau eines Piconetzes erfolgt durch den so genannten *Link Controller*, der Bestandteil der Baseband-Schicht ist. Der Link Controller eines Bluetooth-Gerätes kann sich in Bezug auf den Netzaufbau in einer von fünf Phasen bzw. Zuständen befinden, die in Bild 11.11 zusammen mit ihren Übergängen dargestellt sind.

Page-Hopping-Folge. Der Slave scannt die zugehörigen Frequenzen nach solchen Meldungen und antwortet bei erfolgreicher Decodierung seinerseits mit einem ID-Paket. Mit einem anschließenden FHS-Packet macht der Master dem Slave seine Bluetooth-Device-Adresse und den aktuellen Wert seiner Clock bekannt. Ferner teilt er ihm eine logische Transport-Adresse LT_ADDR zu. Der Slave ist damit zum Master synchronisiert und kann die verwendete Hopping-Folge des physikalischen Kanals in das Piconetz ableiten. Um zu prüfen, ob der Verbindungsaufbau tatsächlich erfolgreich war, sendet der Master ein POLL-Packet, das der Slave mit einem NULL-Packet beantworten muss.

Connectable Modes

> Auch hinsichtlich der Frage, ob eine Gerät auf ein Paging reagiert oder nicht, kann es sich in zwei Modes befinden, die sich i.Allg. vom Nutzer einstellen lassen:
> - Connectable: Das Gerät reagiert auf ein Paging.
> - Non-Connectable: Das Gerät führt kein Page-Scan durch und reagiert somit nicht auf ein Paging.

Connected

Für den Zustand Connected gibt es drei Unterzustände: Im Zustand Active ist eine Station ständig bereit, Datenrahmen zu empfangen und zu senden. Ein Slave prüft in jedem Empfangszeitschlitz, ob für ihn Daten anliegen und ob er im nächsten Zeitschlitz senden darf. Falls nur eine niedrige Datenübertragungsrate erforderlich ist, kann Slave – um Strom zu sparen – in den Sniff- oder Hold-Zustand übergehen. Für den Sniff-Zustand vereinbaren Master und Slave einen bestimmten festen Zeittakt, in dem nur Datenrahmen ausgetauscht werden. Beim Hold-Zustand wird der Datenaustausch für einen vereinbarten Zeitraum ausgesetzt und erst danach wieder aufgenommen. Zu betonen ist, dass der Sniff- und Hold-Zustand nur für Slaves möglich ist, die lediglich ACL-Verbindungen, aber keine SCO- oder eSCO-Verbindungen unterhalten.

Ist über einen sehr langen Zeitraum kein Datenaustausch mit einem Slave erforderlich, so kann er in den Park-Zustand versetzt werden. Dabei wird dem Slave die logische Transportadresse LT_ADDR entzogen und durch eine Parked-Member-Address PM_ADDR ersetzt.

11.4.4 Link Management

Die Regeln zur Steuerung der Verbindung sind bei Bluetooth im **L**ink Manager **P**rotocol (LMP) festgelegt. Dieses Protokoll definiert verschiedene Verfahren, die im Folgenden näher beschrieben sind. Die entsprechenden Meldungen werden über eine ACL-Verbindung i.Allg. mit Hilfe des DM1-Packets ausgetauscht. Dabei haben Steuerungsmeldungen eine höhere Priorität als Frames mit Nutzdaten.

Die wichtigsten Prozeduren sind im Folgenden skizziert.

Informative Anfragen

Mit Hilfe von diesen Prozeduren können einige nützliche Informationen zwischen den Bluetooth-Geräten ausgetauscht werden. Dazu gehören:

- Informationen zur Ganggenauigkeit der Bluetooth-Clocks,
- der Offset (Unterschied) im Zeittakt zwischen der Master- und Slave-Clock,
- die vorhandene Version des Link Manager Protocols in einem Gerät,
- eine Aufzählung der unterstützten Leistungsmerkmale (supported features),
- der Name des Bluetooth-Gerätes.

Zum letzten Punkt ist anzumerken, dass ein Nutzer seinem Bluetooth-Gerät einen (einprägsamen) Namen aus bis zu 248 Zeichen geben kann, der sich von einem anderen Gerät aus abfragen lässt.

Die Abfrage der «Supported Features» dient dazu, um beispielsweise Informationen darüber zu bekommen, ob der Kommunikationspartner (das Bluetooth-Gerät) Adaptive Frequency Hopping oder Power Control unterstützt, welche Pakettypen erlaubt sind und welche Zustände (Hold, Park, Sniff) das Gerät jeweils annehmen kann.

Verbindungsaufbau
Die zentrale Prozedur des LMPs ist der Verbindungsaufbau zwischen zwei Geräten, der in Bild 11.13 skizziert ist. Nach einer erfolgreichen Paging-Prozedur werden zunächst bei Bedarf die zuvor genannten Informationen ausgetauscht. Anschließend sendet die rufende Station die Meldung LMP_host_connection_req, die von der gesuchten Station mit einer Meldung LMP_accept beantwortet wird. Abhängig vom eingestellten Sicherheits-Modus (siehe Abschnitt 11.8) folgen danach einige sicherheitsrelevante Prozeduren oder auch nicht. Durch den Austausch der Meldungen

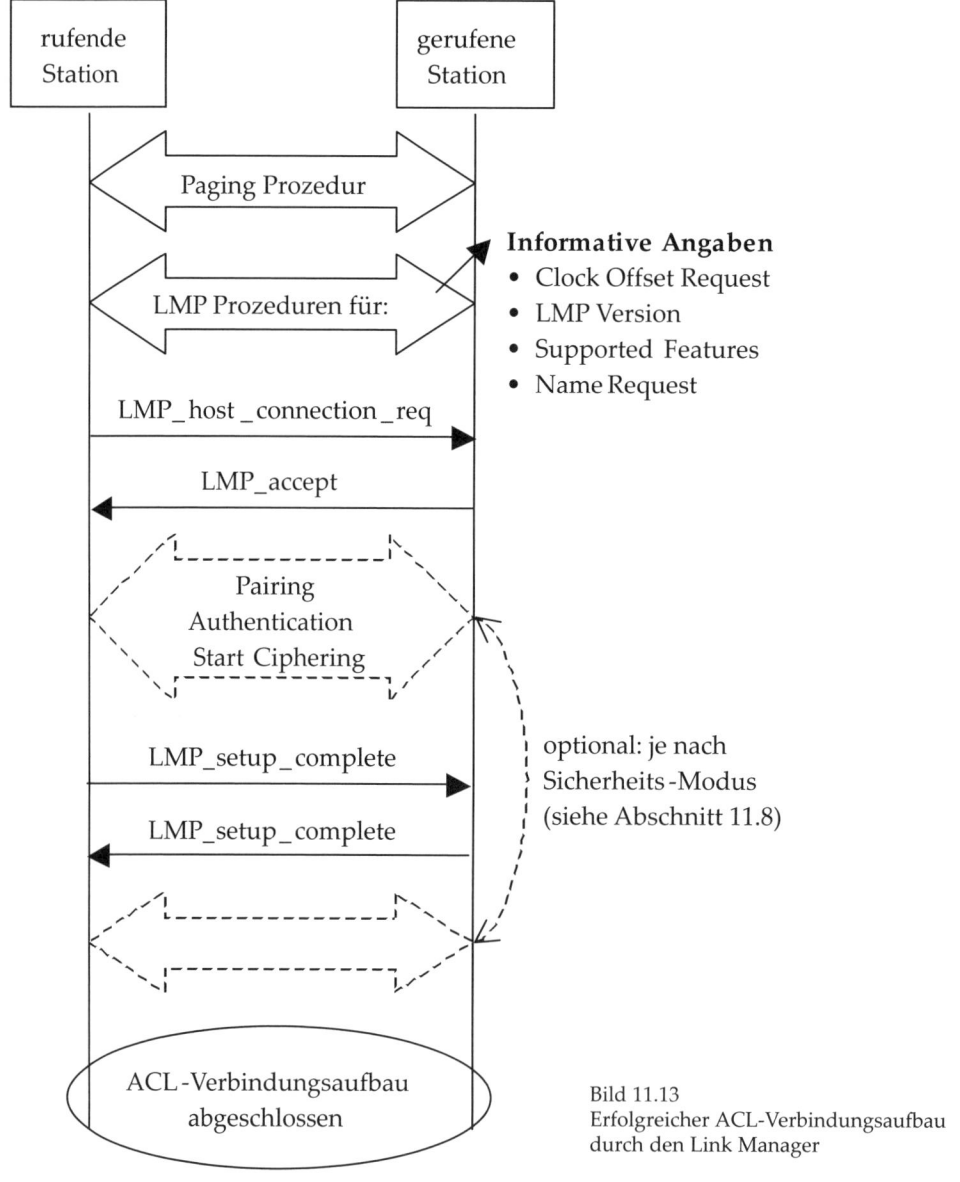

Bild 11.13
Erfolgreicher ACL-Verbindungsaufbau durch den Link Manager

LMP_setup_complete wird der erfolgreiche Verbindungsaufbau bestätigt.

Aufbau von SCO- und eSCO-Verbindungen
Mit dem Meldungsaustausch aus Bild 11.13 besteht zunächst eine asynchrone ACL-Verbindung. Um den synchronen Transport-Modus SCO oder eSCO zu initialisieren, bedarf es des Austausches von Meldungen des Typs LMP_SCO_link_req bzw. LMP_eSCO_link_req und der zugehörigen Bestätigungsmeldung LMP_accept. Dabei werden beispielsweise die folgenden Parameter übermittelt:
- die Startzeit für den SCO-/eSCO-Transport,
- die verwendete Frameart und -länge,
- der feste Rhythmus, in dem die Pakete übertragen werden,
- das verwendete Sprachcodierverfahren.

Während einer bestehenden Verbindung kann sowohl der Master als auch der Slave eine Änderung der SCO- bzw. eSCO-Parameter beantragen.

Verbindungsauflösung
Zum Beenden einer Verbindung sendet die auflösende Station eine Meldung LMP_detach an die andere Station. Der zugehörige Slave gibt dadurch seine logische Transportadresse LT_ADDR wieder frei, so dass sie für neue Verbindungen genutzt werden kann.

Adaptive Frequency Hopping
Unterstützen die beteiligten Stationen das adaptive Frequency Hopping, so kann während der Verbindung die Hopping-Folge geändert werden. Dazu teilt der Master dem Slave die neuen Hopping-Frequenzen und die Startzeit für die neue Folge mit. Die Entscheidung, auf eine neue Folge umzusteigen, beruht auf einer Klassifikation der verschiedenen Frequenzen. Der Master fordert die Slaves auf, in einem bestimmten Rhythmus die einzelnen Frequenzen zu vermessen und das Resultat in Form einer groben Klassifikation (gut, schlecht, unbekannt) an den Master zurückzusenden.

Power Control
Für ein Bluetooth-Modul mit einer Sendeleistung von 20 dBm ist Power Control zwingend vorgeschrieben. Ein solches Modul muss seine Sendeleistung prinzipiell auf einen Pegel von 4 dBm oder weniger reduzieren können. Bei allen anderen Modulen ist die Sendeleistungsregelung optional. Sie erfolgt bei Bluetooth als Closed-Loop-Power-Control: Auf Basis der Empfangsqualität befiehlt das messende Gerät dem Gegenüber, den Sendepegel zu erhöhen bzw. zu erniedrigen. In bisherigen Bluetooth-Versionen erfolgt die Pegeländerung in festen Schritten, die je nach Gerät 2 bis 8 dB betragen. In neueren Versionen kann der einzustellende Pegel direkt vorgegeben werden.

Link Supervision
Der Master beendet eine Verbindung, wenn er über einen längeren Zeitraum, der durch einen bestimmten Parameter festgelegt wird, keine Pakete des entsprechenden Slaves decodieren konnte.

Link Adaption
Abhängig von der Verbindungsqualität können die Kommunikationspartner vereinbaren, den Übertragungsmodus – also z.B. das Codierungsverfahren oder den Pakettyp – zu wechseln. Diese Form des Link Adaptions wird im Bluetooth-Standard «Quality Driven Data Rate Change QDDRC» genannt.

Quality of Service
Unter Quality of Service wird bei Bluetooth die für eine ACL-Verbindung reservierte Übertragungskapazität verstanden. Sie ist entscheidend durch das zugehörige Poll-Intervall bestimmt – also durch den Rhythmus mit dem der Master durch Poll-Meldungen den Kanal für den zugehörigen Slave zum Senden freigibt. Während einer laufenden Verbindung können Master und Slave ein neues Poll-Intervall vereinbaren, um die Übertragungskapazität zu ändern. Gleichzeitig kann dabei auch der Rhythmus der Broadcast-Meldungen verändert werden.

Aber nicht nur das Poll-Intervall lässt sich aushandeln; es existiert auch ein Signalisierungsablauf, um festzulegen, welche Art von Paketen verwendet werden soll – Pakete, die sich nur über einen, über drei oder fünf Zeitschlitze erstrecken.

Veränderung des Paging Modes
Bluetooth erlaubt mehrere verschiedene Formen des Pagings. Welche davon zukünftig verwendet wird, kann zwischen zwei Geräten vereinbart werden.

Sicherheitsaspekte
Bluetooth bietet einige Sicherheitsmaßnahmen wie die sichere Paarung von Geräten (Pairing), die Authentifizierung, den Austausch von Schlüsseln und die Verschlüsselung (siehe Abschnitt 11.8). Die entsprechenden Signalisierungsabläufe sind innerhalb des LMPs spezifiziert.

Role Switch
Beim Aufbau eines Scatternetzes kann es erforderlich sein, einen Rollenwechsel zwischen Master und Slave vorzunehmen. Beide Stationen können diesen Rollenwechsel mit einer Meldung LMP_switch_req beantragen. Betrachtet man zwei Piconetze als Bestandteile eines Scatternetzes, so sind diese nicht synchronisiert. Insbesondere fängt ein Zeitschlitz in einem Piconetz zu einem anderen Zeitpunkt als in dem anderen an. Dieser Zeitunterschied (Slot Offset) muss beim Rollenwechsel ausgetauscht werden.

Stromspar-Modi
Wie bereits in Abschnitt 11.4.3 erläutert, gibt es mehrere Modi, um Strom zu sparen, nämlich:
❏ den Hold-Mode,
❏ den Sniff-Mode,
❏ den Park Mode.

Ein Wechsel in einen dieser Modes und auch die Rückkehr in den Active-Mode kann sowohl vom Master befohlen oder vom Slave beantragt werden.

11.4.5 Logical Link Control and Adaption Protocol (L2CAP)

> Das L2CAP passt den Datentransfer aus den höheren Schichten an die Bluetooth–Funkübertragung an und überwacht dabei die Übertragung der Datenrahmen. Ein typischer L2CAP-Rahmen ist in Bild 11.14 illustriert. Zu beachten ist, dass das L2CAP nur bei asynchronen Verbindungen, nicht aber bei synchronen Verbindungen zum Einsatz kommt.

Das Protokoll bietet die folgenden Funktionalitäten:

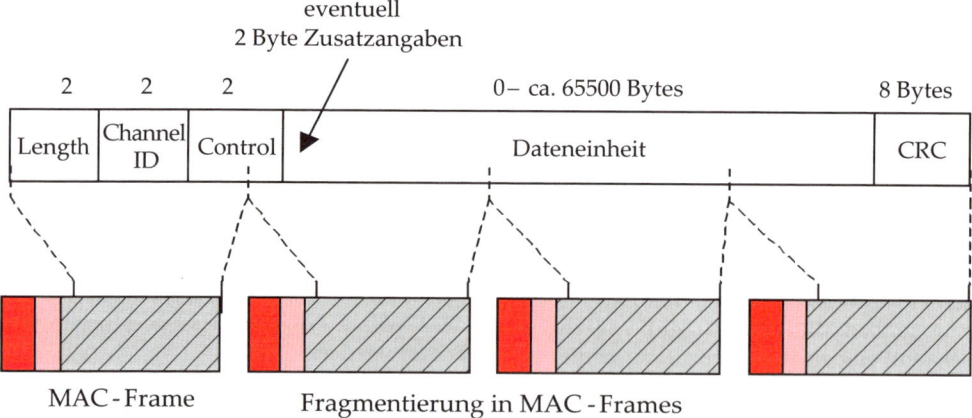

Bild 11.14 Aufbau eines L2CAP-Rahmens

Multiplexing von Protokollen und Verbindungen

Mittels L2CAP lassen sich mehrere Anwendungen gleichzeitig über eine Funkverbindung betreiben. Dabei kann es sich um Anwendungen handeln, die verschiedene, oder auch solche. die die gleichen Protokolle verwenden. Die jeweiligen Anwendungen werden durch einen so genannten Channel Identifier (CID) unterschieden.

Quality of Service

Für jede Anwendung lässt sich eine individuelle Dienstqualität vereinbaren, die das L2CAP zu garantieren versucht. Die Dienstqualität ist dabei durch Parameter wie die mittlere und maximale Datenrate und durch Grenzwerte für tolerable Verzögerungszeiten festgelegt.

Fragmentierung

L2CAP kann aus den höheren Schichten Dateneinheiten bis zu einer Länge von ca. 65 500 Byte entgegennehmen. Da die MAC-Frames jedoch eine vergleichsweise geringe Kapazität besitzen, müssen eine Fragmentierung der Datenrahmen am Sender und eine korrekte Zusammensetzung der MAC-Dateneinheiten am Empfänger vorgenommen und garantiert werden.

Fehlerkontrolle und Wiederholung

L2CAP bietet eine Fehler- und Flusskontrolle – individuell für jede Verbindung. Jeder L2CAP-Rahmen ist mit einem CRC-Feld zur Fehlererkennung versehen. Die Wiederholung schadhafter Frames wird durch das Control-Feld gesteuert und erfolgt nach einem Fenster-Verfahren (siehe Abschnitt 4.3) mit einer maximalen Fenstergröße von 32.

11.5 Sprachübertragung, spezielle Protokolle und Anwendungsprofile

Bluetooth bietet eine Fülle von Anwendungsmöglichkeiten. Einige von ihnen wurden bereits in Abschnitt 11.1 vorgestellt, weitere sind Gegenstand dieses Abschnitts. Da diese Anwendungen teilweise besondere Anforderungen stellen, definiert der Bluetooth-Standard einige spezielle, auf die jeweiligen Anwendungen zugeschnittene Protokolle, die oberhalb des Bluetooth-Cores angeordnet sind. Ferner ist eine Vielzahl von Anwendungsprofilen standardisiert, in denen für typische Arten von Anwendungen festgelegt ist, welche speziellen Protokolle erforderlich sind und welche Teile des Bluetooth-Cores auf jeden Fall realisiert sein müssen und in welchen Ausprägungen.

11.5.1 Sprachübertragung

> Eine gewisse Sonderstellung unter den Anwendungen nimmt die Sprachübertragung ein, die im Standard als Bluetooth Audio bezeichnet wird. Die entsprechenden Verfahren zur Sprachcodierung sind Bestandteil des Bluetooth Cores und werden der Basisband-Schicht zugeordnet (vgl. Bild 11.1). Bluetooth unterstützt sowohl Pulse Code Modulation (PCM) als auch Continuous Variable Slope Delta Modulation (CVSD). CVSD arbeitet wie PCM mit einer Datenrate von 64 kbit/s, ist aber unanfälliger für Störungen, d.h. Störungen machen sich nicht so stark bemerkbar wie bei PCM. Die Sprachdaten werden bei Bluetooth transparent (ohne dazwischenliegende Protokolle) über SCO-Verbindungen transportiert, wobei ein Transport mit und ohne Fehlerschutz möglich ist (siehe Abschnitt 11.4.1). Ohne Fehlerschutz kann ein Master bis zu drei Telefongespräche gleichzeitig abwickeln, bei einer Code-Rate $1/3$ ist nur noch ein Gespräch möglich. Der Aufbau und die Steuerung von Telefonieverbindungen erfolgen ähnlich wie bei ISDN oder DECT (s.u.).

11.5.2 Spezielle Protokolle

Bluetooth Network Encapsulation Protocol

Das Bluetooth Network Encapsulation Protocol wurde entwickelt, um Bluetooth-Anwendungen im Bereich lokaler Computernetze in effizienter Weise zu ermöglichen. Als Einsatzfelder sind beispielsweise

❑ die direkte Kopplung zweier PCs oder Laptops über Bluetooth

❏ oder die Anbindung mehrerer Laptops, PCs und Drucker an ein kabelgebundenes LAN über einen Bluetooth Access Point

zu nennen.

Der grundsätzliche Ansatz bei BNEP besteht darin, Pakete aus der Vermittlungsschicht (Network Layer), die ansonsten in Ethernet-MAC-Frames verpackt sind, in eine auf Bluetooth angepasste Weise zu «verkapseln» – daher der Name «Encapsulation Protocol». Das bedeutet, dass die Dateneinheit eines Ethernet-MAC-Frames (also z.B. ein IP-Paket) in einen BNEP-Rahmen und dieser wiederum in einen L2CAP-Rahmen gepackt wird (Bild 11.15). Der Header enthält u.a. Informationen zum Typ des Rahmens und des Netzwerk-Protokolls. Ferner können verschiedene Arten von Adressen angegeben sein – je nach Absender oder Adressat kann es sich um eine Ethernet-MAC-Adresse oder um eine Bluetooth-Device-Adresse (BD_ADDR) handeln. Ist der Bluetooth-Adressat bzw. -Absender nicht nur eine Zwischenstation, sondern der endgültige Empfänger bzw. ursprüngliche Sender des IP-Paketes, so kann auf die Bluetooth-Adresse im Header verzichtet werden.

Service Discovery Protocol

> Mit Hilfe des Service Discovery Protocols (SDP) kann der Nutzer eines Bluetooth-Gerätes Informationen über die Dienste und Anwendungen erhalten, die andere Bluetooth-Geräte in der Nähe bieten. Die unterstützten Dienste sind dabei zusammen mit ihren Eigenschaften, Namen und Beschreibungen auf jedem Gerät in einer Datenbank abgelegt. Der Nutzer eines Bluetooth-Gerätes kann die Informationen in der Datenbank des anderen Gerätes erhalten, indem er
>
> ❏ sich alle Dienste einer bestimmten Klasse anzeigen lässt,
> ❏ gezielt nach Diensten mit bestimmten Eigenschaften sucht,
> ❏ Menü-geführt die Datenbank durchsucht.

Beispielsweise kann ein Nutzer auf diese Weise erfahren, ob eines von den entdeckten Geräten in der Lage ist, eine Datei zu drucken, oder ob das Bluetooth-fähige Handy eines anderen Nutzers den Austausch elektronischer Visitenkarten unterstützt und wenn ja, in welcher Version bzw. in welchem Format.

Ferner lässt sich mittels des SDPs auch feststellen, ob Geräte, die einen bestimmten Dienst bieten, den eigenen Versorgungsbereich betreten oder verlassen haben.

RFCOMM

RFCOMM steht als Abkürzung für Radio Frequency Communications und bietet die Möglichkeit, mittels der Bluetooth-Funkübertragung serielle Schnittstellen nachzubilden, die ansonsten üblicherweise über Kabel mit 9-poligem Stecker realisiert sind. Man spricht in diesem Zusammenhang auch von seriellen Ports oder COM-Ports nach dem Standard RS 232. Bluetooth ist in der Lage, für ein Gerät bis zu 60 solcher serieller Ports zur Verfügung zu stellen und zu verwalten.

Telephony Control Protocol Specification, TCS

Das Telephony Control Protocol dient dazu, Sprach- und Datenverbindungen zwischen Bluetooth-Geräten aufzubauen und zu steuern. Mit Hilfe der Call-Control-Funktionalität lässt sich beispielsweise eine Sprachverbindung zwischen zwei Bluetooth-Geräten mit einem ähnlichen Signalisierungsablauf wie bei DECT (siehe Bild 10.15) aufbauen. TCS unterstützt aber auch Gruppenrufe und eine verbindungsunabhängige Signalisierung. Ferner lassen sich beispielsweise Rufnummern anzeigen oder DTMF-Töne übertragen.

Object Exchange Protocol

> Das Object Exchange Protocols (OBEX) dient dazu, bestimmte Datenobjekte wie
>
> ❏ Dateien,
> ❏ Verzeichnisse und Verzeichnisstrukturen,
> ❏ elektronische Visitenkarten,
> ❏ elektronische Kurzmitteilungen und Notizen,
> ❏ elektronische Terminkalendereinträge,
> ❏ elektronische Telefonbucheinträge
>
> in standardisierter und einfacher Weise auszutauschen.

Sprachübertragung, spezielle Protokolle und Anwendungsprofile 249

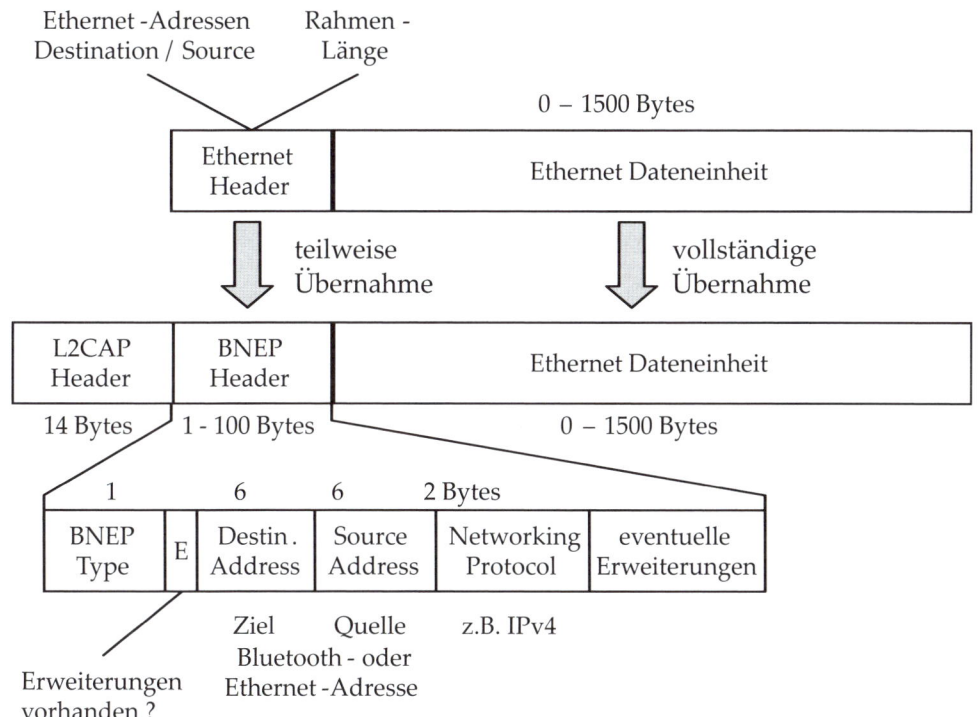

Bild 11.15   Übertragung von Ethernet-Frames mit dem Bluetooth Network Encapsulation Protocol (BNEP)

OBEX ist aus einem entsprechenden Protokoll hervorgegangen, dass zunächst für den Infrarot-Übertragungsstandard IrDA entwickelt wurde. Dieses Protokoll hat man auf die Bluetooth-Übertragung angepasst und dabei gleichzeitig das Zusammenspiel mit TCP/IP standardisiert.

11.5.3   Anwendungsprofile

Bedeutung von Anwendungsprofilen

Ein Anwendungsprofil legt fest, welche Leistungsmerkmale und Funktionalitäten ein Bluetooth-Gerät besitzen muss, um die jeweilige Anwendung einwandfrei im Zusammenspiel mit jedem anderen Gerät des gleichen Profils zu ermöglichen (vgl. Abschnitt 5.4). Nur Geräte mit dem gleichen Anwendungsprofil können problemlos zusammenarbeiten. Um zu prüfen, ob ein Zusammenspiel möglich ist, tauschen Bluetooth-Geräte nach der Kontaktaufnahme (Inquiry, Paging) mit Hilfe des Service Discovery Protocols Informationen über die implementierten Profile aus. Auf diese Weise verhindert man, dass sich ein schnurloses Telefon mit einem Drucker oder eine Maus sich mit einem Headset verbindet. Ein Bluetooth-Gerät kann auch mehrere Profile unterstützen. Betrachtet man beispielsweise ein Handy mit einer Bluetooth-Schnittstelle, so liefern das Headset, die Object Exchange und das Cordless Telephony Profile sinnvolle Anwendungen.

Bestandteile von Anwendungsprofilen

In einem Profil sind die folgenden Aspekte einer bestimmten Anwendung festgelegt:
    Wie sieht die Nutzerschnittstelle aus? In welcher Weise kann der Nutzer sein Gerät konfi-

gurieren? Welche Informationen erhält er angezeigt?

Welche speziellen Protokolle sind erforderlich?

In welcher Weise erfolgt ein Zusammenwirken mit anderen Anwendungsprofilen – insbesondere mit dem Generic Access und Service Discovery Application Profile?

Welche Bestandteile des Bluetooth Cores sind erforderlich? Welche Frametypen, welche Link-Management-Prozeduren, welche Verbindungstypen werden unbedingt benötigt, welche sind optional?

Welchen Wert besitzen bestimmte Parameter?

Bild 11.16 zeigt das Prinzip der Festlegung von Bluetooth-Profilen anhand von einigen Beispielen.

Struktur der Profile

Bluetooth bietet inzwischen sehr viele Anwendungsprofile, deren Anzahl ständig wächst. Bild 11.17 gibt einen Überblick über die derzeit standardisierten Profile. Auffällig ist die hierarchische Struktur, die darauf hindeutet, dass ein Profil einer Ebene seine Bestandteile an die Profile der folgenden Ebenen vererbt bzw. weitergibt. Ausgangspunkt aller Profile ist das Generic Access Profile (GAP).

Generic Access Profile

Im Generic Access Profile werden einige sehr allgemeine Vereinbarungen getroffen. So ist festgelegt, wie

❏ die Bluetooth Device Address,
❏ der Bluetooth-Gerätename,
❏ die PIN (Bluetooth Passkey genannt)

dargestellt bzw. anzugeben ist. Ferner werden

❏ die Discoverability Modes (siehe Abschnitt 11.4.3),
❏ die Connectability Modes (siehe Abschnitt 11.4.3),
❏ die Pairing Modes,
❏ die Security Modes (Authentifizierung und Verschlüsselung, siehe Abschnitt 11.8) definiert

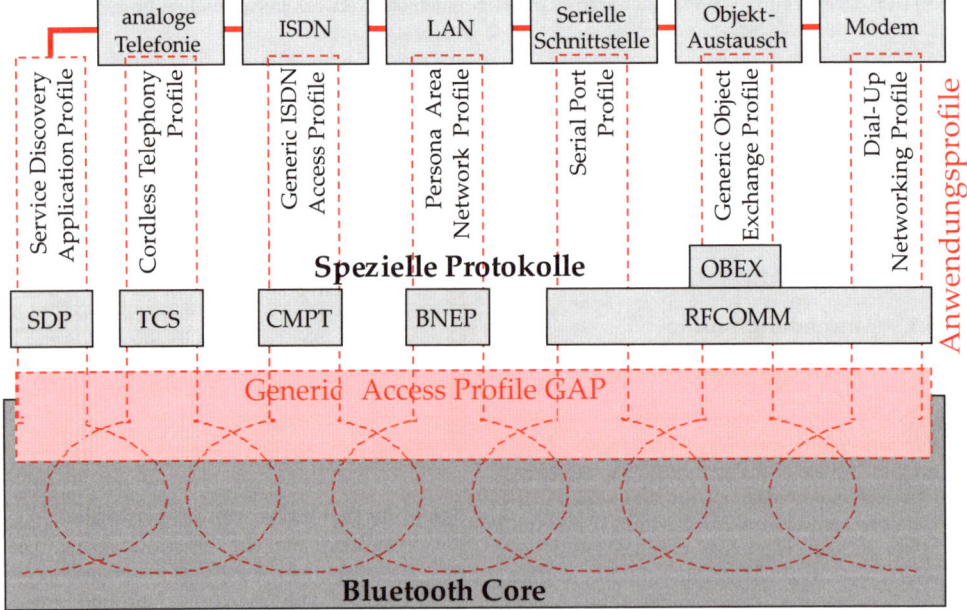

Bild 11.16 Das Prinzip der Bluetooth-Profile

Tabelle 11.3 Überblick über verschiedene Bluetooth-Profile

Profil-Name	Abk.	Klasse	Erläuterung
Common ISDN Access Profile	CIP	–	Nutzung von ISDN-Diensten (Telefonie, Fax, Zusatzdienste, Internet über ISDN) über Bluetooth-Verbindung zum ISDN-Anschluss
Hard Copy Cable Replacement Profile	HCRP	–	Drucken vom Handy, vom PC oder PDA über eine Bluetooth-fähigen Drucker, Ersatz des Parallelkabels
Personal Area Network Profile	PAN	–	drahtlose Computernetze, Peer-to-Peer oder über einen Access Point, der als Router oder Gateway dienen kann
Cordless Telephony Profile	CTP	TCS	Schnurlose Telefonie über einen Access Point, Intern- und Externverbindungen (SCO), Rufnummernanzeige
Intercom Profile	Intercom	TCS	Direkte Sprachverbindung zwischen zwei Bluetooth-Telefonen, "Walkie-Talkie-Betrieb"
Dial-Up Networking Profile	DUN	SPP	Anschluss eines PCs/Laptops an ein Handy oder Modem für drahtlosen Internet-Zugang
FAX Profile	FAX	SPP	FAX-Übertragung vom PC oder Laptop, die über SCO-Verbindung an ein Handy oder Modem angeschlossen sind
Headset Profile	Headset	SPP	Anbindung eines Headset an ein schnurloses Telefon, an ein Handy, einen PC oder Laptop über SCO-Verbindungen
LAN Access Profile	LAN	SPP	drahtlose Anbindung an ein LAN, heutzutage ersetzt durch das PAN Profile
Hands Free Profile	HFP	SPP	Anbindung von Mobiltelefonen an Freisprecheinrichtungen in einem Fahrzeug
SIM Access Profile	SIM	SPP	Zugriff auf die SIM-Kartendaten in einem Mobiltelefon
File Transfer Profile	–	SPP/ GOEP	Ausdruck spezieller Daten ohne Druckertreiber, z.B. Visitenkarten, Notizen, Kalendereinträge, Short Messages
Object Push Profile	–	SPP/ GOEP	Übermittlung elektronischer Visitenkarten, Notizen oder Tefonbucheinträgen auf ein anderes Bluetooth-Gerät
Synchronization Profile	–	SPP/ GOEP	Abgleich von elektronischen Terminkalendern oder Telefonbucheinträgen zwischen Handys, PDAs, PCs, ...
Basic Imaging Profile	BIP	SPP/ GOEP	Austausch von Bildern zwischen Bluetooth-fähigen Geräten wie Handys, Kameras, Drucker, Bildschirme
Basic Printing Profile	BPP	SPP/ GOEP	einfacher Ausdruck spezieller Daten: Short Messages, Visitenkarten, Kalendereinträge u.Ä.
Human Interface Device Profile	HID	–	Anbindung von Tastaturen, Computer-Mäusen und Spiele-Konsolen (USB über Bluetooth)
Audio Video Remote Control	AVRC	–	Fernbedienung von Audio- und Videogeräten mittels Bluetooth
Audio / Video Distribution Profile	ADP / VDP	–	Verteilung von Videoströmen und von Audioströmen mit hoher Qualität

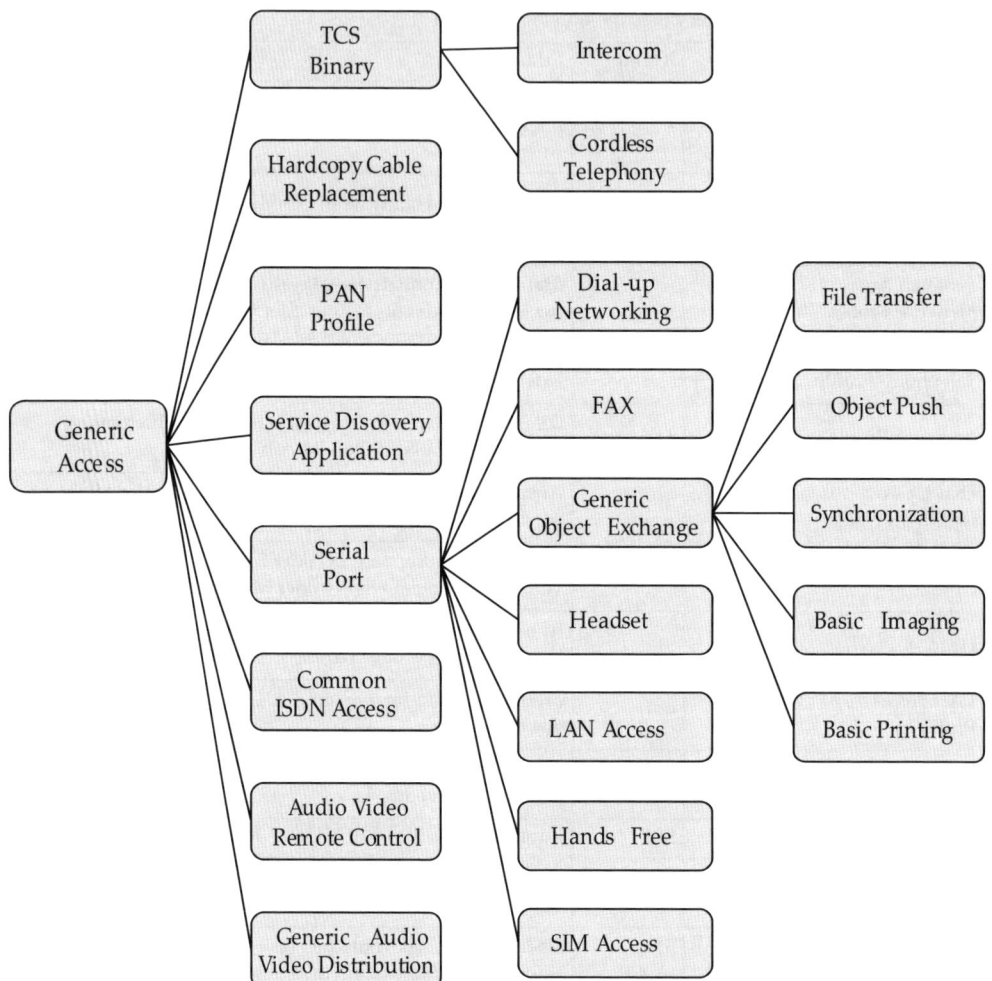

Bild 11.17 Hierarchischer Aufbau der Bluetooth-Profile

Ebenso sind die elementaren Prozeduren zur Kontaktaufnahme zwischen zwei Geräten und zum Verbindungsaufbau in ihrem grundsätzlichen Ablauf beschrieben.

Aus dem Generic Access Profile leiten sich mehrere Profil-Klassen wie das Telefony Control Specification Profile (TCS), das Serial Port Profile (SPP), das Generic Object Exchange Profile (GOEP) sowie viele andere Einzelprofile ab, deren Bedeutung in Tabelle 11.3 erläutert ist.

11.6 Störquellen und störungsmindernde Maßnahmen

Um auch bei Anwesenheit dieser Störquellen noch eine Datenübertragung zu ermöglichen, verwendet Bluetooth Frequency Hopping, so dass in etwa jede Millisekunde die Frequenz gewechselt wird. Bei dem ab Version 1.2 realisierten adaptiven Frequency Hopping werden Frequenzen, die über einen längeren Zeitraum gestört sind, von der Sprungfolge automatisch ausgespart.

Störquellen und störungsmindernde Maßnahmen

> ❗ Bluetooth arbeitet in dem lizenzfreien ISM-Band bei 2,4 GHz und ist daher Störungen durch andere Systeme ausgesetzt, die ebenfalls diesen Frequenzbereich nutzen.
> Mögliche Störquellen sind:
> - andere Bluetooth-Netze,
> - Netze nach dem Standard IEEE 802.11b/g,
> - Netze nach dem Standard ZigBee,
> - spezielle Funksysteme wie drahtlose Videoübertragungssysteme,
> - Mikrowellenherde,
> - der Amateur-Funk.

Ferner kann Bluetooth das Übertragungsverfahren und die damit verknüpfte Störfestigkeit in Abhängigkeit von der Störsituation auswählen; Bluetooth unterstützt also Link Adaption. Sollten dennoch in einem Datenpaket nicht korrigierbare Fehler auftreten, so wird es gemäß eines ARQ-Verfahrens wiederholt – und diese Wiederholung erfolgt i.Allg. auf einer anderen Frequenz.

Frequency Hopping trägt nicht nur zur Verbesserung der Störfestigkeit von Bluetooth bei, sondern sorgt auch dafür, dass Bluetooth ein anderes System nicht durchgehend stört.

Ferner wird die Störung anderer Systeme durch Bluetooth gering gehalten, da Bluetooth-Module i.Allg. mit niedriger Sendeleistung arbeiten bzw. Sendeleistungsregelung benutzen.

Störungen durch Mikrowellenherde
Störungen durch Mikrowellenherde lassen sich weitgehend durch eine überlegte Nutzung von Bluetooth-Systemen umgehen.

Störungen durch ZigBee
ZigBee-Module senden i.Allg. nur sporadisch kurze Datenrahmen mit geringer Leistung aus. Daher sind im Normalfall keine großen Störungen von Bluetooth durch ZigBee zu erwarten.

Störungen durch andere Bluetooth-Systeme
Um abzuschätzen, wie viele unabhängige Bluetooth-Systeme gleichzeitig in einem bestimmten Bereich betrieben werden können, benötigt man Angaben zur Interference Performance (siehe Abschnitt 6.1) von Bluetooth-Modulen.

Laut Standard muss bei den in Tabelle 11.4 angegebenen SIR-Werten die Bitfehlerrate geringer als 0,1% sein. Für Frames aus weniger als einigen hundert Bits ist dann gemäß Abschnitt 4.6 die Frame Error Rate (FER) kleiner als 10%. Der Parameter Δn charakterisiert den Abstand zwischen dem Träger des Nutzsignals und dem des Störsignals (siehe Abschnitt 6.1).

Nimmt man an, dass alle Module mit der gleichen Sendeleistung arbeiten und dass der Nutzer etwa drei- bis fünfmal so weit vom Empfänger entfernt ist wie der Störer ($V = 3 ... 5$ in Bild 6.2), so liegt der SIR-Wert zwischen -20 dB und -10 dB. Immer wenn der Nutzer und der Störer die gleiche oder eine unmittelbar benachbarte Frequenz beim Hopping verwenden, ist das entsprechende Frame mit einer Wahrscheinlichkeit von nahezu 100% fehlerhaft, da die erforderlichen SIR-Werte für $\Delta n = 0$ und 1 deutlich unterschritten sind. Für größere Trägerabstände sind kaum Frame Errors zu erwarten. Gemäß Bild 11.18 ergibt sich so eine effektive FER von etwa 4%. Bei den betrachteten Störverhältnissen lassen sich also drei bis vier Bluetooth-Systeme ohne große gegenseitige Beeinträchtigung betreiben.

Geht man von etwas geringeren Störungen und einem SIR von etwa 0 dB aus, so erhält man gemäß Bild 11.18 eine effektive FER von 1,5%, so dass sich bei diesen Verhältnissen etwa zehn Bluetooth-Systeme gleichzeitig betreiben lassen.

Insgesamt sorgt Frequency Hopping also dafür, dass es zu keinen großen gegenseitigen Beeinträchtigungen kommt, selbst wenn sich mehrere unabhängige Bluetooth-Systeme im gleichen Gebiet befinden.

Tabelle 11.4 Interference Performance SIR [dB] von Bluetooth für verschiedene Modulationsarten und Trägerabstände

System	$\Delta n = 0$	$\Delta n = 1$	$\Delta n = 2$	$\Delta n > 2$
GFSK	11 dB	0 dB	−30 dB	−40 dB
DQPSK	13 dB	0 dB	−30 dB	−40 dB
D8-PSK	21 dB	5 dB	−25 dB	−33 dB

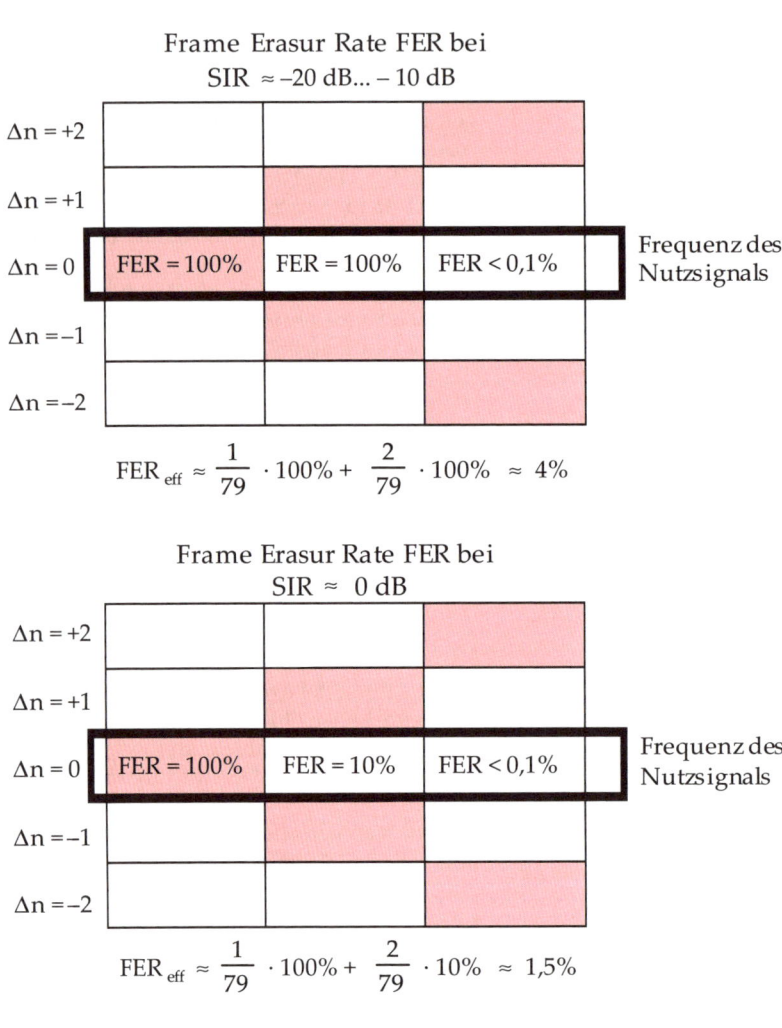

Bild 11.18   Gegenseitige Störungen von Bluetooth-Piconetzen

Störungen durch IEEE 802.11
Wireless LANs arbeiten i.Allg. mit höheren Sendeleistungen als Bluetooth-Module. Zudem verwenden sie eine höhere Bandbreite. Die hohe Bandbreite bei WLANs führt dazu, dass sich die Störleistung bezogen auf die Bandbreite eines Bluetooth-Trägers reduziert. Andererseits können bei ungünstigen Verhältnissen viele Bluetooth-Träger (etwa 20) so stark gestört sein, dass auf ihnen eine FER von 100% vorliegt. Bei einem rein zufälligen Frequency Hopping beträgt die effektive FER dann ungefähr $FER_{eff} = 25\%$ (20/79).

Bei einem adaptiven Frequency Hopping würden die gestörten Bluetooth-Träger ausgespart, so dass es zu keinen nennenswerten Beeinträchtigungen kommt. Kritisch wird es allerdings, wenn in einem Bereich ein größeres WLAN mit mehreren Frequenzträgern betrieben wird.

Für Störungen durch drahtlose Videoübertragungssysteme und andere Spezialsysteme gilt Ähnliches wie für Störungen durch WLANs.

11.7 Planungsaspekte

11.7.1 Sender- und Empfängerkenngrößen
Sendeleistung

> Für Bluetooth wurden verschiedene Sendeleistungsklassen spezifiziert:
> ❏ Klasse 1: 100 mW (20 dBm),
> ❏ Klasse 2: 2,5 mW (4 dBm),
> ❏ Klasse 3: 1 mW (0 dBm).

Module der Klasse 1, die bei höherer Sendeleistung natürlich auch einen erhöhten Energieverbrauch besitzen, sind eher bei Produkten wie Access Points, schnurlosen Telefonen, PC-Card- oder USB-Adaptern zu finden, während Headsets, Handys, Tastaturen, PC-Mäuse oder GPS-Empfänger eher Module der Klasse 3 nutzen.

Für Geräte der Klasse 1 ist Power Control (s.o.) zwingend vorgeschrieben.

Empfänger-Empfindlichkeit
Bluetooth-Kanäle besitzen eine Bandbreite von $B = 1$ MHz. Nimmt man ein Rauschmaß von $Z = 10$ dB an, so erhält man gemäß Gleichung 6.1 einen Rauschpegel von $N = -104$ dBm. Bei einem Störabstand von $SNR = 11$ dB ergibt sich so ein Mindestpegel von $RXLEV_{min} = -93$ dBm. Einige Bluetooth-Produkte erreichen diesen oder zumindest einen ähnlich guten Wert für die Empfängerempfindlichkeit tatsächlich. Um aber Raum für kostengünstige Module zu bieten, stellt der Bluetooth-Standard deutlich geringere Anforderungen an die Empfindlichkeit: Eine Bitfehlerrate von $BER = 0,1\%$ der modulierten Bits (ohne Fehlerkorrektur) soll ab einem Signalpegel von $RXLEV_{min} = -70$ dBm unterschritten werden.

11.7.2 Reichweite

Die Reichweite hängt außer von den Ausbreitungsbedingungen natürlich entscheidend von den verwendeten Modulen ab.

Betrachtet man zunächst den «ungünstigsten» Fall von Modulen der Sendeleistungsklasse 3 (0 dBm) mit einer Empfindlichkeit von $RXLEV_{min} = -70$ dBm, so ergibt sich nach Gleichung 11.1 in einer Entfernung von $r = 10$ m ein Pegel von:

$RXLEV = 0 \text{ dBm} - 40 \text{ dB} - 20 \cdot \log 10 = -60 \text{ dBm}$

Gegenüber zusätzlichen Dämpfungen durch Hindernisse bleibt ein Spielraum von 10 dB. Für solche Konstellationen ist also die Kommunikation i.Allg. auf einen Raum beschränkt. Ohne jegliche Hindernisse, d.h. unter Verzicht auf die Reserve von 10 dB, ergibt sich eine Reichweite von etwa $r = 30$ m.

Steigert man die Sendeleistung oder die Empfängerempfindlichkeit um 20 dB (Klasse 1 oder deutlich empfindlichere Module), so erhöht sich unter Freiraumbedingungen die Reichweite um einen Faktor 10 – also von 30 m auf 300 m. Innerhalb von Gebäuden erlaubt der zusätzliche Gewinn von 20 dB, eine Stahlbetondecke bzw. mehrere Wände und Räume zu durchdringen.

11.7.3 Kapazität

> Pro Piconetz steht genau ein physikalischer Kanal zur Verfügung, der bei der Grundmodulation (GFSK) eine Brutto-Datenrate von 1 Mbit/s und bei einer höherwertigen Modulationen eine Brutto-Datenrate von bis 3 Mbit/s liefert. Die maximalen Netto-Datenraten liegen für eine asynchrone und asymmetrische Verbindung bei etwa 0,7 Mbit/s (GFSK) bzw. 2,2 Mbit/s (differentielle 8-PSK). Sind mehrere Slaves in einem Piconetz aktiv, so müssen sie sich diese Übertragungskapazität teilen.

Bisher erlaubt Bluetooth keinen Mehrzellenbetrieb, um die Kapazität durch Installation mehrerer untereinander verbundener Funkzellen zu erhöhen. Für getrennte Anwendungen können allerdings – wie die Betrachtungen zur gegenseitigen Störsituation aus Abschnitt 11.6 zeigen – mehrere Netze in einem Gebiet mit unterschiedlichen Kanälen parallel betrieben werden. Dabei kann eine Station verschiedenen solcher Piconetze angehören.

11.8 Sicherheitsrelevante Netzfunktionen

11.8.1 Allgemeiner Überblick

> Der Bluetooth Standard sieht eine Authentifizierung nach einem Challenge-Response-Verfahren sowie eine Verschlüsselung nach einem Stromchiffre-Verfahren vor.

Ob und in welcher Weise diese Methoden tatsächlich eingesetzt werden, hängt von dem am Gerät eingestellten Sicherheitsmodus ab:

- Modus 1 (non secure mode): Das Gerät selbst leitet keine besonderen Sicherheitsmaßnahmen ein, reagiert aber auf Authentifizierungsanforderungen von anderen Geräten.
- Modus 2 (service level enforced security): Ein Gerät im Modus 2 führt zunächst einen Verbindungsaufbau durch und entscheidet dann in Abhängigkeit vom gewählten Dienst bzw. Kommunikationspartner, welche Sicherheitsmaßnahmen ergriffen werden.
- Modus 3 (link level enforced security): In diesem Modus ist die im Bluetooth-Standard definierte Authentifizierung unbedingter Bestandteil des Verbindungsaufbaus. Ob eine Verschlüsselung initiiert wird, bleibt optional.

Die genannten Sicherheitsmodi sind Bestandteil des Generic Access Profiles.

Die wesentlichen Ausgangsgrößen für diese Verfahren sind also:

- die Bluetooth Device Adressen BD_ADDR der beteiligten Geräte;
- die PIN, die in allen Geräten eingestellt werden muss;
- die Länge der PIN, die mit LPIN bezeichnet und in Bytes (1 bis 8) angegeben wird;
- die Zufallszahlen RAND, die in den Geräten erzeugt bzw. die zwischen ihnen auf dem Funkweg ausgetauscht werden müssen.

> Die sicherheitsrelevanten Maßnahmen laufen i.Allg. in fünf Schritten ab (Bild 11.19):
> 1. Erzeugung eines Initialisierungsschlüssels K_{init} aus der Geräteadresse BD_ADDR, einer Zufallszahl und einer von dem Nutzer einzugebenden persönlichen Identifikationsnummer PIN;
> 2. Auswahl und sicherer Austausch eines Verbindungsschlüssels (Link Key K_{link}) zwischen den Geräten mit Hilfe von K_{init} und Speicherung von K_{link} für eine oder mehrere Sitzungen;
> 3. Authentifizierung in einem Challenge-Response-Verfahren, gesteuert durch K_{link};
> 4. Erzeugung eines (temporären) Schlüssels für die Verschlüsselung in Abhängigkeit von K_{link};
> 5. Verschlüsselung mittels eines Stromchiffre-Verfahrens.

11.8.2 Schlüsselerzeugung und Schlüsselmanagement

Für die Verschlüsselung und Authentifizierung werden unterschiedliche Schlüssel verwendet, die i.Allg. individuell vergeben werden und von Zeit zu Zeit wechseln können. Die wechselnden Schlüssel werden dabei in mehreren Schritten von den Bluetooth-Device-Adressen (BD_ADDR, 48 Bit) der beteiligten Stationen und einer eventuell vom Nutzer einstellbaren persönlichen Identifikationsnummer (PIN) abgeleitet. Je nach Gerät besteht die PIN aus 8 bis 128 Bit, die zumeist aus den vom Nutzer einzugebenen alphanumerischen Zeichen erzeugt werden. Geräte ohne Eingabemöglichkeit (z.B. Headsets) besitzen entweder keine oder eine fest eingestellte PIN. Im ersten Fall arbeitet man mit einem festen Unit Key K_{unit}, der sich ledig-

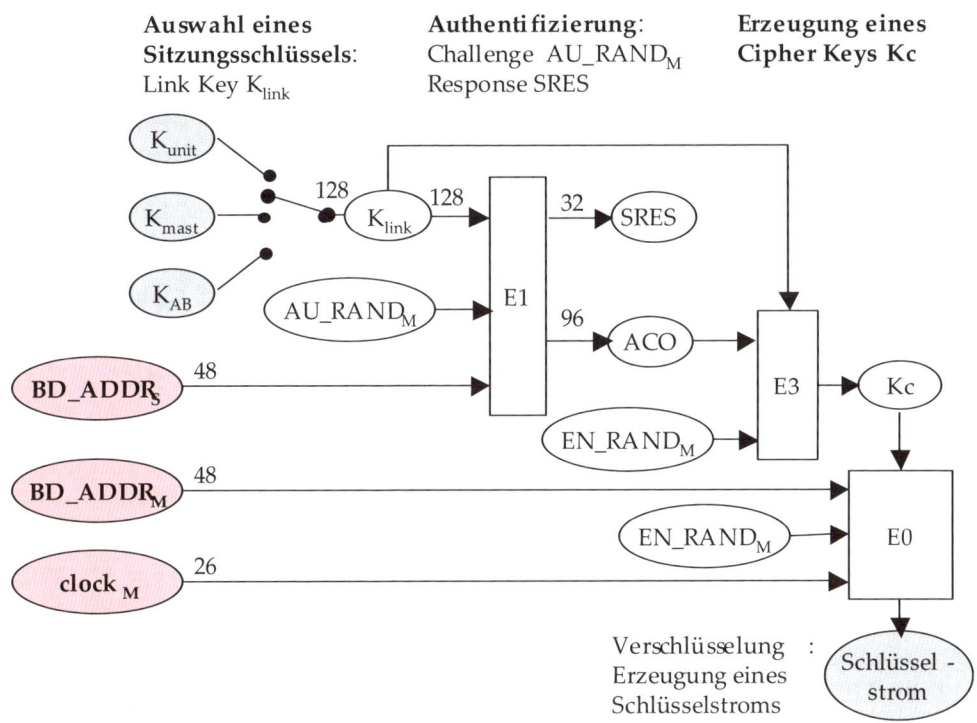

Bild 11.19 Das Zusammenspiel der Sicherheitsfunktionen bei Bluetooth

lich aus der Bluetooth-Adresse und einer in der Initialisierungsphase gewählten Zufallszahl RAND ergibt. Im zweiten Fall muss in demjenigen Gerät, das mit einem Gerät mit fester PIN kommunizieren will, diese PIN eingegeben werden. Zwei Geräte mit nicht einstellbarer PIN können nicht verbunden werden.

Den zentralen Schlüssel für alle weiteren Maßnahmen bildet der Link Key K_{link}, der je nach Gerät bzw. Anwendung aus folgenden drei Schlüsseltypen ausgewählt wird:

- einem Unit Key, der sehr selten gewechselt und bei Geräten mit wenig Speicherkapazität verwendet wird;
- einem Master Key, der für Point-to-Multipoint-Verbindungen eingesetzt wird, bei denen der Master die gleichen Informationen an mehrere Slaves schickt und diese in gleicher Weise verschlüsselt;
- einem Combination Key, der zwischen dem Master und jedem Slave individuell ausgehandelt wird.

> Die Erzeugung eines gemeinsamen Link Keys und die gegenseitige Authentifizierung bezeichnet man auch als *Pairing*.

Um den entscheidenden individuellen Link Key K_{link} das erste Mal sicher austauschen zu können, benutzt man einen Initialisierungsschlüssel K_{init}. Dazu generiert eine Station (Station A) eine Zufallszahl RAND und sendet sie an Station B. Aus RAND und der mit der Bluetooth-Adresse von Station B gemischten PIN wird über einen Algorithmus (E22) K_{init} berechnet (Bild 11.20). Falls für ein Gerät keine PIN vorgesehen ist, wird anstelle der PIN die Bluetooth-Adresse des anderen Gerätes benutzt.

Der Unit Key K_{unit} wird in einem Gerät mit wenig Speicher bei dessen Inbetriebnahme aus der Bluetooth-Adresse und einer Zufallszahl RAND erzeugt (siehe Bild 11.20) und in dem Gerät dauerhaft gespeichert. Nimmt ein

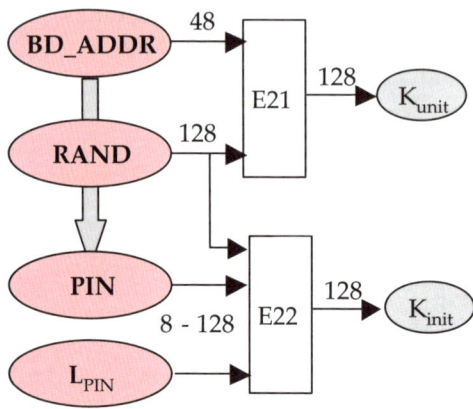

Bild 11.20 Erzeugung des Geräteschlüssels K_{unit} und des Initialisierungsschlüssels K_{init}

anderes Gerät A zu einem solchen Gerät B mit Unit Key Kontakt auf, so überträgt A seinen Unit Key verschlüsselt an B, indem A zu dem Unit Key den abgestimmten Initialisierungsschlüssel addiert (modulo 2).

In den meisten Fällen wird als Link Key ein so genannter Kombinationsschlüssel (Combination Key K_{AB}) verwendet, der für jedes Paar von Stationen A und B individuell bestimmt wird. Dabei erzeugt – wie in Bild 11.21 gezeigt – jede der beiden Stationen aus ihrer Adresse und einer Zufallszahl einen Teilschlüssel K_A bzw. K_B und überträgt die selbst gewählte Zufallszahl verschlüsselt an die jeweils andere Station, wobei für die Verschlüsselung der gemeinsame Initialisierungsschlüssel K_{init} genutzt wird. Damit ist jede Station in der Lage, auch den jeweils anderen Teilschlüssel zu berechnen. Der Kombinationsschlüssel ergibt sich aus der Addition (modulo 2) der beiden Teilschlüssel.

Möchte der Master eine Point-to-Multipoint-Verbindung betreiben, d.h. an mehrere Slaves die gleichen Daten senden, so benötigt man einen für all diese Slaves gültigen gemeinsamen Schlüssel – den Master Key K_{mast}. Dieser wird vom Master aus zwei Zufallszahlen erzeugt und unter Verwendung der bereits vorhandenen Link Keys verschlüsselt an jeden der beteiligten Slaves übertragen (Bild 11.22).

11.8.3 Authentifizierung

Die Authentifizierung erfolgt nach einem Challenge-Response-Verfahren. Der Authentifizierer A wählt eine Zufallszahl AU_RAND und sendet sie als Challenge an die zu authentifizierende Station B. Aus AU_RAND und dem zuvor abgestimmten Link Key K_{link} berechnet B mit einem Algorithmus E1 ein aus zwei Teilen bestehendes Ergebnis (siehe Bild 11.19): den **A**uthenticated **C**iphering **O**ffset (ACO, 96 Bit), der geheim gehalten und im eventuell anschließenden Verschlüsselungsverfahren Verwendung findet, und eine Signed Response (SRES, 32 Bit), die an die Station A zurück gesendet wird. Die Station vergleicht SRES mit dem selbst berechneten, erwarteten Ergebnis und bestätigt bei Übereinstimmung die erfolgreiche Authentifizierung.

Eine gegenseitige Authentifizierung wird bewerkstelligt, indem die beschriebene Prozedur ein zweites Mal – allerdings mit vertauschten Rollen und anderen Zufallszahlenwerten – abläuft.

Sollte eine Authentifizierung fehlschlagen, so darf erst nach einer bestimmten Wartezeit ein erneuter Versuch unternommen werden, wobei sich die Wartezeit mit der Zahl der Fehlversuche stark erhöht. Diese Maßnahme verhindert eine Authentifizierung durch Ausprobieren. Zu betonen ist, dass die Wartezeiten individuell für die zu authentifizierenden Geräte vergeben werden.

11.8.4 Verschlüsselung

> Vor dem Start der Verschlüsselung handeln die beiden beteiligten Kommunikationspartner zunächst die zu verwendende Schlüssellänge L_{key} aus, die zwischen 1 und 16 Byte (8 bis 128 Bit) liegen kann.

Dass die Schlüssellänge variabel gehalten wird, hat zwei Gründe: Zum einen bestehen in verschiedenen Ländern unterschiedliche Einstellungen gegenüber der Verschlüsselung und Vertraulichkeit; ferner erlauben Export-Richt-

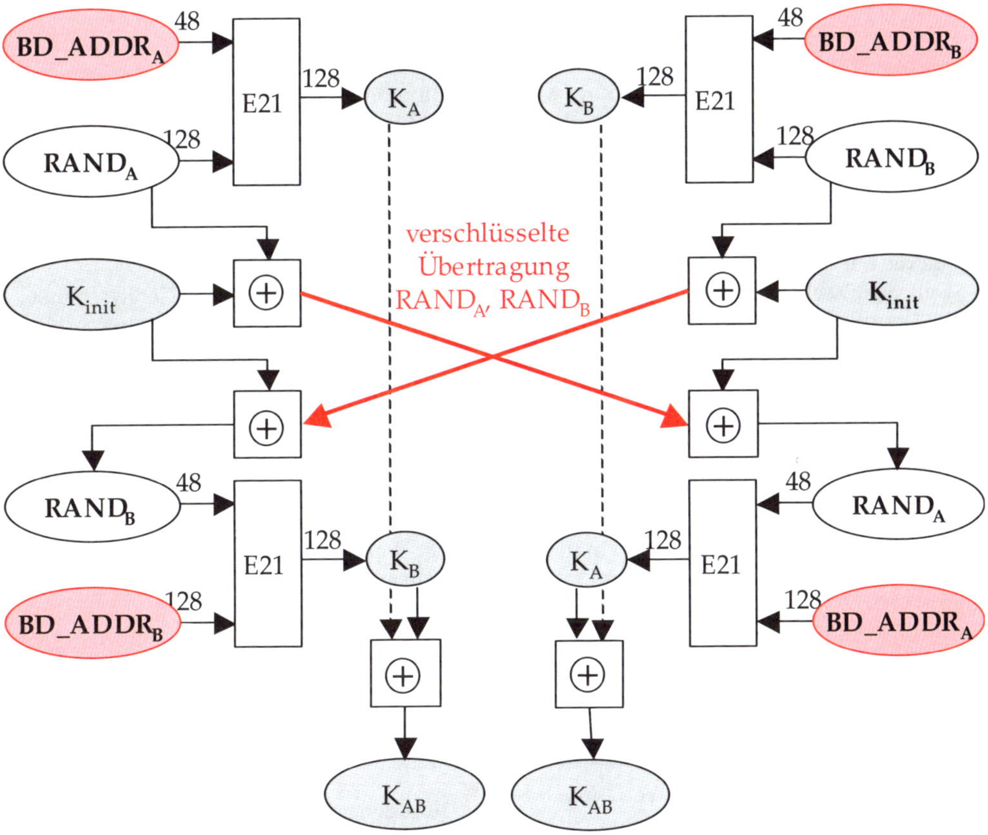

Bild 11.21 Erzeugung des Combination Keys

linien bei Produkten für bestimmte Länder nur eine geringe Stärke der Verschlüsselung. Zum anderen sollte eine gewisse Freiheit gewahrt sein, die Schlüssellänge abhängig von der konkreten Anwendung und von der Rechenleistung des Gerätes zu gestalten. Weiterhin schafft man so die Voraussetzungen, um für zukünftige Anwendungen eine noch größere Schlüssellänge zu bieten.

Damit die Verschlüsselung durchgeführt werden kann und die Verbindung zustande kommt, müssen sich beide Seiten auf eine Länge einigen. Sie wird einerseits dadurch bestimmt, dass beide Seiten für die jeweilige Anwendung eine Mindestlänge aus Sicherheitsgründen für erforderlich halten, und andererseits dadurch, dass beide Geräte nur eine bestimmte Maximallänge unterstützen.

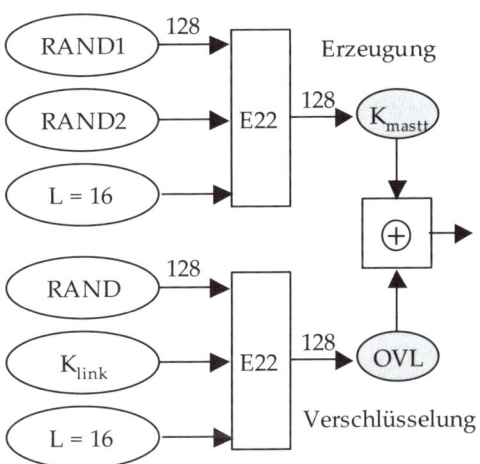

Bild 11.22 Erzeugung und Verschlüsselung des Master Keys

Der Schlüssel für die Stromchiffre K_c wird bei Point-to-Multipoint-Verbindungen aus der Bluetooth-Adresse des Masters abgeleitet. Bei Verwendung von individuellen Link Keys wird er mit Hilfe eines bestimmten Algorithmus (E3 in Bild 11.19) aus dem Authenticated Ciphering Offset ACO und einer Zufallszahl, die zwischen Master und Slave ausgetauscht wird, abgeleitet. Anschließend wird der Schlüssel K_c auf die ausgehandelte Länge reduziert.

Den Schlüsselstrom erzeugt man mit einem Algorithmus (E0 in Bild 11.19), der die Bluetooth-Adresse des Masters, den Schlüssel Kc, eine Zufallszahl EN_RAND sowie den jeweils aktuellen Wert des Clock-Signals des Masters als Eingangswerte besitzt. Die Zufallszahl wird vom Master gewählt und an den Slave übertragen. Da der Wert der Clock in jedem Zeitschlitz um eins erhöht wird, ergibt sich für jedes Datenpaket ein neuer Schlüsselstrom – zumindest so lange, bis die Clock nach 2^{26} Zeitschlitzen die Zählung wieder bei 0 beginnt. Innerhalb dieses Zeitraums sollte daher die Zufallszahl oder der Schlüssel Kc gewechselt werden.

11.8.5 Bewertung der Verfahren

Durch die zuvor beschriebenen Verfahren bietet Bluetooth einen gewissen Grad an Sicherheit. Insbesondere sind das Schlüsselmanagement und die Authentifizierung deutlich besser gestaltet als bei der ursprünglichen Version von IEEE 802.11.

Dennoch sollte man sich einiger Schwächen bewusst sein, auf die z.B. auch das Bundesamt für Sicherheit in der Informationstechnik BSI hinweist [BSI]:

❑ Die kryptographischen Verfahren, die bei der Verschlüsselung und Authentifizierung verwendet werden, entsprechen nicht dem neuesten Stand der Technik und besitzen damit nur ein mittleres Sicherheitsniveau.
❑ Die Qualität der verschiedenen Verfahren hängt stark von der Qualität der Zufallszahlengeneratoren ab. Deren Funktionsweise ist jedoch im Standard nicht detailliert spezifiziert.
❑ Eine Datenintegritätsprüfung, mit der sich gezielte Manipulationen von Daten feststellen lassen, ist nicht vorgesehen.
❑ Bluetooth-Adressen werden nicht verschlüsselt, so dass es möglich ist, Bewegungsprofile zu erstellen.
❑ Es erfolgt nur eine Authentifizierung der Geräte; eine Authentifizierung des Nutzers gegenüber dem Gerät ist im Bluetooth-Standard nicht vorgeschrieben.
❑ Bei einer Verwendung von Geräteschlüsseln (Unit Keys) erfolgen Schlüsselwechsel nie oder nur sehr selten. Dadurch ergibt sich eine erhöhte Anfälligkeit gegen ein Brechen der Verschlüsselung.
❑ Die PIN ist der einzige geheime Parameter, der in die Algorithmen eingeht. Wird die PIN erraten oder ausspioniert, so sind alle daraus abgeleiteten Maßnahmen wirkungslos.
❑ Die Verwendung der diskutierten Sicherheitsmaßnahmen ist nicht für alle Anwendungen zwingend vorgeschrieben. Ferner werden die Geräte häufig mit unsicheren Voreinstellungen ausgeliefert.
❑ Weiterhin ist eine fehlerhafte Implementierung der Sicherheitsmaßnahmen durch den Hersteller nicht auszuschließen.

> Trotz der genannten Schwächen sollte man die zur Verfügung stehenden Sicherheitsmaßnahmen unbedingt aktivieren, da sie für den Normalfall einen ausreichenden Schutz gewähren. Ist ein sehr hohes Sicherheitsniveau erforderlich, so sind Zusatzmaßnahmen wie die Installation von VPN-Software zu empfehlen.

11.9 Zusammenfassung

Das Funksystem Bluetooth wurde von der Bluetooth Special Interest Group entwickelt, um Kabelverbindungen zwischen verschiedenen Geräten durch flexible Funkverbindungen zu ersetzen und somit kurze Entfernungen (einige Meter) mit preiswerten und kleinen Funkmodulen in Energie sparender Weise und ohne großen Installationsaufwand zu überbrücken.

Tabelle 11.5 Wichtige Systemparameter bei Bluetooth

Standardisierung durch	Bluetooth Special Interest Group BSIG und als IEEE 802.15.1 durch IEEE
Hauptanwendungsbereich	Kabelersatz über kurze Entfernungen
Produkte seit	1998
Produkte	USB-, serielle, PC-Card-Adapter, Module in Headsets, Digitalkameras, Handys, Druckern, GPS-Empfänger u.a., Access Points, schnurlose Telefone
maximale Netzgröße	Piconetz mit 8 aktiven Stationen (1 Master, 7 Slaves), 127 und mehr geparkte Stationen, Scatternetze möglich
maximale Sendeleistung	Module mit 1 mW, 2,5 mW, 100 mW
Sendeleistungsregelung	bei max. Leistung 100 mW verpflichtend, sonst optional
Empfängerempfindlichkeit	besser als −70 dBm (lt. Standard), −90...−75 dBm in vielen Produkten
Energiespar-Funktionen	Sniff-, Hold-, Park-Mode
Frequenzbereich	ISM-Band bei 2,4 GHz
Anzahl Kanäle	79 (zeitweise überlappend durch Frequency Hopping)
Modulation	GFSK, ab Version 2.0 auch differenzielle QPSK und 8-PSK
Brutto-Datenrate	1 Mbit/s (bzw. 3 Mbit/s ab Version 2.0)
Kanalcodierung	Block-Codes für ARQ und/oder Fehler korrigierende Codes der Rate $1/3$ und $2/3$
Zugriffsverfahren	TDMA im Zeitduplex mit Reservierung bei synchronen bzw. mit Polling bei asynchronen Verbindungen
Verbindungstypen	synchron (leitungsvermittelt): symmetrisch u. asymmetrisch asynchron (paketvermittelt): symmetrisch u. asymmetrisch
Sprachübertragung	synchron (SCO), PCM oder CVSD mit 64 kbit/s1 bis 3 Verbindungen pro Master je nach Fehlerschutz
Netto-Datenraten	synchron u. sym.: 0,4 Mbit/s (GFSK), 1,2 Mbit/s (D8-PSK) asynchron u. asym.: 0,7 Mbit/s (GFSK), 2,2 Mbit/s (D8-PSK)
Störungen durch	IEEE 802.11b/g, andere Bluetooth-Netze, ZigBee, Mikrowellenherde, Amateurfunk, andere Systeme im ISM-Band
Maßnahmen gegen Störungen	(adaptives) Frequency Hopping, unterschiedliche Übertragungsmodi (Link Adaption)
Schlüsselmanagement	je nach Gerät: feste oder dynamische Schlüssel, erzeugt aus PIN, Hardware-Adresse und Zufallszahlen
Authentifizierung	Challenge-Response-Verfahren (optional)
Verschlüsselung	Stromchiffre mit Schlüsseln der Länge 8 bis 128 Bit (optional)
Integritätsprüfung	nicht vorhanden

Bluetooth arbeitet im ISM-Band bei 2,4 GHz und nutzt Frequency Hopping als störungsmindernde Maßnahme.

Die erste Version von Bluetooth bietet bei Verwendung einer GFSK-Modulation eine Bruttodatenrate von 1 Mbit/s, die Version 2.0 aus dem Jahre 2005 ermöglicht Bruttodatenraten von bis zu 3 Mbit/s durch die Verwendung höherwertiger Modulationsverfahren. Daher trägt diese Version vielfach auch den Zusatz Bluetooth EDR (Enhanced Data Rate).

Teile des Bluetooth-Standards, nämlich diejenigen, die die Übertragungstechnik und die Zugriffs- und Datensicherungsverfahren betreffen, wurden vom IEEE als Standard IEEE 802.15.1 herausgegeben.

Weitere wichtige Systemparameter sind in Tabelle 11.5 zusammengefasst.

Literaturhinweise
Sehr detaillierte Darstellungen zum Thema Bluetooth findet man in [11] und [23], eine kompaktere Form in [16]. Speziell mit den Sicherheitsmaßnahmen befasst sich [26]. Sehr detaillierte Informationen erhält man über die entsprechenden Standardisierungsdokumente:
- Architektur: [31, Vol. 1, Part A], [43, Chapter 6]
- Physikalische Schicht: [31, Vol. 2, Part A], [43, Chapter 7]
- Basisband: [31, Vol. 2, Part B], [43, Chapter 8])
- Sicherheitsmaßnahmen: [31, Vol. 2, Part H], [43, Chapter 8]
- Link Manager: [31, Vol. 2, Part C], [43, Chapter 9]
- L2CAP: [31, Vol. 3, Part A], [43, Chapter 10]
- Host Controller: [31, Vol. 2, Part E], [43, Chapter 11]
- Generic Access Profile: [31, Vol. 3, Part C], [43, Annex C]
- Weitere Access Profiles: [32].

11.10 Übungsaufgaben

11.1 Welche Organisationen befassen sich mit der Standardisierung von Bluetooth?

11.2 Welches sind die Hauptanwendungsgebiete von Bluetooth?

11.3 Welche Modulationsformen werden bei Bluetooth eingesetzt und welche Brutto-Datenraten erzielt man damit?

11.4 Wie groß ist die maximale Anzahl aktiver Stationen in einem Piconetz?

11.5 Auf welche Weise können zwei Slaves miteinander kommunizieren?

11.6 Nennen Sie zwei Anwendungsbeispiele für Scatternetze, bei denen jeweils eine Station der Master in einem Piconetz und der Slave in einem anderen Piconetz ist.

11.7 Nach welchen Prinzipien wird bei Bluetooth die Zuteilung der Übertragungskapazitäten geregelt?

11.8 In welchem zeitlichen Rhythmus wird bei Verwendung eines EV5-Packets mit maximaler Länge die Frequenz gewechselt?

11.9 Nennen Sie einige Informationselemente des Headers eines MAC-Frames.

11.10 Was versteht man unter einem adaptiven Frequency Hopping? Gegen welche Arten von Störungen hilft es und gegen welche nicht?

11.11 Betrachten Sie zwei Stationen: Station A der Klasse 2 mit Empfängerempfindlichkeit –76 dBm, Station B der Klasse 1 mit Empfängerempfindlichkeit –84 dBm. In welcher Übertragungsrichtung ergibt sich die höhere Reichweite?

11.12 Betrachten Sie zwei Bluetooth-Module der Klasse 2 im Abstand von $r = 20$ m. Wie groß ist der Empfangspegel bei Freiraumausbreitungsbedingungen? Liegt ein ausreichender Empfangspegel vor, wenn eine zusätzliche Dämpfung von 15 dB durch eine Wand berücksichtigt wird?

11.13 Nehmen Sie an, dass Sie ein Bluetooth-Gerät mit 0 dBm Sendepegel und einer Empfindlichkeit von –70 dBm besitzen und sich in einem Raum mit einer Wanddämpfung von 15 dB befinden. Wie groß ist der Pegel außerhalb des Raumes in $r = 40$ m Entfernung. Können Sie dort abgehört werden, wenn Sie keine Verschlüsselung aktiviert haben?

11.14 Welche Formen der Discoverability gibt es?

11.15 Welche Stromsparmodi gibt es und wie unterscheiden sie sich?

11.16 Welche Aufgaben hat das L2CAP? Welche Rolle spielt es bei der Sprachübertragung?
11.17 Was versteht man unter BNEP und bei welchem Profil kommt es zum Einsatz?
11.18 Wozu dient das OBEX-Protokoll?
11.19 Welche Access Profiles sollte ein Bluetooth-Gerät bei folgenden Anwendungen unterstützen:
   a) schnurlose Telefonie,
   b) drahtloses Computernetz,
   c) Abgleich elektronischer Kalendereinträge?
11.20 Nennen Sie drei weitere Anwendungsprofile.
11.21 Wie viele schnurlose Bluetooth-Telefone lassen sich theoretisch maximal an einen Access Point anschließen? Mit wie vielen kann man maximal gleichzeitig telefonieren?
11.22 In welchem Frequenzband arbeitet Bluetooth und welche Störquellen treten dort auf?
11.23 Wodurch unterscheiden sich der SCO- und ACL-Transport?
11.24 Nennen Sie die Sicherheitsmodi und ihre Haupteigenschaften.
11.25 Nennen Sie einige Größen, die bei der Bestimmung des Link Keys eingehen.
11.26 Nach welchem Prinzip erfolgt bei Bluetooth die Authentifizierung?
11.27 Welche Verschlüsselungsmethode wird bei Bluetooth verwendet?
11.28 Welche Gründe gibt es dafür, die Schlüssellänge bei Bluetooth variabel zu gestalten?
11.29 Welche Zustände kann der Link Controller annehmen?
11.30 Nach welcher Zeit wiederholt sich der Schlüsselstrom in einem Piconetz, wenn kein Schlüsselwechsel vorgenommen wird?

12 Weitere Standards für lokale Funknetze

12.1 ZigBee

12.1.1 Anwendungen, Standardisierung und Netzstrukturen

Anwendungen

> ⚠️ Der ZigBee-Standard wurde vorwiegend für Anwendungen im Bereich der Haus- und Gebäudeautomation, der industriellen Automatisierungstechnik und der Medizintechnik entwickelt, um Sensoren und Steuerungselemente über Funkverbindungen miteinander zu vernetzen. Das Hauptaugenmerk liegt dabei auf niedrigen Kosten und einem geringen Leistungsverbrauch der Funkmodule. Hingegen sind die Anforderungen an die Datenrate vergleichsweise gering: In seiner primären Übertragungsvariante bietet ZigBee eine Bruttodatenrate von 250 kbit/s.

Begrenzt man die Sendeleistung, um den Stromverbrauch der Module zu reduzieren, so ist auch deren Reichweite gering. Um dennoch in einem größeren Gebäude oder auf einem größeren Gelände Sensoren und Steuerungselemente miteinander zu vernetzen, bietet ZigBee eine so genannte *Multihop-Funktionalität*. Das bedeutet, dass ein Datenpaket über mehrere Zwischenstationen vom ursprünglichen Sender zu seinem Ziel transportiert wird. Die Zwischenstationen müssen also einen geeigneten Weg für das Paket suchen. Da dieser Weg dem Zickzack-Kurs einer tanzenden Biene ähnelt, wurde der Name ZigBee gewählt.

Standardisierung

Die Standardisierungsaktivitäten für ZigBee begannen im Jahre 1998 im Zuge der Arbeiten am so genannten HomeRF-Standard. Nachdem die HomeRF-Standardisierung jedoch eingestellt wurde, gründete sich im Jahr 2002 die ZigBee-Alliance als Zusammenschluss mehrerer Firmen mit dem Ziel, für eine Weiterentwicklung des Standards und eine Verbreitung der zugehörigen Technologie zu sorgen. Die Standardisierung innerhalb der ZigBee-Alliance, der inzwischen mehr als 200 Unternehmen angehören, betrifft vor allem die Vermittlungsschicht und in Teilen die darüber liegenden Anwendungsschichten (Bild 12.1), während die Standardisierung der Übertragungstechnik (Physical Layer) und der Zugriffsverfahren (Medium Access Control) der Arbeitsgruppe IEEE 802.15.4 übertragen wurde. Die Veröffentlichung der jeweiligen Spezifikationsdokumente erfolgte in den Jahren 2004 bzw. 2003.

Protokoll-Architektur

Die Aufgaben der Vermittlungsschicht bestehen

- im Aufbau des Netzes und der Aufnahme neuer Stationen,
- in der Verwaltung der Nachbarschaftsbeziehungen und im Routing,
- im Austausch von Schlüsseln für die Sicherheitsmaßnahmen.

Auf der Anwendungsebene hat der ZigBee-Standard einen allgemeinen Rahmen (Application Framework) zur Realisierung der Anwendungen geschaffen, die konkreten Ausprägungen der Anwendungsobjekte sind von den jeweiligen Herstellern selbst festzulegen. Jedes ZigBee-Gerät kann bis zu 240 Anwendungsobjekte (Application Objects) wie verschiedene Sensoren, Aktoren oder Steuerungselemente enthalten, die mit Objekten in anderen ZigBee-Elementen kommunizieren. Der Application Support Sublayer ist dafür verantwortlich, die Meldungen mit Messwerten und Steuerungsbefehlen an die richtigen Anwendungsobjekte zu verteilen. Dem ZigBee Device Object obliegt die allgemeine Steuerung eines ZigBee-Gerätes. Dazu gehört das Auffinden von Geräten, die die gesuchte Anwendung bieten, die Herstellung einer sicheren Verbindung zwischen den Geräten und die Festlegung der Rolle eines Gerätes im Netz (Koordinator, Router, Reduced Function Device, s.u.).

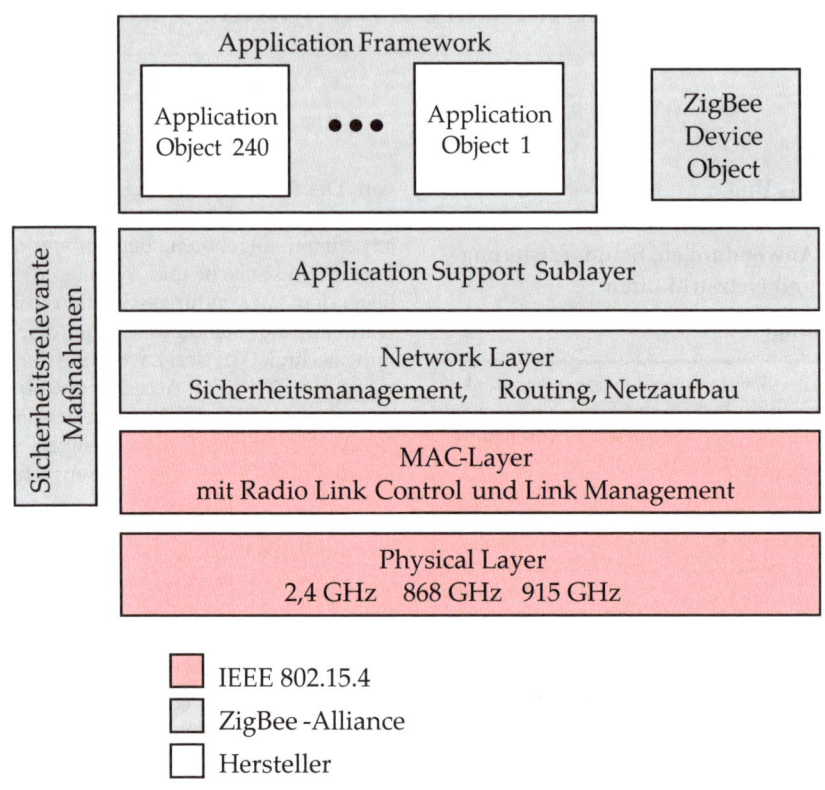

Bild 12.1   Protokoll-Architektur bei ZigBee

Die Entwicklung der konkreten Anwendungen obliegt den jeweiligen Herstellern von ZigBee-Modulen. Um jedoch das einwandfreie Zusammenspiel von ZigBee-Modulen verschiedener Hersteller zu garantieren, definiert ZigBee auch zahlreiche Anwendungsprofile (s.u.).

Netzstrukturen

Ein ZigBee-Netz besteht aus zwei oder mehr Stationen, die Devices (Geräte) genannt werden. Man unterscheidet:
- **F**ull **F**unction **D**evices (FFD),
- **R**educed **F**unction **D**evices (RFD).

Ein RFD kann nur mit einem FFD kommunizieren, wohingegen ein FFD sowohl mit einem anderen FFD als auch mit einem RFD kommunizieren kann. Einem der FFDs kommt eine besondere Rolle in einem ZigBee-Netz zu, nämlich die des PAN-Koordinators. Dabei ist PAN die Abkürzung für Personal Area Network. Der PAN-Koordinator ist für die Auswahl einer Netzkennung und eines Frequenzträgers, den Aufbau des Netzes, die Vorgabe eines Zeittaktes sowie für das Aussenden von Systeminformationen verantwortlich.

Jedes Device besitzt eine weltweit eindeutige, feste Adresse (64 Bit); bei der Aufnahme in ein ZigBee-Netz erhält sie dynamisch eine kürzere Adresse (16 Bit) zugeteilt. Vom Standpunkt verfügbarer Adressen kann ein ZigBee-Netz also aus etwa 65 000 Devices bestehen. Als Netzstrukturen sind möglich (Bild 12.2):
- eine sternförmige Struktur,
- eine vermaschte Struktur,
- eine (hierarchische) Baumstruktur,
- Mischformen der genannten Strukturen.

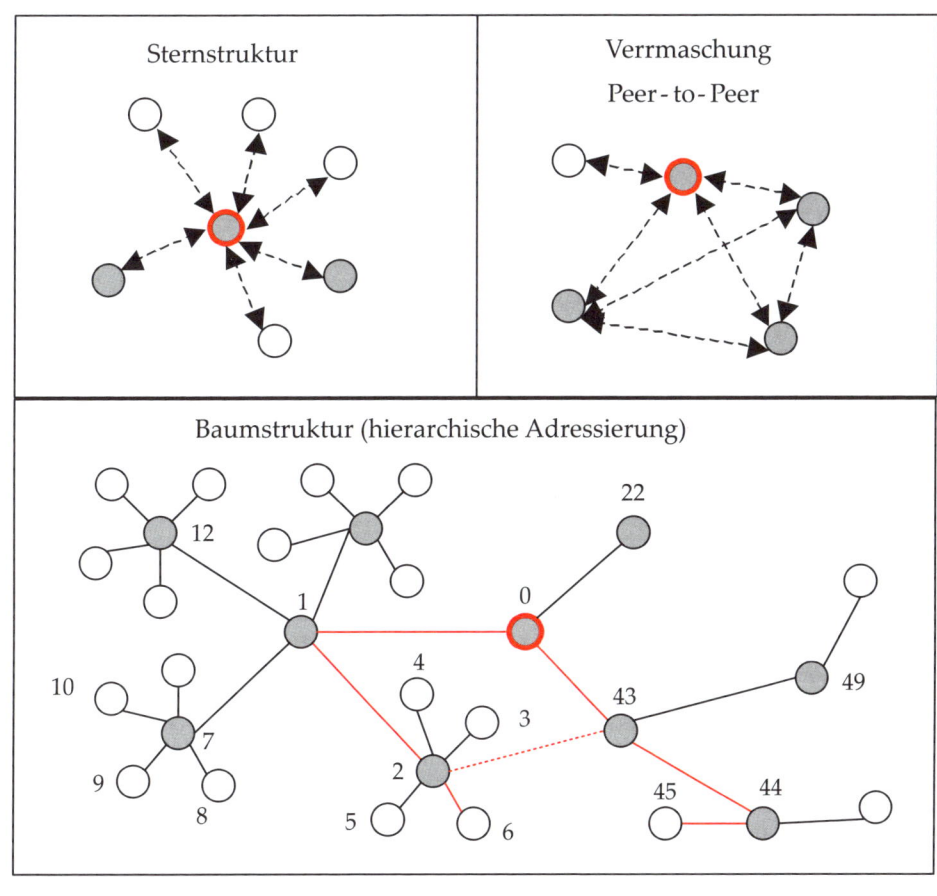

Bild 12.2 Netzstrukturen für ZigBee

Besonderes Merkmal des ZigBee-Standards ist die Multihop-Funktionalität, bei der Daten über mehrere Zwischenstationen von der Quelle zum Ziel transportiert werden.

Möchte Station 6 beispielsweise Daten an Station 45 senden (siehe Bild 12.2), so kann der Transport in mehreren Schritten über den PAN-Koordinator auf der rot gezeichneten Route erfolgen. Verfügen die Full Function Devices über eine gute Kenntnis der Netzstruktur und ihrer Umgebung, so ist auch eine kürzere Route über die gestrichelte Strecke möglich. Ein Full Function Device arbeitet in solchen Fällen als Router.

12.1.2 Funkausbreitung

Für den Betrieb von ZigBee-Netzen sind drei Frequenzbänder vorgesehen:
- das ISM-Band bei 2,4 GHz (weltweit),
- zehn Frequenzträger zwischen 906 und 924 MHz (Amerika),
- ein Frequenzträger bei 868 MHz (Europa).

Auch wenn niedrigere Frequenzen i. Allg. Vorteile bei der Funkausbreitung mit sich bringen, wird der Betrieb vor allem in dem ISM-Band bei 2,4 GHz erfolgen, in dem die meiste Kapazität zur Verfügung steht. In diesem Band sind 16 Frequenzträger mit einer Breite von 2 MHz und einem Trägerabstand von 5 MHz definiert (Bild 12.3).

> In dem Frequenzbereich bei 2,4 GHz beträgt die Wellenlänge in etwa 12,5 cm. Die allgemeine Gleichung 2.13 für die Freiraumausbreitung reduziert sich für ZigBee auf:
>
> $L_\text{F} = 40 + 20 \log r$ [m]

Ansonsten treten bei ZigBee die in Kapitel 2 erläuterten Effekte der Funkausbreitung auf.

Eine Diskussion zur Reichweite findet sich in Abschnitt 12.1.7.

12.1.3 Übertragungstechnik

> Als Übertragungstechnik nutzt ZigBee im Band bei 2,4 GHz eine Spreiztechnik in Form eines Code Keyings. Insgesamt sind 16 verschiedene Code-Signale definiert, die aus jeweils 32 Chips bestehen. Die Chip-Rate beträgt 2 Mchip/s. Für die Modulation werden 4 Bit zu einem Symbol zusammengefasst. Insgesamt gibt es also 16 verschiedene Symbole, so dass jedem Symbol genau ein Code-Signal zugeordnet werden kann. Bei einer Bitrate von 250 kbit/s beträgt die Bitdauer $T_\text{b} = 4$ μs und die Symboldauer $T_\text{sym} = 16$ μs.

In den anderen Frequenzbändern ist die Datenrate geringer. Die wesentlichen Parameter sind in Tabelle 12.1 zusammengefasst.

12.1.4 Zugriffssteuerung

Das Zugriffsverfahren

> Der Zugriff auf einen Funkkanal erfolgt i. Allg. nach dem CSMA-Prinzip. Ein Teil der Übertragungskapazität kann aber auch in regelmäßiger und fester Weise nach einem Reservierungsverfahren zur Verfügung gestellt werden. Das verwendete CSMA-Verfahren umfasst eine Vergrößerung des Contention Windows im Falle eines

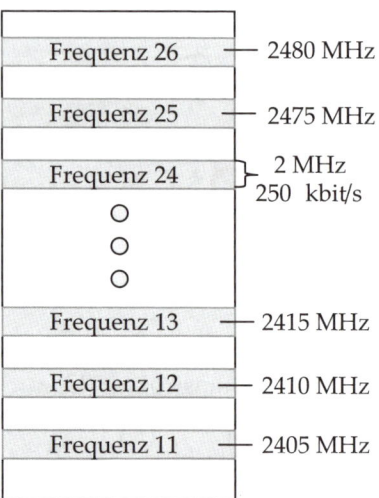

Bild 12.3 Frequenzbänder für ZigBee

> gescheiterten Übertragungsversuches, um Überlasten abzubauen. Da bei ZigBee nur kurze Frames zu übertragen sind, ist weder ein Reservierungsmechanismus über einen Network Allocation Vector noch über einen RTS-CTS-Meldungsaustausch vorgesehen.

Beacon-Intervalle und Beacon-Enabled Network

Betrachtet man ein Anwendungsszenario, in dem die zu übertragenden Daten recht regel-

Tabelle 12.1 Parameter der Übertragungstechnik bei ZigBee

Frequenz-bereich	Anzahl Träger	Träger-abstand	Bitrate [kbit/s]	Bits pro Symbol	Symbol-dauer	Chiprate [Mchip/s]	Effektiver Spreizfaktor
868 MHz	1	–	20	1	50 µs	0,3	15
915 MHz	10	2 MHz	40	1	25 µs	0,6	15
2,4 GHz	16	5 MHz	250	4	16 µs	2,0	8

mäßig anfallen, so ist es sinnvoll, dass der PAN-Koordinator den Rhythmus von Ruhe- und Übertragungsphasen festlegt. Dies geschieht durch die Aussendung von Beacon-Frames (Bild 12.4), die zum einen den Zeittakt vorgeben, zum anderen aber auch System-Informationen – wie die Netzkennung – an andere Stationen verteilen. Man spricht daher von einem Beacon-Enabled Network. Je nach Anwendungsbereich kann das Intervall zwischen zwei Beacon-Frames ein Vielfaches von 960 T_{sym} betragen, wobei T_{sym} die Symboldauer bezeichnet. Ein Teil der Beacon-Periode ($1/2$, $1/4$, $1/8$, ...) dient als aktive Phase dem Zugriff auf das Funkmedium und zur Übertragung von Daten. In der inaktiven Phase können die Stationen des PANs in einen Stromspar-Modus übergehen. Durch entsprechende Einstellungen für das Beacon-Intervall und die aktive Phase lässt sich die bereitgestellte Übertragungskapazität an den Bedarf anpassen und gleichzeitig der Stromverbrauch der Stationen minimieren. Die aktive Phase ist in regelmäßiger Weise in 16 Zeitschlitze eingeteilt, wobei der erste den Beacon Frame enthält.

Reservierung von Zeitschlitzen
Am Ende der aktiven Phase können bis zu sieben Zeitschlitze für bestimmte Verbindungen reserviert werden, um eine feste Datenrate zu garantieren. Man bezeichnet sie daher auch als **G**uaranteed **T**ime **S**lots (GTS). Der PAN-Koordinator und die jeweilige Station handeln aus, wie viele Zeitschlitze zugeteilt werden und wie lange. Wichtig ist, dass die reservierten Zeitschlitze nur am Ende der aktiven Phase liegen. Wenn also eine entsprechende Verbindung beendet wird, die den letzten Zeitschlitz belegt hat, so muss der PAN-Koordinator dafür sorgen, dass andere Verbindungen

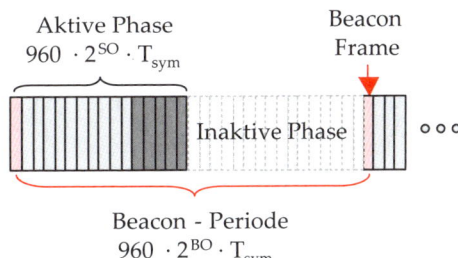

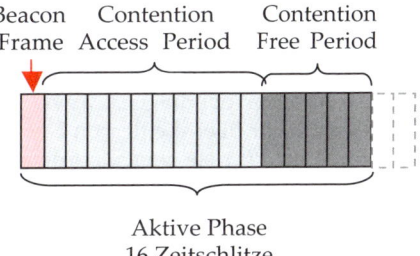

Bild 12.4 Superframe-Struktur bei ZigBee

die reservierten Zeitschlitze wechseln und gewissermaßen zum Ende der aktiven Phase verschoben werden.

Datentransfer in der Wettbewerbsphase
Zwischen dem Beacon Frame und den Guaranteed Time Slots liegt die Phase für einen Zugriff gemäß eines Wettbewerbsverfahrens (Contention Access Period). Eine Station, die Daten übertragen möchte, nutzt das CSMA-Verfahren, um zu prüfen, ob der Funkkanal belegt ist, und greift dann – nach einer zufällig gewählten Zeit – zu Beginn irgendeines

Zeitschlitzes auf den Funkkanal zu. Insgesamt muss die Übertragung eines Frames – inklusive einer eventuellen Bestätigung – bis zum Ende der aktuellen Contention Access Phase abgeschlossen sein.

Im Fall, dass eine Station Daten an den PAN-Koordinator senden möchte, verläuft der Datenfluss wie im oberen Teil von Bild 12.5 illustriert. Liegen beim PAN-Koordinator Daten für eine Station vor, so zeigt er dies in dem Beacon-Frame an. Die Station fordert daraufhin die Daten mit einer Data-Request-Meldung an. Den anschließenden erfolgreichen Empfang der Daten bestätigt die Station mit einer ACK-Meldung. Sowohl der Data-Reuest-Meldung als auch dem eigentlichen Datentransfer geht ein CSMA-Verfahren voran.

Nonbeacon-Enabled Network

Betrachtet man eine Peer-to-Peer-Kommunikation, bei der die Daten nur sehr sporadisch und unregelmäßig anfallen, so ist die Vorgabe eines festen zeitlichen Rhythmus nicht sinnvoll. Zwar strahlt der Koordinator auch in diesem Fall Beacon-Frames als Systeminformationen ab, doch kann eine Station zu einem beliebigen Zeitpunkt mittels des geschilderten CSMA-Verfahrens einen Zugriffsversuch unternehmen und Daten übertragen. Da eine Station jetzt nicht mehr über die Beacon Frames erfährt, dass Daten für sie beim Koordinator vorliegen, muss sie beim Koordinator mit einer Data-Request-Meldung von Zeit zu Zeit anfragen.

Radio Link Control

> Jedes MAC-Frame endet mit 16 CRC-Bits zur Fehlererkennung. Allerdings muss nicht jeder empfangene Frame bestätigt werden, vielmehr legt der Sender durch ein entsprechendes Bit in dem Frame fest, ob eine Bestätigung erwartet wird oder nicht. Bleibt eine erwartete Bestätigung aus, so wiederholt der Sender den Frame. Ein Verzicht auf eine Bestätigung ist beispielsweise dann sinnvoll, wenn ein Sensor regelmäßig Messwerte liefert, die nicht zeitkritisch sind. In diesem Fall ist es besser, auf den nächsten und damit aktuellen Messwert zu warten, als einen veralteten zu wiederholen.

A) Daten zum Koordinator

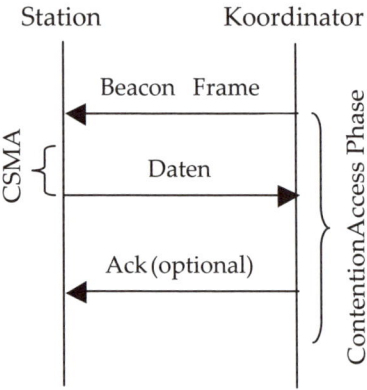

B) Daten vom Koordinator

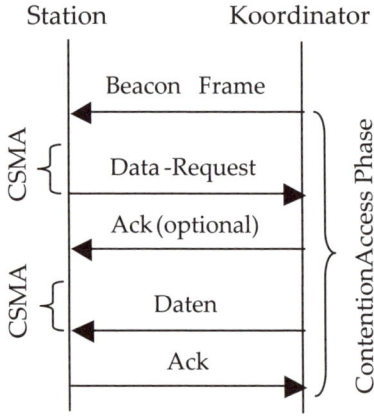

Bild 12.5 Datentransfer in einem Beacon-Enabled Network

Link Management

> Zu den Aufgaben des Link Managements bei ZigBee gehören:
> - die Vermessung und Klassifizierung von Funkkanälen,
> - die Netzsuche,
> - die Assoziierung,
> - die Anforderung von eventuell beim PAN-Koordinator zwischengespeicherten Daten,
> - die Beseitigung von Konflikten bei der Wahl

ZigBee 271

! eines Netznamens (Vermeidung gleicher Bezeichnungen),
❏ die Zuteilung von Guaranteed Time Slots,
❏ die Wiederherstellung einer verloren gegangenen Synchronisierung.

Betrachtet man exemplarisch die Assoziierung näher, so muss ein ZigBee-Gerät bei der Assoziierungsanfrage mitteilen, ob es als Koordinator dienen kann, ob es sich um ein RFD oder FFD handelt, ob es durch eine Batterie oder eine feste Stromversorgung betrieben wird und welche Sicherheitsfunktionen es unterstützt. Bei erfolgreicher Aufnahme in das Netz erhält es vom Koordinator i.Allg. eine kurze Adresse (2 Bytes) zugeteilt.

Aufbau von MAC-Frames
Den Aufbau von MAC-Frames mit dem vorangestellten Physical Header ist in Bild 12.6 gezeigt. Ein Datenrahmen besteht aus

❏ einem Steuerungsfeld,
❏ einer Sequenznummer (Nummerierung der Rahmen),
❏ einem Adressfeld,
❏ der Dateneinheit,
❏ dem CRC-Feld.

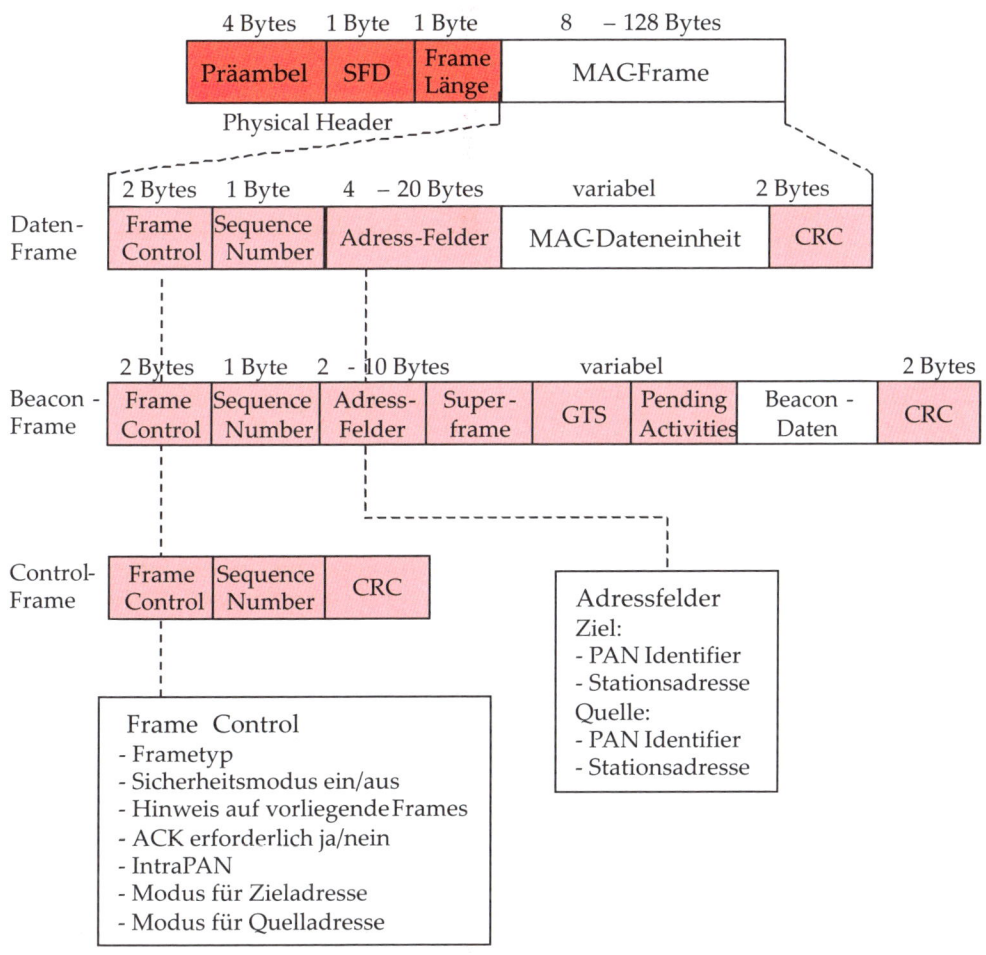

Bild 12.6 Aufbau von MAC-Frames

Für das Adressfeld gibt es verschiedene Varianten, die davon abhängen welche Adressen aufzunehmen sind und welche Form sie haben (lange Adresse: 8 Bytes, kurze Adresse 2 Bytes).

Das Beacon Frame enthält zusätzlich Informationen zur Superframe-Struktur, zu den reservierten Zeitschlitzen sowie Angaben über zwischengespeicherte Rahmen für bestimmte Stationen.

Bei den Control-Frames (ACK) fehlt das Datenfeld. Daneben gibt es noch Management-Frames, die einen ähnlichen Aufbau wie ein Datenrahmen besitzen, wobei die Dateneinheit durch die jeweilige Management-Meldung ersetzt wird.

12.1.5 Vermittlungs- und Anwendungsschichten

Vermittlungsschicht

Der ZigBee-Standard definiert eine eigene Vermittlungsschicht, deren Hauptaufgabe darin besteht, die Datenpakete mittels der Multihop-Funktionalität über eventuell mehrere Zwischenstationen von der Absender- zur Zielstation zu transportieren (siehe Bild 12.2). Um diese Aufgabe zu erfüllen, müssen die Stationen, die als Router betrieben werden, Routing-Tabellen anlegen und diese dynamisch verwalten. Die Stationen müssen also erkennen, welche Stationen in der Nachbarschaft aktiv sind, und dabei lernen, welche Wege am besten zu Ziel führen. Der Vermittlungsschicht obliegt daher der Aufbau eines neuen Netzes, die Aufnahme neuer Stationen in das Netz und die Vergabe von Adressen nach einem bestimmten Schema. Ferner ist die Vermittlungsschicht für die Auswahl des Sicherheitsmodus (siehe Abschnitt 12.1.8) und die Anforderung von Guaranteed Time Slots verantwortlich.

Um für eine systematische Vergabe von Adressen zu sorgen, hat man bei der Netzkonfiguration folgende Parameter festzulegen:

❏ die maximale Netztiefe,
❏ die maximale Anzahl von Ablegern pro Router,
❏ die maximale Anzahl von Routern unter den Ablegern.

In der Baumstruktur aus Bild 12.1 beträgt die maximale Netztiefe 3, da man vom Koordinator aus in spätestens drei Hops bei jeder anderen Station angelangt ist. Die maximale Anzahl von Ablegern pro Station ist 4, wobei sich die vier Ablegerstationen beliebig in Router oder End Devices (Geräte von, denen es keine weiteren Ableger gibt) aufteilen lassen.

Anwendungsschicht

> ❗ Der ZigBee-Standard definiert keine vollständigen Anwendungsschichten, sondern stellt einen allgemeinen Rahmen (Application Framework) zur Realisierung von Anwendungen bereit, die konkreten Ausprägungen der Anwendungsobjekte sind von den jeweiligen Herstellern selbst festzulegen. Jedes ZigBee-Gerät kann bis zu 240 Anwendungsobjekte (Application Objects) wie verschiedene Sensoren, Aktoren oder Steuerungselemente enthalten, die mit Objekten in anderen ZigBee-Elementen kommunizieren (Bild 12.7).

Der Application Support Sublayer ist dafür verantwortlich, die Meldungen mit Messwerten und Steuerungsbefehlen an die richtigen Anwendungsobjekte zu verteilen. Dazu legt er so genannte *Bindungstabellen* (Binding Tables) an, um festzulegen, welches Anwendungsobjekt mit welchem anderen kommuniziert. In Bild 12.7 sind vier ZigBee-Geräte gezeigt, von denen zwei nur ein Anwendungsobjekt (einen Temperatursensor) enthalten. Das ZigBee Device 2 verfügt dagegen über vier steuerbare Lampen als Anwendungsobjekte. Die Überwachung und Steuerung erfolgen durch das ZigBee Device 1, das zwei Schalter und eine Anzeige als Anwendungsobjekte enthält. Der Schalter S1 ist mit den Lampen L3 und L4 verbunden, der Schalter S2 mit den Lampen L1, L2, und L3. Das Anzeigeobjekt erhält seine Daten von den beiden Temperatursensoren. Dieses Beispiel deutet an, dass ZigBee dem Nutzer eine Fülle von Konfigurationsmöglichkeiten bietet.

Anwendungsprofile

> ❗ Um das reibungslose Zusammenspiel von Geräten verschiedener Hersteller zu garantieren,

! werden – ähnlich wie bei Bluetooth und DECT – verschiedene Anwendungsprofile definiert.

Einige haben bereits einen offiziellen Status, andere sind in Arbeit. Zu den Anwendungsprofilen gehören:

- ❑ Home Automation (Hausautomation für den privaten Bereich),
- ❑ Commercial Building Automation (komplette Gebäudeüberwachung und -steuerung),
- ❑ Heating, Ventilation and Air Conditioning (Steuerung von Heizungs-, Lüftungs- und Klimaanlagen),
- ❑ Home Control – Lighting (Beleuchtungssteuerung),
- ❑ Industrial Plant Monitoring (Überwachung von Pflanzen),
- ❑ Wireless Sensor Applications (drahtlose Sensoranbindungen),
- ❑ Telecom Applications (Dateiübertragung),
- ❑ Automatic Meter Reading (Ablesung von Strom-, Gas-, Wasserzählern),
- ❑ Medical and Personal Health Care (Anbindung von Sensoren für den medizinischen oder Fitness-Bereich),
- ❑ Automotive (Sensorik und Steuerung im Automobilbereich).

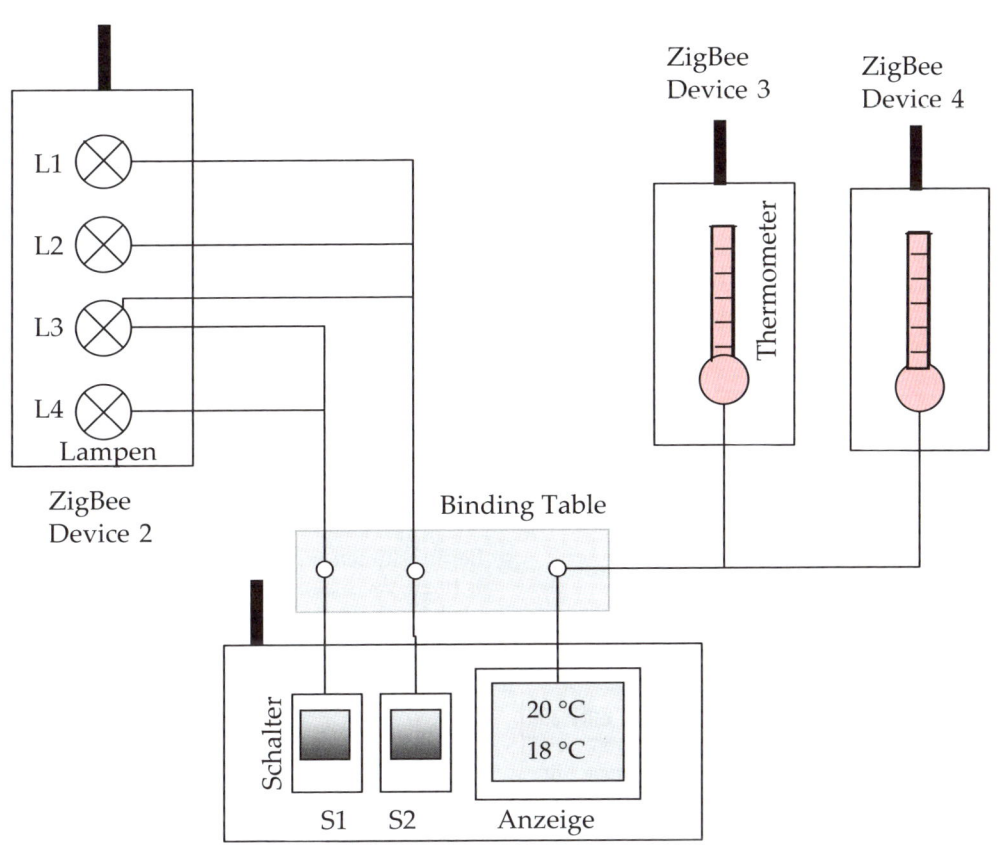

Bild 12.7 Illustration der Verbindung von Anwendungsobjekten bei ZigBee

12.1.6 Störquellen und Gegenmaßnahmen

Da ZigBee vorwiegend in dem ISM-Band bei 2,4 GHz arbeitet, gibt es die üblichen potentiellen Störquellen:
- andere ZigBee-Netze,
- Netze nach dem Standard IEEE 802.11b/g,
- Netze nach dem Bluetooth-Standard,
- spezielle Funksysteme wie drahtlose Videoübertragungssysteme,
- Mikrowellenherde,
- der Amateur-Funk.

Da für ZigBee im ISM-Band 16 Frequenzträger mit einem im Verhältnis zur Bandbreite großen Trägerabstand zur Verfügung stehen, bieten sich genügend Möglichkeiten, anderen ZigBee-Netzen auszuweichen.

Ferner können die Full Function Devices Messungen bezüglich der Störpegel auf einem Frequenzträger durchführen und so für die Auswahl eines möglichst wenig belasteten sorgen. Prinzipiell ist also eine dynamische Frequenzwahl möglich, allerdings ist sie bisher nicht standardisiert.

Mit der Spreiztechnik verwendet ZigBee ein sehr störsicheres Verfahren, das auch dann noch für einen fehlerfreien Datentransport sorgt, wenn die Störpegel in der Größenordnung des Nutzpegels liegen.

Kritisch kann es in einer Umgebung werden, in der ein größeres, stark ausgelastetes WLAN betrieben wird, da dabei der gesamte Frequenzbereich mit wechselnden Störungen belastet sein kann. Insofern gibt es Überlegungen, ZigBee um die Möglichkeit eines Frequency Hoppings zu erweitern.

12.1.7 Reichweite

Sendepegel

Für das ISM-Band bei 2,4 GHz ist die EIRP auf 20 dBm begrenzt. Auf der anderen Seite schreibt der Standard IEEE 802.15.4 einen Mindestsendepegel von –3 dBm vor. Der Sendepegel konkreter Produkte bewegt sich zwischen diesen Grenzen und liegt vorwiegend in der Größenordnung von 0 dBm (1 mW).

Empfängerempfindlichkeit

Gemäß Standard IEEE 802.15.4 sollte die Empfängerempfindlichkeit besser als –85 dBm sein, wobei sich dieser Wert auf eine Frame Error Rate FER <1% bei Frame-Längen von 20 Bytes bezieht. Da bei einer Bandbreite von $B = 2$ MHz und einem Rauschmaß von $Z = 10$ dB der Rauschpegel bei –101 dBm liegt und die verwendete Spreiztechnik eine hohe Störfestigkeit bietet, ist zu erwarten, dass Produkte eine Empfindlichkeit besitzen, die deutlich besser als gefordert ist. Realistisch sind Werte zwischen –90 dBm und –100 dBm.

Reichweite bei Freiraumausbreitung

Betrachtet man ZigBee-Module mit einer EIRP von 0 dBm im Abstand von $r = 100$ m, so beträgt der Empfangspegel gemäß der Gleichung aus Abschnitt 12.1.2:

RXLEV = 0 dBm – 40 – 20 log 100 = –80 dBm

Das bedeutet, dass selbst bei unempfindlichen Modulen noch eine Reserve von 5 dB verbleibt. Bei Modulen mit höherer EIRP oder höherer Empfindlichkeit sind bei Freiraumausbreitungsbedingungen sogar Entfernungen von mehreren Kilometern überbrückbar.

Reichweite in Gebäuden

Betrachtet man ZigBee-Module mit einer EIRP von 0 dBm im Abstand von $r = 10$ m, so ergäbe sich bei Freiraumausbreitung ein Empfangspegel von:

RXLEV = 0 dBm – 40 – 20 log 10 = –60 dBm

Bei Produkten mit einer Empfängerempfindlichkeit zwischen –90 dBm und –100 dBm bleibt also noch ein Spielraum von 30 bis 40 dB, um Hindernisse wie Decken, Wände oder Möbel zu durchdringen. Dementsprechend ist man bei der Hausautomation in einem Einfamilienhaus i.Allg. nicht auf die Multihop-Funktionalität angewiesen.

In größeren Büro- oder Verwaltungsgebäuden, Fabrikhallen oder auf einem Gelände mit mehreren Gebäuden können Entfernungen von mehr als 100 m auftreten und viele Wände und Decken zu durchdringen sein. In diesen Fällen empfiehlt sich eine Installation von Zwischenstationen (Routern) an Stellen, die die verschiedenen Bereiche verbinden (Treppenaufgänge, nicht verspiegelte Fenster).

Kapazität

Da ZigBee vorwiegend für die Übertragung kleiner Datenmengen vorgesehen ist, spielt das Thema Kapazität nur eine untergeordnete Rolle.

12.1.8 Sicherheitsaspekte

Für ZigBee wurde von vornherein ein komplexes und leistungsfähiges Sicherheitskonzept entworfen, in das mehrere Schichten involviert sind:

❑ die MAC-Schicht,
❑ die Vermittlungsschicht,
❑ die Anwendungsschicht.

> Als Sicherheitsmechanismen sieht ZigBee vor:
> ❑ Verfahren zum Schlüsselmanagement,
> ❑ Authentifizierungsverfahren mit der Möglichkeit der Authentifizierung gegenüber einer zentralen Instanz,
> ❑ Verschlüsselung,
> ❑ Integritätsprüfung.

Für die Verschlüsselung ist AES im Counter-Mode vorgesehen, bei der Integritätsprüfung wird AES im CBC-MAC-Mode betrieben (vgl. Abschnitt 9.8).

ZigBee definiert verschiedene Security Modes, um Netze mit einem unterschiedlichen Grad an Sicherheit und Komplexität betreiben zu können.

12.1.9 Zusammenfassung

Der Hauptanwendungsbereich von ZigBee liegt in der drahtlosen Vernetzung von Sensoren und Steuerungseinheiten für die Haus- und Gebäudeautomation sowie für die industrielle Automation. Die herausragende Besonderheit ist die Multihop-Funktionalität von ZigBee-Netzen, durch die Daten über mehrere Zwischenstationen vom Absender zum Empfänger transportiert werden können. Wichtige Systemparameter sind in Tabelle 12.2 im Überblick dargestellt.

Literaturhinweise

Einige einführende Dokumente und Marktstudien findet man auf den Internet-Seiten der ZigBee-Alliance, Details in den Spezifikationsdokumenten [46 und 61]

12.2 Z-Wave

Systementwicklung und Anwendungen

> Bei Z-Wave handelt es sich um ein Funksystem, das 1999 von der in Dänemark ansässigen Firma Zensys für den Bereich der Haus- und Gebäudeautomation entwickelt wurde. Es deckt damit einen Teil des Anwendungsspektrums von ZigBee ab.

Da sich Z-Wave jedoch von Anfang an auf das genannte Anwendungsgebiet fokussiert hat, ist das System weniger komplex als ZigBee und damit einfacher zu produzieren und zu betreiben. Da es nur von einer Firma entwickelt wurde, war ferner kein aufwendiger Standardisierungsprozess zu durchlaufen, so dass derzeit (2006) schon zahlreiche Z-Wave-Produkte erhältlich sind. Auch wenn Z-Wave nicht international standardisiert ist, so hat sich doch im Jahre 2005 eine Interessengemeinschaft, die Z-Wave-Alliance, gegründet, der inzwischen ungefähr 100 Firmen angehören.

> Wie ZigBee ermöglicht Z-Wave vermaschte Netz-Strukturen mit einer Multihop-Funktionalität, wobei die maximale Netzgröße auf etwa 230 Stationen beschränkt ist – bei ZigBee sind es etwa 65 000 Stationen.

Netzstrukturen

Übertragungstechnik und Reichweite

Z-Wave arbeitet in den Frequenzbändern bei

❑ 868 MHz (in Europa),
❑ 915 MHz (in Amerika)

und bietet eine Brutto-Datenrate von 9,6 kbit/s. Dabei wird die GFSK-Modulation verwendet.

Die typische Sendeleistung liegt wie bei ZigBee im Bereich von einem Milliwatt. Wegen der vergleichsweise geringen Bandbreite des

Tabelle 12.2 Wichtige Systemparameter bei ZigBee

Standardisierung durch	ZigBee-Alliance und als IEEE 802.15.4 durch IEEE
Hauptanwendungsbereich	Haus- und Gebäudeautomation, Vernetzung von Sensoren und Steuerungen
Produkte seit	2005
Netztypen	Peer-to-Peer (voll vermascht), Stern-Topologie, Baumstrukturen, Mischformen (bis zu 65 000 Stationen) Besonderheit: Multihop-Funktionalität
Sendeleistung	maximal: 100 mW, typisch: ca. 1 mW
Sendeleistungsregelung	optional
Empfängerempfindlichkeit	besser als -85 dBm (lt. Standard), –100...–90 dBm in vielen Produkten
Energiespar-Funktionen	geringer Aktivitätenzyklus, Zwischenspeicherung von Daten
Frequenzbereich	ISM-Band bei 2,4 GHz (und 868 MHz bzw. 915 MHz)
Anzahl Kanäle	16 bei 2,4 GHz
Modulation	Code Keying mit Offset QPSK
Brutto-Datenrate	250 kbit/s
Kanalcodierung	keine Fehler erkennenden Codes, ARQ-Verfahren optional
Zugriffsverfahren	CSMA mit der Möglichkeit von Guaranteed Time Slots
Netto-Datenraten	maximal: ca. 0,2 Mbit/s
Störungen durch	IEEE 802.11b/g, Bluetooth-Netze, andere ZigBee-Netze, Mikrowellenherde, Amateurfunk, andere System im ISM-Band
Maßnahmen gegen Störungen	störsicheres Übertragungsverfahren, ARQ zukünftig: Dynamic Frequency Selection, Frequency Hopping
Schlüsselmanagement	dynamisches, zentrales Schlüsselmanagement möglich
Authentifizierung	Challenge-Response-Verfahren
Verschlüsselung	AES im Counter-Mode
Integritätsprüfung	AES im CBC-MAC-Mode

Z-Wave-Signals ist die Empfängerempfindlichkeit der Module um etwa 10 dB höher als bei ZigBee, so dass höhere Reichweiten zu erzielen sind. Hinzu kommt, dass die Ausbreitungsdämpfung bei 900 MHz um 8 dB (Freiraum) bzw. um 10 bis 15 dB (in Gebäuden) niedriger ist als in dem ISM-Band bei 2,4 GHz, in dem ZigBee vorwiegend betrieben wird.

Auch die Anzahl potentieller Störer ist in den Frequenzbereichen bei 900 MHz geringer als im ISM-Band bei 2,4 GHz; andererseits steht bei 2,4 GHz die höhere Kapazität zur Verfügung.

Sicherheitsmaßnahmen
Optional bietet Z-Wave Verfahren zur Verschlüsselung und zur Authentifizierung.

Für das Gebiet der Hausautomation im privaten Bereich zeigen sich bei Z-Wave einige Vorteile gegenüber ZigBee, die vor allem in der geringeren Systemkomplexität und der höheren Reichweite zu sehen sind.

Andererseits bietet ZigBee vielfältige Anwendungen, Netze mit sehr vielen Sensoren, deutlich höhere Datenraten und ein leistungsfähiges Sicherheitskonzept, so dass dieses System seine Stärken im Bereich der kommerziellen Anwendungen hat.

12.3 UltraWideBand

12.3.1 Systemvorschläge und Anwendungen

Unter UltraWideBand-Systemen (UWB) versteht man allgemein Funksysteme, bei denen die Trägerbandbreite sehr groß im Verhältnis zur Mittenfrequenz ist. Die entsprechende Technologie wurde ursprünglich für Ortungs- und Radarsysteme entwickelt.

> Im Zusammenhang mit lokalen Funknetzen für den privaten Bereich versteht man unter UWB Funksysteme, die bei einer effektiven Signalbandbreite von über einem Gigahertz Datenraten von mehreren Hundert Megabits pro Sekunde bieten. Die Anwendungen solcher Systeme liegen dementsprechend im Multimedia-Bereich, in dem hohe Datenraten über kurze Entfernungen zu transportieren sind.

Als Beispiele sind zu nennen:

❑ der Aufbau eines Heimkinos ohne Kabel,
❑ die Verteilung von multimedialen Inhalten auf mehrere Bildschirme im Haus,
❑ die Anbindung externer Speichermedien (Festplatten) an einen PC oder an ein Fernsehgerät,
❑ der schnelle Transfer von Bildern und Videos zwischen verschiedenen Geräten,
❑ die Anbindung von Videoprojektoren an einen DVD-Recorder,
❑ der Transfer von Musik-Dateien zwischen einem PC und einem MP3-Player,
❑ die Anbindung von Projektoren in einem Konferenzraum,
❑ die Einrichtung eines Digitalen Kioskes (siehe Abschnitt 1.1).

Insgesamt ist es das Ziel der UWB-Systeme, die für den Bereich der Unterhaltungselektronik und der Computer-Peripherie üblichen Schnittstellen wie USB, Firewire (IEEE 1394) und Universal Plug-and-Play (UPnP) als Funklösung zu realisieren.

> Derzeit gibt es zwei nennenswerte Systemvorschläge:
> ❑ einen auf Direct Sequence Spread Spectrum (DSSS) basierenden Vorschlag, der von dem UWB-Forum vorangetrieben wurde;
> ❑ einen auf Orthogonal Frequency Division Multiplexing (OFDM) basierenden Vorschlag, der von der WiMedia-Alliance unterstützt wird.

Das DSSS-System soll bei Bandbreiten von ca. 1,3 GHz bis 2,7 GHz in seiner endgültigen Version eine Datenrate von etwa 1300 Mbit/s bieten. Ein erster Prototyp ermöglicht derzeit (2006) eine Datenrate von etwa 100 Mbit/s.

Das OFDM-System nutzt eine Art Frequency Hopping über drei Träger mit einer Breite von jeweils etwa 500 MHz, um eine Datenrate von bis zu 480 Mbit/s zu erzielen. Die Verknüpfung von OFDM und Frequency Hopping hat zu der Bezeichnung Multiband-OFDM (MB-OFDM) geführt.

Beide Systemvorschläge lagen der Arbeitsgruppe IEEE 802.15.3a seit dem Jahre 2004 zur Standardisierung vor. Da jedoch keine Einigung erzielt werden konnte, hat sich die Gruppe IEEE 802.15.3a im Januar 2006 aufgelöst, so dass es im Bereich UWB in absehbarer Zeit keinen einheitlichen Standard geben wird. Vielmehr versuchen die beiden Interessensgruppen, ihren jeweiligen Vorschlag am Markt zu platzieren. Welcher Vorschlag sich durchsetzen wird, bleibt abzuwarten. Tendenziell zielt das DSSS-System auf den Bereich der Unterhaltungselektronik, der OFDM-Vorschlag hingegen auf den Bereich der Computer-Peripherie.

Auch wenn für den DSSS-Vorschlag schon ein Prototyp existiert, konzentrieren sich die folgenden Abschnitte auf den OFDM-Vorschlag, da diese Technologie von einer größeren Gruppe von Herstellern unterstützt wird. Die Betrachtungen zur Reichweite und Störsituation sind jedoch so allgemein, dass sie auf beide Vorschläge zutreffen.

12.3.2 Funkausbreitung

> Um ein UWB-System im eigentlichen Sinne zu realisieren, war ursprünglich vorgesehen, den kompletten Frequenzbereich zwischen 3,1 GHz und 10,6 GHz unter Verwendung einer Spreiztechnik komplett als einen Träger zu nutzen. Von diesem Ansatz ist man jedoch abgerückt und hat – sowohl für den DSSS- als auch für den OFDM-Vorschlag – mehrere Träger in dem genannten Frequenzbereich definiert (Bild 12.8).

Für den OFDM-Vorschlag sind es 14 Träger mit Mittenfrequenzen bei:

$f_n = 2904 + n \cdot 528$ MHz, $n = 1, 2, \ldots, 14$

Der Trägerabstand hat also einen Wert von 528 MHz, die Trägerbandbreite liegt in der gleichen Größenordnung.

In dem großen Bereich der Frequenzen und Wellenlängen ($\lambda = 3\ldots10$ cm) variiert auch die Funkausbreitung sehr stark. So erhält man bereits für die Freiraumausbreitung Unterschiede von 10 dB zwischen dem oberen und unteren Rand des Spektrums:

❏ $f = 3{,}0$ GHz: $L_F = 42 + 20 \log r$ [m],
❏ $f = 4{,}8$ GHz: $L_F = 46 + 20 \log r$ [m],
❏ $f = 6{,}0$ GHz: $L_F = 48 + 20 \log r$ [m],
❏ $f = 9{,}6$ GHz: $L_F = 52 + 20 \log r$ [m].

Bei Anwesenheit von Hindernissen werden die Unterschiede i.Allg. noch größer: Die Dämpfung bei 9,6 GHz kann durchaus um 15 bis 20 dB größer als bei 3 GHz sein.

Dementsprechend verwendet man in Produkten vorzugsweise die unteren Frequenzbänder. Der OFDM-Vorschlag schreibt zwingend nur die Nutzung der Träger mit $n = 1, 2, 3$ vor, alle anderen Bänder sind nur optional vorgesehen.

Bei den großen Trägerbandbreiten ist zu erwarten, dass das Kurzzeitfading keine entscheidende Rolle spielt.

12.3.3 Übertragungstechnik

Wesentlicher Bestandteil der Übertragungstechnik ist das in Abschnitt 3.1.6 näher erläuterte OFDM-Verfahren. In der UWB-Ausprägung werden die Daten parallel 100 Unterträgern aufmoduliert. Zusätzlich gibt es zehn Unterträger mit so genannten *Pilot-Symbolen*, die sowohl dem Sender als auch dem Empfänger bekannt sind und mit deren Hilfe der Empfänger Verzerrungen bei der Übertragung detektieren und beseitigen kann.

Die codierten Nutzdaten werden jeweils mit einem QPSK-Verfahren moduliert, bei dem man 2 Bits zu einem Modulationssymbol zusammenfasst. Insgesamt besteht also ein OFDM-Symbol aus 200 Bit, die man auf den 100 Unterträgern überträgt. Bei einer OFDM-Symboldauer von 0,3125 µs ergibt sich so eine Bitrate von 640 Mbit/s.

Der OFDM-Vorschlag enthält mehrere Übertragungsmodi, die sich im Hinblick auf die Fehlerkorrektur-Verfahren unterscheiden. Den Ausgangspunkt bildet dabei ein Faltungscoder (siehe Abschnitt 3.2) der Rate $^1/_3$, bestehend aus 7 Schieberegistern. Durch Punktierung des primären Codes der Rate $^1/_3$ gewinnt man Codes der Raten $^1/_2$, $^5/_8$ und $^3/_4$, mit denen Daten der Rate 320 Mbit/s, 400 Mbit/s bzw. 480 Mbit/s vor Übertragungsfehlern geschützt werden. Ferner sind Übertra-

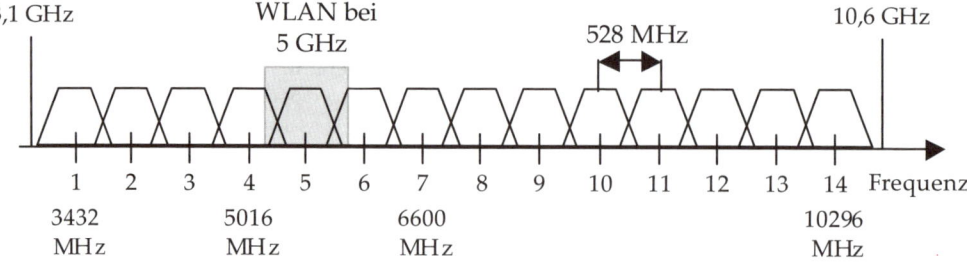

Bild 12.8 Frequenzträger bei MB-OFDM

gungsmodi mit zusätzlichen Wiederholungscodes bzw. Spreizcodes vorgesehen, um die Störfestigkeit (auf Kosten der Nutzdatenrate) weiter zu erhöhen. Der Modus mit der höchsten Störfestigkeit bietet eine Datenrate von 53,3 Mbit/s.

> Das OFDM-System sieht einen Übertragungsmodus vor, der mit 480 Mbit/s die gleiche Übertragungsrate bietet wie die USB-Schnittstelle gemäß Version 2.0.

Wichtiger Bestandteil der Übertragungstechnik ist ein Frequenzsprungverfahren (Bild 12.9), bei dem die OFDM-Symbole in einem bestimmten Rhythmus auf drei Träger verteilt werden. In dem aus drei Trägern bestehenden unteren Frequenzband sind vier verschiedene Hopping-Folgen mit geringer Überlappung definiert, so dass sich in diesem Frequenzbereich bis zu vier UWB-Netze in einem Haus betreiben lassen.

12.3.4 Zugriffsverfahren

Bei den Zugriffsverfahren orientieren sich UWB-Systeme an dem Standard IEEE 802.15.3, der in Bezug auf die Zugriffsverfahren dem Standard IEEE 802.15.4 (ZigBee) ähnelt. Das bedeutet, dass ein Gerät die Rolle des PAN- bzw. Piconetz-Koordinators übernimmt, bei dem sich die anderen Geräte anmelden. Der Koordinator gibt über Beacon Frames einen Zeittakt vor, wobei die entsprechenden Intervalle – wie bei ZigBee – in einen Teil für einen Wettbewerbszugriff mittels CSMA und in einen anderen Teil für reservierte Zeitschlitze aufteilbar sind.

MAC-Frames bei UWB haben eine variable Länge von bis zu etwa 4000 Bytes. Je nach Frame-Länge und Übertragungsmodus liegt die Netto-Datenrate in der MAC-Schicht bei etwa 50 bis 90% der Brutto-Datenrate

❑ Brutto: 480 Mbit/s, Netto: ca. 240 Mbit/s (1000 Bytes), ca. 360 Mbit/s (4000 Bytes);
❑ Brutto: 110 Mbit/s, Netto: ca. 90 Mbit/s (1000 Bytes), ca. 100 Mbit/s (4000 Bytes).

Im Gegensatz zu ZigBee sind vorerst keine Multihop-Funktionalität und kein Routing vorge-

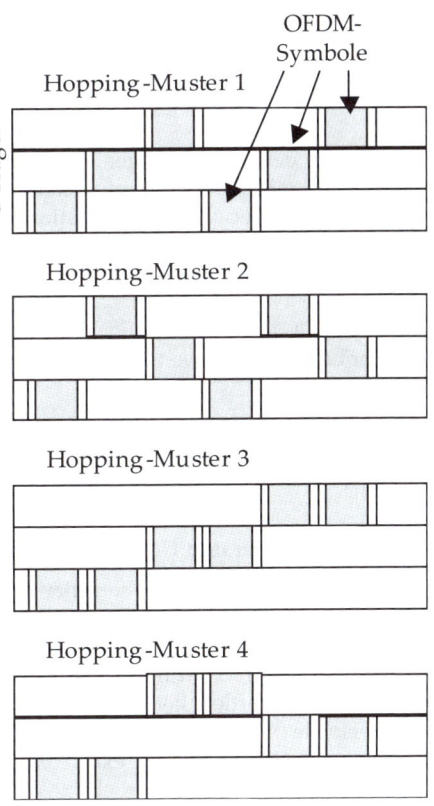

Bild 12.9 Schnelles Frequency Hopping über drei Frequenzen bei MB-OFDM

sehen. Allerdings kann ein UWB-Gerät – wie bei Bluetooth – mehreren Piconetzen angehören. Pro Piconetz können etwa 100 Stationen aktiv sein.

12.3.5 Vermittlungs- und Anwendungsschichten

> Wie bereits erwähnt, ist es das Ziel der UWB-Systeme, die für den Bereich der Unterhaltungselektronik und der Computer-Peripherie üblichen Schnittstellen wie USB, Firewire (IEEE 1394) und Universal Plug-and-Play (UPnP) als Funklösung zu realisieren.

Insofern definiert man keine eigenen Protokolle für UWB-Systeme in der Vermittlungs- und Anwendungsschicht, sondern greift auf die bestehenden Protokolle für die jeweilige kabelgebundenen Systeme zurück. Durch spezielle Konvergenzschichten (Convergence Layer, Bild 12.10) werden sie an die funk-spezifischen Protokolle der unteren Schichten angepasst.

Im Bereich der Anwendungen, die TCP/IP als Transport- und Netzwerk-Protokoll nutzen, ist das WiMedia Network Encapsulation Protocol entwickelt worden, das mit dem BNEP bei Bluetooth vergleichbar ist (siehe Abschnitt 11.5).

Wie bei DECT, Bluetooth und ZigBee sind auch hier bestimmte Anwendungsprofile, wie z.B.

❏ ein Streaming Media Profile,
❏ ein Digital Imaging and Printing Profile,

vorgesehen.

12.3.6 Störquellen und Gegenmaßnahmen

Das für UWB-Systeme vorgesehene Band umfasst einen sehr großen Bereich. Somit gibt es eine große Zahl von potentiellen Störquellen bzw. von Systemen, die durch UWB-Anwendungen gestört werden könnten. Prominenteste Beispiele sind WiMAX-Systeme oder WLANs bei 5 GHz. Daneben existieren eine Vielzahl von Radar-, Ortungs-, Richtfunk- und Satelliten-Systemen, die in dem UWB-Band arbeiten.

> **!** Um Störungen für andere Systeme gering zu halten, wurde die EIRP bei UWB auf etwa 0,08 µW pro Megahertz Bandbreite begrenzt. Bei einer Bandbreite von 500 MHz entspricht dieses einem Wert von EIRP = –14 dBm.

Umgekehrt besitzt UWB durch seine große Bandbreite eine relativ hohe Resistenz gegen Störungen. Durch die Link- Adaptationen können zudem Übertragungsmodes mit sehr hoher Störfestigkeit ausgewählt werden.

Ferner sorgen die verschiedenen Anwendungsbereiche für eine gewisse Entkopplung: Während UWB-Netze vorwiegend in Gebäuden betrieben werden, erfolgt der Betrieb der anderen Systeme vorwiegend außerhalb von Gebäuden. Eine Ausnahme bilden Wireless LANs bei 5 GHz. Um diese nicht zu stören, muss man bei UWB die entsprechenden Frequenzträger aussparen.

12.3.7 Reichweite

Wie im Abschnitt zuvor erläutert, arbeiten UWB-Systeme mit sehr niedrigen Sendeleistungen, da die EIRP auf –14 dBm begrenzt ist. Andererseits ist bei einer großen Bandbreite der Rauschpegel verhältnismäßig groß. Bei einem Rauschmaß von Z = 10 dB und einer Band-

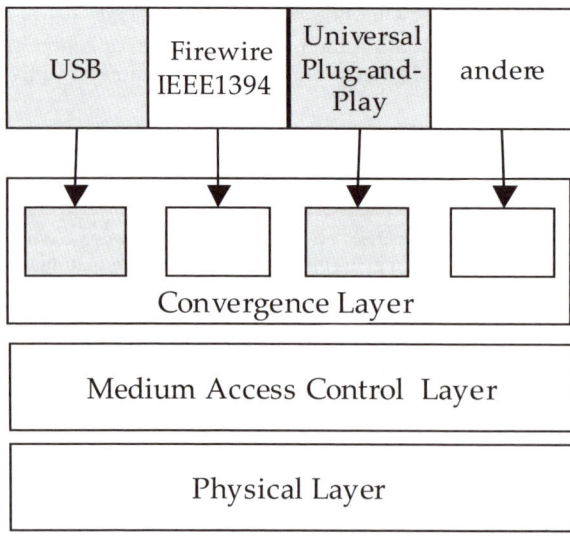

Bild 12.10
Protokoll-Architektur bei UWB

breite von 500 MHz beträgt er $N = -77$ dBm. Dementsprechend ist die Empfängerempfindlichkeit gering. Gemäß der MB-OFDM-Spezifikation muss bei einer Frame-Länge von 1024 Bytes ein FER-Grenzwert von FER = 8% bei folgenden Empfangspegeln unterschritten werden:

- bei 480 Mbit/s: -73 dBm,
- bei 110 Mbit/s: -81 dBm.

Betrachtet man zwei UWB-Module mit EIRP = -14 dBm und einem Abstand von $r = 10$ m, so beträgt der Empfangspegel bei $f = 4{,}8$ GHz in etwa

$$RXLEV = -14 \text{ dBm} - 46 - 20 \log 10 = -80 \text{ dBm}$$

Bei diesen Verhältnissen lässt sich also nur eine Brutto-Datenrate von 110 Mbit/s realisieren. Die Brutto-Datenrate von 480 Mbit/s erfordert geringere Entfernungen oder bündelnde Antennen mit einem deutlichen Gewinn.

> UWB-Verbindungen sind auf kurze Entfernungen und auf einen Raum beschränkt.
> Eine Reichweiten- und Kapazitätserweiterung über einen Mehrzellenbetrieb ist nicht vorgesehen. Allerdings lassen sich in verschiedenen Räumen in einem Gebäude getrennte UWB-Netze betreiben.

12.3.8 Sicherheitsaspekte

> Wie alle anderen zuvor behandelten Funksysteme sieht UWB verschiedene Verfahren zur Authentifizierung, zur Verschlüsselung und zur Integritätsprüfung vor. Insbesondere wird der Advanced Encryption Standard mit einer Schlüssellänge von 128 Bit in der Hardware der UWB-Module realisiert.

12.3.9 Zusammenfassung

Im Zusammenhang mit lokalen Funknetzen für den privaten Bereich versteht man unter UWB Funksysteme, die bei einer effektiven Signalbandbreite von über einem Gigahertz Datenraten von mehreren hundert Megabits pro Sekunde bieten.

Die Anwendungen solcher Systeme liegen dementsprechend im Multimedia-Bereich, in dem hohe Datenraten über kurze Entfernungen zu transportieren sind. Insgesamt ist es das Ziel der UWB-Systeme, die für den Bereich der Unterhaltungselektronik und der Computer-Peripherie üblichen Schnittstellen wie USB, Firewire (IEEE 1394) und Universal Plug-and-Play (UPnP) als Funklösung zu realisieren.

Derzeit gibt es zwei nennenswerte Systemvorschläge:

- einen auf Direct Sequence Spread Spectrum (DSSS) basierenden Vorschlag, der von dem UWB-Forum vorangetrieben wurde;
- einen auf Orthogonal Frequency Division Multiplexing (OFDM) basierenden Vorschlag, der von der WiMedia-Alliance unterstützt wird.

Die wichtigsten Systemparameter sind in Tabelle 12.3 zusammengefasst.

Literaturhinweise
Einige einführende Dokumente und Marktstudien findet man auf den Internet-Seiten der WiMedia-Alliance bzw. des UWB-Forums.

12.4 HiperLAN/2

12.4.1 Anmerkungen zur Entwicklung des HiperLAN-Standards

Der HiperLAN-Standard wurde seitens der ETSI als europäischer Standard für drahtlose lokale Computernetze mit Übertragungsraten von einigen Mbit/s entwickelt. Aus dieser Anwendung ergibt sich der Name High Performance Radio Local Area Network mit der Abkürzung HiperLAN. Als eine erste Version entstand etwa Mitte der 1990er-Jahre der HiperLAN/1-Standard. Auch wenn die Namensgebung auf eine kontinuierliche Fortentwicklung hindeutet, sollte HiperLAN/2 eher als ein komplett neues System angesehen werden.

Die ETSI verabschiedete die Spezifikationen für HiperLAN/2 Ende 1999, an neuen Leistungsmerkmalen und Verbesserungen wird jedoch kontinuierlich weitergearbeitet.

Da die Anwendungsbereiche von Hiper-

Tabelle 12.3 Wichtige Systemparameter bei UltraWideBand-Systemen

Standardisierung durch	WiMedia-Alliance bzw.
Hauptanwendungsbereich	Anbindung von Computer-Peripherie, Unterhaltungselektronik, Multimedia-Vernetzung
Produkte ab	etwa 2006
Netztypen	ähnlich wie bei Bluetooth, bis zu ca. 100 Stationen
Sendeleistung	ca. 50 µW
Empfängerempfindlichkeit	ca. −70 dBm bei 500 Mbit/s, ca. −80 dBm bei 100 Mbit/s,
Energiespar-Funktionen	geringer Aktivitätenzyklus, Zwischenspeicherung von Daten
Frequenzbereich	3,1…10,6 GHz
Anzahl Kanäle	bis zu etwa 15, anfangs nur 3
Modulation	QPSK u.Ä. mit OFDM bzw. mit Spreiztechnik
Brutto-Datenrate	bis zu 480 Mbit/s bzw. bis zu 1,3 Mbit/s
Kanalcodierung	Faltungscodes mit verschiedenen Datenraten
Zugriffsverfahren	CSMA mit der Möglichkeit von Guaranteed Time Slots
Netto-Datenraten	ca. 50…80% der Brutto-Datenrate
Störungen durch	WiMAX, Radar-, Ortungs-, Richtfunk- und Satelliten-Systeme
Maßnahmen gegen Störungen	Link Adaption, Frequency Hopping bzw. Spreizung
Schlüsselmanagement	dynamisches, zentrales Schlüsselmanagement möglich
Authentifizierung	Challenge-Response-Verfahren
Verschlüsselung	AES

LAN und IEEE 802.11 nahezu deckungsgleich sind, entschlossen sich die jeweiligen Arbeitsgruppen bei der Entwicklung der Standards zu kooperieren, um sie aneinander anzupassen.

12.4.2 Vergleich mit IEEE 802.11a: Gemeinsamkeiten und Unterschiede

Als Folge der Absprachen sind die physikalischen Schichten bei HiperLAN/2 und IEEE 802.11a nahezu identisch: Auch HiperLAN/2 ist für den Frequenzbereich bei 5 GHz vorgesehen und verwendet das in Abschnitt 9.3 beschriebene OFDM-Verfahren. Lediglich bei einigen Übertragungsmodi gibt es leichte Unterschiede in Bezug auf das verwendete Codierungsverfahren. Wie IEEE 802.11 kann HiperLAN/2 als Ad-hoc- oder als Infrastruktur-Netz betrieben werden, wobei von Anfang an auch öffentliche Hotspots und im Zusammenspiel mit GSM- und UMTS-Netzen vorgesehen waren.

Große Unterschiede gibt es jedoch bei der Zugriffssteuerung, bei der HiperLAN/2 einen zentralistischen Ansatz mit einem Zeitmultiplex und einem Reservierungsverfahren verfolgt. Dieser zentralistische Ansatz bietet bei gleichen Brutto-Datenraten höhere Netto-Datenraten als das CSMA-Verfahren bei IEEE 802.11a. Ferner wurden bei HiperLAN/2 von vorn herein, die Verfahren

❑ zur Dynamic Frequency Selection (DCF),
❑ zur Transmission Power Control (TPC),
❑ zur Garantie einer geforderten Dienstgüte (Quality of Service),
❑ zum Handover

sehr detailliert spezifiziert.

Trotz dieser technischen Vorteile haben sich HiperLAN-Produkte wegen der starken Konkurrenz und frühzeitigen Marktpräsenz von Produkten des Standards IEEE 802.11 nicht durchgesetzt. Daher wird der HiperLAN/2-Standard nicht in allen Details vorgestellt. Vielmehr wird kurz die Protokoll-Architektur diskutiert und das Zugriffsverfahren erläutert, das sich von dem bei IEEE 802.11a deutlich unterscheidet. Bezüglich der Reichweite und der Störungen gelten die gleichen Aussagen wie bei IEEE 802.11a.

12.4.3 Protokollarchitektur bei HiperLAN/2

Die Protokollarchitektur für den HiperLAN/2-Standard ist in Bild 12.11 illustriert.

Physical Layer
Die physikalische Schicht enthält u.a. Festlegungen zur Trägereinteilung, zur Fehlerkorrektur, zur Modulations- und OFDM-Technik sowie Angaben zu Sendeleistungen und Empfängerempfindlichkeiten.

Medium Access Control Layer
Zur MAC-Schicht gehören Spezifikationen zum Zeitmultiplex- und Zeitduplex-Verfahren und zu dem damit verbundenen Aufbau von MAC-Frames. Die MAC-Schicht ist damit auch für die Regelung des Zugriffs und für die Verteilung von Übertragungskapazitäten zuständig.

Innerhalb der MAC-Frames werden sowohl Nutz- als auch Steuerungsdaten transportiert. Dementsprechend ist die oberhalb der MAC-Schicht liegende Schicht zweigeteilt.

Error Control
Für den sicheren Nutzdatentransport ist jeweils pro Verbindung eine Error-Control-Funktion, also das selektive ARQ-Verfahren, verantwortlich.

Radio Link Control
Im Bereich der Verbindungssteuerung (Radio Link Control, RLC) gibt es 3 Funktionsblöcke: Die Association Control Functions (ACF) sind für Auf- und Abbau einer Association (inklusive Authentication und Verschlüsselung) zum Ac-

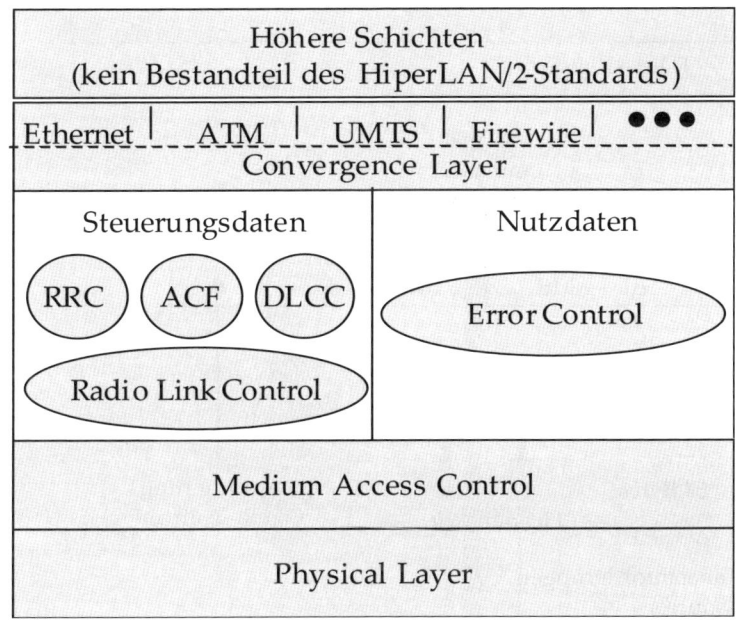

Bild 12.11 Die Protokollarchitektur von HiperLAN/2

cess Point zuständig. Die **R**adio-**R**esource-**C**ontrol-Funktionen (RRC) umfassen die Verfahren und Signalisierungsmechanismen für den Handover, die dynamische Frequenzwahl, die Leistungsregelung und den Stromsparbetrieb.

Die DLC Control Functions (DLCC) sind für den Aufbau der eigentlichen Nutzverbindung zuständig.

Convergence Layer
Der Convergence Layer nimmt die Anpassung der Protokolle und Datenstrukturen des Festnetzes (Ethernet, UMTS, Firewire, ...) an die des HiperLAN/2-Funknetzes vor.

12.4.4 Zugriffsverfahren bei HiperLAN/2
Wie in Bild 12.12 gezeigt, wird ein HiperLAN/2-Träger in regelmäßiger Weise in TDMA-Rahmen einer Dauer von 2 ms eingeteilt. Innerhalb jedes TDMA-Rahmens gibt es verschiedene Phasen:

In der ersten Phase verteilt der Access Point die allgemeinen System-Iinformationen. Anschließend gibt der Access Point bekannt, welche Kanalanforderungen er in dem Rahmen zuvor empfangen und welche Reservierungen und Zuteilungen er für den aktuellen Rahmen vorgenommen hat. Danach überträgt er vorliegende Nutzdaten (oder ACK-Meldungen an eine Mobilstation). In der vierten Phase kann die Mobilstation, der zuvor die Zugriffsrechte gewährt wurden, ihre Daten an den Access Point senden. Der TDMA-Rahmen endet mit einer Wettbewerbsphase, in der die Mobilstationen Übertragungskapazitäten anfordern können.

Die Übertragung der Nutzdaten in der dritten und vierten Phase erfolgt in Form von so genannten *PDU-Trains*. Das bedeutet, dass die Datenpakete fragmentiert und in Frames mit einer Länge von 54 Bytes gepackt werden, die mit einem Header und CRC versehen sind. Die Bestätigung des erfolgreichen Empfangs sol-

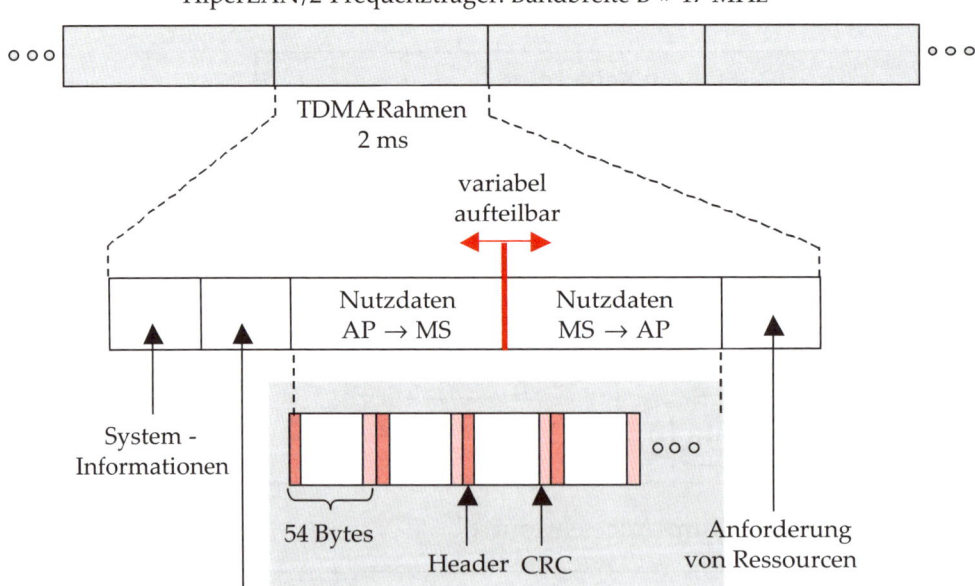

Bild 12.12 Zugriffsverfahren bei HiperLAN/2

cher 54-Byte-Fragmente geschieht mittels eines selektiven ARQ-Verfahrens.

Ferner ist zu betonen, dass die Übertragungskapazität variabel zwischen den beiden Übertragungsrichtungen aufgeteilt werden kann.

> ! Durch die zentral koordinierte Zuteilung der Ressourcen durch den Access Point erzielt HiperLAN/2 eine hohe Effizienz: Bei einer Brutto-Datenrate von 54 Mbit/s liegt die Netto-Datenrate bei gut 40 Mbit/s, während sie bei IEEE 802.11a nur gut 30 Mbit/s beträgt.

12.5 Übungsaufgaben

12.1 Welches ist der Hauptanwendungsbereich von ZigBee?

12.2 Von welchen Organisationen wird ZigBee standardisiert?

12.3 Welche Netzstrukturen sind bei ZigBee möglich?

12.4 Wodurch unterscheiden sich Reduced und Full Function Devices?

12.5 In welchen Frequenzbereichen arbeitet ZigBee? In welchem der Bereiche steht die meiste Kapazität zur Verfügung?

12.6 Welches sind die Hauptbestandteile des Zugriffsverfahrens bei ZigBee?

12.7 Wie viele Stationen kann ein ZigBee-Netz mit folgenden Parametern höchstens enthalten?:
❑ maximale Netztiefe: 2,
❑ maximale Anzahl von Ablegern pro Router: 4,
❑ maximale Anzahl von Routern unter den Ablegern: 6?

12.8 Wie viele Hops benötigt ein Paket von einer Endstation zu einer anderen bei einem hierarchischen Routing über den PAN-Koordinator?

12.9 Nennen Sie drei Anwendungsprofile bei ZigBee.

12.10 Was versteht man bei ZigBee unter Anwendungsobjekten? Wie viele kann es innerhalb eines ZigBee-Gerätes geben?

12.11 Wie wird die Kommunikation zwischen den Anwendungsobjekten hergestellt? In welchem Standardisierungsdokument finden Sie detaillierte Angaben zu folgenden Themen:
a) Routing,
b) Empfängerempfindlichkeit,
c) Zugriffsverfahren,
d) Sicherheitsverfahren,
e) Anwendungsobjekte?

12.12 Welche Gemeinsamkeiten und welche Unterschiede gibt es zwischen ZigBee und Z-Wave?

12.13 Was versteht man unter UWB-Systemen?

12.14 Nennen Sie einige Anwendungen von UWB-Systemen!

12.15 In welcher Beziehung unterscheiden sich die beiden wichtigsten UWB-Vorschläge zentral?

12.16 Welche Schnittstellen sollen mittels UWB über Funk realisiert werden?

12.17 Weshalb ist die Reichweite bei UWB-Systemen so gering?

12.18 Berechnen Sie die Reichweite von UWB bei Freiraum-Ausbreitungsbedingungen bei $f = 3$ GHz und $f = 9{,}6$ GHz jeweils für die Datenraten 110 Mbit/s und 480 Mbit/s unter Verwendung der in Abschnitt 12.3.7 angegebenen Sender- und Empfängerkenngrößen.

12.19 Durch welche Organisation wird HiperLAN/2 standardisiert?

12.20 Welche Gemeinsamkeiten und welche Unterschiede gibt es zwischen IEEE 80211a und HiperLAN/2?

13 Systemvergleich

In den vorangegangenen Kapiteln wurden verschiedene Funksysteme hinsichtlich ihrer Anwendungen, ihrer Funktionsweise sowie hinsichtlich ihrer Planungs- und Sicherheitsaspekte getrennt diskutiert.

Dieses Kapitel vergleicht die bedeutendsten Systeme, nämlich
- Wireless LANs (IEEE 802.11),
- DECT,
- Bluetooth,
- ZigBee,
- UWB-Systeme,

in Bezug auf ihre entscheidenden Leistungsmerkmale.

13.1 Anwendungen

Einen Überblick über die Anwendungen der verschiedenen Systeme gibt Tabelle 13.1. Sie enthält grobe Angaben dazu, welche Produkte auf dem Markt erhältlich (oder in Zukunft zu erwarten) sind. Ein Feld mit drei Kreuzen deutet auf eine sehr große Produktvielfalt hin, ein Feld mit nur einem Kreuz auf sehr wenige Produkte in dem entsprechenden Segment. Kreuze in Klammern bedeuten, dass Produkte zwar nicht verfügbar, jedoch in absehbarer Zeit zu erwarten sind.

Betrachtet man die Anwendungen, so gibt es sicherlich deutliche Überlappungen zwischen den einzelnen Systemen. Allerdings hat doch jedes System seine besonderen Stärken in bestimmten Feldern.

So können zwar kleinere Computernetze bei mittleren Datenraten auch mit DECT oder Bluetooth errichtet werden, um aber größere Netze mit hohen Datenraten zu betreiben, empfehlen sich eindeutig Wireless LANs gemäß des Standards IEEE 802.11 mit seinen verschiedenen Varianten.

Betrachtet man die schnurlose Telefonie, so stellt DECT die ausgereifteste Technik dar, die auch größere Netze mit Handover erlaubt. IEEE 802.11 hat sich in diesem Umfeld noch nicht etabliert, bietet aber hinsichtlich der Telefonie als Voice over IP gewisse Vorteile. Auch Bluetooth-Produkte sind am Markt bisher nicht so stark vertreten wie DECT-Produkte und auch nur für kleinere Netze mit wenigen (maximal drei) schnurlosen Telefonen geeignet.

Umgekehrt bietet Bluetooth ein reichhaltiges Produktspektrum für die Anbindung verschiedener Geräte an ein Handy sowie für die Anbindung von Computer-Peripherie und von Geräten der Unterhaltungselektronik an einen PC, Laptop oder PDA. Gerade im Umfeld des Handys ist der zentrale Anwendungsbereich von Bluetooth zu sehen. Da die Datenrate bei Bluetooth jedoch recht begrenzt ist, stellen derzeit Produkte gemäß Standard IEEE 802.11 für die Anbindung von Geräten der Unterhaltungselektronik (Camcorder, Digitalkameras u.Ä.) eine ernst zu nehmende Alternative dar. Direkt auf diesen Anwendungsbereich bzw. auf die Multimedia-Vernetzung im Heimbereich zugeschnitten sind UWB-Systeme, die noch höhere Datenraten bieten, in ihrer Reichweite jedoch sehr begrenzt sind (s.u.). In gewisser Weise können UWB-Systeme als Weiterentwicklung von Bluetooth hin zu höheren Datenraten angesehen werden. Insofern gibt es auch Kooperationsbestrebungen zwischen den entsprechenden Firmenallianzen.

Ist eine Vernetzung zahlreicher Sensoren und Steuerungselemente mit preisgünstigen Funkmodulen mit geringem Energieverbrauch gefragt, so ist ZigBee i.Allg. der passende Standard. In einigen Spezialfällen kann aber auch Bluetooth, DECT oder IEEE 802.11 eine Alternative darstellen, da auch für diese Systeme Module erhältlich sind, die auf Telemetrie-Anwendungen zugeschnitten sind.

Tabelle 13.1 Standards für lokale Funknetze und ihre Anwendungen

	IEEE 802.11a, b, g	DECT	Bluetooth IEEE 802.15.1	ZigBee IEEE 802.15.4	UltraWideBand IEEE 802.15.3a)
Standardisierung	IEEE	ETSI	Bluetooth Special Interest Group, IEEE	ZigBee-Alliance, IEEE	UWB-Forum / Wimedia-Alliance
erste Produkte	1999	1993	1999	2005	2006
Hauptanwendungsgebiet	drahtlose Computernetze, WLAN-Hotspots	schnurlose Telefonie, Telefonanlagen	Kabelersatz rund um den PC und das Handy	Vernetzung: Sensoren und Steuerungen	Multimedia-Netze (hohe Datenraten)
weitere Anwendungsgebiete	❑ Funkbrücken ❑ industr. Telemetrie ❑ VoIP (schnurlos)	❑ drahtloser Teilnehmeranschluss ❑ Telemetrie ❑ Computer-Peripherie	❑ schnurlose Telefonie ❑ Telemetrie ❑ drahtloser Internet-Anschluss	❑ Logistik ❑ Computer-Peripherie	❑ Anbindung von Computer-Peripherie ❑ Digitaler Kiosk
max. Brutto-Datenrate	11 Mbit/s (b) 54 Mbit/s (a, g)	1,2 Mbit/s (alte Version) 7 Mbit/s (neue Version)	1 Mbit/s (Version 1) 3 Mbit/s (Version 2)	0,25 Mbit/s	500 Mbit/s
Mehrzellenbetrieb	ja	ja	nein	Multihop	nein
Peer-To-Peer-Kommunikation	ja	ja	nur zwischen zwei Geräten	ja	ja
USB-Adapter	XXX	X	XXX	X	(XXX)
PC/PCI-Cards	XXX	X	XX	X	(XX)
Compact Flash	XX	–	XX	X	(XX)
SDIO Cards	X	–	XX	–	(XX)
FireWire-Adapter	?	–	–	–	(XXX)
schnurl. Telefone	X	XXX	XX	–	–
Access Points, BS	XXX	XXX	XX	(X)	(X)
in Handys	X	–	XXX	–	–
Headsets	–	–	XXX	–	–
Tastatur, Maus	–	–	XX	(X)	–
Telemetrie-Modul	X	X	XX	XXX	–
Camcorder u.Ä.	X	–	XX	–	(XXX)
TV, DVD	X	–	X	–	(XXX)

13.2 Übertragungs- und Zugriffsverfahren

Modulation, Codierung und Bandbreite
Wie Tabelle 13.2 in der Übersicht zeigt, bieten nahezu alle Funksysteme mehrere verschiedene Übertragungsmodes (Modulations- und Codierungsverfahren), um die Datenrate an die Empfangsbedingungen anzupassen. Insbesondere bei DECT, Bluetooth und IEEE 802.11 sind bei neueren Versionen höherwertige Modulationsverfahren vorgesehen, um die erzielbare Datenrate (bei guten Empfangsverhältnissen) zu steigern. Allerdings sind höherwertige Modulationsverfahren aufwendiger zu realisieren und mit einer Abnahme der Störfestigkeit verbunden. Insofern ist mit der 64-QAM eine gewisse obere Grenze erreicht. Ähnliches gilt für den Einsatz komplexer Antennentechniken (MIMO, siehe Abschnitt 3.4) im Standard IEEE 802.11n, um bei einer Bandbreite von B = 20 bis 40 MHz Datenraten von einigen hundert Mbit/s zu erzielen. Eine Steigerung der Datenrate auf ein (großes) Viel-

Tabelle 13.2 Übertragungsverfahren und Datenraten

	IEEE 802.11a	IEEE 802.11b	DECT	Bluetooth	ZigBee	UltraWideBand
Trägerbandbreite	17 MHz	11 MHz	1,2 MHz	1 MHz	2 MHz	ca. 500 MHz
Trägerabstand	20 MHz	5 MHz	1,7 MHz	1 MHz	5 MHz	s.o.
Modulation	BPSK, QPSK, 16-QAM, 64-QAM	DBPSK, DQPSK	GMSK, DQPSK, 16-QAM, 64-QAM	GFSK, DQPSK, D8PSK	Offset QPSK	QPSK
Zusatz zur Modulation	OFDM	Spreizung Code Keying	–	Frequency Hopping	Code Keying (Spreizung)	OFDM mit Frequency Hop.
Vorwärtsfehlerkorrektur	Faltungscodes mit Raten $1/2$, $2/3$, $3/4$	–	Blockcodes abh. vom Dienst	Wiederholungs- u. Blockcodes: $1/3$, $2/3$	–	Faltungscodes: verschied. Raten
Zugriffsverfahren	CSMA/CA	CSMA/CA	TDMA mit Reservierung	TDMA mit Polling	CSMA	CSMA
Zusätze zum Zugriffsverfahren	RTS-CTS-Reservierung Polling/Prioritäten	RTS-CTS-Reservierung Polling/Prioritäten	Dynamic Channel Selection	Reservierung von Zeitschlitzen	Reservierung von Zeitschlitzen	Reservierung von Zeitschlitzen
Übertragungsverfahren mit max. Datenrate (A)	64-QAM, Code-Rate $3/4$	DQPSK und Code Keying	64-QAM, keine Codierung	D8PSK, keine Codierung	Offset QPSK	QPSK und Code-Rate $3/4$
erforderliches SNR	22 dB	7 dB	26 dB	19 dB	0 dB	10 dB
Max. Bruttorate	54 Mbit/s	54 Mbit/s	7 Mbit/s	3 Mbit/s	0,25 Mbit/s	480 Mbit/s
Max. Nettorate	≈ 30 Mbit/s	≈ 20 Mbit/s	≈ 5 Mbit/s	≈ 2 Mbit/s	≈ 0,2 Mbit/s	≈ 300 Mbit/s
störsicherstes Übertragungsverfahren (B)	BPSK, Code-Rate $1/2$	DBPSK Spreizfaktor 11	GMSK Code-Rate 1	GFSK, Code-Rate 1	Offset QPSK	QPSK, Code-Rate $1/3$, Spreizfaktor 4
Bruttorate	6 Mbit/s	1 Mbit/s	1,2 Mbit/s	1 Mbit/s	0,25 Mbit/s	53 Mbit/s
Nettorate	≈ 5,4 Mbit/s	≈ 0,8 Mbit/s	≈ 0,8 Mbit/s	≈ 0,4 Mbit/s	≈ 0,2 Mbit/s	≈ 50 Mbit/s
erforderliches SNR	4 dB	1 dB	12 dB	12 dB	0 dB	1 dB

faches der Bandbreite ist also nur auf Kosten der Störfestigkeit und einer erhöhten Komplexität möglich. Da UWB-Systeme – wie der Name bereits andeutet – mit einer hohen Frequenzbandbreite arbeiten –, bieten sie auf natürliche Weise bei verhältnismäßig hoher Störfestigkeit eine hohe Datenrate. Ebenso ist die Datenrate bei IEEE 802.11 wegen der höheren Bandbreite prinzipiell größer als bei Bluetooth oder DECT. Aufgrund des Anwendungsgebietes benötigt ZigBee keine hohen Datenraten, so dass ein größerer Wert auf die Störfestigkeit gelegt wurde.

Ferner ist zu erwähnen, dass einige der Funksysteme die elementaren Modulationsverfahren um Zusatzmaßnahmen wie OFDM, die Spreiztechnik oder Frequency Hopping erweitern, um die Auswirkungen von Echos oder anderen Störung zu vermeiden bzw. gering zu halten.

Für das UWB-System wurden in der Tabelle die Parameter des Multiband-OFDM-Vorschlags aufgenommen.

Bandbreite und Trägerabstand
Alle Systeme sehen mehrere Frequenzträger vor, um den gleichzeitigen Betrieb mehrerer Netze in einem Gebiet zu ermöglichen. Damit sich Nachbarträger wenig stören, wurde i.Allg. der Trägerabstand größer oder zumindest gleich der Frequenzbandbreite gewählt. Ausnahmen bilden Wireless LANs bei 2,4 GHz gemäß IEEE 802.11b und g. Theoretisch lassen sich Trägerabstände von 5 MHz einstellen. Bei der praktischen Umsetzung sollte jedoch ein Trägerabstand von 25...30 MHz eingehalten werden, so dass effektiv nur drei Träger in diesem Frequenzbereich zur Verfügung stehen.

Zugriffsverfahren
Hinsichtlich der Zugriffsverfahren wird jeweils einer der folgenden drei Ansätze verfolgt:
❑ Carrier Sense Multiple Access (CSMA),
❑ Time Division Multiple Access (TDMA) mit Reservierung von Zeitschlitzen,
❑ Polling, kombiniert mit TDMA.

Welches das zentrale Verfahren ist, richtet sich nach dem Hauptanwendungsgebiet bzw. nach der Netzstruktur des jeweiligen Systems. Zu den genannten Grundverfahren gibt es zumeist noch mehrere Zusätze, um spezielle Netzkonfigurationen oder Anwendungen gesondert behandeln zu können.

Brutto- und Netto-Datenraten
Insgesamt bedingen die Zugriffsverfahren und die zugehörigen Datenstrukturen einen Verwaltungsaufwand bzw. Ressourcenbedarf, so dass die erzielbare Netto-Datenrate vielfach deutlich geringer als die Brutto-Datenrate in der physikalischen Schicht ist. Das Verhältnis von der Netto- zur Brutto-Datenrate sinkt tendenziell mit zunehmender Brutto-Datenrate. Beispielhafte Werte sind in Tabelle 13.2 jeweils für den Übertragungsmode mit der höchsten Brutto-Datenrate für den Mode mit der höchsten Störfestigkeit aufgeführt. Zu erwähnen ist, dass – obwohl IEEE 802.11a und IEEE 802.11g nahezu die gleichen Übertragungsverfahren verwenden – bei IEEE 802.11g die Netto-Datenrate geringer ist, da bei 2,4 GHz ein eventuelles Zusammenspiel mit Komponenten des Standards IEEE 802.11b zu organisieren ist.

13.3 Kapazität und Reichweite

Kapazität
Für die Gesamtkapazität eines Systems sind nicht allein die Bandbreite und erzielbare Datenrate eines Trägers entscheidend, sondern vor allem das insgesamt zur Verfügung stehende Frequenzspektrum. Dieses ist mit 7,5 GHz bei UWB am größten. Aber auch für IEEE 802.11a steht bei 5 GHz mit etwa 460 MHz ein deutlich größerer Frequenzbereich zur Verfügung als im ISM-Band bei 2,4 GHz, in dem es nur ca. 80 MHz sind. Insofern ist bei großen Wireless LANs mit vielen Teilnehmern und einem hohen Kapazitätsbedarf der Standard IEEE 802.11a zu bevorzugen – zumal auch die potentiellen Störquellen geringer sind als im ISM-Band bei 2,4 GHz (vgl. Tabelle 13.4).

Eine Steigerung und Anpassung der Netzkapazität lässt sich durch einen Mehrzellenbetrieb erzielen, bei dem zahlreiche Access Points bzw. Basisstationen installiert werden, die durch ein Infrastruktur-Netz miteinander verbunden sind. Mobilstationen können sich innerhalb des Netzes frei bewegen, und Verbindungen werden automatisch und unterbrechungsfrei von einem Access Point zum anderen weitergereicht. Um Störungen zwischen den verschiedenen Zellen zu vermeiden, sind genügend Frequenzen erforderlich, die an die Access Points verteilt werden müssen. Dies kann durch eine feste Frequenzplanung oder dynamisch durch das System selbst erfolgen. Ein Mehrzellenbetrieb wird durch IEEE 802.11 und DECT unterstützt. DECT ermöglicht so große Netze für die schnurlose Telefonie.

Sprachkanäle
Betrachtet man die Sprachübertragung, so sind bei DECT bis zu zwölf Verbindungen und bei Bluetooth – je nach Fehlerschutz – drei Verbindungen pro Basisstation möglich. Bei Access Points des Standards IEEE 802.11 liegt die Anzahl der VoIP-Verbindungen typischerweise zwischen zwei und 20.

Empfängerempfindlichkeit
Wichtige Parameter für die Reichweite sind die Rauschpegel N und die resultierenden Empfängerempfindlichkeiten.
Die in Tabelle 13.3 angegebenen Werte für den Rauschpegel N beruhen auf den Annahmen und Resultaten aus Abschnitt 6.1.1. Zu betonen ist, dass die Rauschleistung proportional zur Trägerbandbreite ist. Die Werte für die Empfängerempfindlichkeit beziehen sich jeweils auf die Übertragungsmodes A und B aus Tabelle 13.2:
❏ den Übertragungsmode mit höchster Brutto-Datenrate (A),
❏ den störfestesten Übertragungsmode (B).

Sie ergeben sich aus der Summe von N und dem jeweiligen SNR-Wert aus Tabelle 13.2. Wegen der hohen Bandbreite haben UWB-Systeme eine geringe Empfindlichkeit, d.h., sie benötigen höhere Empfangspegel als die anderen Systeme – allerdings bieten sie dabei auch höhere Datenraten.
Ein anderer wichtiger Systemparameter ist die Sendeleistung. Bei den Berechnungen wurde – bis auf eine Ausnahme – die maximal erlaubte EIRP zugrunde gelegt, auch wenn die Sendeleistung von Produkten zumeist geringer ist. Bei der Ausnahme handelt es sich um den Standard IEEE 802.11a, bei dem die EIRP auf 20 dB begrenzt wurde, um die Strahlenbelastung auf das gleiche Maß wie bei IEEE 802.11b/g zu reduzieren.

Frequenz und Funkausbreitung
Bei den Reichweiteberechnungen wurde zwischen der Freiraumausbreitung (Fr) und der Ausbreitung innerhalb von Gebäuden (In) unterschieden. Einen entscheidenden Einfluss bei der Funkausbreitung hat die Frequenz: Mit zunehmender Frequenz steigt die Dämpfung, insbesondere innerhalb von Gebäuden, wo man es mit Beugung und Abschattungen durch Hindernisse (Wände) zu tun hat. Typische Werte für den Frequenznachteil – verglichen mit 2,4 GHz als Bezugswert – finden sich in Tabelle 13.3.

Reichweite bei Freiraumausbreitung
Liegt die Freiraumausbreitung vor, lassen sich vielfach Reichweiten von mehreren Kilometern erzielen. Dies ist insbesondere wichtig, wenn man lokale Netze über große Entfernungen koppeln oder Teilnehmer drahtlos anschließen möchte (IEEE 802.11, DECT). Zu beachten ist, dass für die Freiraumausbreitung der Fresnel-Ellipsoid (siehe Abschnitt 2.2.1) frei von Hindernissen sein muss und daher die Antennen in einer hinreichenden Höhe zu installieren sind. Insofern ist es fraglich, ob der theoretisch berechnete Wert von 11 km bei ZigBee praktisch tatsächlich umzusetzen ist.
Da der Wert der kleinen Halbachse dieses Ellipsoiden mit zunehmender Frequenz sinkt, bieten Produkte des Standards IEEE 802.11a (verknüpft mit IEEE 802.11h) Vorteile gegenüber denen des Standards IEEE 802.11g – zumal die maximal erlaubte EIRP im Bereich bei 5 GHz höher ist als bei 2,4 GHz.

Reichweite in Gebäuden
In Gebäuden beträgt die Reichweite je nach System und gewünschter Datenrate zwischen 10 m und 100 m. Bei UWB-Systemen ist die Reichweite wegen der niedrigen Sendeleistung und Empfängerempfindlichkeit – selbst ohne Hindernisse – sehr gering und damit i.Allg. auf einen Raum beschränkt.

Tabelle 13.3 Kapazität und Reichweite

	IEEE 802.11a	IEEE 802.11b	DECT	Bluetooth	Zigbee	UltraWide-Band
Frequenzbereich	5,15...5,35 GHz 5,47....5,73 GHz	2,40...2,48 GHz	1,88...1,90 MHz	2,40...2,48 GHz	2,40...2,48 GHz	3,1...10,6 GHz, versch. Bänder
Gesamtspektrum	460 MHz	80 MHz	20 MHz	80 MHz	80 MHz	7500 MHz
Trägerbandbreite	17 MHz	11 MHz	1,2 MHz	1 MHz	2 MHz	530 MHz
Anzahl Träger	19	3	10	79	16	14
Mehrzellenbetrieb	ja	ja	ja	nein	Multihop	nein
Max. Bruttorate	54 Mbit/s	11 Mbit/s	7 Mbit/s	3 Mbit/s	0,25 Mbit/s	480 Mbit/s
Sprachkanäle pro BS	ca. 2 bis 20	ca. 2 bis 20	bis zu 12	bis zu 3	-	-
Rauschpegel N	−91 dBm	−93 dBm	−103 dBm	−104 dBm	−101 dBm	−77 dBm
Receiver Sensitivity A	−69 dBm	−86 dBm	−77 dBm	−85 dBm	−101 dBm	−67 dBm
Receiver Sensitivity B	−87 dBm	−92 dBm	−91 dBm	−92 dBm	−101 dBm	−76 dBm
Maximale EIRP	23 dBm / 30 dBm	20 dBm	24 dBm	20 dBm	20 dBm	≈ −13 dBm
typischer Sendepegel	15...30 dBm	13...20 dBm	24 dBm	0 − 20 dBm	um 0 dBm	s.o.
Link Budget A	99 dB	106 dB	101 dB	105 dB	121 dB	54 dB
Link Budget B	117 dB	112 dB	115 dB	112 dB	121 dB	63 dB
Frequenznachteil (Fr)	7 dB	0 dB	−2 dB (Vorteil)	0 dB	0 dB	2...12 dB
Frequenznachteil (In)	10...15 dB	0 dB	−3 dB (Vorteil)	0 dB	0 dB	3...20 dB
Reichweite (Fr) – A	0,4 km	2,0 km	1,4 km	1,8 km	11 km	5 m
Reichweite (Fr) – B	3,2 km	4,0 km	7,0 km	4,0 km	11 km	15 m
Reichweite (In) – A	12 m	40 m	35 m	40 m	110 m	4 m
Reichweite (In) – B	25 m	60 m	80 m	65 m	110 m	10 m

Bei Systemen wie DECT und IEEE 802.11 lässt sich der Versorgungsbereich durch Mehrzellenbetrieb, bei ZigBee durch die Multihop-Funktionalität steigern.

Zu beachten ist, dass bei der Berechnung der Werte für die Reichweite folgende Angaben getroffen wurden:
❑ die EIRP hat den maximal erlaubten Wert;
❑ der empfangsseitige Antennengewinn beträgt 0 dBi;
❑ die Empfängerempfindlichkeiten haben die angegebenen Werte.

Gerade bei Bluetooth und ZigBee findet man viele Produkte, deren EIRP 20 dB unterhalb des erlaubten Maximalwertes liegt. Aber auch bei IEEE 802.11 ist die EIRP vielfach um einige Dezibel geringer als erlaubt. Andererseits gibt es gerade für IEEE 802.11 zahlreiche Antennen mit einem hohen Antennengewinn von 6 bis 25 dB. Angaben für die Empfängerempfindlichkeiten bei verschiedenen Produkten des gleichen Typs variieren in einem Bereich von etwa 10 dB.

Bei Freiraumausbreitungsbedingungen führt eine Änderung des Link Budgets um 6 dB (um 12 dB) zu einer Änderung der Reichweite um den Faktor 2 (um den Faktor 4).

In Gebäuden führt eine Änderung des Link Budgets um 10 dB (um 20 dB) in etwa zu einer

Tabelle 13.4 Störungen und Gegenmaßnahmen

	IEEE 802.11a	IEEE 802.11b/g	ZigBee	Bluetooth	DECT	UltraWide-Band
Frequenzbereich	5,15...5,35 GHz 5,47...5,73 GHz	2,40...2,48 GHz	2,40...2,48 GHz	2,40...2,48 GHz	1,88...1,90 MHz	3,1...10,6 GHz, versch. Bänder
Störquellen	– Radar/Ortung – Amateurfunk – andere WLANs	IEEE 802.11b/g, ZigBee, Bluetooth, Mikrowellenherde, Amateurfunk, drahtlose Videoübertragung und andere Spezialsysteme			andere DECT-Netze	viele Systeme, u.a. WiMAX, Funkortung
Gegenmaßnahmen	– Dyn. Frequenzwahl – Power Control – Link Adaption	– Spreiztechnik (b) – Link Adaption – Frequenzplanung	– Spreiztechnik – ARQ-Verfahren	– Frequency Hop. – Link Adaption – Power Control	– Frequency Hop. – Link Adaption – Power Control	– «Spreizung» – Link Adaption – sehr kleine EIRP

Änderung der Reichweite um den Faktor 2 (um den Faktor 4).

13.4 Störungen und Gegenmaßnahmen

Wie Tabelle 13.4 zeigt, ist das DECT-Primärband bei 1,9 GHz am wenigsten von Störungen belastet. In diesem Band dürfen nur DECT-Systeme betrieben werden. Die stärkste Belastung tritt in dem ISM-Band bei 2,4 GHz auf, in dem sehr viele verschiedene Systeme zu finden sind. Aber auch in dem Frequenzbereich von IEEE 802.11a und erst recht in dem großen Frequenzband der UWB-Systeme werden einige andere Funksysteme betrieben, die einerseits zu Störungen des Netzbetriebs führen können, andererseits aber auch nicht durch IEEE 802.11a bzw. UWB gestört werden dürfen.

Alle Systeme haben verschiedene Verfahren vorgesehen, um die Auswirkungen von Störungen gering zu halten. Durch den Einsatz dieser Verfahren und eine überlegte Planung lässt sich bei der derzeitigen Verbreitung der Systeme ein weitgehend störungsfreier Netzbetrieb erzielen. Sollte die Nutzung lokaler Funksysteme jedoch zukünftig weiter so stark steigen wie in den vergangenen Jahren, so könnte es gerade in dem ISM-Band bei 2,4 GHz zu deutlichen Beeinträchtigungen kommen.

13.5 Sicherheitsaspekte

In den letzten Jahren hat das Thema Sicherheit bei lokalen Funknetzen eine große Bedeutung erlangt. Insofern sehen – wie Tabelle 13.5 zeigt – die Standards, die seit 2003 veröffentlicht wurden, sehr leistungsfähige Maßnahmen zur Authentifizierung, zur Verschlüsselung und zur Integritätsprüfung vor. Insbesondere wurden die erheblichen Mängel bei IEEE 802.11 durch den Standard IEEE 802.11i beseitigt, so dass die entsprechenden Produkte ein sehr hohes Sicherheitsniveau bieten. Bei anderen Systemen wie DECT und Bluetooth sind Nachbesserungen erforderlich, um ein ähnlich hohes Niveau zu erzielen. Zumindest für neue Bluetooth-Versionen sind diese Verbesserungen in der Planung.

Durch zusätzliche Techniken wie Virtuelle Private Netze lässt sich bei einigen Anwendungen die Sicherheit weiter steigern.

In jedem Fall ist es wichtig, dass die vorgesehenen Verfahren in der korrekten Weise eingesetzt werden.

Tabelle 13.5 Vergleich der Sicherheitsmechanismen

	IEEE 802.11	IEEE 802.11i	DECT	Bluetooth	Zigbee	UltraWideBand
Schlüsselmanagement	globale, statische Schlüssel	wechselnde, individuelle Schlüssel	wechselnde, individuelle Schlüssel	wechselnde, individuelle Schlüssel	wechselnde, individuelle Schlüssel	wechselnde, individuelle Schlüssel
Verschlüsselung	Stromchiffre RC4	AES, verbesserter RC4 (optional)	Stromchiffre	Stromchiffre	AES	AES
Schlüssellänge	40...128 Bit	128 Bit	64 Bit	8...128 Bit	128 Bit	128 Bit
Authentifizierung	Challenge-Response	❏ Zertifikate ❏ Authent.-Server ❏ Challenge-Response	Challenge-Response	Challenge-Response	Zugriffslisten, Challenge-Response	Challenge-Response
Integritätsprüfung	nein	ja	nein	nein	möglich	ja
Sicherheitsniveau	niedrig	sehr hoch	mittel	mittel	hoch	hoch

13.6 Zusammenfassung

Lokale Funknetze ermöglichen viele verschiedene interessante Anwendungen und bieten dafür i.Allg. eine ausreichende Datenrate.

Ohne Hindernisse lassen sich Entfernungen von mehreren Kilometern überbrücken, in Gebäuden liegt die maximale Reichweite bei etwa 100 m. Insgesamt nimmt die Reichweite mit zunehmender Datenrate ab. Durch einen Mehrzellenbetrieb kann man sowohl die Kapazität als auch der Versorgungsbereich deutlich steigern.

Bei einem vorschriftsmäßigen Einsatz der vorgesehenen Verfahren zur Authentifizierung, zur Verschlüsselung und zur Integritätsprüfung lässt sich ein ähnliches Sicherheitsniveau wie bei leitungsgebundenen Netzen erzielen.

Allerdings sind die für lokale Funknetze zur Verfügung stehenden Frequenzbänder begrenzt, so dass eine Mehrfachnutzung mit dem Risiko gegenseitiger Störungen unvermeidbar ist. Bei der derzeitigen Verbreitung von lokalen Funknetzen können die Auswirkungen von Störungen durch die dafür vorgesehenen Methoden sowie durch eine geschickte Planung hinreichend gering gehalten werden. Bei einer weiteren starken Zunahme der Nutzung könnte es jedoch zu Engpässen in einigen der Bänder kommen: Geeignete Frequenzen lassen sich nicht beliebig vermehren. Hingegen kann die Kapazität von leitungsgebundenen Netzen durch das Verlegen zusätzlicher Kabel nahezu beliebig gesteigert werden.

Der Einsatz lokaler Funknetze sollte sich daher auf die Anwendungsbereiche konzentrieren, bei denen die Verlegung von Kabeln zu aufwendig bzw. zu teuer ist oder bei denen eine Mobilität der Stationen erforderlich ist.

Lokale Funksysteme sind also nicht als Ersatz, sondern als Ergänzung zu leitungsgebundenen Systemen zu sehen.

Anhang

Anhang A Wichtige Organisationen im Umfeld lokaler Funknetze

Bluetooth Special Interest Group (BSIG)
Internet-Adresse: www.bluetooth.org
Gründung: 1998
Hauptsitz: Washington, Malmö, Hongkong
Organisation: Firmenallianz

Aufgaben/Ziele
- Weiterentwicklung der Bluetooth-Technologie
- Herausgabe der Spezifikationen
- Förderung der Verbreitung der Bluetooth-Technologie
- Förderung der Zusammenarbeit unter den Mitgliedern

Bundesnetzagentur
Internet-Adresse: www.bundesnetzagentur.de
Gründung: 2005
Hauptsitz: Bonn
Organisation: Bundesoberbehörde im Geschäftsbereich des Bundesministeriums für Wirtschaft und Technologie (hervorgegangen aus der 1998 gegründeten Regulierungsbehörde für Post und Telekommunikation RegTP)

Aufgaben/Ziele
- Sicherstellung eines chancengleichen Wettbewerbs
- Wahrung der Nutzer und Verbraucherinteressen, Beratung der Bürger
- Sicherstellung einer flächendeckenden Grundversorgung zu erschwinglichen Preisen
- Förderung von Infrastrukturinvestitionen und Innovationen
- Sicherstellung einer effizienten und störungsfreien Nutzung von Frequenzen, Frequenzverwaltung
- Beiträge zur Standardisierung
- Marktbeobachtung
- Beratung von Bürgern

Bundesamt für Sicherheit in der Informationstechnik
Internet-Adresse: www.bsi.de
Gründung: 1991
Hauptsitz: Bonn
Organisation: Bundesoberbehörde im Geschäftsbereich des Bundesministeriums des Innern. Es ist eine unabhängige und neutrale Stelle für Fragen zur IT-Sicherheit.

Aufgaben/Ziele
- Analyse und Informationen zu wichtigen Themen der IT-Sicherheit
- Beratung in Fragen der IT-Sicherheit und Unterstützung bei der Umsetzung
- Entwicklung und Konzeption von IT-Sicherheitsanwendungen und -produkten
- Prüfung und Zertifizierung von IT-Systemen
- Zulassung von IT-Systemen für die Verarbeitung geheimer Informationen

Bundesamt für Strahlenschutz
Internet-Adresse: www.bfs.de
Gründung: 1989
Hauptsitz: Salzgitter
Organisation: Wissenschaftlich-technische Bundesoberbehörde im Geschäftsbereich des Bundesministeriums für Umwelt

Aufgaben/Ziele
- wissenschaftliche Forschung auf den Gebieten Strahlenschutz, Strahlenschutzvorsorge, kerntechnische Sicherheit und nukleare Ver- und Entsorgung
- Abschätzung möglicher gesundheitlicher Risiken durch Emissionen neuer Technologien im Alltag
- Ermittlung der Exposition und der Beurteilung der Wirkungen hochfrequenter Strahlung aus medizinisch-biologischer Sicht
- Schutz vor nachgewiesenen Gesundheitsgefahren und möglichen Risiken
- Weiterentwicklung von Schutzkonzepten
- Mitarbeit in nationalen und internationalen Gremien und Forschungsgesellschaften
- Information der Bevölkerung über alle Fragen des Strahlenschutzes

DECT-Forum
Internet-Adresse: www.dect.org
Hauptsitz: Bern (Schweiz)
Organisation: Firmenallianz

Aufgaben/Ziele
- Verbreitung der DECT-Technologie
- Sicherung bestehender Frequenzbänder, Akquirierung neuer Frequenzbänder
- Beteiligung an Weiterentwicklungen und Standardisierungsaktivitäten
- Beteiligung an Produkt-Zertifizierungsprogrammen

European Telecommunications Standards Institute, ETSI
Internet-Adresse: www.etsi.org
Gründung: 1988
Hauptsitz: Sophia Antipolis (Frankreich)
Organisation: Von der Europäischen Union gegründete Organisation, der ca. 700 Mitglieder aus etwa 60 Ländern innerhalb und außerhalb Europas (Hersteller, Netzbetreiber, Verwaltungen, Service Provider, Forschungsinstitutionen, Nutzer) angehören.

Aufgaben/Ziele
- Standardisierung im Bereich der Informations- und Kommunikationstechnik
- Standards für z.B. GSM, DECT, HiperLAN
- Beiträge für die weltweite Standardisierung

Institute of Electrical and Electronics Engineers, IEEE
Internet-Adresse: www.ieee.org
Gründung: 1963
Hauptsitz: USA
Organisation: Gegründet aus dem Zusammenschluss des American Institute of Electrical Engineers und Institute of Radio Engineers gehören dem IEEE mehr als 350 000 Mitglieder aus mehr als 150 Ländern an.

Aufgaben/Ziele
- Interessenvertretung
- Herausgabe von technischen Journalen, Magazinen und Büchern
- Veranstaltung von Konferenzen
- Entwicklung und Herausgabe von Standards (bisher ca. 900)

Internet Engineering Task Force
Internet-Adresse: www.ietf.org
Gründung: 1986
Organisation: Die Internet Engineering Task Force (IETF) ist eine internationale Gemeinschaft von Netzwerk-Entwicklern, Betreibern, Herstellern und Forschern, die mit der Entwicklung der Internet-Architektur oder mit dem Betrieb des Internets befasst sind. Jeder Interessierte kann in ihr mitarbeiten.

Aufgaben/Ziele
- Entwicklung von Vorschlägen zur Verbesserung des Internets
- pezifizierung von Protokollen als Vorschlag für die Standardisierung

- Bereitstellung der Requests for Comments (RFC)
- Bereitstellung eines Forums zum Informationsaustausch zwischen Herstellern, Nutzern, Forschergruppen und Netzwerkadministratoren

International Telecommunication Union (ITU)
Internet-Adresse: www.itu.org
Gründung: 1865
Hauptsitz: Genf
Organisation: Die ITU ist eine weltweit tätige Organisation (Unterorganisation der Vereinten Nationen), in der Regierungsvertreter und Unternehmen aus dem Telekommunikationssektor den Aufbau und Betrieb von Telekommunikationsnetzen und -diensten koordinieren.

Aufgaben/Ziele
- Standardisierung
- Koordination von Entwicklungen und der Frequenznutzung
- Harmonisierung nationaler politischer Interessen

Strahlenschutzkommission, SSK
Internet-Adresse: www.ssk.de
Gründung: 1974
Hauptsitz: Bonn
Organisation: Gremium aus 14 auf Zeit berufenen Experten, das das Bundesministerium für Umwelt berät.

Aufgaben/Ziele
- Stellungnahmen und Empfehlungen zur Bewertung von Strahlenwirkungen
- Erarbeitung von Vorschlägen für Dosisgrenzwerte und daraus abgeleitete Grenzwerte
- Beobachtung der Entwicklung der Strahlenexposition der Gesamtbevölkerung, spezieller Gruppen der Bevölkerung und beruflich strahlenexponierter Personen
- Anregung zu und Beratung bei der Erarbeitung von Richtlinien und besonderen Maßnahmen zum Schutz vor den Gefahren ionisierender und nicht ionisierender Strahlen
- Beratung des BMU bei der Auswertung von Empfehlungen für den Strahlenschutz, die von internationalen Gremien erarbeitet wurden
- Beratung des BMU bei der Aufstellung von Forschungsprogrammen zu Fragen des Strahlenschutzes sowie deren wissenschaftliche Begleitung

UWB-Forum
Internet-Adresse: www.uwbforum.org
Gründung: 2004
Hauptsitz:
Organisation: Herstellerallianz (über 100 Mitglieder)

Aufgaben/Ziele
- Verbreitung der DSSS-Variante der UWB-Technologie
- Ausarbeitung von Spezifikationen
- Sicherstellung der Interoperabilität von Produkten verschiedener Hersteller
- Zusammenarbeit mit anderen Organisationen
- Beteiligung am Prozess der weltweiten Spektrumsvergabe
- Bereitstellung eines Forums für Anforderungen, Verbesserungsvorschläge und Anwendungsbeispiele

WiFi Alliance
Internet-Adresse: www.wi-fi.org
Gründung: 1999
Hauptsitz: Austin, Texas (USA)
Organisation: Zusammenschluss von mehr als 250 Firmen

Aufgaben/Ziele
- Durchsetzung eines einheitlichen WLAN-Standards auf Basis von IEEE 802.11
- Entwicklung von Spezifikationen zum Test von WLAN-Geräten
- Test und Zertifizierung von WLAN-Geräten (Interoperabilität)
- Bereitstellung der Testergebnisse

WiMedia-Alliance
Internet-Adresse: www.wimedia.org
Gründung: September 2002
Organisation: Herstellerallianz

Aufgaben/Ziele
- Verbreitung der MB-OFDM-Variante der UWB-Technologie
- Ausarbeitung von Spezifikationen
- Sicherstellung der Interoperabilität von Produkten verschiedener Hersteller
- Zusammenarbeit mit anderen Organisationen
- Beteiligung am Prozess der weltweiten Spektrumsvergabe
- Bereitstellung eines Forums für Anforderungen, Verbesserungsvorschläge und Anwendungsbeispiele

ZigBee Alliance
Internet-Adresse: www.zigbee.org
Gründung: 2004
Organisation: Industriekonsortium (Chip-Hersteller und andere Firmen sowie Anwender, mehr als 150 Mitglieder)

Aufgaben/Ziele
- Erarbeitung und Herausgabe der ZigBee-Spezifikationen, aufbauend auf IEEE 802.15.4
- Festlegung von Anwendungsprofilen
- Erarbeitung von Testspezifikationen
- Verbreitung und Aktualisierung der ZigBee-Technologie

Z-Wave Alliance
Internet-Adresse: www.zwavealliance.org
Gründung: 2005
Hauptsitz: USA
Organisation: Herstellerallianz (mehr als 120 Mitglieder)

Aufgaben/Ziele
- Verbreitung und Aktualisierung der Z-Wave-Technologie
- Sicherstellung des Zusammenspiels von Produkten verschiedener Hersteller
- Förderung der Zusammenarbeit bei zukünftigen Produkten und Dienstleistungen

Anhang B Pegelwerte und Dezibel

In vielen nachrichtentechnischen Anwendungen – so auch bei Funksystemen – variieren die dort vorkommenden Leistungen, wie Sende- und Empfangsleistungen, über viele 10er-Potenzen. Daher ist es üblich und sinnvoll, statt direkt mit den Leistungen (engl.: *power*, P) mit logarithmierten Größen, den so genannten Pegeln (engl.: *level*, L), zu arbeiten. Die entsprechende Rechenvorschrift findet sich in Bild B.1.

Rein physikalisch betrachtet, ist der Pegel als einheitenlos anzusehen. Um jedoch anzudeuten, durch welche Rechenvorschrift er entstanden ist, versieht man ihn mit der Pseudoeinheit Dezibel [dB]. Verwendet man bei den Leistungsverhältnissen die Bezugsgröße P_0 = 1mW, so erhält man die bei Funksystemen übliche Angabe des zugehörigen Pegels in dBm. Der Zusatz «m» weist auf die Bezugsgröße «mW» hin.

Auf dem Funkübertragungsweg wird die Leistung durch mehrere Faktoren gedämpft oder verstärkt. Zur Berechnung der Empfangsleistung sind dann mehrere einzelne Leistungsverhältnisse zu multiplizieren bzw. zu dividieren. Aus den Rechenregeln für den Logarithmus folgen die in Bild B.1 zusammengestellten Regeln für die Addition bzw. Subtraktion der Pegelwerte.

Mit Hilfe dieser Regeln und einiger wichtiger Zahlenwerte, die ebenfalls in Bild B.1 aufgeführt sind, kann man viele andere Werte ohne Taschenrechner berechnen. Einige Beispiele sind in Bild B.2 zu finden.

Bei der Addition und Subtraktion von Pegeln mit den Pseudoeinheiten «dB», «dBm» und «dBi» sind einige Besonderheiten zu beachten, die in Bild B.3 zusammengefasst sind. Sie haben ihre Ursache darin, dass es sich bei den Pegelwerten um einheitenlose Größen handelt, die aus einheitenlosen Verhältnissen stammen.

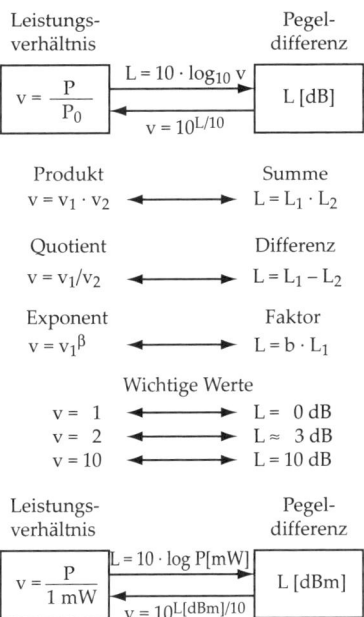

Bild B.1 Wichtige Rechenregeln

v = 8	L = 9 dB
v = 2 · 2 · 2	L = (3 + 3 + 3) dB
v = 1/4	L = – 6 dB
v = 1/(2 · 2)	L = (0 – 3 – 3) dB
v = 25	L = 14 dB
v = 10 · 10/4	L = (10 + 10 – 6) dB
v = 2000	L = 33 dB
v = 2 · 10^3	L = (3 + 3 · 10) dB
P = 2 W	L = 33 dBm
P = 2000 mW	L = (3 + 3 · 10) dBm
P = 1 pW	L = – 90 dBm
P = 10^{-12} W	L = – 9 · 10 dBm
= 10^{-9} mW	

Bild B.2 Beispiele zur Dezibel-Rechnung

X dBm + Y db = (X + Y) dBm
X dBm + Y dBi = (X + Y) dBm
X dBm – Y dBm = (X – Y) dB

Bild B.3 Besonderheiten beim Umgang mit der Pseudoeinheit Dezibel

Anhang C Hochfrequente Strahlung und Grenzwerte

Hochfrequente elektromagnetische Strahlung kann je nach Stärke zu unterschiedlichen gesundheitlichen Schädigungen führen. Wissenschaftlich eindeutig nachgewiesen und damit unumstritten sind so genannte thermische Effekte, also Schädigungen, die sich durch eine Erwärmung des Gewebes oder einzelner Organe ergeben. Der Grad der Erwärmung ist dabei von der Intensität der Strahlung und der Art des Gewebes sowie seiner Lage abhängig. Besonders empfindlich sind Organe mit einem hohen Wassergehalt und einer schlechten Durchblutung wie z.B. das Auge.

Um thermische Wirkungen auszuschließen, wurden in Deutschland Grenzwerte für die Strahlenbelastung durch die 26. Verordnung zur Durchführung des Bundes-Immissionsschutzgesetzes aus dem Jahre 1996 (26. BImSchV) festgelegt [8; 24]. Dabei ist unterschieden zwischen Grenzwerten für Personen, die beruflich mit Strahlung zu tun haben, und Grenzwerten für die allgemeine Bevölkerung. Bei der Exposition der Bevölkerung gelten für den Bereich oberhalb von $f = 0{,}4$ GHz folgende Grenzwerte für die Intensität I:

- bei 0,4...2,0 GHz: $I_{max} = f/0{,}2$ W/m² (f in GHz),
- bei 2,0...300 GHz: $I_{max} = 10$ W/m².

Vielfach werden diese Werte für die Strahlung auch durch das elektrische oder magnetische Feld ausgedrückt. Beide Größen hängen unmittelbar mit der Intensität zusammen:

$I = E^2 / Z_0 = Z_0 H^2$,
Freiraumwellenwiderstand $Z_0 = 377$ Ω

E [V/m]: elektrisches Feld (Effektivwert)
H [A/m]: magnetisches Feld (Effektivwert)

Beispielsweise ergibt sich bei einer Intensität von 1 W/m² ein Effektivwert der elektrischen Feldstärke von $E = 19{,}4$ V/m.

Bezüglich der Grenzwerte ist Folgendes anzumerken:

- Sie beziehen sich auf die gesamte Strahlenleistung in dem angegebenen Frequenzbereich. Liegen also mehrere Sender vor, so sind deren Strahlenwerte in bestimmter Weise zu summieren.
- Die Grenzwerte gelten nur für ortsfeste Funkanlagen mit einer EIRP von mehr als 40 dBm (10 W), sind also nicht für die in diesem Buch betrachteten lokalen Funknetze bindend.
- Die Grenzwerte wurden so gewählt, dass thermische Wirkungen auszuschließen sind.

Auch wenn thermische Wirkungen bei Einhaltung der Grenzwerte weitgehend auszuschließen sind, gibt es einige Hinweise auf andere, nicht-thermische Effekte, die bei geringeren Intensitäten auftreten können. Zu solchen Effekten gehören beispielsweise Befindlichkeitsstörungen, Störungen des Immun- und Hormonsystems oder ein erhöhtes Krebsrisiko. Im Gegensatz zu den thermischen Effekten liegen für diese Effekte keine wissenschaftlicher Nachweise, sondern bestenfalls wissenschaftliche Hinweise oder ein wissenschaftlich begründeter Verdacht (starker Hinweis) vor.

Dabei sind die Grade der Bestätigung eines Effektes von der Strahlenschutzkommission (SSK) – einem Beratungsgremium des Bundesministeriums für Umwelt – wie folgt definiert:

- Wissenschaftlicher Hinweis: Reproduzierbare Ergebnisse wissenschaftlicher Studien voneinander unabhängiger Forschergruppen zeigen einen Zusammenhang, und dieser wird durch das wissenschaftliche Gesamtbild gestützt.
- Wissenschaftlich begründeter Verdacht (starker Hinweis): Die Ergebnisse bestätig-

ter wissenschaftlicher Untersuchungen zeigen einen Zusammenhang, aber die Gesamtheit wissenschaftlicher Untersuchungen stützt diesen nicht ausreichend.
❑ Wissenschaftliche Hinweise: Einzelne Untersuchungen weisen auf einen Zusammenhang hin, der jedoch weder durch unabhängige Untersuchungen noch durch das wissenschaftliche Gesamtbild gestützt wird.

Für manche der genannten nicht-thermischen Effekte gibt es starke Hinweise bei Intensitäten von etwa 0,01 W/m² – vereinzelnd sind sogar Hinweise bei Intensitäten von 0,001 W/m² zu finden. Unterhalb einer Intensität von 0,001 W/m² = 1 mW/m² wurden bisher keine wissenschaftlich verwertbaren Effekte gefunden.

Daher empfiehlt beispielsweise das Ecolog-Institut, die Grenzwerte i.Allg. auf 10 mW/m² und in besonders sensiblen Bereichen auf 1 mW/m² zu reduzieren [24]. Zu diesen Bereichen gehören persönliche Arbeitsräume, Bibliothekslesesäle oder Schulen.

Dagegen erfordern nach Ansicht der Strahlenschutzkommission die bisherigen Untersuchungsergebnisse keine Reduktion der Grenzwerte aus der 26. BImSchV (s.o.).

Beide Institutionen sind jedoch einhellig der Meinung, dass

❑ Grenzwerte für alle technischen Geräte einzuführen (nicht nur für ortsfeste Stationen) und auf den gesamten Frequenzbereich bis 300 GHz auszudehnen sind,
❑ Immissionen an öffentlich zugänglichen Orten deutlich unterhalb der Grenzwerte zu halten sind,
❑ Grenzwerte nicht voll ausgeschöpft werden sollten,
❑ Maßnahmen zu ergreifen sind (z.B. bei der Netzplanung oder durch Sendeleistungsregelung), um die Immission möglichst gering zu halten.

Die folgenden Ausführungen dienen dazu, die bei lokalen Funknetzen auftretenden Intensitäten abzuschätzen.

Im so genannten Fernfeld ($r \gg \lambda$) lässt sich die Intensität mit Hilfe der Freiraumausbreitungsformel berechnen – sofern keine zusätzlichen Dämpfungen durch Hindernisse auftreten [8]:

$$I = g'_S \, P_S \, / \, (4\pi \, r^2)$$

Dabei ist P_S die Sendeleistung und g'_S der Antennengewinnfaktor (abzüglich Kabelverlusten). In dem für lokale Funknetze wichtigsten Frequenzbereich zwischen 1,8 GHz und 6 GHz liegt die Wellenlänge zwischen 5 cm und 16 cm, so dass man bei Abständen r, die größer als etwa 0,5...1 m sind, von dem Fernfeld sprechen kann. Der effektive Sendepegel (Effective Isotropic Radiated Power, EIRP, siehe Kapitel 2) von Funkmodulen reicht typischerweise von 0 dBm (schwache Bluetooth-Module) bis zu 30 dBm (starke WLAN Access Points im 5 GHz).

Bild C.1 zeigt die Intensität als Funktion des Abstandes vom Sender für verschiedene Werte des Sendepegels zwischen 0 dBm (1 mW) und 30 dBm (1000 mW). Daraus lassen sich beispielhaft folgende Tatsachen ableiten:

❑ Die durch die 26. BImSchV geforderten Grenzwerte werden selbst bei recht geringen Entfernungen für alle Systeme in dem erlaubten Sendepegelbereich unterschritten.
❑ Der vom Ecolog-Institut und anderen Organisationen geforderte schärfere Grenzwert von 0,01 W/m² wird bei geringen Entfernungen von 20 cm nur von schwachen Bluetooth-Modulen (0 dBm, 4 dBm) unterschritten. Bei WLAN-Modulen mit einem typischen Sendepegel von 15 dBm ist ein Abstand von mindestens 50 cm erforderlich, bei starken Access Points (30 dBm) sogar ein Abstand von 3 bis 4 m.
❑ Ein Wert von 0,001 W/m² (sensible Bereiche) wird bei Sendepegeln von 20 dBm und mehr erst bei Entfernungen von mehreren Metern unterschritten.

Zu betonen ist, dass die Werte aus Bild C.1 exakt nur für ideale Freiraumausbreitungsbedingungen gelten. Zusätzliche Dämpfungen durch Hindernisse führen i.Allg. zu deutlich kleineren Intensitäten. Andererseits kann die

Intensität auch größer ausfallen als gemäß C.1 – nämlich durch stark reflektierende Gegenstände in der Nähe des Senders. Insgesamt geben die Werte aus Bild C.1 aber einen guten Hinweis auf die zu erwartenden Intensitäten in der Nähe des Senders – auch wenn Messwerte in einem gewissen Bereich streuen [24]. In jedem Fall ist es wichtig, dass seitens der Sender die Grenzwerte für die zulässige EIRP eingehalten werden.

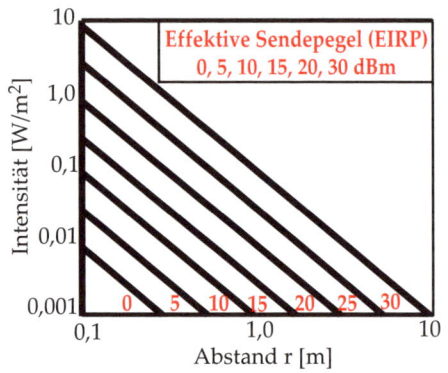

Bild C1 Intensität als Funktion des Abstandes für verschiedene Sendepegel

Anhang D Modulo-Rechnung

Unter der Modulo-Rechnung versteht man die Regeln für das Rechnen mit Resten bei einer ganzzahligen Division. Eine häufig verwendete Schreibweise ist:

R = K mod N

Dabei ist R der Rest, der bei Division der ganzen Zahl K durch die ganze Zahl N verbleibt. Der Rest kann nur die Werte R = 0, 1, ..., N – 1 annehmen. Für Anwendungen bei der Verschlüsselung oder bei der Spreiztechnik sind vor allem die Werte wichtig, bei denen N entweder eine Primzahl oder eine 2er-Potenz ist. Einige Beispiele sind in Tabelle D.1 aufgeführt.

Wichtige Rechenregeln sind:
$(K_1 + K_2) \bmod N = (K_1 \bmod N) + (K_2 \bmod N)$
$(K_1 \cdot K_2) \bmod N = (K_1 \bmod N) \cdot (K_2 \bmod N)$

Beispiele für N = 5:
$(7 + 6) \bmod 5 = 3 = (7 \bmod 5) + (6 \bmod 5) = 2 + 1$
$(7 \cdot 6) \bmod 5 = 2 = (7 \bmod N) \cdot (6 \bmod N) = 2 \cdot 1$

Die Rechnung Modulo-2 folgt den gleichen Regeln wie die XOR-Verknüpfung $\oplus$; insbesondere gilt:
$0 \oplus 0 = 0$
$1 \oplus 0 = 1$
$0 \oplus 1 = 1$
$1 \oplus 1 = 0$

Tabelle D.1 Beispiele zur Modulo-Rechnung

K	−5	−4	−3	−2	−1	0	1	2	3	4	5	6	7	8	9	10	11
K mod 2	1	0	1	0	1	0	1	0	1	0	1	0	1	0	1	0	1
K mod 3	1	2	0	1	2	0	1	2	0	1	2	0	1	2	0	1	2
K mod 5	0	1	2	3	4	0	1	2	3	4	0	1	2	3	4	0	1
K mod 7	2	3	4	5	6	0	1	2	3	4	5	6	0	1	2	3	4
K mod 11	6	7	8	9	10	0	1	2	3	4	5	6	7	8	9	10	0

Anhang E Lösungen zu den Übungsaufgaben

Zu Kapitel 1
1.1 Siehe Bild 1.12.
1.2 Siehe Abschnitt 1.2.
1.3 z.B. Heizungssteuerung, Gebäudesicherheitstechnik, Lichtsteuerung.
1.4 IEEE: Institute of Electrical and Electronics Engineers, ETSI: European Telecommunication Standards Institute.
1.5 WLAN: IEEE 802.11, WPAN: IEEE 802.15.
1.6 IEEE 802.11a:
OFDM bei 5 GHz (54 Mbit/s),
IEEE 802.11b: Spreiztechnik und Code Keying bei 2,4 GHz (11 Mbit/s),
IEEE 802.11g: OFDM bei 5 GHz (54 Mbit/s).
1.7 z.B. Haus- und Gebäudeautomation, Anbindung von Sensoren im medizinischen Bereich.
1.8 Multimedia-Vernetzung, Anbindung von Computer-Peripherie.
1.9 IEEE 802.11a/b/g.
1.10 a) eine Basisstation mit mehreren Mobilstationen, b) sternförmige Master-Slave-Struktur c) eventuell Baumstruktur.
1.11 Vergrößerung des Versorgungsbereiches und der Kapazität.
1.12 Siehe Abschnitt 1.6.
1.13 Segment: Dateneinheit in der Transportschicht; Fragment: Teil eines Schicht-2-Datenpakets innerhalb der Sicherungsschicht.
1.14 a) Router, b) Gateway, c) Bridge, d) Repeater.

Zu Kapitel 2
2.1 $c = 300$ m/µs, $t = s/c$; $s = 12$ m: $t = 0,04$ µs $= 40$ ns; $s = 2,4$ km: $t = 8$ µs.
2.2 $\Delta s = c\, \Delta t$; $\Delta t = 0,2$ µs: $\Delta s = 60$ m.
2.3 $I = P/(4\pi r^2)$; $r = 1$ m: $I = 0,08$ W/m^2; $r = 2$ m: $I = 0,02$ W/m^2; Grenzwerte unterschritten.
2.4 24 dBm, 17 dBm, 4 dBm, –74 dBm.
2.5 0,02 W, 10^{-10} W, $2,5 \cdot 10^{-12}$ W.
2.6 Siehe Abschnitt 2.2 (Anfang).
2.7 Mehrwegeausbreitung, Überlagerung von Wellen, Abstand ca. $\lambda/2$.
2.8 EIRP = 16 dBm – 0,5 dB + 12 dBi = 27,5 dBm > 20 dBm (nicht zulässig bei 2,4 GHz).
2.9 Antennengewinn steigt mit abnehmender Halbwertsbreite bzw. mit zunehmender Abmessung.
2.10 Antenne für 5,5 GHz ist kleiner.
2.11 $a = \frac{1}{2}(\lambda\, r)^{1/2}$; $a = \frac{1}{2}(0,055$ m $\cdot 3600$ m$)^{1/2}$ $= 7$ m; Antennen ca. 7 m oberhalb von Hindernissen.
2.12 Verbindungslinie zwischen Sende- und Empfangsantenne und umgebender Fresnel-Elipsoid frei von Hindernissen.
2.13 RXLEV = EIRP – 32,4 – 20 log f [GHz] – 20 log r [m] + G_E = –20 dBm – 20 log r [m] + G_E –60 dBm (–57 dBm), –66 dBm (–63 dBm), –80 dBm (–77 dBm); in Klammern die Werte für einen Antennengewinn von 3 dBi.
2.14 Metalle, Stahlbeton, verspiegelte Scheiben, Wasser.
2.15 Dämpfung nimmt tendenziell mit der Frequenz zu.
2.16 Starke Dämpfung bei Beugung, Durchdringung, Nebel, Regen.
2.17 Strahlenoptische Verfahren, empirische Verfahren (Potenzgesetze, Freiraumausbreitung mit Zusatztermen).

Zu Kapitel 3
3.1 Amplitude, Frequenz, Phase.
3.2 In der Größenordnung der Bandbreite.
3.3 Von der Bitrate.
3.4 DECT, Bluetooth.
3.5 64.
3.6 BPSK: 2 Mbit/s, QPSK: 4 Mbit/s, 16-QAM: 8 Mbit/s, 64-QAM: 12 Mbit/s, Störanfälligkeit steigt.
3.7 BPSK: : 0, 0, π, π, π, 0; 4-PSK: 0,0, π, –$\pi/2$; 8-PSK: $\pi/4$, π.
3.8 Vorwärtsfehlerkorrektur (Echtzeitdienste); Fehlererkennung / ARQ-Ver-

3.9 fahren (zeitunkritische Dienste).
Code-Rate ¾: ein Drittel der Bits streichen, Code-Rate $^9/_{16}$: ein Neuntel der Bits streichen; punktierte Bits möglichst gleichmäßig verteilen.
3.10 (1, 1, 1, 0, 0, 1, 1, 0, 1, 0, ...).
3.11 Über 27 codierte Bits verteilt.
3.12 Dem Kurzzeit-Fading entgegen wirken, Verteilung der Störungen (keine dauerhaften Störungen), z.B. bei Bluetooth.
3.13 Die Standards IEEE 802.11a/g verwenden OFDM, wobei die Daten auf 48 Unterträgern übertragen werden. Die Guard Period beträgt 0,8 µs, die Symboldauer (inklusive Guard Period) 4 µs.
a) $\Delta t = 0{,}8$ µs entspricht Umweg von 240 m;
b) BPSK: 48 Bits/ 4 µs = 12 Mbit/s, QPSK = 24 Mbit/s, 16-QAM: 48 Mbit/s, 64-QAM: 72 Mbit/s;
c) Bitdauer BPSK (ohne Guard Period): $T_b = 3{,}2$ µs, Bandbreite eines Unterträgers $B = 1/T_b = 312{,}5$ kHz, Gesamtbandbreite $B_g = 48\,B = 15$ MHz.
3.14 Über einen Frequenzträger bei IEEE 802.11a/g lässt sich bei Verwendung einer BPSK eine Bitrate von 12 Mbit/s übertragen. Diese Nutzdatenraten erhält man bei folgenden Kombinationen aus Modulationsart und Code-Rate:
a) BPSK, Code-Rate ½: 6 Mbit/s (höchste Störfestigkeit); b) QPSK, Code-Rate ½: 12 Mbit/s; c) 16-QAM, Code-Rate $^9/_{16}$: 27 Mbit/s; d) 64-QAM, Code-Rate ¾: 54 Mbit/s.
3.15 Auswahl des Übertragungsverfahrens in Abhängigkeit von den Empfangsbedingungen.
3.16 IEEE 802.11b, ZigBee: hohe Störfestigkeit, Verteilung von Störungen, Unempfindlichkeit gegen Kurzzeit-Fading.
3.17 Diversity-Verfahren, Verfahren zur Strahlformung.

Zu Kapitel 4

4.1 Medium Access Control (MAC), Radio Link Control (RLC), Link Management (LM), (Logical Link Control (LLC).
4.2 Siehe Bild 4.2.
4.3 Auswahl einer geeigneten Frequenz durch das Funksystem selbst auf Basis der Empfangsverhältnisse.
4.4 Automatic Repeat Request.
4.5 Vorteil: höherer Datendurchsatz möglich; Nachteil: aufwendigeres Protokoll, Zwischenspeicherung zahlreicher Rahmen erforderlich.
4.6 Die Hälfte der Nummern, also 16.
4.7 Den Bereich 7 bis 14.
4.8 Carrier Sense Multiple Access; CSMA: Prüfung, ob Medium frei; Aloha: Datenpaket wird ohne Prüfung gesendet.
4.9 CSMA ungeeignet für Echtzeit-Dienste (Sprache); unkalkulierbare Verzögerungen beim Zugriff.
4.10 Pegel oberhalb eines Schwellwertes, bestimmtes Signal detektiert.
4.11 Die voraussichtliche Belegungszeit des Mediums.
4.12 Medienreservierung, Lösung des Problems der verborgenen Stationen; nicht geeignet bei Gebäudeautomation (sehr kurze Frames); nicht geeignet bei Anbindung eines einzigen PCs an einen Access Point (keine verborgenen Stationen).
4.13 Bluetooth; bei IEEE 802.11 in Kombination mit CSMA, aber nur für bestimmte Dienste wie Sprache.
4.14 TDM: Time Division Multiplex; Einteilung eines Trägers in mehrere Zeitschlitze in gleichmäßiger Weise.
4.15 Header (Adressen, Rahmentyp, Länge des Rahmens, Rahmennummer, Angaben zur Fragmentierung), Dateneinheit, CRC-Feld.
4.16 Vorteil: großer Nutzdatenanteil; Nachteil: Fehleranfälligkeit steigt.
4.17 Übertragungskapazität für Header, ACK- und andere Steuerungsmeldungen, Warte- und Wettbewerbszeiten.
4.18 a) 29,4 Mbit/s ; b) 5,6 Mbit/s.

Zu Kapitel 5
5.1 Verbindungsorientiert (z.B. ISDN Sprache): Alle Daten nehmen den gleichen Weg, Reihenfolge und zeitlicher Bezug bleibt erhalten; verbindungslos (z.B. Internet Protocol): getrennte Wegesuche für jedes Paket, Erhalt der Reihenfolge nicht garantiert.
5.2 Setup (Angabe von Rufnummer und Dienst), Call_Proc (Netz sucht Weg); Alert (Klingeln beim gerufenen Teilnehmer), Connect (gerufener Teilnehmer hat Ruf entgegen genommen).
5.3 IP-Version, Quell- und Zieladresse, Type of Service, Paketlänge.
5.4 a) 123.345.222.178 (ungültig, zweites Element größer als $255 = 2^8 - 1$), b) 111.2.3.4 (gültig). c) 202.13.5.6.12 (ungültig, mehr als 4 Bytes), d) 202.130589 (ungültig: komplett falsche Struktur).
5.5 a) 182.19.122.0, b) 182.19.0.0, c) 182.19.96.0.
5.6 a) $256 - 2$, b) $256 \cdot 256 - 2$ (zwei Adressen sind für Broadcast bzw. für Netzadresse reserviert).
5.7 Statisch (Nutzer oder Administrator), dynamisch (DHCP).
5.8 Unterbrechungsfreier Übergang nur zwischen Access Points im gleichen Subnetz möglich.
5.9 TCP: Transmission Control Protocol; Protokoll der Transportschicht mit Flusskontrolle und gesicherter Datenübertragung; Header: Quell- und Zielport (Anwendung), Folge- und Bestätigungsnummern, Fenstergröße.
5.10 Ausbleibende ACK-Meldungen werden als Netzüberlast und nicht als Übertragungsfehler interpretiert und führen damit zu einem Absinken der effektiven Datenrate.
5.11 UDP: User Data Protocol (unbestätigter Transport); z.B. Simple Network Management Protocol, VoIP.
5.12 PCM: 64 kbit/s, ADPCM: 16, 24, 32, 40 kbit/s.
5.13 VoIP: Voice over IP (Telefonie über das Internet); RTP, UDP und IP für den Transport der Sprachdaten, SIP bzw. H.323 für die Verbindungssteuerung (Aufbau).
5.14 Pro 20 ms: 480 Sprachbits = 60 Bytes, hinzu kommen 12 Bytes für RTP-Header, 8 Bytes für UDP-Header und 20 Bytes für IP-Header; IP-Paket enthält also insgesamt 100 Bytes.
5.15 Network Management: Fehlerdiagnose und -behebung, Software-Update, Konfiguration (von z.B. Access Points), Statistiken zur Netzauslastung und Netzqualität.
5.16 z.B. FTP, HTTP, POP3, SNMP, ...
5.17 siehe Abschnitt 5.4.

Zu Kapitel 6
6.1 Empfängerrauschen, Echos, Gleich- und Nachbarkanalstörungen durch gleichartige oder andere Funksysteme, andere Störungen (z.B. Mikrowellenherde).
6.2 $N = z \cdot k \cdot T \cdot B = 20 \cdot 1{,}38 \cdot 10^{-23} \cdot 290\ \text{K} \cdot 5 \cdot 10^6\ \text{W} = 4 \cdot 10^{-13}\ \text{W}$, $N = -94$ dBm.
6.3 $N_{\text{som}} / N_{\text{win}} = T_{\text{som}} / T_{\text{win}}$ = $(273 + 45)\text{K} / (273 - 20)\text{K}$ = 1,26, ΔN [dB] = $10 \cdot \log 1{,}26 = 1$ dB.
6.4 Ausblenden durch Antennen mit Richtwirkung, OFDM.
6.5 Bluetooth, IEEE 802.11b/g (WLAN), ZigBee, Spezialsysteme (Video, Audio), Amateurfunk, (Mikrowellenherde).
6.6 Militärisches Radar, Amateurfunk, IEEE 802.11a (andere Netze).
6.7 Überlappungen der Träger, ausgedehntes Modulationsspektrum.
6.8 Nach Abschnitt 6.1.3 gilt:
SIR [dB] = ΔTX + $10 \cdot \beta \cdot \log(r_S/r_I)$, durch Umstellen: r_S / r_I = $10^{(\text{SIR}-\Delta\text{TX})/(10\beta) \cdot \beta}$.

a) Erforderliches SIR bei Gleichkanalstörungen laut Tabelle 6.2:
SIR = 5 dB, ΔTX = 5 dBm − 10 dBm = −5 dB, also: $r_S/r_I = 10^{10/10\beta}$
= 3,2 (für β =2), = 2,2 (für β = 3);

b) erforderliches SIR bei Nachbarkanalstörungen (Δn = 1) laut Tabelle 6.2:
SIR = −11 dB, ΔTX = 5 dBm − 22 dBm = −17 dB, also: $r_S/r_I = 10^{6/10\beta}$
= 2,0 (für β =2), = 1,6 (für β = 3).

6.9 Sendeleistungsregelung, Übertragungsverfahren ändern (Link Adaptation): Kanalcodierung, Spreiztechnik, Frequency Hopping, Frequenzplanung, Dynamische Frequenzwahl, OFDM.

Zu Kapitel 7
7.1 $\lambda = 5{,}5$ cm, $4\pi \cdot A/\lambda^2 = 42{,}2$; Gewinn: ca. 12 – 16 dBi; $\Delta a_h \cdot \Delta a_v \approx 700$, $a_h = \Delta a_v \approx 26°$.
7.2 Sensitivity: -87 dBm, LB = 98 dB; $r_{max} = 6{,}3$ km.
7.3 Rauschpegel N und Störabstand SNR: $RXLEV_{min} = N + SNR$.
7.4 bei 2,4 GHz: $r_{max} = 1$ km, $a = 5{,}6$ m. bei 5,5 GHz: $r_{max} = 440$ m, $a = 2{,}4$ m.
7.5 EIRP = 17 dBm; LB = 17 dBm $-$ (-90 dBm) + 6 dBi $-$ 1 dB = 112 dB.
7.6 für $\beta = 2$: Faktor 1,4 bzw. 2. für $\beta = 4$: Faktor 1,2 bzw. 1,4.
7.7 -90 dBm entspricht $P = 10^{-12}$ W; Energie pro Bit $E_b = P \cdot T_b$: 10^{-18} Ws bzw. $0{,}1 \cdot 10^{-18}$ Ws.
7.8 Benötigte Bandbreiten: $B = 2, 4, 20$ MHz; Rauschpegel bei $Z = 12$ dB: $N = -99, -93, -89$ dBm, $RXLEV_{min} = N + SNR$ (3 dB), $RXLEV_{min} = -96, -90, -86$ dBm.
7.9 Stock 1: A, B, C, A, Stock 2: B, C, A, B, Stock 3: C; A, B, C.
7.10 Es stehen nur 3 nahezu überlappungsfreie Frequenzträger zur Verfügung; bei Verwendung von 5 Frequenzen: Einsatz bündelnder Antennen zur Reduktion von Störungen.

Zu Kapitel 8
8.1 Siehe Tabelle 8.1.
8.2 Unbedingt einschalten; möglichst lange, unverfängliche Schlüssel.
8.3 Untere Schichten: effiziente Realisierung, Verfügbarkeit für alle Anwendungen, Verschlüsselung der Header; höhere Schichten: Anpassung an den Dienst, Verschlüsselung der Gesamtstrecke.
8.4 Symmetrisch: gleicher Schlüssel für Ver- und Entschlüsseln; Vorteil symmetrisch: einfache Realisierbarkeit; Vorteil asymmetrisch: Schlüsselaustausch.
8.5 Symmetrisch: DES, AES, Stromchiffre, asymmetrisch: RSA.
8.6 $CT_1 = 0, 0, 1, 0, 0, 0, 0, 1$.
8.7 $KT_2 = CT_2 \oplus S = 0, 1, 1, 1, 0, 1, 0, 0$.
8.8 Guter Zufallszahlengenerator, Schlüssel geheim halten, Wechsel des Schlüsselstroms in jedem Datenpaket.
8.9 Öffentlicher Schlüsseln zum Verschlüsseln, privater Schlüssel zum Entschlüsseln.
8.10 Architektur zur Authentifizierung über einen zentralen Server.
8.11 Zur Authentifizierung; Authentifizierer sendet Zufallszahl an Anfrager, dieser berechnet Antwort, die überprüft wird.
8.12 Datenpakete mit passender Quersumme sind einfach zu erzeugen.
8.13 Den öffentlichen Schlüssel des Absenders.
8.14 Durch Wissen, Besitz, Merkmal; über Passwörter oder Zertifikate.
8.15 Remote Access Dial-in User Service.
8.16 Zur Authentifizierung bzw. Integritätsprüfung, siehe Bild 8.9.
8.17 Virtuelles Privates Netz: Absicherung eines Netzes durch spezielle Software; gut geeignet: drahtlose Computernetze; aufwendig für Anbindung von Headsets, Sensoren und anderen Geräten mit wenig Speicher bzw. Rechenleistung.

Zu Kapitel 9
9.1 Drahtlose Computernetze.
9.2 Siehe Tabelle 9.2.
9.3 a) g (hohe Reichweite in Gebäuden); b) a (hohe Reichweite bei Freiraumausbreitung); c) a (hohe Kapazität; viele Frequenzen für Mehrzellenbetrieb).
9.4 Peer-to-Peer, Infrastruktur-Netz.
9.5 Siehe Abschnitt 9.1.3.
9.6 Der Name des Funknetzes; möglichst aussageloser Name.
9.7 96 bzw. 192.
9.8 der Turbo-Mode belegt die doppelte Frequenzbandbreite.
9.9 Verwendetes Übertragungsverfahren, Länge des Pakets, CRC für den Hea-

Anhang E 307

	der, Tail Bits zum Zurücksetzen des Faltungscoders (nicht bei IEEE 802.11b).
9.10	IEEE 802.11a: Faltungscodes verschiedener Raten, ARQ-Verfahren; IEEE 802.11b: nur ARQ-Verfahren.
9.11	Siehe Abschnitt 9.4.1.
9.12	Siehe Abschnitt 9.4.1.
9.13	Aussenden von System-Informationen (Systemzeit, Netzname und -typ, unterstützte Datenraten, Kanalnummer).
9.14	Auswahl einer möglichst ungestörten Frequenz auf der Basis von Messungen durch alle Stationen.
9.15	Bündelung von Kanälen, Einsatz von MIMO.
9.16	Zuordnung einer Mobilstation zu einem Access Point.
9.17	Zur Abmeldung beim alten AP, um Daten an den neuen AP weiter zu leiten; Meldungen in TCP/IP-Pakete eingepackt, transportiert über Distribution System.
9.18	DCF: Echtzeitdienste (Sprache, Video), PCF: Computernetze.
9.19	CSMA.
9.20	SIFS: Wartezeit bis zum Aussenden der ACK-Meldung; DIFS: Wartezeit bis zum Beginn der Wettbewerbsperiode.
9.21	Unterscheidung zwischen Quell- und Zieladresse bzw. Sender- und Empfängeradresse bei Transport über Distribution System wichtig; vier Adressen bei Wireless Bridge.
9.22	a) 802.11a, b) 802.11b, c) 802.11f, d) 802.11a, e) 802.11, f) 802.11i, g) 802.11, h) 802.11e, i) 802.11h.
9.23	a) Zeit für Daten: 2000 µs (2 Mbit/s), 364 µs (11 Mbit/s). 667 µs (6 Mbit/s), 74 µs (54 Mbit/s); Gesamtzeit t_G: 2936 µs (2 Mbit/s), 1141 µs (11 Mbit/s). 905 µs (6 Mbit/s), 249 µs (54 Mbit/s); b) $t_G \approx 680$ µs.
9.24	a) Netto-Datenrate: 1,4 Mbit/s (2 Mbit/s), 3,5 Mbit/s (11 Mbit/s). 4,4 Mbit/s (6 Mbit/s), 16,1 Mbit/s (54 Mbit/s). b) 17,6 Mbit/s.
9.25	Frame Error Rate sinkt.
9.26	Warte- und Wettbewerbszeiten bleiben gleich.
9.27	Als Voice over IP.
9.28	Zusätzliche Header, Überlast-Mechanismus sorgt für weiteres Absinken der Datenrate bei Paketverlusten.
9.29	IEEE 802.11a
9.30	a) f = 2442 MHz, $EIRP_{max}$ = 20 dBm; b) f = 5220 MHz, $EIRP_{max}$ = 23 dBm, 7 dB höhere Dämpfung als bei (a) (geringste Reichweite); c) f = 5600 MHz, $EIRP_{max}$ = 30 dBm, 7 dB höhere Dämpfung als bei (a) (höchste Reichweite).
9.31	IEEE 802.11a im Mehrzellenbetrieb.
9.32	Siehe Abschnitt 9.8.3.
9.33	Siehe Abschnitt 9.8.3.
9.34	Siehe Abschnitt 9.8.4.

Zu Kapitel 10

10.1	Digital Enhanced Cordless Telecommunications.
10.2	ETSI.
10.3	Schnurlose Telefonie/Telefonanlagen, drahtloser Teilnehmeranschluss, (Telemetrie).
10.4	Radio Fixed Part, Central Control Fixed Part, Database, Interworking Unit.
10.5	Übereinstimmung des abgestrahlten ARI und des gespeicherten PARK (siehe Abschnitt 10.1.5).
10.6	1880 bis 1900 MHz, 10 Träger, nur Störungen durch andere DECT-Stationen.
10.7	GMSK: 1,2 Mbit/s, differentielle BPSK, QPSK, 8-PSK (1,2, 2,3, 3,6 Mbit/s), 16-QAM (4,6 Mbit/s), 64-QAM (6,9 Mbit/s).
10.8	TDMA mit 24 Zeitschlitzen pro Träger, Portable Part wählt dynamisch einen möglichst wenig gestörten Kanal aus.
10.9	Maximal 36 Sprachverbindungen, dynamische Kanalwahl: Portable Part sucht Kanal mit möglichst wenig Störungen.
10.10	Zeitschlitze 15 und 16 auf Frequenz 7.
10.11	Höherwertige Modulation (gleicher Kanalbedarf, aber störanfälliger), Bündelung von drei Kanälen (gleiche Störfestigkeit, aber höherer Kanal- und

Energiebedarf).
10.12 S-Feld: Synchronisation, D-Feld: Daten, Z-Feld: Erkennung von Synchronisationsfehlern, Guard Period.
10.13 Siehe Tabelle 10.1.
10.14 ungeschützte symmetrische Übertragung: 1,54 Mbit/s (Basic), 1,92 Mbit/s (High), ungeschützte symmetrische Übertragung: 2,94 Mbit/s (Basic), 3,52 Mbit/s (High).
10.15 Kein Fehlerschutz bei Sprachverbindungen, Intracell Handover: Wahl eines weniger gestörten Kanals.
10.16 RXLEV = 24 dBm − 32,4 − 20 log 1,9 − 20 log 10 − 25 dB − 10 dB − 3 dB = −71,6 dBm.
10.17 Zwei pro Stockwerk, also insgesamt acht.
10.18 Erhöhung der Kapazität.
10.19 Zusatzdienste (Anrufweiterleitung, Rufnummernanzeige, Anklopfen, Makeln).
10.20 Analoges Telefonnetz, ISDN, Ethernet-LAN, Token Ring, IP-Netze.
10.21 Siehe Abschnitt 10.8.2.
10.22 Challenge-Response-Verfahren.
10.23 Stromchiffre.
10.24 Länge des Initialisierungsvektor: 28 Bits, Wiederholung nach 2^{28} TDMA-Rahmen, $2^{28} \cdot 10$ ms: ungefähr 746 Stunden.

Zu Kapitel 11
11.1 Bluetooth Special Interest Group (BSIG), IEEE 802.15.1.
11.2 Ersatz von Kabelverbindungen über kurze Entfernungen: Handy- und Computer-Umfeld.
11.3 GFSK: 1 Mbit/s, differentielle QPSK und 8-PSK: 2 Mbit/s bzw. 3 Mbit/s.
11.4 Acht.
11.5 Gar nicht.
11.6 PC als Slave an einem Access Point, als Master für eine drahtlose Maus; Handy als Master für ein Headset, als Slave angeschlossen an einen Laptop.
11.7 Master teilt Ressourcen nach Polling-Verfahren zu, Reservierung von Zeitschlitzen für synchrone Verbindungen.
11.8 EV5-Paket: 5 Zeitschlitze zu 625 µs, Wechsel alle 3125 µs.

11.9 Typ des Pakets, Transportadresse des Slaves LT_ADDR, Bit für Flusskontrolle, ARQ-Bit, Bit für Sequenznummern, 8 CRC-Bits zur Erkennung von Übertragungsfehlern im Header.
11.10 AFH: System wählt Frequenzen mit wenig Störungen für das Hopping aus; bei längerfristigen Störungen durch z.B. WLAN, nicht gegen kurzfristige Störungen durch andere Bluetooth-Systeme.
11.11 B nach A: Link Budget: LB = 20 dBm + 76 dBm, A nach B: LB = 4 dBm + 84 dBm (der schwächere Link).
11.12 RXLEV = 4 dBm − 32,4 − 20 log 2,4 − 20 log 20 = −62 dBm (ausreichender Empfang), zusätzlich 15 dB Wanddämpfung: RXLEV = −77 dBm (ausreichender Empfang nur, wenn Empfindlichkeit besser als im Standard gefordert).
11.13 RXLEV = 0 dBm − 32,4 − 20 log 2,4 − 20 log 40 − 15 dB = −87 dBm; Abhören mit empfindlichen Bluetooth-Modul möglich.
11.14 Non-, General-, Limited-Discoverable-Mode.
11.15 Hold-, Sniff-, Park-Mode (siehe Abschnitt 11.4.3).
11.16 L2CAP: Logical Link Control and Adaptation Protocol passt Datenströmen von unterschiedlichen Anwendungen an die Bluetooth-Übertragungsverfahren und -Datenstrukturen an, garantiert die für die jeweiligen Anwendungen erforderliche Dienstqualität, nicht bei Sprachverbindungen eingesetzt.
11.17 Bluetooth Network Encapsulation Protocol, PAN-Profil.
11.18 Object Exchange Protocol, zum Austausch elektronischer Visitenkarten, Kalendereinträge und anderer Objekte.
11.19 a) CIP oder CTM-Profile, b) PAN-Profile, c) Object Push Profile.
11.20 Siehe Tabelle 11.,3.
11.21 7 Telefone (7 Slaves), maximal 3 Gespräche gleichzeitig (3 SCO-Verbindungen ohne Fehlerschutz).
11.22 ISM-Band bei 2,4 GHz, Störungen

durch andere Bluetooth-Stationen, WLAN, ZigBee, Mikrowellenherde, drahtlose Videoübertragung, Amateurfunk.

11.23 Siehe Tabelle 11.1.
11.24 Modus 1 (non secure mode): keine besonderen Sicherheitsmaßnahmen, aber Reaktion auf Authentifizierungsanforderungen von anderen Geräten; Modus 2 (service level enforced security): Gerät entscheidet nach Verbindungsaufbau in Abhängigkeit vom gewählten Dienst bzw. Kommunikationspartner über Sicherheitsmaßnahmen; Modus 3 (link level enforced security): Authentifizierung unbedingter Bestandteil des Verbindungsaufbaus, Verschlüsselung optional.
11.25 Bluetooth-Device-Adressen, PIN, Länge der PIN, ausgetauschte Zufallszahlen.
11.26 Challenge-Response-Verfahren.
11.27 Stromchiffre.
11.28 Export-Richtlinien; Wahl der Schlüssellänge abhängig von Anwendung bzw. Rechenleistung, Freiheit für zukünftige Anwendungen.
11.29 Siehe Bild 11.11.
11.30 Nach 2^{26} Zeitschlitzen zu je 0,625 ms: ca. 11 Stunden und 40 Minuten.

Zu Kapitel 12
12.1 Haus- und Gebäudeautomation.
12.2 ZigBee Alliance, IEEE (802.15.4).
12.3 Stern, vermaschte Strukturen, Baum-Sstruktur, Mischformen.
12.4 RFD kann nur mit einem FFD kommunizieren, FFD kann mit RFDs und FFDs kommunizieren.
12.5 Bei 868 MHz, zwischen 906 und 924 MHz, hauptsächlich im ISM-Band bei 2,4 GHz (meiste Kapazität).
12.6 Basis: CSMA, zusätzlich: Guaranteed Time Slots.
12.7 1 (PAN Koord.) + 6 (1. Ebene) + 4 x 6 (2. Ebene) = 31.
12.8 Max. 4 Hops.
12.9 Home Automation; Commercial Building Automation; Heating, Ventilation and Air Conditioning; Home Control – Lighting; Wireless Sensor Applications; Telecom Applications; Medical and Personal Health Care; Automotive.
12.10 Bis zu 240; Sensoren, Aktoren oder Steuerungselemente, die mit Objekten in anderen ZigBee-Elementen kommunizieren; über Bindungstabellen.
12.11 a) ZigBee Specification, b) IEEE 802.15.4, c) IEEE 802.15.4, d) ZigBee Specification, IEEE 802.15.4, e) ZigBee Specification.
12.12 Siehe Abschnitt 12.2.
12.13 UltraWideBand-Systeme; Bandbreiten und Datenraten von mehreren hundert Megahertz bzw. Mbit/s.
12.14 Multimedia-Vernetzung, Anbindung von Computer-Peripherie.
12.15 Übertragungsverfahren: Multiband-OFDM versus Spreiztechnik.
12.16 USB, Firewire (IEEE 1394), Universal Plug-and-Play.
12.17 Geringe Sendeleistung, hoher Rauschpegel wegen großer Bandbreite.
12.18 EIRP = –14 dBm,
$RXLEV_{min}$ wie in Abschnitt 12.3.7,
LB = 59 dB (480 Mbit/s),
LB = 67 dB (110 Mbit/s), LB³
$L_F = 32{,}4 + 20 \log f + 20 \log r$,
$L_F = 42 + 20 \log r$ (3 GHz),
$L_F = 52 + 20 \log r$ (9,6 GHz),
bei 480 Mbit/s: 7,1 m (3 GHz),
2,2 m (9,6 GHz), bei 110 Mbit/s:
17,8 m (3 GHz), 5,6 m (9,6 GHz).
12.19 ETSI.
12.20 Siehe Abschnitt 12.4.2.

Abkürzungen, Formelzeichen

16-QAM	Quadratur-Amplituden-Modulation mit 16 Symbolen	BPSK	Binary Phase Shift Keying
3DES	3-fache Anwendung des Digital Encryption Standards	BS	Basisstation
		BSI	Bundesamt für Sicherheit in der Informationstechnik
3GPP	3rd Generation Partnership Project	BSIG	Bluetooth Special Interest Group
64-QAM	Quadratur-Amplituden-Modulation mit 64 Symbolen	BSS	Basic Service Set
		BSSID	Basic Service Set Identifier
8-PSK	Phase Shift Keying mit 8 Symbolen	CA	Collision Avoidance
		CAP	Cordless Telephone Mobility Access Profile,
a	Kleine Halbachse des Fresnel-Ellipsoiden	CBC-MAC	Cipher Block Chaining Message Authentication Code
A	Amplitude einer Schwingung	CC	Call Control
AAA	Authentifizierung, Autorisierung, Accounting	CCFP	Central Control Fixed Part
AC	Authentication Code	CCK	Complementary Code Keying
ACF	Association Control Functions	CD	Collision Detection
ACK	Acknowledgement	CFP	Contention Free Period
ACL	Access Control List	CK	Code Keying
ACL	Asynchronous Connection-Oriented Logical Transport	CLK	Clock
		CLMS	Connectionless Message Service
ACO	Authenticated Cipher Offset	COMS	Connection Oriented Message Service
ADPCM	Adaptive Differential Pulse Code Modulation	CRC	Cyclic Redundancy Check
AES	Advanced Encryption Standard	CSMA	Carrier Sense Multiple Access
AES-CCM	AES im CTR- und CBC-MAC-Modus	CTR	Counter Mode
		CTS	Clear to Send
AFH	Adaptives Frequency Hopping	CVSD	Continuous Variable Slope Delta Modulation
AH	Authentication Header		
AID	Association Identity	CW	Contention Window
AIFS	Arbitration Interframe Spacing		
ARC	Access Right Code bzw. Class	D8-PSK	Differential 8-PSK
ARQ	Automatic Repeat Request	DA	Destination Address
AP	Access Point	dB	Dezibel
ASB	Active Slave Broadcast	dBi	Dezibel (an Antennengewinn) verglichen mit isotropen Strahler
B	Bandbreite		
β	Funkausbreitungsexponent	dBm	Dezibel bezogen auf ein Milliwatt
BAN	Body Area Network		
BD_ADDR	Bluetooth Device Address	DBPSK	Differential Binary Phase Shift Keying
BER	Bit Error Rate		
BNEP	Bluetooth Network Encapsulation Protocol	DCF	Distributed Coordination Function

DCK	Derived Cipher Key	FDMA	Frequency Division Multiple Access
DCS	Dynamic Channel Selection		
DECT	Digital Enhanced Cordless Telecommunications	FER	Frame Error Rate
		FFD	Full Function Device
DES	Digital Encryption Standard	FH	Frequency Hopping
DFS	Dynamic Frequency Selection	FHS	FH Synchronization Packet
DHCP	Dynamic Host Control Protocol	FP	Fixed Part
		FPS	Fixed Part Subnumber
DIFS	DCF Interframe Spacing	FSK	Frequency Shift Keying
DLC	Data Link Control	FTP	File Transfer Protocol
DLCC	DLC Control Functions		
DLL	Data Link Layer	G	Antennengewinn
DMAP	DECT Multimedia Access Profile	G_{AD}	Gewinn durch Antennendiversität
DNS	Domain Name System	G_E, G_S	Gewinn der Empfangs- bzw. Sendeantenne
DQPSK	Differential Quaternary Phase Shift Keying	GAP	Generic Access Profile
DPRS	DECT Packet Radio Service	GFSK	Gaussian Frequency Shift Keying
DS	Distribution System		
DSPS	Data Services Profiles	GHz	Gigahertz
DSSS	Direct Sequence Spread Spectrum	GMSK	Gaussian Minimum Shift Keying
		GOEP	Generic Object Exchange Profile
EBSS	Extended Basic Service Set		
EAP	Extensible Authentication Protocol	GP	Guard Period
		GPRS	General Packet Radio Service
EAP-TTLS	EAP with Tunneled Transport Layer Security	GPS	Global Positioning System
		GSM	Global System for Mobile Communications
EDCF	Enhanced Distributed Coordination Function		
		GTS	Guaranteed Time Slots
EDGE	Enhanced Data Rate for GSM Evolution	HCF	Hybrid Coordination Function
		HCI	Host Controller Interface
EDR	Enhanced Data Rate (bei Bluetooth)	HDTV	High Definition Television
		HiperLAN	High Performance Radio LAN
EIRP	Effective Isotropic Radiated Power	HSCSD	High Speed Circuit Switched Data
eSCO	Extended Synchronous Connection-Oriented Transport	HSDPA	High Speed Downlink Packet Access
ESP	Encapsulating Security Payload	HSUPA	High Speed Uplink Packet Access
ESS	Extended Service Set		
ETSI	European Telecommunications Standards Institute	HTTP	Hyper Text Transfer Protocol
		I	Intensität oder Interference Power
f	Frequenz		
f_T	Trägerfrequenz	IAP	ISDN Access Interworking Profile
FCS	Frame Check Sequence		
FDD	Frequency Division Duplex	IBSS	Independent Basic Service Sets
FDM	Frequency Division Multiplex		

ID	Identity, Identifier, Identity Packet	LT_ADDR	Logical Transport Address
IEEE	Institute of Electrical and Electronics Engineers	MAC	Medium Access Control
		MAN	Metropolitan Area Network
IETF	Internet Engineering Task Force	MD	Message Digest
		MHz	Megahertz
IIP	ISDN Interworking Profile	MIC	Message Integrity Check
IKE	Internet Key Exchange	MIMO	Multiple Input Multiple Output
IP	Internet Protocol		
IPsec	Internet Protocol Security	MM	Mobility Management
IPUI	International Portable User Identity	MS	Mobilstation
		ms	Millisekunde
IPv4	Internet Protocol Version 4	µs	Mikrosekunde
IPv6	Internet Protocol Version 6	MSK	Minimum Shift Keying
ISDN	Integrated Services Digital Network	MSSID	Multi Service Set Identifier
		mW	Milliwatt
ISI	Intersymbolinterferenz		
ISM	Industrial, Scientific, Medical	N	Noise Power
ITU	International Telecommunication Union	NACK	Negative Acknowledgement
		NAT	Network Address Translation
IV	Initialization Vector	NAV	Network Allocation Vector
		NIST	National Institute of Standards and Technology
k	Boltzmann-Konstante		
K	Key (Schlüssel)	NWK	Network Layer
K_E, K_S	Key (des Empfängers bzw. Senders)		
		OBEX	Object Exchange Protocol
$K_Ö, K_P$	Öffentlicher bzw. privater Schlüssel	ODAP	Open Data Access Profile
		OFDM	Orthogonal Frequency Division Multiplex
K_{init}	Initialisierungsschlüssel		
K_{link}	Link Key	P	Power (Leistung)
K_{master}	Master Key	P_E, P_S	Empfangs- bzw. Sendeleistung
L	Loss (Dämpfung) in Dezibel	PAN	Personal Area Network
L_D	Dämpfung durch Decken	PAP	Public Access Profile
L_F	Freiraumdämpfung	PARK	Portable Access Rights Key
L_{Funk}	Funkausbreitungsdämpfung	PC	Power Control / Personalcomputer
L_K	Kabeldämpfung		
L_F	Wanddämpfung	PCF	Point Coordination Function
l	Wellenlänge	PCM	Pulse Code Modulation
L2CAP	Logical Link Control and Adaption Protocol	PDA	Personal Digital Assistent
		PDU	Packet Data Unit
L2TP	Layer 2 Tunnel Protocol	PEAP	Protected Extensible Authentication Protocol
LAN	Local Area Network		
LAP	Low Address Part	PHY	Physical Layer
LB	Link Budget	PIN	Personal Identification Number
LEAP	Lightweight Extensible Authentication Protocol		
		PLCP	Physical Layer Convergence Protocol
LLC	Logical Link Control		
LMP	Link Manager Protocol	PM_ADDR	Parked Member Address

PoE	Power-over-Ethernet	RTCP	Real Time Control Protocol
POLL	Polling-Meldung	RTP	Real-Time Transport Protocol
POP	Post Office Protocol	RTS	Request to Send
PP	Portable Part	RXLEV	Received Level (Empfangspegel)
PPP	Point-to-Point Protocol		
PPPoE	PPP over Ethernet	$RXLEV_{min}$	Empfängerempfindlichkeit
PPTP	Point-to-Point Tunneling Protocol	S	Signal Level
PSB	Parked Slave Broadcast	SA	Source Address
PSK	Phase Shift Keying	SCK	Static Cipher Key
PSK	Pre-Shared Key	SCO	Synchronous Connection-Oriented Transport
PUT	Portable User Type		
		SDM	Space Division Multiplex
QAM	Quadratur-Amplituden-Modulation	SDP	Service Discovery Protocol
		SF	Spreading Factor
QPSK	Quaternary Phase Shift Keying	SHA	Secure Hash Algorithm
QoS	Quality of Service	SIFS	Short Interframe Spacing
		SIP	Session Initiation Protocol
r	Abstand zwischen Sender und Empfänger	SIR	Signal-to-Interference-Ratio
		SMTP	Simple Mail Transfer Protocol
r_b	Bitrate	SNMP	Simple Network Management Protocol
r_c	Chiprate		
r_I	Abstand des Störers (Interferer) zum Empfänger	SNR	Signal-to-Noise-Ratio
		SPP	Serial Port Profile
r_S	Abstand des Nutzers (Signal) zum Empfänger	SRES	Signed Response
		SS	Supplementary Service
RA	Receiver Address	SSID	Service Set Identifier
RADIUS	Remote Access Dial-In User Service	SSK	Strahlenschutzkommission
		STA	Station
RAND	Random Number (Zufallszahl)		
RAP	Radio in the Local Loop Access Profile	T	Temperatur in Kelvin
		T_b	Bitdauer
RC4	Rivest Cipher Number 4	T_c	Chipdauer
RegTP	Regulierungsbehörde für Telekommunikation und Post	t_W	Warte- und Wettbewerbszeit
		TA	Transmitter Address
RFC	Request for Comment	TCP	Transmission Control Protocol
RFCOMM	Radio Frequency Communications	TCS	Telephony Control Protocol Specifications
RFD	Reduced Function Device	TDD	Time Division Duplex
RFID	Radio Frequency Identification	TDM	Time Division Multiplexing
RFP	Radio Fixed Part	TDMA	Time Division Multiple Access
RFPI	Radio Fixed Part Identity	TKIP	Temporary Key Integrity Protocol
RLC	Radio Link Control		
RRC	Radio-Resource-Control-Funktionen	TLS	Transport Layer Security
		ToS	Type of Service
RSA	RIVEST, SHAMIR, ADLEMAN (Public-Key-Verfahren)	TPC	Transmission Power Control
		TPUI	Temporary User Identity
RSSI	Received Signal Strength Indicator	TXPWR	Transmit Power (Sendepegel)

UAK	User Access Key	**WEP**	Wired Equivalent Privacy
UDP	User Data Protocol	**WiMAX**	World Wide Microwave Access
UMTS	Universal Mobile Telecommunication System	**WLAN**	Wireless Local Area Network
		WLL	Wireless Local Loop
UPnP	Universal Plug-and-Play	**WMAN**	Wireless Metropolitan Area Network
USB	Universal Serial Bus		
UWB	Ultra Wide Band	**WPA**	WiFi Protected Access
		WPAN	Wireless Personal Area Network
vCal	elektronischer Kalender		
vCard	elektronische Visitenkarte	**WRS**	Wireless Relay Station
VoIP	Voice over IP		
VPN	Virtual Private Network	**z, Z**	Rauschzahl, Rauschmaß
		ZDO	ZigBee Device Object
W	Watt	**ZS**	Zertifizierungsstelle

[*Fachwissen griffbereit*]

Nachrichtentechnik

Lüders, Christian

Mobilfunk-systeme

360 Seiten, zahlreiche Bilder
1. Auflage 2001
ISBN 978-3-8023-**1847**-4

Unterstützt durch zahlreiche Abbildungen zeigt das Lehrbuch anhand von konkreten Beispielen aus der Praxis die Grundlagen, Funktionsweise und Planungsaspekte der bedeutendsten aktuellen und künftigen Mobilfunksysteme.
Im Mittelpunkt steht das GSM-System mit seinen Weiterentwicklungen in Hinblick auf neue Datendienste (GPRS, HSCSD) und einen mobilen Internetzugang (WAP).
Auch andere Systeme, wie schnurlose Telefone (DECT), drahtlose Computernetze (HiperLAN, Bluetooth)
und das zukünftige **Universal Mobile Telephone System** (UMTS) kommen nicht zu kurz.

 **VOGEL**

Vogel Buchverlag, 97064 Würzburg, Tel. 0931 418-2419
Fax 0931 418-2660, www.vogel-buchverlag.de

Literaturverzeichnis

Bücher
[1] J. DAVIES: *Drahtlose Netzwerke mit Microsoft Windows.* Unterschleißheim: Microsoft Press, , 2004.
[2] K. FINKENZELLER: *RFID-Handbuch.* München: Hanser Verlag, 2002.
[3] N. GENG; W. WIESBECK: *Planungsmethoden für die Mobilkommunikation – Funknetzplanung unter realen physikalischen Ausbreitungsbedingungen.* Berlin: Springer Verlag, 1998.
[4] W.-D. HAASS: *Handbuch der Kommunikationsnetze.* Heidelberg: Springer Verlag, 1997.
[5] A. HOLZINGER: *Basiswissen IT/Informatik; Band 3: Internet und www.* Würzburg: Vogel Buchverlag, 2004.
[6] G. KAFKA: *WLAN: Technik, Standards, Planung und Sicherheit für Wireless LAN.* München: Hanser Verlag, 2005.
[7] K.-D. KAMMEYER: *Nachrichtenübertragung.* Stuttgart: Teubner Verlag, 2004.
[8] U. LEUTE: *Was ist dran am Elektrosmog?* Weil der Stadt: J. Schlembach Fachverlag, 2001.
[9] M. LIPP: *VPN – Virtuelle Private Netze.* München: Addison-Wesley, 2006.
[10] C. LÜDERS: *Mobilfunksysteme.* Würzburg: Vogel Buchverlag, 2001.
[11] A. MERKLE; A. TERZIS: *Digitale Funkkommunikation mit Bluetooth.* Poing: Franzis Verlag, 2002.
[12] H. H. MEINKE; F.-W. GUNDLACH: *Taschenbuch der Hochfrequenztechnik: 1. Band – Grundlagen.* Berlin – Heidelberg: Springer Verlag, 1992.
[13] J. RECH: *Wireless LANs – 802.11-WLAN-Technologie und praktische Umsetzung im Detail.* Hannover: Heise Verlag, 2004.
[14] K. SCHMEH: *Kryptografie und Public-Key-Infrastrukturen im Internet.* Heidelberg: dpunkt Verlag, 2001.
[15] E. STADLER: *Modulationsverfahren.* Würzburg: Vogel Buchverlag, 2000.
[16] C. STEPPING: *Drahtlose Netze.* Weil der Stadt: J. Schlembach Fachverlag, 2005.
[17] A. S. TANNENBAUM: *Computernetzwerke.* München: Prentice Hall Verlag, 1998.
[18] U. TRICK; F. WEBER: *SIP, TCP/IP und Telekommunikationsnetze.* München: Oldenbourg Verlag, 2004.
[19] B. WALKE: *Mobilfunknetze und ihre Protokolle, Band 2.* Stuttgart: Teubner Verlag, 2001.
[20] M. WERNER: *Information und Codierung.* Stuttgart: Vieweg Verlag, 2002.
[21] M. WERNER: *Nachrichtenübertragung.* Stuttgart: Vieweg Verlag, 2006.
[22] R. WOBST: *Abenteuer Kryptologie.* München: Addison-Wesley, 1998.
[23] J. F. WOLLERT: *Das Bluetooth-Handbuch.* Poing: Franzis Verlag, 2001.

Aufsätze aus Zeitschriften
[24] H.-P. NEITZKE; J. OSTERHOFF; H. VOIGT: *EMF-Handbuch – Elektromagnetische Felder: Quellen, Risiken, Schutz;* erhältlich unter: http://www.ecolog-institut.de.
[25] H. BENN; H. THOMAS: GSM in the Indoor Business Environment. In *GSM – Evolution towards 3rd Generation Systems.* Boston: Kluwer Academic Press, 1999.
[26] Bundesamt für Sicherheit in der Informationstechnik, Projektgruppe Local Wireless Communication: *Drahtlose lokale Kommunikationssysteme und ihre Sicherheitsaspekte.* Bonn: BSI, 2003.
[27] M. CHAPLIN: *Water Dielectric and Microwave Radiation.* London South Bank University, www.isbu.ac.uk/water/microwave.html.
[28] D. CHEUNG; C. PRETTIE: *A Path Loss Comparison between 5 GHz UNII Band and the 2,4 GHz ISM Band.* Intel Report.

[29] D. KARSTÄDT; K.-P. MÖLLMANN; M. VOLLMER: Physik der Haushaltsmikrowelle. *Physik in unserer Zeit, Nr. 5 Jahrgang 34.* Wiley, 2003

[30] N. C. ROGERS u.a.: A Generic Model of 1 – 60 GHz Radio Propagation through Vegetation. *QinetiQ Report*, 2002.

Standards der Bluetooth Special Interest Group
[31] BSIG: *Specification of the Bluetooth System, Version 1.2.* 2003.
[32] BSIG: *Specification of the Bluetooth System – Profiles, Version 1.1.* 2001.
[33] BSIG: *Bluetooth Network Encapsulation Protocol Specification.* 2001.

IEEE-Standards
[34] IEEE Standard 802.11: Wireless LAN Medium Access Control (MAC) and Physical Layer (PHY) Specifications. 1997.
[35] IEEE Standard 802.11a: Wireless LAN Medium Access Control (MAC) and Physical Layer (PHY) specifications; High-Speed Physical Layer in the 5 GHz Band. 1999.
[36] IEEE Standard 802.11b: Wireless LAN Medium Access Control (MAC) and Physical Layer (PHY) specifications: Higher-Speed Physical Layer Extension in the 2.4 GHz Band. 1999.
[37] IEEE Standard 802.11e: Wireless LAN Medium Access Control (MAC) and Physical Layer (PHY) specifications; Medium Access Control (MAC) Quality of Service Enhancement, 2001.
[38] IEEE Standard 802.11g: IEEE Trial-Use Recommended Practice for Multi Vendor Access Point Interoperability via an Inter-Access Point Protocol Across Distribution Systems Supporting IEEE 802.11™Operation. 2003.
[39] IEEE Standard 802.11g: Wireless LAN Medium Access Control (MAC) and Physical Layer (PHY) specifications; Amendment 4: Further Higher Data Rate Extension in the 2.4 GHz Band. 2003.
[40] IEEE Standard 802.11h: Wireless LAN Medium Access Control (MAC) and Physical Layer (PHY) specifications – Spectrum and Transmit Power Management Extensions in the 5 GHz Band in Europe. 2003.
[41] IEEE Standard 802.11i: Wireless LAN Medium Access Control (MAC) and Physical Layer (PHY) specifications; Medium Access Control (MAC) Security Enhancement. 2001.
[42] IEEE Standard 802.11n: Wireless LAN Medium Access Control (MAC) and Physical Layer (PHY) specifications; Enhancements for Higher Throughput.
[43] IEEE Standard 802.15.1: Wireless Medium Access Control (MAC) and Physical Layer (PHY) Specifications for Wireless Personal Area Networks (WPANs). 2002.
[44] IEEE Recommendation 802.15.2: Coexistence of Wireless Personal Area Networks with Other Wireless Devices Operating in Unlicensed Frequency Bands. 2003.
[45] IEEE Standard 802.15.3: Wireless Medium Access Control (MAC) and Physical Layer (PHY) Specifications for High Rate Wireless Personal Area Networks (WPANs). 2003.
[46] IEEE Standard 802.15.4: Wireless Medium Access Control (MAC) and Physical Layer (PHY) Specifications for Low-Rate Wireless Personal Area Networks (LR-WPANs). 2003.
[47] IEEE Standard 802.1x: Standard for Local and Metropolitan Area Networks – Port-Based Network Access Control. 2001.
[48] IEEE Standard 802.2: Logical Link Control. 2001.
[49] IEEE Standard 802.3: CSMA/CD Access Method and Physical Layer Specification. 2001.

ETSI-Standards für DECT
[50] EN 300 175-1: Digital Enhanced Cordless Telecommunications (DECT); Common Interface (CI); Part 1: Overview. 2005.

[51] EN 300 175-2: Digital Enhanced Cordless Telecommunications (DECT); Common Interface (CI); Part 2: Physical Layer (PHL). 2005.
[52] EN 300 175-3: Digital Enhanced Cordless Telecommunications (DECT); Common Interface (CI); Part 3: Medium Access Control (MAC) layer. 2005.
[53] EN 300 175-4: Digital Enhanced Cordless Telecommunications (DECT); Common Interface (CI); Part 4: Data Link Control (DLC) layer. 2005.
[54] EN 300 175-5: Digital Enhanced Cordless Telecommunications (DECT); Common Interface (CI); Part 5: Network (NWK) layer. 2005.
[55] EN 300 175-6: Digital Enhanced Cordless Telecommunications (DECT); Common Interface (CI); Part 6: Identities and addressing. 2005.
[56] EN 300 175-7: Digital Enhanced Cordless Telecommunications (DECT); Common Interface (CI); Part 7: Security features. 2005.
[57] EN 300 175-8: Digital Enhanced Cordless Telecommunications (DECT); Common Interface (CI); Part 8: Speech coding and transmission. 2005.
[58] EN 301 649: Digital Enhanced Cordless Telecommunications (DECT); DECT Packet Radio Service (DPRS). 2004.
[59] EN 300 444: Digital Enhanced Cordless Telecommunications (DECT); Generic Access Profile (GAP). 2003.
[60] ETSI TS 102 342: Digital Enhanced Cordless Telecommunications (DECT); Cordless multimedia communication system; Open Data Access Profile (ODAP). 2005.

Standard der ZigBee-Alliance
[61] ZigBee Specification, Version 1.0. 2004.

Requests for Comments
[62] [RFC0768] J. POSTEL: User Datagram Protocol, 1980.
[63] [RFC0791] J. POSTEL: Internet Protocol, 1981.
[64] [RFC0792] J. POSTEL: Internet Control Message Protocol, 1981.
[65] J. [RFC0793] POSTEL: Tarnsmission Control Protocol, 1981.
[66] [RFC1661] W. SIMPSON,: The Point-to-Point Protocol (PPP), 1994.
[67] [RFC1889] H. SCHULZRINNE, S. CASNER, R. FREDERICK, V. JACOBSON: RTP: A Transport Protocol for Real-Time Applications, 1996.
[68] [RFC2183] C. RIGNEY, A. RUBENS, W. SIMPSON: Remote Authentication Dial In User Service (RADIUS), 1997.
[69] [RFC2516] L. MAMAKOS u.a.: A Method for Transmitting PPP Over Ethernet (PPPoE), 1999.
[70] [RFC2543] M. HANDLEY, H. SCHULZRINNE, E. SCHOOLER, J. ROSENBERG: SIP: Session Initiation Protocol, 1999.
[71] [RFC2716] B. ABOBA, D. SIMON: PPP EAP TLS Authentication Protocol, 1999.
[72] [RFC3579] B. ABOBA, P. CALHOUN: RADIUS (Remote Authentication Dial In User Service) Support For Extensible Authentication Protocol (EAP), 2003.
[73] [RFC3580] P. CONGDON u.a.: IEEE 802.1X Remote Authentication Dial In User Service (RADIUS) Usage Guidelines, 2003.
[74] [RFC3748] B. ABOBA u.a.: Extensible Authentication Protocol (EAP), 2004.
[75] [RFC4302] S. KENT: IP Encapsulating Security Payload (ESP), 2005.
[76] [RFC4303] S. KENT: IP Authentication Header, 2005.

[*Fachwissen griffbereit*]

Nachrichtentechnik

Beuth/Hanebuth/Kurz/Lüders

Nachrichten-technik

Elektronik 7

496 Seiten, zahlreiche Bilder
2. Auflage 2001
ISBN 978-3-8343-**3025**-3

Der siebte Band in der erfolgreichen „Elektronik-Reihe":
Nachrichtentechnik wurde von Prof. Klaus Beuth zusammen
mit drei weiteren Autoren in bewährter Art aufbereitet.
Er beschreibt folgende Themen:

- Signale, Netzwerke, Verstärker und Schwingungserzeugung
- Modulation, Leitungstheorie, Elektromagnetische Wellen
- Elektroakustik, Schallaufzeichnung, CD-Technik
- Rundfunktechnik, Fernsehtechnik, Videorecordertechnik
- Fernsprechtechnik-Grundlagen, Fernsprech- und Datennetze
- Fernsprechvermittlungstechnik, Fernsprechübertragungstechnik
- Technik der Nachrichtensatelliten usw.

 **VOGEL**

Vogel Buchverlag, 97064 Würzburg, Tel. 0931 418-2419
Fax 0931 418-2660, www.vogel-buchverlag.de

Stichwortverzeichnis

3-dB-Breite 40

A
Abhörsicherheit 135
Access Code 237, 242
Access Control Lists 193
Access Points 26
Access Rights Classes 203
ACK-Meldung 81, 176
ACL 237
Active Slave 231
adaptive Antennensysteme 72
Adaptive Differential PCM 106
Adaptive Frequency Hopping 65, 119, 234, 245
Address 101
Adhoc-Netz 28, 160, 203
ADPCM 106, 218
Adresse 203, 271
Advanced Encryption Standard, AES 139, 193, 275
A-Feld 207
AID 171, 172
aktive Phase 269
aktives Scannen 170
ALOHA-Verfahren 84
Amplitudenmodulation 58
Anfrager 142
Anfrager/Supplicant 149
Antennenarrays 71
Antennengewinn 40
Antennenkenngrößen 38
Antennentechniken 70
Anwendungen 13, 287
Anwendungsprofile 107, 217, 229, 249, 272
Anwendungsprotokolle 105
Anwendungsschicht 28, 272
Application
– Layer 28
– Objects 265, 272
– Support Sublayer 272
Arbitration Interframe Spacings 178
ARQ-Verfahren 28, 81 f., 283
Association Identity 171
Assoziierung 171
asymmetrische Verschlüsselung 136, 140
Asynchronous Connection-Oriented Logical Transport (ACL) 235
Audio / Video Distribution Profile 251
Aufbau von SCO- und eSCO-Verbindungen 245

Ausbreitungsexponenten 50
authentication 141
– Header 151
Authentifizier 149
Authentifizierer 142
Authentifizierung 135, 141, 223, 258
– auf Basis digitaler Zertifikate 145
Authentifizierungsserver 146, 149
Automatic Repeat Request 28

B
Bandbreite 55, 60, 68, 289
Barker-Code 61
Basic Physical Packets 206
Basic Service Set (BSS) 160
Basic Service Set Identifier (BSSID) 162
Basisstationen 26
Baum-Netz 26
Baumstruktur 266- 267
BD_ADDR 231
Beacon-Enabled Network 268
Beacon-Frames 169- 170
Beacon-Intervall 169
Bearer 209
B-Feld 207
Binding Tables 272
Bit Error Rate 69
Bitübertragungsschicht 30
Blockchiffre 139
Bluetooth 20, 287
– Clock 231
– Core 228
– Device Adresse 231, 237, 256
– Device und Bluetooth Host 230
– EDR 227
– Network Encapsulation Protocol 247
– Special Interest Group 227, 295
Bodenwellen-Reflexion 49
Bridge-Modus 161
Bridges 31
Broadcast 235
Brutto-Datenrate 94, 181, 279, 288
Bruttorate 289
BSIG 227
Bundesamt für Sicherheit in der Informationstechnik 295
Bundesamt für Strahlenschutz 295
Bundesnetzagentur 295

C

Carrier Sense Multiple Access 84
Challenge-Response-Verfahren 142, 223, 258
Channel-Switch 173
Chiffretext 136
Chip-Rate 60, 268
Chips 60
Ciphering 135
Clear-to-Send-Meldung 86, 176
Closed-Loop Power Control 79, 245
Cluster 201, 214
Code Keying 64, 268
Code-Rate 67
Codierung 289
Combination Key 257, 259
Common ISDN Access Profile 251
Complementary Code Keyings 165
Congestion Control 105, 182
Connectability Modes 250
Connectable Modes 243
Connected 243
Contention Free Period 177
Contention Window 176
Control Frames 90, 179
Cordless Telephony Profile 251
CSMA 84, 175, 268
CTS 176
Cyclic Redundancy Check 67, 81

D

Dämpfung
– durch eine Betonwand 45
– durch eine Wasserschicht 45
– durch Personen 45
– durch Regen und Nebel 48
Dämpfungswerte 46
Data Frames 90
Data Link Control 212
Data Link Layer 29
Datenrate 60, 92, 181, 189, 200, 209, 239
dB 299
dBi 40
dBm 38, 299
DCF Interframe Spacings 176
Deckendämpfung 127
DECT 21, 88, 199, 287
– Packet Radio Service 219
– -Forum 296
– -Protokollarchitektur 200
– -Vermittlungsschicht 216
Denial-of-Service-Attacken 135
Destination Address 101, 179
Dezibel 38, 299
D-Feld 206
DFS 185

DH 240
DHCP 102
Dial-Up Networking Profile 251
differenzielles BPSK-Verfahren 60
DIFS 176
Digital Encryption Standard, DES 139
Digital Enhanced Cordless Telecommunications (DECT) 21
digitale Kioske 16
digitale Signaturen 144
digitale Zertifikate 144
digitale Kiosk 16, 277
Digitalisierung von Sprache 106
Direct Sequence Spread Spectrum 64, 277
Direkt-Modus 203
Disassociation 171
Discoverability 242
Distributed Coordination Function (DCF) 175
Distribution System (DS) 160
Diversitätsverfahren 70
DM 240
DM1-Packet 239
Downlink 23
drahtlose
– Computernetze 16
– Zugangsnetze 203
– Teilnehmeranschluss 24
DSSS 277
Duplex-Bearer 209
DV 240
Dynamic Channel Selection 211, 220
Dynamic Frequency Selection 118, 173, 185, 282
Dynamic Host Control Protocol 102
dynamische Frequenzwahl 79, 118, 131
dynamische Kanalwahl 79, 211

E

EAP with Transport Layer 148
EAP with Tunneled Transport Layer Security 148
EAP-TLS 148
EAP-TTLS 148
Effective Isotropic Radiated Power 42
effektive Datenrate 181
EIRP 42, 185, 291
– bei UWB 280
– Effektive Isotropic Radiated Power 121
Empfängerempfindlichkeit 122, 186, 220, 255, 274, 291
Empfängerrauschen 113, 182
Empfängerrauschzahl 113
Empfangspegel 28, 187
Encapsulating Security Payload 151
Encryption 135
Enhanced Data Rate 227
Enhanced Distributed Coordination Function 175

Stichwortverzeichnis

eSCO 237
Ethernet 18, 77, 85, 91, 241
European Telecommunications Standards Institute, ETSI 21, 199, 281, 296
EV 240
Extended Service Set (ESS) 160
Extended Synchronous Connection-Oriented (eSCO) 235
Extensible Authentication Protocol EAP 148, 193
External Handover 214

F
Faltungscoder 68, 166, 278
FDD-Modus 23
Fehler erkennende Codes 67
Fehler korrigierende Codes 67
Fehlerschutz 237
Fensterverfahren 83, 247
File Transfer Profile 251
File Transfer Protocol 106
Firewire 279
Fixed Part 201
Flusskontrolle 83, 104
Fragmentierung 89, 247
Frame Error Rate 92
Freiraumausbreitung 38, 205
Frequency Division Duplex 23
Frequency Hopping 64, 118, 184, 206, 220, 253, 279
Frequency Shift Keying 58
Frequenz 37
–bänder 205
–modulation 58
–multiplex 56
–planung 129, 188
–raster bei 2,4 GHz 163
–träger bei MB-OFDM 278
Fresnel-Ellipsoid 42, 187
FTP 106
Full Function Devices 266
Funkausbreitung 37
Funkausbreitungsmodelle 50
Funknetzstrukturen 26

G
GAP 250
Gateways 31
Gaussian Frequency Shift Keying 58
Gaussian Minimum Shift Keying 58
General-Discoverable-Mode 242
Generic Access Profile 218, 250
Generic Object Exchange Profile 252
geschützter Übertragungsmodul 207
GFSK 233
Global System for Mobile Communications 23
GMSK 205

Grenzwerte 378, 300
~ für die EIRP 122
GSM 23, 159, 203
Guaranteed Time Slots 269
Guard Period 66, 166, 206, 237

H
Halbwerts-dB-Breite 40
Halbwertsbreiten 121
Handover 27, 204, 214, 282
Hash-Funktion 141
Hash-Wert 141
Hauptstrahlrichtung 40
Header 89, 168, 178, 237
Headset Profile 251
Hidden-Node-Problem 86
HIPERACCESS 25
HiperLAN/2 22, 281
HIPERMAN 25
höherwertige Modulationsformen 206
Hold 243, 246
HomeRF 22
Hopping-Folge 243
Host Controller Interface 230
Hotspots 161
HTTP 106
Huckepack-Verfahren 82, 178
HV 240
Hybrid Coordination Function 175
Hypertext Transfer Protocol 106

I
Identity Packet 239
IEEE 17, 279
IEEE 802.11 18, 157, 287
IEEE 802.11a 159, 166
IEEE 802.11b 159, 165
IEEE 802.11c 159
IEEE 802.11d 159
IEEE 802.11e 159, 178
IEEE 802.11f 159, 173
IEEE 802.11g 159, 166
IEEE 802.11h 159
IEEE 802.11j 159
IEEE 802.11k 159
IEEE 802.11m 159
IEEE 802.11n 159
IEEE 802.11r 159
IEEE 802.11s 159
IEEE 802.11u 159
IEEE 802.11w 159
IEEE 802.15. 19, 227
IEEE 802.15.3a 277
IEEE 802.15. 19, 265
IEEE 802.1x 146, 193

Independent Basic Service Sets (IBSS) 160
Infrastruktur-Netz 26
– im Mehrzellenbetrieb 160
Initialisierungsvektor 192, 224
Initialisierungswert IW 138
Inquiry 242
Institute of Electrical and Electronics Engineers, IEEE 17, 296
Integritätsprüfung 135, 141
Integrity Check Value 192
Intensität 37, 300
Intercell Handover 214
Interference 114
International Portable User Identity 204
International Telecommunication Union (ITU) 297
Internet Engineering Task Force 296
Internet-Protokoll 101
Intersymbolinterferenz 65, 113
Intracell Handover 214
IP 101
IP Security Protocol 150
IP-Adresse 102, 182
IPsec 151
IPUI 204
IrDA 249
ISDN 100, 217
ISDN Interworking Profiles 218
ISM 232
ISM-Band 116, 206, 232
IV 224

K
Kabelverluste 121
Kanal, physikalischer 234
–codierung 67, 233
Kapazität 128, 188, 221, 290, 292
Key 136
Kollisionsauflösung 84
Kommunikationsprotokolle 28
Konstellationsdiagramme 59
Kurzzeitschwund 49

L
L2CAP 246
Lastverteilung 132
Layer 2 Tunnel Protocol 150
LEAP: Lightweight EAP 148
Leistungsdichte 55
Leistungsdichtespektrum 163
Leistungsreduktion 131
Lichtgeschwindigkeit 37
Limited-Discoverable-Mode 242
Link
– Adaption 69, 118, 213, 245

– Budget, LB 124
– Controller 242
– Key 258
– level enforced security 256
– Management 77, 78, 169, 213, 243, 270
– Management Frames 90
– Manager Protocol 243
Logical Link Control 29, 77
Logical Link Control and Adaption Protocol 246
LT_ADDR 236

M
MAC-Adresse 91, 162, 180
MAC-Frame 89, 178, 207, 237, 271
Maßnahmen zur Reduktion von Störungen 118
Master 26, 87, 231
– Keys 259
Medium Access Control 30, 77, 84, 175, 234, 283
Mehrwegeausbreitung 48
Mehrzellenbetrieb 26, 201, 288
Message Digest (MDx) 141
Message Integrity Check 135, 194
Mikrowellenherd 45, 113, 118, 184
MIMO 70, 167
Mobilstation 26
Modulation 55, 205, 233, 289
Modulo-2-Addition 138
More-Bit auf 172
Multi SSID 163
Multibearer-Verbindung 209
Multihop 26
Multihop-Funktionalität 159
Multimedia 277
– -Netze 15
Multiple Access 77
Multiple Input Multiple Output 70

N
NanoNET 22
Nebenstellenanlagen 201
Netto-Datenrate 279
Nettodatenrate 94
Nettorate 289
Network Allocation Vector 85, 176
Network Layer 28
Netzkennung 162
Netzkomponenten 31
Netzmanagement 159
Netzname 193
Netzstrukturen 160, 201, 231, 275
Netztiefe 272
nicht-thermische Effekte 300
noise 113
non secure mode 256
Non-Discoverable-Mode 242

NULL-Packet 239, 243
Nutzdatenrate 68

O
OBEX 229, 248
Object Exchange Protocol 229, 248
ODAP 219
OFDM 65, 166, 277, 278, 283
öffentlicher Schlüssel 140
Open Data Access Profile 219
Open-Loop Power Control 79
Open-System-Authentifizierung 190
Orthogonal Frequency Division Multiplexing 65, 277

P
Paging 242
PAN-Koordinator 266
Park 243, 246
Parked Slave 227, 231
passives Scannen 170
PEAP 148
Peer-to-Peer 26, 160, 267, 288
Pegel 38
Permutation 137
Personal Area Network 266
Personal Area Network Profile 251
Phase Shift Keying 58
Phasenmodulation 58
Physical Layer 30
Physical Packets 205
physikalische Schicht 168
physikalischer Kanal 234
Piconetz 231, 242
PIN 223, 256
Point Coordination Function (PCF) 175, 177
Point-to-Point Tunneling Protocol 91, 150
Polarisation 37
Polling 87, 178
POLL-Packet 239, 243
Portable Parts 201
Portable User Types 203
Portnummern 103
Potenz-Gesetze 50
Power Control 216, 245
Power Management 171
Power Save Mode 172
Power-Save-Poll 172
Präambel 168
Pre-Shared-Key 193
Priorisierung 86
Prioritätenklassen 178
privater Sclüssel 140
Probe-Requests 171
Produkte 287
Protected EAP 148

Protokoll-Architektur 229
Protokollarchitektur bei HiperLAN 283
Protokolle 30
Public-Key-Verfahren 140
Pulse Code Modulation 106
Punktierung 68, 166

Q
Quadratur-Amplituden-Modulation 58
Quality of Service 175, 245, 247, 282

R
Radar 172
Radarsysteme 185
Radio Fixed Part 201
Radio Fixed Part Identity 203
Radio Frequency Identification 25
Radio Link Control 29, 77, 80, 175, 270
RADIUS 148, 173, 193
Raummultiplex 74
Rauschmaß 113
Rauschpegel 113, 291
RC4 192
RC4-Algorithmus 139
Real-Time Transport Protocol 105
Reassociation 171, 173
Received Signal Strength Indicator 213, 215
Receiver Address 179
Receiver Sensitivity 123
Reduced Function Devices 266
Redundanzbits 67
Reference Interference Performance 114 f.
Reichweite 123, 186, 220, 255, 274, 280, 291 f.
– bei Freiraumausbreitung 125
– in Gebäuden 127, 188
Repeater 31, 203
Request-to-Send 86, 176
Reservierungsverfahren 87
RFCOMM 229, 248
RFID 25
Richtwirkung 40
Roaming 27, 201
Role Switch 246
Router 31, 99
Routing 29
–Tabelle 99
RSA-Verfahren 140
RSSI 213
RTS 176
RXLEV 38

S
Scatternetz 26, 232
Schicht, physikalische 168
Schlüssel 140

–erzeugung 256
–länge 192
–management 222
–strom 137, 260
schnurlose Telefone 199, 201 287
Schutzperiode 206
SCO 237
Secure Hash Algorithm (SHA-x) 141
Security Association 151
Security Modes 275
Segment 28, 103
Sektoren 131
selektive ARQ-Verfahren 82, 283
Send-and-Wait-Protocol 81, 175, 236
Sendeleistung 122, 255, 291
Sendeleistungsregelung 79, 216
Sendepegel 38, 274
Sender- und Empfängerkenngrößen 121, 220, 255
Serial Port Profile 252
Service Discovery Protocol 229, 248
service level enforced security 256
Service Set Identifier 163
Session Initiation Protocol 107
Setup-Meldung 100
Shared-Key-Authentifizierung 190
Short Inter Frame Spacing 176
Sicherheitsmodus 256
Sicherungsschicht 29
SIFS 176
Signalspreizung 118
Signal-to-Interference-Ratio 114
Signal-to-Noise-Ratio 69
SIM Access Profile 251
Simple Network Management Protocol 106
Simplex-Bearer 209
SIR 114, 115
– -Verteilungen 129
Slave 26, 87, 231
Slow Start 105, 182
Sniff 243, 246
SNMP 106
SNR 69, 289
Source 101
– Address 179
Space Division Multiplex 74
Spektrumsmaske 56, 163
Sprachdienst 218
Sprachkanäle 291
Sprachübertragung 247
Spreizfaktor 60
Spreiztechnik 60, 165
SSID 163, 170, 193
Standard-Gateway 102
Standby 242
Stationen 26

Störfestigkeit 60, 68 f.
Störquellen 113, 182, 219, 252, 274, 280
Störungen durch Echos 113
Strahlenbelastung 37, 300
Strahlenschutzkommission 297
Strahlformungsverfahren 71
Strength Indicator 213
Stromchiffre 137, 260
Stromchiffre-Verfahren 224
Stromspar-Modus 269
Subnetz-Maske 102
Substitution 137
Supplementary Services 217
Supplikanten 142
Supported Features 243
Switches 31
symmetrische Verschlüsselung 136
Synchronous Connection-Oriented (SCO) 235
Systeminformationen 169

T
TCP 103, 182
TCP/IP 103
TDMA 211
Telefony Control Specification Profile 252
Telemetrie 15
Telephony Control Protocol Specification 229, 248
thermische Wirkungen 300
Time Division Duplex 23, 88, 209, 235
Time Division Multiple Access 211
Time Division Multiplex 88, 233
TPC 185
Trägerabstand 56, 289
Trägerbandbreite 289
Trägerfrequenz 55
Transmission Opportunity Bursting 178
Transmission Power Control 79, 172, 185, 282
Transmitter Address 179
Transport Control Protocol 103
Transport Layer 28
Transport-Adresse 236, 243
Transportschicht 28, 103
Triple-DES / 3DES 139
Tunnel 150
Turbo-Mode 166
TXPWR 38
Type of Service 101

U
Überblick über den Standard IEEE 802.11 158
Übertragungstechnik 55
– bei IEEE 802.11a/g 166
– bei IEEE 802.11b 165
– bei IEEE 802.11n 167
– bei ZigBee 269

UDP 105
UltraWideBand (UWB) 21, 277
UMTS 23, 159, 203
ungeschützter Übertragungsmodul 207
Universal Mobile Telecommunication System 23
Universal Plug-and-Play 279
Unterträger 65
Uplink 23
USB 279
User Access Key 222
User Data Protocol 105
User Personal Identity 222
UWB 277, 287
UWB-Forum 277, 297

V
vCal 229
vCard 229
Verbindungsaufbau 100, 244
Vermittlungsdienst 100
Vermittlungsschicht 28, 99, 272
Verschlüsselung 135, 136, 191, 224, 258
Versorgungsbereiche 17
Virtuelle Private Netze (VPN) 148, 293
Voice over IP 105, 106, 182
Vorwärtsfehlerkorrektur 206, 289
VPN-Client 150
VPN-Gateway 152
VPN-Gateways 150

W
Wand- und Deckendämpfungen 51
Wellenlänge 37
WEP 179
Wiederholungscodes 68

WiFi Alliance 297
WiFi Protected Access WPA 193
WiMAX 24, 280
WiMedia-Alliance 277, 298
Wired Equivalent Privacy 190
Wireless Local Loop 199, 203, 220
Wireless Personal Area Networks 17, 19
Wireless-LAN 14, 15, 18, 157, 287
Wireless-LAN-Hotspots 16, 161
WLL 203
World Wide Microwave Access 24

Z
Zeitduplex 88, 283
Zeitmultiplex 205, 283
Zeitmultiplexing 88
Zeitschlitz 88, 205, 233
Zellsuche 170
Zellwahl 213
Zellwechsel – Handover 173
Zertifikate 148
Zertifizierungsstelle 144
ZigBee 20, 265, 287
– Alliance 298
– Device 272
– Device Object 265
Zugriffskontrolle 30
Zugriffssteuerung 268
Zugriffsverfahren 77, 279, 289
- bei HiperLAN/ 2, 284
Zusatzdienste 107, 200, 217
Z-Wave 22, 275
– Alliance 298

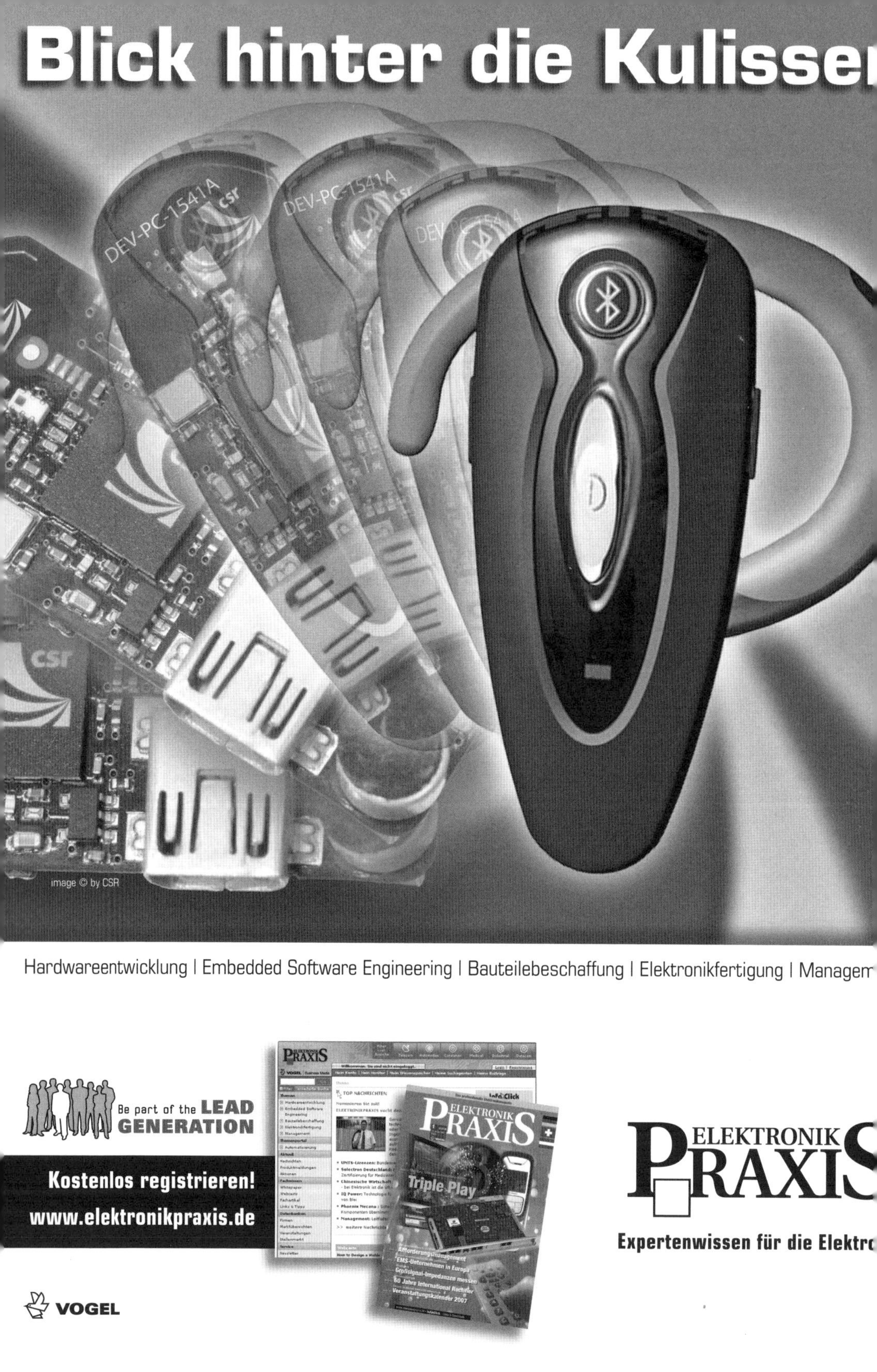

Blick hinter die Kulissen

Hardwareentwicklung | Embedded Software Engineering | Bauteilebeschaffung | Elektronikfertigung | Management

ELEKTRONIK PRAXIS

Expertenwissen für die Elektronik